Entwurf

einer

Grundbuchordnung

und

Entwurf eines Gesetzes

betreffend die

Zwangsvollstreckung

in das unbewegliche Vermögen.

Ausgearbeitet durch die von dem Bundesrathe berufene Kommission.

Nebst Motiven.

Amtliche Ausgabe.

Berlin.
Verlag von J. Guttentag
(D. Collin).
1889.

Vorwort.

Zufolge Beschlusses des Bundesrathes vom 14. Juni 1888 hat die zur Ausarbeitung des Entwurfes eines Bürgerlichen Gesetzbuches berufene Kommission auch den Entwurf einer Grundbuchordnung sowie den Entwurf eines Gesetzes, betr. die Zwangsvollstreckung in das unbewegliche Vermögen, aufgestellt. Beide Entwürfe dienen zur Ergänzung und Ausführung des Gesetzbuches und unterliegen bei ihrem Zusammenhange mit den Bestimmungen des letzteren, sofern diese eine Aenderung erfahren, gleichfalls der entsprechenden Umgestaltung.

Zu beiden Entwürfen sind Motive durch Hülfsarbeiter der Kommission ausgearbeitet worden, die Motive zu dem Entwurfe der Grundbuchordnung noch vor dem Schlusse, diejenigen zu dem Entwurfe des Vollstreckungsgesetzes nach dem Schlusse der Kommissionsberathungen. Die Ausarbeitung ist auf Grund der Vorarbeiten der Kommission und der von ihr genehmigten Berathungsprotokolle erfolgt.

In gleicher Weise, wie der Entwurf des Gesetzbuches veröffentlicht ist, und zu gleichem Zwecke werden dem Beschlusse des Bundesrathes entsprechend auch die vorliegenden beiden Entwürfe nebst den Motiven hiermit zur allgemeinen Kenntniß gebracht.

Entwurf

einer

Grundbuchordnung

nebst Motiven.

Inhaltsübersicht.

Einleitung.

Erster Abschnitt.

Grundbuchämter, Grundbücher.

Entwurf. Motive Seite

Zweiter Abschnitt.

Eintragungen in das Grundbuch.

Dritter Abschnitt.

Hypothekenbrief, Grundschuldbrief.

Vierter Abschnitt.

Beschwerde.

Fünfter Abschnitt.

Einführungsvorschriften.

Entwurf

einer

Grundbuchordnung.

Erster Abschnitt.

Grundbuchämter. Grundbücher.

§. 1.

Die Grundbücher werden von den Grundbuchämtern geführt.

Eintragungen in das Grundbuch sind nicht aus dem Grunde unwirksam, weil das Grundbuch von einem unzuständigen Grundbuchamte geführt ist.

§. 2.

Ein Grundbuchbeamter kann bei der Anordnung einer Eintragung in das Grundbuch nicht mitwirken, sofern die Eintragung erfolgen soll für ihn selbst oder für seine Ehefrau, auch wenn die Ehe nicht mehr besteht, oder für eine Person, mit welcher er in gerader Linie oder im zweiten Grade der Seitenlinie verwandt oder verschwägert ist. Die Vorschriften der §§. 837, 838 des Bürgerlichen Gesetzbuches bleiben unberührt.

Die Ablehnung eines Grundbuchbeamten ist ausgeschlossen.

§. 3.

Streitigkeiten über die Zuständigkeit mehrerer Grundbuchämter, welche in den Gebieten verschiedener Bundesstaaten ihren Sitz haben, werden in Ermangelung einer zuständigen gemeinsamen Behörde von dem Reichsgerichte entschieden.

§. 4.

Ein Grundbuchbeamter, welcher die ihm obliegenden Amtspflichten verletzt, haftet den Betheiligten nach Maßgabe des §. 736 Abs. 1, 2 des Bürgerlichen Gesetzbuches für den Ersatz des entstandenen Schadens.

§. 5.

Das Grundbuch ist nach Bezirken zu führen.

Durch landesherrliche Verordnung kann bestimmt werden, daß für gewisse Gattungen von Grundstücken besondere Grundbücher geführt werden sollen.

§. 6.

Jedes Grundstück erhält im Grundbuche eine besondere Abtheilung (Grundbuchblatt). Das Grundbuchblatt ist für das

Grundstück als das Grundbuch im Sinne des Bürgerlichen Gesetzbuches anzusehen.

Mehrere Grundstücke dürfen ein gemeinschaftliches Grundbuchblatt erhalten, wenn sie denselben Eigenthümer haben. Die Zulässigkeit wird dadurch nicht ausgeschlossen, daß die Grundstücke zu verschiedenen Bezirken desselben Grundbuchamtes gehören.

§. 7.

Die Grundstücke sind in dem Grundbuche nach dem amtlichen Verzeichnisse zu bezeichnen, in welchem die Grundstücke eines Bezirkes unter Nummern aufgeführt sind (Flurbuch).

§. 8.

Durch landesherrliche Verordnung kann die Bestimmung, daß ein bisher geführtes Buch als Grundbuch im Sinne des Bürgerlichen Gesetzbuches gelten solle, auch dann getroffen werden, wenn in dem Buche Grundstücke von Ehefrauen und Kindern mit den Grundstücken des Ehemannes oder eines Elterntheiles oder mit einander ein gemeinschaftliches Grundbuchblatt haben. Die Grundstücke der verschiedenen Eigenthümer dürfen jedoch ein gemeinschaftliches Grundbuchblatt nicht behalten, sobald in Ansehung eines der Grundstücke eine Eintragung angeordnet wird; die erforderliche Uebertragung auf ein anderes Grundbuchblatt erfolgt von Amtswegen.

§. 9.

Durch landesherrliche Verordnung kann die Bestimmung, daß ein bisher geführtes Buch als Grundbuch im Sinne des Bürgerlichen Gesetzbuches gelten solle, auch dann getroffen werden, wenn die Grundstücke in dem Buche noch nicht nach dem Flurbuche bezeichnet sind; die Nachholung dieser Bezeichnung ist von Amtswegen zu betreiben.

§. 10.

Sind bisher mehrere Bücher über die Grundstücke und deren Rechtsverhältnisse geführt, so kann durch landesherrliche Verordnung bestimmt werden, daß diese Bücher in ihrer Gesammtheit als Grundbuch im Sinne des Bürgerlichen Gesetzbuches gelten sollen. Ist bisher nur ein derartiges Buch geführt, so kann durch landesherrliche Verordnung bestimmt werden, daß dieses Buch und ein oder mehrere neue Bücher in ihrer Gesammtheit als Grundbuch im Sinne des Bürgerlichen Gesetzbuches gelten sollen.

In beiden Fällen des ersten Absatzes ist erforderlich und genügend, daß jedes Grundstück in einem der Bücher ein Grundbuchblatt nach Maßgabe des §. 6 hat und die anderen Bücher zur Ergänzung des Hauptbuches geführt werden. In dem Hauptbuche ist auf die in den anderen Büchern befindlichen Eintragungen zu verweisen. Als Inhalt des Grundbuches im Sinne des §. 837 Abs. 1 des Bürgerlichen Gesetzbuches ist nur dasjenige anzusehen, was in dem Hauptbuche und an denjenigen Stellen der anderen Bücher eingetragen ist, auf welche in dem Hauptbuche verwiesen ist.

§. 11.

Ein dem Reiche gehörendes Grundstück wird in das Grundbuch nur auf Antrag des Eigenthümers eingetragen, unbeschadet der Rechte desjenigen, welcher die Eintragung des Eigenthümers im Wege der Zwangsvollstreckung beantragen kann.

Das Gleiche kann durch landesherrliche Verordnung für Grundstücke eines Bundesstaates und eines Landesherrn, für die zum Hausgute oder Familiengute einer landesherrlichen Familie oder der Fürstlichen Familie Hohenzollern gehörenden Grundstücke, für Grundstücke gewisser juristischer Personen sowie für Eisenbahnen und öffentliche Wege bestimmt werden.

Die Vorschrift des Artikel 108 Abs. 3 des Einführungsgesetzes zum Bürgerlichen Gesetzbuche bleibt unberührt.

§. 12.

Treten im Falle des Erwerbes des Eigenthumes an einem eingetragenen Grundstücke die Voraussetzungen ein, unter welchen das Grundstück nach den Vorschriften des §. 11 nur auf Antrag einzutragen sein würde, so ist auf Antrag des Erwerbers das Ausscheiden des Grundstückes aus dem Grundbuche anzuordnen, es sei denn, daß außer der Eintragung des Eigenthümers eine andere Eintragung auf dem Grundbuchblatte vorhanden ist.

Wird die Eintragung des Ausscheidens des Grundstückes gleichzeitig mit der Eintragung des Erwerbers angeordnet, so bedarf es zu der letzteren in keinem Falle der Uebertragung des Grundstückes auf ein anderes Grundbuchblatt.

§. 13.

Sind die Bestandtheile eines Grundstückes in verschiedenen Grundbuchbezirken desselben Grundbuchamtes belegen, so erhält das Grundstück ein Blatt nur in dem Grundbuche eines der Bezirke. Sind die Bestandtheile in den Bezirken verschiedener Grundbuchämter belegen, so wird das zuständige Grundbuchamt von der Aufsichtsbehörde bestimmt.

§. 14.

Urkunden, auf welche eine Eintragung sich gründet, oder auf deren Inhalt bei einer Eintragung Bezug genommen ist, sind in Urschrift oder beglaubigter Abschrift von dem Grundbuchamte aufzubewahren. Die Landesjustizverwaltung kann anordnen, daß die Urkunden in Urschrift oder daß sie in beglaubigter Abschrift aufbewahrt werden sollen.

Ist über das Rechtsgeschäft, welches dem im §. 828 des Bürgerlichen Gesetzbuches bezeichneten Vertrage zu Grunde liegt, eine Urkunde errichtet, so kann dieselbe in Urschrift oder in Abschrift von den Vertragschließenden dem Grundbuchamte zur Aufbewahrung übergeben werden.

§. 15.

Das Grundbuchamt hat die Einsicht des Grundbuches, der im §. 14 bezeichneten Urkunden und der noch nicht erledigten Eintragungsanträge einem Jeden insoweit zu gestatten, als ein rechtliches Interesse glaubhaft gemacht wird.

Soweit Einsicht zu gestatten ist, kann auch die Ertheilung einer Abschrift verlangt werden.

Inwieweit einer Behörde oder einem Beamten Einsicht zu gestatten und Abschrift zu ertheilen ist, bestimmt sich nach den Landesgesetzen.

§. 16.

Weitere Anordnungen über die Einrichtung der Grundbücher, insbesondere der Grundbuchblätter, über die Führung von Grundakten sowie über die Einsicht der Grundakten und die Ertheilung von Abschriften aus denselben können von der Landesjustizverwaltung getroffen werden.

§. 17.

Das Verfahren zum Zwecke der Anlegung der Grundbuchblätter für Grundstücke, welche bei der Anlegung des Grundbuches ein Grundbuchblatt nicht erhalten haben, wird für jeden Bundesstaat durch landesherrliche Verordnung bestimmt.

§. 18.

Ist ein Grundbuch ganz oder theilweise zerstört oder abhanden gekommen, so wird das zum Zwecke der Wiederherstellung einzuhaltende Verfahren durch landesherrliche Verordnung bestimmt. In der Verordnung kann auch bestimmt werden, daß und in welcher Weise in der Zeit bis zur Wiederherstellung des Grundbuches die zur Begründung, Uebertragung oder Aufhebung eines Rechtes erforderliche Eintragung in das Grundbuch ersetzt werden soll.

Zweiter Abschnitt.
Eintragung in das Grundbuch.

§. 19.

Das Grundbuchamt soll eine Eintragung in das Grundbuch nur auf Antrag anordnen.

Zu dem Antrage ist nur derjenige berechtigt, zu dessen Gunsten die Eintragung erfolgen soll, sowie derjenige, gegen dessen Recht die Eintragung sich richtet.

§. 20.

Eine beantragte Eintragung ist anzuordnen, wenn zur Zeit des Antrages die Thatsachen vorliegen, von welchen die Zulässigkeit der Eintragung abhängig ist.

§. 21.

Ist zu einer einzutragenden Rechtsänderung ein Vertrag erforderlich, so genügt zur Begründung des Antrages auf Eintragung an Stelle des Vertrages die einseitige Eintragungsbewilligung des eingetragenen Berechtigten, es sei denn, daß der Vertrag vor dem Grundbuchamte geschlossen werden muß.

Die Eintragungsbewilligung des Rechtsnachfolgers des eingetragenen Berechtigten genügt, wenn der Vertrag von diesem Rechtsnachfolger ohne dessen vorherige Eintragung wirksam geschlossen werden kann.

§. 22.

Ist im Falle eines Vermächtnisses der vermachte Gegenstand nach den für die Beurtheilung maßgebenden Gesetzen von dem Vermächtnißnehmer ohne Uebertragung von Seiten des Erben erworben, so soll die Eintragung des Erwerbers nur mit Bewilligung des Erben angeordnet werden.

§. 23.

In Ansehung einer zur Begründung des Antrages erforderlichen Eintragungsbewilligung genügt die Bewilligung eines Nichtberechtigten, wenn dieser in Folge eines Antrages, welcher gleichzeitig mit dem Antrage auf die bewilligte Eintragung oder vorher gestellt ist, als der Berechtigte eingetragen wird.

§. 24.

Auf Grund einer Eintragungsbewilligung, welche der Vertreter des Berechtigten zu seinen eigenen Gunsten ertheilt hat, soll die Eintragung nicht angeordnet werden.

§. 25.

Eine Eintragung soll nur angeordnet werden, wenn das Grundstück, bei welchem die Eintragung zu bewirken ist, in der Eintragungsbewilligung oder, sofern eine Eintragungsbewilligung nicht erforderlich ist, in dem Antrage auf Eintragung nach der im Grundbuche enthaltenen Bezeichnung oder nach dem Grundbuchblatte bestimmt bezeichnet ist.

§. 26.

Die Eintragung eines Rechtes an einem Bestandtheile eines Grundstückes soll nur angeordnet werden, wenn der Bestandtheil in Folge eines Antrages, welcher gleichzeitig mit dem Antrage auf Eintragung oder vorher gestellt ist, als besonderes Grundstück gebucht wird.

Von der Landesjustizverwaltung kann bestimmt werden, daß die Eintragung der bei der Theilung eines Grundstückes gebildeten Grundstücke nur angeordnet werden soll, wenn die Grundstücke im Flurbuche bezeichnet sind und eine die Theilung darstellende Karte vorgelegt wird.

§. 27.

Liegt im Falle der Eintragung mehrerer Personen als Berechtigter eine andere Gemeinschaft als nach Bruchtheilen vor, so soll das bestehende andere Gemeinschaftsverhältniß bei der Eintragung bezeichnet werden. Ist dasselbe in der Eintragungsbewilligung oder, sofern eine Eintragungsbewilligung nicht erforderlich ist, in dem Antrage auf Eintragung nicht angegeben, so soll die Eintragung nicht angeordnet werden.

§. 28.

Für die Eintragung von Dienstbarkeiten und Reallasten, welche den Inhalt eines Leibgedinges (Leibzucht, Altentheil, Auszug) bilden, genügt die Eintragung als Leibgeding (Leibzucht, Altentheil, Auszug), wenn zur näheren Bezeichnung des Inhaltes auf die Eintragungsbewilligung Bezug genommen wird.

§. 29.

Die Eintragung einer Hypothek oder Grundschuld soll nur angeordnet werden, wenn der Geldbetrag in der Eintragungsbewilligung oder, sofern eine Eintragungsbewilligung nicht erforderlich ist, in dem Antrage auf Eintragung in Reichswährung angegeben ist.

§. 30.

Bei einer verzinslichen Hypothekenforderung oder Grundschuld sollen die festgesetzten Zinstermine eingetragen werden.

§. 31.

Eine Eintragung, durch welche das Recht des Gläubigers einer Briefhypothek oder einer Grundschuld beeinträchtigt wird, soll nur angeordnet werden, wenn der Hypothekenbrief oder der Grundschuldbrief vorgelegt wird. Diese Vorschrift findet auf die Eintragung einer Vormerkung nur Anwendung, wenn die Eintragung auf Grund der Bewilligung des Gläubigers erfolgen soll. Sie findet keine Anwendung auf eine nach Maßgabe des §. 1065 des Bürgerlichen Gesetzbuches erfolgende Eintragung der Verzinslichkeit oder der Zinserhöhung für eine Hypothek oder eine Grundschuld.

Die erfolgte Eintragung soll von dem Grundbuchamte auf dem Hypothekenbriefe oder dem Grundschuldbriefe vermerkt werden.

§. 32.

Die Eintragung einer Zwangshypothek oder Arresthypothek soll nur angeordnet werden, wenn der Schuldner als Eigenthümer des Grundstückes eingetragen ist oder in Folge eines Antrages, welcher gleichzeitig mit dem Antrage auf Eintragung der Hypothek oder vorher gestellt ist, eingetragen wird.

Die Vorschrift des ersten Absatzes findet entsprechende Anwendung in Ansehung der Eintragung einer im Wege der Zwangsvollstreckung oder der Arrestvollziehung erfolgenden Pfändung oder Uebertragung eines eingetragenen Rechtes, es sei denn, daß der Schuldner Rechtsnachfolger des eingetragenen Berechtigten ist und im Falle der Verpfändung oder der Uebertragung durch Rechtsgeschäft der erforderliche Vertrag von diesem Rechtsnachfolger ohne dessen vorherige Eintragung wirksam geschlossen werden könnte.

§. 33.

Wird eine Reallast, Hypothek oder Grundschuld bei mehreren Grundstücken eingetragen oder wird bei der Uebertragung eines mitbelasteten Grundstückes oder eines Grundstückstheiles auf ein anderes Grundbuchblatt die Reallast, Hypothek oder Grundschuld mitübertragen, so soll bei jeder Eintragung die Mitbelastung der übrigen Grundstücke angegeben werden.

§. 34.

Wird bei der Uebertragung eines Grundstückes oder eines Theiles des Grundstückes auf ein anderes Grundbuchblatt ein eingetragenes Recht nicht mitübertragen, so hat die Uebertragung des Grundstückes oder Theiles in Ansehung desselben die Wirkung der Löschung des Rechtes.

§. 35.

Zu dem Antrage auf Löschung einer Hypothek oder einer Grundschuld ist nur der Eigenthümer des Grundstückes berechtigt.

§. 36.

Die Eintragung eines Rechtes an einem eingetragenen Rechte oder der Uebertragung des ersteren Rechtes ist auch dann zulässig, wenn die Eintragung zu der Rechtsänderung nicht erforderlich ist.

§. 37.

Die Eintragung der ehelichen Nutznießung und Verwaltung sowie der elterlichen Nutznießung ist nicht zulässig.

§. 38.

Werden mehrere Eintragungen beantragt, so darf dem Antrage der Vorbehalt beigefügt werden, daß die eine Eintragung nicht ohne die andere erfolgen solle. Auf einen Antrag, welchem ein anderer Vorbehalt beigefügt ist, soll eine Eintragung nicht angeordnet werden.

§. 39.

Eine Eintragung soll nur angeordnet werden, wenn die zur Begründung der Eintragung erforderlichen Erklärungen vor dem Grundbuchamte zu Protokoll gegeben oder in öffentlich beglaubigten, dem Grundbuchamte vorgelegten Urkunden enthalten sind und andere zu jener Begründung erforderliche Thatsachen bei dem Grundbuchamte offenkundig sind oder durch öffentliche Urkunden nachgewiesen werden.

§. 40.

Das Grundbuchamt hat die zu einer Eintragung erforderliche Erklärung auf Verlangen auch dann zu Protokoll zu nehmen, wenn die Abgabe der Erklärung vor dem Grundbuchamte nicht vorgeschrieben ist.

§. 41.

Die gesetzliche Erbfolge ist von dem Grundbuchamte nur auf Grund eines vorgelegten Erbscheines als nachgewiesen anzunehmen.

Die auf einer Verfügung von Todeswegen beruhende Erbfolge ist von dem Grundbuchamte nur auf Grund der vorgelegten Verfügung in Verbindung mit den in den §§. 2078, 2079 des Bürgerlichen Gesetzbuches bezeichneten Zeugnissen als nachgewiesen anzunehmen. Ist die vorgelegte Verfügung nicht in einer öffentlichen Urkunde enthalten, so genügt zum Nachweise der Verfügung das Anerkenntniß von Seiten desjenigen, welcher im Falle der

Ungültigkeit der Verfügung Erbe sein würde, oder das Zeugniß des Nachlaßgerichtes, daß nach einer in Gemäßheit der §§. 187, 189 der Civilprozeßordnung erlassenen öffentlichen Ladung ein der Verfügung entgegenstehendes Erbrecht nicht angemeldet sei. Das Nachlaßgericht hat auf Antrag die Ladung zu erlassen und, wenn innerhalb der bestimmten Frist keine Anmeldung erfolgt ist, das Zeugniß zu ertheilen.

§. 42.

Soll die Uebertragung eines zu einem Nachlasse gehörenden Rechtes an einen von mehreren Erben des bisher Berechtigten eingetragen werden, so genügt an Stelle der Eintragungsbewilligung der Miterben ein Zeugniß des Nachlaßgerichtes, daß die zu der Uebertragung erforderlichen Erklärungen der Erben vor dem Nachlaßgerichte abgegeben oder dem Nachlaßgerichte in öffentlich beglaubigten Urkunden vorgelegt seien. Diese Vorschrift findet keine Anwendung, wenn der zu der Uebertragung erforderliche Vertrag vor dem Grundbuchamte geschlossen werden muß.

§. 43.

Der Antrag auf Eintragung sowie die Vollmacht zu einem solchen Antrage bedürfen der Beglaubigung nur dann, wenn der Antrag zugleich die Eintragungsbewilligung zu ersetzen bestimmt oder auf Löschung einer Hypothek oder Grundschuld gerichtet ist.

§. 44.

Ist eine Eintragungsbewilligung von einem Notare aufgenommen oder beglaubigt, so ist zu dem von dem Notare auf Grund der Eintragungsbewilligung im Namen eines Betheiligten gestellten Antrage auf Eintragung die Vorlegung einer Vollmacht nicht erforderlich.

§. 45.

Wer gegenüber dem Eigenthümer eines Grundstückes befugt ist, die Eintragung oder Begründung eines Rechtes an dem Grundstücke oder die Zwangsvollstreckung in das Grundstück zu verlangen, kann auch verlangen, daß der Eigenthümer das Eigenthum für sich eintragen lasse. Er kann auf Grund eines vollstreckbaren Titels, kraft dessen er die Eintragung des Eigenthümers, die Eintragung oder Begründung des Rechtes oder die Zwangsvollstreckung in das Grundstück verlangen kann, im Wege der Zwangsvollstreckung nach Maßgabe des §. 846 Abs. 1 des Bürgerlichen Gesetzbuches die Eintragung des Eigenthümers beantragen.

Die Vorschriften des ersten Absatzes finden entsprechende Anwendung in Ansehung desjenigen, welcher die Eintragung oder Begründung eines Rechtes an einem Rechte zu verlangen befugt ist.

§. 46.

Wer für den Anspruch aus einer Reallast, Hypothek oder Grundschuld einen gegen den Eigenthümer des belasteten Grundstückes vollstreckbaren Titel hat, kann auf Grund dieses Titels im Wege der Zwangsvollstreckung nach Maßgabe des §. 846 Abs. 1 des Bürgerlichen Gesetzbuches die Löschung derjenigen nach dem Inhalte des Grundbuches der Reallast, Hypothek oder Grundschuld vorgehenden oder gleichstehenden Rechte, mit Einschluß der Hypotheken und Grundschulden, beantragen, welche erloschen oder nicht entstanden sind.

Der im ersten Absatze bezeichnete Berechtigte kann in Ansehung einer der Reallast, Hypothek oder Grundschuld vorgehenden oder gleichstehenden Hypothek, von welcher er behauptet, daß die Forderung erloschen sei, das Aufgebotsverfahren nach Maßgabe des §. 1103 des Bürgerlichen Gesetzbuches beantragen. Das Aufgebot ist dem Eigenthümer des belasteten Grundstückes von Amtswegen mitzutheilen. In Ansehung einer vorgehenden oder gleichstehenden Grundschuld finden diese Vorschriften entsprechende Anwendung.

§. 47.

In den Fällen der §§. 45, 46 kann der Antragsberechtigte die Mittheilung der zur Begründung des Antrages erforderlichen Urkunden von Behörden und Beamten, mit Einschluß der Notare, insoweit verlangen, als der Eigenthümer hierzu befugt ist.

§. 48.

Ein nicht gerechtfertigter Antrag ist mit Angabe der Gründe zurückzuweisen. Im Falle der nachträglichen Beibringung der fehlenden Erforderniſſe ist der Antrag als zur Zeit dieser Beibringung gestellt anzusehen.

§. 49.

Von mehreren auf dasselbe Grundstück sich beziehenden Anträgen auf Eintragung ist der früher gestellte vor dem später gestellten zu erledigen.

Wird durch die Erledigung des früher gestellten Antrages dem später gestellten Antrage die Begründung entzogen, so ist der später gestellte Antrag zurückzuweisen.

Bei der Anordnung der Eintragungen aus mehreren Anträgen ist für die Bestimmung des Ranges die Zeitfolge maßgebend, in welcher die Anträge gestellt sind. Wenn mehrere Anträge gleichzeitig gestellt sind, so ist für die Eintragungen der gleiche Rang zu bestimmen.

§. 50.

In den Fällen, in welchen eine Behörde gesetzlich befugt ist, eine Eintragung zu verlangen, hat das Grundbuchamt auf das Ersuchen dieser Behörde die Eintragung anzuordnen. Die Vorschriften der §§. 25, 29, 38, 48, 49 finden entsprechende Anwendung.

§. 51.

Die auf Ersuchen einer Behörde einzutragende Hypothek kann nur als Sicherungshypothek eingetragen werden. Die Vorschriften des §. 1130 Abs. 2 und des §. 1131 des Bürgerlichen Gesetzbuches finden entsprechende Anwendung.

§. 52.

Bei jeder Eintragung soll das Datum vermerkt werden.

§. 53.

Wird ein Grundstück oder ein Theil des Grundstückes auf ein anderes Grundbuchblatt übertragen, so soll die Uebertragung auf dem bisherigen Grundbuchblatte vermerkt werden.

§. 54.

Erachtet das Grundbuchamt eine erfolgte Eintragung nachträglich für nicht gerechtfertigt, so hat es von Amtswegen, wenn die Eintragung nach ihrem Inhalte unzulässig war, die Aufhebung der Eintragung, in anderen Fällen die Eintragung einer Vormerkung anzuordnen. Auf die Vormerkung findet die Vorschrift des §. 844 Abs. 2 des Bürgerlichen Gesetzbuches Anwendung.

§. 55.

Von der Bewirkung einer Eintragung soll derjenige, zu dessen Gunsten die Eintragung erfolgt ist, und derjenige, gegen dessen Recht die Eintragung sich richtet, sowie in allen Fällen der Eigenthümer des Grundstückes benachrichtigt werden. Auf die Benachrichtigung kann verzichtet werden.

Dritter Abschnitt.
Hypothekenbrief. Grundschuldbrief.

§. 56.

Der Hypothekenbrief muß die Bezeichnung als Hypothekenbrief enthalten, das belastete Grundstück sowie die Hypothek unter Bezugnahme auf das Grundbuchblatt bezeichnen und mit dem Datum sowie mit der Unterschrift und dem Dienstsiegel des Grundbuchamtes versehen sein.

§. 57.

Der Hypothekenbrief soll einen Auszug aus dem Grundbuchblatte enthalten, welcher umfaßt:

1. die Beschreibung des belasteten Grundstückes,
2. die Bezeichnung des Eigenthümers,
3. die auf die Hypothek sich beziehenden Eintragungen,
4. die kurze Bezeichnung der der Hypothek im Range vorgehenden oder gleichstehenden Rechte sowie den wesentlichen Inhalt anderer vor oder bei Eintragung der Hypothek bewirkter Eintragungen.

Die Landesjustizverwaltung kann anordnen, daß in den Auszug noch weitere Nachrichten aufgenommen werden sollen.

§. 58.

Mit dem Hypothekenbriefe soll die Eintragungsbewilligung und, wenn in derselben auf eine andere Urkunde Bezug genommen ist, auch diese in Urschrift oder beglaubigter Abschrift verbunden werden. Die Landesjustizverwaltung kann anordnen, daß die Eintragungsbewilligung und die andere Urkunde in Urschrift oder daß sie in beglaubigter Abschrift mit dem Hypothekenbriefe verbunden werden sollen.

§. 59.

Besteht die Hypothek an mehreren Grundstücken und gehören dieselben zu dem Bezirke eines und desselben Grundbuchamtes, so soll nur ein Hypothekenbrief ausgestellt werden. Gehören die Grundstücke zu den Bezirken verschiedener Grundbuchämter, so soll von jedem der Grundbuchämter ein Hypothekenbrief in Ansehung der zum Bezirke gehörenden Grundstücke ausgestellt werden. Mehrere über die Hypothek ausgestellte Hypothekenbriefe sollen mit einander verbunden werden.

§. 60.

Der Hypothekenbrief ist dem Eigenthümer des belasteten Grundstückes, wenn aber dieser die Aushändigung an den Gläubiger bewilligt hat, dem Gläubiger auszuhändigen. Auf die Bewilligung finden die Vorschriften der §§. 39, 40 entsprechende Anwendung.

§. 61.

Der Theilhypothekenbrief muß die Bezeichnung als Theilhypothekenbrief sowie eine beglaubigte Abschrift des Stammhypothekenbriefes, mit Einschluß der nach dessen Ausstellung darauf gesetzten Vermerke, enthalten, den Theil der Forderung, für welchen er gebildet ist, bezeichnen und mit dem Datum sowie mit der Unterschrift und dem Dienstsiegel des Grundbuchamtes, Gerichtes oder Notares versehen sein.

Die Bildung des Theilhypothekenbriefes muß auf dem Stammhypothekenbriefe vermerkt werden; daß dies geschehen, soll in dem Theilhypothekenbriefe angegeben werden.

§. 62.

Das Grundbuchamt hat auf Antrag des Inhabers eines Hypothekenbriefes den in demselben enthaltenen Auszug aus dem Grundbuche nach dem gegenwärtigen Inhalte des letzteren zu ergänzen.

§. 63.

Wird eine Briefhypothek gelöscht oder in eine Hypothek ohne Brief oder in eine Grundschuld umgewandelt, so ist der Hypothekenbrief von dem Grundbuchamte unbrauchbar zu machen. Die mit dem Briefe verbundenen Urkunden sind abzutrennen und zurückzugeben.

§. 64.

An Stelle eines ertheilten Hypothekenbriefes ist dem Gläubiger auf Antrag ein neuer Hypothekenbrief zu ertheilen, wenn der Eigenthümer des belasteten Grundstückes einwilligt und der bisherige Hypothekenbrief an das Grundbuchamt zurückgegeben wird.

Der Eigenthümer ist verpflichtet, auf Verlangen des Gläubigers die Einwilligung zu ertheilen, wenn ein nach den Umständen des Falles das Verlangen rechtfertigender Grund vorliegt.

Der neue Hypothekenbrief soll nach Maßgabe der gegenwärtigen Lage des Rechtsverhältnisses gebildet werden; ein Streit über diese Lage ist im Wege des Prozesses zu erledigen.

Der bisherige Hypothekenbrief soll von dem Grundbuchamte unbrauchbar gemacht, mit dem Vermerke der Ausstellung des neuen Hypothekenbriefes versehen und aufbewahrt werden.

§. 65.

Der Hypothekenbrief, welcher an Stelle eines durch Ausschlußurtheil kraftlos gewordenen Hypothekenbriefes ertheilt wird, soll nach Maßgabe des §. 64 Abs. 3 gebildet werden.

§. 66.

Im Falle der Ertheilung eines Hypothekenbriefes an Stelle eines früher ertheilten soll der neue Hypothekenbrief die Angabe enthalten, daß er an Stelle des anderen ertheilt ist.

Die Ertheilung des neuen Hypothekenbriefes soll im Grundbuche vermerkt werden.

§. 67.

Der Grundschuldbrief muß die Bezeichnung als Grundschuldbrief enthalten. Die Vorschriften der §§. 56 bis 66 finden auf die Grundschuld und den Grundschuldbrief entsprechende Anwendung.

Vierter Abschnitt.

Beschwerde.

§. 68.

Gegen die Entscheidungen des Grundbuchamtes findet das Rechtsmittel der Beschwerde statt.

Ueber die Beschwerde entscheidet das Landgericht, in dessen Bezirke das Grundbuchamt seinen Sitz hat, sofern nicht durch Landesgesetz ein anderes Gericht für zuständig erklärt ist.

§. 69.

Die Beschwerde steht einem Jeden zu, welcher durch die Entscheidung in seinen Rechten beeinträchtigt ist, im Falle der Zurückweisung eines Antrages oder des Ersuchens einer Behörde jedoch nur dem Antragsteller oder der Behörde.

§. 70.

Die Beschwerde kann sowohl bei dem Grundbuchamte als bei dem Beschwerdegerichte eingelegt werden.

Die Einlegung kann ohne Mitwirkung eines Rechtsanwaltes erfolgen.

Die Beschwerde ist an eine Frist nicht gebunden.

§. 71.

Erachtet das Grundbuchamt die bei ihm eingelegte Beschwerde für begründet, so hat es derselben abzuhelfen, in Ansehung einer erfolgten Eintragung jedoch nur nach Maßgabe des §. 54.

§. 72.

Die Beschwerde kann auf neue Thatsachen und Beweise nicht gestützt werden.

§. 73.

Die Beschwerde hat keine aufschiebende Wirkung.

Das Beschwerdegericht kann vor der Entscheidung eine einstweilige Anordnung erlassen; es kann insbesondere, wenn durch die angefochtene Entscheidung ein Antrag auf Eintragung zurückgewiesen ist, zu Gunsten des Antragstellers ein Veräußerungsverbot erlassen und dessen Eintragung anordnen, oder, wenn durch die angefochtene Entscheidung eine Eintragung angeordnet ist, die Eintragung einer Vormerkung anordnen. Die Ausführung einer von dem Grundbuchamte angeordneten Eintragung kann durch einstweilige Anordnung nicht aufgehalten werden.

§. 74.

Erachtet das Beschwerdegericht die Beschwerde gegen eine erfolgte Eintragung für begründet, so finden die Vorschriften des §. 54 entsprechende Anwendung.

§. 75.

Das Beschwerdegericht hat seine Entscheidung mit Gründen zu versehen.

§. 76.

Gegen die Entscheidungen des Beschwerdegerichtes findet das Rechtsmittel der weiteren Beschwerde statt.

Ueber die weitere Beschwerde entscheidet das Oberlandesgericht, in dessen Bezirke das Beschwerdegericht seinen Sitz hat, sofern nicht durch Landesgesetz ein anderes Gericht für zuständig erklärt ist.

Die weitere Beschwerde kann sowohl bei dem Grundbuchamte als bei dem für die weitere Beschwerde zuständigen Gerichte eingelegt werden. Die Vorschriften des §. 69, des §. 70 Abs. 2, 3 und der §§. 72 bis 75 finden entsprechende Anwendung.

Fünfter Abschnitt.

Einführungsvorschriften.

§. 77.

Dieses Gesetz tritt, soweit dessen Vorschriften die Anlegung des Grundbuches betreffen, für den ganzen Umfang des Reiches gleichzeitig mit dem Einführungsgesetze zum Bürgerlichen Gesetzbuche, im Uebrigen für jeden Grundbuchbezirk mit dem Zeitpunkte in Kraft, in welchem das Grundbuch als angelegt anzusehen ist.

Die Vorschriften der Artikel 2 bis 5, 9 des Einführungsgesetzes zum Bürgerlichen Gesetzbuche finden entsprechende Anwendung.

§. 78.

Die Vorschriften der Landesgesetze bleiben insoweit, als sie nach dem Einführungsgesetze zum Bürgerlichen Gesetzbuche von dem letzteren unberührt bleiben, auch von diesem Gesetze unberührt.

§. 79.

Vorschriften zur Ergänzung und Ausführung dieses Gesetzes, mit Einschluß der zu diesen Zwecken erforderlichen Uebergangsvorschriften, können in den einzelnen Bundesstaaten auch insoweit erlassen werden, als dieses Gesetz und das Einführungsgesetz zum Bürgerlichen Gesetzbuche Vorbehalte für Landesgesetze, für landesherrliche Verordnungen oder für Anordnungen der Landesjustizverwaltung nicht enthalten.

Motive

zum

Entwurfe einer Grundbuchordnung.

Einleitung.

I. Dem Bürgerlichen Gesetzbuche ist die Voraussetzung zu entnehmen, daß bei dem Inkrafttreten des Immobilienrechtes desselben überall eine Grundbucheinrichtung im Sinne des neuen Rechtes geschaffen, die mit der Verwaltung des Grundbuches betraute Behörde eingesetzt und das Verfahren dieser Behörde geregelt sei. Das Grundbuch als Voraussetzung des B. G. B.

Der Erlaß von Vorschriften über die Schaffung der Grundbucheinrichtung ist durch Artikel 108 des Einführungsgesetzes für einen jeden Bundesstaat der landesherrlichen Verordnung überwiesen. Die Anforderungen, welche an das anzulegende Grundbuch zu stellen und bei Regelung des Verfahrens der Anlegung bezw. bei Erklärung eines vorhandenen Buches zum Grundbuche zu berücksichtigen sind, ergeben sich der Hauptsache nach aus den Vorschriften des B. G. B.[1]). Das Grundbuch soll ein jedes Grundstück und dessen Eigenthümer nachweisen und über die sonstigen Rechtsverhältnisse des Grundstückes diejenigen Angaben enthalten, deren Fehlen nach den Vorschriften des materiellen Rechtes einen Schluß auf das Nichtbestehen der nicht angegebenen Rechtsverhältnisse zu Gunsten eines gutgläubigen Erwerbers gestatten würde. Die äußere Einrichtung der Grundbücher ist durch die Vorschrift des Einführungsgesetzes im Allgemeinen der partikulären Regelung überlassen. Es erscheint indessen unumgänglich, im Interesse der einheitlichen Rechtsanwendung von formeller Seite gewisse reichsgesetzliche Anforderungen an die Einrichtung der Grundbücher zu stellen und damit die in Ansehung der Anlegung des Grundbuches den einzelnen Bundesstaaten ertheilte Ermächtigung einzuschränken. Diese Anforderungen an die formale Gestaltung der Grundbücher im Sinne des neuen Rechtes haben zum großen Theile Bedeutung nicht nur für das Stadium der Anlegung und die Uebergangszeit, sondern auch für die Folgezeit. Sie gehören deshalb, wenn eine Grundbuchordnung für das Reich erlassen wird, in diese (§§ 5 bis 13).

II. Geht man davon aus, daß das Grundbuch fertig vorliegt, so bedarf es der Einrichtung von Behörden, welche das Grundbuch führen, und der Regelung des Verfahrens dieser Behörden. Die vorhandenen Buchbehörden.

Wenn auch die Errichtung und die Regelung der Zuständigkeit der Buchbehörden nicht ohne Einfluß auf deren Geschäftsführung ist, so erscheint es doch nicht geboten, in dieser Richtung reichsgesetzlich einzugreifen. Die

---

[1]) Mit B. G. B. wird hier und in der Folge der durch den Druck veröffentlichte Entwurf eines Bürgerlichen Gesetzbuches für das Deutsche Reich bezeichnet.

bestehenden Einrichtungen sind sehr verschieden. Meistens sind die Amtsgerichte mit der Verwaltung des Grundbuchwesens befaßt. Diese Verwaltung gehört dem Gebiete der nichtstreitigen Rechtspflege an. Man war von jeher geneigt, die nichtstreitige und die streitige Rechtspflege, über deren gegenseitige Abgrenzung in der Wissenschaft viele Meinungsunterschiede bestehen, als ein Ganzes anzusehen und deshalb der Regel nach auch die nichtstreitige Rechtspflege den Gerichten als den geeignetsten Behörden zu überweisen. Demgemäß sind nach einer Reihe von Gesetzen die Amtsgerichte für das Verfahren in Grundbuchsachen zuständig. So namentlich nach den Ausführungsgesetzen zum G. V. G. für Preußen §§ 12, 16, 26, 31 (vergl. auch Ges. über das Grundbuchwesen 2c. im Geltungsbereich des rhein. Rechtes v. 12. April 1888, Bayern Art. 8, 15, Sachsen §§ 13—15, Oldenburg Art. 6 § 1 Nr. 4, Fürstenthum Lübeck Art. 4, Braunschweig § 20 Nr. 2, Meiningen §§ 7, 16, 43, Altenburg §§ 6, 18, Coburg-Gotha §§ 5, 14, Anhalt §§ 10, 16, 20, Rudolstadt § 6, Sondershausen §§ 6, 13, Waldeck § 1, Reuß j. L. §§ 6, 14, Schaumburg-Lippe §§ 8, 14, Lippe §§ 9, 15; ferner nach dem Ges. für Weimar, betr. die nach Maßgabe des deutschen G. V. G. im Großherzogthum zu errichtenden ordentlichen Landesgerichte, v. 8. März 1879 § 7 und nach dem Ges. für Reuß ä. L., betr. Veränderungen in der Gerichtsorganisation, v. 21. Novbr. 1878.

Die Staaten, in welchen anderen Behörden als den Amtsgerichten die Buchführung obliegt, sind: Württemberg, Baden, Hessen, mit einer gewissen Einschränkung auch die beiden Mecklenburg, die Hansestädte und Elsaß-Lothringen; hinzutreten die französisch-rechtlichen Theile Bayerns und Oldenburgs. In Württemberg sind die Gemeinderäthe (als Unterpfandsgerichte) zuständig für die auf die Führung der Güterbücher und der Pfandbücher bezüglichen Geschäfte; nur in Ansehung der exemten Grundstücke besteht die Zuständigkeit der Landgerichte[1]). Auch in Baden haben die Gemeinderäthe als Gewähr- und Pfandgerichte die Grund- und Pfandbücher zu führen; nur in den unter die Städte O. v. 24. Juni 1874 fallenden Städten fungiren besondere Grund- und Pfandbuchführer[2]). In Hessen werden die Grundbücher in den Gemeinden von dem Ortsgerichtsvorsteher aufbewahrt. Die Einschreibungen besorgt der Steuerkommissär auf Grund des Mutationsverzeichnisses, welches von dem Amtsgerichte geführt wird[3]). Für die Führung der Hypothekenbücher in Starkenburg und Oberhessen sind die Ortsgerichte zuständig; die Eintragungen und Löschungen erfolgen nach den Anweisungen

[1]) Ges., betr. die Führung der Güterbücher durch Gemeindebeamte, v. 13. April 1873; Ausf. Ges. zum G. V. G. Art. 6, 7, 9; Pfandges. v. 25. April 1825 Art. 136 ff.; Römer, das württemb. Unterpfandsr. §§ 4, 20.

[2]) Vergl. Anleit. zur Führung der Grund- und Pfandbücher v. 6. April 1868 §§ 1 ff.; Ges., die Führung dieser Bücher in einigen Städten betr., v. 24. Juni 1874; Verordn., die Führung 2c. betr., v. 2. August 1879.

[3]) Ges. v. 29. Oktbr. 1830 Art. 9; Ges. v. 21. Febr. 1852 Art. 19 ff.; Verordn. v. 8. Dezbr. 1852 §§ 25 ff.; Instr. v. 29. Juni 1858 §§ 6 ff., 43 ff.; Ausf. Ges. zum G. V. G. Art. 6 und 13 Nr. 5; Ges., die Uebertragung von Grundeigenthum 2c. betr., v. 6. Juni 1879.

des Amtsgerichtes[1]). In Mecklenburg sind die Stadtmagistrate die Buchbehörden für die den Stadtbuchordnungen unterworfenen Grundstücke. Bezüglich der ritterschaftlichen Landgüter besteht in Schwerin das Departement für das ritterschaftliche Hypothekenwesen, in Strelitz die Hypothekenkammer für Landgüter. Die Klostergüter in Schwerin unterliegen in Ansehung der Buchführung besonderen Vorschriften. Für die übrigen Grundstücke sind in beiden Großherzogthümern die Amtsgerichte die Buchbehörden[2]). In Hamburg und Lübeck sind zur Wahrnehmung der auf die Buchführung bezüglichen Geschäfte Hypothekenämter eingerichtet[3]). Für die Gebiete des franz. Rechtes beruht die Hypothekenverfassung auf dem Ges. v. 21. Ventôse des Jahres VII. Durch dieses Gesetz wurden die durch die Transskription und Inskription bedingten Funktionen der Régie d'enregistrement übertragen, einer Finanzbehörde, in deren Auftrage die Einnehmer des Bezirkes als conservateurs des hypothèques die Transskriptions- und Inskriptionsregister führen. In den französischrechtlichen Theilen Preußens, Bayerns, Hessens und Oldenburgs sind aus den Stellen der Hypothekenbewahrer besondere Hypothekenämter gemacht worden. Für Preußen ändert sich in Zukunft diese Einrichtung dadurch, daß nach dem Ges. v. 12. April 1888 die Grundb. O. v. 5. Mai 1872 auch in dem Geltungsbereiche des rhein. Rechtes eingeführt wird.

III. Auf die Nothwendigkeit einer Reichs-Grundbuchordnung ist bereits in den Motiven zu dem Entw. eines B. G. B. III S. 21, 176, 177 hingewiesen. Folgende weitere Gesichtspunkte kommen bei einer solchen Regelung in Betracht: Reichsgesetzliche Regelung.

Das materielle Grundbuchrecht, diesen Ausdruck in dem Sinne genommen, daß unter demselben alle Vorschriften verstanden werden, welche auf die Aenderungen im dinglichen Rechtsbestande sich beziehen[4]), ist im B. G. B. im vollsten Umfange geordnet. Nur wenige Rechtsnormen fehlen, welche einem anderen Reichsgesetze, dem Gesetze über die Zwangsvollstreckung in das unbewegliche Vermögen, vorbehalten sind. Im materiellen Grundbuchrechte spielt die Eintragung in das Grundbuch eine große Rolle, vornehmlich als Voraussetzung des Eintrittes einer Rechtsänderung; daneben ist aber auch der Grundbuchinhalt wegen der ihm in § 826 des B. G. B. beigelegten Beweiswirkung und als Grundlage des gutgläubigen Erwerbes[5]) von rechtlicher Bedeutung. Die Eintragung ist ein Akt, welcher nicht, wie der Uebergabeakt oder die Besitzergreifung im Mobilienrechte, von den Betheiligten selbst vorgenommen werden kann, sondern ausschließlich in die Hand des Grundbuchamtes gelegt ist. Die Voraussetzungen, an welche die Pflicht des Grundbuchamtes zur Anordnung einer Eintragung sich knüpft, sind zum großen Theile dem materiellen Grundbuchrechte zu entnehmen. Neben die materiellen Vor-

---

[1]) Ges., das Verfahren der Hypothekenbehörden betr., v. 19. Januar 1859 Art. 1, 2.

[2]) Ausf. Verordn. zum G. V. G. für Schwerin §§ 50 ff., für Strelitz §§ 46 ff.

[3]) Hamb. Ges. über Grundeigenthum &c. v. 4. Dezbr. 1868 §§ 45 ff. und Ausf. Ges. zur C. P. O. §§ 8, 10—12, 17; lübeck. Ausf. Verordn. zum G. V. G. § 48.

[4]) Vergl. den Entw. eines Einf. Ges. zum B. G. B. Art. 110 Abs. 1.

[5]) B. G. B. §§ 837, 838.

aussetzungen treten formelle Voraussetzungen, welche das an das Grundbuchamt zu richtende Begehren, die Begründung des Begehrens und den Nachweis der zu der Begründung erforderlichen Thatsachen betreffen. Diese formellen Voraussetzungen sind in dem Gesetze über das Verfahren, der Grundbuchordnung, zu bestimmen. Die betreffenden Vorschriften der Grundbuchordnung sind Ordnungsvorschriften in dem Sinne, daß eine Eintragung, welche unter ihrer Verletzung geschieht, nicht um deswillen allein nichtig ist und als nicht geschehen gilt; die Unwirksamkeit einer von dem zuständigen Grundbuchamte und insbesondere auch von einem nicht unfähigen Beamten angeordneten Eintragung, welche eine Rechtsänderung vollenden soll, kann sich vielmehr nur aus einem Mangel in den materiellen Voraussetzungen ergeben.

Man kann indessen nicht behaupten, daß die Erlassung solcher Ordnungsvorschriften nicht in den Bereich der gesetzgebenden Gewalt, sondern in den Bereich der vollziehenden Gewalt falle, daß also diese Vorschriften, wenn sie von Reichswegen erlassen werden, nach dem geltenden Reichsrechte dem Bundesrathe oder einer mit Zustimmung des Bundesrathes zu erlassenden kaiserlichen Verordnung vorzubehalten seien. Die Wichtigkeit des formellen Grundbuchrechtes und dessen Zusammengehörigkeit mit dem materiellen Grundbuchrechte steht einem solchen Verfahren entgegen. Es ist unbedenklich, in demselben formellen Gesetze Ordnungsvorschriften mit Rechtssätzen zu verbinden. Dieser Weg ist auch sonst häufig in der Reichsgesetzgebung betreten und empfiehlt sich, wenn durch die Handhabung der Verwaltungsvorschriften private Interessen berührt werden.

Bereits im B. G. B. ist in Aussicht genommen, daß die formellen Vorschriften über die Eintragung in einem Reichsgesetze gegeben werden; vergl. § 843 Abs. 1 („in der nach der Grundbuchordnung erforderlichen Form"), § 1096 Abs. 1 („Urkunden, welche nach den Vorschriften der Grundbuchordnung erforderlich sind, um das Grundbuch zu berichtigen"), und die Anm. zu §§ 787, 827, 828, 833, 840, 1062, 1208. Der reichsgesetzliche Erlaß formeller Vorschriften ist ein unbedingtes Bedürfniß; denn wenn das Reichsgesetz das Erforderniß der Eintragung durch das Grundbuchamt aufstellt und damit die Betheiligten in der durch eigene Handlung herbeizuführenden Gestaltung ihrer Rechtsverhältnisse beschränkt, so muß es auch Bestimmungen darüber geben, unter welchen Voraussetzungen das Grundbuchamt eine Eintragung vorzunehmen hat. Das materielle und das formelle Grundbuchrecht bilden ein einheitliches Ganzes und müssen einheitlich geordnet werden. Ohne eine solche Regelung würde auch die einheitliche Anwendung des materiellen Grundbuchrechtes beeinträchtigt werden.

Neben der Eintragung ist auch die Ertheilung von Hypothekenbriefen und Grundschuldbriefen Obliegenheit des Grundbuchamtes (§§ 1106, 1136, 1138 des B. G. B.). Was von den formellen Vorschriften über die Eintragung gesagt ist, gilt im Wesentlichen auch von den formellen Vorschriften über die Ertheilung dieser Urkunden; vergl. § 1110 des B. G. B. und die beigefügte Anmerkung.

Ferner sind reichsgesetzliche Vorschriften über die Einsicht des Grundbuches erforderlich, weil an die Unkenntniß des Grundbuchinhaltes nach den materiellen Vorschriften nachtheilige Folgen sich knüpfen können. Endlich ist auch das Beschwerdeverfahren zu regeln.

Unvollständigkeit der Grundb. O.

IV. Wenn hiernach auch das Bedürfniß feststeht, daß eine Grundbuchordnung für das Deutsche Reich zu erlassen ist, so kann es doch nicht als Aufgabe erscheinen, von Reichswegen ein Gesetz über das Verfahren in Grundbuchsachen zu geben, welches nach allen Richtungen vollständig wäre und auf dem Kodifikationsprinzipe beruhte[1]). Damit würde tiefer in das Landesrecht eingegriffen, als der Zweck erfordert. Wird vom Kodifikationsprinzipe abgesehen, so wirkt die Reichs-Grundbuchordnung nur ebenso, wie die in dem Einf. Ges.[2]) Art. 91 Abs. 1 bezeichneten im B. G. B. getroffenen besonderen Bestimmungen über Angelegenheiten der freiwilligen Rechtspflege wirken, nämlich so, daß das spätere Gesetz, soweit es reicht, die Gesetze der Vergangenheit aufhebt und für die Zukunft, da es ein Reichsgesetz ist, Normirungen durch die Landesgesetzgebung ausschließt. Wegen möglicher Zweifel ist aber eine Erklärung, wie weit die Reichs-Grundbuchordnung reichen soll, erforderlich; sie wird in § 79 gegeben. Aus dieser Vorschrift erhellt, daß die Reichs-Grundbuchordnung keine umfassende und abschließende Normirung der von ihr behandelten Materie geben soll. In folgenden Richtungen wird durch die Reichs-Grundbuchordnung keine Beschränkung auferlegt:

1. Ueber alle Punkte, über welche in der Grundbuchordnung nicht entschieden ist, entscheidet das Landesrecht und können auch in Zukunft ergänzende landesgesetzliche Vorschriften ergehen. Die offen gelassenen Punkte sind ziemlich zahlreich. Sie betreffen insbesondere die Organisation und Zuständigkeit der Grundbuchämter, die öffentliche Beurkundung bei dem Grundbuchamte, die Sitzungspolizei 2c.

2. Der Begriff der ergänzenden Vorschriften könnte leicht zu eng aufgefaßt werden. Auch wenn eine Vorschrift über einen Punkt in der Grundbuchordnung sich findet, können weitere Vorschriften über denselben Punkt denkbar sein, welche in Harmonie mit der gegebenen Vorschrift diese ausfüllen und deren Anwendung im Einzelnen näher bestimmen[3]). Es handelt sich um die Entscheidung von Unterfragen, welche mit der gegebenen Entscheidung der Hauptfrage harmoniren. Wenn in § 6 Abs. 2 die Zulässigkeit eines Personalfoliums zugestanden wird, so bleibt immer noch die weitere Frage, ob und inwieweit auf die Anlegung von Realfolien gehalten werden soll. Voraussetzung bleibt stets, daß eine Unterfrage offen geblieben ist. Es ist selbstverständlich, daß die Entscheidung, ob diese Voraussetzung zutreffe, nicht durch eine landesgesetzliche authentische Interpretation gegeben werden kann und daß in Wirklichkeit ändernde Gesetze durch den äußeren Schein als Ausführungsgesetze nicht an Wirksamkeit gewinnen können[4]).

3. Die Grundbuchordnung enthält keine Uebergangsvorschriften, d. h. keine Vorschriften, welche den zeitlichen Herrschaftsbereich des neuen Gesetzes

[1]) Vergl. Anm. zu Art. 91 des Entw. eines Einf. Ges. zum B. G. B.

[2]) Mit dem Einf. Ges. wird hier und in der Folge der durch den Druck veröffentlichte Entwurf eines Einführungsgesetzes zum B. G. B. bezeichnet.

[3]) Vergl. Wach, Handb. Bd. 1 § 16 unter V, 3.

[4]) Laband, Staatsr. 2. Aufl. Bd. 1 S. 621.

gegenüber dem zeitlichen Herrschaftsbereiche des alten Gesetzes in Ansehung der Behandlung von rechtlichen Thatbeständen bestimmen, welche zur Zeit des Inkrafttretens des neuen Gesetzes vorliegen. In Ansehung der Behandlung bisher geführter Bücher und damit auch der Eintragungen in dieselben, alter Hypothekenbriefe und Grundschuldbriefe ist im Einf. Ges. (Art. 110 Abs. 2, Art. 112 Abs. 3, Art. 113) Vorsorge getroffen. Es bleibt nur ein geringer Raum für weitere Uebergangsvorschriften. In Betracht können kommen unerledigte Anträge auf Eintragung oder auf Ertheilung von Hypothekenbriefen oder Grundschuldbriefen und schwebende Beschwerden. Da die Grundbuchordnung keine Uebergangsvorschriften enthält, so dient der Erlaß solcher Vorschriften zur Ergänzung und Ausführung der Grundbuchordnung. Es empfiehlt sich indessen, die Zuständigkeit der Landesgesetzgebung ausdrücklich vorzubehalten, weil sonst Zweifel sich ergeben würden[1]). Auch die Einführungsgesetze zu den Reichs-Justizgesetzen enthalten ähnliche Vorbehalte[2]). Nicht zugelassen sind hierdurch Vorschriften, welche lediglich, um den Uebergang zu erleichtern, die Geltung des neuen Rechtes aufschieben.

Neben dem allgemeinen Vorbehalte des § 79 finden sich besondere Vorbehalte in § 5 Abs. 2, §§ 8, 9, 10, § 11 Abs. 2, § 14 Abs. 1, § 15 Abs. 3, §§ 16, 17, 18, § 26 Abs. 2, § 57 Abs. 2.

Bisheriger Rechtszustand.

V. Die Benutzung der bisherigen Gesetze über das Verfahren in Grundbuchsachen und Hypothekensachen als Vorbilder kann nur in beschränktem Maße stattfinden. Das materielle Grundbuchrecht des B. G. B. weist einen bestimmten Weg für die Gestaltung des formellen Grundbuchrechtes. Am meisten werden hiernach in Betracht kommen diejenigen Verfahrensgesetze, welche zu einem ähnlichen auf dem Grundbuchsysteme beruhenden materiellen Grundbuchrechte gehören[3]).

---

1) Vergl. Wach, Handb. S. 214, 215.

2) Einf. Ges. zur Str. P. O. § 8; Einf. Ges. zur C. P. O. § 18 Abs. 2, § 21 Abs. 2, § 23 Abs. 2; Einf. Ges. zur Konk. O. § 8 Abs. 2, §§ 12, 13.

3) Als die hier in Betracht kommenden wichtigeren Gesetze sind hervorzuheben:

1. Preußen: Grundb. O. v. 5. Mai 1872. Für das vorm. Herzogthum Nassau: Stockb. Ges. und Ges., das Pfandr. ꝛc. betr., beide v. 15. Mai 1851. Für das vorm. Herzogthum Lauenburg: die Schuld- und Pfandprotokoll O. v. 26. Mai 1860. Ferner: Ges. über das Grundbuchwesen ꝛc. im Geltungsbereiche des rhein. R. v. 12. April 1888. Die Grundbuchordnungen für Oldenburg, Coburg-Gotha, Braunschweig, das oldenb. Fürstenthum Lübeck, Lippe-Detmold, Sondershausen, Schaumburg-Lippe sind Nachbildungen der preuß. Grundbuchordnung.
2. Bayern: Hypoth. Ges. v. 1. Juni 1822.
3. Sachsen: Verordn., das Verfahren in nichtstreitigen Rechtssachen betr., v. 9. Jan. 1865 Abschn. IV. Nachbildungen des älteren sächsischen Grundbuchrechtes sind die Hypothekengesetze für Altenburg, Reuß j. und ä. L.
4. Württemberg: Pfandges. v. 15. April 1825; Ges., die vollständige Entwickelung des neuen Pfandsystemes betr., v. 21. Mai 1828; Ges., die Führung der Güterbücher durch Gemeindebeamte betr., v. 13. April 1873.
5. Baden: Anleitung zur Führung der Grund- und Pfandbücher v. 23. April 1868; Ges., die Führung dieser Bücher in einigen Städten betr., v. 24. Juni 1874.

6. Hessen: a) Provinz Starkenburg und Oberhessen: Ges., die Erwerbung des Grundeigenthums und die besonderen rechtlichen Folgen des Eintrags eines Erwerbtitels im Grundbuche betr., v. 21. Febr. 1852, nebst Ausf. Verordn. v. 8. Dezbr. 1852; Pfandges. v. 15. Septbr. 1858 und Ges., das Verfahren der Hypothekenbehörden betr., v. 19. Jan. 1859. b) Provinz Rheinhessen: Ges., die Uebertragung von Grundeigenthum und die Fortführung der Grundbücher betr., v. 6. Juni 1879, nebst Ausf. Verordn. v. 9. Septbr. 1879.
7. Mecklenburg-Schwerin: rev. Hypoth. O. für Landgüter v. 18. Oktbr. 1848; rev. Stadtb. O. v. 21. Dezbr. 1857; Ges. über die Grund- und Hypothekenbücher für den Privatgrundbesitz in den großherz. Domänen v. 2. Jan. 1854.
8. Weimar: Ges., betr. das Verfahren bei Uebereignung des Eigenthumes an Immobilien, v. 20. April 1833; Ges. über das Recht an Faustpfändern und Hypotheken v. 6. Mai 1839, nebst Ausf. Verordn. v. 12. März 1841.
9. Mecklenburg-Strelitz: rev. Hypoth. O. für Landgüter v. 18. Oktbr. 1848; rev. Stadtb. O. v. 21. Dezbr. 1857; Hypoth. O. für die ritterschaftlichen Hintersassen v. 3. Febr. 1855; Hypoth. O. für den Privatgrundbesitz in den großherz. Domänen und im Kab. Amt v. 24. Dezbr. 1872 und Hypoth. O. für den Privatgrundbesitz (mit Ausschluß der Rittergüter) in dem Fürstenthume Ratzeburg v. 21. August 1859.
10. Oldenburg. Für das Herzogthum: Grundb. O. v. 3. April 1876; für das Fürstenthum Lübeck: Grundb. O. v. 28. Jan. 1879; für das Fürstenthum Birkenfeld: Hypoth. O. v. 11. Oktbr. 1814.
11. Braunschweig: Grundb. O. v. 8. März 1878 und Instr., die Geschäftsführung bei den Grundbuchämtern betr., v. 26. April 1878.
12. Meiningen: Ges., betr. die Anlegung von Grund- und Hypothekenbüchern, v. 15. Juli 1862, und das Revis. Ges. v. 7. Novbr. 1872; ferner die Instruktionen für die Anlegung und Fortführung der Grundbücher v. 15. August 1872 und der Hypothekenbücher v. 21. Febr. 1873.
13. Altenburg: Ges., die Grund- und Hypothekenbücher und das Hypothekenwesen betr., v. 13. Oktbr. 1852.
14. Coburg-Gotha: Grundb. O. v. 1. März 1877.
15. Anhalt: Ges., betr. das Pfandr. an Immobilien, v. 13. April 1870, und das Ges., betr. die Einführung von Grundbüchern, v. 11. März 1877.
16. Sondershausen: Grundb. O. v. 2. August 1882.
17. Rudolstadt: zwei Gesetze v. 6. Juni 1856, von welchen das eine die gerichtliche Uebereignung unbeweglicher Sachen ordnet und das andere die Verbesserung des Hypothekenwesens betrifft.
18. Waldeck und Pyrmont: Ges. über das Grundbuchwesen v. 25. Jan. 1881
19. Reuß ä. L.: Ges., die Grund- und Hypothekenbücher und das Hypothekenwesen betr., v. 27. Febr. 1873.
20. Reuß j. L.: das gleichnamige Ges. v. 20. Novbr. 1858.
21. Schaumburg-Lippe: Grundb. O. v. 26. August 1884.
22. Lippe-Detmold: Grundb. O. v. 27. Juli 1882.
23. Lübeck: Hypoth. O. v. 5. Mai 1880.
24. Bremen: Erbe- und Handfesten O. v. 1860.
25. Hamburg: Ges. über Grundeigenthum und Hypotheken v. 4. Dezbr. 1868.

Ferner sind die in französisch-rechtlichen Gebieten, insbesondere in Elsaß-Lothringen, noch geltenden Vorschriften des code civil art. 2146 bis 2203 zu erwähnen.

Erster Abschnitt.

Grundbuchämter, Grundbücher.

Führung der Grundbücher.

§ 1.

Grundbuchämter.

Die Vorschrift des ersten Absatzes stellt die Voraussetzung klar, daß in den Bundesstaaten bei dem Inkrafttreten des neuen Grundbuchrechtes für die Führung der Grundbücher Behörden errichtet sein müssen. Diese Behörden sind die Grundbuchämter im Sinne der neuen Gesetzgebung; sie haben neben der Führung der Grundbücher auch die sonstigen den Grundbuchämtern nach dem B. G. B. und diesem Gesetze obliegenden Geschäfte zu besorgen. Die Organisation und die Regelung der Zuständigkeit der Grundbuchämter bleibt in Gemäßheit des § 79 der Landesgesetzgebung überlassen.

Bei der Bestimmung der örtlichen Zuständigkeit der Grundbuchämter ist die Regel des § 5 Abs. 1, daß das Grundbuch nach Bezirken zu führen ist, einzuhalten, doch können nach § 5 Abs. 2 auch die Grundstücke, für deren Buchung ein Grundbuchamt für zuständig erklärt wird, nicht nach ihrer Lage innerhalb eines Bezirkes, sondern nach Gattungsmerkmalen (Rittergüter, Lehngüter 2c.) bestimmt sein.

Oertliche Zuständigkeit.

Die landesgesetzliche Vorschrift über die örtliche Zuständigkeit des Grundbuchamtes zur Führung des Grundbuches über ein bestimmtes Grundstück ist einer verschiedenen Auslegung fähig. Sie kann dahin verstanden werden, daß die Führung des Grundbuches über ein der Zuständigkeit des Grundbuchamtes nicht unterliegendes Grundstück nichtig ist; sie kann aber auch nur bedeuten, daß die Grundbuchämter sich der Führung des Grundbuches über ein solches Grundstück enthalten sollen. Nach der strengeren Auffassung ergeben sich Mißstände, welchen, was die örtliche Zuständigkeit der Prozeßgerichte anbelangt, durch die Vorschriften über den vereinbarten Gerichtsstand und die Vorschriften über die Verpflichtung des Beklagten, die Einrede der Unzuständigkeit des Gerichtes vorzuschützen, abgeholfen wird. In Sachen der freiwilligen Gerichtsbarkeit fehlt eine ähnliche Abhülfe. Es leuchtet aber ein, zu welchen Uebelständen die Nichtigkeit der Buchführung über ein der Kompetenz des Grundbuchamtes nicht unterliegendes Grundstück führen würde, über welches in irriger Auffassung der Flurgrenzen oder der maßgebenden besonderen Beschaffenheit des Grundstückes Buch geführt wurde. Zu einem Kompetenzstreite kommt es nur, wenn die Verschiedenheit der subjektiven Ansichten über die Zuständigkeit hervortritt. Wie sich das geltende Recht zu dem Verständnisse der Vorschriften über die örtliche Zuständigkeit der Grundbuchämter verhält, ist schwer zu sagen. Die bisherigen Verfahrensgesetze enthalten keine unmittelbare Lösung der Frage[1]). In den sonstigen Angelegenheiten der freiwilligen Gerichtsbarkeit liegt die Sache anders und sind aus einer strengeren Auffassung der Kompetenzvorschriften nicht die gleichen Uebelstände zu befürchten. Der Entwurf hält es für geboten, die mildere Auffassung der Vorschriften über die örtliche Zuständigkeit zur Geltung zu bringen. Wenn ein Grundbuchamt sich zur Führung des Grundbuches über ein bestimmtes Grundstück für zuständig erachtet, das Grundstück gebucht und damit seine Zuständigkeit festgestellt hat, so dürfen diejenigen, welche hierauf vertrauend an das Grundbuchamt sich gewendet haben, nicht geschädigt werden. Die von einem solchen Grundbuchamte angeordneten Eintragungen werden deshalb in § 1 Abs. 2 für wirksam erklärt. Aus dieser Vorschrift folgt des Weiteren, daß auch die materielle Wirksamkeit der vor dem Grundbuchamte oder gegenüber dem Grundbuchamte abgegebenen Erklärungen nicht darunter leidet, wenn dieselben vor einem unzuständigen Grundbuchamte abgegeben sind, welches ein seiner örtlichen Zuständigkeit nicht unterliegendes Grundstück irrthümlich gebucht hat und nach § 1 Abs. 2 wirksame Eintragungen vornehmen kann.

Aus einer doppelten Eintragung desselben Grundstückes bei dem zuständigen und bei dem unzuständigen Grundbuchamte droht kein besonderer Uebelstand; die Beurtheilung würde dieselbe sein, wie in dem Falle, wenn ein zuständiges Grundbuchamt ein Grundstück aus Versehen doppelt gebucht hat.

Ausschließung und Ablehnung des Grundbuchbeamten.

§ 2.

Der § 41 der C. P. O. schließt den Richter von der Ausübung des Richteramtes in gewissen Fällen aus, in welchen derselbe bei Ausübung seines Amtes einer Beeinflussung durch persönliche Beweggründe ausgesetzt ist. Es ist nicht unbestritten, welche Rechtsfolgen an die Unfähigkeit des Richters sich knüpfen, insbesondere ob dieselben in der Nichtigkeit des Verfahrens oder in der Anfechtbarkeit des Urtheiles sich äußern[2]). Unfähigkeit des Grundbuchbeamten.

Die Frage, inwieweit in Sachen der nichtstreitigen Rechtspflege die Ausübung der amtlichen Befugnisse seitens der Beamten in Fällen der Besorgniß einer Beeinflussung zu beschränken ist, verdient eine Prüfung für eine jede besondere Art der amtlichen Thätigkeit. Bei dem Verfahren in Patentsachen sind die Vorschriften der C. P. O. über Ausschließung oder Ablehnung der Gerichtspersonen für entsprechend anwendbar erklärt, Patentges. § 14 Abs. 4.

---

[1]) Vielleicht ließe sich aus § 2 des preuß. Ges. über den Eigenthumserwerb 2c. v. 5. Mai 1872 — Nichtigkeit der Auflassung vor einem unzuständigen Grundbuchamt — die strengere Auffassung herleiten.

[2]) Vergl. Wach, Handb. Bd. 1 S. 335 Note 2.

Eine ähnliche Bestimmung enthalten die Gesetzgebungen von Baden und Hessen für das ganze Gebiet der nichtstreitigen Rechtspflege[1]). Die braunschw. Gesetzgebung weicht hiervon nur insofern ab, als die Vorschriften der C. P. O. nicht für anwendbar erklärt, sondern in Nachbildungen wiederholt sind[2]). Für Lübeck stellt das Ges., die Wahrnehmung des Hypothekenwesens betr., v. 16. Juni 1879 § 7 entsprechende Normen für die beiden Oberbeamten des Hypothekenamtes auf. In den übrigen Staaten, in welchen aus Anlaß der Reichs-Justizgesetze neuere Vorschriften in Ansehung der vorliegenden Frage gegeben sind, ist der Rechtszustand zweifelhaft. Es ist wahrscheinlich, daß man vielfach die Prozeßvorschriften in Sachen der nichtstreitigen Rechtspflege entsprechend angewendet hat. In Preußen wenigstens wurden die Vorschriften der Allg. Ger. O. III, 3 § 13 über die Ausschließung der Richter auch auf die Beamten der nichtstreitigen Rechtspflege bezogen[3]).

Das Bedürfniß einer Vorschrift läßt sich nur insoweit behaupten, als einem Beamten der nichtstreitigen Rechtspflege Amtsbefugnisse übertragen sind, aus deren mißbräuchlicher Ausübung eine Beeinträchtigung der Rechte anderer Personen zu befürchten ist. Diese Befürchtung trifft aber in berücksichtigungswerthem Maße nur zu in Ansehung der Befugniß des Grundbuchbeamten zur Anordnung einer Eintragung, weil nur durch diese Handlung eine materielle Rechtsänderung herbeigeführt werden kann. Die sonstigen Handlungen des Grundbuchamtes — Offenlegung des Grundbuches, Zurückweisung von Anträgen auf Eintragung, Ertheilung von Hypothekenbriefen und Grundschuldbriefen 2c. — sind nicht mit materiellen Rechtsänderungen verbunden. Es genügt hier die Beschwerde an die Aufsichtsbehörde oder an das Beschwerdegericht. In Ansehung der Befugniß zur Eintragung bleibt die Wahl zwischen einer Ordnungsvorschrift und der sachlichen Entziehung der Befugniß in den Fällen der Unfähigkeit. Mit einer Ordnungsvorschrift würde wenig geholfen sein, weil deren Verletzung nur zu einer Rügung im Aufsichtswege führen kann. Der Entwurf entscheidet sich deshalb für die sachliche Ausschließung der Befugniß zur Eintragung. Die Folge ist, daß die Eintragung als nicht vom Grundbuchamte angeordnet gilt, die Rechtsänderung mithin, welche eine vom Grundbuchamte angeordnete Eintragung voraussetzt, nicht eintreten kann. Thatsächlichen Bestand hat die Eintragung; der auf sie sich stützende gute Glaube steht, wie durch den Schlußsatz des Abs. 1 außer Zweifel gestellt wird, unter dem Schutze der §§ 837, 838 des B. G. B. Die Eintragung ist auch nicht eine solche — dem Inhalte nach unzulässige — Eintragung, deren Aufhebung das Grundbuchamt nach § 54 anordnen könnte. Nur die in den §§ 54, 73, 74 gedachten Vormerkungen können angeordnet werden. Die Beseitigung des Mangels hat durch eine neue Eintragung seitens eines fähigen Grundbuchbeamten zu geschehen.

---

[1]) Bad. Ges., betr. die Verwaltung der freiwilligen Gerichtsbarkeit, v. 6. Febr. 1879 § 4; hess. Ges., das Verfahren in Sachen der nichtstreitigen Gerichtsbarkeit betr., v. 5. Juni 1879 Art. 9.

[2]) Ausf. Ges. zum G. V. G. § 23.

[3]) Reskr. v. 23. Dezbr. 1823; v. Kamtz, Jahrb. Bd. 22 S. 190.

Die Ausdrucksweise ist so gewählt, daß auch der Fall der Unfähigkeit des Mitgliedes eines kollegialisch besetzten Grundbuchamtes getroffen wird.

Bei Bestimmung der Gründe der Unfähigkeit hat nicht der § 41 der C. P. O.[1]), sondern der näher liegende § 1916 Abs. 1 des B. G. B.[2]) über die Unfähigkeit des bei der Errichtung einer letztwilligen Verfügung mitwirkenden Richters, Gerichtsschreibers ꝛc. als Vorbild gedient. Die Unfähigkeitsgründe werden dadurch gegenüber der Prozeßordnung etwas beschränkt. Des Falles der Verbindung durch Adoption braucht wegen § 1601 Abs. 1 des B. G. B. nicht besonders gedacht zu werden.

Einen weiteren Schutz gegen einen zu befürchtenden Mißbrauch der Amtsbefugnisse durch Verleihung eines Ablehnungsrechtes zu geben, wenn sonstige geeignete Gründe des Mißtrauens, welche nicht gerade Unfähigkeitsgründe sind, vorliegen, ist nicht für angemessen erachtet. Die Gefahr einer Beeinflussung des Grundbuchbeamten ist mit Rücksicht auf die Einfachheit der demselben obliegenden Entscheidungen eine weit geringere, als die Gefahr einer Beeinflussung des Spruchrichters; durch die Vorschriften über die Unfähigkeit wird jener Gefahr genügend vorgebeugt. Wenn über das Ablehnungsrecht geschwiegen würde, so bliebe den Landesgesetzgebungen eine Ergänzung nach dieser Richtung unverschränkt. Ein Ausschluß des Grundbuchbeamten kraft Ablehnung neben dem Ausschlusse kraft Gesetzes würde die Möglichkeit nichtiger Eintragungen vergrößern. Dies ist im Interesse der Rechtssicherheit besser zu verhüten. Deshalb ist im zweiten Absatze des § 2 die Ablehnung eines Grundbuchbeamten für ausgeschlossen erklärt. Ablehnung.

Streitigkeiten über die Zuständigkeit.

§ 3.

Den Landesgesetzgebungen bleibt überlassen, zu bestimmen, wie Streitigkeiten oder Ungewißheiten über die örtliche Zuständigkeit mehrerer Grundbuchämter desselben Bundesstaates zu erledigen sind[3]). Dagegen erscheint die Aufnahme einer Vorschrift über die Entscheidung von Streitigkeiten, welche mehrere Bundesstaaten berühren, erforderlich, damit die Entscheidung nicht von dem weitaussehenden Austrage des Streites über die Landesgrenzen abhänge. Das Reichsgericht ist die für die Entscheidung geeignetste Behörde, wenn die betheiligten Staaten nicht anderweit durch Vereinbarung Fürsorge getroffen haben. Grundbuchämter verschiedener Bundesstaaten.

---

[1]) Vergl. Art. 10 des Einf. Ges. zum B. G. B.

[2]) Vergl. B. G. B. § 1651 Nr. 1.

[3]) Grundb. O. für Preußen § 26, Oldenburg § 17, Coburg-Gotha § 14; Ausf. Ges. zum G. V. G. für Preußen § 20, Hessen Art. 10, Weimar § 9, Meiningen § 10, Altenburg § 12, Coburg-Gotha § 8, Rudolstadt § 9, Sondershausen § 7, Reuß j. L. § 10, Braunschweig § 24, Anhalt § 12, Reuß ä. L. § 7, Lippe § 11, Schaumburg-Lippe § 9, Bayern Art. 10; bad. Ges., die Verwaltung der freiwilligen Gerichtsbarkeit ꝛc. betr., v. 6. Febr. 1879 § 6a; mecklenb. Verordn. v. 23. Juni 1879 § 5; sächs. Verordn. v. 9. Jan. 1865 § 32.

Haftung des Grundbuchbeamten.

§ 4.

Natur der Amtspflichten des Grundbuchbeamten

Nach der preuß. Grundb. O. § 29 und deren Nachbildungen haften die Beamten des Grundbuchamtes für jedes Versehen bei Wahrnehmung ihrer Amtspflichten, soweit für den Beschädigten von anderer Seite der Ersatz nicht zu erlangen ist. Eine ähnliche Haftung kennen die Grundbuch- und Hypothekengesetze für Mecklenburg[1]), die Pfandgesetze für Württemberg Art. 225 und Weimar §§ 343 ff. und das meining. Ges. über die Anlegung der Grund- und Hypothekenbücher Art. 29. Die preuß. Beschränkung findet sich nicht in den Hypothekengesetzen für Altenburg § 140, beide Reuß § 139, Rudolstadt §§ 93 ff., Hamburg § 47 und dem lübeck. Ges., die Wahrnehmung des Hypothekenwesens betr., vom 16. Juni 1879 § 8.

Das B. G. B. gibt in § 736 Vorschriften über die Haftung der Beamten, welche auch auf die Grundbuchbeamten Anwendung finden, wenn feststeht, daß die den Grundbuchbeamten obliegenden Amtspflichten im Sinne des § 736 Abs. 1 solche sind, welche denselben gegenüber den Betheiligten gesetzlich obliegen. Eine solche Auffassung entspricht der Natur der Obliegenheiten der Grundbuchbeamten und dem geltenden Rechte. Sie läßt sich vielleicht im Wege der Gesetzesauslegung gewinnen, es ist indessen wünschenswerth, keinen Zweifel bestehen zu lassen. Nach Art. 55 des Einf. Ges. kann die Haftung landesgesetzlich nach Art der preuß. Grundbuchordnung beschränkt werden. Die aushülfsweise Haftung des Staates beurtheilt sich nach den Landesgesetzen; vergl. Art. 56 des Einf. Ges.

Die Vorschrift des Entwurfes ist nicht dahin zu verstehen, daß unbedingt ein Jeder den Entschädigungsanspruch habe, welcher, wenn der Grundbuchbeamte den Ordnungsvorschriften gemäß gehandelt hätte, in einer besseren Lage sein würde. Berücksichtigt das Grundbuchamt einen materiell gerechtfertigten Antrag auf Eintragung, welchen es zufolge einer Ordnungsvorschrift hätte ablehnen sollen, so kann derjenige, welchem hierdurch ein unverdienter Vorzug im Range des für ihn einzutragenden Rechtes entgeht, sich nicht beklagen; denn er hat bei der fraglichen Entscheidung des Grundbuchamtes nicht die Stellung eines Betheiligten und die verletzte Ordnungsvorschrift bezweckte nicht seinen Schutz.

Grundbuchbezirke.

§ 5.

Spezialgrundbuchämter und Spezialgrundbücher.

Bei der der Landesgesetzgebung überlassenen Abgrenzung der räumlichen Zuständigkeit der Grundbuchämter hat in Uebereinstimmung mit dem bisherigen Rechtszustande als Regel zu gelten, daß das Grundbuchamt für alle in dem Grundbuchamtsbezirke belegenen Grundstücke zuständig ist. Wird der Grundbuchamtsbezirk wieder in Bezirke eingetheilt, für welche die einzelnen Grund-

---

[1]) v. Meibom, mecklenb. Hypoth. R. § 8 S. 65 ff.; rev. Hypoth. O. für Landgüter § 38; rev. Stadtb. O. § 52.

bücher geführt werden, so hat die weitere Regel zu gelten, daß das einzelne Grundbuch über alle innerhalb des Unterbezirkes belegenen Grundstücke zu führen ist. Als Ausnahmen kommen im geltenden Rechte Spezial-Grundbuchämter, welche über die zu gewissen Gattungen gehörenden, in verschiedenen Grundbuchamtsbezirken belegenen Grundstücke das Grundbuch führen, und Spezial-Grundbücher vor, welche ein Grundbuchamt über gewisse Gattungen der zu seiner Zuständigkeit gehörenden Grundstücke führt. Solche Spezial-Grundbuchämter sind das Departement für das ritterschaftliche Hypothekenwesen in Schwerin und die Hypothekenkammer für Landgüter in Strelitz. In Württemberg besteht die Vorschrift, daß die exemten Grundstücke, d. h. die Staatsdomänen, die immatrikulirten standesherrlichen und ritterschaftlichen Güter, welche entweder ganz steuerfrei oder unmittelbar zur Amtskörperschaft steuerpflichtig waren, in den Güterbüchern der Gemeinden nicht verzeichnet werden. Bei den Kreisgerichtshöfen (jetzt bei den Landgerichten) werden über diese Güter besondere Bücher geführt[1]). In dem Königreiche Sachsen wurden die Grund- und Hypothekenbücher über gewisse Lehn- und Fideikommißgrundstücke von den Appellationsgerichten zu Dresden und Bautzen geführt, an deren Stelle jetzt die dortigen Amtsgerichte getreten sind[2]). In Bayern besteht nur noch für Familienfideikommißgüter und Güter der Mitglieder der königlichen Familie ein besonderer Gerichtsstand in Hypothekensachen. In Sondershausen wird nach der Grundb. O. v. 2. August 1882 § 1 für die in dem Amtsgerichtsbezirke belegenen Bestandtheile des fürstlichen Kammergutes ein eigenes Grundbuch angelegt, auch kann ein solches für gewisse Rittergüter und für Eisenbahnen eingerichtet werden.

Die Zweckmäßigkeit der Führung von Grundbüchern über Grundstücke einer gewissen Gattung wird nicht vollständig in Abrede gestellt werden können. Die Vorbehalte der Art. 33—35 des Einf. Ges. genügen nicht. Die Zulassung von partikulären Ausnahmen von der Regel der bezirksweisen Führung des Grundbuches scheint deshalb geboten. Die Bestimmung der Ausnahme bezieht sich auf die Herstellung des Grundbuches im Sinne des neuen Rechtes und wird deshalb, wie überhaupt die zum Zwecke der Anlegung des Grundbuches ergehenden Vorschriften, im Einklange mit Art. 108 des Einf. Ges. der landesherrlichen Verordnung zu überlassen sein.

Buchung der Rechte mit Grundstücksqualität.

Soweit Rechte an Grundstücken, welche ein eigenes Blatt im Grundbuche erhalten können, in Frage kommen, besteht, wenn solche Rechte ein bestimmtes anderes Grundstück belasten und als erweiterte Dienstbarkeiten erscheinen, wie das Erbbaurecht des B. G. B. und die bei dem Inkrafttreten des B. G. B. bestehenden vererblichen und veräußerlichen Nutzungsrechte, kein Zweifel, daß das Recht in dem Grundbuche des Bezirkes einzutragen ist, in welchem das belastete Grundstück gebucht ist. Soweit im Uebrigen nach den

---

1) Römer, das württemb. Unterpfandsr. § 4 S. 19; Ausf. Ges. zum G. B. G. Art. 6, 7, 9.

2) Ges. v. 28. Jan. 1835 §§ 6, 8; Ges., die künftige Einrichtung der Behörden erster Instanz betr., v. 11. August 1855 § 3; Verordn. v. 9. Jan. 1865 § 84; Ausf. Ges. zum G. B. G. §§ 14, 15.

Vorschriften des Einführungsgesetzes Rechte mit Grundstücksqualität vorkommen können, ist die Entscheidung der Frage, in welchem Grundbuche die Buchung zu erfolgen habe, durch die weite Fassung der Vorbehalte für das Bergrecht, Wasserrecht 2c. den Landesgesetzgebungen überlassen.

Grundbuchblatt.

§ 6.

Begriff

1. Zu dem Begriffe des Grundbuches im Sinne des B. G. B. gehört es, daß dasselbe nicht nur das Grundstück und den Eigenthümer bezeichnen, sondern auch alle sonstigen Angaben über den gegenwärtigen dinglichen Rechtsbestand enthalten soll, deren Vorhandensein ein gutgläubiger Erwerber erwarten darf. Es ist aber weiter zu verlangen, daß diese sämmtlichen Angaben im räumlichen Zusammenhange stehen und an einer Stelle zu finden sind. Man kann zwar weder so weit gehen, für ein jedes Grundstück ein besonderes Grundbuch noch auch nur ein ganzes dem Grundbuche eingeheftetes Papierblatt zu verlangen. Nothwendig ist nur, daß die Stelle des Grundbuches, welche die sämmtlichen Angaben über die Rechtsverhältnisse eines Grundstückes enthält, abgegrenzt ist, mithin eine besondere Abtheilung des Grundbuches, welche sowohl aus mehreren Papierblättern, wie aus einem Theile eines Papierblattes bestehen kann, bildet. Dieses Verständniß des technischen Ausdruckes „Grundbuchblatt" wird durch den ersten Absatz des § 6 außer Zweifel gestellt.

Den Satz, daß ein jedes Grundstück ein eigenes Grundbuchblatt erhält, erkennen als Regel die meisten Gesetze an, nach welchen die Bucheinrichtung auf der Realordnung beruht[1]).

Abtheilungen des Grundbuchblattes.

Das Grundbuchblatt selbst wird wiederum Abtheilungen haben, damit es übersichtlich sei; zu vergl. § 840 Abs. 1 des B. G. B. Mit Rücksicht auf die Verschiedenheit der bestehenden Einrichtungen verbietet sich eine reichsgesetzliche Vorschrift über die Eintheilung des Grundbuchblattes. Diese Lücke ist um so unbedenklicher, als die zu wählende Art der Eintheilung der Blätter lediglich von Zweckmäßigkeitsrücksichten abhängt.

Realfolium

2. Unter dem Grundstücke, welches nach dem ersten Absatze des § 6 ein Grundbuchblatt erhalten soll, ist das im § 787 Abs. 1 und 2 bezeichnete einheitliche Grundstück verstanden. Das Grundbuchblatt bringt nur die Angaben über die Rechtsverhältnisse des *einen* gebuchten Grundstückes, diese Angaben aber auch vollständig an der *einen* Stelle; es soll auch in der Regel nicht besondere Angaben über die Rechtsverhältnisse eines Bestandtheiles des gebuchten Grundstückes bringen, sondern auf dem Grundbuchblatte sollen nur Rechte bezeugt werden, welche das ganze Grundstück ergreifen (§ 26 Abs. 1). Subjektiv-dingliche Rechte, welche zu Gunsten des Eigenthümers eines Grund-

---

[1]) Preuß. Grundb. O. § 7; bayer. Hypoth. Ges. § 120; sächs. Hypoth. O. § 109; mecklenb. rev. Stadtb. O. § 5; oldenb. Grundb. O. § 6; braunschw. Instr. § 8; altenb. Ges. § 156; lauenb. Prot. O. § 6. Mit dem altenb. Gesetze stimmen die Gesetze für Sondershausen und beide Reuß überein. Auch in Hamburg und Lübeck hat ein jedes Grundstück ein besonderes Folium.

stückes an einem anderen Grundstücke bestehen, müssen, um nicht den aus der publica fides des Grundbuches sich ergebenden Gefahren zu unterliegen, bei dem belasteten Grundstücke gebucht sein; ihr Vermerk bei dem herrschenden Grundstücke ist nur eine über die Erweiterung des Eigenthumes Auskunft gebende Hinweisung auf die maßgebende Buchung bei dem belasteten Grundstücke.

Gemeinschaftliches Blatt.

Diese Art der Buchführung wird als Regel, aber nicht als ausnahmslose Regel aufgestellt. Das Bedürfniß der Zulassung von Ausnahmen hängt mit der geringeren oder größeren Zersplitterung des Grundbesitzes zusammen. Ist der Grundbesitz stark zersplittert, so wird das System, welches für jedes Grundstück ein Realfolium verlangt, drückend. Der Zusammenfügung der mehreren einem Eigenthümer gehörenden Grundstücke zu einem einheitlichen Grundstücke steht die Verschiedenheit der Belastung entgegen; auch wird eine solche Zusammenfassung oft dem Interesse des Eigenthümers nicht entsprechen. Dabei werden indessen sehr häufig Verfügungen vorkommen, welche der Eigenthümer über seinen gesammten Grundbesitz oder doch über einen großen Theil dieses Besitzes trifft, insbesondere Verpfändungen. Kann dieser Grundbesitz nicht auf einem Blatte zusammengefaßt werden, so wird die Verfügung des Eigenthümers zwar nur in formeller, aber doch sehr fühlbarer Weise erschwert. Zur Abhülfe verwendet das geltende Recht zwei Formulare, das Realformular[1]) und das Personalformular[2]). Beide stimmen im Wesentlichen überein; der Unterschied besteht nur darin, daß bei ersterem die Bezeichnung des Grundstückes, bei letzterem die des Eigenthümers vorangeht. Da der Entwurf die innere Eintheilung des Grundbuchblattes unberührt läßt, so bleibt dieser Unterschied außer Betracht. Die Abweichung von dem strengen Systeme der Realordnung besteht darin, daß der Inhalt der über mehrere Grundstücke zu führenden Grundbuchblätter auf einem Grundbuchblatte vereinigt sein kann, wenn nur nach diesem Inhalte das Eigenthum der vereinigten Grundstücke einer Person zusteht. Für die Wahrung der Uebersichtlichkeit wird die Landesgesetzgebung durch besondere Vorschriften über die Eintheilung der Blätter und durch die Vorschreibung von Realrepertorien zu sorgen haben, welche die Grundstücke auf den Personalfolien auffinden lassen. Nach der preuß. Grundb. O. soll ein gemeinschaftliches Blatt nicht zugestanden werden, „wenn Verwirrung zu besorgen ist". Nach der Hypoth. O. für Westfalen v. 31. März 1834 wurde im Falle verschiedener Belastung die Verbindung der Grundstücke auf einem Blatte ausgeschlossen; es scheint angenommen zu werden, daß der § 13 der Grundb. O. auf diesen Fall, als auf einen Fall, in welchem Verwirrung zu besorgen ist, hinweise. Für den Entwurf besteht eine solche Besorgniß nicht, da durch die zweckmäßige Einrichtung des gemeinschaftlichen Blattes jener Gefahr vorgebeugt werden kann. In Ansehung des Umfanges, in welchem das gemeinschaftliche Blatt oder Personalfolium zu-

---

[1]) Grundb. O. für Preußen § 13, Oldenburg und Lippe § 11; braunschw. Instr. § 18; sächs. Hypoth. O. §§ 109 ff., Altenburg § 157, Reuß ä. L. § 156; Grundb. O. für Coburg-Gotha § 1 (auch Verordn. für Gotha vom 9. Dezbr. 1859 und Coburg v. 10. Septbr. 1860); anhalt. Ges. v. 11. März 1877; sondersh. Grundb. O. § 6.

[2]) Vergl. besonders preuß. Grundb. O. §§ 14 ff.

gelassen werden soll, bleibt den landesgesetzlichen Ausführungsvorschriften freie Hand. Sie können das Personalfolium gänzlich ablehnen oder nur in beschränktem Umfange zulassen; sie können aber auch die Personalordnung allgemein vorschreiben. Wo bisher die Bücher nach der Personalordnung geführt sind, wie insbesondere die Unterpfandsbücher in Württemberg und die Hypothekenbücher in den hessischen Provinzen Starkenburg und Oberhessen und den 1866 von Hessen an Preußen abgetretenen Gebietstheilen, in dem vormaligen Herzogthume Nassau, in Meiningen, in Rudolstadt, zum Theil auch in Weimar, wird durch die Zulassung des Personalfoliums nicht nur die weitere Verwendung der bisher geführten Bücher ermöglicht, sondern auch die dauernde Beibehaltung dieser Art der Buchführung zugelassen.

Verschiedenen Grundbuchbezirken angehörende Grundstücke

Nach der preuß. Grundb. O. § 13 wird die Anlegung eines gemeinschaftlichen Blattes für mehrere im Bezirke desselben Grundbuchamtes liegende Grundstücke desselben Eigenthümers zugelassen. Gehören die mehreren Grundstücke verschiedenen Bezirken desselben Grundbuchamtes an, so würde die Vorschrift der bezirksweisen Führung des Grundbuches der Anlegung eines gemeinschaftlichen Blattes entgegenstehen. Eine solche Beschränkung würde indessen den Zweck des gemeinschaftlichen Blattes beeinträchtigen und ist deshalb in dem Schlußsatze des § 6 Abs. 2 aufgehoben. Gehören die mehreren Grundstücke desselben Eigenthümers verschiedenen Grundbuchamtsbezirken an, so stehen die Zuständigkeitsgrenzen einer Vereinigung derselben auf einem gemeinschaftlichen Blatte entgegen.

Bezeichnung nach dem Flurbuche.

§ 7[1]).

Flurbuch.

Im Begriffe des Grundbuches liegt es, daß die an erster Stelle erforderliche Angabe desselben, an welche alle weiteren Angaben sich anschließen, in der Bezeichnung des Grundstückes besteht. Eine Sicherheit, daß das Grundbuch die Grundstücke vollständig, aber auch nicht etwa einzelne Grundstücke doppelt enthält, kann nur durch die Aufnahme eines die Grundstücke des Bezirkes aufzählenden Verzeichnisses gewonnen werden. In den meisten Bundesstaaten bestehen derartige Vorarbeiten für die Führung des Grundbuches[2]). In Ansehung des Verfahrens bei Herstellung des Verzeichnisses lassen nähere Vorschriften sich nicht geben, schon um die Benutzung der vorhandenen Verzeichnisse nicht zu beschränken. Das Verzeichniß muß die Grundstücke nach Merkmalen bezeichnen, welche dieselben auffinden und von anderen Grundstücken unterscheiden lassen. Zu dem Ende wird es wünschenswerth sein, wenn das in § 7 technisch als Flurbuch bezeichnete Verzeichniß eine vorausgegangene amtliche geometrische Vermessung und Kartirung zur Grundlage hat. Eine reichsgesetzliche Anforderung in dieser Richtung zu stellen, erscheint jedoch bedenklich. Nicht bei allen Arten von Grundstücken ist das Bedürfniß der Kartirung das gleiche. Soweit feste Grenzzeichen bestehen und den Besitz-

---

1) Vergl. Anm. I zu § 787 des B. G. B.
2) Mot. III S. 54, 55.

stand erkennen lassen, läßt sich das Grundstück auch ohne Hinweisung auf kartirte Grenzen durch Bezeichnung nach seiner allgemeinen Lage, dem wirthschaftlichen Mittelpunkte, den Nachbarn 2c. genügend genau im Flurbuche bezeichnen. Besonders für die städtischen Bezirke ist die Kartirung nicht in gleichem Maße Bedürfniß, wie für die ländlichen Bezirke. Der Entwurf setzt deshalb nur voraus, daß überall ein amtliches Verzeichniß besteht, in welchem die Grundstücke des Grundbuchbezirkes unter Nummern aufgeführt sind. Die Entscheidung, welches bisher geführte oder neu anzulegende Buch als Flurbuch im Sinne des neuen Rechtes gelten solle, gehört zu der Regelung des zum Zwecke der Anlegung der Grundbücher einzuhaltenden Verfahrens und hat deshalb nach § 108 des Einf. Ges. im Wege der landesherrlichen Verordnung zu erfolgen.

Rechtliche Bedeutung der Bezeichnung des Grundstückes.

Die Bezeichnung des Grundstückes ist auch eine Angabe des Grundbuches, deren Richtigkeit nach Maßgabe der §§ 837, 838 des B. G. B. zu Gunsten eines gutgläubigen Erwerbers garantirt wird[1]). Da indessen das Grundbuch das Grundstück nach § 7 durch Angabe der Nummer des Flurbuches bezeichnet, so wird nur garantirt, daß das an der Hand des Flurbuches zu ermittelnde Grundstück den im Grundbuche angegebenen Rechtsverhältnissen unterliegt. Die ferneren Nachrichten, welche das vielleicht weiter auf eine Kartirung sich stützende Flurbuch über die Lage und Größe des Grundstückes gibt, stehen nicht unter der gleichen Garantie wie der Grundbuchinhalt, sondern nur unter derjenigen Garantie, welche das vorausgegangene amtliche Ermittelungsverfahren ihnen gibt und welche von der Genauigkeit und Zuverlässigkeit der Ergebnisse dieses Verfahrens abhängt[2]).

Gemeinschaftliches Grundbuchblatt für Grundstücke verschiedener Eigenthümer.

§ 8.

In den württembergischen Güterbüchern pflegen auf dem Personalfolium des Ehemannes oder des Elterntheiles auch die nur in der Nutznießung der betreffenden Person stehenden Grundstücke der Ehefrau beziehungsweise der Kinder unter Vermerkung des Eigenthumsverhältnisses gebucht zu sein. In den Stockbüchern des vormaligen Herzogthumes Nassau finden sich Grundstücke der Ehefrau unter dem Artikel des Ehemannes und nach Trennung der Ehe durch den Tod eines Ehegatten Grundstücke der Kinder, an welchen dem überlebenden Ehegatten das Recht der Verwaltung und Benutzung zusteht, unter dem Artikel des überlebenden Ehegatten eingetragen[3]). Um die rasche Vollendung der Grundbücher zu begünstigen und damit den Eintritt der Geltung des materiellen Grundbuchrechtes zu beschleunigen, empfiehlt es sich, eine solche Vereinigung der Grundstücke verschiedener Eigenthümer auf einem Grundbuchblatte als einen vorübergehenden Zustand zuzulassen, jedoch dafür Sorge zu

---

1) Mot. III S. 215.

2) Vergl. Dernburg und Hinrichs, preuß. Hypoth. R. § 17 unter Nr. 4.

3) Bertram, nass. Privatr. § 380.

tragen, daß die Vereinigung aufgehoben wird, sobald in Ansehung eines der vereinigten Grundstücke der verschiedenen Eigenthümer eine Eintragung angeordnet wird. Durch den Eintritt eines solchen Falles soll das Grundbuchamt veranlaßt werden, die zugeschriebenen Grundstücke von Amtswegen auf ein anderes Grundbuchblatt zu übertragen.

Nachholung der Bezeichnung nach dem Flurbuche.

§ 9.

Anderweite Bezeichnung der Grundstücke.

Die Bezeichnung durch Verweisung auf das Flurbuch bietet zwar die besten Garantieen für die Identifizirung der Grundstücke; derselbe Zweck läßt sich aber, wenn auch in unvollkommenerer Weise, auf anderem Wege erreichen. Man kann sich darauf beschränken, gewisse Merkmale, an welchen die Individualität des Grundstückes erkannt wird, ins Auge zu fassen, insbesondere den Namen oder die Polizeinummer, welchen dasselbe führt, die festen Grenzen, welche durch Straßen, Flüsse rc. gebildet werden, und in Ermangelung solcher die Nachbargrundstücke. Der Besitzstand ergibt alsdann des Näheren die Ausdehnung des im Allgemeinen festgestellten Grundstückes. Dieser Weg wurde in älterer Zeit betreten, namentlich in Hamburg und in Lübeck, wo die Grundbucheinrichtung allmählich sich bildete, und in Preußen, als nach den Vorschriften der Hypoth. O. v. 20. Dezbr. 1783 öffentliche Bücher angelegt wurden. Nach § 7 erscheint zwar die Anlegung der Flurbücher als die der Anlegung der Grundbücher nothwendig vorausgehende Maßnahme; es bleibt indessen immerhin die Möglichkeit, daß Bücher bestehen, welche an sich wohl geeignet sein würden, zu Grundbüchern im Sinne des neuen Rechtes erklärt zu werden, indessen an dem Mangel leiden, daß sie die Grundstücke in der vorgedachten unvollkommeneren Weise bezeichnen oder doch auf unvollständige und unzuverlässige Verzeichnisse Bezug nehmen, welche nicht wohl zu Flurbüchern im Sinne des neuen Rechtes erklärt werden können. Inwieweit ein solcher Rechtszustand zur Zeit noch besteht, läßt sich schwer ermitteln. Jedenfalls ist aber Fürsorge zu treffen, daß derselbe nicht ein Hinderniß bilde, bisher geführte Bücher zu Grundbüchern zu erklären, weil dieselben noch nicht auf das Flurbuch zurückgeführt sind. Der Nutzen der flurbuchmäßigen Bezeichnung der Grundstücke steht außer Verhältniß zu dem Nachtheile, welcher mit einer solchen Beschränkung des landesherrlichen Verordnungsrechtes verbunden sein würde. Es empfiehlt sich deshalb, eine Ausnahme von jener Beschränkung zu bestimmen, jedoch hiermit die Anweisung zur amtlich zu betreibenden Ergänzung des unvollständigen Grundbuches zu verbinden.

Mehrere sich ergänzende Bücher.

§ 10.

Führung mehrerer Bücher

Nach den bisherigen Bucheinrichtungen kommt es nicht selten vor, daß die Angaben über die Rechtsverhältnisse der Grundstücke in mehreren neben einander geführten Büchern sich finden. Als Beispiele können angeführt werden die bad. Grundbücher und Pfandbücher, die württemb. Güterbücher und Unterpfandsbücher, die meining. Grundbücher und Hypothekenbücher, die nass. Stockbücher und Hypothekenbücher, die hamb. Erbebücher, Rentebücher und Hauptbücher, die hess. Grundbücher und Hypothekenbücher. In Württemberg kommen auch besondere Servitutenbücher vor[1]). Der § 10 will Sorge tragen, daß die Vorschrift des § 6 Abs. 1, welche alle Angaben über die Rechtsverhältnisse der an einer abgegrenzten Stelle auf dem einen für das Grundstück angelegten Grundbuchblatte vereinigen will, die weitere Benutzung der mehreren über die Rechtsverhältnisse des Grundstückes nach verschiedenen Richtungen Auskunft gebenden Bücher nicht vollständig ausschließe und damit den Geltungsbeginn des neuen Immobilienrechtes aufschiebe, bis neue Bücher angelegt sind, welche auf den einzelnen Grundbuchblättern alle Angaben vereinigen. Daneben wird in § 10 auch die Erleichterung bei der Grundbuchanlegung für zulässig erklärt, daß ein bisher geführtes zum Grundbuche zu machendes Buch seine Ergänzung für gewisse Arten von Eintragungen in einem anzulegenden besonderen Buche oder auch mehreren solchen Büchern finden kann. Für den Fall einer vollständigen Neuanlegung des Grundbuches soll es dagegen bei dem ordnungsmäßigen Verfahren bleiben.

Das Prinzip des § 6 Abs. 1, daß das Grundbuchblatt alle Angaben über die Rechtsverhältnisse des Grundstückes vereinigen soll, wird in § 10 nicht vollständig aufgegeben, sondern nur dahin eingeschränkt, daß die Eintragungen durch Verweisungen auf andere Bücher ersetzt werden können. Eines der mehreren Bücher muß deshalb zum Hauptbuche erhoben und, soweit nöthig, durch die erforderlichen Verweisungen vervollständigt werden. Zum Hauptbuche kann nur ein Buch gemacht werden, in welchem ein jedes Grundstück sein Blatt hat. Nicht unbedingt erforderlich, sondern nur in der Regel zweckmäßig ist, daß dieses Buch für die Eintragung des Eigenthümers bestimmt ist. Als Resultat ergibt sich, daß das verweisende Blatt des Hauptbuches nach allen Richtungen, insbesondere also auch für die Anwendung der Vorschriften über den öffentlichen Glauben des Grundbuches als Grundbuchblatt zu gelten hat und so zu lesen ist, wie wenn die in Bezug genommenen Eintragungen auf demselben sich befänden.

Befreite Grundstücke.

§ 11.

Der § 11 bestimmt Ausnahmen von der Buchungspflichtigkeit in Ansehung einzelner Gattungen von Grundstücken. Nach der preuß. Grundb. O. § 2 bedarf es im Einklange mit dem älteren Rechte für Domänen und andere dem Staate gehörige Grundstücke, für Grundstücke der Kirchen, Klöster, Schulen und Gemeinden, für Eisenbahnen und öffentliche Landwege der Anlegung eines Grundbuchblattes nur im Falle der Veräußerung oder Belastung oder wenn von dem Eigenthümer oder einem Berechtigten darauf angetragen wird. Die oldenb. Grundbuchordnungen sind noch weiter gegangen; sie rechnen zu

Ausnahmen von der Buchungspflichtigkeit.

[1]) Vergl. Min. Reskr. v. 3. Dezbr. 1832 § 12 und dazu Vollzugsverf. v. 6. Dezbr. 1836 Nr. 6.

den befreiten Grundstücken auch die Grundstücke des Großherzogs, des großherz. Hausfideikommisses, des Krongutes und der öffentlichen Genossenschaften. Im Königreiche Sachsen wurden durch Ges. v. 6. Novbr. 1843 § 153 die Staatsgüter und die Grundstücke der Gemeinden und der geistlichen Anstalten unter der Voraussetzung, daß nicht Hypotheken oder andere der Eintragung bedürfende Rechte daran beständen oder bestellt werden würden, von der Aufnahme in das Grundbuch ausgeschlossen, und dieselbe Bestimmung ist noch heute in Altenburg, Sondershausen, Reuß ä. L. geltendes Recht. Mit Rücksicht auf § 276 des sächs. B. G. B. hat man für Sachsen die frühere Vorschrift als nicht mehr in vollem Umfange fortbestehend erachtet, jedoch ist in der Ausf. Verordn. zum sächs. B. G. B. v. 9. Januar 1865 § 7 die Anlegung von Folien für Gemeindegüter und geistliche Güter von dem Antrage des Eigenthümers abhängig gemacht. In Württemberg werden die Staatsdomänen und die Hofdomänen, die immatrikulirten standesherrlichen und ritterschaftlichen Güter, welche entweder ganz steuerfrei oder unmittelbar zu der Amtskörperschaft steuerpflichtig waren, in den Güterbüchern der Gemeinden nicht verzeichnet[1]).

Die Zulassung von Ausnahmen gegenüber der für alle buchungsfähigen Grundstücke geltenden Regel der Buchungspflichtigkeit ist mit Rücksicht darauf erforderlich, daß bei einigen Arten von Grundstücken, welche wegen der Rechtsstellung des Eigenthümers oder wegen ihrer Zweckbestimmung dem Privatrechtsverkehre thatsächlich fern zu bleiben pflegen, die Buchungspflichtigkeit einen unverhältnißmäßigen Arbeitsaufwand und Kostenaufwand mit sich führen würde. Dies trifft bei allen Grundstücken des Reiches und der Einzelstaaten zu. Für die Grundstücke des Reiches ist die Entbindung von der Buchungspflichtigkeit durch Reichsgesetz zu bestimmen; im Uebrigen sind die einzelnen Bundesstaaten besser befähigt, zu prüfen, wie weit die Ausnahme zu reichen hat. Die Aufzählung des § 11 erschöpft jedenfalls den Kreis derjenigen Grundstücke, bei denen der oben angeführte Grund für die Befreiung von der Buchungspflichtigkeit vorkommen kann. Neben den Grundstücken eines Bundesstaates oder eines Landesherrn noch die Krongrundstücke zu nennen, ist entbehrlich, weil dieselben entweder dem Staate oder dem Landesherrn oder beiden gehören, in jedem Falle also mitgetroffen werden. Auf die fürstliche Familie Hohenzollern ist hier in ähnlicher Weise Rücksicht genommen, wie in Art. 33 des Einf. Ges. Nach der gewählten Fassung des Vorbehaltes kann der einzelne Bundesstaat die Befreiung von der Buchungspflichtigkeit auch den Grundstücken fremder Landesherren und landesherrlicher Familien sowie den Grundstücken juristischer Personen, welche nicht in dem Bundesstaate ihren Sitz haben, zugestehen. Der Vorbehalt verweist für die Bestimmung von Ausnahmen in Uebereinstimmung mit dem Art. 108 des Einf. Ges. auf den Weg der landesherrlichen Verordnung. Diese Verweisung wird nicht um deswillen Bedenken erregen können, weil die Befreiung der unter die allgemeine Vorschrift des Art. 33 des Einf. Ges. fallenden Grundstücke von der Buchungspflichtigkeit dort den Hausverfassungen oder Landesgesetzen, hier der landesherrlichen Verordnung überlassen ist; den in Art. 33 begünstigten Personen

[1]) Römer, württemb. Unterpfandsr. § 4 S. 19.

wird damit in keinem Falle zu nahe getreten, da sie stets in der Lage bleiben, eine in ihrem Interesse liegende Buchung herbeizuführen.

Die zugelassene Ausnahme darf Niemanden in der Verwirklichung der ihm zustehenden Rechte hindern. Jeder, welchem ein eintragungsfähiges Recht am Grundstücke zusteht, muß seine Eintragung erreichen und deshalb die Buchung des Grundstückes verlangen können. In gleicher Weise muß die Zwangsvollstreckung in das Grundstück, insbesondere die Erlangung einer Zwangshypothek oder Arresthypothek herbeizuführen sein. Die nothwendigen Schutzbestimmungen in dieser Richtung finden sich im § 45.

Nach dem Art. 108 des Einf. Ges. ist der Umstand, daß ein Grundstück in dem für angelegt erklärten Grundbuche des Bezirkes gleichwohl ein Grundbuchblatt noch nicht erhalten hat, ohne materiellrechtlichen Einfluß. Soweit zur Verfügung über das Grundstück das Eingetragensein des Verfügenden erforderlich ist, bleibt dieses Erforderniß bestehen und es muß ihm zuvor genügt sein. Durch die Befreiung gewisser Grundstücke von der Eintragungspflichtigkeit wird hieran nichts geändert. Um indessen ein jedes Mißverständniß fernzuhalten, ist auf das Unberührtbleiben des Art. 108 Abs. 3 des Einf. Ges. hingewiesen.

Ausscheiden eines Grundstückes aus dem Grundbuche.

§ 12.

Im § 11 ist noch nichts für die Fälle bestimmt, wenn bei einem gebuchten Grundstücke nachträglich die Voraussetzungen für die Befreiung von der Buchungspflichtigkeit eintreten. Solches geschieht, wenn eine privilegirte Person das Eigenthum eines gebuchten Grundstückes, sei es nun in Gemäßheit der Vorschriften des B. G. B. (§§ 868—873) oder nach Maßgabe der aufrecht erhaltenen Vorschriften der Landesgesetze über Zwangsenteignung 2c. mit oder ohne Eintragung erwirbt. Nach der preuß. Grundb. O. § 59 kann, wenn ein Theil eines Grundstückes einem dem Eintragungszwange nicht unterworfenen Berechtigten aufgelassen und also nach § 1 des Gesetzes über den Eigenthumserwerb v. 5. Mai 1872 die Eintragung in das Grundbuch zum Erwerbe erforderlich ist, auf Verlangen des Erwerbers von der Uebertragung des Theiles auf ein anderes Blatt abgesehen und die Eintragung des Eigenthumsüberganges durch Angabe des Sachverhaltes bei der Abschreibung auf dem bisherigen Blatte ersetzt werden. Diese Bestimmung ist in einige Nachbildungen der preußischen Grundbuchordnung übernommen und in Sondershausen (Grundb. O. §. 62) auf Fälle außerhalb der vertragsmäßigen Veräußerung ausgedehnt. Dieselbe will nur die Neuanlegung eines Grundbuchblattes für abgeschriebene Parzellen ersparen, läßt also die Buchung des Grundstückes bestehen, wenn der privilegirte Erwerber an Stelle des bisherigen Eigenthümers des ganzen Grundstückes einzutragen ist. Der Entwurf geht noch weiter und läßt bei Eintritt der Voraussetzungen des § 11 Abs. 1, 2 die Ausbuchung des betreffenden Grundstückes insoweit erfolgen, als die Buchung, wenn das Grundstück noch nicht gebucht wäre, von dem Antrage des Erwerbers abhängen würde und von einem Anderen nicht verlangt werden könnte. Es liegt kein Grund vor, dasjenige, was über die Ausbuchung eines Trennstückes oder eines von einem Personalfolium abzuschreibenden Grundstückes gelten soll, nicht auch von dem ganzen gebuchten Grundstücke gelten zu lassen. Durch die Ausbuchung werden die privilegirten Eigenthümer auf das Vollständigste dagegen gesichert, daß irgend eine Eintragung stattfinden kann, bevor nicht das Grundstück wieder eingetragen ist. Um die Ausbuchung beantragen zu können, müßte der Erwerber, damit die Voraussetzung für die in § 11 bestimmte Befreiung sich erfülle, zuvor als Eigenthümer sich eintragen lassen. Es müßte also, wenn die Erwerbung einer Parzelle oder eines auf einem Personalfolium mitgebuchten Grundstückes in Frage steht, das Grundstück abgeschrieben werden und ein neues Grundbuchblatt erhalten, auf welchem der neue Eigenthümer eingetragen und welches alsdann sofort wieder geschlossen würde. Dieser weitläufige Weg wird durch die Vorschrift des zweiten Absatzes des § 12 abgekürzt. Von dem Erfordernisse der Eintragung des Erwerbers wird nichts nachgelassen. Es wird nur gestattet, daß der Erwerber auf dem bisherigen Grundbuchblatte als Eigenthümer eingetragen wird, so daß also auf diesem Grundbuchblatte abweichend von der Regel des § 6 Abs. 2 zwei verschiedenen Eigenthümern gehörende Grundstücke gebucht sind. Die Gestattung einer solchen Abweichung ist indessen unbedenklich, weil die gleichzeitig mit der Eintragung des Erwerbers erfolgende Schließung des Blattes in Ansehung des von der privilegirten Person erworbenen Grundstückes einer jeden Verwirrung vorbeugt.

Durch § 12 wird klargestellt, daß eine Ausbuchung eines einmal gebuchten Grundstückes nur in dem dort bestimmten Falle zulässig ist, im Uebrigen aber ein gebuchtes Grundstück aus dem Grundbuche nicht wieder verschwinden kann.

Buchung eines in verschiedenen Bezirken belegenen Grundstückes.

§ 13.

Zusammenschreibung

Dem zweiten Absatze des § 787 des B. G. B. ist zu entnehmen, daß ein Eigenthümer mehrerer Grundstücke, welche in dem Flurbuche verschiedene Nummern führen, dieselben als ein einheitliches Grundstück buchen lassen kann. Es wird nicht gefordert, daß die mehreren Grundstücke in demselben Flurbuche verzeichnet sind und demselben Grundbuchbezirke angehören. Ebensowenig wird räumliche Angrenzung vorausgesetzt und die Einheitlichkeit in dem Flächenzusammenhange gefunden. Den Begriff des Zubehöres wendet das B. G. B. auf Grundstücke nicht an[1]). Die thatsächliche wirthschaftliche Vereinigung der sog. Zubehörstücke entscheidet mithin nicht für die Art der Buchung[2]), sondern der Wille des Eigenthümers. Die auf Antrag des Eigenthümers erfolgte Buchung der mehreren Grundstücke als einheitliches Grund-

[1]) Mot. III S. 64; vergl. auch S. 57.

[2]) Vergl. preuß. Grundb. O. § 5; bayer. Hypoth. Ges. §§ 121, 123; Grundb. O. für Oldenburg, Lippe, Sondershausen § 4, Braunschweig § 2; braunschw. Instr. § 16; Hypoth. Ges. für Altenburg §§ 158 ff., Reuß ä. L. §§ 157 ff.

stück schafft einen einheitlichen Verfügungsgegenstand. Wird von Bestandtheilen geredet, so ist das Einheitsmoment in der vorausgegangenen einheitlichen Buchung, nicht in der wirthschaftlichen Zusammengehörigkeit zu suchen.

Sind die zu Bestandtheilen einer Einheit zu machenden mehreren Grundstücke in verschiedenen Grundbuchbezirken belegen, so würde die Regel der bezirksweisen Führung des Grundbuches, sind sie in verschiedenen Grundbuchamtsbezirken belegen, so würde die räumliche Begrenzung der Zuständigkeit der Grundbuchämter einer Zusammenfügung entgegenstehen. Diese formellen Hindernisse werden durch die Vorschriften des § 13 beseitigt. Kommen nur Bezirke desselben Grundbuchamtes in Betracht, so ist das einheitliche Grundstück nur in einem der Bezirke, welchen das Grundbuchamt zu bestimmen hat, zu buchen. Liegen die zu Bestandtheilen zu machenden Grundstücke in verschiedenen Grundbuchamtsbezirken, so ist, weil die Zuständigkeit des einen Grundbuchamtes, so lange die Vereinigung dauert, erweitert wird, das Grundbuchamt, welches zuständig sein soll, durch die gemeinschaftliche Aufsichtsbehörde zu bestimmen[1]). In einigen Grundbuchordnungen findet sich die Beschränkung, daß nur in demselben Amtsbezirke belegene Grundstücke vereinigt werden können[2]); andere Gesetze kennen eine solche Beschränkung nicht, nur wird ein wirthschaftlicher Zusammenhang vorausgesetzt und nicht auch die willkürliche Vereinigung fernliegender Grundstücke gestattet[3]). Da das B. G. B. und dieser Entwurf der wirthschaftlichen Verbindung einen besonderen Einfluß auf Herstellung eines einheitlichen Verfügungsobjektes nicht beilegen, so kann die Beschränkung nicht übernommen werden. Es wird aber allerdings kein Recht des Eigenthümers auf Bewilligung der erforderlichen Erweiterung der Zuständigkeit des einen Grundbuchamtes anzunehmen sein und ein besonderes Interesse des Eigenthümers an der Vereinheitlichung ersichtlich sein müssen; denn es kann nicht der Willkür des Eigenthümers anheimgegeben sein, außerhalb eines jeden Zusammenhanges stehende Grundstücke, wenn sie nur in demselben Bundesstaate belegen sind, zu vereinigen. Die einheitliche Buchung der in demselben Grundbuchamtsbezirke belegenen Grundstücke wird dagegen regelmäßig verlangt werden können, während nach § 6 Abs. 2 („dürfen") das gemeinschaftliche Blatt je nach Zweckmäßigkeit zu bewilligen ist.

Das Grundbuch bezw. das Grundbuchamt für die einheitliche Buchung ist von der Behörde nach Zweckmäßigkeitsrücksichten zu wählen; es braucht nicht besonders vorgeschrieben zu werden, daß hierbei auf das Größenverhältniß, die Lage des wirthschaftlichen Mittelpunktes ꝛc. Rücksicht zu nehmen ist. Es ist auch nicht erforderlich, hier Vorschriften über die Kenntlichmachung der in den betheiligten Grundbüchern entstehenden Lücken zu geben und etwa mit der preuß. Grundb. O. § 5 Abs. 4 die Haltung eines geschlossenen auf das

---

[1]) Vergl. Grundb. O. für Preußen § 25, Oldenburg § 16; Ausf. Ges. zum G. B. G. für Preußen § 20, Bayern Art. 10, Sachsen § 9, Hessen Art. 7, Oldenburg Art. 4 und 10 § 2, Weimar § 9, Meiningen § 10, Altenburg § 12, Coburg-Gotha § 8, Anhalt § 12, Rudolstadt § 9, Sondershausen § 7 ꝛc.

[2]) Vergl. Grundb. O. für Coburg-Gotha § 17 und braunschw. Instr. § 16, welche letztere nur für untheilbare Verbände eine Ausnahme macht.

[3]) Vergl. preuß. Grundb. O. § 25 und deren Nachbildungen.

Grundbuch des einheitlichen Grundstückes verweisenden Grundbuchblattes[1]) vorzuschreiben.

Bei den bisherigen Bemerkungen ist vorausgesetzt, daß das Grundbuch in allen in Betracht kommenden Bezirken bereits als angelegt gilt und das neue Immobiliarrecht für dieselben in Kraft getreten ist. Die Vorschriften des § 13 eigenen sich indessen auch in einem gewissen Maße zur Anwendung bei dem die Anlegung des Grundbuches bezweckenden Verfahren. Auch in diesem Stadium verdient das Verlangen des Eigenthümers nach einheitlicher Buchung seines Grundbesitzes, auch wenn die Grenzen der Grundbuchbezirke und Grundbuchamtsbezirke entgegenstehen sollten, Berücksichtigung, insbesondere insoweit dieser Grundbesitz nach dem bisherigen Rechte als ein Ganzes behandelt ist; denn es würde ein unnöthiger Umweg sein, wenn die einheitliche Buchung, welche allerdings erst mit Fertigstellung des Buches rechtlich wirksam wird, erst nach Fertigstellung des Grundbuches geschehen könnte. Doch unterliegt die Zulässigkeit der einheitlichen Buchung in dem Anlegungsverfahren einer aus der Natur der Sache sich ergebenden Beschränkung, welche daraus zu entnehmen ist, daß ein Grundstück, in Ansehung dessen das Grundbuch noch nicht als angelegt und für welches deshalb noch das alte Recht gilt[2]), nicht Bestandtheil eines gebuchten Grundstückes sein kann, welches schon unter dem neuen Rechte steht. Indessen werden sich hieraus besondere Schwierigkeiten für das Anlegungsverfahren, insbesondere in Ansehung der bestehenden Gutsverbände und namentlich der untheilbaren Güter, nicht ergeben, da die Bezirke, für welche das Grundbuch als angelegt gelten soll, mit Enklaven und Exklaven bestimmt werden können.

Das in der gegenseitigen Abgrenzung der Bundesstaaten liegende Hinderniß der einheitlichen Buchung wird vom Entwurfe nicht berührt. Es würde bedenklich sein, die in Sachen der nichtstreitigen Gerichtsbarkeit bestehende Justizhoheit durch Vorschriften über die Buchung der zu dem Gebiete des einen Staates gehörenden Grundstücke seitens des einem anderen Staate angehörenden Grundbuchamtes, für dessen Bestimmung eine gemeinsame Aufsichtsbehörde bestellt werden müßte, zu beschränken. Dagegen bleibt eine solche Buchung an sich zulässig, wenn eine Vereinbarung in Ansehung der Zuständigkeit der Grundbuchämter unter den betheiligten Staaten getroffen ist.

Dem Auslande gegenüber bleibt die Regel bestehen, daß die Justizhoheit nicht über die Grenze reicht, aber auch nicht einen Eingriff in das diesseitige Gebiet duldet. Die fernere Wirkung bestehender Staatsverträge (z. B. zwischen Preußen und Rußland: Deklaration des XX. Artikels der zu Wien am 3. Mai (21. April) 1815 hinsichtlich des Herzogthumes Warschau abgeschlossenen Traktates vom 31. Dezbr. (19. Dezbr.) 1835, Ges. S. 1836 S. 1) kann hier dahingestellt bleiben. Künftig wird kein einzelner Bundesstaat einen Theil seines Gebietes ausländischen Rechtsnormen unterwerfen oder das Gebiet der Geltung des Reichsrechtes erweitern können.

---

[1]) „Blindes Folium", „Schutzfolium"; vergl. bayer. Hypoth. Ges. §§ 121, 123, Regelsberger S. 55.

[2]) Einf. Ges. Art. 108 Abs. 2, 3, Art. 110 Abs. 1.

Der Entwurf enthält nicht die Bestimmung, daß die Verschiedenheit der Belastung der Vereinheitlichung der mehreren Grundstücke entgegenstehe. Nur für den Fall, wenn ein Bestandtheil eines Grundstückes belastet werden soll, wird dem an sich nicht wünschenswerthen Ergebnisse einer verschiedenen Belastung der Bestandtheile durch § 26 Abs. 1 entgegengetreten, indem die vorherige oder gleichzeitige Verselbständigung eines besonders zu belastenden Bestandtheiles verlangt wird. Dieselbe Zweckmäßigkeitsrücksicht spräche auch gegen Vereinheitlichung mehrerer verschieden belasteter Grundstücke[1]). Der § 13 ist deshalb nicht dahin zu verstehen, daß dem Eigenthümer ein durch landesgesetzliche Vorschriften nicht zu nehmendes Recht auf Vereinheitlichung auch im Falle der verschiedenen Belastung der Grundstücke zugesprochen werden solle, denn sonst könnten die nach § 26 besonders gebuchten und belasteten Bestandtheile sofort wieder vereinigt werden, aber auch nicht dahin, daß bei Verschiedenheit der Belastung die einheitliche Buchung untersagt sein solle; eine solche Vorschrift ist nicht als allgemeines Bedürfniß anzuerkennen und könnte lästig wirken. Es bleibt mithin Raum für eine landesgesetzliche Ausführungsvorschrift, welche die Vereinheitlichung nur bei gleicher Belastung zuläßt[2]). In Ansehung der Hypotheken, Grundschulden und Reallasten wirkt die Vorschrift des B. G. B. § 1067 Nr. 1, daß das belastete Grundstück in seinem jeweiligen Bestande haftet, auf eine Vereinheitlichung der Belastung hin. Die dort bestimmte Erstreckung der Hypotheken tritt im Falle der Vereinheitlichung und zwar mit Rücksicht auf die Belastung eines jeden der verbundenen Grundstücke ein, da Hauptgut und Zubehörung oder Nebensache nicht unterschieden werden. In Ansehung sonstiger Rechte an einem Grundstücke sind der Vereinheitlichung mehrerer verschieden belasteter Grundstücke materielle Rechtsfolgen nicht beigelegt. Verschiedenheit der Belastung.

Aufbewahrung von Urkunden.

§ 14.

Der Erlaß von Vorschriften über die Behandlung der Schriftstücke, welche an das Grundbuchamt gelangen und auf die gebuchten Grundstücke und deren Rechtsverhältnisse sich beziehen, ist, weil reglementarischer Natur, im Allgemeinen den Bundesstaaten zu überlassen. Doch erscheint ein gänzliches Schweigen über die Behandlung derjenigen Urkunden, deren Einreichung zum Zwecke der Eintragung erforderlich ist, nicht angemessen. Urkunden, welche die Eintragung begründen

Nach § 962 Abs. 2, §§ 969, 982, 1048, 1054, 1064, 1125 des B. G. B. kann bei der Eintragung einer Reihe von Rechten auf den Inhalt der Eintragungsbewilligung Bezug genommen werden. Die in den Mot. III S. 472 berührte Frage, inwieweit bei der Eintragungsbewilligung zu deren Ergänzung wiederum auf Anlagen Bezug genommen werden darf, bleibt der Entscheidung

[1]) Vergl. Mot. III S. 57, 58.

[2]) Mecklenb. rev. Stadtb. O. § 14 Nr. 2, Meibom S. 115 Note 13; bayer. Hypoth. Ges. § 36 und Regelsberger S. 56; sächs. Ges. v. 6. Novbr. 1843 und Siegmann S. 81 ff.; hamb. Grundb. Ges. § 16.

in den landesgesetzlichen Vorschriften über das Verfahren überlassen. Dagegen muß reichsgesetzlich mit Rücksicht auf die angeführten Vorschriften des B. G. B. bestimmt werden, daß die Urkunden, auf deren Inhalt bei der Eintragung Bezug genommen ist, von dem Grundbuchamte aufzubewahren sind.

Die späteren Vorschriften (§§ 39 ff.) bestimmen, welche Urkunden zur Begründung eines Antrages auf Eintragung erforderlich sind: die grundbuchamtlichen Protokolle und die öffentlich beglaubigten Urkunden, welche die Erklärungen der Betheiligten enthalten, die an das Grundbuchamt gelangenden Anträge, die öffentlichen Urkunden, welche sonst erforderliche Nachweise erbringen. Durch diese Urkunden wird dargethan, daß die Anordnung der Eintragung den Vorschriften der Reichs-Grundbuchordnung entspricht. Deshalb ist deren Verwahrung dem Grundbuchamte zur Pflicht zu machen.

Der zweite Satz des ersten Absatzes überträgt der Landesjustizverwaltung die Entscheidung, ob die bezeichneten Urkunden in Urschrift oder in beglaubigter Abschrift bei dem Grundbuchamte aufbewahrt werden sollen[1]).

Auf den Rechtsgrund des dinglichen Vertrages bezügliche Urkunden.

Der Rechtsgrund (causa), in Rücksicht auf welchen ein den Vorschriften des § 828 des B. G. B. entsprechender Vertrag geschlossen wird, ist nach § 829 ohne Bedeutung für die Wirksamkeit des Vertrages und deshalb der Berücksichtigung des Grundbuchamtes entrückt. Prinzipiell würden deshalb Urkunden, welche auf den Rechtsgrund des dinglichen Vertrages sich beziehen, dem Grundbuchamte fern zu bleiben haben. Die preuß. Grundb. O. § 48 und deren Nachbildungen haben indessen den Betheiligten gestattet, bei der Auflassungserklärung eine Ausfertigung oder Abschrift der über das kausale Rechtsgeschäft errichteten Urkunde zu den Akten zu geben. Bezweckt wird, für den wichtigen Fall der Veräußerung von Grundstücken den Parteien die Möglichkeit zu gewähren, auf einfache und sichere Weise sich den Beweis des der Auflassung zu Grunde liegenden Rechtsgeschäftes und damit gegebenen Falles den Beweis der obligatorischen Unwirksamkeit der Auflassung, also der Kondiktionslage, zu bewahren. Das praktische Bedürfniß einer solchen Bestimmung ist anzuerkennen. Es besteht aber nicht blos in Ansehung der Auflassung, sondern in Ansehung der in § 828 des B. G. B. bezeichneten Verträge überhaupt. Das Grundbuchamt wird deshalb, wenn die Vertragschließenden die fraglichen Urkunden demselben übergeben wollen, durch die Vorschrift des zweiten Absatzes des § 14 verpflichtet, die Urkunden entgegenzunehmen und aufzubewahren. Ein Unterschied zwischen öffentlichen und Privaturkunden wird hierbei nicht gemacht.

Einsicht des Grundbuches. Ertheilung von Abschriften.

§ 15.

Begründung und Umfang des Rechtes auf Einsicht.

Das Recht auf Einsicht des Grundbuches wird im Entwurfe als ein publizistisches Recht aufgefaßt und an dieser Stelle durch Anweisungen, welche dem Grundbuchamte ertheilt werden, zum Ausdrucke gebracht. Ein privatrechtlicher Karakter des Rechtes auf Einsicht, welcher sich konstruiren läßt,

[1]) Vergl. auch § 58 Satz 2.

wenn man das Grundbuchblatt als ein Annexum des Grundstückes betrachtet[1]), würde zu einer zu engen Begrenzung des Rechtes auf Einsicht und zu unhaltbaren Konsequenzen, insbesondere zur Zulassung der negatorischen Klage gegen das Grundbuchamt führen können.

Der Einfluß, welcher dem Inhalte des Grundbuches in §§ 826, 837, 838 des B. G. B. beigelegt ist, ergibt die Nothwendigkeit einer gewissen Oeffentlichkeit des Grundbuches, aber nur einer beschränkten Oeffentlichkeit dahin, daß einem Jeden, welcher mit Rücksicht auf jenen Einfluß ein rechtliches Interesse an der Kenntniß des Grundbuchinhaltes glaubhaft machen kann, die Einsicht des Grundbuches gestattet sein muß[2]). Ein Interesse an einer durch das Grundbuch zu vermittelnden Kenntniß der Vermögensverhältnisse ist nicht genügend. Eine Oeffentlichkeit der Grundbücher ohne Rücksicht auf ein dargelegtes Interesse kommt im geltenden Rechte nur selten vor[3]); überwiegend wird der Nachweis eines rechtlichen Interesses verlangt[4]). Das glaubhaft zu machende Interesse muß aber nicht nur in Ansehung der Frage, ob die Einsicht des Grundbuches zu gestatten ist, sondern auch für die Frage, inwieweit Einsicht gewährt werden soll, entscheidend sein; denn jenes Interesse verlangt nicht die Offenlegung des ganzen Grundbuches und auch nicht immer die Offenlegung des in Frage kommenden Grundbuchblattes in dessen ganzem Umfange. Das Recht auf Einsicht ist deshalb nach Maßgabe des obwaltenden Interesses zu begrenzen. Dagegen wird nicht erforderlich sein, wie in mehreren Gesetzen geschehen, das Ermessen des Grundbuchamtes in der Weise zu beschränken, daß bei dem eingetragenen Eigenthümer oder bei einem sonstigen eingetragenen Berechtigten nach dem Interesse nicht weiter geforscht werden soll; denn das Interesse dieser Personen wird nicht verkannt werden. Ebensowenig ist zweifelhaft, daß die Ausübung des Rechtes auf Einsicht durch einen Vertreter geschehen kann, da es sich nicht um die Ausübung eines höchstpersönlichen Rechtes handelt.

Zur Vollständigkeit der zu gewinnenden Kenntniß gehört, daß auch die im Grundbuche in Bezug genommenen und diejenigen Urkunden offen gelegt werden, welche zur Begründung der Eintragung gedient haben. Dasselbe gilt von den eingegangenen aber noch nicht erledigten Anträgen auf Eintragung, weil die Betheiligten nach § 49 ein Recht auf Einhaltung einer bestimmten Reihenfolge bei Erledigung der eingehenden Anträge haben.

Flurbuch. Karte.

Ueber die Einsicht des Flurbuches und der etwaigen Kartirung kann reichsgesetzlich eine Bestimmung nicht wohl getroffen werden, weil das Flurbuch und die Karte nicht immer von dem Grundbuchamte geführt und ver-

---

1) Mecklenb. rev. Hypoth. O. für Landgüter v. 18. Oktbr. 1848 § 16.

2) Vergl. B. G. B. § 2107, § 2126 Abs. 2.

3) Vergl. hamb. Ges. über Grundeigenthum ꝛc. v. 4. Dezbr. 1868 § 5; lübeck. Grundb. O. v. 5. Mai 1880 § 18; österr. allg. Grundb. Ges. v. 25. Juli 1871 § 7; code civil art. 2196.

4) Preuß. Grundb. O. §§ 19, 120; bayer. Hypoth. Ges. §§ 24, 116; sächs. Verordn. v. 9. Jan. 1865 §§ 96, 97; württemb. Pfandges. Art. 61—63; hess. Verfahrensges. v. 19. Jan. 1859 Art. 42; mecklenb. Hypoth. O. v. 18. Oktbr. 1848 §§ 39 ff. und rev. Stadtb. O. § 47; weimar. Pfandges. §§ 207—210; meining. Instr. §§ 109, 110.

wahrt werden, wenn auch anerkannt werden muß, daß der Inhalt des Grundbuches, nämlich die Bezeichnung des Grundstückes, durch die Flurbücher und Karten in gewisser Weise ergänzt wird[1]). Auch über die Einsicht der Grundakten ist zu schweigen, da dieselben kein reichsgesetzliches Institut sind.

Nachweis des Interesses.

Die Unterschiede im Ausdrucke, welche in Ansehung der Darlegung des obwaltenden Interesses vorkommen, sind ohne große Bedeutung. Ein eigentlicher Beweis scheint nirgends gefordert zu werden.

Abschriften.

Nach der preuß. Grundb. O. § 120 und nach den Nachbildungen derselben in Oldenburg § 99 und in Coburg-Gotha § 95 ist nur dem Eigenthümer das Recht gegeben, Abschrift des Grundbuchblattes zu verlangen. Ein entsprechendes Recht noch anderer Personen ist nicht erwähnt. Dagegen verbindet die Mehrzahl der Gesetze, namentlich das bayer. Hypothekengesetz, die sächs. Hypothekenordnung, das württemb. Pfandgesetz, das hess. Verfahrensgesetz, die braunschw. Grundbuchordnung, mit dem Rechte auf Einsicht des Buches zugleich die Befugniß, Ertheilung einer Abschrift der das Interesse des Berechtigten berührenden Stellen, bezw. eines Auszuges aus dem Buche zu verlangen. Der Entwurf schließt sich im Wesentlichen diesen Vorschriften an. Dabei geht er davon aus, daß das Recht auf Ertheilung von Abschriften nur zur Unterstützung und Vervollständigung des Rechtes auf Einsicht des Buches zu dienen hat und hiernach in seinem Umfange zu bemessen ist. Die Ertheilung von Auszügen wird nicht vorgeschrieben, denn bei der Ertheilung eines Auszuges müßte das Grundbuchamt eine gewisse Beurtheilung vornehmen und die Vollständigkeit bezeugen. In Ansehung behördlicher Zeugnisse über erfolgte Eintragungen soll hier nichts bestimmt werden.

Behörden.

Oeffentlichen Behörden und den von denselben beauftragten Beamten steht nach den Grundbuchordnungen für Preußen § 19, Oldenburg § 13 Abs. 2, Lippe § 13, Coburg-Gotha § 10 in den gesetzlich bestimmten Fällen die Einsicht der Grundbücher und die Entnahme von Bemerkungen aus denselben frei. Die sächs. Verordn. vom 9. Januar 1865 § 96 gestattet die Einsicht des Grundbuches den Justizaufsichtsbehörden ohne Einschränkung, den Gerichten als solchen und den Verwaltungsbehörden unter der Voraussetzung, daß dieselben Anlaß und Zweck ihres Verlangens angeben. In der braunschw. Grundb. O. § 19 ist den öffentlichen Behörden, den Notaren und den Rechtsanwälten die uneingeschränkte Befugniß zur Einsicht der Grundbücher beigelegt. Das im ersten Absatze des § 15 bezeichnete Interesse ist zwar als ein privatrechtliches zu verstehen. Es liegt jedoch kein Grund vor, die Berücksichtigung des öffentlichen Interesses auszuschließen, nur muß die Entscheidung, inwieweit eine Berücksichtigung dieses Interesses stattfinden soll, der Landesgesetzgebung überlassen werden, weil diese Entscheidung nicht dem Privatrechte angehört. Nach den Landesgesetzen wird sich auch bestimmen, ob eine Mittheilung des Grundbuches an öffentliche Behörden oder Beamte trotz der entgegenstehenden schweren Bedenken in besonderen Fällen erfolgen darf.

[1]) In Württemberg erstreckt sich die Oeffentlichkeit auf alle Bücher, welche als Grundlage der Unterpfandsbücher dienen, Pfandges. Art. 61 ff.; in Weimar auf die Flurbücher und Flurkarten, Pfandges. § 208. Bestimmungen, welche sich gegen die Vorlegung der Flurbücher und der Karten richteten, sind nicht bekannt.

Weitere Anordnungen der Landesjustizverwaltung.

§ 16.

Die Vorschrift des § 16 verdeutlicht den Vorbehalt des § 79 nach einer gewissen Richtung und ergänzt denselben, indem der Erlaß der in § 16 bezeichneten Anordnungen der Landesjustizverwaltung übertragen wird.

Nachträgliche Anlegung von Grundbuchblättern.

§ 17.

Nachträgliche Anlegung von Grundbuchblättern.

Nach § 108 des Einf. Ges. zum B. G. B. ist das zum Zwecke der Anlegung der Grundbücher einzuhaltende Verfahren für jeden Bundesstaat der Bestimmung durch landesherrliche Verordnung überlassen. Diese Vorschriften müssen auch Geltung behalten, wenn, nachdem das Grundbuch für angelegt erklärt ist, die nachträgliche Buchung von Grundstücken in Frage steht, sei es, weil die Grundstücke früher übersehen sind, weil deren Buchung wegen obwaltender Anstände bisher noch nicht geschehen konnte, oder weil bei nicht buchungspflichtigen Grundstücken die Buchung erst nachträglich erforderlich wird; denn es würde ein Widerspruch darin liegen, wenn bei der Nachholung einer Buchung nicht dieselben Vorschriften zur Anwendung kämen, welche, wenn die Buchung früher geschehen wäre, zur Anwendung gekommen sein würden. Eine reichsgesetzliche Regelung der nachträglichen Anlegung von Grundbuchblättern würde zu einer verschiedenen Behandlung der Grundstücke desselben Bundesstaates führen, welche bedenkliche Widersprüche mit sich bringen könnte. Dagegen erscheint es nicht ausgeschlossen, daß für die nachträgliche Buchung der nicht buchungspflichtigen Grundstücke besondere Vorschriften gegeben werden, weil die Ermittelung der Rechtsverhältnisse solcher Grundstücke einfacherer Art sein kann. In der Grundb. O. für Sondershausen § 49 sind die Vorschriften über die Anlegung der Grundbücher im Allgemeinen auch auf die Buchung exemter Grundstücke bezogen; es kommen aber auch besondere Vorschriften über die Buchung solcher Grundstücke vor (vergl. sächs. Verordn., betr. die Anlegung von Grundbuchfolien für die Staatsforstreviere, v. 4. Aug. 1866, für Staatsgüter, welche nicht in Staatsforstrevieren bestehen, v. 13. Novbr. 1867).

Wiederherstellung zerstörter oder abhanden gekommener Grundbücher.

§ 18.

Wiederherstellung und erste Anlegung

Die erste Anlegung neuer und die Wiederherstellung zerstörter oder abhanden gekommener Grundbücher haben denselben Zweck; doch besteht der Unterschied, daß bei der Wiederherstellung eines zerstörten Grundbuches die Ermittelungen in erster Linie auf den vormaligen Inhalt dieses Buches, nicht auf den materiellen Rechtszustand zu richten sind. Ferner kann der Umfang der Zerstörung der Grundbücher und derjenigen Urkunden, aus welchen der Inhalt der Grundbücher zu ermitteln ist, ein verschiedener sein und verschiedene Maßregeln nothwendig machen. Die Landesgesetzgebung hat den Unterschied zwischen der Wiederherstellung zerstörter Bücher und der ersten Anlegung nicht immer klar erkannt. Die neueren Gesetze freilich, welche wegen der Wiederherstellung auf Vorschriften verweisen, welche für den einzelnen Fall zu erlassen sind, gehen erkennbar davon aus, daß das hierbei zu beobachtende Verfahren nicht ohne Weiteres nach den gleichen Regeln sich richten kann, welchen das Verfahren der ersten Anlegung unterliegt. Dagegen scheinen diejenigen Gesetze, welche der Wiederherstellung zerstörter Grundbücher überhaupt nicht gedenken, die Behandlung derselben in dem Rahmen des Verfahrens bei der ersten Anlegung für selbstverständlich zu halten. Immerhin besteht zwischen beiden Arten des Verfahrens ein solcher Zusammenhang, daß gleichmäßig die Regelung der landesherrlichen Verordnung vorzubehalten ist. Nach § 132 der preuß. Grundb. O. war der Weg des formellen Gesetzes in Aussicht genommen; doch hat die Erfahrung dazu gedrängt, den Erlaß der erforderlichen Vorschriften der landesherrlichen Verordnung zu überlassen[1]). An der schnellen Beseitigung der mit einer Zerstörung der Grundbücher eintretenden Verkehrshemmung besteht ein über die Grenzen des betreffenden Bundesstaates hinausreichendes allgemeines Interesse; dieses Interesse verträgt keine Verzögerungen, wie solche mit der Inanspruchnahme des schwerfälligen Gesetzgebungsapparates nothwendig verbunden sind.

Verordnungsweg

Ersatz der Eintragung

Da bis zur Wiederherstellung des Grundbuches die zu Rechtsänderungen erforderliche Eintragung in das Grundbuch unmöglich ist, so ergibt sich, je nach den Umständen und der Dauer der Herstellungsarbeiten, die Nothwendigkeit, für die Zwischenzeit die Eintragung in das Grundbuch durch einen entsprechenden anderen Akt zu ersetzen. Ob und wie dieses zu geschehen hat, läßt sich nur im Zusammenhange mit den zur Wiederherstellung des Grundbuches erforderlichen Maßregeln beurtheilen und ist deshalb gleichfalls der landesherrlichen Verordnung vorzubehalten.

---

1) Vergl. preuß. Ges. v. 14. März 1882.

Zweiter Abschnitt.

Eintragungen in das Grundbuch.

Vorbemerkungen.

Die Vorschriften des zweiten und dritten Abschnittes stehen in einem besonders innigen Zusammenhange mit den Vorschriften des B. G. B. über die Rechte an Grundstücken und erklären sich wesentlich aus diesen Vorschriften. Die Vorschriften der anderen Abschnitte würden im Wesentlichen auch für ein anders geordnetes Immobilienrecht mit Grundbucheinrichtung passen.

Die Begründung des zweiten und dritten Abschnittes wird deshalb die bisherigen Gesetzgebungen nur in beschränktem Maße zu berücksichtigen und hauptsächlich die Aufgabe haben, darzulegen, daß die getroffenen Vorschriften die aus dem Immobilienrechte des B. G. B. sich ergebenden Anforderungen erfüllen.

Anordnung und Ausführung der Eintragungen

Da nach § 1 Abs. 1 die Grundbuchämter die Grundbücher zu führen haben, so steht ihnen die Entscheidung zu, ob eine Eintragung erfolgen soll. Diese Entscheidung bezeichnet der Entwurf als Anordnung und unterscheidet dieselbe damit von der Ausführung der Eintragung. Durch diese Unterscheidung gewinnt aber die Anordnung nicht den Karakter einer nach Außen gegenüber allen Betheiligten mit ihrer Verkündung wirksam werdenden Feststellung, daß alle zur Begründung der Eintragung erforderlichen Thatsachen vorliegen. Sie ist nicht einem richterlichen Urtheile, ihre Ausführung nicht der Vollstreckung dieses Urtheiles zu vergleichen. Eine solche Auffassung würde sich nicht damit vertragen, daß die Ausführung der Anordnungen des Grundbuchamtes ungeachtet der Zulassung der Beschwerde ohne Aufschub und in unbedingter Weise (vergl. § 833 Abs. 2 des B. G. B.) zu erfolgen hat. Nach dem bayer. Hypothekengesetze eröffnet das Hypothekenamt seinen auf Grund der gepflogenen Verhandlungen gefaßten Beschluß, muß aber nach § 94 mit dem weiteren Verfahren einhalten, wenn Beschwerde erhoben wird[1]). Nach der Auffassung des Entwurfes ist die Anordnung einer Eintragung ein interner Akt des Grundbuchamtes, dessen Eröffnung an die Betheiligten überflüssig und ohne Einfluß sein würde und welcher nach Außen vor seiner Vollziehung nicht in Betracht kommt. Das Grundbuchamt ist eine verwaltende und nicht eine rechtsprechende Behörde. Seine Feststellungen der Rechtspunkte

[1]) Vergl. Regelsberger S. 119, 120.

schaffen nicht Recht unter den Betheiligten, sondern begründen nur die angeordnete Eintragung oder die Zurückweisung eines Antrages. Dem Grundbuchamte steht immer nur eine Partei gegenüber, welche indessen aus den in Uebereinstimmung handelnden vertragschließenden Theilen bestehen kann. Eine Verhandlung streitender Theile vor dem Grundbuchamte trägt den Karakter des Güteversuches. Dabei bleibt es möglich, daß durch die Anordnung einer Eintragung oder durch die Ertheilung eines Hypothekenbriefes 2c. ein weiter Kreis von Personen in seinen Rechten beeinträchtigt ist. Die zu diesem Kreise gehörenden Personen treten vermöge ihres Beschwerderechtes in eine gewisse Parteistellung gegenüber demjenigen, zu dessen Gunsten eine Eintragung 2c. erfolgt ist.

Zulässigkeit der Eintragungen.

Das Grundbuchamt hat nur solche Eintragungen vorzunehmen, deren Vornahme zugelassen ist. Zugelassen sind alle Eintragungen, an welche nach den materiellrechtlichen Vorschriften sich Rechtswirkungen knüpfen, selbstverständlich wenn die gehörigen sonstigen Voraussetzungen vorliegen. Die zulässigen Eintragungen zerfallen in zwei Arten. Die einen sind erforderlich, damit eine Rechtsänderung eintrete, die anderen, damit das Buch richtig gestellt werde, wenn entweder der Inhalt des Buches geändert ist, ohne daß eine Rechtsänderung vorliegt, oder das Recht sich außerhalb des Buches geändert hat. Auch für Aenderungen der letzteren Art gilt die Regel, daß die Eintragung zulässig ist; ein verbleibender Zweifel wird durch die Vorschrift des § 36 beseitigt. Diese Regel gilt sowohl für die kraft Rechtsgeschäftes als für die kraft Gesetzes ohne Mitleidenschaft des Grundbuches eingetretenen Aenderungen im Rechte, doch kommen bei den kraft Gesetzes eintretenden Rechtsänderungen Ausnahmen vor; vergl. § 858 Satz 3, § 863 des B. G. B. und § 37 dieses Gesetzes. Daneben ist in Art. 114 des Einf. Ges. zum B. G. B. die Grundbuchberichtigung zur Beseitigung einer anfänglichen Unvollständigkeit des neuangelegten Grundbuches zugelassen.

Zur Berichtigung des Buches sind Eintragungen auch dann erforderlich, wenn der leidende Theil dem zu Unrecht Eingetragenen diejenigen Rechte geben will, welche das Buch demselben gibt. Das B. G. B. kennt nur eine Konvaleszenz der Eintragungsbewilligung (§ 830), nicht der Eintragung. Nur in den Konvaleszenzfällen kann in Folge der Konvaleszenz der Eintragungsbewilligung, wenn schon eingetragen ist, ein unrichtiges Buch ohne neue Eintragung richtig werden. In den sonstigen Fällen der Buchunrichtigkeit hat der aus dem Buche Verdrängte zuvörderst seine Eintragung herbeizuführen, da er ohne dieselbe der Regel nach nicht verfügen kann. Sodann hat derselbe zu Gunsten des zu Unrecht Eingetragenen die erforderliche Eintragungsbewilligung zu ertheilen und schließt sich dieser die Wiedereintragung an. Das Buch kommt dadurch wieder in den früheren Zustand. Man könnte, wenn das unrichtige Buch mit Bewilligung des leidenden Theiles endgültig so bleiben soll wie es ist, daran denken, von einer jeden Eintragung abzusehen. Eine solche Abkürzung würde indessen nicht unbedenklich sein. Insbesondere ist zu befürchten, daß das Interesse des Steuerfiskus gefährdet werden könnte, welchem an der Aufdeckung der im einzelnen Falle zur Umbuchung erforderlichen Rechtsgeschäfte gelegen sein muß.

Unter Eintragung wird eine jede in das Grundbuch aufgenommene Angabe über die Rechtsverhältnisse des Grundstückes verstanden. Bezieht sich die Eintragung auf das Erlöschen eines eingetragenen Rechtes an einem Grundstücke oder eines Rechtes an einem solchen Rechte, so führt dieselbe nach § 826 des B. G. B. den technischen Namen „Löschung"[1]). Der Gegenstand und Inhalt der Eintragung wird im Uebrigen in dem B. G. B. und in diesem Gesetze verschieden bezeichnet: Eintragung der Rechtsänderung, des Rechtes, des Berechtigten, des Erwerbers 2c. Als Regel gilt, daß die Eintragung die wirkliche mit ihr eintretende oder bereits früher eingetretene Rechtslage genau und vollständig angeben soll. Das für die Eintragung Wesentliche hat sich mithin aus dem materiellen Rechte zu ergeben. Der Erlaß von Ordnungsvorschriften über die Fassung und die äußere Form der Eintragungen bleibt den Landesgesetzgebungen überlassen. Inhalt der Eintragungen.

Antrag auf Eintragung.

§ 19.

1. Bei der ersten Anlegung des Grundbuches sind von Amtswegen anzustellende Ermittelungen über die Rechtsverhältnisse der Grundstücke, insbesondere über die Eigenthumsverhältnisse, nicht zu umgehen. Ist ein Grundbuch im Sinne des neuen Rechtes einmal vorhanden, so dient eine jede Eintragung zur Vollendung oder Sicherung eines Rechtserwerbes. Das private Interesse an der Eintragung steht im Vordergrunde. Bei den auf Rechtsgeschäft beruhenden oder im Wege der Zwangsvollstreckung auf Betreiben des Gläubigers erfolgenden Eintragungen ist die Eintragung regelmäßig zum Eintritte der Rechtsänderung erforderlich und erscheint es in solchen Fällen als selbstverständlich, daß die Eintragung nicht aufgedrängt werden darf, sondern begehrt werden muß. Von den kraft Gesetzes eintretenden Rechtsänderungen bleiben diejenigen Fälle außer Berücksichtigung, in denen eine Behörde berechtigt und verpflichtet ist, das Grundbuchamt um Anordnung einer Eintragung zu ersuchen. Es bleiben nur wenige Fälle, in welchen das Grundbuch in Folge einer Rechtsänderung, die kraft Gesetzes oder kraft Rechtsgeschäftes (ohne Eintragung) eintritt, unrichtig wird, und für Fälle dieser Art erscheint es nur angemessen, die Richtigstellung des Grundbuches dem Privatbetriebe zu überlassen. Der Grund, weshalb im bisherigen Rechte vielfach dem Verfahren von Amtswegen ein weit größerer Raum gewahrt war, obwohl nirgends die Offizialmaxime als Regel galt, lag wesentlich darin, daß die Rechtsänderungen im weiten Umfange außerhalb des Buches sich vollzogen und die Betheiligten nicht durch ähnliche Vorschriften über den gutgläubigen Erwerb, wie sie das B. G. B. enthält, zur Betreibung der Eintragung veranlaßt wurden[2]). Für das preußische Recht ist die in der Hypoth. O. v. 20. Dezbr. 1783 Titel 2 §§ 79 ff. angeordnete und in dem Gesetze v. 24. Mai 1853 § 28 Erforderniß des Antrages.

---

[1]) Mot. III S. 155.

[2]) Vergl. Regelsberger, bayer. Hypoth. R. § 24 S. 108; Römer, württemb. Unterpfandsr. § 4 S. 18; Förster, preuß. Grundb. R. § 3 S. 42.

zwar eingeschränkte aber immerhin beibehaltene Pflicht des Grundbuchamtes, bei Besitztitelberichtigungen gewisse Nebenbestimmungen von Amtswegen einzutragen, ebenso wie der Zwang zur Besitztitelberichtigung, welcher früher gegen den Eigenthümer geübt wurde, beseitigt. Die preußische Grundb. O. § 30 stellt den allgemeinen Satz auf: „Die Grundbuchämter verfahren mit Ausnahme der im Gesetze bestimmten Fälle nur auf Antrag"[1]). Eine so allgemeine Ausdrucksweise erscheint indessen bedenklich. In Betracht kommt nur diejenige Thätigkeit des Grundbuchamtes, an welche materielle Rechtswirkungen sich knüpfen. Dabei scheidet die Ertheilung von Hypothekenbriefen und Grundschuldbriefen aus, weil sie lediglich eine Konsequenz der Bewilligung einer Briefhypothek oder Grundschuld ist. Es bleibt mithin nur die Eintragung. In Ansehung der sonstigen Pflichten des Grundbuchamtes zur Gestattung der Einsicht des Grundbuches, Ertheilung von Abschriften, Benachrichtigungen lassen die einzelnen Vorschriften keinen Zweifel, ob das Grundbuchamt auf Antrag oder von Amtswegen vorzugehen hat. Eintragungen, welche von Amtswegen zu erfolgen haben, werden in §§ 8, 9, 54 erwähnt.

Rechtliche Natur des Antrages.

2. Die Vorschrift des § 19 Abs. 1 ist als Ordnungsvorschrift gefaßt. Hieraus ergibt sich eine Konsequenz für diejenigen Eintragungen, an welche sich der Eintritt einer Rechtsänderung knüpft. Der Antrag ist eine prozessuale Handlung, keine rechtsgeschäftliche Willenserklärung, welche ein materiellrechtliches Erforderniß der Rechtsänderung bildet. Liegen alle materiellrechtlichen Erfordernisse der Rechtsänderung vor, also insbesondere die vom anderen Vertragschließenden angenommene und noch nicht widerrufene Eintragungsbewilligung (§ 828 Abs. 2, 3), die dem Grundbuchamte gegenüber erklärte Löschungsbewilligung (§ 960 Abs. 1, § 965 Abs. 1 2c.), ein vollstreckbarer Titel, welcher nach § 1130 das Recht auf Begründung einer Zwangshypothek gibt, so soll das Grundbuchamt zwar darauf sehen, ob der erforderliche Antrag einer antragsberechtigten Person vorliegt. Wird indessen gegen diese Vorschrift verstoßen, so steht der Verstoß allein dem materiell gerechtfertigten Eintritte der Rechtsänderung nicht entgegen. Dem in Folge der Rechtsänderung leidenden Theile geschieht hierdurch kein Unrecht; man könnte höchstens einwenden, daß dem gewinnenden Theile etwas gegeben wird, was derselbe nicht begehrt hat. Da ein reiner Rechtserwerb in Frage steht, so ist dieser Einwand nicht von Gewicht. Ob der Antrag gänzlich fehlt oder ob er von einer anderen als der zu seiner Stellung berechtigten Person gestellt ist, macht keinen Unterschied.

Zurücknahme des Antrages.

3. Der Antrag ist ein gegenüber dem Grundbuchamte gestelltes Begehren. Von einer bindenden Wirkung des Antrages kann deshalb nicht die Rede sein. Der Anlaß zu einer weiteren Thätigkeit des Grundbuchamtes fällt mit der Zurücknahme des Antrages durch den Antragsteller hinweg. Daß die Zurücknahme des Antrages an eine Form nicht gebunden ist, kann angesichts des in dem B. G. B. § 91 Abs. 1 ausgesprochenen Grundsatzes nicht zweifelhaft sein.

---

[1]) Ebenso Grundb. O. für Oldenburg § 21, Coburg-Gotha § 17, Braunschweig § 5, Sondershausen § 29, Lippe § 21 2c.

4. Indem die Regel des ersten Absatzes durch Reichsgesetz aufgestellt wird, versteht es sich von selbst, daß auch Ausnahmen von dieser Regel nur reichsgesetzlich bestimmt werden können, soweit nicht die Vorbehalte ganzer Materien[1]) der Landesgesetzgebung auch in der hier in Betracht kommenden Beziehung freie Hand lassen. Ausnahmen.

An eine Löschung von Amtswegen könnte man denken, wenn eine Eintragung einen nur vorübergehenden Zweck hatte, wie die Eintragung einer Vormerkung zur Erhaltung des Rechtes auf Eintragung. Doch wird, auch wenn die durch die Vormerkung gesicherte Eintragung wirklich erfolgt ist, die Vormerkung nicht von Amtswegen gelöscht werden dürfen, da sie für die in der Zwischenzeit Eingetragenen zu Gunsten des nunmehrigen eingetragenen Berechtigten die Berufung auf die publica fides des Grundbuches ausschließt. Aus ähnlichen Gründen darf ein mit Eintritt der auflösenden Bedingung entschiedenes Rückfallsrecht[2]) nicht von Amtswegen gelöscht werden und ebensowenig suspensiv bedingte oder betagte Rechte auf Erwerbung eines Rechtes, soweit solche vorkommen können, nach Eintritt des Termines oder der Bedingung und der definitiven Buchung des Berechtigten.

Werden eingetragene Rechte durch ein Gesetz aufgehoben[3]), so muß aus dem Gesetze sich ergeben, ob das Grundbuchamt von Amtswegen zu löschen hat oder ob, weil nicht alle Wirkungen des aufgehobenen Rechtes beseitigt sind, eine Bewilligung des leidenden Theiles erforderlich ist.

5. Wird das Grundbuchamt angewiesen, nur auf Antrag eine Eintragung vorzunehmen, so muß ihm auch der legitimirte Antragsteller bezeichnet werden. Würde hierüber geschwiegen, so würde man wohl zur Legitimation des Antragstellers ein rechtliches Interesse desselben verlangen, da die Antragstellung nicht dem Belieben eines Jeden überlassen werden kann; aber es würde die Auffassung nicht ausgeschlossen sein, daß ein Jeder antragsberechtigt ist, welcher an der Eintragung ein rechtliches Interesse hat. Der Kreis der Interessenten, welchen das Antragsrecht beigelegt werden soll, bedarf indessen der Begrenzung, zunächst auf diejenigen Personen, deren Recht am Grundstücke oder an einem eingetragenen Rechte durch die Eintragung berührt, vermehrt oder vermindert wird. Aber man darf auch nicht allen durch die Eintragung verlierenden oder gewinnenden Interessenten das Antragsrecht geben. Der Gewinn oder Verlust kann ein mittelbarer sein. Beispielsweise gewinnen durch die Löschung eines Rechtes die nachstehenden Berechtigten im Range; der Zweck der Eintragung geht indessen zunächst nur darauf, das belastete Recht oder Grundstück zu entlasten. Ferner soll bei Begründung einer Grunddienstbarkeit der Eigenthümer des herrschenden Grundstückes gewinnen, mittelbar gewinnt aber auch der Nießbraucher 2c. Die Antragsberechtigung ist auf diejenige Person zu beschränken, deren Begünstigung die Eintragung unmittelbar bezweckt. In ähnlicher Weise ist ein mittelbares und ein unmittelbares Leiden unter der Eintragung zu unterscheiden. Die nur mittelbar Antragsrecht.

1) Einf. Ges. Art. 33—35, 38—42.
2) B. G. B. § 871 Abs. 1.
3) Preuß. Grundb. O. § 97.

leidenden Personen sind insbesondere diejenigen, welche nicht das aufzuhebende Recht, sondern ein Recht an diesem Rechte verlieren oder durch Bestellung eines vorgehenden Rechtes im Range leiden würden. In Fällen dieser Art ist das Recht zum Antrage auf diejenigen zu beschränken, gegen deren Recht die Eintragung unmittelbar sich richtet, ohne Hineinziehung aller derjenigen Personen, deren Einwilligung nothwendig ist, weil sie in Mitleidenschaft gezogen werden. Es ergibt sich hiernach, daß im Falle eines den Vorschriften des § 828 des B. G. B. entsprechenden Vertrages nur die Vertragschließenden antragsberechtigt sind[1]). Auch im Falle einer Unrichtigkeit des Grundbuches sind mittelbar und unmittelbar leidende Personen zu unterscheiden, jedoch ist im § 843 Abs. 1 des B. G. B. einer jeden dieser Personen unabhängig von den übrigen der Anspruch auf eine Berichtiguug des Grundbuches gegeben, welche auch anderen Personen zum Vortheile gereichen kann, wie z. B. die Löschung eines vorgehenden nicht entstandenen oder aufgehobenen Rechtes. Die Vorschriften des § 843 werden zu der Annahme führen, daß, wenn die zur Berichtigung des Buches dienende Eintragungsbewilligung in der Richtung auf einen Anspruchsberechtigten ertheilt ist, welcher nicht das nächste Interesse an der Berechtigung hat, doch der Empfänger der Eintragungsbewilligung zur Benutzung derselben befugt und antragsberechtigt ist. Aber sollte man ein solches Antragsrecht des mittelbar Interessirten auch nicht annehmen, so würde doch der § 843 keine Lücke enthalten; denn alsdann würde derjenige, welcher zur Ertheilung der Eintragungsbewilligung verpflichtet ist, auch als zu der Stellung des erforderlichen Artrages verpflichtet erscheinen.

Begründung des Antrages.

§ 20.

Voraussetzungen der Eintragung.

In der Anmerkung 2e zu § 828 des B. G. B. ist der Grundbuchordnung die Vorschrift vorbehalten, daß das Grundbuchamt, sofern nicht das Gesetz ein Anderes bestimmt, eine Eintragung nur dann zu bewirken hat, wenn derjenige, gegen dessen eingetragenes Recht die vorzunehmende Eintragung sich richtet, die Eintragung bewilligt hat[2]). Eine solche Bestimmung ist indessen nicht aufgenommen worden, und zwar aus folgenden Gründen:

Die Eintragungsbewilligung ist eine rechtsgeschäftliche Willenserklärung, bei welcher der unmittelbar auf Herbeiführung der Rechtsänderung gerichtete Wille dadurch zum karakteristischen Ausdrucke gelangt, daß in die Herstellung des der Rechtsänderung entsprechenden Zustandes des Grundbuches gewilligt wird; sie ist nicht, wie der Antrag, eine Verfahrenshandlung. Sie gehört also dem materiellen, nicht dem formellen Grundbuchrechte an. Dies gilt auch, wenn die Eintragungsbewilligung zur Richtigstellung des Buches gegeben wird[3]). Welche Natur das Rechtsgeschäft hat, mittels dessen der in § 843 des B. G. B. gegebene Anspruch auf Berichtigung des Buches erfüllt wird, ob

[1]) Vergl. B. G. B. § 828 Abs. 3.

[2]) Vergl. Mot. III S. 184, 185.

[3]) Ebenda S. 173.

etwa die Natur eines dinglichen Anerkennungsvertrages, bleibt dahingestellt. Ist aber dem so, dann darf man in der Grundbuchordnung nicht als Regel voranstellen, daß eine Eintragung, Ausnahmen vorbehältlich, nur mit Bewilligung des leidenden Theiles zu geschehen habe; denn durch die Aufnahme einer solchen Regel in die Grundbuchordnung würde materielles und formelles Grundbuchrecht mit einander vermischt werden. Schon aus dem materiellen Rechte ergibt sich, daß das Eingetragensein eine Rechtsposition begründet, welche das Grundbuchamt nicht durch eine neue Eintragung antasten darf, es sei denn, daß der leidende Theil die neue Eintragung bewilligt, oder seine Bewilligung um deswillen unnöthig ist, weil die Voraussetzungen für die Anwendung eines gerechtfertigten Zwanges gegen denselben vorliegen. Ferner ergibt sich aus dem materiellen Grundbuchrechte, inwieweit die rechtsgeschäftlichen Erklärungen eines nicht eingetragenen Berechtigten oder eines Nichtberechtigten wirksam sind oder wirksam werden können. Für die Grundbuchordnung bleibt deshalb nur übrig, auf den Zusammenhang des formellen und des materiellen Grundbuchrechtes in Ansehung der Frage, ob eine Eintragung anzuordnen ist, hinzuweisen. Die Zulässigkeit der Eintragung nach materiellem Rechte[1]) bedingt nach dem Zwecke des Grundbuches, daß die Eintragung auch geschehen soll.

Maßgebender Zeitpunkt.

Alle für die Zulässigkeit der Eintragung erforderlichen Thatsachen müssen im Augenblicke des Antrages vorliegen. Später eintretende Thatsachen, welche mangelnde Voraussetzungen nachträglich erfüllen, insbesondere eine mangelhafte Eintragungsbewilligung konvaleszieren lassen, können nur einen neuen Antrag begründen helfen. Treten später Thatsachen ein, welche eine vorhandene Voraussetzung der Eintragung entkräften, wird z. B. die allein von dem einen Vertragschließenden vorgelegte Eintragungsbewilligung von dem anderen — verlierenden — Vertragstheile vor der Eintragung widerrufen[2]), so wird, auch wenn das Grundbuchamt von einer solchen Thatsache sichere Kenntniß erlangt hat, die Behandlung des gestellten und nicht zurückgenommenen Antrages hierdurch nicht berührt. Die Frage der materiellen Wirksamkeit der in einem solchen Falle erfolgten Eintragung ist von den Betheiligten nöthigenfalls im Prozeßwege zu erledigen.

Einseitige Eintragungsbewilligung im Vertragsfalle.

§ 21[3]).

Das Erforderniß des Vertrages.

Nach der Regel des § 20 würde von dem Grundbuchamte, wenn in dem Antrage die Eintragung einer auf Vertrag beruhenden Rechtsänderung begehrt wird, auch festzustellen sein, daß die Vertragschließenden ihren übereinstimmenden Willen sich gegenseitig erklärt haben[4]). Ist ein vor dem Grundbuchamte zu schließender Vertrag erforderlich[5]), so ergibt das aufzunehmende

---

1) Vergl. oben S. 50.

2) Vergl. B. G. B. § 828 Abs. 3.

3) Vergl. Anm. 2 h zu § 828 des B. G. B., Mot. III S. 186, 187.

4) B. G. B. §§ 77, 828 Abs. 2.

5) Ebenda §§ 868, 962 Abs. 1.

Protokoll den Abschluß des Vertrages und darf auch von der Feststellung der Annahme des gewinnenden Theiles mit Rücksicht auf den Inhalt des Rechtes, welches erworben werden soll (Eigenthum, Erbbaurecht), nicht abgesehen werden. Anders liegt die Sache, wenn das Grundbuchamt den nicht vor ihm und vielleicht unter Abwesenden erfolgten Abschluß des Vertrages festzustellen haben würde. Die Anforderung des B. G. B., daß zu der Rechtsänderung ein Vertrag erforderlich sein und ein einseitiges Rechtsgeschäft, wie bei der Zuwendung durch ein aufhebendes Rechtsgeschäft (§§ 960, 965 2c.), nicht genügen solle, würde drückend werden, wenn im formellen Grundbuchrechte die Darlegung des Abschlusses des Vertrages gegenüber dem Grundbuchamte verlangt würde. Durch die Aufstellung des Erfordernisses eines dinglichen Vertrages wird in weitem Umfange über das geltende Recht hinausgegangen[1]). Wird nun auch an dem materiellen Erfordernisse des Vertrages festgehalten und die einseitige Erklärung des leidenden Theiles nicht für materiell genügend erklärt, so daß also die in Ermangelung eines Vertrages erfolgte Eintragung nach Maßgabe des § 843 des B. G. B. angefochten werden kann, so erscheint doch die Erleichterung aus praktischen Rücksichten geboten, daß das Grundbuchamt bei Feststellung der erforderlichen rechtsgeschäftlichen Grundlage sich mit der einseitigen Eintragungsbewilligung des eingetragenen Berechtigten begnügen und von der Feststellung einer Annahmeerklärung des anderen Theiles absehen soll. Ohne eine solche Erleichterung würde in allen Fällen, wenn der Vertrag nicht vor dem Grundbuchamte geschlossen wird, die schriftliche Abfassung des Vertrages und deren öffentliche Beglaubigung nothwendig und hierdurch der geschäftliche Verkehr sehr erschwert werden.

Eintragungsbewilligung des eingetr. Berechtigten,

Die Vorschrift des ersten Absatzes bezieht sich nicht auf die Fälle, in welchen die Vorschriften des § 828 des B. G. B. keine Anwendung finden, die durch Vertrag erfolgende Rechtsänderung außerhalb des Buches sich vollzieht und die Vertragserklärung deshalb nicht in Gestalt der Eintragungsbewilligung verlangt wird. Dies sind die Fälle, in welchen der einfache Abtretungsvertrag zur Uebertragung eines Rechtes am Grundstücke oder eines Rechtes an einem solchen Rechte genügt. Für den Fall der Abtretung einer Briefhypothek oder Grundschuld ist indessen in § 1115 des B. G. B. bestimmt, daß zum Zwecke der Buchberichtigung nur die einseitige Abtretungserklärung, nicht der Abtretungsvertrag (§ 1112) vorgelegt zu werden braucht. Ferner gehören hierher die Fälle, in welchen nach §§ 1023, 1208 des B. G. B. für die vertragsmäßigen Verfügungen über eine durch Pfandrecht an einem eingetragenen Rechte gesicherte Forderung die Vorschriften über den Zessionsvertrag[2]) Anwendung finden. Auch in Fällen dieser Art wird indessen das Grundbuchamt nach dem aus §§ 1112, 1115 des B. G. B. und aus dem vorliegenden § 21 zu entnehmenden Prinzipe mit der einseitigen beglaubigten Abtretungserklärung sich zu begnügen haben.

des Rechtsnachfolgers

Der in § 828 des B. G. B. bezeichnete Vertrag muß zwischem dem eingetragenen Berechtigten und dem Erwerber abgeschlossen werden. Für

[1]) Mot. III S. 159.

[2]) B. G. B. § 294 Abs. 2.

die einseitigen Aufhebungsgeschäfte (§§ 960, 965, 977, 1015, 1061) ist das gleiche Erforderniß des Eingetragenseins des Verfügenden nicht bestimmt. Von der Vorschrift des § 828 Abs. 1 sind in § 869 und § 1087 Abs. 2 die Ausnahmen gemacht, daß der Erbe des eingetragenen Eigenthümers das Eigenthum und der Erbe des eingetragenen Gläubigers die Forderung mit der Hypothek weiter übertragen können, ohne sich vorher eintragen zu lassen. Soweit das Erforderniß, daß der Verfügende als Berechtigter eingetragen ist, nach materiellem Grundbuchrechte für den Rechtsnachfolger des eingetragenen Berechtigten nicht besteht, kann dieses Erforderniß auch nach formellem Grundbuchrechte nicht in Betracht kommen. Der zweite Absatz des § 21 stellt dieses für die Vertragsfälle klar. Die Rechtsnachfolge muß selbstverständlich dargethan werden. Der Aufnahme einer Vorschrift, daß der Antrag auf eine Eintragung regelmäßig zurückzuweisen sei, wenn derjenige, welcher dieselbe bewilligt hat, nicht als Berechtigter in das Grundbuch eingetragen ist[1]), bedarf es nicht. Soweit das Eingetragensein materielles Erforderniß ist, ergibt sich seine Berücksichtigung aus § 20. Soweit dieses nicht der Fall ist, kann das Zustehen des Rechtes, welches sonst durch die Eintragung nachzuweisen ist, auch auf andere Art, z. B. durch einen Erbschein, dargethan werden. Indessen ist hierbei zu beachten, daß die Erbenlegitimation dem Erben die Befugniß zu verfügen, ohne vorher eingetragen zu sein, nur verschaffen kann, wenn nicht inzwischen für den eingetragenen Eigenthümer eine andere Person gebucht ist. Ist inzwischen ein Nichterbe als Erbe eingetragen, so hat der wahre Erbe den Nichterben zunächst aus dem Buche zu verdrängen und das Buch nach § 843 des B. G. B. zu seinen Gunsten berichtigen zu lassen.

Nichteintragung der Zwischenberechtigten.

Aus § 21 Abs. 2 ergibt sich auch, daß, wenn die Person des Berechtigten ohne Mitleidenschaft des Buches wechseln, und der zeitige Berechtigte, ohne vorher seine Eintragung erlangt zu haben, verfügen kann, bei der Eintragung desjenigen, welcher von dem zeitigen Berechtigten erwirbt, die Eintragung der Zwischeninhaber des Rechtes nicht zu erfolgen braucht. Der Zusammenhang der in den beiden aufeinander folgenden Eintragungen bezeichneten Berechtigten ergibt sich aus den zur Begründung der letzten Eintragung dienenden Urkunden. In dem Zwecke des Grundbuches, welches nur die erworbenen Rechte nachweisen soll, liegt es nicht, auch diesen Zusammenhang klarzustellen. Es folgt hieraus, daß auch die Verpfändung einer durch Briefhypothek oder durch Pfandrecht an einem eingetragenen Rechte gesicherten Forderung eingetragen werden kann, ohne daß zuvor der verpfändende Zessionar eingetragen worden ist.

Eintragung des Vermächtnißnehmers.

§ 22.

Der § 22 enthält eine Ordnungsvorschrift dahin, daß auf Grund eines Vermächtnisses, dessen Gegenstand nach den für die Beurtheilung des Vermächtnisses maßgebenden Gesetzen dem Vermächtnißnehmer kraft Gesetzes an-

[1]) Anm. 2 f zu § 828 des B. G. B.

fällt, die Eintragung in das Grundbuch nur mit Einwilligung der Erben erfolgen, also formell erschwert werden soll. Gemeint sind Fälle, in welchen gemäß der entsprechenden Vorschrift des Einführungsgesetzes (Art. 129) das Vermächtniß nach den bisherigen Gesetzen zu beurtheilen ist, ferner Fälle, in welchen das Vermächtniß auf einer nach ausländischem Rechte zu beurtheilenden Verfügung von Todeswegen beruht. In Ansehung der Fälle ersterer Art hat der § 22 den Karakter einer Uebergangsvorschrift. Würde nichts bestimmt, so läge dem Grundbuchamte die Prüfung der in den einzelnen Gesetzen verschieden beantworteten und nach denselben oft nur schwer zu entscheidenden Frage ob, inwieweit eine Zuziehung des Erben bei den zu Gunsten des Vermächtnißnehmers erfolgenden Eintragungen erforderlich ist[1]). Durch die Vorschrift wird auch der Fall mit getroffen, daß durch das Vermächtniß ein Recht an einem Grundstücke oder ein Recht an einem solchen Rechte aufgehoben wird.

Nachträgliche Eintragung des Bewilligenden.

§ 23.

Behandlung konvaleszenzfähiger Eintragungsbewilligungen.

Leidet die mit dem Antrage vorgelegte Eintragsbewilligung an einem Mangel, welcher im Wege der Konvaleszenz nach § 830 des B. G. B. gehoben werden kann, so ist nach der aus § 20 („zur Zeit des Antrages") und aus § 48 zu entnehmenden Regel der Antrag zurückzuweisen, wenngleich nach seiner Einreichung und vor seiner Erledigung die den Mangel beseitigende Thatsache eintritt. Diese Regel wird auch gelten, wenn der Mangel darin besteht, daß der Bewilligende nicht als Berechtigter eingetragen ist[2]), aber später eingetragen wird. Von dieser Regel wird in § 23 eine Ausnahme für den Fall gemacht, daß ein Antrag, welcher zur Hebung des Mangels führt, gleichzeitig oder vor dem auf die mangelhafte Eintragungsbewilligung gestützten Antrage gestellt ist. Würde der gleichzeitig oder vorher gestellte begründete Antrag sofort im Augenblicke seiner Anbringung erledigt, so würde damit der in Rede stehende Mangel rechtzeitig gehoben sein. Der zufällige Umstand, daß eine augenblickliche Erledigung jenes Antrages praktisch nicht stattfindet, darf nicht nachtheilig wirken. Man würde vielleicht auch schon an der Hand der allgemeinen Grundsätze dahin gelangen, das Vorliegen eines zur Eintragung des Bewilligenden führenden Antrages als einen genügenden Ersatz der noch ausstehenden Eintragung des Bewilligenden anzusehen; es erscheint indessen zweckmäßig, dieses für die Grundbuchführung wichtige Ergebniß auszusprechen. Eine Entscheidung der hier behandelten Frage tritt im geltenden Rechte nicht klar hervor. Besonders im preußischen Rechte findet sich die materielle Frage der Konvaleszenz von der formellen Frage der Behandlung konvaleszenzfähiger Bewilligungen seitens des Grundbuchamtes nicht gehörig geschieden[3]).

---

[1]) Vergl. preuß. Ges. über den Eigenthumserwerb v. 5. Mai 1872 §§ 16, 65; Grundb. O. §§ 53, 85; sächs. G. B. § 2451 a. E.; für das gemeine Recht: Seuffert's Archiv 21, 134.

[2]) Vergl. Anm. 2f zu § 828 des B. G. B. und Mot. III S. 185, 186.

[3]) Vergl. Dernburg und Hinrichs, preuß. Hypoth. R. § 22 Note 5, S. 267, über die an § 5 des preuß. Eigenthumserwerbsges. sich knüpfende Streitfrage, Mot. III S. 190.

Die Vorschrift des § 23 ist nicht nur auf die Fälle zu beziehen, in welchen dem Bewilligenden sowohl das Recht als die Eintragung fehlt, sondern sie gilt ganz besonders auch für die Fälle, in welchen nur die Eintragung fehlt; denn auch auf diese Fälle paßt der Ausdruck „Bewilligung eines Nichtberechtigten“. Die Vorschrift findet deshalb Anwendung, wenn der Berechtigte, insbesondere der Erbe, vor der Berichtigung des Buches verfügt hat, ohne daß ihm ausnahmsweise die Befugniß zur Verfügung unabhängig von seiner vorherigen Eintragung nach § 869, § 1087 Abs. 2 des B. G. B. zusteht.

Sicherung der ersten Stelle für reservirte Rechte.

Aus § 23 ergibt sich auch, daß der Veräußerer eines Grundstückes oder eines Rechtes an einem Grundstücke für reservirte Rechte die erste Stelle vor allen anderen von dem Erwerber aufzuerlegenden Belastungen sich sichern kann, indem er seine dem Erwerber ertheilte Eintragungsbewilligung und die ihm von dem erst einzutragenden Erwerber ertheilte Eintragungsbewilligung mit dem nach § 38 Satz 1 zulässigen Vorbehalte einreicht, daß die Eintragungen in unmittelbarem Zusammenhange erfolgen sollen[1]).

Eintragungsbewilligung des Vertreters.

§ 24.

Doppelte Rolle des Vertreters.

Das Grundbuchamt hat die Vertretungsmacht eines Vertreters, welcher im Namen des passiv Betheiligten die Eintragungsbewilligung ertheilt hat, festzustellen. Nach den Vorschriften des B. G. B. ist ein solcher Umfang der auf Rechtsgeschäft oder auf Gesetz beruhenden Vertretungsmacht, daß der Vertreter ein Rechtsgeschäft mit sich selbst vornehmen kann, nicht ausgeschlossen; nur wird vorausgesetzt, daß die doppelte rechtsgeschäftliche Thätigkeit des Vertreters auf eine für alle übrigen Personen erkennbare und feststellbare Weise in die äußere Erscheinung getreten sein muß. An einer solchen äußerlichen Erkennbarkeit des Handelns in doppelter Rolle fehlt es nicht, wenn die Vertragserklärungen vor dem Grundbuchamte abgegeben oder demselben überreicht werden, oder wenn eine Eintragungsbewilligung mit dem Antrage auf Eintragung überreicht wird[2]).

Bewilligung des Vertreters für sich selbst.

Die Vorschrift des § 24 läßt die materielle Wirksamkeit der Vertretungsmacht in der vorbezeichneten Richtung unberührt. Sie weist nur das Grundbuchamt an, in einem bestimmten, besonders zweifelhaften Falle mit der Lösung des Zweifels sich nicht zu befassen, sondern die Eintragung abzulehnen. Besonders zweifelhaft wird die Entscheidung über den Umfang der Vertretungsmacht in Ansehung der Frage, ob der Vertreter durch die Vollmacht oder das Gesetz auch ermächtigt werden sollte, Eintragungsbewilligungen zu seinen eigenen Gunsten zu ertheilen. In Ansehung der gesetzlichen Vertretung ist der Zweifel zum Theil im verneinenden Sinne durch besondere Vorschriften (§ 45 Satz 1, § 61, § 1503 Abs. 1 in Verbindung mit § 1651 des B. G. B.) entschieden. Bei der auf Vollmacht beruhenden Vertretungsmacht liegt auch eine

---

[1]) Vergl. preuß. A. L. R. I 20 § 408; Plen. Beschl. des Ob. Trib. v. 4. Novbr. 1850, Entsch. Bd. 20 S. 29; mecklenb. rev. Stadtb. O. § 9.

[2]) Vgl. Mot. I S. 224, III S. 182.

gewisse Wahrscheinlichkeit für die beschränktere Auffassung vor, da der Vertretene, wenn er eine Zuwendung an den Vertreter will, regelmäßig diesem nicht eine Vollmacht, sondern eine Eintragungsbewilligung ertheilen wird. In einem so zweifelhaften Falle soll das Grundbuchamt die Eintragung ablehnen[1]). Sollte die Vollmacht den Vertreter zur Ertheilung einer bestimmten Bewilligung für sich selbst ermächtigen, so wird die Vollmacht zur Bewilligung; jedoch kann auf diesem Wege die Abgabe der Bewilligungserklärung vor dem Grundbuchamte nicht erspart werden.

Bewilligung zu Gunsten des Vertretenen.

Ganz verschieden liegt der Fall, wenn die Eintragungsbewilligung zu Gunsten des Vertretenen ertheilt ist und der Vertreter als solcher nur die Annahmeerklärung abgibt oder den Antrag auf Eintragung stellt. Da es sich hier um einen reinen Erwerb des Vertretenen handelt, so treffen die Gründe für eine engere Auffassung der Vertretungsmacht nicht zu. Dazu kommt, daß der Antrag auf Eintragung nach § 19 Abs. 2 auch von dem durch die Eintragung verlierenden Theile gestellt werden kann, und daß, abgesehen von den Fällen der Auflassung, die Annahmeerklärung, wenn ein Vertrag erforderlich ist, nach § 21 überall nicht nachgewiesen zu werden braucht. Das vertretungsweise Abgeben der Annahmeerklärung hat mithin, wenn es sich nicht um eine Auflassung handelt, nur eine das Grundbuchamt nicht berührende materielle Bedeutung für die Frage, ob in Wirklichkeit ein bindender Vertrag zu Stande gekommen ist. Liegt der Fall so, daß derjenige, welcher einem Anderen das Eigenthum an einem Grundstücke überträgt und auf Grund einer Vollmacht des Anderen namens desselben die Annahmeerklärung vor dem Grundbuchamte erklärt hat, zugleich auf Grund der Vollmacht für sich selbst namens des Anderen die Eintragung eines Rechtes, z. B. einer Hypothek, bewilligen will, so findet auf diese Bewilligung die Vorschrift des § 24 selbstverständlich Anwendung.

Bezeichnung des Grundstückes.

§ 25.

Zweck der Vorschrift

Die Ordnungsvorschrift des § 25 soll, was die Bezeichnung der Grundstücke angeht, für die Eintragungsbewilligung beziehungsweise den Antrag die nöthige Bestimmtheit des Inhaltes der Erklärungen und deren Brauchbarkeit für die Führung des Grundbuches sichern und das Spezialitätsprinzip zum Ausdrucke bringen[2]).

Liegt die Eintragungsbewilligung vor, so braucht der entsprechende Eintragungsantrag die Bezeichnung des Grundstückes nicht auch zu enthalten. In dem Antrage kann die Eintragungsbewilligung in Bezug genommen werden. Wird dagegen ein Eintragungsantrag ohne vorausgehende Eintragungsbewilligung gestellt, z. B. im Falle der Zwangshypothek, so müssen an diesen Antrag in Ansehung der Bezeichnung des Grundstückes die gleichen Anforderungen gestellt werden, wie an die Eintragungsbewilligung.

---

1) Vgl. Anm. 2c zu § 828 des B. G. B., Mot. III S. 182.

2) Vergl. Anm. 2d zu § 828 des B. G. B., Mot. III S. 183, 184.

Eine allgemeine Vorschrift, daß der Inhalt der begehrten Eintragung in Bewilligung und Antrag genau bezeichnet sein müssen, erscheint wegen ihrer Selbstverständlichkeit entbehrlich, aber auch um deswillen bedenklich, weil das Grundbuchamt leicht zu Abweisungen aus formellen Gründen verleitet werden würde, wenn der beantragte Inhalt der Eintragung nicht gerade so gebucht werden kann, wie die Eintragungsbewilligung oder der Antrag lauten. Eine Angabe der Formel der Eintragung ist nicht zu verlangen, auch würde das Grundbuchamt an eine solche Formel nicht gebunden werden können.

Veräußerung und Belastung von Bestandtheilen.

§ 26.

Formelle Voraussetzung der Verfügung über Parzellen.

Durch die Vorschriften des materiellen Rechtes ist die Veräußerung und Belastung des Bestandtheiles, d. h. einer Unterabgrenzung eines einheitlichen Grundstückes, nicht ausgeschlossen. Ein verschiedenes Rechtsschicksal der Bestandtheile eines einheitlichen Grundstückes erscheint indessen nicht wünschenswerth, weil die Uebersichtlichkeit des Grundbuchblattes leiden würde[1]). Schon aus § 6 ergibt sich, daß das Grundbuchamt nicht für einen abzutrennenden Theil eines Grundstückes auf demselben Grundbuchblatte eine andere Person als Eigenthümer buchen soll. Durch eine solche Buchung würde ein unzulässiges gemeinsames Grundbuchblatt geschaffen werden. Es wird aber nicht nur die Parzellenveräußerung, sondern auch die Parzellenbelastung ohne besondere Buchung der Parzelle abzuwehren sein. Hierin liegt allerdings ein Zwang, entweder den Bestandtheil besonders buchen zu lassen, oder das zu begründende Recht auf das ganze Grundstück zu erstrecken. Bei der Begründung von Vorkaufsrechten, Reallasten, Hypotheken und Grundschulden ist ein solcher Zwang wenig drückend. Etwas anders liegt die Sache bei den Gebrauchsrechten, nämlich dem Erbbaurechte und den Dienstbarkeiten. Bei Grunddienstbarkeiten und beschränkten persönlichen Dienstbarkeiten ist deren Erstreckung auf das ganze Grundstück über die von dem Gebrauchsrechte unmittelbar getroffene Parzelle hinaus nur von geringer Bedeutung, nämlich für den Fall, daß das Recht bei der Zwangsvollstreckung in einen mit Pfandrecht versehenen Ersatzanspruch sich umsetzt; im Uebrigen wird durch den § 975 des B. G. B. eine übermäßige Beschränkung des Eigenthümers verhütet. Bei dem Erbbaurechte, bei welchem die Benutzung des belasteten Grundstückes auf eine Parzelle sich beschränken kann, liegt die Sache etwa ebenso. Vielleicht etwas fühlbarer macht sich die Beschränkung bei dem Nießbrauche, dessen Bestellung an einer Parzelle, z. B. zu Gunsten eines Altentheilers, nicht so gar selten sein wird. Es kann dahin gestellt bleiben, ob der Nießbrauch am ganzen Grundstücke inhaltlich auf die Nutzungen einer Parzelle beschränkt werden kann[2]). Jedenfalls überwiegt das öffentliche Interesse an einer übersichtlichen Grundbuchführung. Daß in § 13 die Vereinigung verschieden belasteter Grundstücke zu

[1]) Vergl. Mot. III S. 55, 56, 633.
[2]) Vergl. B. G. B. § 980 Abs. 2.

einem einheitlichen Grundstücke nicht ausgeschlossen ist, steht mit der Vorschrift des § 26 nicht im Widerspruche, denn bei zu befürchtenden Verwickelungen kann das Grundbuchamt die Vereinigung verweigern; vergl. Bemerk. zu § 13.

Die Zerlegung eines Grundstückes in mehrere selbständige Grundstücke steht selbstverständlich in dem Belieben des Eigenthümers, auf dessen Antrag die Anlegung der neuen Grundbuchblätter erfolgen muß, es sei denn, daß Theilungsverbote entgegenstehen[1]). Liegt Untheilbarkeit vor, so ist damit die Begründung von Rechten an Parzellen, welche zu einer Abtrennung der Parzellen führen können, wie Reallast, Hypothek und Grundschuld, durch eine Vorschrift des materiellen Rechtes ausgeschlossen.

Die selbständige Buchung der zu veräußernden oder zu belastenden Parzelle braucht nicht zur Zeit des Antrages auf Eintragung bereits geschehen zu sein; es muß indessen mindestens der Antrag auf Anlegung eines neuen Blattes vorliegen.

Voraussetzungen der selbständigen Buchung einer Parzelle.

Aus § 7 ergibt sich, daß der Neuanlegung des Grundbuchblattes eine Vervollständigung des Flurbuches vorauszugehen hat, damit auf dem neuen Blatte auf das Flurbuch Bezug genommen werden könne. Die Führung der Flurbücher wird nicht reichsgesetzlich geregelt. Deshalb wird der Erlaß von Vorschriften über die erforderliche Veränderung in den Bezeichnungen des Flurbuches und über die Vorlegung einer die Theilung darstellenden Karte[2]) der partikulären Regelung und zwar, der Vereinfachung wegen, der Regelung durch die Landesjustizverwaltung überlassen.

Anomale Gemeinschaft.

§ 27[3]).

Angabe der besonderen Art der Gemeinschaft.

Wird ein Recht als mehreren Personen gemeinschaftlich zustehend ohne Angabe von Bruchtheilen eingetragen, so ist nach § 827 des B. G. B. die Eintragung so zu lesen, als wenn Bruchtheile, und zwar gleiche Bruchtheile, eingetragen wären. Bei der anomalen Gemeinschaft werden die Rechte der einzelnen Theilhaber nicht durch die Gemeinschaftsordnung des B. G. B., sondern durch eine für jede konkrete Gestaltung der anomalen Gemeinschaft besondere Gemeinschaftsordnung bestimmt. Um den Inhalt der Theilhaberrechte zu bezeichnen, genügt die Angabe, daß die Bruchtheilung ausgeschlossen, nicht, sondern es ist die Angabe der konkreten Art der Gemeinschaft erforderlich. Das B. G. B. kennt als anomale Gemeinschaften nur die allgemeine Gütergemeinschaft, die Errungenschaftsgemeinschaft und die Gemeinschaft des beweglichen Vermögens und der Errungenschaft. Da in diesen Fällen die anomale Gemeinschaft kraft Gesetzes entsteht (§§ 1343, 1417, 1431), so kommt nur die Berichtigung des Grundbuches in Frage[4]), bei der Gemeinschaft des beweglichen

---

[1]) Mot. III S. 59 unter E; Einf. Ges. Art. 70 Abs. 1 Nr. 1.

[2]) Vergl. Grundb. O. für Preußen § 58, Oldenburg § 47, Lippe § 48, Sondershausen § 60, Coburg-Gotha § 38; Hypoth. O. für Lübeck § 6.

[3]) Vergl. Anm. zu § 827 des B. G. B., Mot. III S. 156.

[4]) Mot. IV S. 336, 337.

Vermögens und der Errungenschaft in Beschränkung auf die Hypotheken und Grundschulden und auf die Forderungen, welche durch Pfandrecht an einem eingetragenen Rechte gesichert sind. Eine rechtsgeschäftliche Einbringung in eine anomale Gemeinschaft kommt im B. G. B. nicht vor. Bei der Frage, inwieweit eine solche Einbringung nach Landesrecht oder nach Reichsrecht vorkommen könne, erhebt sich fast in allen Fällen der Zweifel, ob man es wirklich mit einer anomalen Gemeinschaft oder mit einer juristischen Person zu thun hat[1]). Jedenfalls muß die Eintragung in solchen Fällen auf den Namen der Handelsgesellschaft, Genossenschaft 2c. erfolgen und auf diese Weise das konkrete Gemeinschaftsverhältniß bezeichnen, weil sonst der beabsichtigte Erwerb nicht stattfindet. Die Frage, ob bei der Eintragung einer Handelsgesellschaft nur diese oder auch die einzelnen Gesellschafter einzutragen sind, ist aus der rechtlichen Natur der Handelsgesellschaft, mithin nach Handelsrecht zu beurtheilen. Ob in dieser Beziehung eine Vorschrift zu treffen ist, muß der Revision des Handelsgesetzbuches überlassen bleiben.

Die Ordnungsvorschrift des § 27 will verhüten, daß Eintragungen, welche nur die Anwendbarkeit der Gemeinschaftsordnung nach Bruchtheilen verneinen, ohne positiv anzugeben, welche andere konkrete Gestaltung der Gemeinschaft an die Stelle tritt, in das Grundbuch aufgenommen werden. Die Angaben über das konkrete anomale Gemeinschaftsverhältniß müssen in der Eintragungsbewilligung oder, sofern eine Eintragungsbewilligung nicht erforderlich ist, in dem Antrage auf Eintragung zu finden sein; fehlen sie, so hat das Grundbuchamt die Eintragung zu unterlassen.

Es kann vorkommen, daß in den fortgeführten bisherigen Büchern Eintragungen gemeinschaftlicher Rechte ohne Angabe von Bruchtheilen sich finden, welche nach bisherigem Rechte nicht so zu lesen sind, wie § 827 des B. G. B. vorschreibt, sondern eine besondere Art der Gemeinschaft ohne Bruchtheile bedeuten[2]). In einem solchen Falle wird dem früheren Gesetze die konkrete Art der Gemeinschaftsordnung zu entnehmen sein, welche Platz greift. Diese Ordnung wird nach den Uebergangsvorschriften, und zwar auch in Ansehung des gemeinschaftlichen Eigenthumes, ihre Wirksamkeit behalten[3]).

In einem Leibgedinge enthaltene Dienstbarkeiten und Reallasten.

§ 28.

Die Vorschrift des § 28 enthält eine Erleichterung, welche noch weiter geht, als die in §§ 969, 982, 1048, 1054 des B. G. B. bestimmten Erleichterungen der Eintragungen bei Dienstbarkeiten und Reallasten. Die Bezugnahme im Grundbuche soll nicht nur zur näheren Bezeichnung des Inhaltes eines eingetragenen Rechtes dienen, sondern auch die Aufführung der einzelnen unter der Kollektivbezeichnung „Leibzucht“ begriffenen Dienst-

[1]) Vergl. Dernburg und Hinrichs' preuß. Hypoth. R. § 26 Note 9.
[2]) Vergl. Mot. III S. 156 (a).
[3]) Einf. Ges. Art. 106.

barkeiten und Reallasten ersetzen können. Aehnliche Erleichterungen, welche eine Ueberfüllung der Grundbücher verhüten sollen, finden sich auch in den bisherigen Gesetzen[1]).

Angabe des Geldbetrages der Hypotheken und Grundschulden in Reichswährung.

§ 29.

Angabe des Geldbetrages.

In § 1064 des B. G. B. ist von der Aufstellung des Erfordernisses, daß der Betrag der Forderung in Reichswährung angegeben werde, lediglich um deswillen abgesehen, weil man nicht die Gültigkeit der Hypothek oder Grundschuld (vergl. § 1136) von der Erfüllung dieses Erfordernisses abhängig machen wollte[2]). Als Ersatz ist eine Ordnungsvorschrift in Aussicht genommen, daß, wenn die reichswährungsmäßige Angabe des Geldbetrages in der Eintragungsbewilligung oder, sofern eine Eintragungsbewilligung nicht erforderlich ist, in dem Antrage auf Eintragung nicht enthalten ist, das Grundbuchamt die Eintragung nicht vornehmen soll. Auch bei Angabe von Geldbeträgen mit festem Umrechnungskurse[3]) braucht das Grundbuchamt nicht umzurechnen, sondern kann die Eintragung ablehnen. Die Begründung von Sicherungshypotheken für Forderungen eines Betrages fremder Währung, bei dessen Zahlung der zeitige Kurs maßgebend ist, bleibt zulässig. Auch bei der Verpfändung von eingetragenen Rechten ist die Bestimmung des Betrages der gesicherten Forderungen in fremder Währung nicht ausgeschlossen. Für Reallasten erscheint die Aufnahme einer Vorschrift, daß der etwa zu leistende Geldbetrag in Reichswährung eingetragen werden soll, nicht angemessen, weil Gegenstand der Reallast auch andere Leistungen als Geldleistungen sein können. Die Landesgesetze können indessen nach Art. 70 Nr. 2 des Einf. Ges. eine beschränkende Bestimmung treffen.

Eintragung der Zinstermine.

§ 30.

Nach § 1064 des B. G. B. kann bei Hypotheken und Grundschulden wegen der festgesetzten Zahlungsbedingungen auf die Eintragungsbewilligung Bezug genommen werden. Dieser auf die wirksame Begründung des Rechtes sich beziehende Grundsatz bleibt unbeschränkt bestehen. Es empfiehlt sich indessen, dafür zu sorgen, daß regelmäßig die festgesetzten Zinstermine, vorausgesetzt, daß die Eintragung als bewilligt anzusehen ist, aus dem Grundbuche

---

[1]) Grundb. O. für Preußen § 76, Oldenburg § 61, Braunschweig § 32 Abs. 2; sächs. Hypoth. O. v. 9. Jan. 1865 §§ 150, 152; altenb. Hypoth. Ges. § 182; reuß. Hypoth. Ges. § 180.

[2]) Mot. III S. 641, 642; Anm. 2 zu § 1062 des B. G. B.

[3]) Vergl. R. Münzges. Art. 14 § 4.

selbst ersehen werden können, insbesondere mit Rücksicht auf das Zwangsvollstreckungsverfahren, da bei demselben die nach dem Zinstermine laufenden und rückständigen Zinsen eine besondere Behandlung erfahren. In Ansehung der Zinstermine bei Reallasten trifft der Zweckmäßigkeitsgrund für die Vorschrift des § 30 nicht in gleichem Maße zu.

Eintragungen gegen den Gläubiger einer Briefhypothek oder Grundschuld.

§ 31[1]).

1. Das Grundbuch gibt darüber, wer der zeitige Gläubiger einer Briefhypothek ist, keine sichere Auskunft, da die Hypothek außerhalb des Buches von Hand zu Hand gehen kann. Der Nachweis der zeitigen Gläubigerschaft wird vielmehr durch die Innhabung des Briefes in Verbindung mit den auf den eingetragenen Gläubiger zurückführenden Uebertragungsurkunden erbracht (§ 1114 des B. G. B.). Hieraus ergibt sich schon, daß dem Grundbuchamte in allen Fällen, in welchen dasselbe die Legitimation der als gegenwärtiger Berechtigter bezeichneten Person festzustellen hat, der Brief vorzulegen ist. Die Vorlegung des Briefes mit den Uebertragungsurkunden bildet den Ersatz der Eintragung als Grundlage für die Feststellung des Berechtigten. Zu einer solchen Legitimationsprüfung kommt es in allen Fällen, in welchen, sei es mit Bewilligung des Gläubigers, sei es im Wege des gerechtfertigten Zwanges, ohne Willen des Gläubigers, eine das Recht desselben beeinträchtigende Eintragung vorgenommen werden soll. Auch bei einer nur gegen das Verfügungsrecht des Gläubigers sich richtenden Eintragung trifft dies zu. Aus dem Gesagten ergibt sich die Rechtfertigung der Vorschrift, daß das Grundbuchamt eine Eintragung der bezeichneten Art nur auf Vorlegung des Briefes vornehmen soll[2]). Erfolgt die Eintragung ohne Vorlegung des Briefes, so leidet ihre Wirksamkeit nicht, wenn nur die durch Vorlegung des Briefes darzuthuende Legitimation in dem Zeitpunkte der Eintragung wirklich bestand; anderenfalls liegt ein materieller Mangel vor.

Legitimation des Gläubigers einer Briefhypothek.

2. Das materielle Recht geht nicht so weit, den Brief als Duplikat des Grundbuches in dem Sinne zu behandeln, daß zur Rechtsänderung eine Eintragung auch in den Brief erforderlich sein solle. Die Angaben des Buches gehen den Angaben des Briefes vor. Zur Verhütung von Abweichungen ist indessen erforderlich, durch Ordnungsvorschrift dafür Sorge zu tragen, daß der Inhalt des Briefes mit der wirklichen Rechtslage dadurch im Einklange erhalten wird, daß das Grundbuchamt in dem ihm vorgelegten Briefe die erfolgte Eintragung zu vermerken hat.

Berichtigung des Briefes.

---

[1]) Vergl. Anm. II zu § 1107 des B. G. B., Mot III S. 615.

[2]) Vergl. Mot. III S. 615; Grundb. O. für Preußen §§ 70, 82—87, 91, 114, 116, Oldenburg §§ 57, 66—68, 70, 75, 93, 108, Coburg-Gotha §§ 35, 60—62, 64, 72, 89, 91, 104, Braunschweig §§ 31, 38, 39, 43, 45, 51, 52, 95; ähnlich auch die Grunb. O. für Lippe und Sondershausen; über das mecklenb. Recht v. Meibom § 19 S. 141, § 29 S. 242, § 36 S. 280.

Vormerkungen

3. Einige Schwierigkeiten macht das Institut des Hypothekenbriefes bei Maßregeln der Zwangsvollstreckung und des Arrestes, welche gegen den Gläubiger als solchen sich richten und bei welchen die Passivlegitimation des Gläubigers festgestellt sein muß. Regel bleibt auch hier, daß der Brief bei dem Gläubiger gefunden sein und dem Grundbuchamte vorgelegt werden muß, wenn dieses nach § 846 des B. G. B. eine Eintragung im Wege der Zwangsvollstreckung oder der Vollziehung eines Arrestes oder einer einstweiligen Verfügung anzuordnen hat. Dasselbe müßte grundsätzlich auch gelten, wenn eine Vormerkung eingetragen werden soll, mag nun die Eintragung vom Prozeßgerichte im Wege der einstweiligen Verfügung oder unmittelbar von dem Grundbuchamte oder dem Beschwerdegerichte nach §§ 54, 73 Abs. 2, § 74 angeordnet sein. Die preuß. Grundb. O. §§ 88, 91 Abs. 2 (vergl. auch Eigenthumserwerbsges. § 60) bleibt bei der Regel. Der Entwurf bestimmt aus folgenden Gründen eine Ausnahme für die Fälle, in welchen es sich nicht um die bewilligte Eintragung einer Vormerkung handelt.

Bei Entscheidung der Frage, ob die Vorschrift des § 31 Abs. 1 Satz 1 auch in Ansehung der Eintragung einer Vormerkung gelten soll, kommt einerseits die Bedeutung des Hypothekenbriefes für den Verkehr, sowie der Zweck der Vorschrift, soweit dieselbe im Interesse der Verkehrssicherheit die Uebereinstimmung des Grundbuches mit dem Hypothekenbriefe gewährleisten soll, in Betracht, andererseits aber die Lage desjenigen, welcher der Richtigkeit des Grundbuches mit Recht widerspricht und deshalb eine Vormerkung eintragen lassen möchte. Bei der Lösung der Frage muß der Rücksicht auf das Interesse des der Richtigkeit des Buches Widersprechenden ausschlaggebende Bedeutung beigelegt werden. Derselbe ist vielfach nicht in der Lage, den gegenwärtigen Gläubiger und Inhaber des Hypothekenbriefes zu kennen, und, auch wenn er den Inhaber kennt, hat er keineswegs gegen denselben immer den Anspruch auf Vorlegung des Hypothekenbriefes. Hiernach kann es, wenn man die Eintragung einer Vormerkung von der Vorlegung des Hypothekenbriefes abhängig macht, dem Widersprechenden vielfach geradezu unmöglich werden, zu der Eintragung zu gelangen Diese Unmöglichkeit erweist sich schon dann als von ungerechtfertigter Härte, wenn es sich nur um die Wahrung eines nach Begründung der Hypothek entstandenen Widerspruchsrechtes handelt; noch größer ist die Härte, wenn einer ungerechtfertigten Eintragung widersprochen wird, und von den hierher gehörigen Fällen verdient eine besondere Beachtung der Fall, in welchem ein der Hypothek vorgehendes Recht nach Eintragung der Hypothek ohne Grund gelöscht ist. Auch in diesem letzteren Falle würde das allgemeine Verlangen der Vorlegung des Briefes der Eintragung einer Vormerkung für das gelöschte Recht entgegenstehen, da die Vormerkung sich gegen den Rang der Hypothek richtet. In allen Fällen würde die Ausschließung der Vormerkung auch der Abwendung des aus einer ungerechtfertigten Eintragung zu besorgenden Schadens (§ 54) entgegenstehen. Dagegen kann der Hypothekenbrief dem Erwerber ohnehin nicht eine so absolute Sicherheit bezüglich seiner Uebereinstimmung mit dem Grundbuche geben, daß der Erwerber nie das Grundbuch einzusehen brauchte. Im Falle der Zwangsvollstreckung wird die Löschung einer ausgefallenen Hypothek durch die

Vorschriften des Gesetzes über die Zwangsvollstreckung in das unbewegliche Vermögen nicht davon abhängig gemacht werden können, daß der Hypothekenbrief vorliegt, und, abgesehen von diesem Falle eines in jeder Beziehung ordnungsmäßigen Verfahrens[1]), bleibt immer die Möglichkeit einer ungerechtfertigten Nichtübereinstimmung zwischen Buch und Brief, bei welcher der Inhalt des Buches stets vorgeht. Durch die Eintragung einer Vormerkung wird die Veräußerung oder Verpfändung der Hypothek zwar erschwert, aber die Benachrichtigung des Gläubigers von der Eintragung wird diesem Anlaß geben, die Erledigung einer unbegründeten Vormerkung herbeizuführen.

Die Frage, ob derjenige, gegen welchen die Anordnung der Vormerkung bei dem Gerichte beantragt wird, der Gläubiger der Briefhypothek ist, welcher als solcher nicht eingetragen zu sein braucht, ist nur eine Frage der Passivlegitimation und als solche in dem prozessualen Verfahren zu erledigen. Die vom Grundbuchamte gegen den zeitigen Berechtigten eingetragene Vormerkung bleibt selbstverständlich ohne die beabsichtigte Wirkung, wenn vor ihrer Eintragung das Recht auf einen gutgläubigen Erwerber übertragen und damit nach §§ 837, 838, 1114 des B. G. B. das Buch in Einklang mit der wirklichen Rechtslage gesetzt ist.

4. Die in dem dritten Satze des § 31 Abs. 1 gedachte Eintragung der Verzinslichkeit oder der Zinserhöhung führt immerhin zu einer Beschränkung der Rechte der im Range gleichstehenden oder nachstehenden Berechtigten. Da letztere aber nach § 1065 des B. G. B. von vornherein darauf gefaßt sein müssen, eine solche Minderung ihrer Rechte ohne ihre Einwilligung zu erleiden, so erscheint eine soche Rechtsminderung nicht als eine Beeinträchtigung der Rechte im Sinne des ersten Satzes des § 31 Abs. 1. Dies ergibt sich indessen nicht unmittelbar aus dem § 1065 und muß deshalb hier klargestellt werden. *Eintragungen über die Verzinslichkeit.*

5. Was in Ansehung der Vorlegung und Berichtigung des Hypothekenbriefes gilt, muß auch für die Grundschuldbriefe Geltung haben. *Grundschuld.*

Eintragungen im Wege der Zwangsvollstreckung.

§ 32.

Will Jemand eine Hypothek bestellen oder ein eingetragenes Recht verpfänden, so ist seine Eintragung als Eigenthümer des Grundstückes oder als Berechtigter nach § 828 Abs. 1 des B. G. B. regelmäßig materielle Voraussetzung für die Wirksamkeit des Begründungsvertrages. Ein entsprechendes materielles Erforderniß ist jedoch in §§ 1130, 1132 des B. G. B. für den Fall der Zwangshypothek oder Arresthypothek nicht aufgestellt. Es gilt auch nicht bei der Pfändung oder zwangsweisen Uebertragung eines eingetragenen Rechtes[2]). *Eintragung des Schuldners.*

---

[1]) Vergl. auch Einf. Ges. Art. 75.

[2]) Vergl. C. P. O. §§ 751, 754 in der Fassung des Einf. Ges. zum B. G. B. Art. 11.

Hiernach würde genügen, wenn dem um die Eintragung im Wege der Zwangsvollstreckung ersuchten Grundbuchamte der Beweis, daß der Schuldner der Berechtigte ist, in den Fällen eines außerhalb des Buches sich vollziehenden Rechtserwerbes auf andere Weise als durch Hinweisung auf den Inhalt des Grundbuches, z. B. durch Vorlegung eines Erbscheines, geliefert wird. Hiermit würden indessen dieselben Uebelstände verbunden sein, welche durch das materielle Erforderniß der Eintragung des Verfügenden vermieden werden sollten. Es ist deshalb, was die Frage betrifft, ob das Grundbuchamt eine Eintragung vornehmen solle, rücksichtlich des Erfordernisses der Eintragung des Berechtigten, gegen dessen Recht die Eintragung sich richtet, kein Unterschied zu machen, ob die Rechtsänderung durch Rechtsgeschäft oder im Wege der Zwangsvollstreckung herbeigeführt werden soll. Durch § 32 wird diese Analogie mit Berücksichtigung der §§ 21, 23 durchgeführt. Ist der Schuldner der wirkliche Berechtigte, so kann der Gläubiger nach §§ 45, 47 die Eintragung des Schuldners erwirken. Die Vorschriften des § 32 harmoniren mit der Vorschrift des § 26 des Entwurfes eines Gesetzes über die Zwangsvollstreckung in das unbewegliche Vermögen, nach welcher die Zwangsvollstreckung regelmäßig nur gegen den eingetragenen Eigenthümer angeordnet werden soll.

Die Ausnahmefälle, auf welche der Schlußpassus des zweiten Absatzes hinweist, ergeben sich aus § 1087 Abs. 2 des B. G. B., aus den Vorschriften über die Uebertragung bezw. Verpfändung einer Forderung mit dem dieselbe begleitenden Pfandrechte an einem eingetragenen Rechte und aus den Vorschriften über die Abtretung bezw. Verpfändung einer durch Briefhypothek gesicherten Forderung oder einer Grundschuld.

Angabe der Mitbelastung.

§ 33.

Interesse an der Ersichtlichkeit der Korrealhaftung

Wenn dieselbe Reallast, Hypothek oder Grundschuld mehrere Grundstücke belastet, so ist dieser Umstand für die Schwere der Belastung von Bedeutung, da die Last für das eine Grundstück hinwegfällt, insoweit der Gläubiger aus dem anderen Grundstücke Befriedigung erhält, ein Umstand, welcher für die Feststellung des geringsten Gebotes im Falle der Zwangsvollstreckung in das Grundstück in Betracht kommt. Die Mitbelastung führt zu einer Art von Bedingtheit der Ansprüche aus den Reallasten, Hypotheken oder Grundschulden. Für den Inhalt eines jeden anderen eingetragenen Rechtes ist der Umstand, daß noch andere Grundstücke einem gleichen Rechte unterliegen, bedeutungslos; dasselbe Recht belastet nicht mehrere Grundstückseinheiten, sondern es sind soviel verschiedene und von einander unabhängige Rechte, z. B. Nießbrauchsrechte, zu unterscheiden, als Grundstücke belastet sind. Nur bei den bezeichneten Rechten ist die Ersichtlichkeit der Mitbelastung anderer Grundstücke für alle Personen, welche gleichstehende oder nachstehende Rechte an einem Grundstücke haben, zur Beurtheilung der Güte ihres Rechtes von Interesse und ist das Grundbuchamt auch anzuweisen, für die Ersichtlichmachung der Mitbelastung

Sorge zu tragen [1]). Ob die Mitbelastung dadurch entstanden ist, daß die bezeichneten Rechte an mehreren Grundstücken begründet sind, oder daß Theile eines Grundstückes abgeschrieben und besonders gebucht sind, bleibt gleichgültig.

Einige praktische Schwierigkeit wird die Angabe der Mitbelastung machen, wenn die mehrfachen Eintragungen nicht im Zusammenhange mit einander durch dasselbe Grundbuchamt erfolgen. Bei den nicht akzessorischen Rechten — Reallast und Grundschuld — muß zwar in den Eintragungsbewilligungen auf die Einheitlichkeit der Last hingewiesen sein, weil sonst das Grundbuch nicht eine Belastung mehrerer Grundstücke mit demselben Rechte, sondern eine Mehrheit von Reallasten und Grundschulden ergeben würde. Bei Hypotheken liegt die Einheitlichkeit in der gesicherten Forderung und ist deshalb nur erforderlich, daß diese Forderung individuell bezeichnet wird, ohne daß der für dieselbe bestehenden anderweiten Sicherheit in den Eintragungsbewilligungen Erwähnung zu geschehen braucht; doch wird auch hier, abgesehen von Sicherungshypotheken, der Verpfänder Ursache haben, klarzustellen, daß dieselbe Forderung mehrfach gebucht ist, weil sonst nach § 1083 des B. G. B. das Bestehen einer Mehrheit von Forderungen zu Gunsten eines gutgläubigen Erwerbers angenommen werden kann. Vielleicht empfiehlt sich eine Anweisung der Grundbuchämter, sich gegenseitig die erforderlichen Mittheilungen zu machen [2]); doch bleibt der Erlaß einer solchen Anweisung besser der Landesgesetzgebung bezw. der Landesjustizverwaltung überlassen.

Nichtübertragung eines eingetragenen Rechtes.

§ 34.

Es versteht sich von selbst, daß, wenn die Parzelle eines Grundstückes oder ein bisher auf einem gemeinschaftlichen Blatte mitgebuchtes Grundstück bezw. eine mitgebuchte selbständige Berechtigung ein selbständiges Grundbuchblatt erhält oder einem anderen Grundstücke zugeschrieben wird, das neue Blatt alle Angaben des bisherigen Blattes, welche sowohl das Ganze als den Theil treffen, zu enthalten hat. Liegen die Voraussetzungen vor, unter welchen die Löschung eines eingetragenen Rechtes nach dessen Mitübertragung auf das neue Blatt zu erfolgen haben würde, so kann der Umweg der Mitübertragung mit sofort sich anschließender Löschung erspart werden, wenn bestimmt wird, daß die Nichtmitübertragung als eine andere zulässige Erscheinungsform der Löschung zu gelten hat [3]).

---

[1]) Vergl. Grundb. O. für Preußen § 78, Oldenburg § 62, Coburg-Gotha § 56, Braunschweig § 33; bayer. Hypoth. Ges. § 147 und Instr. § 28 Nr. 15; sächs. Hypoth. O. v. 9. Jan. 1865 § 155 und übereinstimmend die Hypothekengesetze für Altenburg und beide Reuß.

[2]) Vergl. sächs. Hypoth. O. § 155 Abs. 2.

[3]) Vgl. Grundb. O. für Preußen §§ 65—67, Oldenburg §§ 52—54, Coburg-Gotha §§ 67—69 Braunschweig § 31, Lippe §§ 53—55.

Löschung einer Hypothek oder Grundschuld.

§ 35.

Löschungsantrag des Eigenthümers.

Nach § 1091 des B. G. B. ist zur Aufhebung der Hypothek durch Rechtsgeschäft ein zwischen dem Eigenthümer und dem Gläubiger zu schließender Vertrag, der Löschungsantrag des Eigenthümers und die Löschung der Hypothek im Grundbuche erforderlich. Die Gründe dieser Regelung sind in den Mot. III S. 719, 720 angegeben. Zu beachten bleibt, daß die nach § 1091 Abs. 1, 2 erforderliche Stellung des Antrages seitens des Eigenthümers ein materielles Erforderniß ist, weil in diesen Fällen der Antrag eine rechtsgeschäftliche Erklärung in sich schließt.

Außer durch rechtsgeschäftliche Aufhebung kann die Hypothek in verschiedener Weise außerhalb des Buches erlöschen, in Folge des Eintrittes einer Bedingung 2c. In solchen Fällen und auch dann, wenn die eingetragene Hypothek in Wirklichkeit nicht entstanden ist, steht eine Berichtigung des Buches in Frage. Es fragt sich, auf welche Grundlage hin das Grundbuchamt eine solche Berichtigung vorzunehmen hat. Wird eine einfache Löschungsbewilligung vorgelegt, so kann das Grundbuchamt nicht unterscheiden, ob ein Fall der Aufhebung durch Rechtsgeschäft oder ein Fall der Buchberichtigung vorliegt. Aber auch dann, wenn in der Löschungsbewilligung ausdrücklich erklärt ist, daß dieselbe zum Zwecke der Buchberichtigung ertheilt werde, ergibt sich für das Grundbuchamt aus derselben nicht der volle Beweis der Unrichtigkeit des Buches; denn zu einem solchen Beweise genügt eine Eintragungsbewilligung nur insoweit, als dieselbe zu einer entsprechenden Rechtsänderung genügen würde, vergl. Bemerk. zu § 39. Ebenso wie im Falle der Aufhebung durch Rechtsgeschäft muß also eine einwilligende Erklärung des Eigenthümers in Gestalt des Löschungsantrages hinzutreten, welche die Anerkennung der in Frage stehenden Unrichtigkeit des Buches enthält, und welche nach § 843 Abs. 1 des B. G. B. der Eigenthümer den unter der Unrichtigkeit des Buches leidenden Berechtigten gegenüber abzugeben verpflichtet ist. Hieraus ergibt sich, daß der Löschungsantrag des Eigenthümers in allen Fällen der Löschung einer Hypothek oder Grundschuld erforderlich ist.

Eintragung außerhalb des Buches erfolgter Rechtsänderungen.

§§ 36, 37[1]).

Nießbrauch und Pfandrecht an eingetragenen Rechten.

1. Nach dem materiellen Grundbuchrechte ist es möglich, daß zur Begründung eines Rechtes Eintragung erforderlich ist, dagegen die Uebertragung und Belastung des eingetragenen Rechtes außerhalb des Buches sich vollzieht, so daß also das Grundbuch den zeitigen Berechtigten nicht mit Sicherheit nachweist. Solches trifft zu bei Briefhypotheken und Grundschulden. Hier ist der Brief in Verbindung mit den erforderlichen Uebertragungsurkunden ein Mittel, um den zeitigen Berechtigten erkennen zu lassen; dieser ist gegen

[1]) Vergl. Anm. zu § 1208 des B. G. B.

Verfügungen des eingetragenen früheren Berechtigten, welcher den Brief begeben hat, dadurch gesichert, daß der als Berechtigter Eingetragene den Brief nicht besitzt; er kann auch sich selbst eintragen lassen und hierdurch im Grundbuche ersichtlich machen, daß er an die Stelle des ursprünglichen Berechtigten getreten ist (§ 1115). Ein weiterer Fall der Uebertragung und Belastung gebuchter Rechte außerhalb des Buches kommt vor bei dem Nießbrauche und Pfandrechte an eingetragenen Rechten. Nach §§ 1023, 1208 des B. G. B. finden auf die Begründung und Veräußerung des Nießbrauches oder des Pfandrechtes an einem Rechte diejenigen Vorschriften Anwendung, welche im Falle der Uebertragung jenes Rechtes gelten. Man kann hiernach verschiedene Fälle konstruiren, in welchen Nießbrauch oder Pfandrecht an einem eingetragenen Rechte außerhalb des Buches übertragen oder belastet werden. Eine Reallast ist verpfändet. Die Verpfändung und der ursprüngliche Gläubiger werden eingetragen. Mit der Abtretung der gesicherten Forderung geht außerhalb des Buches das eingetragene Pfandrecht von Hand zu Hand. An der gesicherten Forderung kann wiederum ein Nießbrauch bestellt und dieser Nießbrauch durch einfache Abtretung veräußert werden. Es handelt sich stets um Uebertragungen oder Belastungen einer durch Pfandrecht an einem eingetragenen Rechte gesicherten Forderung, bei welchen das Pfandrecht das Schicksal der Forderung theilt. Der zeitige Berechtigte hat sich nach den Vorschriften über die Abtretung ꝛc., also durch Uebertragungsurkunden, zu legitimiren. Da indessen hier eine Verkörperung der Forderung in einer Verbriefung fehlt, mithin die Dispositionen des eingetragenen ursprünglichen Gläubigers nicht, wie bei der Briefhypothek, durch das Erforderniß der Vorlegung des Briefes ausgeschlossen werden, so leidet der zeitige Berechtigte, wenn er nicht selbst seine Eintragung erlangt, unter der Gefahr, daß der noch eingetragene frühere Gläubiger die Löschung des Rechtes am eingetragenen Rechte bewilligt. Das Grundbuchamt hat eine solche Löschungsbewilligung zu beachten, da ihm gegenüber die negative Thatsache, daß der eingetragene Berechtigte nicht übertragen habe, nicht erwiesen zu werden braucht. Die materielle Wirksamkeit der Verfügungen über die gesicherte Forderung und das Pfandrecht am eingetragenen Rechte bleibt zwar, ohne Anwendbarkeit der Vorschriften über die Wirkung der publica fides des Grundbuches, davon abhängig, daß der wirkliche Gläubiger verfügt hat oder die Verfügung nach §§ 304, 305 des B. G. B. zu Gunsten des gutgläubigen Schuldners als wirksam gilt; durch die Löschung würde indessen der wirkliche Gläubiger in Folge der publica fides des Grundbuches gefährdet werden, z. B. wenn das Pfandrecht, welches eine Reallast belastet, gelöscht ist und die Reallast nunmehr aufgehoben oder übertragen wird. Gegen diese Gefahr soll die Vorschrift des § 36 einen Schutz bieten. Ob der zeitige Berechtigte schon nach § 843 des B. G. B. seine Eintragung durchsetzen könnte, erscheint mindestens zweifelhaft, da die Führung des Grundbuches auf gesicherte Forderungen der bezeichneten Art sich nicht erstreckt.

Eheliche Nutznießung ꝛc.

2. Die Aufnahme der allgemeinen Vorschrift des § 36 macht die ebenso allgemeine Ausnahme des § 37 rücksichtlich der nach den angenommenen Grundsätzen anders zu behandelnden ehelichen Nutznießung und Verwaltung und elterlichen Nutznießung nothwendig.

Anträge mit Vorbehalt.

§ 38[1]).

Behandlung der Anträge mit Vorbehalt

Der Antrag soll das Grundbuchamt zu einer Eintragung veranlassen. Enthält der Antrag irgend eine Selbstbeschränkung (Bedingung oder Voraussetzung), so darf dem Grundbuchamte die Prüfung nicht zugemuthet werden, ob nach der gegenwärtigen Sachlage die Eintragung wirklich begehrt sei, und muß deshalb das Grundbuchamt befugt und verpflichtet sein, den Antrag zurückzuweisen. Indessen kann der bezeichnete Mangel des Antrages selbstverständlich nicht weitere Rechtsfolgen haben, als das gänzliche Fehlen des Antrages. Als nicht gestellt darf das Grundbuchamt den Antrag nicht behandeln, sondern es hat denselben abzulehnen und den Antragsteller zu bescheiden.

Geht das Begehren dahin, daß mehrere Eintragungen, die eine nicht ohne die andere, vorgenommen werden sollen, so bezieht sich ein solcher Vorbehalt weniger darauf, ob der Antrag als gestellt gelten solle, als vielmehr darauf, was beantragt wird, nämlich eine Mehrheit von Eintragungen in ihrem Zusammenhange. Die Zulässigkeit einer solchen Zusammenfassung kann durch ein Interesse der Betheiligten erfordert werden. Sie erleichtert die Erfüllung Zug um Zug. Daß diese Erleichterung nur gewährt werden kann, wenn mehrere Eintragungen von demselben Grundbuchamte begehrt werden, ist eine nicht zu vermeidende Folge der Theilung der Zuständigkeit.

Erforderniß beglaubigter Erklärungen und öffentlicher Urkunden.

§ 39[2]).

Urkundliche Grundlage

Das Grundbuchamt hat, bevor es zur Anordnung der Eintragung schreitet, sich zu überzeugen, daß die dem materiellen Grundbuchrechte zu entnehmenden Thatsachen vorliegen, von welchen die Zulässigkeit der Eintragung abhängt (§ 20), daß also mit der Eintragung die bezweckte Rechtsänderung eintreten oder das Buch richtig gestellt werden wird. Die mit dem Grundsatze der publica fides des Grundbuches (§§ 837, 838 des B. G. B.) verbundenen Gefahren machen es erforderlich, durch eine Verfahrensvorschrift das Grundbuchamt anzuweisen, aus welchen Quellen dasselbe seine Ueberzeugung zu schöpfen hat, und dasselbe auf die Benutzung völlig zuverlässiger Quellen zu beschränken. Die Vorschrift des § 39 bezieht sich nur auf den Fall, daß die Eintragung von den Betheiligten selbst betrieben wird; verlangt eine Behörde vom Grundbuchamte eine Eintragung, so hat letzteres nach § 50 nur die gesetzliche Befugniß der Behörde, nicht die materielle Begründung der Eintragung zu prüfen. Die von den Betheiligten selbst betriebenen Eintragungen haben entweder eine rechtsgeschäftliche Grundlage oder erfolgen im Wege der

Rechtsgeschäftliche Erklärungen

Zwangsvollstreckung. Die rechtsgeschäftliche Grundlage besteht in den Erklärungen der Betheiligten; die Anträge auf Eintragung kommen hierbei nicht

[1]) Vergl. Anm. 2g zu § 828 des B. G. B., Mot. III S. 186.

[2]) Vergl. Anm. 2b zu § 828 des B. G. B.

in Betracht, weil sie regelmäßig nur formeller Natur sind. Die sicherste Grundlage bieten die Erklärungen, welche vor dem Grundbuchamte selbst zu Protokoll gegeben sind. Doch wird zur Erleichterung des Verkehres und im Anschlusse an das bisherige Recht auch die Vorlegung schriftlicher Erklärungen zuzulassen und mit Rücksicht hierauf öffentliche Beglaubigung der Urkunden zu verlangen sein. Die Gründe hierfür sind bereits in den Mot. III S. 177—181 angeführt. Dabei ist allerdings nicht zu verkennen, daß, wenn schriftliche Erklärungen bei dem Grundbuchamte eingehen, z. B. wenn die Vertragschließenden den Vertrag zur Eintragung einreichen (§ 828 Abs. 3 des B. G. B.) oder wenn eine gegenüber dem Grundbuchamte abzugebende Verzichtserklärung (§§ 960, 977, 1015 2c.), sei es unter Bezeichnung des Erklärenden als Absenders, sei es überreicht durch den gewinnenden Theil, eingeht, der materiell bedeutsame Umstand, daß die Vertragschließenden oder einer derselben selbst den Vertrag oder die Eintragungsbewilligung eingereicht haben, der Verzichtende selbst seine Erklärung in der Richtung auf das Grundbuchamt befördert hat und daß nicht etwa die Einreichung durch eine unberufene Hand geschehen ist, nicht urkundlich feststeht. Die Sachlage ist indessen hier dieselbe, wie überhaupt bei Abgabe schriftlicher Willenserklärungen unter Abwesenden[1]). Gelangt die Urkunde, welche die Erklärung enthält, auf eine übliche Art der Uebermittelung in die Hände des Adressaten, so spricht die Vermuthung gegen eine durch Zufall oder durch eine unberufene Hand erfolgte Uebermittelung. Auch bei Erklärungen, welche nicht in der Richtung auf das Grundbuchamt, sondern in der Richtung auf einen anderen Empfänger abzugeben sind, braucht die Abgabe der vorgelegten Erklärung in der Richtung auf den Erklärungsempfänger nicht besonders nachgewiesen zu werden.

Zur materiellen Begründung der Eintragung können außer rechtsgeschäftlichen Erklärungen auch andere Thatsachen erforderlich sein, insbesondere, wenn die Eintragung im Wege der Zwangsvollstreckung erfolgt, richterliche Anordnungen und Urtheile; doch kann auch die Bestellung einer Person zum gesetzlichen Vertreter, der Tod einer Person (§ 836 Abs. 1) 2c. in Betracht kommen. In Ansehung des Nachweises solcher Thatsachen wird in den bisherigen Grundbuchgesetzen ein allgemeines Prinzip nicht aufgestellt. Der Entwurf verlangt in Uebereinstimmung mit § 1202 Abs. 2 des B. G. B., daß die Thatsachen bei dem Grundbuchamte offenkundig oder durch öffentliche Urkunden nachgewiesen sein sollen. Auf diese Weise wird die Gefahr der Unvollständigkeit vermieden, die Aufstellung von Spezialvorschriften entbehrlich gemacht und eine Vereinfachung des Gesetzes erreicht. Daß für den Fall der Offenkundigkeit von dem Urkundenbeweise abgesehen wird, entspricht der Vorschrift des § 2070 Abs. 1 des B. G. B. Sonstige Thatsachen Offenkundigkeit.

Selbstverständlich ist, daß das Grundbuchamt seine Entscheidung nur auf das mit dem Antrage vorgelegte oder in dem Antrage als vorliegend in Bezug genommene Urkundenmaterial zu stützen hat; möglich bleibt, daß die rechtlichen Folgen der vorgebrachten Thatsachen durch andere hinzugetretene nicht vorgebrachte Thatsachen entkräftet werden. Eine Nachforschung in dieser Beschränkung auf das vorgelegte Material.

[1]) Mot. I S. 157.

Richtung oder auch nur eine Benutzung sonst an das Grundbuchamt gelangter Urkunden und eine Zurückweisung des Antrages auf Grund des Ergebnisses eines solchen weiteren Materials ist dem Grundbuchamte nicht gestattet.

Buchberichtigung.

Wenn der Entwurf auch nur das materielle Konsensprinzip kennt, welches in den Vorschriften des B. G. B. steckt, und nicht daneben ein formelles Konsensprinzip — Unantastbarkeit einer Eintragung ohne Einwilligung des eingetragenen Berechtigten — aufstellt, so wird doch nicht verkannt werden, daß nach der Vorschrift des § 39 eine Buchberichtigung nicht etwa schon um deswillen vorgenommen werden darf, weil eine die Unrichtigkeit des Buches klarstellende öffentliche Urkunde, z. B. über den Eintritt eines zur Bedingung gesetzten Ereignisses, vorgelegt wird. Aus § 843 des B. G. B. ist ersichtlich, daß zur Buchberichtigung eine Eintragungsbewilligung, also eine rechtsgeschäftliche Erklärung des leidenden Theiles, erforderlich ist. In § 836 Abs. 1 des B. G. B. wird die Ausnahme bestimmt, daß zur Löschung eines eingetragenen auf die Lebenszeit des Berechtigten beschränkten Rechtes nach dem Tode des Berechtigten die Löschungsbewilligung des Rechtsnachfolgers nicht erforderlich ist. Durch die Ausnahme wird die Regel in ein deutliches Licht gesetzt. Die erforderliche Eintragungsbewilligung wird in vielen Fällen nicht erkennen lassen, ob eine Buchberichtigung oder eine Rechtsänderung bezweckt wird. Tritt der Karakter der Bewilligung als einer Bewilligung der Buchberichtigung hervor, so sind an dieselbe die gleichen Anforderungen zu stellen, wie wenn sie auf die Herbeiführung der entsprechenden Rechtsänderung gerichtet wäre. Wird Berichtigung des Grundbuches mit Rücksicht auf die Nichtigkeit des der gebuchten Eigenthumsübertragung zu Grunde liegenden Geschäftes oder wegen Eintrittes einer dem Eigenthumsübertragungsvertrage beigefügten Resolutivbedingung verlangt, so bleibt die Auflassungsform erforderlich.

Erfordernisse der öffentlichen Beurkundung

Die Erfordernisse der Errichtung öffentlicher Urkunden und der öffentlichen Beglaubigung bestimmen sich nach den Landesgesetzen[1]). Mit dem in dieser Hinsicht in den einzelnen Bundesstaaten geltenden Rechte müssen die Grundbuchbeamten sich bekannt machen. Insbesondere ist die Frage, ob und unter welchen Voraussetzungen eine Urkunde, welche von einer Behörde oder von einer juristischen Person über eine in eigenen Angelegenheiten abzugebende Erklärung ausgestellt ist, den Karakter einer öffentlichen Urkunde habe und deshalb einer weiteren Beglaubigung nicht bedürfe, nach Landesrecht zu beurtheilen; das letztere entscheidet mithin auch darüber, ob in einem solchen Falle die Urkunde, um als eine öffentliche zu gelten, unterschrieben und untersiegelt sein muß. Daneben bleibt die Vorschrift des § 1 des R. Ges., betr. die Beglaubigung öffentlicher Urkunden, v. 1. Mai 1878 unberührt, nach welcher Urkunden, die von einer inländischen öffentlichen Behörde oder von einer mit öffentlichem Glauben versehenen Person des Inlandes aufgenommen oder ausgestellt sind, zum Gebrauche im Inlande einer Beglaubigung (Legalisation) nicht bedürfen. Jene Vorschrift besagt indessen nur, daß eine Urkunde, wenn diese äußerlich als von einer inländischen öffentlichen Behörde oder von

[1]) Vergl. Mot. I S. 185, 186.

einer mit öffentlichem Glauben versehenen Person des Inlandes errichtet sich darstellt, die Vermuthung der Echtheit für sich hat[1]). Dagegen entscheidet dieselbe die Frage, welcher Art jene Merkmale sein müssen, nicht; vielmehr läßt sie es in dieser Hinsicht, insbesondere auch in Ansehung der Frage, ob die Urkunde überhaupt oder wenigstens in gewissen Fällen mit dem Amtssiegel versehen sein müsse, um als Urkunde einer öffentlichen Behörde 2c. zu erscheinen, bei dem Landesrechte bewenden.

Es wird vorausgesetzt, daß nicht nur bei der Errichtung öffentlicher Urkunden, sondern auch bei der öffentlichen Beglaubigung von den mitwirkenden Beamten oder Urkundspersonen die Geschäftsfähigkeit desjenigen, welcher eine Erklärung abgibt, und bei einer Frau die Eigenschaft als Ehefrau festzustellen ist. Die rechtlichen Folgen eines Mangels der Geschäftsfähigkeit oder der Eigenschaft einer Frau als Ehefrau hat das Grundbuchamt nach den Vorschriften des B. G. B. zu beurtheilen.

Eigenschaft der Vorschrift als Ordnungsvorschrift.

Der § 39 weist das Grundbuchamt an, nur aus zuverlässigen Quellen seine Ueberzeugung, daß die Eintragung begründet sei, zu schöpfen. Hat das Grundbuchamt minder zuverlässige Quellen, z. B. unbeglaubigte schriftliche Erklärungen oder schriftliche Erklärungen, deren Beglaubigung durch eine nicht zuständige Person bewirkt ist, benutzt, so führt dieser Umstand allein nicht zur Unwirksamkeit der Eintragung. Die Unwirksamkeit der Eintragung kann nur Folge eines materiellen Mangels sein. Nach dem B. G. B. sind die Vertragserklärungen, deren § 828 gedenkt, nicht an eine Form gebunden; ebensowenig die einseitigen Verzichtserklärungen und Einwilligungen. Es kommt mithin nur darauf an, daß die Erklärungen wirklich abgegeben sind. Der § 39 enthält nicht Formvorschriften für rechtsgeschäftliche Erklärungen, sondern Ordnungsvorschriften, welche eine Formalisirung der Erklärungen veranlassen, weil sonst das Grundbuchamt pflichtmäßig die Eintragung zu verweigern hat[2]).

Protokollirung der abzugebenden Erklärungen.

§ 40.

Verfahren.

Die Vorschrift des Entwurfes ist bereits in den Mot. III S. 177, 178 gerechtfertigt. In der Anmerkung 2a zu § 828 des B. G. B. ist in Aussicht genommen, daß die Grundb. O. Vorschriften über das Verfahren der Grundbuchämter in Ansehung der bei ihnen abzugebenden Erklärungen, über die Protokollirung der letzteren und über die Form der Protokolle enthalten werde. Von der Aufnahme derartiger Vorschriften ist abgesehen. Da reichsgesetzlich allgemeine Vorschriften über die Protokollirung rechtsgeschäftlicher Erklärungen für die Angelegenheiten der nicht streitigen Rechtspflege nicht gegeben werden, so verdient es den Vorzug, auch für das Verfahren in Grundbuchsachen in dieser Hinsicht von besonderen reichsgesetzlichen Vorschriften abzusehen, damit nicht eine Disharmonie zwischen den in Grundbuchsachen maßgebenden und den landesgesetzlich für die nichtstreitige Rechtspflege überhaupt geltenden Vorschriften

---

1) Vergl. C. P. O. § 402.
2) Vergl. Mot. III S. 181.

über die Protokollirung hervorgerufen werde, eine Disharmonie, welche namentlich für solche Fälle bedenklich ist und zu gefährlichen Irrthümern Anlaß geben kann, in welchen der Grundbuchbeamte zugleich ein anderes dem Gebiete der freiwilligen Rechtspflege angehörendes Amt bekleidet.

Pflicht zur Protokollirung

Wenn das Grundbuchamt um Protokollirung angegangen wird, so steht demselben eine Befugniß zur Prüfung, ob die vor ihm abzugebenden Erklärungen materiell wirksam sind und zur Eintragung führen können, und zur Versagung seiner Mitwirkung, wenn es die materielle Wirksamkeit der abzugebenden Erklärungen bezweifelt, nicht zu. Auch in den Fällen, in welchen eine Ordnungsvorschrift der Eintragung entgegensteht, z. B. weil die zu veräußernde Parzelle noch keine besondere Nummer im Flurbuche erhalten hat, darf das Grundbuchamt die Protokollirung nicht verweigern. Wollte man mit der preuß. Grundb. O. § 48 Abs. 1 dem Grundbuchamte eine solche Befugniß beilegen, so würden, sofern die Abschließung des dinglichen Vertrages vor dem Grundbuchamte erforderlich ist, die Betheiligten in Ansehung der Abschließung eines bindenden Vertrages in Abhängigkeit von dem Ermessen des Grundbuchamtes gebracht und in ihrer rechtsgeschäftlichen Thätigkeit in unzulässiger Weise beschränkt werden. Die Abschließung eines bindenden Vertrages kann im Interesse der Parteien liegen, auch wenn der Vertrag zunächst noch nicht wirksam ist, aber ein Wirksamwerden desselben durch Eintritt eines Konvaleszenzfalles oder durch Hinzutreten einer erforderlichen Genehmigung des Vormundes, des Ehemannes 2c. zu erwarten steht. Ferner würden die Parteien durch die Weigerung des Grundbuchamtes, die Auflassung zu Protokoll zu nehmen, an der Stellung eines begründeten Antrages gehindert, so daß sie, auch wenn die Beschwerde gegen die Weigerung des Grundbuchamtes für begründet erachtet wird, der Gefahr ausgesetzt sind, durch den inzwischen gestellten Eintragungsantrag eines Dritten benachtheiligt zu werden. Aber auch außerhalb der Fälle der Auflassung dürfen die Betheiligten nicht durch eine Weigerung des Grundbuchamtes zu dem Umwege gezwungen werden können, ihre Verträge und einseitigen Erklärungen schriftlich an das Grundbuchamt zu bringen.

Nachweis der Erbfolge.

§ 41.

Beschränkung des Nachweises.

Der Nachweis der Erbfolge ist in vielfacher Hinsicht erforderlich: zum Zwecke der Berichtigung des Grundbuches zu Gunsten der Erben, bei Eintragungsbewilligungen, welche der Erbe vor seiner eigenen Eintragung ertheilt hat 2c. Es ist nothwendig, für alle Fälle, in welchen der Nachweis der Erbfolge zu führen ist, eine allgemeine Vorschrift zu geben. Würde nichts bestimmt, so würde lediglich die Vorschrift des § 39 Anwendung finden. Nach dieser müßten öffentliche Urkunden vorgelegt werden, aus welchen das Grundbuchamt den Schluß auf die Erbfolge ziehen kann. Damit würde dem Grundbuchamte eine schwierige und zeitraubende Aufgabe gestellt werden. Die Vorschriften des B. G. B. §§ 2068—2079 regeln eine bestimmte Art des Nachweises sowohl der gesetzlichen als der auf Verfügung von Todeswegen beruhenden

Zeugniß des Nachlaßgerichtes.

Erbfolge und legen dieser Art des Nachweises in § 2077 besondere rechtliche Folgen zu Gunsten des auf dieselbe vertrauenden gutgläubigen Dritten bei. Bei jener Regelung waltete eine besondere Rücksicht auf das Grundbuchwesen und die Erleichterung der Aufgabe des Grundbuchamtes ob[1]). Zum Zwecke einer solchen Erleichterung ist vorzuschreiben, daß der Nachweis der Erbfolge auf jene Weise nicht nur erfolgen kann, sondern daß jeder Versuch, den Nachweis auf andere Weise zu erbringen, abzulehnen ist. Zu beachten bleibt, daß eine bindende und unwiderrufliche Eintragungsbewilligung, welche der durch Erbschein Legitimirte ertheilt hat, nach § 2077 dieselbe Wirksamkeit besitzt, wie wenn sie vom wirklichen Erben ertheilt wäre, und daß deshalb eine vor der zur Rechtsänderung erforderlichen Eintragung erfolgende Zurückziehung des Erbscheines seitens des Nachlaßgerichtes die materielle Zulässigkeit der Eintragung nicht aufhebt, abgesehen davon, daß das Grundbuchamt nach § 20 eine solche nach Stellung des begründeten Antrages auf Eintragung nachträglich eintretende Thatsache nicht zu berücksichtigen hat. Erbschein.

Einer Steigerung der Strenge in Ansehung des Nachweises der Erbfolge aus einer Verfügung von Todeswegen wird es im Allgemeinen nicht bedürfen; ein solches Bedürfniß ist nirgends, namentlich nicht in Preußen[2]), hervorgetreten. Nur in einer Richtung erscheint eine Verschärfung erforderlich, um das Prinzip des § 39, nach welchem die Vorlegung von Privaturkunden nicht genügen soll, aufrecht zu erhalten. Ist die Verfügung von Todeswegen nicht in einer öffentlichen Urkunde enthalten (§§ 1927, 1931 des B. G. B.), so kann die Vorlegung derselben zum Nachweise des Erbrechtes nicht als genügend erachtet werden. Für diesen Fall ist also Abhülfe durch eine besondere Bestimmung erforderlich. Diese wird im zweiten und dritten Satze des § 41 Abs. 2 im Anschlusse an bewährte Bestimmungen des preuß. Rechtes[3]) getroffen. Hierzu ist nur zu bemerken, daß unter dem Anerkenntnisse des eventuellen Intestaterben nicht nur das Anerkenntniß der Echtheit der Verfügung, sondern auch das Anerkenntniß der Rechtsbeständigkeit derselben zu verstehen ist, daß das Anerkenntniß nach Maßgabe der Vorschrift des § 39 nachgewiesen sein muß. Das Anerkenntniß und Zeugniß, von welchen in § 41 Abs. 2 Satz 2 die Rede ist, vertreten die Oeffentlichkeit der Urkunde. Liegt einer der besonderen Fälle der §§ 2078, 2079 des B. G. B. vor, so müssen daneben auch die daselbst bezeichneten Zeugnisse vorgelegt werden. Privaturkunden.

Aus der Vorschrift des Abs. 2 Satz 2 allein würde nicht mit Sicherheit entnommen werden können, daß das Nachlaßgericht auf Antrag die in Abs. 2 Satz 2 bezeichnete öffentliche Ladung zu erlassen und, wenn innerhalb derselben keine Anmeldung erfolgt ist, das Zeugniß zu ertheilen hat. Aus diesem Grunde ist der letzte Satz des Abs. 2 hinzugefügt.

---

1) Vergl. Mot. V S. 557.

2) Grundb. O. § 51 Abs. 2.

3) Vergl. Einführungsgesetze v. 23. März, 26., 27., 28., 29., 30., 31. Mai 1873 für das Jahdegebiet § 6, für Neuvorpommern und Rügen § 24, für die Provinz Schleswig-Holstein § 39, für die Provinz Hannover § 13, für den Bezirk des Appell. Ger. zu Kassel § 4, für den Bezirk des Justizsenats zu Ehrenbreitenstein § 13, für die Hohenzollernschen Lande § 11.

Beschränkungen des Erben.

Für den Fall, daß durch die besondere Art der Erbfolge, nämlich im Falle der Nacherbfolge, ein der Wiederaufhebung unterworfenes Recht an den Gegenständen des Nachlasses begründet wird, ist durch § 1826 des B. G. B. Sorge getragen, daß für den Vorerben nicht ein Zuviel an Recht gebucht werde. Der Fall der Beschränkung des Erben in Folge der Ernennung eines Testamentsvollstreckers ist anders geartet. Der Erbe steht solchenfalls nach § 1901 des B. G. B. unter einer Verfügungsbeschränkung, jedoch nur, soweit eine solche Beschränkung zur Sicherung der Ausführung der letztwilligen Verfügung erforderlich ist und nach dem Willen des Erblassers nicht etwa die Beschränkung in größerem oder geringerem Umfange ausgeschlossen sein soll. Der Erbe unterliegt deshalb keinesfalls der Beschränkung in Ansehung aller Gegenstände des Nachlasses. Eine Vorschrift, daß die Ernennung eines Testamentsvollstreckers stets in dem Grundbuche bei Eintragung des Erben zu vermerken sei, könnte zu unrichtigen Eintragungen führen. Es bleibt Sache des Vollstreckers, die Verfügungsbeschränkung des Erben, soweit solche besteht, eintragen zu lassen. Darüber wird kein Zweifel bestehen, daß der Vollstrecker zum Antrage auf eine solche Eintragung nach § 19 Abs. 2 berechtigt ist, wenn auch ein persönliches Vermögensinteresse bei ihm fehlt.

Erloschene juristische Personen.

Nach §§ 49, 1974 des B. G. B. kommt der Fiskus beziehungsweise der sonstige Anfallberechtigte in die Lage eines Erben in Ansehung des Vermögens einer erloschenen Körperschaft und erhält einen Erbschein. Auf die Eintragung des Anfallberechtigten findet mithin § 41 Abs. 1 dieses Gesetzes Anwendung. Wird das Vermögen einer erloschenen juristischen Person unter die Mitglieder vertheilt, so stehen rechtsgeschäftliche Verfügungen der Liquidatoren in Frage (§ 49 Abs. 2 Satz 3, § 51 des B. G. B.).

Nachweis bei der Erbauseinandersetzung.

§ 42.

Die Vorschrift des § 42 trägt einem praktischen Bedürfnisse Rechnung, in dessen Berücksichtigung der § 40 der preuß. Grundb. O. bestimmt, daß zu der Umschreibung der Nachlaßforderungen, welche durch Hypothek gesichert sind, auf einen Miterben die Bescheinigung des Nachlaßrichters über eine vor ihm erfolgte Uebereignung genügen soll. Der Entwurf verallgemeinert die preußische Vorschrift. Es liegt kein Grund vor, die Erleichterung der Ueberweisung unter Miterben auf Hypotheken oder Grundschulden zu beschränken, nur würde es bedenklich sein, die Vorschrift auf die Fälle zu erstrecken, in denen mit Rücksicht auf die Wichtigkeit des Uebertragungsgeschäftes dessen Vornahme vor dem Grundbuchamte vorgeschrieben ist. An den rechtsgeschäftlichen Erfordernissen des Uebertragungsgeschäftes wird nichts geändert; nur wird das Nachlaßgericht an die Stelle des Grundbuchamtes gesetzt, was die Vorlegung der nothwendigen Erklärungen und Nachweise betrifft, und mit der Bekundung betraut, daß die nothwendigen Erklärungen und Urkunden vorgelegt sind. Wenn das Nachlaßgericht, sofern es das Grundbuchamt wäre, die Eintragung anzuordnen hätte, hat es statt dessen das in § 42 Satz 1 bezeichnete Zeugniß auszustellen. Dieses Zeugniß soll genügen, damit auf Grund desselben das Grundbuchamt die Eintragung anordne.

Form der Anträge.

§ 43.

Der reine Antrag des Entwurfes ist eine Verfahrenshandlung, durch welche eine Eintragung mit Hinweis darauf begehrt wird, daß die Thatsachen, von welchen nach dem materiellen Grundbuchrechte die Zulässigkeit der Eintragung abhängt, vorliegen und nachgewiesen sind (§§ 19, 20, 39). Wird der Antrag zu Protokoll des Grundbuchamtes im Anschlusse an die protokollarische Aufnahme der erforderlichen Erklärungen oder unter Ueberreichung der erforderlichen Urkunden gestellt, so ist die Thatsache der Antragstellung öffentlich beurkundet. Geht der schriftliche Antrag unter Beifügung der erforderlichen Urkunden ein, so erhebt sich die Frage, ob nicht zum Zwecke der Feststellung jener Thatsache, die Beglaubigung des Antrages verlangt werden soll; vollständig würde jene Thatsache durch die Beglaubigung freilich auch nicht festgestellt werden, da die Beglaubigung die Absendung des Antrages seitens des Antragstellers an das Grundbuchamt nicht garantirt.

Protokollirte Anträge.

Schriftliche Anträge.

Die Frage, ob überhaupt ein reiner Antrag, von wem und wie er gestellt ist, hat keinen Einfluß auf die Wirksamkeit der Eintragung, was die Herbeiführung der durch dieselbe bezweckten Rechtsänderung betrifft, da die Voraussetzungen für diese Wirksamkeit der Eintragung nicht in dem reinen Antrage, sondern in den beigefügten Urkunden zu suchen sind. Freilich kommt dabei ein Punkt in Betracht. In § 828 Abs. 3 a. E. des B. G. B. ist der Stellung des Antrages auf Eintragung auch nur seitens eines der Vertragschließenden ein materiellrechtlicher Einfluß dahin beigelegt, daß jedenfalls, wenn die Eintragung wirklich erfolgt, der Vertrag bindend werden und damit die Eintragung Wirksamkeit erlangen soll. Die Beglaubigung eines Antrages auf Eintragung, welcher von einem der Vertragschließenden oder auch von beiden Vertragschließenden gestellt ist, würde zum Beweise der bindenden Kraft des dinglichen Vertrages dienen, und es würde hierdurch die Zahl der Fälle, in welchen trotz der erfolgten Eintragung eine Gebundenheit des leidenden Theiles wegen Mangels eines Antrages nicht eintritt, vermindert werden. Eine gewisse Gefahr unrichtiger Buchungen würde indessen immer bestehen bleiben, da nach § 21 statt des erforderlichen dinglichen Vertrages nur die Eintragungsbewilligung des leidenden Theiles vorgelegt zu werden braucht und auch die Möglichkeit besteht, daß der beglaubigte Antrag von unberufener Hand eingereicht ist. Nach praktischen Erfahrungen liegt in dem Absehen von der Beglaubigung der Anträge keine besondere Gefahr, dagegen bringt ein solches Absehen eine große und wünschenswerthe Erleichterung des Verkehres mit sich. Sind dem Antrage die zur Rechtfertigung desselben dienenden Urkunden beigefügt, so liegt die Besorgniß einer Fälschung des Antrages sehr fern. Der Entwurf hat die Rücksicht auf die Erleichterung des Verkehres für ausschlaggebend erachtet. Auch nach den bisherigen Gesetzen wird für den reinen Antrag, unterschieden von den materiellrechtlichen Erklärungen, fast durchgängig von den Erfordernissen der Beglaubigung abgesehen[1]).

Entbehrlichkeit der Beglaubigung.

[1]) Vergl. Grundb. O. für Preußen § 33, Oldenburg § 24, Coburg-Gotha § 20, Lippe § 24, Braunschweig § 8; code civil Art. 2148, für Baden Anleitung zur Führung

Anträge mit materiellrechtlichen Erklärungen.

Es wird sehr häufig vorkommen, daß der Antrag auf Eintragung mit materiellrechtlichen Erklärungen verbunden wird. Die Bewilligung kann in der Ausdrucksweise des Antrages ertheilt werden. Der Antrag des Eigenthümers auf Löschung einer Hypothek oder Grundschuld (vergl. Bemerk. zu § 35) schließt immer eine materiellrechtliche Erklärung ein. Es ist deshalb nicht eigentlich eine Ausnahme, wenn für Anträge solcher Art, welche die Eintragungsbewilligung zu ersetzen bestimmt sind, nach der Regel des § 39 Beglaubigung verlangt wird. Auch noch andere Arten von Anträgen kommen vor, denen ein dispositiver Willensinhalt nicht abzusprechen ist, nämlich die Anträge, durch welche Jemand kraft einer gesetzlich verliehenen Befugniß einseitig ein Recht sich nimmt, eine Zwangshypothek oder Arresthypothek oder, im Falle der Dereliktion[1]), das Eigenthum des Grundstückes. Eine Formalisirung derartiger Anträge scheint indessen nicht geboten, weil die materiellen Voraussetzungen der Rechtsänderung abgesehen von Antrag und Eintragung vorliegen, der Antragsteller durch die begehrte Eintragung nur gewinnen kann und die beigefügten zu seiner Legimation dienenden Urkunden in genügendem Maße die Echtheit des Antrages verbürgen.

Unter dem Antrage, welcher der Beglaubigung nicht bedarf, ist selbstverständlich ein schriftlicher Antrag verstanden. Was die Erfordernisse der schriftlichen Form betrifft, so wird, wenn auch eine Rechtshandlung, nicht ein Rechtsgeschäft in Frage steht (vergl. § 121 Nr. 6 der C. P. O.), die Vorschrift des § 92 des B. G. B. zur Anwendung kommen, soweit nicht durch landesgesetzliche Verfahrensvorschriften ein Besonderes bestimmt ist.

Vollmacht.

Was in Ansehung der Form des Antrages gilt, muß folgerichtiger Weise auch von der Vollmacht zur Stellung des Antrages gelten; die Vorschrift der preuß. Grundb. O. § 37 und der Nachbildungen derselben, daß stets Beglaubigung der Vollmacht erforderlich sein soll, erscheint nicht gerechtfertigt.

Legitimation der Notare.

§ 44.

Die Vorschrift des § 44 entspricht der preußischen Grundbuchordnung und deren Nachbildungen[2]). Die Vermuthung der Bevollmächtigung rechtfertigt sich aus dem besonderen Verhältnisse, in welches der Notar durch die

---

der Grund- und Pfandbücher v. 6. April 1868 §§ 83, 84, 106, 110; Hypoth. Ges. für Bayern § 101; Hypoth. O. für Sachsen § 168; Pfandges. für Württemberg Art. 163, 173; Hypoth. Ges. für Altenburg § 144, Reuß § 143. Die Grundb. O. für Sondershausen § 32 fordert die Beglaubigung aller schriftlichen Einschreibungsanträge. Nach der Grundb. O. für Lübeck § 25 muß die Echtheit der Unterschriften festgestellt werden; in Mecklenburg hängt es von dem Ermessen der Buchbehörde ab, ob sie Beglaubigung verlangen will (v. Meibom § 9 Note 45). Doch hat der Antrag in Mecklenburg und Lübeck nicht lediglich eine formelle Bedeutung (Mot. III S. 174).

[1]) Vergl. Mot. III S. 326.

[2]) Vergl. auch bayer. Notariats Ges. v. 10. Novbr. 1851 §§ 12, 15.

Leistung seiner Dienste zu den Betheiligten getreten ist. In Aufstellung einer Vermuthung der Bevollmächtigung weiter zu gehen, insbesondere die Vermuthung auf Rechtsanwälte auszudehnen[1]) liegt ein genügender Grund nicht vor.

Anspruch auf Eintragung des Eigenthümers.

§ 45.

Eintragungszwang.

Die preußische Grundbuchordnung §§ 55, 56 und die meisten der ihr nachgebildeten Gesetze kennen einen gegen den Eigenthümer eines Grundstückes zu übenden Eintragungszwang in denjenigen Fällen, in welchen die Erwerbung des Eigenthumes außerhalb des Buches sich vollzogen hat, unter der Voraussetzung, daß eine zuständige Behörde die Eintragung erfordert, oder daß ein obligatorisch oder dinglich Berechtigter dieselbe beantragt. Der Eigenthümer wird aufgefordert, sich eintragen zu lassen. Widerspricht er, so wird die Sache auf den Weg des Prozesses geleitet. Widerspricht er nicht, so soll die Eintragung im Wege der Zwangsvollstreckung erfolgen. Diese Vorschriften erklären sich aus rechtshistorischen Gründen. Sie erinnern augenscheinlich an das dem alten preußischen Rechte eigenthümlich gewesene Zwangsverfahren[2]). Ein solcher von Amtswegen zu übender Zwang harmonirt nicht mit den Prinzipien des Entwurfes. Diesen Prinzipien entspricht es, zu untersuchen, inwieweit aus obligatorischen Rechten, welche gegen den Eigenthümer sich richten, und aus dinglichen Rechten, welche an dem Grundstücke bestehen, Ansprüche gegen den Eigenthümer sich herleiten lassen, durch die Erwirkung seiner Eintragung dem Berechtigten zu Hülfe zu kommen.

Ansprüche auf Eintr. des Eigenthümers.

Voraussetzungen.

Vorausgesetzt wird, daß das Eigenthum einer Person zusteht, obwohl dieselbe nicht als Eigenthümer in das Grundbuch eingetragen ist. Die Möglichkeit eines nicht gebuchten Eigenthumes ist nach den Vorschriften des B. G. B. eine sehr beschränkte. Sie trifft zu im Erbfalle (§ 2025) und im Falle der Rechtsnachfolge in das Vermögen einer erloschenen Körperschaft (§ 49). Im Uebrigen kann nicht eingetragenes Eigenthum in der Uebergangszeit, insbesondere bei nicht buchungspflichtigen Grundstücken[3]) und in Gemäßheit der aufrecht erhaltenen landesgesetzlichen Vorschriften vorkommen, welche dem Enteignungsrechte, dem Bergrechte 2c. angehören.

Interesse an der Eintragung.

Das Interesse an der Eintragung des Eigenthümers kann erstlich darin seinen Grund haben, daß zur Verwirklichung eines obligatorischen Rechtes auf Begründung eines Rechtes an dem Grundstücke die vorherige Eintragung des Eigenthümers erforderlich ist. Hat der Eigenthümer die obligatorische Verpflichtung, ein Recht an dem Grundstücke zu begründen, so ist er auch obligatorisch verbunden, dasjenige zu thun, was zur Erfüllung jener Ver-

Obligatorisches Recht.

---

[1]) Vergl. sächs. Hypoth. O. § 173; bayer. Hypoth. Ges. § 103; Grundb. O. für das Fürstenthum Lübeck § 26; württemb. Pfandges. Art. 166.

[2]) Vergl. Hypoth. O. v. 20. Dezbr. 1783 §§ 49 ff.; A. L. R. I 10 §§ 12, 13; Kab. O. v. 31. Oktbr. 1831.

[3]) Entw. § 11.

pflichtung unumgänglich nöthig ist, d. h., sich als Eigenthümer eintragen zu lassen. Wenn ein vollstreckbarer Titel vorliegt, mithin alle Voraussetzungen für den Beginn der Zwangsvollstreckung gegeben sind, so würde es ein Umweg sein, wenn zunächst die Erfüllung jener Verpflichtung im Wege der Zwangsvollstreckung erzwungen werden müßte. Einfacher ist es, wenn in einem solchen Falle das Gesetz den Gläubiger unmittelbar ermächtigt nach Maßgabe der Vorschrift des § 846 Abs. 1 unter Vorlegung der erforderlichen Urkunden bei dem Grundbuchamte die Eintragung des Eigenthümers zu beantragen.

Zwangsvollstreckung

Zweitens besteht ein Interesse an der Eintragung, wenn Jemand auf Grund eines vollstreckbaren Titels berechtigt ist, die Zwangsvollstreckung in das Grundstück zu verlangen, insbesondere also eine Zwangshypothek oder eine Arresthypothek im Wege der Zwangsvollstreckung für sich eintragen zu lassen (§§ 1130, 1132, 846 des B. G. B.) oder die Anordnung der Zwangsversteigerung, sei es als persönlicher Gläubiger oder in Ausübung eines Rechtes am Grundstücke, zu verlangen. Der Eigenthümer ist in Fällen dieser Art nicht zu einer Leistung und deshalb zu einer Mitwirkung verpflichtet, sondern der andere Theil ist berechtigt, im Wege der Zwangsvollstreckung eine zu seiner Sicherung dienende Rechtsposition sich zu nehmen. Hierbei stößt der letztere auf das formelle Hinderniß, daß er nach § 32 Abs. 1 dieses Entwurfes eine Zwangshypothek oder Arresthypothek nur von einem als Eigenthümer eingetragenen Schuldner erlangen und nach § 26 des Entwurfes eines Gesetzes über die Zwangsvollstreckung in das unbewegliche Vermögen die Anordnung der Zwangsversteigerung nur gegenüber dem gebuchten Eigenthümer oder Demjenigen, welcher Erbe des eingetragenen Eigenthümers geworden ist, durchsetzen kann. Der Inhalt seines Rechtes verlangt eine Beseitigung dieses formellen Hindernisses. Es erscheint deshalb gerechtfertigt, daß auch in Fällen dieser Art dem Berechtigten die Befugniß gegeben wird, unmittelbar im Wege der Zwangsvollstreckung die Eintragung des Eigenthümers herbeizuführen.

Berichtigung des Grundbuches.

Drittens besteht ein Interesse an der Eintragung des Eigenthümers bei demjenigen, welchem ein gleichfalls nicht eingetragenes Recht oder eine durch Verfügungsbeschränkung geschützte Rechtsposition an dem Grundstücke zusteht. Hier steht eine Grundbuchberichtigung, nicht eine mit der Eintragung sich vollziehende Rechtsänderung in Frage. Eine Grundbuchberichtigung dieser Art setzt nach § 843 des B. G. B. voraus, daß zunächst auch eine Berichtigung des Buches in Ansehung des Eigenthumes an dem Grundstücke stattgefunden hat, da der Berechtigte der Eintragungsbewilligung des eingetragenen Eigenthümers bedarf. In dem Inhalte eines jeden Rechtes an einem Grundstücke liegt das Recht auf Herstellung des entsprechenden Buchzustandes. Ist zu dieser Herstellung die vorherige Eintragung des Eigenthümers erforderlich, so leidet das nicht eingetragene Recht Abbruch, wenn der Eigenthümer seine Eintragung und damit die Beschaffung der erforderlichen Eintragungsbewilligung verweigert. Diese Auffassung liegt bereits der Vorschrift des § 1826 Abs. 2 des B. G. B. zu Grunde, nach welcher der Nacherbe zum Zwecke der Eintragung seines Rechtes die Eintragung des Rechtes des Vorerben verlangen kann, sowie der

Vorschrift des § 1029 Abs. 2, nach welcher der im Falle des durch Surrogation eintretenden Nießbrauches an einem Grundstücke der Eigenthümer die zur Eintragung des Nießbrauches erforderlichen Erklärungen abzugeben verpflichtet ist. Der vollstreckbare Schuldtitel muß in einem solchen Falle in Ansehung der Verpflichtung des Eigenthümers bestehen, die erforderliche Eintragungsbewilligung zu ertheilen.

Sofern nach den durch Art. 78 des Einf. Ges. aufrecht erhaltenen landesgesetzlichen Vorschriften die im Wege der Zwangsvollstreckung erfolgenden Eintragungen auf Ersuchen des Vollstreckungsgerichtes geschehen, wird auch die Eintragung des Eigenthümers auf diesem Wege und nicht im Wege des Selbstbetriebes nach Beibringung der das Eigenthum der als Eigenthümer bezeichneten Person beweisenden Urkunden herbeizuführen sein.

Für den Fall, daß ein eingetragener Eigenthümer um deswillen fehlt, weil das Eigenthum aufgegeben, durch den Zueignungsberechtigten aber noch nicht erworben ist, wird in § 872 Abs. 3 des B. G. B. besondere Fürsorge zu Gunsten derjenigen getroffen, welche ein Recht an dem Grundstücke geltend machen wollen.

Die Vorschrift des § 45 Abs. 1 bezieht sich übrigens selbstverständlich nur auf den Fall, daß der nicht eingetragene Eigenthümer durch einen unmittelbar an das Grundbuchamt unter Vorlegung der erforderlichen Nachweise gerichteten Antrag seine Eintragung erwirken kann, nicht aber auf den Fall, daß der nicht eingetragene wahre Eigenthümer einen unrichtig eingetragenen Nichteigenthümer sich gegenüberstehen hat und nur den Anspruch auf Buchberichtigung gegen diesen letzteren erheben könnte. Die in § 45 Abs. 1 bezeichneten Personen, deren Recht nur gegen den nicht eingetragenen wahren Eigenthümer sich richtet, müssen in einem solchen Falle, soweit sie ein Interesse an der Eintragung des wirklichen Eigenthümers haben, den Weg betreten, daß sie die aus dem Eigenthume ihres Schuldners sich ergebenden Ansprüche sich zur eigenen Durchführung überweisen lassen (vergl. § 745 der C. P. O.).

Die Ausdehnung der Vorschriften des § 45 Abs. 1 zu Gunsten desjenigen, welcher die Eintragung oder Begründung eines Rechtes an einem Rechte an einem Grundstücke zu verlangen befugt ist, gegenüber dem noch nicht eingetragenen Berechtigten ist durch die Gleichheit der Verhältnisse und Gründe geboten. Anspruch gegen einen anderen Berechtigten.

In der preuß. Grundb. O. § 55 ist unter Nr. 1 auch des Falles gedacht, daß eine zuständige Behörde die Eintragung des Eigenthümers erfordert. Der Entwurf berücksichtigt diesen Fall nicht, weil, insoweit eine Behörde das Recht hat, die Eintragung des Eigenthümers zu verlangen, es sich um Zwangsrechte der Behörde gegen den Eigenthümer handelt. Ob und in welchem Maße den Behörden solche Zwangsrechte zustehen, bestimmt sich nach den maßgebenden Gesetzen. Ersuchen einer Behörde.

Besonderes Antragsrecht der Reallastberechtigten, Hypothekengläubiger und Grundschuldgläubiger.

§ 46.

Der § 46 hat als Vorbild den § 5 des preuß. Ges., betr. die Zwangsvollstr. in das unbewegl. Verm., v. 13. Juli 1883. Vorausgesetzt wird, daß ein ein- Zweck der Vorschrift.

getragenes Recht an einem Grundstücke erloschen oder nicht entstanden ist und daß Urkunden vorhanden sind, welche den erforderlichen Beweis erbringen. Bei Hypotheken und Grundschulden kann der erforderliche Nachweis allerdings nicht allein durch die Vorlegung einer Löschungsbewilligung des eingetragenen Berechtigten geführt werden[1]). Ohne besondere Bestimmung würde ein eingetragener Berechtigter, welcher durch die fortbestehende Eintragung des erloschenen oder nicht entstandenen Rechtes im Range leidet, zum Antrage auf Löschung nicht berechtigt sein, da in § 19 Abs. 2 das Antragsrecht demjenigen gegeben ist, zu dessen Gunsten die Eintragung erfolgen soll, hierunter aber nur der unmittelbar Begünstigte, nicht derjenige verstanden wird, welcher mittelbar gewinnt, also im Falle der Löschung nur derjenige, welcher von einer Last befreit wird, nicht derjenige, welcher nur im Range gewinnt[2]).

Das Fortbestehen der Eintragungen nicht bestehender Rechte ist geeignet, den Erfolg der Zwangsvollstreckung, insbesondere der Zwangsversteigerung, in Frage zu stellen. Hierin ist ein genügender Grund für eine Ausdehnung des Antragsrechtes zu finden, und zwar für eine Ausdehnung auf denjenigen, welcher für den Anspruch aus einer Reallast, Hypothek oder Grundschuld einen gegen den Eigenthümer des belasteten Grundstückes vollstreckbaren Titel hat. Aus dieser Bezeichnung der Antragsberechtigten ergibt sich, daß im Falle einer Arresthypothek der Gläubiger für seine Forderung einen vollstreckbaren Titel erlangt haben muß. Die Miterwähnung des Falles der Reallast erscheint rathsam, obschon in Ansehung der Haftung des Grundstückes für die einzelnen Leistungen die Vorschriften über Hypotheken Anwendung finden. Ein vollstreckbarer Titel allein soll nach dem Entwurfe nicht genügen, weil einerseits mit dem möglichen Wechsel des Eigenthümers vor der Beschlagnahme des Grundstückes das Grundstück dem Zugriffe des persönlichen Gläubigers entzogen werden und damit die Legitimation des Antragsstellers, soweit sie in dessen Interesse zur Sache beruht, in Wegfall kommen kann, andererseits aber der vollstreckbare Titel zur Eintragung einer Zwangshypothek berechtigt. In der Art der Ausübung des Antragsrechtes lehnt sich die Vorschrift des § 46 Abs. 1 an die Vorschrift des § 45 Abs. 1 Satz 2 an.

Buchberichtigung im Prozeßwege.

Die Vorschrift des § 5 des preuß. Zwangsvollstreckungsgesetzes gibt dem eingetragenen Gläubiger auch das Recht, im Rechtswege gegen den zu Unrecht eingetragenen Berechtigten, durch dessen Eintragung er im Range leidet, an Stelle des Eigenthümers vorzugehen. Dieses Recht steht dem eingetragenen Gläubiger schon nach § 843 des B. G. B. als ein eigenes Recht zu und braucht hier nicht weiter erwähnt zu werden. Dringt der Gläubiger mit dem negatorischen Anspruche aus § 843 durch, so kann er jedenfalls die Löschung des ihn im Range seines Rechtes beeinträchtigenden zu Unrecht eingetragenen Rechtes erreichen, wenn ihm auch im Allgemeinen das Antragsrecht in Ansehung der Löschung eines solchen Rechtes nicht zusteht, da die Verpflichtung des Beklagten zur Ertheilung der zur Buchberichtigung erforderlichen Eintragungsbewilligung alle zur Eintragung nothwendigen Erklärungen, ein-

[1]) Vergl. § 35, oben S. 70.

[2]) Vergl. § 19 Abs. 2, oben S. 52.

tretenden Falles deshalb auch den Eintragungsantrag umfaßt und ferner zu beachten bleibt, daß derjenige, welchem die Eintragung bewilligt ist, im Sinne des § 19 Abs. 2 als eintragsberechtigt erscheint. Soweit der Eigenthümer eine Hypothek oder Grundschuld für sich in Anspruch nimmt, in Ansehung deren der Hypothekengläubiger oder Grundschuldgläubiger sein Recht aufgegeben hat, wird sich der Anspruch auf Berichtigung des Buches gegen den Eigenthümer dahin zu richten haben, daß dieser den Löschungsantrag stelle, zu dessen Stellung derselbe ausschließlich berechtigt ist.

Die Vorschrift des zweiten Absatzes des § 46 fördert in geeigneter Weise den gleichen Zweck wie der erste Absatz und findet in der Vorschrift des § 5 des preuß. Gesetzes gleichfalls ein Vorbild. Aus der Art der Begründung des Aufgebotsantrages nach Maßgabe des § 1103 des B. G. B. ist ein Bedenken nicht zu entnehmen. Wenn auch danach die eidliche Versicherung des Gläubigers vorbehaltlich der Befugniß des Gerichtes zu anderweiten Ermittelungen genügen soll, um glaubhaft zu machen, daß ein Anerkenntniß in den letzten dreißig Jahren nicht stattgefunden hat, so ist doch auch derjenige Eigenthümer, welcher selbst erst innerhalb dieser Zeit das Eigenthum erlangt hat, nicht im Stande, aus eigener Wissenschaft eine solche Versicherung zu geben. Die Befugniß des Gerichtes zu anderweiten Ermittelungen wird in allen Fällen ausreichen. Mit den Worten „die Forderung erloschen" schließt die Fassung an diejenige des § 1103 des B. G. B. sich an, in welche auch die Eigenthümerhypothek eingeschlossen ist, während für die Grundschuld die Vorschrift entsprechende Anwendung findet. Es ist zu erwarten, daß aus dem Ausdrucke, obgleich er durch weitere Einschaltungen genauer gegeben werden könnte, ein Bedenken gegen die richtige Anwendung der Vorschrift nicht entnommen wird. Die Mittheilung des Aufgebotes an den Eigenthümer, welche auch nach dem Entwurfe von Amtswegen erfolgen soll, ist geeignet, dem Eigenthümer, welcher etwa selbst die Hypothek erworben hat, den nöthigen Schutz zu verschaffen. Die Befugniß des Berechtigten zur Stellung des Löschungsantrages (§ 1103 Abs. 2 des B. G. B.) besonders zu erwähnen, ist mit Rücksicht auf die Vorschrift des ersten Absatzes nicht erforderlich.

Aufgebot erloschener Hypotheken.

Recht auf Mittheilung der Urkunden.

§ 47.

Da der Antragsteller nach §§ 45, 46 den Nachweis des Eigenthumes, des Nichtbestehens der zu gleichem oder zu besserem Range eingetragenen Rechte, sowie der für die Zulässigkeit des Aufgebotes erforderlichen Voraussetzungen nach allgemeinen Grundsätzen zu erbringen hat, so muß ihm im Anschlusse an § 6 Abs. 4 des preuß. Zwangsvollstreckungsges. v. 13. Juli 1883 das Recht beigelegt werden, an Stelle des Eigenthümers die Mittheilung der zu einem solchen Nachweise dienlichen Urkunden von Behörden und Beamten mit Einschluß der Notare insoweit zu verlangen, als der Eigenthümer selbst hierzu befugt ist. Befindet sich der Eigenthümer oder ein Dritter im Besitze einer erforderlichen Urkunde, so muß der Anspruch auf Vorlegung der Urkunde in gewöhnlicher Weise durchgeführt werden.

Zurückweisung nicht gerechtfertigter Anträge.

§ 48[1]).

Prüfungspflicht des Grundbuchamtes.

Die meisten Landesgesetze, welche das Verfahren in Grundbuchsachen und Hypothekensachen regeln, schreiben ausdrücklich vor, daß die Buchbehörden verpflichtet seien, die Eintragungsanträge auf ihre Begründung und Rechtfertigung zu prüfen und, wenn das Ergebniß der Prüfung gegen die beantragte Eintragung ausfällt, die hervorgetretenen Hindernisse dem Antragsteller bekannt zu machen; so namentlich die preuß. Grundbuchordnung mit ihren Nachbildungen, die sächs. Gesetze, das württemb. Pfandgesetz, die bad. Anleitung[2]). Die Prüfungspflicht des Grundbuchamtes braucht nicht hervorgehoben zu werden; denn sie ergibt sich daraus, daß dem Grundbuchamte die Anordnung der Eintragung übertragen ist und daß das Gesetz die Voraussetzungen für die Zulässigkeit der Anordnung bestimmt.

Angabe der Gründe der Ablehnung.

Die Ablehnung muß mit Gründen, d. h. unter Bezeichnung des Hindernisses, welches der Eintragung entgegensteht, dem Antragsteller bekannt gegeben werden, damit dieser in den Stand gesetzt wird, eine sachgemäße Entschließung über die weitere Wahrnehmung seiner Rechte zu fassen.

Vervollständigung des Antrages.

Zwischen den verschiedenen Arten der Hindernisse wird nicht unterschieden. Auch wenn nur einem solchen Erfordernisse nicht genügt ist, welches durch eine Ordnungsvorschrift aufgestellt ist oder dessen alsbaldige Hebung zu erwarten ist, soll der Antrag zurückgewiesen werden und nicht etwa zunächst die Buchbehörde verpflichtet sein, dem Antragsteller die Ergänzung des Antrages aufzugeben bezw. an derselben durch zweckentsprechende Maßregeln mitzuwirken[3]). Eine Unvollständigkeit in der Rechtfertigung eines Antrages darf nicht dazu führen, daß die Erledigung dieses Antrages und damit die Erledigung anderer gleichzeitig oder später gestellter Anträge verzögert wird; denn sonst würden dritte Personen unter der fremden Versäumniß leiden. Die Nichterfüllung eines bloßen Ordnungserfordernisses kann hiernach allerdings zu einer materiellen Benachtheiligung führen. Ist der Geldbetrag einer Hypothek entgegen der Vorschrift des § 29 nicht in Reichswährung ausgedrückt und wird nach deshalb erfolgter Zurückweisung des Antrages auf Grund einer späteren Auflassung ein neuer Eigenthümer eingetragen, so ist das Recht aus dem bereits in das Stadium der Bindung eingetretenen dinglichen Vertrage über die Hypothekbestellung aufgehoben. Einer solchen anscheinenden Härte gegenüber überwiegt die Rücksicht darauf, daß den weiteren Eintragungen kein Aufschub erwachsen darf. Auf einem anderen Wege würde man zu großen Schwierigkeiten gelangen. Die Mängel, auf deren Hebung das Grundbuchamt vor der Zurückweisung des Antrages zunächst hinwirken soll, lassen sich schwer aussondern. Ferner würde es sich fragen, wie lange das Grundbuchamt auf die Beseitigung der Mängel warten soll. Es wird deshalb dem Grundbuchamte

---

1) Vergl. Anm. 1 Abs. 2 zu § 840 des B. G. B.

2) Preußen, Waldeck und Sondershausen § 46, Oldenburg und Lippe § 37, Coburg-Gotha § 32, Braunschweig § 17, Bayern §§ 96, 105, 146, Sachsen (Hypoth. O.) § 94, Württemberg Art. 151 ff., Baden §§ 17 ff., 54 ff., 85 ff.

3) Bayer. Hypoth. Ges. §§ 97, 99, 105; sächs. Hypoth. O. §§ 92, 93; württemb. Pfandges. Art. 170, 171.

in dem ersten Satze des § 48 zur Pflicht gemacht, jeden Antrag auf eine Eintragung, welche dasselbe nicht ausführen soll, zurückzuweisen. Ein milderes Verfahren und die Uebung von Nachsicht ist nicht in das Ermessen des Grundbuchamtes gestellt, wie für das preuß. Grundbuchrecht zuweilen behauptet wird [1]).

Spätere Thatsachen.

Der Antrag ist mit seiner beigefügten Rechtfertigung zusammen zu nehmen. Kommt ein weiteres Moment der Rechtfertigung später hinzu, wird z. B. eine eingetretene Konvaleszenz zur Kenntniß des Grundbuchamtes gebracht, so liegt ein Antrag mit anderer Grundlage und folglich ein anderer Antrag vor, welcher erst in dem Zeitpunkte als gestellt angesehen werden kann, in welchem die fehlenden Erfordernisse nachträglich beigebracht sind. Dieses wird durch § 48 Satz 2 klargestellt.

Wirkung der Ablehnung.

Ueber die rechtliche Natur der zurückweisenden Entscheidung des Grundbuchamtes ist Folgendes zu bemerken:

Durch die Zurückweisung des Antrages wird die rechtsgeschäftliche Bindung eines Erklärenden, welche nach den materiellrechtlichen Vorschriften eingetreten ist, nicht berührt. Ist eine Verzichtserklärung auf eine Reallast von den Erben des Berechtigten gegenüber dem Grundbuchamte abgegeben [2]) und erfolgt die Abweisung wegen nicht genügenden Nachweises des Erbrechtes, so bleibt die Unwiderruflichkeit der Verzichtserklärung bestehen und bleibt der Eigenthümer nur den mit der publica fides des Grundbuches in Folge des Fortbestehens der Eintragung verbundenen Gefahren ausgesetzt.

Die ablehnende Entscheidung enthält überhaupt nicht eine Feststellung der Unzulässigkeit der Eintragung, durch welche die Behörde sich selbst bände, sondern sie ist einfach die Verweigerung einer thatsächlichen Maßnahme, der Eintragung in das Grundbuch, welcher die Gründe für die Versagung beigefügt sind. Das Grundbuchamt kann auf Antrag (§ 71) sich selbst verbessern und dennoch eintragen. Auch eine Verbesserung von Amtswegen entspricht der rechtspolizeilichen Natur der Angelegenheit und müßte besonders ausgeschlossen sein, wenn sie unstatthaft sein sollte. Nur ist dabei zu beachten, daß eine nachträgliche Anordnung der Eintragung, nachdem der Antrag in Ansehung seiner Grundlagen ergänzt ist, eine Entscheidung auf einen anderen Antrag und deshalb nicht eine Zurücknahme der früheren ablehnenden Entscheidung ist.

Erledigung der Anträge nach deren zeitlicher Reihenfolge.

§ 49.

Die Vorschriften des § 49 beziehen sich auf den Einfluß des Zeitpunktes, in welchem der Antrag auf Eintragung gestellt ist.

Sukzessive Erledigung.

Sind mehrere Anträge nacheinander gestellt, so kann die Entscheidung über den späteren Antrag von der Entscheidung über den früheren Antrag abhängen. Die letztere Entscheidung kann die Begründung des späteren An-

[1]) Vergl. Dernburg u. Hinrichs, preuß. Hypoth. R. § 13 Note 9.
[2]) B. G. B. § 834 Satz 2, § 1061 Abs. 1.

trages aufheben oder zu dessen Begründung beitragen (§ 49 Abs. 2, § 23). Diese Möglichkeit des Einflusses der Entscheidung über einen früheren Antrag macht die sukzessive Erledigung der eingegangenen Anträge nach der Reihenfolge ihrer Anbringung nothwendig, damit unrichtige Eintragungen vermieden werden. Im praktischen Interesse erscheint es erforderlich, hierauf hinzuweisen (§ 49 Abs. 1).

Dem § 20 ist das Prinzip zu entnehmen, daß die Begründung eines Antrages nach dem Zeitpunkte der Anbringung desselben zu beurtheilen ist. War der Antrag in diesem Zeitpunkte nicht begründet, so ist er zurückzuweisen und ein Antrag mit vervollständigter Begründung als neuer Antrag zu behandeln. War der Antrag dagegen in diesem Zeitpunkte begründet, so ist nach der Regel des § 20 dem Antrage ohne Rücksicht auf später hinzutretende Thatsachen Folge zu geben. Diese Regel ist nicht ohne Ausnahme. Liegt zur Zeit der Anbringung des Antrages schon ein früherer Antrag vor, so kann die Erledigung dieses Antrages eine neue Rechtslage schaffen, nach welcher dem späteren Antrage die Begründung fehlt, insbesondere wenn durch eine inzwischen erfolgte Eintragung das Recht desjenigen, auf dessen Bewilligung der spätere Antrag sich gründet, aufgehoben ist. Man könnte nun zwar aufstellen, daß in solchen Fällen die Begründung des Antrages nicht durch spätere Thatsachen aufgehoben ist, sondern von Anfang an unter dem Vorliegen des früheren Antrages litt, in dessen Folge die Eintragung, welche die Begründung des späteren Antrages aufhob, erfolgen mußte. Es erscheint indessen im praktischen Interesse wünschenswerth, jeden Zweifel zu beseitigen. Deshalb wird im zweiten Absatze des § 49 ausdrücklich bestimmt, daß die Aenderungen in der Rechtslage, welche durch die Erledigung des früheren Antrages eingetreten sind und den späteren Antrag als unbegründet erscheinen lassen, zu der Zurückweisung des späteren Antrages führen.

Wegfall der Begründung des Antrages.

Rangbestimmung

Die Vorschriften des dritten Absatzes des § 49 betreffen die Bestimmung des Ranges der einzutragenden Rechte[1]).

Nach allgemeinen Grundsätzen ist für den gegenseitigen Rang derjenigen Rechte, welche auf denselben Gegenstand sich beziehen, der Zeitpunkt der Erwerbung maßgebend. Insoweit nach den Vorschriften des materiellen Rechtes der Rechtserwerb mit der Eintragung sich vollendet, ist damit dem Zeitpunkte der Eintragung ein großer materieller Einfluß eingeräumt. Durch die Vorschriften des § 840 des B. G. B. ist an den Folgen, welche aus den allgemeinen Grundsätzen sich ergeben, insbesondere an dem Satze, daß der Rechtsurheber nicht mehr Recht übertragen kann als er hat, nichts geändert[2]). Es ist nur bestimmt, daß aus der räumlichen Reihenfolge der in dieselbe Abtheilung des Grundbuches erfolgten Eintragungen die prinzipiell maßgebende zeitliche Reihenfolge dieser Eintragungen und damit der Rang der in dieselbe Abtheilung eingetragenen Rechte unter einander zu entnehmen sei.

Die Wahl des Zeitpunktes der Eintragung liegt in der Hand des Grundbuchamtes. Es ist indessen von vornherein klar, daß für eine Willkür des

---

1) Vergl. Anm. 1 Abs. 1 zu § 840 des B. G. B.

2) Mot. III S. 225, 805.

Grundbuchamtes bei der Rangbestimmung kein Raum gelassen werden darf, sondern daß das Grundbuchamt an eine feste Regel zu binden ist. Diese Regel wird in dem ersten Satze des dritten Absatzes dahin gegeben, daß für die Bestimmung des Ranges die Zeitfolge maßgebend ist, in welcher die Anträge gestellt sind[1]). Für die Anwendung der Regel ist nur insoweit Raum, als überhaupt die eingetragenen Rechte in Ansehung desselben Gegenstandes mit einander konkurriren, also dann nicht, wenn es an einer solchen Konkurrenz fehlt, z. B. bei der Eintragung des Nießbrauches am Grundstücke und des Nießbrauches an einer Reallast. Durch die Regel wird das Grundbuchamt angewiesen, bei Anordnung der Eintragungen aus mehreren Anträgen den Rang nach der Zeitfolge zu bestimmen und im Grundbuche zum Ausdrucke zu bringen, in welcher die Anträge gestellt sind, und bei gleichzeitigen Anträgen den gleichen Rang einzutragen. Hierbei ist zu beachten, daß die Stellung des Antrages und der Zeitpunkt derselben nicht von materiell-rechtlichem Einflusse sind, abgesehen von dem Bindendwerden des dinglichen Vertrages nach § 828 Abs. 3 des B. G. B. Durch die zeitliche Reihenfolge der Anbringung der Anträge wird also ein materielles Rangverhältniß unter den verschiedenen Konkurrenten noch nicht geschaffen[2]). Die Kenntniß von dem Vorliegen eines früheren Antrages begründet keine mala fides. Der dritte Absatz des § 49 enthält eine Verfahrensvorschrift, durch welche das Interesse desjenigen, zu dessen Gunsten ein Antrag früher eingegangen ist, in genügendem Maße gewahrt wird. Ein Verstoß gegen diese Vorschrift macht das Buch nicht unrichtig; mit Rücksicht auf einen solchen Verstoß kann deshalb auch eine Vormerkung nicht eingetragen werden. Ist ein Antrag mit Unrecht zurückgewiesen und hierauf der nächstfolgende Antrag durch Eintragung erledigt, so ist der mit der unrichtigen Zurückweisung verbundene Nachtheil am Range nicht rückgängig zu machen. Dies sind Konsequenzen des materiellen Grundbuchrechtes, welches einen bedingten Eintritt der Rechtsänderung vor der erfolgten Eintragung nicht kennt. Jeder hieraus sich ergebenden Besorgniß wird indessen durch die hier getroffene Verfahrensvorschrift abgeholfen. Eine Abweichung von der für die Rangbestimmung gegebenen Regel hat stattzufinden, wenn mit dem früheren Antrage die Bewilligung eines Vorranges für das in Folge eines späteren Antrages einzutragende Recht verbunden ist. Der § 841 des B. G. B. redet zwar nur von vertragsmäßigen Aenderungen des aus den erfolgten Eintragungen sich ergebenden Rangverhältnisses, wird indessen auch in dem bezeichneten Falle zur analogen Anwendung zu gelangen haben.

Sind in einem Falle, in welchem unter den einzutragenden Rechten ein Rangverhältniß stattfindet, die Anträge gleichzeitig gestellt, so liegt ein Fall der Kollision vor. Die Eintragung zu gleichem Range ist nur die Bekundung des Kollisionsfalles. Wie sich die Kollision löst, wenn z. B. zwei

---

1) Vergl. Grundb. O. für Preußen § 45, Oldenburg § 36; braunschw. Eigenthumserwerbsges. § 25; bayer. Hypoth. Ges. v. 1. Juni 1822 §§ 23, 117; sächs. Ges. v. 6. Novbr. 1843 § 134 und die demselben nachgebildeten Immobiliargesetze von Altenburg § 136, Sondershausen § 132, Reuß ä. L. u. j. L. § 135; sächs. Verordn. v. 9. Jan. 1865 § 95.

2) Vergl. Mot. III S. 190—193.

Personen der Nießbrauch, das Vorkaufsrecht, das Erbbaurecht 2c. an einem Grundstücke zu gleichem Range zugeschrieben sind, beurtheilt sich nach den Vorschriften des materiellen Rechtes. Möglich bleibt, daß eine Eintragung zu gleichem Range um deswillen ausgeschlossen ist, weil nach Art der Kollision nur entweder für den Einen oder für den Anderen eine Eintragung erfolgen kann, z. B. wenn die Anträge auf Uebertragung und Löschung einer Reallast zusammentreffen. Jedenfalls bedarf es indessen an dieser Stelle keiner Lösung solcher kaum jemals praktischen Fälle der Kollision.

Liegen mehrere Anträge vor, welche sämmtlich die vorher oder gleichzeitig beantragte Eintragung des Bewilligenden voraussetzen (§ 23), so vollendet sich die Begründung solcher Anträge zwar in demselben Zeitpunkte — dem Zeitpunkte der Eintragung des gemeinsamen Bewilligenden —, die Anträge sind aber um deswillen nicht als gleichzeitig gestellt zu behandeln, sondern es bleibt der Zeitunterschied in der Stellung der Anträge zu berücksichtigen.

Eintragung auf Ersuchen einer Behörde.

§ 50.

Zuständigkeit der Behörde.

Die Voraussetzung der im § 50 enthaltenen Rechtsnorm besteht darin, daß eine Behörde gesetzlich befugt ist, eine Eintragung zu verlangen. Die Behörde kann ihre Befugniß aus einem Reichsgesetze, aber auch aus einem Landesgesetze herleiten, wenn und soweit das Landesgesetz durch einen Vorbehalt in dem Einführungsgesetze aufrecht erhalten ist. Neben den Vorbehalten, welche ganze Materien, wie Bergrecht, Wasserrecht, Enteignungsrecht 2c., betreffen, kommt der Art. 78 des Einf. Ges. in Betracht (Eintragungen auf Ersuchen des Vollstreckungsgerichtes). Ob der ersuchenden Behörde die gesetzliche Befugniß, eine Eintragung und gerade die bezeichnete Eintragung, zu verlangen, zusteht, hat das Grundbuchamt zu prüfen[1]). Das Prüfungsrecht des Grundbuchamtes findet seine Grenze in der der ersuchenden Behörde beigelegten Zuständigkeit, über gewisse Voraussetzungen der verlangten Eintragung zu entscheiden. Hält das Grundbuchamt dafür, daß es in einem konkreten Falle an der gesetzlichen Befugniß der Behörde, die Eintragung zu verlangen, fehlt, so hat es die Behörde hiervon zu verständigen und bleibt dieser die Beschreitung des Beschwerdeweges (§ 69) offen.

Anwendung der Vorschriften über den Antrag.

Die Vorschrift des § 50 enthält eine Ausnahme von der Vorschrift des § 19 Abs. 2, nach welcher eine Eintragung nur auf Antrag zu geschehen hat, und zwar auf Antrag desjenigen, zu dessen Gunsten die Eintragung erfolgen soll, oder auf Antrag des leidenden Theiles. Wenn das Ersuchen auch kein Antrag ist, so werden doch einige auf den Antrag sich beziehende Vorschriften auf das Ersuchen zu übertragen sein. Es werden an das Ersuchen diejenigen Anforderungen zu stellen sein, welche, was die Bezeichnung des Grundstückes und die Angabe des Geldbetrages bei einer Hypothek oder Grundschuld betrifft (§§ 25, 28), an einen Antrag gestellt werden; die Richtung des Ersuchens auf

---

[1]) Vergl. § 41 der preuß. Grundb. O. „dem Ersuchen einer Behörde, welches den gesetzlichen Erfordernissen entspricht“.

die Vornahme mehrerer Eintragungen in ihrem Zusammenhange wird ebenso gestattet sein, wie der Antrag unter dem Vorbehalte, daß die eine Eintragung nicht ohne die andere erfolgen solle (§ 38). Auch die Vorschriften über die Ablehnung des Antrages und die Maßgeblichkeit des Zeitpunktes, in welchem der Antrag gestellt wird (§§ 48, 49), passen ebenmäßig, wenn eine Behörde die Eintragung verlangt.

Eintragung einer Hypothek auf Ersuchen einer Behörde.

§ 51[1]).

Die Vorschrift des § 51 findet ihre Rechtfertigung darin, daß die auf das Ersuchen einer Behörde eingetragene Hypothek nicht wirksamer sein kann, als die auf Grund eines vollstreckbaren Urtheiles erlangte Zwangshypothek. Die Heranziehung des § 1130 Abs. 2 des B. G. B. stellt den Entstehungszeitpunkt der einzutragenden Hypothek fest[2]).

Vermerk des Datum.

§ 52.

Bedürfniß der Datirung.

Zur Vollständigkeit der Eintragungen gehört, daß das Rangverhältniß der Rechte im Grundbuche ersichtlich gemacht wird. Zu dieser Ersichtlichmachung dienen nach § 840 des B. G. B. die Datirung, die räumliche Reihenfolge der in derselben Abtheilung geschehenen Eintragungen und Vermerke über den Rang. Da nach § 840 unter Datum das Tagesdatum verstanden wird[3]) und unter demselben Datum in verschiedenen Abtheilungen des Grundbuches eingetragene Rechte gleichen Rang haben sollen, so kann die Ungleichheit des Ranges solcher Rechte nicht durch die nähere Zeitangabe der Eintragung innerhalb des Tages ausgedrückt werden, sondern es ist ein Vermerk erforderlich.

Wenn den Eintragungen auf demselben Grundbuchblatte ein Datum nicht beigefügt ist, so muß dasselbe gelten, wie wenn das gleiche Datum beigefügt ist; das Grundbuch würde also Gleichheit des Ranges der ohne Datum eingetragenen Rechte ergeben, soweit nicht nach § 840 die räumliche Reihenfolge entscheidet. Daneben würde die nicht datirte Eintragung gegenüber der datirten Eintragung zurückstehen.

Wenn nun auch die Beifügung des Datum nicht zu einem solchen Erfordernisse der Eintragung gemacht werden kann, daß die nicht datirte Eintragung als nicht vorhanden zu gelten hätte, so ist doch jedenfalls die nicht datirte Eintragung eine unvollständige und nicht ordnungsmäßige Eintragung. Die Verpflichtung des Grundbuchamtes zur Datirung seiner Eintragungen läßt sich vielleicht schon daraus ableiten, daß die Angaben der Eintragung auch auf den Rang des eingetragenen Rechtes sich zu erstrecken haben (vergl.

---

[1]) Vergl. Anm. 2b zu § 833 des B. G. B.; Mot. III. S. 199, 200.
[2]) Vergl. Art. 34 des Einf. Ges.
[3]) Mot. III S. 226, 227.

§ 49 Abs. 3); es erscheint jedoch die Aufnahme einer Ordnungsvorschrift, daß unter allen Umständen der Eintragung das Datum beigefügt werden soll, als im praktischen Interesse wünschenswerth[1]). Soweit die Datirung und die räumliche Reihenfolge der Eintragungen zur Ersichtlichmachung des Rangverhältnisses der konkurrirenden Rechte nicht ausreichen, bleiben besondere Vermerke über den Rang erforderlich.

Vermerk bei Uebertragung eines Grundstückes auf ein anderes Blatt.

§ 53.

Die Vorschrift des § 53 trägt Sorge, daß bei Uebertragungen eines Grundstückes oder eines Theiles des Grundstückes auf ein anderes Grundbuchblatt die Bedeutungslosigkeit des bisherigen Grundbuchblattes für das übertragene Grundstück oder den übertragenen Theil und der Verbleib der Grundstücke ersichtlich gemacht werde[2]).

Verbesserung ungerechtfertigter Eintragungen.

§ 54.

Der § 54 bezieht sich auf die Frage, inwieweit das Grundbuchamt in Ansehung der Anordnung von Eintragungen sich selbst verbessern kann. Die Frage, inwieweit eine Entscheidung, durch welche ein Antrag abgewiesen ist, der Zurücknahme unterliegt, ist bei den §§ 48, 71 erörtert.

Zurücknahme von Anordnungen.

Ist nur die Anordnung der Eintragung, aber noch nicht die Eintragung selbst erfolgt, so ist das Grundbuchamt nicht behindert, die als ungerechtfertigt erkannte Anordnung von Amtswegen zurückzunehmen und nicht ausführen zu lassen; denn einer solchen Anordnung ist im Gesetze keine rechtliche Wirkung beigelegt, selbst wenn dieselbe den Betheiligten eröffnet sein sollte, und stößt deshalb das Grundbuchamt bei der Zurücknahme der Anordnung nicht auf einen der Antastung entzogenen Rechtszustand.

Unantastbarkeit der erfolgten Eintragungen.

Der erfolgten Eintragung wird durch die Vorschriften des B. G. B. formale Rechtswirkung nicht beigelegt. Ob mit der Eintragung eine Rechtsänderung sich verbindet oder ob durch dieselbe das bisher unrichtige Grundbuch richtig gestellt wird, hängt von dem Vorliegen der materiell-rechtlichen Voraussetzungen ab. Hiernach kann das Grundbuchamt durch eine nicht begründete Eintragung unmittelbar Niemandem an seinem Rechte materiellen Abbruch thun. Die Gefahr eines solchen Abbruches ergibt sich indessen bei dem Fortbestehen der Eintragung aus den Vorschriften über die publica fides des Grundbuches. Diese Gefahr, unter welcher auch der Grundbuchbeamte

---

[1]) Grundb. O. für Preußen § 44, Oldenburg und Lippe § 35, Coburg-Gotha § 30, Braunschweig § 15, Waldeck und Sondershausen § 44; Ges., die Grund- und Hypothekenbücher 2c. betr., für Sachsen v. 6. Novbr. 1843, für Altenburg v. 13. Oktbr. 1852, für Reuß j. L. v. 20. Novbr. 1858, für Reuß ä. L. v. 12. Febr. 1873 § 162; sächs. Hypoth. O. v. 9. Juni 1865 § 9.

[2]) Vergl. §§ 60, 63 der preuß. Grundb. O.

leiden kann, wenn er ein Versehen begangen hat, macht es wünschenswerth, dem Grundbuchamte, falls dasselbe eine Eintragung als unrichtig erkennt, schleunige Gegenmaßregeln zu gestatten. Dabei kann indessen dem Grundbuchamte regelmäßig nicht die Wiederaufhebung einer als unrichtig erkannten Eintragung gestattet werden, weil dasselbe hierdurch hinter dem Rücken der Berechtigten in Rechtspositionen[1]) eingreifen würde, welche durch den thatsächlichem Bestand der Eintragungen begründet werden. Dies ist auch im Allgemeinen der Standpunkt des bisherigen Grundbuchrechtes. Nach dem Konsensprinzipe der Grundbuchgesetze der beiden Mecklenburg und der freien Städte Lübeck und Hamburg kann die einmal geschehene Eintragung nur auf eine Bewilligung desjenigen, zu dessen Gunsten sie lautet, durch eine neue Eintragung geändert werden. Für das preußische Recht ist dieselbe Regel anzunehmen, doch findet sich in § 118 der preuß. Grundb. O. die Ausnahme, daß eine aus Versehen gelöschte Post auf Verlangen des Gläubigers oder auch von Amtswegen wieder eingetragen werden kann[2]). In Sachsen scheint die Beseitigung nicht begründeter Eintragungen den Betheiligten überlassen (vergl. § 465 des sächs. G. B.) und eine Verbesserung von Amtswegen der Behörde nicht gestattet zu sein. Aehnlich scheint die Sache nach der bayerischen Hypothekengesetzgebung zu liegen[3]).

Zweifelhaft ist, inwieweit nach dem geltenden Rechte die Buchbehörden zu Verbesserungen befugt sind, wenn den von ihnen angeordneten oder den ausgeführten Eintragungen eine Irrung oder ein Irrthum zu Grunde liegt. Nach dem mecklenburgischen Rechte scheint die Berichtigung von Schreibfehlern und Rechenfehlern ohne vorherige Einwilligung der Betheiligten gestattet zu sein[4]).

Mit der thatsächlichen Unrichtigkeit des Buches sind, wenn eine solche Unrichtigkeit nicht unmittelbar aus dem Inhalte der Eintragung sich ergibt, diejenigen Gefahren gegeben, welche an die Vorschriften über die publica fides des Grundbuches sich knüpfen. Durch Benachrichtigungen an die Betheiligten und Vermerke in den Akten kann den Gefahren nicht in genügender Weise abgeholfen werden[5]). Eine wirksame Abhülfe wird nur durch die Eintragung einer Vormerkung geschaffen, welche nach § 844 des B. G. B. zu beurtheilen ist. Der Entwurf gewährt deshalb dem Grundbuchamte die Befugniß und verpflichtet dasselbe, die Eintragung einer solchen Vormerkung anzuordnen, wenn dasselbe nachträglich eine Eintragung für nicht gerechtfertigt erachtet. Dabei beschränkt der Entwurf das Grundbuchamt auf diese Art der Abhülfe, ohne zwischen unrichtigen Eintragungen, welche auf einer nicht zutreffenden rechtlichen Beurtheilung, und solchen, welche auf Versehen beruhen, zu unterscheiden. Gerade in den Fällen der letzteren Art, wenn die Eintragung nicht

Eintragung einer Vormerkung.

---

1) Vergl. B. G. B. § 826.

2) Vergl. auch Erkenntniß des Ob. Trib. v. 25. Mai 1867, Strieth. Arch. Bd. 65 S. 364.

3) Vergl. Regelsberger § 98.

4) Vergl. v. Meibom S. 59.

5) Dieser Schutzmaßregel gedenkt v. Meibom a. a. O. Note 21.

der Anordnung entspricht oder wenn die Anordnung auf einem Irrthume oder auf einer Irrung beruht, würde ein Mangel der Abhülfe am härtesten empfunden werden. Ein solcher Fall liegt ähnlich, wie der Fall der Schreibfehler, Rechnungsfehler und ähnlicher offenbarer Unrichtigkeiten, welche in einem Urtheile vorkommen[1]). Es waltet indessen die Schwierigkeit ob, die Fälle der offenbaren Unrichtigkeit der Eintragung von den Fällen zu unterscheiden, in welchen die Eintragung auf einer allerdings unrichtigen Beurtheilung der Sache, aber ohne Versehen des Beamten, vielleicht nach einer sehr sorgfältigen Prüfung erfolgt ist, und der Beamte sich nachher von der Unrichtigkeit der Eintragung überzeugt. Es würde auch schon schwierig sein, eine genaue Bezeichnung der Fälle der offenbaren Unrichtigkeit zu finden. Die Voraussetzung des Versehens eines Grundbuchbeamten, welche in § 118 der preußischen Grundb. O. aufgestellt ist, leidet an einer gewissen Unbestimmtheit. Es erscheint deshalb erforderlich, die zu gewährende Abhülfe auf beide Fälle, der offenbaren Unrichtigkeit der Eintragung und der in Folge einer unrichtigen rechtlichen Beurtheilung geschehenen Eintragung zu berechnen. In Folge dieses Verfahrens hat der unter offenbaren Unrichtigkeiten und Versehen leidende Theil im Vergleiche mit einer von Amtswegen erfolgenden Berichtigung nur die geringe Belästigung zu tragen, daß er die Anerkennung der Sachlage seitens derjenigen zu erwirken hat, welche aus dem Versehen Vortheil ziehen würden. Derjenige, gegen dessen Recht die Vormerkung sich richtet, wird, falls die Vormerkung ungerechtfertigt sein sollte, nur von dem unbedeutenden Nachtheile getroffen, daß er eine Zeit lang bei seinen Verfügungen nicht die Garantie der bona fides des Grundbuches genießt und mithin in seinen Verfügungen etwas gehindert ist.

Ist die unrichtige Eintragung selbst eine Vormerkung, die Eintragung eines Veräußerungsverbotes oder die Eintragung eines nicht übertragbaren Rechtes, so ist die Gefahr nicht vorhanden, daß in Folge der publica fides des Grundbuches Unrecht in Recht sich verwandele, für eine Vormerkung mithin kein Bedürfniß und kein Raum.

Dem Inhalte nach unzulässige Eintragungen.

Einer besonderen Behandlung bedarf der Fall, wenn die Eintragung ihrem Inhalte nach unzulässig ist. Eine solche Unzulässigkeit ist in verschiedener Weise denkbar. Wenn Rechte eingetragen sind, welche überall als Rechte an Grundstücken nicht begründet werden können oder welche nicht eingetragen werden sollen (vergl. § 37), so erwächst keine Gefahr, welcher durch Eintragung einer Vormerkung vorzubeugen wäre; denn Eintragungen, welche ihrem Inhalte nach unzulässig sind, stehen nicht unter der Garantie des Grundbuches. Dabei liegt indessen doch ein öffentliches Interesse vor, daß die Bedeutungslosigkeit der unzulässigen Eintragung durch eine weitere Eintragung ersichtlich gemacht werde, insbesondere damit bei Auszügen aus dem Grundbuchblatte (§ 57) die bedeutungslosen Eintragungen weggelassen werden können. Die Unzulässigkeit der Eintragung mit Rücksicht auf den Inhalt derselben wird kaum jemals zweifelhaft sein können. Möglich bliebe solches nur in Fällen, in welchen es bestreitbar ist, inwieweit die Auferlegung von Belastungen oder

[1]) C. P. O. § 290 Abs. 1.

Beschränkungen zugelassen ist. In § 54 wird die wirkliche Unzulässigkeit des Inhaltes der Eintragung vorausgesetzt. Sollte sich das Grundbuchamt hierüber irren, so thut seine weitere Eintragung dem einmal entstandenen Rechte keinen Abbruch.

Benachrichtigung der Betheiligten.

§ 55.

Einige Gesetzgebungen gehen davon aus, daß von einer erfolgten Eintragung zwar der Antragsteller Nachricht erhält, da derselbe auf seinen Antrag zu bescheiden ist, daß dagegen in Ansehung der Benachrichtigung derjenigen anderen Personen, deren Rechte durch die Eintragung berührt werden, eine besondere Fürsorge nicht erforderlich ist, weil nach dem Konsensprinzipe deren Einwilligung zur Begründung des Antrages erforderlich war und dieselben mithin das Erfolgen der Eintragung gewärtigen mußten[1]). Die meisten Gesetzgebungen dagegen tragen Sorge für die Benachrichtigung der ersichtlich Betheiligten[2]). Eine reichsgesetzliche Ordnungsvorschrift, welche die Benachrichtigung der Betheiligten in gewissen Grenzen bestimmt, im Uebrigen aber eine etwaige Ausdehnung der Benachrichtigungspflicht der Landesgesetzgebung bezw. der Landesjustizverwaltung überläßt, erscheint wünschenswerth. Um unnöthige Mühe und Kosten zu ersparen, ist es aber angemessen, einen Mittelweg einzuschlagen und nur die Benachrichtigung an die Nächstbetheiligten, denen in § 19 Abs. 2 das Antragsrecht verliehen ist, vorzuschreiben. Die mittelbar Betheiligten werden genügend geschützt dadurch, daß, wenn ihren Rechten Abbruch geschehen soll, ihre Einwilligung erforderlich ist. Daneben empfiehlt es sich, auch den Eigenthümer des Grundstückes, bei welchem die Eintragung erfolgt, für alle Fälle, auch wenn er nicht schon zu jenen Personen gehört, als einen Betheiligten zu bezeichnen, welcher von der Eintragung in Kenntniß zu setzen ist. Der Auskunftspflicht des Grundbuchamtes gegenüber einer ersuchenden Behörde, welche die Eintragung verlangt hat, braucht nicht besonders gedacht zu werden, da sich die betreffende Pflicht des Grundbuchamtes schon aus den für den Verkehr zwischen Behörden geltenden Regeln ergibt[3]). *Die zu benachrichtigenden Personen.*

Die Vorschrift des zweiten Satzes des § 55 beseitigt den möglichen Zweifel, ob die Vorschrift des ersten Absatzes als eine Verfahrensvorschrift der Disposition der Betheiligten unterliege. Die Möglichkeit eines Verzichtes auf *Verzicht auf Benachrichtigung.*

---

[1]) Vergl. mecklenb. Ges. über die Grund- und Hypothekenbücher in den schwerinschen Domänen v. 2. Jan. 1854 § 38 und rev. Stadtb. O. v. 21. Dezbr. 1857 § 46; braunschw. Grundb. O. § 30 und Instruktion v. 26 April 1878 § 28.

[2]) Grundb. O. für Preußen und Waldeck §§ 57, 121—123, Oldenburg § 46, 100—102, Coburg-Gotha §§ 53, 96—98, Lippe §§ 47, 103, 105, Sondershausen §§ 56, 100, 101; bayer. Hypoth. Ges. v. 1. Juni 1822 §§ 108, 115, 117, 157, 167; sächs. Ges., betr. die Grund- und Hypothekenbücher 2c., v. 6. Novbr. 1843 §§ 25, 72, 192; württemb. Pfandges. v. 15. April 1825 Art. 151.

[3]) Vergl. preuß. Grundb. O. §§ 121, 122.

Benachrichtigung liegt sowohl im Interesse der Betheiligten als des Grundbuchamtes und kann Kosten und Arbeit ersparen.

Der Zueignungsberechtigte. In Ansehung der vor dem Grundbuche abgegebenen Erklärung, das Eigenthum aufgeben zu wollen[1]), kann ein Interesse, benachrichtigt zu werden, bei dem Zueignungsberechtigten bestehen. Indessen erscheint die Aufnahme einer reichsgesetzlichen Vorschrift für diesen seltenen Fall nicht Bedürfniß. Die etwaige Erlassung einer solchen Vorschrift geschieht auch um deswillen besser durch die Landesgesetzgebung, weil nach Landesgesetz sich bestimmt, wer der Zueignungsberechtigte und welche Stelle für die Vertretung des Fiskus als des regelmäßig Berechtigten in Ansehung der Empfangnahme der Benachrichtigung zuständig ist.

---

1) B. G. B. § 872.

Dritter Abschnitt.

Hypothekenbrief. Grundschuldbrief.

Inhalt des Hypothekenbriefes.

§§ 56, 57.

1. Im § 1106 des B. G. B. ist der dingliche Vertrag zugelassen, durch welchen eine Hypothek als Briefhypothek qualifizirt wird, über welche von dem Grundbuchamte ein Hypothekenbrief zu ertheilen ist. Damit ist die Ertheilung des Briefes als eine Aufgabe des Grundbuchamtes bezeichnet. Die Vorschriften, wie das Grundbuchamt bei der Herstellung des Briefes zu verfahren habe, sind der Grundbuchordnung überlassen[1]). Die besondere rechtliche Natur des Briefes liegt darin, daß das Recht aus der Hypothek mit dem Rechte an dem Papiere in gewisser Weise verknüpft ist. Hieraus ergibt sich, daß bei der Herstellung des Briefes das Grundbuchamt nicht lediglich als beurkundende Behörde handelt, sondern eine gewisse Urkunde zum Hypothekenbriefe erklärt und durch seinen Willensakt zum Hypothekenbriefe macht. Würde über die Erfordernisse dieses Willensaktes, von welchen die Gültigkeit desselben abhängt, nichts bestimmt, so würde man an der Hand der allgemeinen Grundsätze wohl schon von selbst dahin kommen, daß die Erklärung das Papier als Hypothekenbrief und die Hypothek in einer so genauen Weise bezeichnen müsse, daß dieselbe mit der in das Grundbuch eingetragenen Hypothek, bei welcher die Ertheilung des Briefes vermerkt ist, identifizirt werden kann; da es indessen wünschenswerth ist, daß die Urkunde so bestimmte Merkmale trägt, um auf den ersten Blick, ohne daß eine besondere Prüfung nöthig ist, als Hypothekenbrief erkannt zu werden, so ist es geboten, die Ausstellung des Briefes in einer gewissen Weise zu formalisiren. Ertheilung des Briefes.

Die Vorschriften der preuß. Grundb. O. §§ 124—127, denen die nachgebildeten Grundbuchordnungen für Oldenburg, Coburg-Gotha, Waldeck, Lippe und Sondershausen im Wesentlichen folgen, enthalten Beschreibungen des Hypothekenbriefes, ohne zu unterscheiden, was von dem angegebenen sehr ausgedehnten Inhalte des Briefes wesentlich und was nicht wesentlich sein

[1]) Vergl. Mot. III S. 743.

soll[1]). Dieses System in der Anordnung und in dem Inhalte der Vorschriften über den Hypothekenbrief hat allerdings in Preußen in der Praxis nicht zu Schwierigkeiten geführt. Es ist nie streitig geworden, ob ein Hypothekenbrief gesetzmäßig ausgestellt worden ist. Dies rührt wohl daher, daß in Preußen und in den Staaten, deren Gesetzgebung der preußischen sich angeschlossen hat, der Grundbuchordnung genaue Formulare für die Hypothekenbriefe beigefügt sind, an welche sich die Grundbuchämter selbstverständlich gehalten haben. Diese Garantie für die richtige Handhabung der Vorschriften fällt jedoch in Ansehung des Hypothekenbriefes im Sinne des B. G. B. (§§ 1106 ff.) weg, weil im Hinblicke auf die vorauszusetzende Verschiedenheit in der Eintheilung der Grundbücher (vergl. Art. 108 des Einf. Ges.) von Reichswegen auf die Aufstellung von Formularen verzichtet werden muß.

Wesentliche Erfordernisse.

Es werden somit die wesentlichen Erfordernisse der Ausstellung des Hypothekenbriefes zu unterscheiden und festzustellen sein.

a) Das Grundbuchamt muß in dem auszustellenden Briefe denselben ausdrücklich als Hypothekenbrief bezeichnen, da das Papier nur durch den ausgesprochenen Willen des Grundbuchamtes zu der Urkunde gemacht wird, welche das B. G. B. unter Hypothekenbrief versteht. Die Bezeichnung in der Ueberschrift genügt, ist jedoch nicht gerade nothwendig. Der Unterschied zwischen einem Hypothekenbriefe des neuen Rechtes und einem alten Hypothekenbriefe, welcher nicht durch Landesgesetz zu einem Hypothekenbriefe im Sinne des B. G. B.[2]) gemacht ist, wird regelmäßig aus dem Datum der Ausstellung erhellen; doch ist den Landesgesetzgebungen nicht benommen, durch Ordnungsvorschriften auf eine etwa erforderliche weitere Verdeutlichung hinzuwirken.

b) Der Brief muß schon nach den allgemeinen Grundsätzen die verbriefte Hypothek so genau bezeichnen, daß erhellt, welche in das Grundbuch eingetragene Hypothek gemeint ist, weil sonst die Willenserklärung des Grundbuchamtes der nöthigen Bestimmtheit ermangelt. Es erscheint indessen nothwendig, solche Bezeichnungen auszuschließen, welche der Auslegung Raum lassen und erst auf Umwegen zu einer ausreichenden Ermittelung führen. Deshalb wird die Formvorschrift gegeben, daß der Brief das belastete Grundstück sowie die Hypothek unter Bezugnahme auf das Grundbuchblatt zu bezeichnen hat. Diese Bezugnahme hat sich der verschiedenen Einrichtung der Grundbücher in den einzelnen Bundesstaaten anzuschließen. Der Abhängigkeit der Hypothek von dem Grundbuche entspricht es, daß, wie eine Hypothek nur durch Eintragung in das Grundbuch entsteht, auch nur ein formell an das Grundbuch sich anschließender Hypothekenbrief zugelassen wird. Das Grundbuchblatt muß diejenige Bezeichnung erhalten, welche es von anderen Grundbuchblättern unterscheidet; was hierzu erforderlich ist, muß sich aus den Besonderheiten der Einrichtung des Grundbuches ergeben.

---

[1]) § 124 der preuß. Grundb. O. „Der Hypotheken- und der Grundschuldbrief besteht aus der Ueberschrift, dem vollständigen Eintragungsvermerk derjenigen Post, für welche er ausgefertigt wird, den für die Prüfung der Sicherheit der Post erheblichen Nachrichten aus dem Grundbuchblatte und der Unterschrift des Grundbuchamtes mit Datum und Siegel".

[2]) Einf. Ges. Art. 112 Abs. 3.

c) Der Hypothekenbrief muß mit der Unterschrift und dem Dienstsiegel des Grundbuchamtes versehen sein.

2. Für den Verkehr mit Briefhypotheken ist es im höchsten Maße wünschenswerth und den bisherigen Gesetzen entsprechend, daß der Brief über seinen nothwendigen und zu seiner Gültigkeit erforderlichen Inhalt hinaus gewisse weitere besonders für die Prüfung der Sicherheit der Hypothek erhebliche Nachrichten bringe, da sonst ein jeder Erwerber das Grundbuch einsehen müßte. Dieses Bedürfniß ist ein allgemeines und ist deshalb durch eine reichsgesetzliche Vorschrift zu befriedigen. Die Aufnahme einer vollständigen Abschrift des Grundbuchblattes wird durch das praktische Bedürfniß nicht erfordert; sie würde eher störend wirken, da alsdann manche für die Hypothek bedeutungslose Eintragungen den Brief beschweren würden. Deshalb genügt ein Auszug aus dem Grundbuchblatte, welcher die Beschreibung des Grundstückes, die Bezeichnung des Eigenthümers, die unmittelbar auf die Hypothek sich beziehenden Eintragungen und diejenigen Eintragungen enthält, welche mittelbar von Einfluß auf das Recht des Gläubigers sind, wie die Eintragung vorgehender und gleichstehender Rechte und sonstiger vor oder bei Eintragung der Hypothek bewirkte Eintragungen (z. B. von Veräußerungsverboten oder Vormerkungen). In Ansehung der der Hypothek im Range vorgehenden oder gleichstehenden Rechte ist nicht eine wirkliche Abschrift, sondern nur eine kurze, selbstverständlich klare, Bezeichnung zu verlangen; bei den sonstigen mittelbar für die Hypothek bedeutsamen Eintragungen genügt die Angabe des wesentlichen Inhaltes. Einige Beschränkung empfiehlt sich, damit der Brief nicht durch die Fülle des Stoffes an Uebersichtlichkeit verliert. Der Inhalt des Grundbuches bleibt rechtlich maßgebend, soweit zwischen dem Buche und dem Briefe Verschiedenheiten sich ergeben sollten, aber eben deshalb ist eine vollständige Wiedergabe des Inhaltes des Grundbuchblattes nicht vorzuschreiben. Die Vorschriften der preuß. Hypoth. O. v. 20. Dezbr. 1783 Tit. 2 §§ 169 ff., welche so weit gingen, haben zu einer Ueberfüllung der Hypothekeninstrumente geführt, welche das Verständniß beeinträchtigt; es ist deshalb schon durch die Vorschriften des Gesetzes vom 24. Mai 1853 der Inhalt der Hypothekeninstrumente beschränkt. Sonstiger Inhalt des Hypothekenbriefes.

3. Durch die Vorschrift des zweiten Absatzes wird die Landesjustizverwaltung ermächtigt, die Aufnahme noch weiterer Nachrichten über das belastete Grundstück in den Auszug aus dem Grundbuchblatt — nicht etwa aus anderen öffentlichen Büchern — anzuordnen. Landesgesetzlich vorzuschreibende Angaben.

Mit dem Hypothekenbriefe zu verbindende Urkunden.

§ 58.

Die Verbindung der Eintragungsbewilligung mit dem Briefe erscheint für den Fall geboten, daß die Eintragung der Hypothek auf die Eintragungsbewilligung hinweist[1]). Man wird aber noch weiter zu gehen, und die Verbindung der Eintragungsbewilligung und der in der Eintragungsbewilligung in Bezug genommenen Urkunden, mit Einschluß der Schuldurkunde, vor- Eintragungsbewilligung; Schuldurkunde.

[1]) B. G. B. § 1064.

zuschreiben haben, da in Preußen[1]) und in den Staaten, welche der preußischen Gesetzgebung gefolgt sind, aus Gründen praktischer Zweckmäßigkeit auf eine solche Verbindung großes Gewicht gelegt wird. Ob die zu verbindenden Urkunden, oder die eine oder andere derselben, im Originale oder in beglaubigter Abschrift beigefügt werden sollen, ist nach Zweckmäßigkeitsgründen zu entscheiden und deshalb der landesgesetzlichen Bestimmung durch die Landesjustizverwaltung vorbehalten. Der Ausdruck „Ausfertigung" statt „beglaubigte Abschrift" ist wegen der nach den Einrichtungen der einzelnen Bundesstaaten verschiedenen Auffassungen des Ausdruckes vermieden. Enthält die Ausfertigung eine beglaubigte Abschrift, so ersetzt sie zugleich ein solche.

Hypothekenbriefe über Korrealhypotheken.

§ 59.

Vermerkung der Mitbelastung

Besteht die Hypothek an mehreren Grundstücken, so ist dieselbe Forderung mehrfach eingetragen[2]). In § 33 ist die Vermerkung der Mitbelastung vorgeschrieben, damit nicht die mehrfache Eintragung derselben Forderung als Eintragung verschiedener Forderungen erscheine. In den mehreren Hypothekenbriefen würde hiernach die Mitbelastung allerdings zum Ausdrucke kommen und klargestellt werden, daß der Brief auf eine gesicherte Forderung lautet, welche noch an anderer Stelle eingetragen ist und über welche noch ein anderer Hypothekenbrief ausgestellt ist. Es liegt aber im Interesse des Eigenthümers, darauf zu achten, daß die Mitbelastung in dem Grundbuche vermerkt wird und dieser Vermerk in Folge dessen auch in die Hypothekenbriefe übergeht.

Mehrere Briefe über dieselbe Hypothek.

Aus dem Inhalte der mehreren Hypothekenbriefe würde sich deren Zusammengehörigkeit ergeben. Es läßt sich vielleicht auch aus § 31 entnehmen, daß bei einer Eintragung, welche das Recht aus allen über dieselbe Forderung ausgestellten Hypothekenbriefen berührt, weil die Eintragung den Bestand der mehrfach eingetragenen Forderung antastet, das Grundbuchamt, welches die Eintragung anordnet, auf die Vorlegung und Berichtigung sämmtlicher Briefe zu halten hat, deren Existenz sich dem Grundbuchamte aus dem Grundbuche und dem vorgelegten Briefe ergibt, weil sonst unrichtige Briefe im Verkehre bleiben würden. Bei alledem behält die Ausstellung mehrerer Briefe über dieselbe Hypothek etwas Mißliches und sogar Gefährliches. Der Nehmer eines Briefes kann leicht den Vermerk der Mitbelastung übersehen oder verkennen, daß er sämmtliche Briefe

Ausstellung eines einzigen Briefes

übergeben erhalten haben muß, um sicher zu sein. Es ist deshalb thunlichst dahin zu wirken, daß über die *eine* Forderung auch nur *ein* Hypothekenbrief ausgestellt wird, oder daß wenigstens die mehreren zusammengehörigen Briefe körperlich vereinheitlicht werden. Die preuß. Grundb. O. § 125 bestimmt zu dem Ende, daß bei der Gesammthaft solcher Grundstücke, welche einen gemeinschaftlichen Artikel im Grundbuche haben, nur *ein* Brief ausgefertigt, daß dagegen bei der Gesammthaft solcher Grundstücke, welche ein besonderes Blatt im Grundbuche haben, die mehreren Briefe mit einander durch Schnur und Siegel

---

[1]) Preuß. Grundb. O. § 122.

[2]) B. G. B. § 1083, § 1087 Abs. 1.

verbunden werden sollen. In Coburg-Gotha (Grundb. O. § 100) kann auf Antrag auch in Fällen der letzteren Art eine gemeinschaftliche Urkunde gebildet werden. Die Ertheilung nur eines Briefes ist die einfachere und sicherere Maßregel. Diese Maßregel läßt sich durchführen bezüglich gleichzeitig bei demselben Grundbuchamte zur Eintragung gelangender Korrealhypotheken. Wird nachträglich für dieselbe schon eingetragene Forderung bei demselben Grundbuchamte eine weitere Hypothek bestellt, so ist der früher ertheilte Brief vorzulegen. In einem solchen Falle wird, sofern nicht die Betheiligten einen neuen einheitlichen Hypothekenbrief[1]) verlangen, das Grundbuchamt durch den dritten Satz des § 59 angewiesen, den neuen Brief mit dem alten Briefe zu verbinden. Liegen die für die nämliche Forderung verpfändeten Grundstücke in den Bezirken verschiedener Grundbuchämter, so kann ein jedes einzelne Grundbuchamt die Rechtslage übersehen und sind die mehreren Grundbuchämter deshalb auch in einem solchen Falle in der Lage, auf dem Wege gegenseitiger Verständigung und Mittheilung der Urkunden, für die Verbindung der mehreren Briefe Sorge zu tragen.

Verbindung der Briefe.

Aufgabe der zur Ergänzung der Grundbuchordnung in den Bundesstaaten ergehenden Vorschriften ist es, die näheren Bestimmungen zur Durchführung der hier gegebenen Ordnungsvorschrift namentlich in Ansehung der Art und Weise, wie die mehreren Hypothekenbriefe, wo solche ausgestellt werden, mit einander verbunden werden sollen, zu erlassen.

Aushändigung des Hypothekenbriefes an den Eigenthümer oder den Gläubiger.

§ 60.

Recht des Eigenthümers auf Aushändigung des Briefes.

Im Verkehrsleben ist der gewöhnliche Fall nicht der, daß für eine bestehende Forderung hypothekarische Sicherheit bestellt, sondern daß ein Darlehen gegen Zug um Zug zu gewährende Sicherheit gegeben wird. Es ist deshalb von der Grundbuchgesetzgebung dahin zu wirken, daß ein solcher Austausch leicht zu bewerkstelligen ist. Der Hypothekenbrief bietet hierzu ein einfaches Mittel, wenn der ertheilte Brief zunächst in die Hände des Eigenthümers gelangt und das Darlehen gegen die Aushändigung des Briefes gezahlt wird. Nach der preuß. Grundb. O. § 122 wird der Hypothekenbrief dem Eigenthümer des Grundstückes eingehändigt. Diese Bestimmung ist dem mecklenb. Rechte[2]) entlehnt und in die Grundbuchordnungen für Oldenburg § 101, Coburg-Gotha § 97, Lippe § 104, Sondershausen § 101 übergegangen. Braunschweig[3]) hat die Aushändigung des Briefes an den Eigenthümer oder den Gläubiger vorgeschrieben, je nachdem jener oder dieser die Eintragung beantragt hat.

Die Aufnahme einer der preuß. Vorschrift ähnlichen Bestimmung an dieser Stelle ist in der Anmerkung zu § 1110 des B. G. B. in Aussicht genommen. In § 1110 ist bestimmt, daß, wenn der Hypothekenbrief nach den

[1]) Vergl. § 64 Abs. 1.

[2]) Rev. Hypoth. O. f. Landgüter § 13; Instr. zur rev. Stadtb. O. Nr. 28 und zu dem Ges. über die Grund- und Hypothekenbücher in den schwerinschen Domänen § 25.

[3]) Ges. über den Eigenthumserw. 2c. v. 8. März 1878 § 27.

Bestimmungen der Grundbuchordnung dem Eigenthümer des belasteten Grundstückes auszuhändigen ist, der Beweis der Entstehung der Forderung von dem Gläubiger, so lange dieser nicht Inhaber des Hypothekenbriefes geworden ist, durch die Eintragung der Hypothek in das Grundbuch und durch den Hypothekenbrief nicht geführt werden kann. Dabei ist vorausgesetzt, die Grundbuchordnung werde die Aushändigung des gebildeten Hypothekenbriefes so regeln, daß der Eigenthümer in der Lage ist, sich die Aushändigung des Briefes an seine Person zu sichern. Das System des B. G. B. geht somit dahin, daß der Eigenthümer durch die Bewilligung der Eintragung der Forderung den Bestand der Forderung, soweit ein solcher Bestand für das Recht aus der Hypothek in Betracht kommt, noch nicht in wirksamer Weise anerkannt hat und diesen Bestand in wirksamer Weise erst dadurch anerkennt, daß er den vom Grundbuchamte ihm ausgehändigten Brief an den Gläubiger weiter begibt. Die Grundbuchordnung hat zur Ergänzung dieser Vorschriften als Regel zu bestimmen, daß das Grundbuchamt den ausgestellten Brief dem Eigenthümer auszuhändigen habe. Sollte gegen diese Regel verstoßen werden, so würde aus der ungerechtfertigten Erlangung des Briefes für den von dem Gläubiger nachzuweisenden Bestand der Forderung kein Schluß gezogen werden können. Kann der Gläubiger diesen Beweis nicht erbringen, so fällt damit auch sein akzessorisches Pfandrecht, er ist mithin in der Inhabung einer über eine nicht bestehende Hypothek ausgestellten Urkunde und nach der analog anwendbaren Vorschrift des § 1109 Abs. 2 des B. G. B. zur Rückgabe des Briefes an das Grundbuchamt verpflichtet. Gegen die aus der Begebung des Briefes an einen gutgläubigen Erwerber entstehende Gefahr wird der Eigenthümer sich durch die Erwirkung einer Vormerkung sichern können.

Ist der Brief dem Eigenthümer ausgehändigt, so kann der Gläubiger, wenn die Forderung bereits entstanden ist, dadurch, daß er den Beweis der Entstehung der Forderung führt, nach § 1109 Abs. 1 als Eigenthümer des Briefes sich legitimiren und dessen Herausgabe verlangen.

Bewilligung der Aushändigung an den Gläubiger.

Die Regel, daß der Brief dem Eigenthümer auszuhändigen ist, erleidet eine Ausnahme, wenn der Eigenthümer die Aushändigung an den Gläubiger bewilligt hat. Diese Bewilligung ist eine Ergänzung der Eintragungsbewilligung dahin, daß eine den Bestand der Forderung sofort feststellende Eintragung bewilligt wird. Auf eine solche Bewilligung, welche einen rechtsgeschäftlichen Karakter trägt, werden um deswillen die Vorschriften der §§ 39, 40 Anwendung zu finden haben. Von dem Augenblicke der Entstehung der Forderung an kann der Gläubiger die Anerkennung des Bestandes der Forderung und deshalb auch die Bewilligung, daß der Brief ihm ausgehändigt werde, verlangen. In Ansehung des Ersatzes der Bewilligung durch richterliches Urtheil finden die Vorschriften des § 833 des B. G. B. Anwendung.

Erfolgt die Eintragung einer Hypothek auf das Ersuchen einer Behörde, so kann nach Art. 74 des Einf. Ges. und nach § 51 die Hypothek nur als Sicherungshypothek eingetragen werden. Eine Aushändigung des Briefes an die ersuchende Behörde[1]) kann deshalb nicht in Frage kommen.

---

[1]) Preuß. Grundb. O. § 122.

Wird eine gewöhnliche Hypothek nachträglich in eine Briefhypothek umgewandelt (§ 1106 Abs. 1), so wird an der Beweiswirkung der früheren Eintragung für den Bestand der Forderung nichts geändert, und es beurtheilt sich hiernach das Recht des Gläubigers auf die Aushändigung des Briefes (vergl. § 1085 des B. G. B.).

Theilhypothekenbrief.

§ 61.

Die Bildung des Theilhypothekenbriefes ist in der Grundbuchordnung zu regeln. In dem B. G. B. § 1122 Abs. 1 ist nur ausgesprochen, daß dieses Geschäft nicht blos von dem Grundbuchamte, sondern auch von einem zuständigen Gerichte oder Notare vorgenommen werden kann (Mot. III S. 361). Wesentliche Erfordernisse.

Für den Theilhypothekenbrief müssen ebenso, wie für den Hypothekenbrief überhaupt, die wesentlichen und die nicht wesentlichen Erfordernisse bestimmt bezeichnet werden. Den Erfordernissen des Hypothekenbriefes entspricht es, daß der Theilhypothekenbrief als solcher bezeichnet sein muß, daß er ferner — als wesentliches Moment — den Theil der Forderung, für welchen er gebildet ist, bezeichnen und mit dem Datum der Ausstellung sowie mit der Unterschrift und dem Dienstsiegel der ausstellenden Behörde, d. h. des Grundbuchamtes, des Gerichtes oder des Notares, versehen sein muß. Als weiteres wesentliches Erforderniß ist aber aufzustellen, daß der Theilhypothekenbrief eine beglaubigte Abschrift des Stammhypothekenbriefes mit Einschluß der nach der Ausstellung darauf gesetzten Vermerke enthalten muß, weil, wenn man davon absehen würde, in dem Theilhypothekenbriefe diejenige Urkunde, auf welche derselbe begrifflich sich bezieht, fehlen würde, abgesehen davon, daß bei dem Mangel der Abschrift wesentliche Punkte, z. B. die grundbuchmäßige Bezeichnung des Grundstückes und der Hypothek fehlen würden, beziehungsweise besonders erwähnt werden müßten. Man hat auch von jeher in denjenigen Theilen Deutschlands, welche das Institut des Theilhypothekenbriefes kennen, eine Abschrift des Stammhypothekenbriefes als Bestandtheil des Theilhypothekenbriefes für nothwendig gehalten[1]).

Das wesentliche Erforderniß der Aufnahme einer beglaubigten Abschrift in den Theilhypothekenbrief hat nicht die Bedeutung, daß eine Abweichung der Abschrift von dem Inhalte des Stammhypothekenbriefes oder eine Unvollständigkeit der Abschrift die Nichtigkeit des Theilhypothekenbriefes zur Folge hätte; insbesondere wird das Fehlen eines auf dem Stammbriefe befindlichen Vermerkes nicht diese Folge haben, denn derartige Vermerke werden

[1]) Grundb. O. für Preußen § 83, deren Bestimmungen in die Grundbuchordnungen für Oldenburg, Coburg-Gotha und Braunschweig übergegangen sind. Auch in Mecklenburg, Anhalt und Rudolstadt wird im Falle der Theilzession mittelst einer Abschrift des Hypothekenscheines ein Zweigdokument gebildet; vergl. mecklenb. Hypoth. O. für Landgüter v. 18. Oktbr. 1848 § 27 Nr. 5 und Stadtb. O. v. 21. Dezbr. 1857 § 38 Nr. 5; anhalt. Pfandges. v. 13. April 1870 § 35; rudolst. Hypoth. Ges. v. 6. Juni 1856 § 77.

nicht als selbständige Gegenstände der erforderlichen Abschrift bezeichnet. Andererseits ist die Beglaubigung, welche im Allgemeinen genügt, nicht im Stande, etwas zu einer Abschrift des Briefes zu machen, was sich als solche überhaupt nicht darstellt. Außer diesem wesentlichen Inhalte des Theilhypothekenbriefes wird als wesentliches Erforderniß für die Bildung desselben noch bestimmt, daß die Bildung des Theilhypothekenbriefes auf dem Stammhypothekenbriefe vermerkt werden muß. Dies entspricht den angeführten Grundbuchgesetzen; nur die mecklenburgischen Gesetze fordern keine öffentliche Beurkundung auf dem Stammbriefe. So lange auf dem Stammbriefe die Abzweigung der Theilhypothek bezw. die Bildung des Theilhypothekenbriefes nicht vermerkt ist, würde der Stammbrief ohne Minderung noch über den vollen Umfang der Hypothek bestehen, der Theilhypothekenbrief also, wenn man denselben als gültig ansehen wollte, ein zweiter Brief über dieselbe Hypothek sein. In den meisten Fällen werden dem Inhaber eines solchen ungenügenden Theilhypothekenbriefes die demselben gegen den Gläubiger des Stammbriefes zustehenden obligatorischen Ansprüche auf Mitwirkung zur Ausstellung eines den gesetzlichen Anforderungen entsprechenden Theilhypothekenbriefes zu seinem Rechte verhelfen, eine Härte mithin sich nicht ergeben. Um den Inhaber des Theilhypothekenbriefes über die ordnungsmäßige Bildung seines Briefes zu versichern, wird durch Ordnungsvorschrift bestimmt, daß auf dem Theilhypothekenbriefe zu bekunden sei, dem Stammbriefe sei der für die Gültigkeit des Theilhypothekenbriefes nothwendige Vermerk hinzugefügt.

Vermerk auf dem Stammhypothekenbriefe.

Zuständigkeit

Es wird nicht verkannt werden, daß in Gemäßheit des Art. 91 Abs. 3 des Einf. Ges. je nach den Landesgesetzen zur Bildung eines Theilhypothekenbriefes entweder nur die Gerichte oder nur die Notare ausschließlich für zuständig erklärt sein können, denn deren Thätigkeit bleibt, wenn sie auch eine gewisse Sachprüfung mit umfaßt, im Wesentlichen eine beurkundende; überdies wird in den §§ 1119, 1122 des B. G. B. die Bildung des Theilhypothekenbriefes durch ein zuständiges Gericht oder einen zuständigen Notar vorgesehen; damit kann nur ein landesgesetzlich zuständiges Gericht und ein landesgesetzlich zuständiger Notar gemeint sein, da eine reichsgesetzliche Zuständigkeitsnorm fehlt.

Ergänzung des Inhaltes des Hypothekenbriefes.

§ 62.

Dafür, daß spätere Eintragungen, durch welche das Recht des Gläubigers einer Briefhypothek beeinträchtigt wird, in der Regel — abgesehen von Vormerkungen — nachträglich auf dem Briefe vermerkt werden, ist im § 31 Sorge getragen. Es besteht aber auch ein Interesse des Gläubigers, daß Eintragungen anderer Art, namentlich solche, aus welchen eine Verbesserung des Rechtes des Gläubigers sich ergibt, wie Löschungen einer Verfügungsbeschränkung, einer Vormerkung, einer vorgehenden Hypothek ꝛc., oder die Beschreibung des Grundstückes beeinflussende Veränderungen des letzteren auf dem Briefe vermerkt werden. Dem Zwecke des in den Brief aufzunehmenden

Auszuges aus dem Grundbuchblatte entspricht es, daß derselbe mit dem gegenwärtigen Rechtszustande übereinstimmt. Es wird mithin das Grundbuchamt anzuweisen sein, den Auszug aus dem Grundbuchblatte nach dem gegenwärtigen Inhalte des Blattes zu ergänzen. Da die Ergänzung die Rechte Niemandes beeinträchtigen kann, so hat sie auf Antrag des Inhabers des Briefes, welcher den Brief vorlegt, zu erfolgen, ohne daß der Inhaber sich als Gläubiger zu legitimiren hätte.

Unbrauchbarmachung des Hypothekenbriefes.

§ 63[1]).

Wird eine Briefhypothek gelöscht, so ist nach § 31 die Löschung auf dem Briefe zu vermerken, der Brief aber mit diesem Vermerke an den Antragsteller, nämlich den Eigenthümer (vergl. § 35) zurückzugeben. Zur Verhütung von Mißbrauch, welcher mit solchen Urkunden getrieben werden könnte, ist es erforderlich, das Erlöschen des hypothekarischen Rechtes an der Urkunde in noch augenfälligerer Weise, als durch einen bloßen Vermerk, hervortreten zu lassen[2]). Es wird deshalb in § 63 das Grundbuchamt angewiesen, den Brief über die erloschene Hypothek unbrauchbar zu machen. Die nähere Bestimmung über die Art und Weise der Unbrauchbarmachung wird den ergänzenden landesgesetzlichen Vorschriften überlassen. Diese haben auch darüber zu befinden, ob etwa der Brief nicht zurückzugeben, sondern bei den Akten zu behalten ist. Wird eine Briefhypothek in eine gewöhnliche Hypothek oder wird eine Briefhypothek in eine Grundschuld mit einem neuen Grundschuldbriefe umgewandelt, so liegen die gleichen Gründe für die Erkennbarmachung der ferneren Bedeutungslosigkeit des Briefes vor.

Die Bestimmung, daß die mit dem Briefe verbundenen Urkunden abzutrennen und dem Antragsteller zurückzugeben sind, darf nicht mit dem preußischen Rechte auf die Schuldurkunde beschränkt, sondern muß auf alle mit dem Briefe verbundenen Urkunden, insbesondere auf die mit dem Briefe verbundene Eintragungsbewilligung ausgedehnt werden. Soweit ein Interesse an der Aufbewahrung der letzteren besteht, wird nach § 14 schon die Urschrift oder eine beglaubigte Abschrift bei dem Grundbuchamte sich befinden.

Erneuerung des Hypothekenbriefes.

§§ 64, 65.

1. Aus praktischen Rücksichten ist es erforderlich, im Anschlusse an die preuß. Grundb. O. § 130 und an deren Nachbildungen dem Grundbuchamte die Befugniß beizulegen, an Stelle eines ertheilten und zurückgegebenen Hypothekenbriefes einen neuen Hypothekenbrief auszustellen. Es erscheint indessen geboten, diese Befugniß des Grundbuchamtes durch eine Ordnungs- Anspruch des Gläubigers.

[1]) Vergl. Anm. zu § 1107 des B. G. B.

[2]) Vergl. Grundb. O. für Preußen §§ 114, 115, Oldenburg §§ 93, 94, Coburg-Gotha §§ 89, 90, Braunschweig § 51; für das mecklenb. R. vergl. v. Meibom § 17 S. 286.

vorschrift enger zu beschränken, als es im preuß. Rechte geschehen ist. Nach dem letzteren ist dem Grundbuchamte die Entscheidung der Bedürfnißfrage überlassen; der neue Brief wird als eine grundbuchmäßige Reproduktion des alten Briefes angesehen; derselbe soll indessen das etwa überflüssig Gewordene nicht enthalten und dem gegenwärtigen Inhalte des Grundbuches entsprechen.

Die Gründe für das Bedürfniß der Erneuerung können verschiedener Art sein. Es kann wünschenswerth erscheinen, statt mehrerer Hypothekenbriefe, — mehrerer Theilhypothekenbriefe oder mehrerer im Falle der Korrealhaft ausgestellter Briefe — nur einen Brief zu erhalten. Der Grund kann aber auch in der Beschaffenheit des Briefes liegen, namentlich darin, daß der Brief beschädigt, beschmutzt oder verunstaltet oder zufolge der nach der Ausstellung auf ihn gesetzten Vermerke nicht mehr übersichtlich und deshalb für den Verkehr nicht mehr geeignet ist. In den Fällen der letzteren Art ist der Grund der Verunstaltung, Beschädigung ꝛc. nicht offensichtlich. Nicht nur zufällige Verunstaltungen kommen in Frage, sondern auch Fälle, in welchen die Verunstaltung auf Absicht und auf unlauteren Motiven beruht. Auf dem Hypothekenbriefe können sich außer den von dem Grundbuchamte herrührenden Angaben (§§ 56, 57) Vermerke befinden, welche zum Beweise einer außerhalb des Buches zu Gunsten des Eigenthümers eingetretenen Rechtsänderung dienen, z. B. Vermerke einer Theilzahlung oder einer Kündigung. Dadurch, daß solche Vermerke auf den Brief gesetzt werden, wird der Eigenthümer, auch wenn er die zu seinen Gunsten lautende Urkunde nicht in Händen behalten hat, gesichert, weil solche Vermerke einen sonst ihm drohenden Rechtsverlust zu Gunsten eines gutgläubigen Erwerbers verhindern[1]) und weil zur Geltendmachung des Rechtes aus der Hypothek die Vorlegung des Briefes erforderlich ist (§ 1117 des B. G. B.). Diese Sicherung des Eigenthümers darf nicht dadurch vermindert werden, daß das Grundbuchamt hinter dem Rücken des Eigenthümers einen neuen Brief ausstellt, auf welchem die vielleicht übersehenen oder unkenntlichen und verwischten Vermerke fehlen. Man kommt auf diesem Wege dahin, nicht das Grundbuchamt allein über die Frage der Ertheilung des neuen Briefes entscheiden zu lassen, sondern die Einwilligung des Eigenthümers zu verlangen. Dabei muß indessen der Eigenthümer verpflichtet sein, für die Fälle des gerechtfertigten Bedürfnisses die Einwilligung zu ertheilen. Die Voraussetzungen einer solchen Verpflichtung können im Anschlusse an die §§ 566, 598, 625, 648 des B. G. B. nur in allgemeiner Weise dahin bestimmt werden, daß ein nach den Umständen des Falles das Verlangen des Gläubigers rechtfertigender Grund vorliegen muß. Daneben ist es, um einen jeden Mißbrauch des alten Briefes auszuschließen, geboten, nicht nur die Rückgabe des alten Briefes zur Voraussetzung der Erneuerung zu machen und dessen Unbrauchbarmachung vorzuschreiben, sondern auch zu bestimmen, daß der alte Brief von dem Grundbuchamte mit dem Vermerke der Ausstellung des neuen Briefes versehen und aufbewahrt werden soll.

Inhalt des neuen Briefes.

Einige Schwierigkeiten macht die Frage nach dem Inhalte des neuen Briefes. Der alte Brief allein kann nicht zur Grundlage der Erneuerung

---

[1]) B. G. B. §§ 1114, 1116.

des Briefes gemacht werden, denn in vielen Fällen wird derselbe in einem solchen Zustande sich befinden, daß die Schriftzüge verwischt oder zerstört sind und deshalb eine Nachbildung des Briefes nicht ausführbar erscheint. Die Fälle der Unbrauchbarkeit und der Vernichtung des Briefes gehen, was die Möglichkeit einer Wiederherstellung betrifft, in einander über und bleiben nur dadurch unterschieden, daß in Fällen ersterer Art der als solcher wiedererkennbare alte Brief vorgelegt wird. Man kann dem Grundbuchamte nicht die Aufgabe stellen, den zweifelhaften Inhalt des Briefes mit oder ohne Zuziehung der Betheiligten zu ermitteln und festzustellen. Eine solche Feststellung würde über die verwaltende Thätigkeit des Grundbuchamtes hinausgehen und könnte leicht die Rechte des einen oder des anderen Theiles verletzen. Ebensowenig gewährt der gegenwärtige Inhalt des Grundbuches einen genügenden Anhalt für die Wiederherstellung des Briefes. Auf dem erneuerten Briefe dürfen diejenigen Vermerke nicht fehlen, welche auf dem alten Briefe sich befanden und zum Beweise einer außerhalb des Grundbuches in Ansehung des Rechtes aus dem Briefe eingetretenen Rechtsänderung zu Gunsten des einen oder des anderen Theiles dienten. Man kann deshalb nur aufstellen, daß der neue Brief der gegenwärtigen Lage des Rechtsverhältnisses entsprechen muß und daß ein Streit über diese Lage im Wege des Prozesses zu erledigen ist. Nur soweit zwischen den von dem Grundbuchamte zu hörenden Betheiligten Einverständniß besteht, kann das Grundbuchamt das Rechtsverhältniß als feststehend ansehen und hiernach mit der Erneuerung des Briefes vorgehen. Uebrigens wird der Weg der Anhörung beider Theile in den meisten praktischen Fällen zum Ziele führen. Der gegenwärtige Inhalt des Grundbuches bildet naturgemäß den Ausgangspunkt. Wer eine außerhalb des Buches hinzugetretene Rechtsänderung behauptet, muß dieselbe darthun und kann sich zu dem Ende auf die hierüber auf dem alten Briefe befindlichen Urkunden stützen. Bevor jedoch über eine solche bestrittene Behauptung und den Anspruch auf einen entsprechenden Inhalt des Briefes nicht im Prozeßwege entschieden ist, soll der neue Brief nicht ertheilt werden. Hierdurch wird insbesondere erreicht, daß der Eigenthümer, indem ihm eine Art von Zurückbehaltungsrecht in Ansehung des neuen Briefes gegeben wird, vor einem Rechtsverluste zu Gunsten eines gutgläubigen Erwerbers des unvollständigen Briefes bewahrt bleibt.

Erneuerung kraftlos erklärter Briefe.

2. In § 1123 des B. G. B. ist bestimmt, daß ein abhanden gekommener oder vernichteter Hypothekenbrief der Kraftloserklärung im Wege des Aufgebotsverfahrens unterliegt und daß dem Gläubiger nach Erlassung des Ausschlußurtheiles auf Antrag ein neuer Brief von dem Grundbuchamte zu ertheilen ist. Auch in dem Falle der §§ 1104, 1124, wenn nämlich die Forderung mit der Hypothek oder nur die Hypothek mit Erlassung des Ausschlußurtheiles nach Hinterlegung des Betrages der Forderung von dem unbekannten Gläubiger auf den Eigenthümer kraft Gesetzes übertragen ist, kann es zu der Neubildung eines Briefes kommen. Die Neubildung des Briefes kann in Fällen, in welchen der alte Brief fehlt, folgerichtiger Weise nur auf dieselbe Art zu geschehen haben, wie wenn der Brief vorhanden, aber etwa vollständig unleserlich sein sollte. Das erlassene Ausschlußurtheil hat nur die Wirkung,

daß die Urkunde kraftlos wird, und ersetzt die nach § 64 Abs. 1, 2 erforderliche Einwilligung des Eigenthümers zur Ertheilung eines neuen Briefes. Es wird also auch in diesem Falle von der preuß. Grundbuchordnung § 112 abzuweichen sein, welche die neue Urkunde eine lediglich auf aktenmäßiger Grundlage angefertigte Reproduktion des alten Briefes sein läßt. Ebensowenig ist es erforderlich, den Grund der Neubildung des Briefes auf diesem durch Aufnahme der mit der Bescheinigung der Rechtskraft versehenen Formel des Erkenntnisses ersichtlich zu machen.

Vermerke auf dem neuen Briefe und im Grundbuche.

3. Die Ordnungsvorschriften des § 66, nach welchen der neue Brief durch einen Vermerk als solcher kenntlich gemacht und die Erneuerung im Grundbuche angegeben werden soll, werden keiner besonderen Rechtfertigung bedürfen. Der zweite Absatz entspricht dem § 112 Abs. 2 der preuß. Grundb. O.

Grundschuldbrief.

§ 67.

Grundschuldbrief.

Der Vorsicht und Deutlichkeit wegen ist ausgesprochen, daß der Grundschuldbrief in der Urkunde als solcher bezeichnet sein muß. Der Unterschied zwischen dem Grundschuldbriefe und dem Hypothekenbriefe, welcher aus der akzessorischen Natur der Hypothek sich ergibt, steht der analogen Anwendbarkeit der §§ 56—66 nicht entgegen und ergibt die eintretenden Abweichungen.

Vierter Abschnitt.

Beschwerde.

Vorbemerkungen.

Ausscheidung der im Aufsichtswege zu erledigenden Beschwerden.

Die Vorschriften der §§ 68—76 beziehen sich nur auf Beschwerden über sachliche Verfügungen des Grundbuchamtes im Gegensatze zu Beschwerden, welche die Disziplin und überhaupt die von der Justizverwaltung zu ordnenden Angelegenheiten, insbesondere den Geschäftsbetrieb und Verzögerungen betreffen. Die Beschwerden der letzteren Art werden meistens nach dem geltenden Rechte, wie sich aus den Ausführungsgesetzen zum Gerichtsverfassungsgesetze ergibt, im Aufsichtswege erledigt. Der Entwurf überläßt die Regelung, wie derartige Beschwerden zu behandeln sind, der Landesgesetzgebung[1]).

Beschwerden über Entscheid. des Grundbuchamtes.

Besondere Vorschriften über das Beschwerdeverfahren in Grundbuchsachen kommen im geltenden Rechte nur vereinzelt vor[2]). Meistens fällt das

[1]) Ausf. Ges. zum G. V. G. für Preußen § 85, Bayern Art. 72, Mecklenburg-Schwerin § 72 und -Strelitz § 66, Weimar § 46, Braunschweig § 84, Meiningen § 54, Anhalt § 63, Altenburg § 59, Coburg-Gotha § 51, Rudolstadt § 45, Sondershausen § 43, Reuß ä. L. § 49 und j. L. § 45, Lippe § 54, Schaumburg-Lippe § 52, Hamburg § 116. Die Ausführungsgesetze für Sachsen, Württemberg, Baden (vergl. Ges. über die freiwillige Gerichtsbarkeit v. 6. Febr. 1879 § 23) und Hessen enthalten ähnliche Bestimmungen nicht. In Oldenburg werden alle Beschwerden über die Grundbuchämter nach den Bestimmungen der C. P. O. §§ 532—539 entschieden, vergl. Grundb. O. § 15, Ausf. Ges. zum G. V. G. für das Herzogthum Oldenburg Art. 9 und für das Fürstenthum Lübeck Art. 7. Auf die Beschwerden wegen verweigerter oder verzögerter Justiz finden auch in Lübeck und Bremen die Vorschriften der C. P. O. Anwendung, vergl. Ausf. Ges. zum G. V. G. für Lübeck § 47, Ausf. Ges. zur C. P. O. für Bremen § 2.

[2]) Die sächs. Hypoth. O. gedenkt in dem § 221 des Rechtsmittels der Appellation gegen die Verfügung der Eintragung einer Vormerkung oder einer Verwahrung. Dasselbe Rechtsmittel scheint aber nach dem Gesetze B, die höheren Justizbehörden 2c. betr., v. 28. Jan. 1835 § 36, auch in anderen Fällen, in welchen durch die Verfügung der Buchbehörde ein Recht verletzt ist, gegeben zu sein. Die nach diesem Paragraphen sonst in Hypothekensachen zulässige Beschwerde folgt dem Aufsichtswege, vergl. sächs. Ausf. Ges. zum G. V. G. §§ 8—10. In Mecklenburg ist das Rechtsmittel gegen Verfügungen der Buchbehörden der Rekurs, der die Natur der Beschwerde hat, vergl. v. Meibom § 8 S. 63, aber nicht allen für diese in Sachen der freiwilligen Gerichtsbarkeit bestehenden Vorschriften, sondern zum Theil noch den Spezialbestimmungen der Grundbuch- und Hypothekengesetze unterliegt; vergl. Ausf. Ges. zum G. V. G. für Schwerin § 66,

Rechtsmittel gegen Verfügungen des Grundbuchamtes mit dem in Sachen der freiwilligen Gerichtsbarkeit eingeführten Rechtsmittel der Beschwerde zusammen. Dieses Rechtsmittel sowie das Rechtsmittel der weiteren Beschwerde werden in verschiedenen Ausführungsgesetzen im Anschlusse an die Bestimmungen der C. P. O. über diese Rechtsmittel geregelt[1]). Nach einigen dieser Gesetze[2]) finden auf die Beschwerde die §§ 532—538 der C. P. O. Anwendung; in anderen Gesetzen fehlt eine solche Verweisung.

Besondere Natur dieser Entscheidungen. Die Entscheidungen des Grundbuchamtes, welche als Gegenstand der Beschwerde im Anschlusse an die Redeweise der C. P. O. bezeichnet werden, haben eine besondere Natur, wenn man sie mit den Entscheidungen anderer Behörden der nichtstreitigen Rechtspflege, insbesondere des Vormundschaftsgerichtes und des Nachlaßgerichtes, vergleicht. Das Grundbuchamt gibt in keinem Falle Entscheidungen ab, durch welche ein Rechtspunkt festgestellt wird. Anordnung und Ausführung fallen nach Außen hin nicht auseinander. Für eine Beschwerde, welche die Ausführung einer Anordnung abzuwenden bezweckt, ist kein Raum. Eine Beschwerung kann nur darin liegen, daß das Grundbuchamt seine Thätigkeit versagt oder durch seine Thätigkeit Rechte verletzt hat. Die Abhülfe vermag nur darin zu bestehen, daß von der höheren Instanz dem Grundbuchamte befohlen wird, eine Anordnung zu treffen. Wenn die Beschwerde sich nicht gegen die Zurückweisung eines Antrages richtet, ist die Möglichkeit einer Abhülfe eine sehr beschränkte, da sich die durch die Thätigkeit des Grundbuchamtes — Anordnung von Eintragungen, Ertheilung von Hypothekenbriefen — geschaffenen Rechtspositionen anderer Personen entgegenstellen. Hieraus erhellt, daß die besondere Natur der Thätigkeit des Grundbuchamtes die Anwendung der allgemeinen Vorschriften über das Beschwerdeverfahren in Sachen der nichtstreitigen Rechtspflege in weitem Umfange ausschließt und eine spezielle Regelung des Beschwerdeverfahrens verlangt.

---

für Strelitz § 60. Für Hamburg gestattet das Ges. über Grundeigenthum und Hypotheken v. 4. Dezbr. 1868 § 48 „gegen die Amtsführung eines Oberbeamten, insbesondere gegen dessen Weigerung, eine beantragte Eintragung in den Eigenthums- oder Hypothekenbüchern vorzunehmen", eine Beschwerdeführung bei dem Hypothekenamte und event. bei dem Senate, ohne indessen das Verfahren zu ordnen. Das lübeck. Ges., die Wahrnehmung des Hypothekenwesens ꝛc. betr., v. 16. Juni 1879 § 12 verweist die Beschwerden über das Hypothekenamt an die Senatskommission für Hypothekenangelegenheiten.

[1]) Vergl. preuß. Ausf. Ges. zum G. V. G. §§ 40, 51—57; bayer. Ausf. Ges. zur C. P. O. Art. 56—68; bad. Ges., die Verwaltung der freiwilligen Gerichtsbarkeit betr., v. 6. Febr. 1879 §§ 23, 24; hess. Ges., das Verfahren in Sachen der nichtstreitigen Gerichtsbarkeit betr., v. 5. Juni 1879 Art. 6—8; mecklenb.-schwerin. Ausf. Verordn. zum G. V. G. §§ 64—68; mecklenb.-strelitz. Ausf. Verordn. zum G. V. G. §§ 58—62; Ausf. Ges. zum G. V. G. für das Herzogthum Oldenburg Art. 9, 10, Fürstenthum Lübeck Art. 6, 7, Birkenfeld Art. 8, 9 und Art. 5 § 2, Braunschweig §§ 34, 35, 44—50, Meiningen §§ 17, 24, 25, Anhalt §§ 28—30, Sondershausen § 25, Waldeck Art. 1, 2, Schaumburg-Lippe §§ 15, 22, Lippe-Detmold §§ 22, 29—32, Lübeck § 50; Ausf. Ges. zur C. P. O. ꝛc. für Bremen § 21; hamb. Ges., betr. die nichtstreitige Gerichtsbarkeit, v. 25. Juli 1879 § 6.

[2]) Bayern, Hessen, Oldenburg, Mecklenburg, Braunschweig, Meiningen, Sondershausen, Schaumburg-Lippe, Bremen, Hamburg, Lübeck.

Die Wichtigkeit der Grundbuchsachen und der tiefgreifende Einfluß der Entscheidungen der Grundbuchämter auf den Privatrechtsverkehr erheischen, daß die besondere Regelung des Beschwerdeverfahrens durch Reichsgesetz erfolge. Die hervorgehobenen Gesichtspunkte müssen aber auch weiter dahin führen, die Entscheidung über die Beschwerde den Gerichten zu übertragen, mithin eine landesgesetzliche Uebertragung dieser Entscheidung auf eine Verwaltungsbehörde auszuschließen. Reichsgesetzliche Zuweisung an die Gerichte

Die Zulässigkeit der Beschwerde wird nicht auf den Fall beschränkt, daß durch die Entscheidung des Grundbuchamtes — oder bei der weiteren Beschwerde des Beschwerdegerichtes — ein Gesetz verletzt ist. Die Auslegung der zur Begründung eines Antrages auf Eintragung beigebrachten Urkunden spielt in Grundbuchsachen eine hervorragende Rolle. Durch die bezeichnete Beschränkung würde der durch die Zulassung der Beschwerde bezielte Schutz entgegen dem Bedürfnisse eine wesentliche Minderung erfahren. Ebensowenig wird die Beschwerde für den Fall ausgeschlossen, daß Jemand durch die Verletzung von Verfahrensvorschriften in seinen Rechten beeinträchtigt ist. Es ist klar, daß ein solcher Mangel Berücksichtigung verdient, wenn derselbe zu einer Nichtigkeit der Entscheidung geführt hat, z. B. wenn ein unfähiger Grundbuchbeamter bei der Anordnung einer Eintragung mitgewirkt hat. Ist dies nicht der Fall, ist z. B. ein Antrag ohne Angabe von Gründen abgelehnt, so steht es bei der höheren Instanz, die Nachholung des Versäumten in erster Instanz zu befehlen. Die höhere Instanz kann aber auch auf die sachliche Prüfung der Beschwerde eingehen. Nichtbeschränkung auf Gesetzesverletzung

Die erforderliche Ergänzung der hier gegebenen Vorschriften ist den Landesgesetzen zu überlassen. Man könnte daran denken, zum Zwecke der Ergänzung reichsgesetzlich auf die Vorschriften der §§ 532—538 und auf die allgemeinen Vorschriften der C. P. O. zu verweisen; es erscheint indessen unnöthig und bedenklich, die Landesgesetzgebungen in dieser Weise zu beengen. Ergänzung der Grundb. O. durch die Landesgesetze.

Zulässigkeit der Beschwerde. Beschwerdegericht.

§ 68.

Die Vorschrift des ersten Absatzes ist in den Vorbemerkungen gerechtfertigt.

Da die Entscheidung eines Kollegiums größere Garanticen bietet, so erscheint es angemessen, ein Kollegialgericht und zwar im Anschlusse an die für die ordentliche streitige Gerichtsbarkeit bestehende Gerichtsorganisation (G. V. G. § 71, C. P. O. § 531) und in Uebereinstimmung mit dem auf dem Gebiete der nichtstreitigen Rechtspflege in den meisten Bundesstaaten landesgesetzlich geordneten Rechtszustande das Landgericht für zuständig zu erklären, in dessen Bezirke das Grundbuchamt, dessen Entscheidung angefochten wird,

---

[1]) In Württemberg, Baden, Birkenfeld ist das Amtsgericht, in Sachsen und Oldenburg das Oberlandesgericht zuständig; vergl. Ausf. Ges. zum G. V. G. für Württemberg Art. 2, 23, das Fürstenthum Birkenfeld Art. 5 § 2, Sachsen §§ 8—10, Oldenburg Art. 10 § 2; bad. Ges., betr. die freiwillige Gerichtsbarkeit v. 6. Febr. 1879 §§ 23, 24.

seinen Sitz hat. Da jedoch der Instanzenzug auf dem Gebiete der nichtstreitigen Rechtspflege, insbesondere auch in Grundbuchsachen, in einzelnen Bundesstaaten[1]) zur Zeit in anderer Art geregelt ist und die hier in Rede stehende Zuständigkeitsfrage mit der ganzen Organisation der Behörden auf dem Gebiete der nichtstreitigen Rechtspflege und dem Landeshaushalte im engsten Zusammenhange steht, da ferner die Vorschriften über die Zuständigkeit der Grundbuchämter den Landesgesetzen überlassen sind und landesgesetzlich für bestimmte Kategorieen von Grundstücken auch besondere Grundbuchämter gebildet werden können, so empfiehlt es sich, die Zuständigkeit sowohl in sachlicher als in örtlicher Hinsicht nur subsidiär, d. h. für den Fall zu bestimmen, daß nicht durch Landesgesetz ein anderes Gericht für zuständig erklärt wird. Ebensowenig wird, soweit nach den Vorschriften über die Beschwerde das Landgericht oder das Oberlandesgericht für zuständig erklärt wird, durch den Ausdruck „Landgericht" „Oberlandesgericht" die Landesgesetzgebung behindert, ergänzende Vorschriften über die Abtheilung des betreffenden Gerichtes, welcher die Erledigung der Geschäfte zugewiesen werden soll, zu erlassen.

Legitimation des Beschwerdeführers.

§ 69.

Betheiligung

In den Landesgesetzen wird die Legitimation zur Erhebung der Beschwerde gar nicht oder in wenig genauer Weise bestimmt. Nach den Ausführungsgesetzen zum G. V. G. für Braunschweig § 21, Schaumburg-Lippe § 15, nach dem bayer. Ausf. Ges. zur C. P. O. Art. 60, 61, 146 wird in Sachen der nichtstreitigen Rechtspflege die Beschwerde „den Betheiligten" zugestanden. Auch die Grundbuchgesetze und Hypothekengesetze schweigen fast sämmtlich. Nach dem bayerischen Hypothekengesetze kann über das Hypothekenamt sich ein Jeder beschweren, welcher durch eine Handlung desselben beschwert zu sein glaubt. Ebenso verhält es sich im mecklenb. Rechte[1]). Im Geltungsgebiete der preuß. Grundb. O. wird das Rechtsmittel demjenigen gestattet, dessen Rechte durch die angefochtene Entscheidung verletzt werden[2]).

Rechtsverletzung

Der Entwurf ist dem Vorgange der Gesetzgebungen, welche den „Betheiligten" das Recht der Beschwerde geben, nicht gefolgt, weil der Ausdruck zu unbestimmt ist. Ebensowenig empfiehlt es sich, das Recht zur Erhebung der Beschwerde davon abhängig zu machen, daß der Beschwerdeführer ein rechtliches Interesse an einer Abänderung der Entscheidung des Grundbuchamtes habe. Man würde den Kreis der Beschwerdeberechtigten zu weit ziehen, wenn ein jedes rechtliche Interesse, wie im Falle des § 23 des B. G. B., zur Anfechtung berechtigen sollte. Die analoge Anwendung der Vorschriften der C. P. O. führt auch nicht zu einem geeigneten Ergebnisse. Dem Prozeßgerichte stehen immer Personen mit Parteistellung gegenüber; hieraus ergibt sich die Legitimation zur Erhebung der Beschwerde. Dem Grundbuchamte steht nur eine Partei, welche im Vertragsfalle aus den in Uebereinstimmung

[1]) Vergl. v. Meibom § 8 S. 64.

[2]) Beschluß des Kammergerichtes v. 21. Juni 1880, Jahrb. für Entsch. 2c. Bd. 1 S. 141.

handelnden Vertragschließenden bestehen kann, gegenüber. An der Hand dieser Analogie würde man dahin gelangen, die Beschwerde nur für den Fall der Zurückweisung eines Antrages und nur demjenigen zu gestatten, dessen Begehren vom Grundbuchamte unerfüllt gelassen ist. Man muß aber weiter gehen und die Beschwerdeführung zulassen, wenn eine Beeinträchtigung des Beschwerdeführers vorliegt, welche die Rechte desselben antastete. Das Mißverständniß, daß die Beeinträchtigung eines subjektiven Privatrechtes vorausgesetzt werde, ist nicht zu besorgen, da es sich um die Regelung der Beschwerde in Angelegenheiten handelt, welche dem Gebiete der Rechtspolizei angehören. Die Zusprechung der Beschwerde an einen jeden in seinem Rechte Beeinträchtigten enthält die materielle Voraussetzung des Rechtes auf Abhülfe in der Beschwerdeinstanz. Hieraus ergibt sich, daß in Ansehung der formellen Zulässigkeit, d. h. um der Beschwerde überhaupt Eingang zu verschaffen, die Behauptung der nothwendigen materiellen Voraussetzung genügt. *Beeinträchtigung des Beschwerdeführers.*

Die Vorschrift bedarf indessen einer Beschränkung. Im Falle der ungerechtfertigten Zurückweisung eines Antrages sind der Antragsteller oder die ersuchende Behörde in ihren Rechten beeinträchtigt, wenn ihnen das Antragsrecht zustand. Es genügt, daß die Beeinträchtigung lediglich die prozessuale Befugniß trifft, ohne daß ein subjektives Privatrecht des Zurückgewiesenen durch die Zurückweisung berührt zu sein braucht. Man muß aber auch das Beschwerderecht auf den Zurückgewiesenen beschränken, denn, wenn dieser sich nicht beschwert, mithin als der Entscheidung sich unterwerfend anzusehen ist, so kann einer anderen Person nur die Befugniß verbleiben, ihrerseits, sofern sie antragsberechtigt ist, die abgelehnten Maßnahmen zu beantragen und im Falle einer wiederholten Ablehnung sich zu beschweren. *Beschränkung der Beschwerde.*

Nach der Natur der Thätigkeit des Grundbuchamtes kann dieses durch die Anordnung positiver Maßnahmen, insbesondere durch die Anordnung von Eintragungen über den Antragsteller hinaus die Rechte anderer Personen beeinträchtigen. Dies geschieht insbesondere, wenn in Folge der Anordnungen des Grundbuchamtes, namentlich in Folge von Eintragungen, Jemandem eine Rechtsposition eingeräumt wird, welche demselben nach dem materiellen Rechte nicht zukommt und deren Einräumung fremde Rechte verletzt. In Fällen dieser Art können die Ansprüche der Benachtheiligten gegen den zu Unrecht Gewinnenden mit dem Beschwerderechte konkurriren. Die Beschwerde ist aber um deswillen nicht überflüssig, da sie, soweit die zulässigen Abhülfemittel reichen, zu einer schnelleren und einfacheren Abhülfe führen kann. Die Verletzung bloßer Ordnungsvorschriften seitens des Grundbuchamtes bei Anordnung von Eintragungen und Ertheilung von Hypothekenbriefen führt nicht zu materiellen Rechtsverletzungen, wenn auch vielleicht bei Befolgung der Ordnungsvorschrift Jemand eine bessere Rechtsstellung, z. B. eine Eintragung an früherer Stelle, erlangt haben würde. *Beschwerdeweg und Prozeßweg.*

Einlegung der Beschwerde.

§ 70.

Die Natur der Grundbuchsachen und der Zweck des Rechtsmittels der Beschwerde bringen es mit sich, daß die Einlegung der Beschwerde nicht an strenge Formen geknüpft und nicht zu sehr vertheuert werden darf. Aus diesen Gesichtspunkten empfiehlt es sich, die Einlegung der Beschwerde bei dem Grundbuchamte oder bei dem Beschwerdegerichte dem Beschwerdeführer ohne Einschränkung (vergl. § 532 Abs. 1 der C. P. O.) frei zu geben und die Mitwirkung eines Rechtsanwaltes (vergl. § 74 der C. P. O.) für nicht erforderlich zu erklären[1]). Diese Erleichterungen werden in § 70 Abs. 1, 2 reichsgesetzlich sichergestellt. Die Frage, ob die Einlegung der Beschwerde nur schriftlich erfolgen solle oder auch mündlich bei dem Grundbuchamte vorgetragen werden dürfe, steht mit der Einrichtung der Grundbuchämter im Zusammenhange und bleibt deshalb besser der Entscheidung durch die Landesgesetzgebung überlassen.

Frist. Daß die Beschwerde nicht an eine Frist, weder an eine Nothfrist noch an eine solche Frist gebunden ist, deren Versäumung mit einem anderen Rechtsnachtheile, als dem Verfalle des Rechtsmittels, bedroht wird, ist auch nach den Vorschriften der C. P. O. über das Beschwerdeverfahren die Regel[2]). Die anzugreifenden Entscheidungen des Grundbuchamtes sind keiner Rechtskraft fähig, deren baldiger Eintritt im Interesse der Betheiligten wünschenswerth wäre. Nur das eigene Interesse des Beschwerdeführers, Abhülfe zu erlangen, steht in Frage. Zögert derselbe, so trifft ihn allein der Schaden, indem die Möglichkeit der Abhülfe insbesondere wegen der Wirkungen der publica fides des Grundbuches, vereitelt werden kann. Die allerdings nur negative Vorschrift des § 70 mußte aufgenommen werden, um den Erlaß abweichender landesgesetzlicher Vorschriften auszuschließen.

Abhülfe durch das Grundbuchamt.

§ 71.

Schon aus § 54 ergibt sich das Prinzip, daß das Grundbuchamt zu einer Abänderung seiner Entscheidungen insoweit berechtigt ist, als eine Abhülfe ohne Eingriff in bestehende Rechte gewährt werden kann. Wenn aber das Grundbuchamt von Amtswegen sich verbessern kann, so kann es noch vielmehr auf Antrag sich verbessern, vergl. § 534 der C. P. O. Da indessen die Pflicht des Grundbuchamtes, nach welcher dasselbe eine jede Beschwerde zunächst als Gegenvorstellung zu prüfen hat, von großer praktischer Wichtigkeit ist, so empfiehlt es sich, dieselbe ausdrücklich auszusprechen. Zu einer Abhülfe kann in Ansehung einer erfolgten Eintragung nur in der Beschränkung des § 54 Raum sein.

---

[1]) In Preußen (vergl. Turnau, die Justizverfassung in Preußen Bd. 1 S. 389) und in Bayern (vergl. Ausf. Ges. zur C. P. O. § 28, Regelsberger, bayer. Hypoth. R. § 25 S. 119) wird nur einfache Schriftform der Beschwerde verlangt.

[2]) Unter den Landesgesetzen, welche die Beschwerde der C. P. O. auf die freiwillige Gerichtsbarkeit übertragen, scheinen das Rechtsmittel an eine Nothfrist zu binden, nur die Ausf. Ges. zum G. V. G. für Braunschweig § 14, Anhalt § 29, Lippe § 22, Lübeck § 50, und das bad. Ges. über die Verwaltung der freiwilligen Gerichtsbarkeit v. 6. Febr. 1879 § 24.

Neue Thatsachen und Beweise.

§ 72.

Die Vorschrift des § 72 ist nur für solche Entscheidungen des Grundbuchamtes von Bedeutung, welche auf eine Eintragung in das Grundbuch sich beziehen. Die Zulassung des Vorbringens neuer Thatsachen würde sich, hingesehen auf die Natur der Beschwerde als eines Rechtsmittels, als eine positive Vorschrift darstellen. Der Vorgang der C. P. O. (§ 533) kann hier nicht maßgebend sein. Das Beschwerdegericht ist nicht ein höheres Grundbuchamt, vor welchem dieselbe Angelegenheit noch einmal verhandelt wird, sondern es ist nur berufen, die Richtigkeit der Entscheidung einer mit einer verwaltenden Thätigkeit betrauten Behörde zu prüfen. Die Zulassung neuen Vorbringens in der Beschwerdeinstanz würde, wenn wegen der Zurückweisung eines Antrages Beschwerde erhoben ist, die Bedeutung haben, daß für den neuen verbesserten Antrag (§ 48 Satz 2) das Beschwerdegericht mit Umgehung des Grundbuchamtes an die Stelle des Grundbuchamtes gesetzt würde. Damit würde das Beschwerdegericht eine doppelte Stellung erhalten, es würde einerseits darüber zu entscheiden haben, ob der alte Antrag mit Unrecht zurückgewiesen sei, und andererseits darüber, ob der neue Antrag begründet sei. Beide Arten von Entscheidungen würden auch wegen der Maßgeblichkeit des Zeitpunktes der Stellung des neuen Antrages sorgfältig auseinander gehalten werden müssen. Hierdurch würde das Verfahren verwickelt werden. Die mit einer solchen Verwickelung verbundenen Uebelstände sind höher anzuschlagen, als die für den Fall einer anderen Regelung erhofften Vortheile einer schnelleren Erledigung der Grundbuchsachen. Gründet die Beschwerde sich auf eine Beeinträchtigung, welche Jemand durch eine erfolgte Eintragung erlitten zu haben behauptet, so würde die Zulassung des Vorbringens neuer Thatsachen und Beweise seitens des Beschwerdeführers den Sinn haben, daß eine nach dem vorgelegten Materiale richtige Entscheidung des Grundbuchamtes um deswillen angefochten werden könnte, weil zu den vorgebrachten Thatsachen neue nicht vorgebrachte Thatsachen hinzutreten, welche die rechtliche Bedeutung der ersteren Thatsachen ändern, z. B. Urtheile, durch welche die Geschäftsunfähigkeit einer Person oder die Nichtigkeit eines Testamentes festgestellt wird. Eine solche Art der Anfechtung einer erfolgten Eintragung ist überall nicht zuzulassen, weil sonst Fragen der Entscheidung des Beschwerdegerichtes unterstellt werden würden, deren Entscheidung dem Prozeßgerichte gebührt. In Fällen der bezeichneten Art ist deshalb der Verletzte ausschließlich auf den Prozeßweg angewiesen und wird den nothwendigen schleunigen Schutz durch eine im Wege der einstweiligen Verfügung zu erlangende Vormerkung erhalten können.

Durch die Vorschrift, daß neue Thatsachen und Beweise nicht vorgebracht werden dürfen, wird übrigens der Beschwerdeführer nicht gehindert, darauf hinzuweisen, daß Thatsachen, welche aus dem vorgelegten Urkundenmaterial sich ergeben, von dem Grundbuchamte übersehen sind. Solche Thatsachen sind nicht neue Thatsachen.

Die nur verneinende Vorschrift des § 72 würde vielleicht entbehrlich sein, indessen ist im Hinblicke auf § 533 der C. P. O. und um eine abweichende Regelung auszuschließen, die Aufnahme derselben geboten.

Wirkung der Einlegung einer Beschwerde. Vorläufige Anordnungen.

§ 73.

Keine aufschiebende Wirkung.

Von einer aufschiebenden Wirkung der Erhebung der Beschwerde im Sinne der C. P. O. kann schon um deswillen keine Rede sein, weil die Anordnungen des Grundbuchamtes und deren Ausführung nach Außen hin nicht von einander unterschieden werden. Eine abweichende Regelung ist dem geltenden Rechte nicht unbekannt. Nach dem bayer. Rechte faßt das Hypothekenamt auf Grund der gepflogenen Verhandlungen Beschluß und eröffnet denselben den Betheiligten. Gegen einen solchen Beschluß kann alsdann Beschwerde mit der Wirkung erhoben werden, daß das Hypothekenamt mit dem weiteren Verfahren einhalten muß[1]). Das Bedürfniß des ungehemmten Fortganges der Grundbuchführung verlangt, daß weder die Erhebung der Beschwerde noch auch eine etwaige Anordnung des Beschwerdegerichtes verhindern darf, daß die Ausführung einer Eintragung sich möglichst unmittelbar an deren Anordnung anschließe. Es kommt dazu in Betracht, daß die aufschiebende Wirkung der Beschwerde in Grundbuchsachen nicht nur die Ausführung der angefochtenen Anordnung, sondern auch die Ausführung aller auf spätere Anträge erfolgten Anordnungen hemmen müßte, um zu Gunsten des Beschwerdeführers den gegenwärtigen Rechtszustand unverändert zu lassen. Die aufschiebende Wirkung würde mithin auf dritte Personen Einfluß haben und dieselben an der Erlangung von Eintragungen hindern.

Einstweilige Anordnungen

Wird die aufschiebende Wirkung der Beschwerde ausgeschlossen, so ist allerdings thunlichste Beschleunigung bei Erledigung der Beschwerde geboten.

Es empfiehlt sich indessen, dem Beschwerdegerichte Zeit zur Erwägung zu lassen und dasselbe nicht zu sofortigen leicht übereilten Entscheidungen zu drängen. Zu dem Ende erscheint es geboten, dem Beschwerdegerichte ein Mittel an die Hand zu geben, um einer Schädigung in Folge der in der Zwischenzeit geschehenden Eintragungen thunlichst vorzubeugen. Der Entwurf verleiht zu diesem Zwecke dem Beschwerdegerichte die Befugniß zur Erlassung einstweiliger Anordnungen[2]). Für solche Anordnungen ist allerdings nach dem Prinzipe der ungehemmten Fortführung des Grundbuches, welches ein jedes Einhaltsgebot ausschließt, nicht viel Raum. Die einstweiligen Verfügungen können nur in der Anordnung solcher Eintragungen bestehen, welche die aufschiebende Wirkung der Beschwerde einigermaßen zu ersetzen geeignet sind. Dies sind die Eintragungen von Veräußerungsverboten und von Vormerkungen.

Ist ein Antrag auf Eintragung zurückgewiesen, durch welchen eine Rechtsänderung sich vollenden würde, so ist nicht der Bestand eines dinglichen Rechtes, sondern die Erfüllung einer Obligation gefährdet. Es kann mithin nicht durch eine Vormerkung, sondern nur durch ein Veräußerungsverbot[3]) geholfen werden. Sollte die verweigerte Eintragung den Zweck haben, das Buch richtig zu stellen, so wird übrigens auch durch Anordnung einer Vormerkung geholfen werden können.

---

[1]) Regelsberger § 25 S. 119, 120; bayer. Hypoth. Ges. § 94.

[2]) Vergl. C. P. O. § 535 Abs. 3.

[3]) Vergl. B. G. B. § 833 Abs. 2 Satz 2.

Wird wegen Beeinträchtigung durch eine angeordnete Eintragung Beschwerde geführt, so wird immer eine Unrichtigkeit des Buches behauptet, welche ein bestehendes Recht am Grundstücke verletzt. Es ist mithin eine Vormerkung am Platze, sofern durch dieselbe den mit der publica fides des Grundbuches verbundenen Gefahren vorgebeugt werden kann. Die im Wege der vorläufigen Anordnung erfolgenden Eintragungen unterscheiden sich von den zur Abhülfe der Beschwerde dienenden Eintragungen (§§ 54, 74) dadurch, daß das anordnende Gericht die ersteren Eintragungen wieder aufheben kann und deren Beseitigung nicht, wie im anderen Falle, lediglich im Wege des Prozesses herbeizuführen ist.

Abhülfe auf die Beschwerde.

§ 74.

Erachtet das Beschwerdegericht die Beschwerde für begründet, so hat es selbstverständlich derselben abzuhelfen. Dies braucht nicht ausgesprochen zu werden, auch ist im Allgemeinen über die Art der Abhülfe nichts zu bestimmen. Die gewöhnliche Abhülfe besteht darin, daß das Beschwerdegericht dem Grundbuchamte aufgibt, das zu thun, was das Grundbuchamt ohne genügenden Grund zu thun sich geweigert hat, eine Eintragung vorzunehmen, eine Abschrift zu ertheilen, einen Hypothekenbrief zu ergänzen 2c. Abhülfe.

In derselben Weise, in welcher nach § 54 das Grundbuchamt in Ansehung der Verbesserung erfolgter Eintragungen beschränkt ist, muß auch das Beschwerdegericht beschränkt sein, denn die Beschränkung hängt nicht mit der Stellung des Grundbuchamtes, sondern mit der rechtlichen Natur der Eintragungen zusammen. Beschränkung der Abhülfe.

Das Beschwerdegericht setzt sich übrigens nicht an die Stelle des Grundbuchamtes und ordnet nicht in diesem Sinne selbst eine Eintragung an, sondern es gibt dem Grundbuchamte auf, seines Amtes zu walten, die Eintragung anzuordnen und die Ausführung zu überwachen. Die unmittelbare Anordnung der Eintragung, der Ertheilung eines Hypothekenbriefes 2c. bleibt Sache des Grundbuchamtes und wird nicht auf das Beschwerdegericht devolvirt[1]). Anordnung von Eintragungen

Reichsgesetzliche Vorschriften darüber, ob noch anderen Personen außer dem Beschwerdeführer die Entscheidung des Beschwerdegerichtes zugestellt werden müsse, ob die Entscheidung zunächst dem Grundbuchamte zuzufertigen und von diesem den Betheiligten zuzustellen sei, sind nicht erforderlich, da es sich um reglementarische Vorschriften handelt und die weitere Beschwerde nicht an eine Frist gebunden ist. Zustellung 2c.

Angabe von Gründen.

§ 75.

Die Aufnahme der Vorschrift des § 75 empfiehlt sich mit Rücksicht auf die weitere Beschwerde.

---

[1]) Vgl. C. P. O. § 538.

Weitere Beschwerde.

§ 76.

Bedürfniß

1. Es kann zunächst in Frage gestellt werden, ob überhaupt eine dritte Instanz zuzulassen ist. In Preußen ist eine solche erst durch das Ausf. Ges. zum G. V. G. §§ 40, 51 ff. zugelassen. Das Rechtsmittel der weiteren Beschwerde gegen die Entscheidungen der Landgerichte über Beschwerden gegen Verfügungen der Amtsgerichte lassen ferner zu: Baden, Ges., die Verwaltung der freiwilligen Gerichtsbarkeit betr., v. 6. Febr. 1879 § 24 Abs. 3; Hessen, Ges., das Verfahren in Sachen der nichtstreitigen Gerichtsbarkeit betr., v. 5. Juni 1879 Art. 7, 8, Ausf. Ges. zum G. V. G. für Mecklenburg-Schwerin §§ 64 ff. und -Strelitz §§ 58 ff., Braunschweig §§ 34, 45—50, Anhalt §§ 29, 34—40, Lippe §§ 22, 29—30, Bremen, Ges. zur Ausf. der deutschen Proz. Ges. § 21. Die weitere Beschwerde ist jedoch in Baden und Hessen auf Grundbuch- und Hypothekensachen nur in beschränkter Weise anwendbar, weil die dortigen Amtsgerichte nicht zur Führung der Bücher, sondern nur zur Beaufsichtigung der Buchbehörden bezw. zu Anordnungen von Einschreibungen berufen sind. In Mecklenburg, Hamburg und Lübeck ist für die in Sachen der freiwilligen Rechtspflege stattfindende weitere Beschwerde kein Raum, weil das Beschwerdeverfahren dort nicht vor die Gerichte gehört. Von denjenigen Staaten, welche das Rechtsmittel der Beschwerde in Sachen der freiwilligen Rechtspflege mit Einschluß der Grundbuch- und Hypothekensachen zulassen, schließen folgende jedes weitere Rechtsmittel gegen die Entscheidungen der Beschwerdegerichte aus: Sachsen, Oldenburg, Meiningen, Altenburg, Coburg-Gotha, Sondershausen und Schaumburg-Lippe[1]).

Für die Zulassung der weiteren Beschwerde sprechen die in Preußen gemachten Erfahrungen. Es hat sich dort gezeigt, daß vor Zulassung der weiteren Beschwerde die Entscheidungen der Beschwerdegerichte eine Reihe der wichtigsten Fragen dergestalt verschieden beantworteten, daß eine bedenkliche Rechtsunsicherheit die Folge war[2]). Manche Fragen können zwar auch durch die prozessualische Rechtssprechung mit der Zeit endgültig gelöst werden; jedoch gilt dies keineswegs für alle Fragen. Es ist deshalb die weitere Beschwerde zuzulassen, ohne daß der Landesgesetzgebung eine abweichende Entscheidung frei zu stellen ist.

Abgelehnte Beschränkungen

2. Nach den Landesgesetzen ist das Rechtsmittel der weiteren Beschwerde in Sachen der nicht streitigen Rechtspflege Beschränkungen unterworfen, welche der Entwurf ablehnt.

a) Das bremische Gesetz zur Ausführung der deutschen Prozeßgesetze läßt im Anschlusse an den § 531 der C. P. O. die weitere Beschwerde nur

---

[1]) Sächs. Ges., die höheren Justizbehörden rc. betr., v. 28. Jan. 1835 §§ 35, 36 in Verbindung mit Ausf. Ges. zur Ger. Verf. §§ 9, 10, Ausf. Ges. zur Ger. Verf. für Oldenburg Art. 9, 10, Fürstenthum Lübeck Art. 6, 7, Fürstenthum Birkenfeld Art. 8, 9, Meiningen §§ 24, 25, Altenburg § 27, Coburg-Gotha § 23, Sondershausen § 25, Schaumburg-Lippe § 22.

[2]) Begründung des Entw. eines Ausf. Ges. zum G. V. G. in den Drucksachen des preuß. Abgeordnetenhauses 1877, 1878 Nr. 60 S. 7; Bericht der 12. Kommission in der Drucksache Nr. 207 S. 22.

insoweit zu, als die Entscheidung des Landgerichtes einen selbständigen Beschwerdegrund bietet. Das bad. Ges., die Verwaltung der freiwilligen Gerichtsbarkeit betr., v. 6. Febr. 1879, zieht die Grenzen des Rechtsmittels noch enger: es läßt dasselbe nur zu, wenn das Landgericht die Verfügung der unteren Instanz abgeändert hat. Diese Beschränkungen schließen eine dritte Instanz im eigentlichen Sinne aus. Gerade in Grundbuchsachen erscheint indessen zur Wahrung der Rechtseinheit die Zulassung einer solchen Instanz erforderlich.

b) In Preußen, Bayern, Hessen, Braunschweig, Anhalt, Lippe und Waldeck wird bei der weiteren Beschwerde die Verletzung eines Gesetzes durch die angefochtene Entscheidung vorausgesetzt. Die weitere Beschwerde wird damit zu einer Nachbildung des Rechtsmittels der Revision. Eine folgerichtige Durchführung dieser Nachbildung mit Unterscheidung, ob eine Rechtsnorm verletzt oder in der Auslegung gefehlt und ob eine partikuläre oder eine allgemeine Rechtsnorm verletzt ist, würde zu Verwickelungen führen; gerade bei Grundbuchsachen ist möglichste Vereinfachung des Verfahrens wünschenswerth. Sollte man auch eine dritte Prüfung der Auslegungsfrage nicht gerade für dringend erforderlich erachten, so sind doch die mit einer besonderen Konstruktion der weiteren Beschwerde im Vergleiche mit der ersten Beschwerde verbundenen Mißstände für überwiegend zu erachten.

c) Die C. P. O. hat im Allgemeinen weder für die Beschwerde, noch für die weitere Beschwerde eine Frist bestimmt. Nur die sofortige Beschwerde und die auf eine solche folgende weitere Beschwerde sind nach § 540 binnen einer Nothfrist von zwei Wochen einzulegen. Das bad. Ges., die Verwaltung der freiwilligen Gerichtsbarkeit betr., v. 6. Febr. 1879 § 24 schreibt eine Frist von vierzehn Tagen vor. Nach den Ausf. Gesetzen zum G. V. G. für Braunschweig § 48, Anhalt § 37, Lippe § 31, beträgt die Nothfrist einen Monat, ebenso nach Art. 64 des bayer. Ausf. Ges. zur C. P. O. Die Ausf. Gesetze zum G. V. G. für Preußen und Waldeck § 54, Hessen Art. 8 knüpfen die weitere Beschwerde an eine Frist nur in den Fällen, in denen die erste Beschwerde an eine Frist gebunden ist. In Bremen und Mecklenburg ist ebenfalls eine Frist nicht eingeführt. Würde eine Frist eingeführt, so würde dieselbe von dem Zeitpunkte der Zustellung der beschwerenden Entscheidung an die möglichen Beschwerdeberechtigten zu berechnen sein. Es müßte also eine Regelung der Zustellung stattfinden. Dieselbe würde auf Schwierigkeiten stoßen, da der Kreis der möglichen Beschwerdeberechtigten sich nicht genau übersehen läßt. Das Ziel der Erlangung einer unanfechtbaren Entscheidung würde mithin doch nicht vollkommen zu erreichen sein und das Streben nach Erreichung desselben nur zu größeren Kosten und Weitläufigkeiten führen.

3. Der Entwurf läßt regelmäßig das Oberlandesgericht, in dessen Bezirk das Beschwerdegericht seinen Sitz hat, über die weitere Beschwerde entscheiden. Zuständige Behörde

Wird das Rechtsmittel nicht als eine Art von Revision gestaltet, so ist die Uebertragung der Zuständigkeit auf das Reichsgericht von selbst ausgeschlossen. Es zeigt sich hier aber auch, daß, wenn man eine revisionsartige weitere Beschwerde an das Reichsgericht zulassen wollte, das Rechtsmittel einer übermäßigen Beschränkung unterliegen würde. Dasselbe würde nur auf die Verletzung reichsgesetzlicher Vorschriften gestützt werden können. Damit würde die weitere Beschwerde wegen Verletzung landesgesetzlicher Normen, welche den vorbehaltenen Gebieten der Lehen, Fideikommisse, Stammgüter rc. angehören, ausgeschlossen sein, obgleich gerade auf diesen Gebieten die schwierigsten und zweifelhaftesten Fragen vorkommen können. Wollte man die weitere Beschwerde wegen Verletzung landesgesetzlicher Vorschriften dennoch zulassen, so müßten beide Arten von Verletzungen unterschieden und wegen der zweiten Art ein Landesgericht für zuständig erklärt werden. Dies würde aber zu großen Verwickelungen führen. Weiter kommt auch in Betracht, daß in einigen Bundesstaaten, z. B. in Württemberg, die Amtsgerichte als Beschwerdegerichte fungiren. Die weitere Beschwerde über die amtsgerichtliche Entscheidung an das Reichsgericht zu leiten, kann nicht als angemessen erscheinen; die mögliche Einschaltung einer weiteren Zwischeninstanz kann aber auch nicht für zulässig erachtet werden, weil man alsdann zu einer dem Zuge der modernen Rechtsentwickelung widersprechenden Häufung der Instanzen gelangen würde. Ferner ist zu besorgen, daß durch die Heranziehung des Reichsgerichtes die Geschäfte desselben einen Umfang erreichen könnten, welcher zu einer erheblichen Vergrößerung der Mitgliederzahl führen würde. Endlich kann nicht außer Betracht bleiben, daß eine Reihe von Fragen, und zwar die wichtigsten Fragen, welche im Beschwerdeverfahren zur Erörterung gelangen, auch im Prozeßwege zur Entscheidung bei dem Reichsgerichte gelangen können und damit für die gleichmäßige Rechtsanwendung einflußreiche Entscheidungen zu gewinnen sind.

Vorbehalt

4. Wie bei der Beschwerde gegen die Entscheidungen des Grundbuchamtes so wird auch hier mit Rücksicht auf die bestehenden Einrichtungen der Landesgesetzgebung vorbehalten, ein anderes Gericht, insbesondere für die Bezirke mehrerer Oberlandesgerichte, ein Oberlandesgericht für zuständig zu erklären.

Anwendung der Vorschriften über die erste Beschwerde

5. Bildet man die weitere Beschwerde nicht dem Rechtsmittel der Revision nach, so liegt kein Grund vor, in Ansehung der Voraussetzungen und des Verfahrens von den Vorschriften über die erste Beschwerde abzuweichen; nur paßt die Verpflichtung des Grundbuchamtes, der Beschwerde, welche dasselbe für begründet erachtet, selbst abzuhelfen, nicht für das Beschwerdegericht, weil dieses seine Thätigkeit mit Abgabe seiner Entscheidung beendigt hat. Aus dem letzteren Grunde kann auch die weitere Beschwerde nur bei dem Grundbuchamte oder bei dem für die weitere Beschwerde zuständigen Gerichte eingelegt werden.

Regelmäßig wird die weitere Beschwerde dem bisherigen Beschwerdeführer zustehen. Es kann jedoch auch ein Gegeninteressent mit der weiteren Beschwerde auftreten, wenn derselbe durch die auf Anordnung des Beschwerdegerichtes erfolgende Eintragung oder durch eine sonst angeordnete, die Rechte anderer Personen berührende Maßregel, z. B. die Ertheilung eines Hypothekenbriefes, sich verletzt fühlt. Die Vorschriften des bayer. Ausf. Ges. zur C. P. O. Art. 56 ff., insbesondere Art. 62, sind dahin aufgefaßt, daß in solchen Fällen dem Verletzten eine erste Beschwerde. zustehe[1]) Ein Bedürfniß zu einer solchen Ausdehnung der Beschwerde gegen die Entscheidungen in der Beschwerdeinstanz liegt nicht vor.

---

[1]) Mot. zu den Art. 55—67 d. Entw. (Verhandl. der Kamm. der Abgeordn. 1878 Beil. Bd. V Abth. 1, Beil. D. S. 215).

Fünfter Abschnitt.

Einführungsvorschriften.

Geltungsbeginn.

§ 77.

Doppelter Zeitpunkt.

Der § 77 bestimmt nicht denselben Zeitpunkt des Geltungsbeginnes für alle Vorschriften der Grundbuchordnung[1]). Die letztere enthält im ersten Abschnitte eine Anzahl von Vorschriften, welche die in Art. 108 des Einf. Ges. ertheilte Ermächtigung, das Verfahren der Anlegung des Grundbuches durch landesherrliche Verordnung zu bestimmen, ergänzen. Alle diese Vorschriften müssen schon bei der Anlegung der Grundbücher zur Anwendung kommen. Diese Nothwendigkeit liegt zwar zu Tage; es würde sich indessen eine Inkorrektheit und die Möglichkeit eines Mißverständnisses ergeben, wenn nur bestimmt würde, daß die Vorschriften der Grundbuchordnung für jeden Grundbuchbezirk mit dem Zeitpunkte in Kraft treten, in welchem das Grundbuch als angelegt anzusehen ist. In Ansehung der Vorschriften des Einführungsgesetzes ist zwar eine ähnliche Unterscheidung zu machen, jedoch eine dahin zielende Verdeutlichung nicht gegeben und entbehrlich. Aus dem Inhalte der meisten Vorschriften des Einführungsgesetzes ergibt sich, daß der materielle Geltungsbeginn derselben erst eintreten kann mit dem Zeitpunkte, in welchem das B. G. B. in Kraft tritt; ebenso klar ist aber, daß einzelne Vorschriften des Einführungsgesetzes, insbesondere diejenigen, welche Ermächtigungen zum Erlasse von landesherrlichen Verordnungen (Art. 108, 109), von Anordnungen der Landesjustizverwaltung (Art. 11 I § 839a) oder von Anordnungen der Landesregierungen (Art. 28 § 50) enthalten, sofort mit dem formalen Geltungsbeginne des Einführungsgesetzes in materielle Wirksamkeit treten sollen, da es erforderlich ist, daß die bezeichneten Ermächtigungen sofort benutzt werden können. Eine weitere Vorschrift hierüber zu geben, erschien nach dem Vorgange der Reichsjustizgesetze nicht angemessen[2]).

Soweit die Vorschriften der Grundbuchordnung nicht auf die Anlegung des Grundbuches sich beziehen, ist für den Eintritt der materiellen Geltung

---

[1]) Beispiele für ein solches Verfahren siehe bei Laband, Staatsr. Bd. 1 § 57 S. 576 Note 1.

[2]) Vergl. § 17 Abs. 2 des Einf. Ges. zum G. B. G.

derselben vorauszusetzen, daß das Institut des Grundbuches im Sinne des neuen Rechtes geschaffen ist und damit nach § 110 des Einf. Ges. das neue materielle Grundbuchrecht Geltung gewonnen hat. Nach Art. 108 Abs. 2 des Einf. Ges. wird der Zeitpunkt, in welchem das Grundbuch für einen Bezirk als angelegt gilt, durch landesherrliche Verordnung bestimmt. Dieser Zeitpunkt muß auch für den Beginn der materiellen Geltung der bezeichneten Vorschriften der Grundbuchordnung maßgebend sein.

„Für den ganzen Umfang des Reiches".

Die eingefügten Worte: „für den ganzen Umfang des Reiches" sollen dazu dienen, den lokalen Geltungsbeginn der Vorschriften über die Anlegung des Grundbuches von dem beschränkteren lokalen Geltungsbeginne der Vorschriften der Grundbuchordnung, welche ein angelegtes Grundbuch zur Voraussetzung haben, zu unterscheiden. Die Gründe, welche dazu geführt haben, im Art. 1 des Einf. Ges. zum B. G. B. einen ähnlichen Zusatz nicht aufzunehmen, treffen für die Grundbuchordnung nicht zu, da die Grundbuchordnung nur auf inländische Grundstücke sich beziehen kann und mithin die eingefügten Worte nicht zu unrichtigen Schlüssen verleiten können.

Einf. Ges zum B. G. B.

Die Vorschrift, daß die Art. 2—5 und 9 des Einf. Ges. zum B. G. B. entsprechende Anwendung zu finden haben, ist erforderlich, um gleichmäßige Anwendung der zusammenhängenden Gesetze zu sichern. Das Allegat des Art. 9 bezieht sich nicht blos auf ein bestehendes Reichsgesetz, wenn ein solches Bestimmungen über die in der Grundbuchordnung geregelten Materien enthalten sollte, sondern auch auf die als ein Ganzes zu betrachtenden, das B. G. B. betreffenden Reichsgesetze, besonders auf das Einführungsgesetz selbst.

Vorbehalt zu Gunsten der Landesgesetze.

§ 78.

Geltung der Vorbehalte zu Gunsten des partikulären materiellen Grundbuchrechtes.

Die Vorbehalte des Einführungsgesetzes zu Gunsten der Landesgesetzgebungen sind nur auf die privatrechtlichen Vorschriften der Landesgesetze zu beziehen. In einer Reihe von Vorbehalten, welche ganze Materien betreffen (Art. 33—35, 38—45, 72, 73, 75—78) bleibt der Landesgesetzgebung Raum für eine abweichende Regelung des Immobilienrechtes. Das materielle Grundbuchrecht, wenn man so den Komplex der Vorschriften bezeichnen kann, welche die Voraussetzungen der Aenderungen im dinglichen Rechtsbestande betreffen (Art. 110 Abs. 1 des Einf. Ges.), hängt mit dem formellen Grundbuchrechte so zusammen, daß seine Geltung nicht ohne vorausgehende Schaffung der Grundbucheinrichtung und nicht ohne die Geltung des formellen Grundbuchrechtes beginnen kann, und daß das formelle Grundbuchrecht des Entwurfes nur für das konkrete materielle Grundbuchrecht des B. G. B. paßt. Gestattet man Abweichungen von dem materiellen Grundbuchrechte, z. B. in Ansehung der Rechtsverhältnisse der Landesherren, der Fideikommisse, der Lehne, auf dem Gebiete des Bergrechtes, Wasserrechtes, Enteignungsrechtes 2c., so muß damit auch eine entsprechende Gestaltung des formellen Grundbuchrechtes gestattet sein. Auch wenn das Gesetz schwiege, würde man aus Gründen praktischer Nothwendigkeit dazu gedrängt werden, die Vorbehalte des Einführungsgesetzes so zu lesen, als wenn das gesammte formelle und materielle Grundbuchrecht in seinem Zusammenhange, ohne zu unterscheiden zwischen der privatrechtlichen Natur und der Natur der einzelnen Vorschriften als Verfahrensvorschriften, vorbehalten wäre. Soweit einzelnen Vorschriften des B. G. B. der Karakter als Vorschriften über das Verfahren in Grundbuchsachen beizumessen sein sollte (vergl. §§ 846, 1115), könnte ein Zweifel daraus hergeleitet werden, daß in dem Einf. Ges. Art. 91 Abs. 1, 6 die in dem B. G. B. enthaltenen Vorschriften über das Verfahren in Angelegenheiten der nicht streitigen Rechtspflege der Durchbrechung durch die Landesgesetzgebungen nur insoweit ausgesetzt sind, als die Vorbehalte der Art. 33, 34 reichen. Es wird indessen nicht verkannt werden können, daß darauf, ob eine Vorschrift über das Verfahren in Grundbuchsachen in der Grundbuchordnung oder ob dieselbe im B. G. B. ihre Stelle gefunden hat, nichts ankommen kann.

Ergänzungsvorschriften und Ausführungsvorschriften.

§ 79.

Die Vorschrift des § 79 ist bereits in der Einleitung S. 12 ff. gerechtfertigt.

Druckfehler-Berichtigung.

S. 105 6. Zeile v. u. sowie in der Columnenüberschrift S. 106 u. 107 lies statt §§ 64, 65 **§§ 64—66.**

Entwurf eines Gesetzes

betreffend die

Zwangsvollstreckung

in das unbewegliche Vermögen

nebst Motiven.

Inhaltsübersicht.

Einleitung.

Zweiter Titel.

Zwangsversteigerung.

V. Zurücknahme des Versteigerungsantrages. Aufhebung und einstweilige Einstellung des Verfahrens.

Entwurf.		Motive. Seite

VI. Entscheidung über den Zuschlag.

1. Ertheilung und Versagung des Zuschlages.

2. Beschluß des Gerichtes.

3. Beschwerde.

Dritter Titel.

Zwangsverwaltung.

Entwurf. Motive. Seite

Dritter Abschnitt.

Zwangsvollstreckung in Schiffe.

I. Allgemeine Vorschriften.

II. Anordnung der Versteigerung.

III. Bestimmung des Versteigerungstermines.

V. Wirkungen des Zuschlages.

Vierter Abschnitt.

Zwangsversteigerung und Zwangsverwaltung in besonderen Fällen.

Entwurf eines Gesetzes

betreffend die

Zwangsvollstreckung in das unbewegliche Vermögen.

Erster Abschnitt.
Unbewegliches Vermögen.

§. 1.

In Ansehung der Zwangsvollstreckung in das unbewegliche Vermögen gehören zu dem letzteren:

1. Grundstücke,
2. Berechtigungen, welche ein Blatt im Grundbuche erhalten können,
3. Schiffe, welche in das Schiffsregister eingetragen sind, sowie Antheile an einem solchen Gegenstande.

Das Gleiche gilt von denjenigen beweglichen Sachen und denjenigen Forderungen, welche im Falle eines an dem Grundstücke, der Berechtigung oder dem Schiffe bestehenden Pfandrechtes kraft desselben dem Gläubiger mithaften.

§. 2.

Solange die von dem Boden noch nicht getrennten Früchte sowie die im §. 1 Abs. 2 bezeichneten Gegenstände nicht im Wege der Zwangsvollstreckung in das unbewegliche Vermögen in Beschlag genommen sind, ist in Ansehung derselben die Zwangsvollstreckung in das bewegliche Vermögen nicht ausgeschlossen.

Zweiter Abschnitt.
Zwangsvollstreckung in Grundstücke.

Erster Titel.
Allgemeine Vorschriften.

I. Maßregeln der Zwangsvollstreckung.

§. 3.[1])

Die Zwangsvollstreckung in ein Grundstück erfolgt durch

---

[1]) Späterer Erwägung bleibt vorbehalten:
1. die Worte »oder Arresthypothek« im ersten Absatze und den dritten Absatz zu streichen;

Zwangsversteigerung und durch Zwangsverwaltung, unbeschadet der Eintragung einer Zwangshypothek oder Arresthypothek.

Der Gläubiger kann nach seiner Wahl verlangen, daß eine dieser Maßregeln allein oder neben den übrigen angeordnet werde.

Zur Vollziehung eines Arrestbefehles findet die Zwangsverwaltung, aber nicht die Zwangsversteigerung statt.

§. 4.

Die Zwangsvollstreckung in einen Antheil an einem Grundstücke ist nur zulässig, wenn sie in den Antheil eines Miteigenthümers oder wenn sie wegen des Anspruches aus einer Hypothek oder Grundschuld erfolgen soll, mit welcher der Antheil als solcher belastet ist.

Sind mehrere Antheile an einem Grundstücke Gegenstand desselben Vollstreckungsverfahrens, so finden die Vorschriften über die Zwangsvollstreckung in mehrere Grundstücke entsprechende Anwendung.

§. 5.

Auf die Zwangsvollstreckung in eine Berechtigung, welche ein Blatt im Grundbuche erhalten kann, finden die Vorschriften über die Zwangsvollstreckung in Grundstücke entsprechende Anwendung.

II. Gerichtsstand.

§. 6.

Als Vollstreckungsgericht ist das Amtsgericht, in dessen Bezirke das Grundstück belegen ist, ausschließlich zuständig.

§. 7.

Ist das Grundstück in den Bezirken verschiedener Amtsgerichte

---

2. dem §. 811 der Civilprozeßordnung an Stelle der im Artikel 11 des Einführungsgesetzes zum Bürgerlichen Gesetzbuche bestimmten Fassung folgende auf Grundstücke bezügliche Fassung zu geben:

Die Vollziehung eines Arrestbefehles in ein Grundstück oder in eine Berechtigung, welche ein Blatt im Grundbuche erhalten kann, erfolgt, außer durch Eintragung einer Arresthypothek, durch Zwangsverwaltung.

Der Gläubiger kann verlangen, daß eine dieser Maßregeln neben der anderen ausgeführt werde.

Auf die Zwangsverwaltung finden die Vorschriften des Gesetzes, betreffend die Zwangsvollstreckung in das unbewegliche Vermögen, Anwendung. Die auf den Anspruch des Gläubigers zugetheilten Beträge sind öffentlich zu hinterlegen; die Vorschrift des §. 200 des Bürgerlichen Gesetzbuches findet entsprechende Anwendung.

belegen oder ist es mit Rücksicht auf die Grenzen der Bezirke ungewiß, ob das Grundstück in dem Bezirke des einen oder des anderen Amtsgerichtes belegen sei, so hat auf Antrag das zunächst höhere Gericht eines dieser Gerichte zum Vollstreckungsgerichte zu bestellen.

Die gleiche Anordnung kann getroffen werden, wenn die Zwangsversteigerung oder die Zwangsverwaltung mehrerer in verschiedenen Amtsgerichtsbezirken belegener Grundstücke wegen eines und desselben Anspruches beantragt wird und entweder die Grundstücke demselben Schuldner gehören oder der Anspruch in einer und derselben Reallast, Hypothek oder Grundschuld sich gründet.

Die Vorschriften des §. 37 der Civilprozeßordnung finden entsprechende Anwendung.

III. Betheiligte.

§. 8.

In dem Verfahren gelten als Betheiligte, außer dem Gläubiger und dem Schuldner:

1. diejenigen, für welche zur Zeit der Eintragung des Vollstreckungsvermerkes ein Recht in das Grundbuch eingetragen oder vorgemerkt ist;
2. diejenigen, welche ein Recht an dem Grundstücke oder an einem eingetragenen Rechte oder einen Anspruch mit dem Rechte auf vorzugsweise Befriedigung aus dem Grundstücke bei dem Vollstreckungsgerichte anmelden und auf Verlangen desselben oder eines Betheiligten glaubhaft machen.

IV. Rechte auf Befriedigung aus dem Grundstücke. Rangordnung.

§. 9.

Ein Recht auf vorzugsweise Befriedigung aus dem Grundstücke besteht, außer für die Ansprüche aus Reallasten, Hypotheken und Grundschulden:

1. für den Anspruch desjenigen, welcher die Zwangsverwaltung des Grundstückes betreibt, wegen der im §. 200 Abs. 1 bezeichneten Ausgaben, sofern die Verwaltung bis zum Zuschlage fortgesetzt wird und die Ausgaben nicht aus den Einkünften des Grundstückes erstattet werden können;
2. für die Ansprüche wegen der öffentlichen Abgaben und der öffentlichen Lasten des Grundstückes; welche Abgaben und Lasten im Sinne dieser Vorschrift zu den öffentlichen

Abgaben und öffentlichen Lasten des Grundstückes gehören, bestimmt sich nach den Landesgesetzen;

3. für den Anspruch des Gläubigers, zu dessen Gunsten die Beschlagnahme erfolgt ist.

§. 10.

Die Ansprüche, für welche ein Recht auf vorzugsweise Befriedigung aus dem Grundstücke besteht, haben unter einander folgende Rangordnung:

1. der im §. 9 Nr. 1 bezeichnete Anspruch;
2. die Ansprüche wegen der laufenden und der aus den letzten zwei Jahren rückständigen Beträge öffentlicher Abgaben und öffentlicher Lasten;
3. die Ansprüche aus Reallasten, Hypotheken und Grundschulden, mit Ausnahme der Ansprüche wegen derjenigen Beträge wiederkehrender Leistungen, welche nicht zu den laufenden oder den aus den letzten zwei Jahren rückständigen gehören, mehrere solche Ansprüche nach Maßgabe der unter den Rechten bestehenden Rangordnung;
4. der Anspruch des Gläubigers; dieser Anspruch geht jedoch denjenigen Ansprüchen vor, deren Begründung in Folge der Beschlagnahme gegenüber dem Gläubiger unwirksam ist; ist die Beschlagnahme für mehrere Ansprüche erfolgt, so geht derjenige Anspruch, für welchen die Beschlagnahme früher erfolgt ist, den übrigen vor;
5. die Ansprüche wegen der älteren Rückstände öffentlicher Abgaben und öffentlicher Lasten;
6. die Ansprüche aus Reallasten, Hypotheken und Grundschulden wegen der älteren Rückstände wiederkehrender Leistungen, mehrere solche Ansprüche nach Maßgabe der unter den Rechten bestehenden Rangordnung.

Durch Landesgesetz kann bestimmt werden, daß gewisse öffentliche Abgaben oder Lasten anderen im Range vorgehen sollen.

§. 11.

Die Vorschriften des §. 10 über den Rang der Ansprüche aus Reallasten, Hypotheken und Grundschulden finden auf andere Rechte an dem Grundstücke entsprechende Anwendung.

§. 12.

Das Recht auf vorzugsweise Befriedigung für die im §. 9 bezeichneten Ansprüche erstreckt sich auch auf den Anspruch wegen der Kosten der die Befriedigung aus dem Grundstücke bezweckenden Rechtsverfolgung.

§. 13.

Die im §. 10 Abs. 1 Nr. 3 bezeichneten Ansprüche, welche in einem und demselben Rechte sich gründen, haben unter einander folgende Rangordnung:

1. der Anspruch wegen der Kosten der Kündigung und der die Befriedigung aus dem Grundstücke bezweckenden Rechtsverfolgung;
2. der Anspruch wegen der laufenden wiederkehrenden Leistungen;
3. der Anspruch wegen der aus den letzten zwei Jahren rückständigen wiederkehrenden Leistungen;
4. der Hauptanspruch.

§. 14.

Die laufenden Abgaben und Lasten sowie die laufenden wiederkehrenden Leistungen nehmen ihren Anfang von dem letzten Fälligkeitstermine vor der ersten Beschlagnahme des Grundstückes. Die Rückstände werden von demselben Zeitpunkte zurückgerechnet.

Liegt innerhalb der letzten zwei Jahre kein Fälligkeitstermin, so wird der Anfang der laufenden Beträge durch die Zeit der Beschlagnahme bestimmt; die Beträge aus der Zeit vor der Beschlagnahme sind in diesem Falle als rückständige anzusehen, auch wenn sie noch nicht fällig sind.

Im Verfahren der Zwangsversteigerung ist, wenn das Grundstück, bevor die Beschlagnahme erfolgte, in einem bis zu dieser Beschlagnahme fortgesetzten Verfahren der Zwangsverwaltung in Beschlag genommen ist, die letztere Beschlagnahme maßgebend.

§. 15.

Zu den Zinsen gehören im Sinne dieses Gesetzes auch die mit den Hypothekenzinsen und Grundschuldzinsen zur allmählichen Berichtigung der Hypothekenforderung oder Grundschuld zu zahlenden Beträge.

V. Zustellungen.

§. 16.

Die Zustellungen erfolgen von Amtswegen. Sie sind jedoch auch dann wirksam, wenn sie auf Betreiben eines Betheiligten erfolgt sind.

§. 17.

In Ansehung der Zustellungen an die Betheiligten finden die Vorschriften der Civilprozeßordnung nur insoweit Anwendung, als nicht in den §§. 18 bis 24 ein Anderes bestimmt ist.

§. 18.

Wohnt der Betheiligte weder am Orte noch innerhalb des Bezirkes des Vollstreckungsgerichtes, so kann die Zustellung durch Aufgabe zur Post erfolgen, solange nicht die Bestellung einer daselbst wohnhaften Person als Prozeßbevollmächtigten oder Zustellungsbevollmächtigten dem Vollstreckungsgerichte angezeigt ist. Die Postsendung muß mit der Bezeichnung »Einschreiben« versehen werden.

Auf die Zustellung an einen Vertreter des Betheiligten finden die Vorschriften des ersten Absatzes entsprechende Anwendung.

§. 19.

Die Bestellung eines Zustellungsbevollmächtigten bei dem Grundbuchamte gilt auch für das Verfahren der Zwangsversteigerung, sofern die Bestellung von dem Grundbuchamte dem Vollstreckungsgerichte mitgetheilt ist.

§. 20.

Ist der Wohnort des Betheiligten und, wenn derselbe einen dem Vollstreckungsgerichte bekannten Vertreter hat, auch der Wohnort des letzteren dem Vollstreckungsgerichte nicht bekannt, so hat das Vollstreckungsgericht dem Betheiligten einen Zustellungsvertreter zu bestellen.

Das Gleiche gilt, wenn im Falle der Zustellung durch Aufgabe zur Post die Postsendung als unbestellbar an das Vollstreckungsgericht zurückkommt. Die zurückgekommene Sendung soll dem Zustellungsvertreter ausgehändigt werden.

§. 21.

Ist zur Zeit der Anordnung der Zustellung ein Betheiligter verstorben, der Tod aber dem Vollstreckungsgerichte nicht bekannt, so ist die Zustellung an den Erben nicht erforderlich.

Wird der Tod des Betheiligten später bekannt, so soll das Vollstreckungsgericht die Zustellung an den Erben anordnen. Ist die Person oder der Wohnort des Erben sowie die Person oder der Wohnort eines Vertreters des Erben dem Vollstreckungsgerichte nicht bekannt, so hat dasselbe dem Erben einen Zustellungsvertreter zu bestellen.

Auf die Zustellung des Beschlusses über den Zuschlag finden die Vorschriften des ersten und zweiten Absatzes keine Anwendung.

§. 22.

An den nach Maßgabe der §§. 20, 21 bestellten Zustellungsvertreter erfolgen alle Zustellungen, solange der Betheiligte oder ein anderer Vertreter desselben nicht in der Art ermittelt ist, daß ihm zugestellt werden kann.

Der Zustellungsvertreter ist zur Ermittelung und Benachrichtigung des Betheiligten verpflichtet. Er kann von diesem eine von dem Vollstreckungsgerichte festzusetzende Vergütung für seine Thätigkeit sowie Ersatz der Auslagen fordern.

§. 23.

Ist der Betheiligte eine juristische Person oder ein Personenverein, welcher als solcher klagen und verklagt werden kann, und kann die Zustellung deshalb nicht bewirkt werden, weil ein Vorsteher oder Vertreter nicht bekannt oder nicht aufgefunden ist, so soll die Zustellung, sofern eine Aufsichtsbehörde vorhanden ist, an diese erfolgen.

Ist ein anderer Betheiligter nicht prozeßfähig und ein Vertreter desselben oder der Wohnort des Vertreters dem Vollstreckungsgerichte nicht bekannt, so soll die Zustellung an das Vormundschaftsgericht erfolgen.

Wird die Zustellung nicht nach den Vorschriften des ersten oder zweiten Absatzes bewirkt, so finden die Vorschriften der §§. 20, 22 entsprechende Anwendung.

§. 24.

Die Vorschriften der §§. 18 bis 23 finden auf die an den Schuldner zu bewirkende Zustellung des Beschlusses, durch welchen die Zwangsvollstreckung angeordnet oder der Beitritt eines Gläubigers zugelassen wird, keine Anwendung.

Für andere Zustellungen darf dem Erben des Schuldners ein Zustellungsvertreter nur bestellt werden, wenn auch das zuständige Nachlaßgericht dem Vollstreckungsgerichte nicht bekannt ist.

Zweiter Titel.

Zwangsversteigerung.

I. Anordnung der Versteigerung.

§. 25.

Die Versteigerung wird von dem Vollstreckungsgerichte angeordnet (Versteigerungsbeschluß).

Ist das Gericht nach Maßgabe des §. 7 zum Vollstreckungsgerichte bestellt, so soll es bei der Anordnung die betheiligten anderen Gerichte von seiner Bestellung in Kenntniß setzen.

§. 26.

Die Versteigerung soll nur angeordnet werden, wenn der Schuldner als Eigenthümer des Grundstückes in das Grundbuch eingetragen oder Erbe des eingetragenen Eigenthümers ist.

Die Erbfolge ist, sofern sie nicht bei dem Vollstreckungsgerichte offenkundig ist, durch Urkunden glaubhaft zu machen.

§. 27.

Wird das Grundstück nach Erlangung des vollstreckbaren Titels oder nach Eintritt der Rechtshängigkeit des Anspruches des Gläubigers gegen den eingetragenen Eigenthümer oder dessen Erben veräußert und gründet der Anspruch des Gläubigers sich in einer zur Zeit der Veräußerung bei dem Grundstücke eingetragenen Reallast, Hypothek oder Grundschuld, so ist der Titel in Ansehung der Haftung des Grundstückes auch gegen den Erwerber wirksam und vollstreckbar.

§. 28.

Der Antrag auf Versteigerung soll enthalten die Bezeichnung:

1. des Gläubigers und des Schuldners;
2. des vollstreckbaren Titels und des Anspruches, wegen dessen versteigert werden soll;
3. des Grundstückes nach der im Grundbuche enthaltenen Bezeichnung oder nach dem Grundbuchblatte.

§. 29.

Dem Antrage auf Versteigerung sollen beigefügt werden:

1. die vollstreckbare Ausfertigung des Titels und die sonstigen zum Nachweise der Zulässigkeit des Beginnes der Zwangsvollstreckung nach den §§. 671 bis 673 der Civilprozeßordnung erforderlichen Urkunden;
2. ein Zeugniß des Grundbuchamtes darüber, wer als Eigenthümer des Grundstückes eingetragen ist, und, wenn der eingetragene Eigenthümer verstorben ist, die Urkunden, welche erforderlich sind, um die Erbfolge des Schuldners glaubhaft zu machen.

Wird das Grundbuch von dem Vollstreckungsgerichte geführt, so genügt an Stelle des im ersten Absatze unter Nr. 2 bezeichneten Zeugnisses die Bezugnahme auf das Grundbuch.

Durch Landesgesetz kann bestimmt werden, daß dem Antrage ein Auszug aus einem Steuerbuche beigefügt werden soll.

§. 30.

Ist von verschiedenen Gläubigern oder wegen verschiedener Ansprüche die Versteigerung desselben Grundstückes beantragt, so erfolgt die Versteigerung in einem und demselben Verfahren.

§. 31.

Auf einen nach Erlassung des Versteigerungsbeschlusses und vor Erledigung des Verfahrens gestellten Antrag erfolgt an Stelle der Anordnung der Versteigerung die Zulassung des Beitrittes des Gläubigers zu dem Verfahren (Beitrittsbeschluß). Dies gilt auch dann, wenn nach der Anordnung des Verfahrens ein neuer Eigenthümer des Grundstückes eingetreten ist und wegen eines anderen Anspruches die Versteigerung gegen diesen beantragt wird.

Befindet eine dem Antrage beizufügende Urkunde sich bei den Vollstreckungsakten, so genügt die Bezugnahme auf dieselbe.

Der Gläubiger, dessen Beitritt zugelassen ist, hat dieselben Rechte, wie wenn die Versteigerung auf seinen Antrag angeordnet wäre.

§. 32.

Wird nach Erlassung des Versteigerungsbeschlusses die Versteigerung desselben Grundstückes und eines anderen Grundstückes beantragt, welches entweder demselben Schuldner gehört oder mit dem ersteren Grundstücke kraft einer und derselben Reallast, Hypothek oder Grundschuld dem Antragsteller haftet, so kann auf Antrag die Verbindung des Verfahrens von dem Vollstreckungsgerichte angeordnet werden.

§. 33.

Ordnet das Gericht die Versteigerung an, so hat es zugleich das Grundbuchamt um Eintragung dieser Anordnung in das Grundbuch zu ersuchen (Versteigerungsvermerk).

Das Grundbuchamt hat nach Eintragung des Vermerkes dem Gerichte eine beglaubigte Abschrift des Grundbuchblattes und, wenn bei einer Eintragung auf eine Urkunde Bezug genommen ist, auch dieser Urkunde mitzutheilen sowie Nachricht darüber zu geben, ob und welche Zustellungsbevollmächtigte von den eingetragenen Berechtigten bei dem Grundbuchamte bestellt sind, und was dem Grundbuchamte über Wohnort und Wohnung der eingetragenen Berechtigten und deren Vertreter bekannt ist.

§. 34.

Ergiebt sich aus den Mittheilungen des Grundbuchamtes eine Thatsache, welche, wenn sie vor Anordnung der Versteigerung bekannt gewesen wäre, diese Anordnung gehindert haben würde, so hat das Gericht nach den Umständen des Falles entweder das Verfahren sofort aufzuheben oder dem Gläubiger eine Frist zum Nachweise der Hebung des Hindernisses zu bestimmen. Ist eine Frist bestimmt, so ist nach deren Ablauf das Verfahren von Amtswegen aufzuheben, wenn nicht inzwischen die Hebung des Hindernisses von dem Gläubiger nachgewiesen ist.

§. 35.

Der Versteigerungsbeschluß sowie der Beitrittsbeschluß gilt als Beschlagnahme des Grundstückes zu Gunsten des Gläubigers, auf dessen Antrag der Beschluß erlassen ist. Die Beschlagnahme soll in dem Beschlusse ausgesprochen werden.

§. 36.

Die Beschlagnahme des Grundstückes erstreckt sich auch auf diejenigen beweglichen Sachen und diejenigen Forderungen, welche im Falle eines an dem Grundstücke bestehenden Pfandrechtes kraft desselben dem Gläubiger mithaften, auch wenn dieselben zur Zeit der Beschlagnahme noch nicht vorhanden waren.

Die Beschlagnahme erstreckt sich auf landwirthschaftliche Erzeugnisse und auf Forderungen aus der Versicherung solcher Erzeugnisse nur bei der Versteigerung eines Landgutes oder mehrerer zum Betriebe der Landwirthschaft verbundener Grundstücke und nur insoweit, als die Erzeugnisse zur Fortführung der Wirthschaft bis zu der Zeit erforderlich sind, in welcher gleiche oder ähnliche Erzeugnisse voraussichtlich gewonnen werden.

Die Beschlagnahme erstreckt sich nicht auf die im §. 1067 Nr. 4 des Bürgerlichen Gesetzbuches bezeichneten Forderungen.

§. 37.

Die Beschlagnahme ist mit der Zustellung des Versteigerungsbeschlusses oder Beitrittsbeschlusses an den Schuldner als bewirkt anzusehen.

Erstreckt die Beschlagnahme sich auf eine Forderung, so ist auf Antrag des betreibenden Gläubigers ein Zahlungsverbot an den Drittschuldner zu erlassen. Die Beschlagnahme wird gegenüber dem Drittschuldner erst mit dem Zeitpunkte wirksam, in welchem derselbe von der Beschlagnahme Kenntniß erhalten hat oder ihm das Zahlungsverbot zugestellt ist. Die Vorschriften des §. 744 der Civilprozeßordnung finden mit der Maßgabe entsprechende Anwendung, daß die Benachrichtigung des Drittschuldners in Ansehung der Forderung die Wirkung der Beschlagnahme hat.

§. 38.

Ist die Beschlagnahme bewirkt, so ist der Schuldner zu thatsächlichen Verfügungen über das Grundstück und die in Beschlag genommenen beweglichen Sachen nur innerhalb der Grenzen ordnungsmäßiger Nutzung und Wirthschaftsführung befugt.

Ist zu besorgen, daß die Erhaltung der bezeichneten Gegenstände durch thatsächliche Verfügungen des Schuldners gefährdet werde, so hat das Vollstreckungsgericht auf Antrag des Gläubigers die zur Sicherung erforderlichen Maßregeln anzuordnen. Das Gericht kann die Maßregeln wieder aufheben, wenn der zur Fortsetzung derselben erforderliche Geldbetrag von dem Gläubiger nicht vorgeschossen wird.

§. 39.

Die Beschlagnahme hat die Wirkung eines Veräußerungsverbotes, welches nur zum Schutze des Interesses des Gläubigers erlassen ist.

Der Schuldner ist berechtigt, innerhalb der Grenzen ordnungsmäßiger Nutzung und Wirthschaftsführung von den neben dem Grundstücke in Beschlag genommenen beweglichen Sachen einzelne zu veräußern.

In Ansehung der Vorschriften zu Gunsten Dritter, welche aus der Zeit nach der Beschlagnahme Rechte von dem Schuldner herleiten, steht die Kenntniß des Versteigerungsantrages sowie die Kenntniß des Versteigerungsbeschlusses oder Beitrittsbeschlusses der Kenntniß der Beschlagnahme gleich.

§. 40.

Die Eintragung des Versteigerungsvermerkes wirkt, sobald die Beschlagnahme bewirkt ist, wie die Eintragung des Veräußerungsverbotes; dies gilt auch in Ansehung der Beschlagnahme, welche zu Gunsten eines dem Verfahren beigetretenen Gläubigers erfolgt ist.

§. 41.

Wird das Grundstück nach der Beschlagnahme veräußert und gründet der Anspruch des Gläubigers sich in einer zur Zeit der Veräußerung bei dem Grundstücke eingetragenen Reallast, Hypothek oder Grundschuld, so wird das Verfahren auch dann fortgesetzt, wenn der neue Eigenthümer zur Zeit des Erwerbes die Beschlagnahme nicht gekannt hat.

§. 42.

Die Rechte des Gläubigers aus der Beschlagnahme erlöschen, wenn das Verfahren aufgehoben wird oder der Gläubiger den Versteigerungsantrag zurücknimmt.

Durch Eröffnung des Konkurses über das Vermögen des Schuldners oder des neu eingetretenen Eigenthümers des Grundstückes werden die Rechte, welche der Gläubiger durch die Beschlagnahme erlangt hat, nicht aufgehoben.

II. Bestimmung des Versteigerungstermines.

§. 43.

Die Versteigerung wird durch das Vollstreckungsgericht ausgeführt.

Das Gericht soll den Beschluß, durch welchen der Versteigerungstermin bestimmt wird (Terminsbestimmung), erst erlassen, nachdem der Versteigerungsbeschluß oder ein Beitrittsbeschluß dem Schuldner zugestellt ist und die im §. 33 Abs. 2 bezeichneten Mittheilungen des Grundbuchamtes eingegangen sind.

§. 44.

Die Terminsbestimmung muß enthalten:

1. die Bezeichnung des Grundstückes nach der im Grundbuche enthaltenen Bezeichnung oder nach dem Grundbuchblatte;
2. Zeit und Ort des Versteigerungstermines;
3. die Angabe, daß die Versteigerung im Wege der Zwangsvollstreckung erfolge;
4. die Aufforderung, Rechte und Ansprüche, welche bei Feststellung des geringsten Gebotes berücksichtigt werden sollen, spätestens im Versteigerungstermine vor der Aufforderung zur Abgabe von Geboten anzumelden und, wenn der betreibende Gläubiger widerspricht, glaubhaft zu machen, widrigenfalls die Rechte und Ansprüche, soweit dieselben zur Zeit der Eintragung des Versteigerungsvermerkes aus dem Grundbuche nicht ersichtlich waren, nicht berücksichtigt und bei der Vertheilung des Versteigerungserlöses den berücksichtigten Ansprüchen nachgesetzt werden würden;
5. die Aufforderung, Rechte, welche der Versteigerung des Grundstückes oder einer der mitzuversteigernden beweglichen Sachen entgegenstehen, spätestens im Versteigerungstermine vor dem Schlusse der Verhandlung über den Zuschlag in der Weise geltend zu machen, daß das Verfahren aufgehoben oder einstweilen eingestellt wird, widrigenfalls in Ansehung der Rechte der Versteigerungserlös an die Stelle des Grundstückes oder der beweglichen Sache treten werde.

§. 45.

Die Terminsbestimmung soll enthalten:

1. die Bezeichnung desjenigen, welcher zur Zeit der Eintragung des Versteigerungsvermerkes als Eigenthümer des Grundstückes eingetragen ist;
2. die Angabe der Größe des Grundstückes;
3. die kurze Bezeichnung der mit dem Grundstücke zu versteigernden Gegenstände.

Durch Landesgesetz kann bestimmt werden, daß der Beschluß noch andere Angaben über das Grundstück enthalten soll.

§. 46.

Der Versteigerungstermin soll nur unter besonderen Umständen über drei Monate und in keinem Falle über sechs Monate hinaus bestimmt werden.

§. 47.

Das Gericht bestimmt, ob der Versteigerungstermin an der Gerichtsstelle oder an einem anderen Orte im Gerichtsbezirke abgehalten werden soll.

§. 48.

Die Terminsbestimmung ist von dem Gerichte öffentlich bekannt zu machen:

1. durch Anheftung an die Gerichtstafel;
2. durch einmalige Einrückung in das Blatt, welches zur Veröffentlichung amtlicher Bekanntmachungen des Gerichtes bestimmt ist.

Ist das Gericht nach Maßgabe des §. 7 zum Vollstreckungsgerichte bestellt, so ist die Anheftung an die Gerichtstafel bei allen betheiligten Gerichten zu bewirken.

Das Gericht kann mit Rücksicht auf den geringen Werth des Grundstückes anordnen, daß die Einrückung in das im ersten Absatze unter Nr. 2 bezeichnete Blatt unterbleibe. In diesem Falle ist die Terminsbestimmung auch in der Gemeinde, in deren Bezirke das Grundstück belegen ist, an die zu öffentlichen Bekanntmachungen bestimmte Stelle anzuheften.

§. 49.

Ein nach den Vorschriften des §. 48 anzuheftendes Schriftstück soll bis zum Versteigerungstermine angeheftet bleiben. Auf die Gültigkeit der öffentlichen Bekanntmachung hat es keinen Einfluß, wenn das anzuheftende Schriftstück von dem Orte der Anheftung zu früh entfernt ist.

Das Gericht kann die wiederholte Einrückung in das im §. 48 Abs. 1 Nr. 2 bezeichnete Blatt sowie noch andere Arten der öffentlichen Bekanntmachung anordnen.

Jeder Betheiligte ist berechtigt, die Terminsbestimmung auf seine Kosten zu veröffentlichen.

§. 50.

Die Frist zwischen dem Versteigerungstermine und dem Tage, an welchem die erste Einrückung der Terminsbestimmung in das im §. 48 Abs. 1 Nr. 2 bezeichnete Blatt oder im Falle des §. 48 Abs. 3 die Anheftung derselben in der Gemeinde erfolgt ist (Versteigerungsfrist), muß mindestens sechs Wochen betragen.

§. 51.

Ist die öffentliche Bekanntmachung der Terminsbestimmung unter Beobachtung der Vorschriften der §§. 44, 48 erfolgt, der Termin aber aufgehoben und wird danach das Verfahren von Amtswegen oder in Folge eines vor Ablauf von drei Monaten seit der Aufhebung des Termines gestellten Antrages fortgesetzt, so soll der neue Versteigerungstermin nicht über sechs Wochen hinaus bestimmt werden.

In den bezeichneten Fällen ist eine Versteigerungsfrist von mindestens drei Wochen erforderlich und genügend; der neue Versteigerungstermin darf nicht vor dem früher bestimmten Terminstage stattfinden.

§. 52.

Die Terminsbestimmung ist den zur Zeit des Beschlusses vorhandenen Betheiligten zuzustellen. Als Betheiligte gelten hierbei diejenigen, welche ein Recht oder einen Anspruch der im §. 8 Nr. 2 bezeichneten Art angemeldet haben, auch dann, wenn die verlangte Glaubhaftmachung noch nicht erbracht ist.

Zwischen der Zustellung und dem Termine muß ein Zeitraum von mindestens zwei Wochen liegen.

Der gleiche Zeitraum muß zwischen dem Termine und der Zustellung des Versteigerungsbeschlusses oder Beitrittsbeschlusses an den Schuldner liegen.

§. 53.

Durch die Landesjustizverwaltung kann angeordnet werden, daß die Terminsbestimmung denjenigen Behörden oder Personen mitgetheilt werden soll, welchen die Erhebung der im §. 9 Nr. 2 bezeichneten Leistungen obliegt.

§. 54.

Das Vollstreckungsgericht soll den Betheiligten mittheilen, auf wessen Antrag und wegen welcher Ansprüche die Versteigerung erfolgt. Die Beurkundung dieser Mittheilung ist nicht erforderlich.

§. 55.

Jeder Betheiligte ist berechtigt, Abschätzungen und andere das Grundstück betreffende Nachweisungen dem Vollstreckungsgerichte einzureichen.

Die eingereichten Nachweisungen sowie die Mittheilungen des Grundbuchamtes sollen zur Einsicht für einen Jeden auf der Gerichtsschreiberei niedergelegt werden.

§. 56.

Das Vollstreckungsgericht kann zur Verhandlung über das geringste Gebot und über die Versteigerungsbedingungen einen besonderen Termin bestimmen; die Betheiligten sind zu dem Termine zu laden.

§. 57.

Hat die Terminsbestimmung nicht den im §. 44 bezeichneten Inhalt oder ist die öffentliche Bekanntmachung derselben nicht nach Maßgabe des §. 48 erfolgt oder ist die Versteigerungsfrist nicht eingehalten, so ist von Amtswegen der Termin aufzuheben und von Neuem zu bestimmen.

Das Gleiche gilt, wenn die Terminsbestimmung einem Betheiligten, welchem sie hätte zugestellt werden sollen, nicht gehörig zugestellt ist, es sei denn, daß der Betheiligte das Verfahren genehmigt.

§. 58.

Ist der Versteigerungsbeschluß oder Beitrittsbeschluß dem Schuldner nicht gehörig zugestellt und ist das Verfahren nicht auf Grund eines anderen, gehörig zugestellten Beschlusses fortzusetzen, so ist von Amtswegen der Termin aufzuheben und von Neuem zu bestimmen, es sei denn, daß der Schuldner und, wenn ein Anderer als Eigenthümer zu den Betheiligten gehört, auch dieser das Verfahren genehmigt.

III. Geringstes Gebot. Versteigerungsbedingungen.

§. 59.

Bei der Versteigerung wird nur ein solches Gebot zugelassen, durch welches die dem Anspruche des Gläubigers vorgehenden Rechte sowie die aus dem Versteigerungserlöse zu entnehmenden Kosten des Verfahrens gedeckt werden (geringstes Gebot).

Das geringste Gebot ist von dem Vollstreckungsgerichte festzustellen.

§. 60.

Bei Feststellung des geringsten Gebotes sind die dem Gläubiger vorgehenden Rechte und die Rangordnung der eingetragenen Rechte insoweit, als sie zur Zeit der Eintragung des Versteigerungsvermerkes aus dem Grundbuche ersichtlich waren, nach dem Inhalte des Grundbuches zu berücksichtigen.

§. 61.

Rechte, welche in das Grundbuch nicht eingetragen sind oder zur Zeit der Eintragung des Versteigerungsvermerkes nicht eingetragen waren, sowie Ansprüche wegen wiederkehrender Leistungen, welche nicht zu den laufenden gehören, und wegen der Kosten der Rechtsverfolgung sind nur zu berücksichtigen, wenn sie bei dem Vollstreckungsgerichte spätestens im Versteigerungstermine vor der Aufforderung zur Abgabe von Geboten angemeldet und, sofern der Gläubiger widerspricht, glaubhaft gemacht werden.

Das Gleiche gilt in Ansehung des zur Zeit der Eintragung des Versteigerungsvermerkes aus dem Grundbuche nicht ersichtlichen Vorranges eines Rechtes vor dem Rechte des betreibenden Gläubigers.

Die Anmeldung und Glaubhaftmachung ist zu einem bestimmten Betrage, bei Ansprüchen von unbestimmter Höhe, für welche ein Höchstbetrag nicht eingetragen ist, zu einem höchsten Betrage zu bewirken.

Rückständige Beträge eingetragener wiederkehrender Leistungen bedürfen nicht der Glaubhaftmachung.

§. 62.

Zur Deckung der laufenden Abgaben und Lasten sowie der laufenden wiederkehrenden Leistungen sind dieselben für die Zeit bis zum Ablaufe von zwei Wochen nach dem Versteigerungstermine zu berechnen, Zinsen nach Verhältniß der Zeit, andere Leistungen nach Maßgabe der Fälligkeit.

Für laufende und rückständige wiederkehrende Leistungen, welche nicht Geld zum Gegenstande haben, ist von dem Vollstreckungsgerichte ein Geldbetrag festzusetzen, auch wenn ein bestimmter Geldbetrag nicht angemeldet ist.

§. 63.

Bedingte Rechte sind wie unbedingte, vorgemerkte Rechte wie eingetragene zu berücksichtigen.

§. 64.

Findet die Versteigerung auf Antrag mehrerer Gläubiger statt, so ist für die Feststellung des geringsten Gebotes der Antrag desjenigen maßgebend, nach dessen Rechte das Gebot am niedrigsten bestimmt werden kann. Der Antrag eines dem Verfahren beigetretenen Gläubigers bleibt jedoch unberücksichtigt, wenn nicht zwischen der Zustellung des Beitrittsbeschlusses an den Schuldner und dem Versteigerungstermine ein Zeitraum von mindestens zwei Wochen liegt.

§. 65.

Der Theil des geringsten Gebotes, welcher zur Deckung der nicht in einem Rechte an dem Grundstücke sich gründenden Ansprüche und der Ansprüche wegen der laufenden und rückständigen wiederkehrenden Leistungen und wegen der Kosten bestimmt ist, sowie der das geringste Gebot übersteigende Betrag des Meistgebotes ist von dem Ersteher durch Zahlung zu berichtigen und von dem Zuschlage an zu verzinsen.

Die Zahlung ist im Vertheilungstermine zu leisten. Der Ersteher wird jedoch durch öffentliche Hinterlegung befreit, sofern er die Hinterlegung und die Ausschließung der Zurücknahme im Vertheilungstermine nachweist.

§. 66.

Soweit nicht das Meistgebot durch Zahlung berichtigt werden soll, werden die bei Feststellung des geringsten Gebotes berücksichtigten Rechte an dem Grundstücke in der Weise gedeckt, daß sie ohne Anspruch des Erstehers auf Gewährleistung bestehen bleiben.

§. 67.

Soweit eine Reallast, Hypothek oder Grundschuld bestehen bleibt und in Ansehung derselben dem Schuldner oder dem Eigenthümer des Grundstückes eine persönliche Verbindlichkeit obliegt, übernimmt der Ersteher diese Verbindlichkeit in Höhe der einzelnen zu der Reallast gehörenden Leistungen, der Hypothek oder Grundschuld.

Soweit in Ansehung eines Anspruches, für welchen der Betheiligte Befriedigung aus dem durch Zahlung zu berichtigenden Theile des Meistgebotes verlangen kann, dem Schuldner oder dem Eigenthümer des Grundstückes eine persönliche Verbindlichkeit obliegt, übernimmt der Ersteher diese Verbindlichkeit für den Fall, daß das Gebot bei der Vertheilung des Versteigerungserlöses unbezahlt bleibt, in Höhe des dem Betheiligten zugetheilten Betrages nach Maßgabe seiner eigenen Verbindlichkeit zur Zahlung.

Die Vorschriften des §. 318 Abs. 2 des Bürgerlichen Gesetzbuches finden entsprechende Anwendung.

§. 68.

Ist eine bestehen bleibende Hypothek oder Grundschuld gekündigt, so ist die Kündigung gegenüber dem Ersteher nur dann wirksam, wenn sie bei dem Vollstreckungsgerichte spätestens in dem Versteigerungstermine vor der Aufforderung zur Abgabe von Geboten angemeldet ist. Eine nach diesem Zeitpunkte vor dem Zuschlage erfolgte Kündigung ist gegenüber dem Ersteher unwirksam.

Ein Gleiches gilt, wenn der Anspruch aus der Hypothek oder Grundschuld in Folge einer Rechtsverwirkung vor der Zeit geltend gemacht werden kann.

Die Vorschriften des ersten Absatzes finden in Ansehung eines für den Anspruch aus einer Hypothek oder Grundschuld erlangten vollstreckbaren Titels und der Rechtshängigkeit eines solchen Anspruches entsprechende Anwendung.

§. 69.

Wenn eine bei Feststellung des geringsten Gebotes berücksichtigte Hypothek oder Grundschuld nicht besteht, so erhöht sich der durch Zahlung zu berichtigende Theil des Gebotes um den Kapitalbetrag der Hypothek oder Grundschuld.

Das Gleiche gilt, wenn eine bei Feststellung des geringsten Gebotes berücksichtigte Hypothek oder Grundschuld dem nicht berücksichtigten Rechte eines anderen Betheiligten nachsteht oder gleichsteht oder gegenüber einem solchen Betheiligten unwirksam ist, zu Gunsten dieses Betheiligten, sofern derselbe von seinem Rechte Gebrauch macht. Soweit die Erhöhung eintritt, erlischt die Hypothek oder Grundschuld.

In Ansehung der Verzinslichkeit, des Zinssatzes, der Zahlungszeit, des Zahlungsortes und der Kündigung sind für den von dem Ersteher zu zahlenden Betrag dieselben Bestimmungen maßgebend, welche für die wegfallende Hypothek oder Grundschuld galten.

§. 70.

Die Vorschriften des §. 69 finden, wenn das bei Feststellung des geringsten Gebotes berücksichtigte Recht nicht eine Hypothek oder Grundschuld ist, mit folgenden Maßgaben entsprechende Anwendung.

An die Stelle des Kapitalbetrages der Hypothek oder Grundschuld tritt der Betrag, um welchen der Werth des Grundstückes durch die wegfallende Belastung verringert sein würde. Der Betrag soll von dem Vollstreckungsgerichte bei Feststellung der Versteigerungsbedingungen bestimmt werden.

Der von dem Ersteher zu zahlende Betrag ist erst nach erfolgter Kündigung zu zahlen und bis zur Zahlung von dem Zuschlage an zu verzinsen; die Kündigungsfrist beträgt drei Monate.

§. 71.

Ist ein Recht, welches bestehen bleibt, ein bedingtes, so erhöht sich für den Fall, daß das Recht durch den Ausfall oder die Erfüllung der Bedingung wegfällt, der durch Zahlung zu berichtigende Theil des Gebotes. Im Sinne dieser Vorschrift gilt eine Hypothek für eine Forderung von unbestimmtem Betrage als aufschiebend bedingt durch die Feststellung des Betrages. Die Vorschriften des §. 69 Abs. 1, 3 und des §. 70 finden entsprechende Anwendung.

Ein Gleiches gilt, wenn eine Hypothek oder Grundschuld, mit welcher auch ein anderes Grundstück belastet ist, bestehen bleibt, für den Fall, daß der Berechtigte im Wege der Zwangsversteigerung oder der Zwangsverwaltung aus dem anderen Grundstücke befriedigt wird oder das Recht an dem versteigerten Grundstücke und den Anspruch aus der persönlichen Verpflichtung des Erstehers aufgiebt.

§. 72.

Rechte an dem Grundstücke, welche nicht nach den Vorschriften des §. 66 bestehen bleiben, erlöschen. Auch erlöschen die Rechte auf vorzugsweise Befriedigung, welche nicht in einem Rechte an dem Grundstücke sich gründen, sowie die Haftung des Grundstückes für die bis zum Zuschlage laufenden Zinsen, für andere wiederkehrende Leistungen, soweit dieselben vor dem Zuschlage fällig geworden sind, und für Kosten, soweit dieselben vor dem Zuschlage entstanden sind.

Das Recht auf eine der in den §§. 857, 863 des Bürgerlichen Gesetzbuches bezeichneten Renten bleibt ohne Anspruch des Erstehers auf Gewährleistung auch dann bestehen, wenn dasselbe bei Feststellung des geringsten Gebotes nicht berücksichtigt ist.

§. 73.

Die Versteigerung des Grundstückes erstreckt sich auch:

1. auf die für den Gläubiger in Beschlag genommenen Forderungen und beweglichen Sachen, soweit die Beschlagnahme noch wirksam ist;
2. auf diejenigen von der Beschlagnahme nicht ergriffenen beweglichen Sachen, welche zur Zeit der Versteigerung als

Zubehör des Grundstückes vorhanden und entweder in dem Verfahren einer bis zur Versteigerung fortgesetzten Zwangsverwaltung des Grundstückes dem Verwalter als Zubehör überliefert oder von dem Eigenthümer des Grundstückes oder dem im Verfahren der Zwangsverwaltung bestellten Verwalter dem Grundstücke als Zubehör beigefügt sind.

§. 74.

Die Gefahr des Unterganges des Grundstückes geht mit dem Zuschlage, die Gefahr des Unterganges der mitversteigerten Gegenstände mit dem Schlusse der Versteigerung auf den Ersteher über.

Von dem Zuschlage an gebühren dem Ersteher die Nutzungen des Grundstückes und der mitversteigerten Gegenstände; von demselben Zeitpunkte an hat der Ersteher die Lasten und nach Verhältniß der Zeit die Zinsen der bestehen bleibenden Hypotheken und Grundschulden zu tragen.

§. 75.

Die Kosten des Beschlusses, durch welchen der Zuschlag ertheilt wird, fallen dem Ersteher zur Last.

§. 76.

Jeder Betheiligte kann eine von den gesetzlichen Vorschriften abweichende Feststellung des geringsten Gebotes sowie der Versteigerungsbedingungen verlangen, sofern diejenigen Betheiligten zustimmen, deren Rechte durch die Abweichung berührt werden.

Ist ungewiß, ob die Rechte eines Betheiligten durch die Abweichung berührt werden, so ist auf Antrag das Grundstück sowohl mit den verlangten Bedingungen als ohne dieselben auszubieten.

§. 77.

Verlangt ein Betheiligter, dessen Recht an dem Grundstücke nicht nach den Vorschriften des §. 66 bestehen bleibt und nicht in einer Hypothek oder Grundschuld besteht, daß das Fortbestehen dieses Rechtes bestimmt werde, so ist die Zustimmung eines im Range nachstehenden Betheiligten nicht erforderlich.

§. 78.

Jeder Betheiligte kann verlangen, daß in Ansehung des durch Zahlung im Vertheilungstermine zu berichtigenden Theiles des Gebotes statt dieser Zahlung die Zahlung mit gewissen Fristen als Versteigerungsbedingung gestellt werde; die Zustimmung eines anderen Betheiligten ist nicht erforderlich. Im Falle eines solchen

Verlangens ist das Grundstück sowohl mit der verlangten Bedingung als ohne dieselbe auszubieten.

Der Zuschlag wird auf Grund des mit der verlangten Bedingung erfolgten Ausgebotes nur ertheilt, wenn ein Dritter sich dverflichtet, die dem Ersteher obliegende Zahlung ohne Rücksicht auf die bestimmten Zahlungsfristen entweder ohne Abzug oder mit einem zu bestimmenden Abzuge zu bewirken, und für die Erfüllung dieser Verbindlichkeit Sicherheit leistet, und wenn zugleich das Meistgebot nach Abrechnung des bestimmten Abzuges höher ist als das ohne die verlangte Bedingung erreichte Meistgebot.

In Ansehung der Verpflichtung des Dritten finden die Vorschriften des §. 67 Abs. 2, 3, in Ansehung der Sicherheitsleistung die Vorschriften des §. 94 entsprechende Anwendung. Ist der Dritte eine von der Sicherheitsleistung für ein eigenes Gebot befreite Person, so ist die Sicherheitsleistung nicht erforderlich.

Ein Gebot, auf welches nach den Vorschriften des zweiten und dritten Absatzes der Zuschlag nicht ertheilt werden kann, ist zurückzuweisen.

Wird der Dritte bei der Ertheilung des Zuschlages für zahlungspflichtig erklärt, so tritt die Forderung gegen den Dritten als Versteigerungserlös an die Stelle der Forderung gegen den Ersteher; die Forderung gegen den Ersteher steht dem Dritten zu.

§. 79.

Haftet eine dem Anspruche des Gläubigers vorgehende Hypothek oder Grundschuld nur auf einem Antheile an dem Grundstücke, so kann der Gläubiger verlangen, daß auch die Antheile an dem Grundstücke einzeln ausgeboten werden. Der Zuschlag wird auf Grund dieses Ausgebotes nur ertheilt, wenn der Gläubiger Befriedigung aus den durch Zahlung im Vertheilungstermine zu berichtigenden Theilen der Meistgebote in größerem Umfange als bei dem auf das Ausgebot des ganzen Grundstückes erfolgenden Zuschlage zu erwarten hat.

§. 80.

Sind in demselben Verfahren mehrere Grundstücke zu versteigern, so ist jedes derselben einzeln auszubieten (Einzelausgebot).

Jeder Betheiligte kann verlangen, daß die Grundstücke oder mehrere derselben auch zusammen ausgeboten werden (Gesammtausgebot).

Stimmen die Betheiligten zu, so unterbleibt das Einzelausgebot; die Zustimmung derjenigen Betheiligten, deren Rechte und Ansprüche bei Feststellung des geringsten Gebotes zu berücksichtigen sind, ist nicht erforderlich.

§. 81.

Für das Gesammtausgebot mehrerer Grundstücke ist das geringste Gebot in der Weise festzustellen, daß diejenigen Ansprüche, für welche Befriedigung aus mehreren der Grundstücke verlangt werden kann, nur einmal mitgerechnet werden, und daß, wenn bei dem Einzelausgebote auf eines der Grundstücke ein Gebot abgegeben wird, der Betrag hinzugerechnet wird, um welchen das Meistgebot das für das Grundstück festgestellte geringste Gebot übersteigt.

§. 82.

Ist das Einzelausgebot mehrerer Grundstücke nicht ausgeschlossen, so wird der Zuschlag auf Grund des Gesammtausgebotes nur ertheilt, wenn das Meistgebot höher ist als die Summe der bei dem Einzelausgebote erreichten Meistgebote, oder wenn diejenigen Betheiligten zustimmen, deren Rechte dadurch berührt werden, daß der Zuschlag nicht auf Grund des Einzelausgebotes, sondern auf Grund des Gesammtausgebotes ertheilt wird.

Ist nach Maßgabe des §. 81 ein Anspruch, für welchen Befriedigung aus mehreren der Grundstücke verlangt werden kann, nur einmal mitgerechnet, so kann ein Betheiligter, welcher für seinen Anspruch Befriedigung aus allen zusammen ausgebotenen Grundstücken verlangen kann, die Ertheilung des Zuschlages auf Grund des Gesammtausgebotes auch dann verlangen, wenn er Befriedigung aus dem durch Zahlung im Vertheilungstermine zu berichtigenden Theile des Meistgebotes in größerem Umfange als bei dem auf das Einzelausgebot erfolgenden Zuschlage zu erwarten hat.

§. 83.

Im Falle der Ertheilung des Zuschlages auf Grund des Gesammtausgebotes mehrerer Grundstücke finden die Vorschriften der §§. 69, 70 und des §. 71 Abs. 1 in Ansehung einer Reallast, Hypothek oder Grundschuld, mit welcher mehrere der Grundstücke belastet sind, nur Anwendung, wenn dieselbe an keinem der Grundstücke bestehen bleibt.

Auf Grund des §. 71 Abs. 2 tritt die Erhöhung des durch Zahlung zu berichtigenden Theiles des Gebotes nur ein, wenn der Berechtigte seine Befriedigung auch aus einem Grundstücke verlangen kann, welches nicht zu den zusammen ausgebotenen gehört und derselbe entweder aus diesem Grundstücke im Wege der Zwangsversteigerung oder der Zwangsverwaltung befriedigt wird oder das Recht an allen zusammen ausgebotenen Grundstücken und den Anspruch aus der persönlichen Verpflichtung des Erstehers aufgiebt.

§. 84.

Das Vollstreckungsgericht kann auf Antrag anordnen, daß eine Forderung oder eine bewegliche Sache von der Versteigerung des Grundstückes ausgeschlossen und nach dieser Versteigerung besonders versteigert werden soll. Das Vollstreckungsgericht kann auf Antrag auch eine andere Art der Verwerthung anordnen, insbesondere zur Einziehung einer Forderung einen Verwalter bestellen oder die Forderung einem Betheiligten mit dessen Zustimmung auf die ihm zustehende Geldforderung nach Maßgabe des §. 736 der Civilprozeßordnung an Zahlungsstatt überweisen.

Bei der besonderen Versteigerung finden die Vorschriften der §§. 718, 721 der Civilprozeßordnung entsprechende Anwendung.

Der durch besondere Versteigerung oder anderweite Verwerthung erzielte Erlös ist öffentlich zu hinterlegen.

Die besondere Versteigerung oder anderweite Verwerthung ist unzulässig, sofern das geringste Gebot nicht erreicht ist.

IV. Versteigerungstermin.

§. 85.

Der Versteigerungstermin beginnt mit dem Aufrufe der Sache.

In dem Termine sind zunächst die das Grundstück betreffenden Nachweisungen und die das Verfahren betreibenden Gläubiger, deren Ansprüche und die Zeit der für einen jeden derselben bewirkten Beschlagnahme bekannt zu machen.

Hierauf sind das geringste Gebot sowie die Versteigerungsbedingungen nach Anhörung der anwesenden Betheiligten festzustellen. Die erfolgten Feststellungen sind zu verlesen und die im §. 68 bezeichneten Anmeldungen bekannt zu machen.

Nachdem dies geschehen, ist zur Abgabe von Geboten aufzufordern.

§. 86.

Bei Feststellung des geringsten Gebotes kann das Gericht einen Rechnungsverständigen zuziehen.

Die berücksichtigten Rechte und Ansprüche sind einzeln zu bezeichnen.

§. 87.

Die nach den §§. 61, 68 erforderlichen Anmeldungen können schon vor dem Versteigerungstermine erfolgen.

Durch die Aufforderung zur Abgabe von Geboten wird die weitere Anmeldung und Glaubhaftmachung ausgeschlossen.

§. 88.

Die Aufforderung zur Abgabe von Geboten darf erst erfolgen, wenn das Gericht auf die nach dem §. 87 Abs. 2 eintretende Ausschließung weiterer Anmeldungen aufmerksam gemacht hat und darauf eine Erklärung nicht erfolgt ist.

§. 89.

Ein Gebot ist zurückzuweisen, wenn dasselbe unwirksam ist oder der Bieter das Grundstück nicht erwerben kann.

Ist die Wirksamkeit des Gebotes oder die Möglichkeit des Erwerbes von der Vertretungsmacht desjenigen, welcher das Gebot für den Bieter abgegeben hat, oder von der Einwilligung oder Genehmigung einer anderen Person oder einer Behörde abhängig, so ist das Gebot zurückzuweisen, sofern nicht die Thatsache, von welcher die Wirksamkeit abhängig ist, bei dem Vollstreckungsgerichte offenkundig ist oder durch öffentliche oder öffentlich beglaubigte Urkunden sofort nachgewiesen wird.

§. 90.

Ein Gebot ist zurückzuweisen, wenn ein Betheiligter, dessen Recht durch Nichterfüllung des Gebotes beeinträchtigt werden würde, die Leistung einer Sicherheit für dasselbe verlangt hat und die Sicherheit nicht sofort geleistet wird. Bei der Beurtheilung, ob der Betheiligte die Befriedigung eines bei Feststellung des geringsten Gebotes nicht berücksichtigten Anspruches aus dem Gebote zu erwarten habe, bleiben die nicht in einem Rechte an dem Grundstücke sich gründenden Ansprüche sowie die Ansprüche wegen Kosten und wegen rückständiger oder laufender wiederkehrender Leistungen außer Betracht.

Die Vorschriften des ersten Absatzes finden keine Anwendung auf ein nach Maßgabe des §. 78 mit Fristen zahlbares Gebot. Sie finden ferner keine Anwendung auf ein Gebot des Reiches, der Reichsbank oder eines Bundesstaates. Das Gleiche kann durch Landesgesetz bestimmt werden für Gebote von Gemeinden und anderen Kommunalverbänden (Provinzial-, Kreis-, Amtsverbände) sowie für Gebote gewisser Kreditanstalten und Sparkassen.

§. 91.

Das Verlangen der Sicherheitsleistung ist nur zu berücksichtigen, wenn es vor oder sofort nach Abgabe des Gebotes gestellt wird. Das Verlangen gilt auch für weitere Gebote desselben Bieters.

Die Sicherheitsleistung kann auch verlangt werden, wenn frühere Gebote des Bieters ohne Sicherheitsleistung zugelassen sind.

§. 92.

Die Sicherheitsleistung kann zu einem Betrage verlangt werden, welcher einem Zehntel des durch Zahlung im Vertheilungstermine zu berichtigenden Theiles des Gebotes oder, wenn die aus dem Versteigerungserlöse zu entnehmenden Kosten des Verfahrens mehr betragen, dem Betrage dieser Kosten gleichkommt.

Ein Betheiligter, welchem ein nach dem §. 66 bestehen bleibendes Recht zusteht, kann, wenn zur Befriedigung aller dem Rechte vorgehenden, durch Zahlung zu befriedigenden Ansprüche ein höherer Betrag erforderlich ist, die Sicherheitsleistung zu diesem höheren Betrage verlangen.

Bei einem Gebote des Schuldners oder des Eigenthümers des Grundstückes kann die Sicherheitsleistung zu dem ganzen Betrage des durch Zahlung im Vertheilungstermine zu berichtigenden Theiles des Gebotes verlangt werden.

§. 93.

Ist für den Bieter bei dem versteigerten Grundstücke eine Hypothek oder Grundschuld ohne Beschränkung eingetragen und entspricht dieselbe den Voraussetzungen, unter welchen Mündelgelder in Hypotheken oder Grundschulden angelegt werden dürfen, so kann die Sicherheitsleistung nur zu dem Betrage verlangt werden, um welchen der nach der Vorschrift des §. 92 sicherzustellende Betrag den Kapitalbetrag der Hypothek oder Grundschuld übersteigt. Diese Vorschrift findet auf den Schuldner und den Eigenthümer des Grundstückes keine Anwendung.

§. 94.

Die Sicherheitsleistung ist zu bewirken durch öffentliche Hinterlegung von Geld oder solchen Werthpapieren, welche im Inlande ausgestellt sind, auf den Inhaber lauten und einen Börsenpreis oder Marktpreis haben; mit solchen Werthpapieren kann die Sicherheit in Höhe des ganzen Kurswerthes geleistet werden. Die Sicherheitsleistung kann auch durch Uebergabe an das Gericht bewirkt werden. Die Vorschrift des §. 200 des Bürgerlichen Gesetzbuches findet entsprechende Anwendung.

Die Landesgesetze können bestimmen, daß die Sicherheit durch Stellung eines als Selbstschuldner haftenden tüchtigen Bürgen geleistet werden darf. Auf Gebote des Schuldners oder des Eigenthümers des Grundstückes findet eine solche Bestimmung der Landesgesetze keine Anwendung.

§. 95.

Ueber die Zulassung eines Gebotes, für welches Sicherheitsleistung verlangt ist, hat das Gericht sofort zu entscheiden. Wird das Gebot zugelassen und gegen die Zulassung von dem Betheiligten, welcher Sicherheitsleistung verlangt hat, nicht sofort Widerspruch erhoben, so kann der Mangel gehöriger Sicherheitsleistung nicht geltend gemacht werden.

§. 96.

Mit Zustimmung des Betheiligten, auf dessen Verlangen die Sicherheit zu leisten ist, kann die Sicherheit auf eine andere Art als die im §. 94 bezeichnete geleistet werden.

§. 97.

Ein Gebot des Richters oder des Gerichtsschreibers, vor welchen die Versteigerung stattfindet, ist unwirksam.

§. 98.

Das Gebot erlischt:

1. wenn es zurückgewiesen wird, es sei denn, daß gegen die Zurückweisung von Seiten des Bieters oder eines Betheiligten sofort Widerspruch erhoben wird;
2. wenn ein Uebergebot zugelassen und gegen die Zulassung nicht sofort von Seiten eines Betheiligten Widerspruch erhoben wird; das Gebot gilt als zugelassen, wenn es nicht sofort zurückgewiesen wird;
3. wenn vor dem Schlusse der Versteigerung das Verfahren eingestellt oder der Versteigerungstermin aufgehoben wird.

§. 99.

Ist ein Gebot abgegeben und nicht erloschen, so darf die Aufhebung des Termines nach Maßgabe der Vorschriften der §§. 57, 58 nur erfolgen, wenn das Gericht die anwesenden Betheiligten zu einer Erklärung aufgefordert hat und kein Widerspruch erfolgt.

§. 100.

Die Versteigerung darf nicht vor Ablauf einer Stunde seit der Aufforderung zur Abgabe von Geboten geschlossen werden.

Die Versteigerung ist so lange fortzusetzen, bis der Aufforderung des Gerichtes ungeachtet ein Gebot nicht mehr abgegeben wird.

Vor dem Schlusse der Versteigerung soll das Gericht das letzte Gebot bekannt machen.

Der Schluß der Versteigerung ist zu verkünden.

§. 101.

Ist das höchste Gebot zurückgewiesen, der Zurückweisung aber von dem Bieter oder einem Betheiligten widersprochen, so erfolgt der Schluß der Versteigerung nur unter Vorbehalt weiterer Gebote desjenigen, welcher das höchste Gebot, und desjenigen, welcher das nächsthöchste Gebot abgegeben hat; weitere Gebote gelten nur als für den Fall abgegeben, daß die Zurückweisung nicht gerechtfertigt war. Ein Gleiches gilt, wenn der Zulassung des höchsten Gebotes widersprochen, dieses aber nicht zurückgewiesen ist.

Die Vorschriften des §. 100 Abs. 2 bis 4 finden auf diese Fortsetzung der Versteigerung Anwendung.

§. 102.

Nach dem Schlusse der Versteigerung sind die im Termine anwesenden Betheiligten über die Ertheilung des Zuschlages zu hören.

Ein Widerspruch gegen die Ertheilung des Zuschlages sowie die zur Begründung oder Entkräftung des Widerspruches dienenden Thatsachen und Beweismittel müssen im Termine vor dem Schlusse der Verhandlung vorgebracht werden, soweit nicht das Gesetz ein Anderes bestimmt.

§. 103.

Der Schuldner sowie jeder Andere, welcher ein Recht an dem Grundstücke durch die Versteigerung zu verlieren Gefahr läuft, kann im Termine, auch nach dem Schlusse der Versteigerung, zur Befriedigung des Gläubigers und zur Deckung der Kosten des Verfahrens den erforderlichen Geldbetrag an das Gericht zahlen. Wird hiervon Gebrauch gemacht, so ist das Verfahren einstweilen einzustellen. Die Zahlung erfolgt auf Gefahr und Kosten des Zahlenden.

§. 104.

Sind im Falle der Versteigerung mehrerer Grundstücke auf eines oder mehrere derselben Gebote abgegeben, welche den zur Befriedigung des Gläubigers und zur Deckung der Kosten erforderlichen Betrag ergeben, so ist auf Antrag des Schuldners und, wenn ein Anderer als Eigenthümer zu den Betheiligten gehört, auch auf Antrag dieses Anderen in Ansehung der übrigen Grundstücke, auch nach dem Schlusse der Versteigerung, das Verfahren einstweilen einzustellen, es sei denn, daß der Anspruch des Gläubigers in einer auf den übrigen Grundstücken haftenden Reallast, Hypothek oder Grundschuld sich gründet

Der Gläubiger kann die Fortsetzung des Verfahrens verlangen, wenn er nicht vor Ablauf von zwei Monaten seit dem Versteigerungstermine befriedigt und von der Haftung für die Kosten befreit ist, oder wenn sich ergiebt, daß er Befriedigung aus den Geboten nicht zu erwarten hat.

Wird die Fortsetzung des Verfahrens nicht vor Ablauf von drei Monaten seit der Einstellung des Verfahrens beantragt, so gilt der Versteigerungsantrag als zurückgenommen.

§. 105.

Ist ein Gebot nicht abgegeben oder sind alle abgegebenen Gebote ohne Widerspruch zurückgewiesen, so ist das Verfahren einstweilen einzustellen. Tritt die Voraussetzung zum zweiten Male ein, so ist das Verfahren aufzuheben.

§. 106.

Die für die Entscheidung über den Zuschlag und für die Rechte der Betheiligten in Betracht kommenden Vorgänge im Termine sind durch Aufnahme in das Protokoll festzustellen. Insbesondere ist, wenn streitig bleibt, ob oder für welches Gebot der Zuschlag zu ertheilen sei, das Sachverhältniß mit den gestellten Anträgen in das Protokoll aufzunehmen.

Vorgänge im Termine, welche nicht aus dem Protokolle ersichtlich sind, werden bei der Entscheidung über den Zuschlag nicht berücksichtigt.

V. Zurücknahme des Versteigerungsantrages. Aufhebung und einstweilige Einstellung des Verfahrens.

§. 107.

Der Gläubiger kann bis zum Schlusse der im Versteigerungstermine stattfindenden Verhandlung über den Zuschlag den Versteigerungsantrag zurücknehmen oder die einstweilige Einstellung des Verfahrens bewilligen.

§. 108.

Der Gläubiger kann die einstweilige Einstellung des Verfahrens nur einmal und nicht über drei Monate hinaus beantragen oder bewilligen.

Die auf Antrag oder Bewilligung des Gläubigers erfolgte Aufhebung des Versteigerungstermines gilt im Sinne des ersten Absatzes als einstweilige Einstellung auch dann, wenn gleichzeitig die Bestimmung eines neuen Termines beantragt worden ist.

§. 109.

In den Fällen des §. 691 der Civilprozeßordnung erfolgt die Aufhebung sowie die einstweilige Einstellung des Verfahrens durch Beschluß des Vollstreckungsgerichtes.

In Ansehung derjenigen Einwendungen Dritter gegen die Fortsetzung des Verfahrens, welche auf ein vor oder gleichzeitig mit der Eintragung des Versteigerungsvermerkes oder vor der Beschlagnahme eingetragenes Recht, insbesondere ein Veräußerungsverbot, sich gründen, finden die Vorschriften des §. 34 entsprechende Anwendung.

Nach dem Schlusse der im Versteigerungstermine stattfindenden Verhandlung über den Zuschlag findet eine einstweilige Einstellung des Verfahrens auf Grund von Einwendungen des Schuldners oder von Rechten Dritter nicht mehr statt.

§. 110.

Ist das Verfahren einstweilen eingestellt, so wird es nur auf Antrag des Gläubigers fortgesetzt. Die Vorschriften des §. 688 Abs. 2 der Civilprozeßordnung bleiben unberührt.

Der Beschluß, durch welchen die Fortsetzung des Verfahrens angeordnet wird, ist dem Schuldner und, wenn ein Anderer als Eigenthümer zu den Betheiligten gehört, auch diesem zuzustellen. Die Vorschriften des §. 52 Abs. 2, des §. 58 und des §. 64 Satz 2 finden entsprechende Anwendung.

§. 111.

Ist die einstweilige Einstellung des Verfahrens auf Antrag oder Bewilligung des Gläubigers oder wegen Mangels eines Gebotes oder nach Maßgabe des §. 691 Nr. 4, 5 der Civilprozeßordnung erfolgt und wird nicht vor Ablauf von drei Monaten seit der Einstellung ein gerechtfertigter Antrag auf Fortsetzung des Verfahrens gestellt, so gilt der Versteigerungsantrag als zurückgenommen.

Der Versteigerungsantrag gilt auch dann als zurückgenommen, wenn die einstweilige Einstellung des Verfahrens auf Grund einer Einwendung des Schuldners oder wegen des angeblichen Rechtes eines Dritten von dem Prozeßgerichte angeordnet und erfolgt, die Anordnung aber wieder aufgehoben ist und ein gerechtfertigter Antrag auf Fortsetzung des Verfahrens nicht vor Ablauf von drei Monaten seit der Aufhebung der Anordnung gestellt wird.

§. 112.

Die Vorschriften der §§. 108, 111 finden insoweit keine Anwendung, als die Betheiligten, deren Rechte durch die Entscheidung über den Zuschlag berührt werden, ihre Zustimmung erklären. Die Zustimmung des Schuldners, des gegenwärtigen Eigenthümers des Grundstückes und eines Vorkaufsberechtigten ist nicht erforderlich.

VI. Entscheidung über den Zuschlag.

§. 113.

Der Zuschlag ist dem Meistbietenden zu ertheilen.

Der Zuschlag ist von Amtswegen zu versagen auf ein Gebot, welches mit Recht zurückgewiesen ist oder hätte zurückgewiesen werden sollen. Der nach dem §. 89 Abs. 2 erforderliche Nachweis kann, sofern das Gebot nicht erloschen ist, bis zum Schlusse der im Versteigerungstermine stattfindenden Verhandlung über den Zuschlag nachgebracht werden.

Kann der Zuschlag für das höchste Gebot nicht ertheilt werden, so gilt als Meistgebot das nächsthöchste nicht erloschene Gebot.

§. 114.

Der Zuschlag ist von Amtswegen zu versagen:

1. wenn die Versteigerung ungeachtet der erfolgten Aufhebung oder einstweiligen Einstellung des Verfahrens fortgesetzt ist;
2. wenn die Veräußerung des Grundstückes gegen ein im öffentlichen Interesse erlassenes Veräußerungsverbot verstoßen würde;
3. wenn eine der Vorschriften über den wesentlichen Inhalt der Terminsbestimmung, über die öffentliche Bekanntmachung derselben oder über die Versteigerungsfrist oder wenn eine der im §. 100 Abs. 1, 2 enthaltenen Vorschriften verletzt ist;
4. wenn das Verfahren wegen eines vor oder gleichzeitig mit der Eintragung des Versteigerungsvermerkes eingetragenen Rechtes hätte aufgehoben oder einstweilen eingestellt werden sollen;
5. wenn die Terminsbestimmung einem Betheiligten, welchem sie hätte zugestellt werden sollen, nicht gehörig zugestellt ist;
6. wenn eine der Vorschriften über die Feststellung des geringsten Gebotes und der Versteigerungsbedingungen verletzt ist;
7. wenn der Versteigerungstermin nach dem §. 58 hätte aufgehoben werden sollen;
8. wenn im Falle des §. 78 das Grundstück nicht ohne die Bedingung von Zahlungsfristen ausgeboten, oder wenn im Falle des §. 80 das Einzelausgebot ohne die erforderliche Zustimmung eines Betheiligten unterblieben ist.

§. 115.

Die Versagung des Zuschlages findet in den Fällen des §. 114 Nr. 4 bis 8 nicht statt, wenn der Betheiligte in dem

Versteigerungstermine erschienen ist und ungeachtet einer von Seiten des Gerichtes an ihn gestellten Frage Widerspruch nicht erhoben hat, oder wenn er das Verfahren genehmigt hat. Die Genehmigung muß im Versteigerungstermine erklärt oder vor dem Zuschlage in öffentlich beglaubigten Urkunden eingereicht werden.

§. 116.

Die Versagung des Zuschlages findet in den Fällen des §. 114 Nr. 5, 8 nicht statt, wenn das Recht des Betheiligten durch Ertheilung des Zuschlages nicht beeinträchtigt wird.

Bei der Beurtheilung, ob das Recht des Betheiligten beeinträchtigt wird, ist im Zweifel anzunehmen, daß von den Rechten, welche dem Betheiligten zustehen oder dem Rechte desselben vorgehen oder gleichstehen, ein Anspruch auf wiederkehrende Leistungen auch für laufende und rückständige Beträge und ein Anspruch, dessen Geldbetrag unbestimmt ist, mit dem zulässigen Höchstbetrage zu decken ist.

§. 117.

Oeffentliche Urkunden, durch welche der Beweis einer Zustellung geführt oder entkräftet werden soll, können bis zum Zuschlage nachgebracht werden.

§. 118.

Der Zuschlag ist zu versagen, wenn von einem der Betheiligten ein gerechtfertigter Widerspruch erhoben ist.

Der Widerspruch ist gerechtfertigt:

1. wenn die Zwangsversteigerung nicht zulässig ist oder nicht hätte fortgesetzt werden sollen;
2. wenn die Vorschrift des §. 88 verletzt und die Anmeldung oder Glaubhaftmachung eines Rechtes zurückgewiesen ist;
3. wenn eine der Vorschriften des §. 101 Abs. 1 verletzt ist;
4. wenn im Falle des §. 78 das von einem Betheiligten beantragte Ausgebot mit der Bedingung von Zahlungsfristen oder im Falle des §. 79 das von dem Gläubiger beantragte Einzelausgebot der Grundstücksantheile oder im Falle des §. 80 das von einem Betheiligten beantragte Gesammtausgebot unterblieben ist.

Der Widerspruch kann nicht auf einen Grund gestützt werden, welcher das Recht des Widersprechenden nicht betrifft.

§. 119.

Auf Antrag eines Betheiligten, dessen Recht durch Ertheilung des Zuschlages beeinträchtigt werden würde, ist der Zuschlag zu versagen und ein neuer Versteigerungstermin zu bestimmen, wenn der Betheiligte sich verpflichtet, den durch diese Versagung des Zuschlages entstehenden Schaden, mit Einschluß der Mehrkosten, zu ersetzen, und wenn er zugleich für die Erfüllung dieser Verbindlichkeit nach Maßgabe des Meistgebotes und der Vorschriften des §. 92 und des §. 94 Abs. 1 Sicherheit leistet.

Bei der Beurtheilung, ob das Recht des Betheiligten durch Ertheilung des Zuschlages beeinträchtigt werden würde, findet die Vorschrift des §. 116 Abs. 2 Anwendung.

Die von der Sicherheitsleistung für ein eigenes Gebot befreiten Personen haben auch in diesem Falle Sicherheit nicht zu leisten.

Für die weitere Versteigerung gilt das bisherige Meistgebot als ein von dem Betheiligten abgegebenes Gebot, auch wenn derselbe in dem neuen Termine nicht bietet.

Auf die neue Terminsbestimmung finden die Vorschriften des §. 51 entsprechende Anwendung. Die Terminsbestimmung ist nach Maßgabe der §§. 18 bis 23 auch dem Meistbietenden zuzustellen.

In dem fortgesetzten Verfahren findet die Vorschrift des ersten Absatzes keine Anwendung.

§. 120.

Eine vor der Entscheidung über den Zuschlag von dem Vollstreckungsgerichte erlassene Entscheidung steht, auch wenn sie rechtskräftig geworden ist, der Ertheilung oder Versagung des Zuschlages nicht entgegen.

Die Beschwerde gegen eine Entscheidung der im ersten Absatze bezeichneten Art kann nur in Verbindung mit der Beschwerde gegen die Entscheidung über den Zuschlag eingelegt werden, sofern nicht die Entscheidung erlassen ist über Anordnung, Aufhebung, einstweilige Einstellung oder Fortsetzung des Verfahrens oder über Zulassung eines Beitrittes.

§. 121.

Die Ertheilung sowie die Versagung des Zuschlages erfolgt durch Beschluß des Gerichtes.

Der Beschluß ist im Versteigerungstermine oder in einem sofort zu bestimmenden besonderen Termine zu verkünden.

Der Verkündungstermin soll nicht über eine Woche hinaus bestimmt werden. Die Terminsbestimmung ist zu verkünden und durch Anheften des Beschlusses an die Gerichtstafel bekannt zu machen.

Erfolgt die Verkündung des Beschlusses in einem besonderen Termine und sind nachträglich Thatsachen oder Beweismittel vorgebracht, so sollen hierüber die in dem Termine erschienenen Betheiligten vor Verkündung des Beschlusses gehört werden.

§. 122.

Der Beschluß, durch welchen nach dem Schlusse der Versteigerung das Verfahren aufgehoben oder einstweilen eingestellt oder der Versteigerungstermin aufgehoben wird, gilt als ein Beschluß, durch welchen der Zuschlag versagt wird.

§. 123.

Hat der Meistbietende das Recht aus dem Meistgebote an einen Dritten abgetreten und dieser die Verbindlichkeit aus dem Meistgebote übernommen, so ist der Zuschlag nicht dem Meistbietenden, sondern mit der Maßgabe, daß der Dritte und der Meistbietende als Gesammtschuldner haften, dem Dritten zu ertheilen. Die Erklärungen des Meistbietenden und des Dritten müssen im Versteigerungstermine abgegeben oder vor dem Zuschlage in öffentlich beglaubigten Urkunden eingereicht werden.

Ein Gleiches gilt, wenn der Meistbietende nachträglich erklärt hat, daß sein Gebot als in Vertretung eines Dritten abgegeben gelten solle, und die Vertretungsmacht des Meistbietenden oder die Genehmigung des Dritten bei dem Vollstreckungsgerichte offenkundig ist oder vor dem Zuschlage durch öffentliche oder öffentlich beglaubigte Urkunden nachgewiesen wird.

Dem Richter oder dem Gerichtsschreiber, vor welchen die Versteigerung stattgefunden hat, darf auch in diesen Fällen der Zuschlag nicht ertheilt werden.

§. 124.

Wird der Zuschlag ertheilt, so sind in dem Beschlusse das Grundstück und der Ersteher sowie das Gebot und die Versteigerungsbedingungen zu bezeichnen.

In dem Beschlusse ist im Falle des §. 78 der Dritte, welcher die Verbindlichkeit des Erstehers zur Zahlung übernommen hat, unter Angabe des Betrages seiner Schuld für zahlungspflichtig, im Falle des §. 123 der Meistbietende, an dessen Stelle ein Anderer als Ersteher getreten ist, für mithaftend zu erklären.

§. 125.

Wird der Zuschlag ertheilt, so ist der Beschluß zuzustellen:

1. dem Schuldner und, wenn ein Anderer als Eigenthümer zu den Betheiligten gehört, auch diesem;
2. dem Gläubiger;
3. den im §. 8 Nr. 1 bezeichneten Betheiligten;
4. von den übrigen Betheiligten denjenigen, welchen die Terminsbestimmung hätte zugestellt werden sollen, aber nicht gehörig zugestellt ist;

5. dem Ersteher sowie in den Fällen der §§. 78, 123 der für zahlungspflichtig oder für mithaftend erklärten Person.

Auf die Zustellung kann verzichtet werden.

§. 126.

Nachdem die Versteigerung erfolgt ist, können, außer den Betheiligten, auch der Ersteher, der Bieter, dessen Gebot nicht erloschen ist, und im Falle des §. 78 der für zahlungspflichtig erklärte Dritte von den Akten Einsicht nehmen und sich aus denselben durch den Gerichtsschreiber Ausfertigungen, Auszüge und Abschriften ertheilen lassen.

§. 127.

Auf die Beschwerde gegen den Beschluß, durch welchen der Zuschlag ertheilt oder versagt wird, finden die Vorschriften der Civilprozeßordnung über die sofortige Beschwerde nur insoweit Anwendung, als nicht in den §§. 128 bis 136 ein Anderes bestimmt ist.

§. 128.

Die Beschwerde steht im Falle der Ertheilung des Zuschlages jedem Betheiligten und dem Ersteher zu, im Falle der Versagung des Zuschlages dem Gläubiger, in jedem Falle auch dem Bieter, welchem der Zuschlag nicht ertheilt und dessen Gebot nicht erloschen ist.

Als Betheiligter gilt der Beschwerdeführer auch dann, wenn er die im §. 8 Nr. 2 bezeichnete Anmeldung und Glaubhaftmachung bei dem Beschwerdegerichte bewirkt.

Im Falle des §. 78 gilt als Ersteher auch der für zahlungspflichtig erklärte Dritte. Im Falle des §. 123 gilt als Bieter derjenige, welchem das Recht aus dem Gebote abgetreten oder für welchen das Gebot abgegeben ist, als Ersteher auch der für mithaftend erklärte Bieter.

§. 129.

Wer als Gegner des Beschwerdeführers zuzuziehen ist, bestimmt das Gericht.

Mehrere Beschwerden sind mit einander zu verbinden.

§. 130.

Eine Thatsache, auf Grund deren ein Betheiligter nach dem §. 118 der Ertheilung des Zuschlages hätte widersprechen können, kann von dem Betheiligten nicht geltend gemacht werden, wenn er sie im Versteigerungstermine ungeachtet einer von Seiten des Gerichtes an ihn gestellten Frage nicht geltend gemacht hat.

Gegen die Ertheilung des Zuschlages kann Niemand einen Grund geltend machen, welcher nur das Recht eines Anderen betrifft.

§. 131.

Der nach dem §. 89 Abs. 2 erforderliche Nachweis kann in der Beschwerdeinstanz nicht nachgebracht werden.

Die Beschwerde kann durch Nachbringen der im §. 123 bezeichneten Erklärungen und Urkunden nicht begründet werden.

§. 132.

Wird die Beschwerde für begründet erachtet, so hat das Beschwerdegericht unter Aufhebung des angefochtenen Beschlusses in der Sache selbst zu entscheiden.

Im Falle weiterer Beschwerde ist, wenn ein in der Beschwerdeinstanz aufgehobener Beschluß, durch welchen der Zuschlag ertheilt ist, für begründet erachtet wird, unter Aufhebung des angefochtenen Beschlusses die gegen den ersteren Beschluß erhobene Beschwerde zurückzuweisen.

§. 133.

Wird der Beschluß, durch welchen der Zuschlag ertheilt ist, aufgehoben und ist der durch Zahlung zu berichtigende Theil des Meistgebotes bereits gezahlt, aber noch nicht vertheilt, so ist der gezahlte Betrag zurückzuzahlen.

Soweit auf Grund des aufgehobenen Beschlusses und der Vertheilung des Erlöses Eintragungen in das Grundbuch erfolgt sind, hat das Vollstreckungsgericht das Grundbuchamt um Eintragung derjenigen Vormerkungen zu ersuchen, welche zur Wahrung der Rechte der Betheiligten erforderlich sind.

§. 134.

Erfolgt die Versagung des Zuschlages durch das Beschwerdegericht, nachdem auf Grund des angefochtenen Beschlusses die Vertheilung des Erlöses stattgefunden hat, so steht die weitere Beschwerde auch den Betheiligten zu, welchen der Erlös zugetheilt ist.

§. 135.

Der Beschluß des Beschwerdegerichtes ist, wenn eine den angefochtenen Beschluß abändernde Entscheidung über den Zuschlag getroffen ist, allen Betheiligten sowie demjenigen, welchem der Zuschlag ertheilt war oder ertheilt wird, und in den Fällen der §§. 78, 123 der für zahlungspflichtig oder für mithaftend erklärten Person zuzustellen, anderenfalls nur dem Beschwerdeführer und den als Gegner desselben zugezogenen Personen.

Ist der Beschluß auf Grund einer mündlichen Verhandlung ergangen, so ist er denjenigen Personen nicht zuzustellen, welche zu der mündlichen Verhandlung gehörig geladen sind. Ein Beschluß, durch welchen der Zuschlag ertheilt wird, ist jedoch auch in diesem Falle den im §. 125 bezeichneten Personen zuzustellen, sofern nicht dieselben auf die Zustellung verzichten.

Nach erfolgter Zustellung sind die Akten dem Vollstreckungsgerichte zurückzusenden.

§. 136.

Die Frist für die Beschwerde gegen den Beschluß des Vollstreckungsgerichtes beginnt im Falle der Versagung des Zuschlages mit der Verkündung des Beschlusses. Das Gleiche gilt im Falle der Ertheilung des Zuschlages in Ansehung derjenigen Personen, welchen der Beschluß nicht zuzustellen ist.

Die Frist für die weitere Beschwerde beginnt im Falle der Verkündung des Beschlusses des Beschwerdegerichtes in Ansehung derjenigen, welchen der Beschluß nicht zuzustellen ist, mit der Verkündung.

§. 137.

Wird die Beschwerde nicht innerhalb der Nothfrist von zwei Wochen eingelegt, so erlischt jedes Gebot, auf welches der Zuschlag nicht ertheilt ist.

§. 138.

Durch den Zuschlag erwirbt der Ersteher das Eigenthum an dem Grundstücke, auch wenn der Schuldner nicht Eigenthümer war.

Durch den Zuschlag erlöschen in dem durch die Versteigerungsbedingungen bestimmten Umfange die an dem Grundstücke, außer dem Eigenthume, bestehenden Rechte sowie die Rechte auf vorzugsweise Befriedigung aus dem Grundstücke und die Haftung des Grundstückes für wiederkehrende Leistungen und für Kosten.

Ein Gleiches gilt in Ansehung der übrigen Gegenstände, auf welche die Versteigerung des Grundstückes sich erstreckt hat, soweit die Beschlagnahme noch wirksam ist. Ist die Beschlagnahme nach der Versteigerung unwirksam geworden, so finden die Vorschriften des §. 880 des Bürgerlichen Gesetzbuches zu Gunsten des Erstehers entsprechende Anwendung; ein Anspruch des Erstehers auf Gewährleistung findet nicht statt.

In Ansehung der mitversteigerten Sachen, welche nicht in Beschlag genommen waren, finden die Vorschriften des dritten Absatzes Anwendung, wie wenn die Sachen zur Zeit des Schlusses der Versteigerung in Beschlag genommen worden wären.

§. 139.

Wird nach dem Zuschlage das Bestehenbleiben eines nach dem §. 138 erlöschenden Rechtes an dem Grundstücke zwischen dem Berechtigten und dem Ersteher vereinbart, so gilt das Recht als nicht erloschen. Die Erklärungen des Berechtigten und des Erstehers müssen im Vertheilungstermine abgegeben oder, bevor das Gericht das Grundbuchamt nach Maßgabe des §. 172 um Löschung des Rechtes ersucht hat, in öffentlich beglaubigten Urkunden eingereicht sein.

Der durch Zahlung zu berichtigende Theil des Meistgebotes mindert sich um denjenigen Betrag, welcher dem Berechtigten gebühren würde.

Im Uebrigen wirkt die Vereinbarung wie eine im Wege der Zwangsversteigerung aus dem Grundstücke gewährte Befriedigung.

§. 140.

Der Versteigerungserlös tritt in Ansehung der nach dem §. 138 erlöschenden Rechte an die Stelle des Grundstückes und der übrigen Gegenstände.

Besteht das Recht in einem Erbbaurechte, einer Dienstbarkeit, einer Reallast oder in einem nach Landesgesetz begründeten veräußerlichen und vererblichen Nutzungsrechte, so hat der Berechtigte Anspruch auf Ersatz des Werthes aus dem Erlöse mit den Rechten eines Hypothekengläubigers und mit dem Range des erlöschenden Rechtes.

Für einen Nießbrauch, für eine beschränkte persönliche Dienstbarkeit oder für eine Reallast von unbestimmter Dauer ist der Werthersatz durch wiederkehrende Leistung desjenigen Geldbetrages zu gewähren, welcher dem Jahreswerthe des Nießbrauches, der Dienstbarkeit oder der Reallast gleichkommt. Die Leistung muß für je drei Monate im Voraus erfolgen; der Anspruch auf die im Voraus zu bewirkende Leistung gilt mit Beginn derjenigen Frist als erworben, für welche im Voraus zu leisten ist.

Bei ablösbaren Rechten ist der Ersatz nach Maßgabe der für den Fall der Ablösung geltenden Vorschriften der Landesgesetze zu leisten.

§. 141.

Ist das versteigerte Grundstück vermiethet oder verpachtet, so finden auf das Rechtsverhältniß zwischen dem Miether oder Pächter und dem Ersteher die Vorschriften der §§. 509, 511, 532, 537 des Bürgerlichen Gesetzbuches entsprechende Anwendung.

Die nach dem §. 794 des Bürgerlichen Gesetzbuches dem Ersteher gebührenden Forderungen wegen Miethzinsen und Pachtzinsen aus der Vermiethung oder Verpachtung des Grundstückes gehen mit dem Zuschlage auf den Ersteher über.

Sind die Miethzinsforderungen und Pachtzinsforderungen wegen des Anspruches aus einer an dem Grundstücke bestehenden Reallast, Hypothek oder Grundschuld in Beschlag genommen, so finden die Vorschriften des §. 1069 Abs. 2 des Bürgerlichen Gesetzbuches zu Gunsten des Erstehers mit der Maßgabe Anwendung, daß der Ersteher an die Stelle des Gläubigers tritt, zu dessen Gunsten die Beschlagnahme erfolgt ist. Im Sinne dieser Vorschrift steht die Ertheilung des Zuschlages der Beschlagnahme zu Gunsten der Gläubiger gleich, auf deren Antrag die Versteigerung erfolgt ist.

§. 142.

Die Wirkungen des Zuschlages treten mit der Verkündung des Beschlusses oder in Ermangelung der Verkündung mit der Zustellung desselben an den Ersteher ein.

Die Eintragung der Rechtsänderungen in das Grundbuch erfolgt nach Maßgabe des §. 172. Steht nach Eintragung des Erstehers als Eigenthümers der Inhalt des Grundbuches mit der wirklichen Rechtslage im Widerspruch, so kann nach Maßgabe des §. 843 des Bürgerlichen Gesetzbuches die Berichtigung des Grundbuches verlangt werden.

§. 143.

Aus dem Beschlusse, durch welchen der Zuschlag ertheilt ist, findet gegen den Besitzer oder Inhaber des Grundstückes oder der beweglichen Sachen die Zwangsvollstreckung auf Räumung und Herausgabe derselben statt.

Die Zwangsvollstreckung ist ausgeschlossen gegen denjenigen, für welchen ein der Räumung und Herausgabe entgegenstehendes Recht bestehen geblieben ist.

§. 144.

Nach Ertheilung des Zuschlages ist das Grundstück auf Antrag eines Betheiligten, welcher Befriedigung aus dem durch Zahlung im Vertheilungstermine zu berichtigenden Theile des Gebotes zu erwarten hat, für Rechnung des Erstehers in gerichtliche Verwaltung zu nehmen, solange nicht die Zahlung oder Hinterlegung erfolgt ist. Der Antrag kann für den Fall der Ertheilung des Zuschlages schon im Versteigerungstermine gestellt werden. Die für die Zwangsverwaltung geltenden Vorschriften über die Bestellung, die Rechte und die Pflichten des Verwalters finden entsprechende Anwendung.

Bei der Beurtheilung, ob der Betheiligte Befriedigung zu erwarten habe, bleiben die nicht in einem Rechte an dem Grundstücke sich gründenden Ansprüche sowie die Ansprüche wegen Kosten und wegen rückständiger oder laufender wiederkehrender Leistungen im Zweifel außer Betracht.

§. 145.

Ist der Zuschlag versagt, so finden, soweit nicht im §. 119 ein Anderes bestimmt ist, die Vorschriften des §. 110 Anwendung.

Wird die Fortsetzung des Verfahrens vor Ablauf von drei Monaten seit der Versagung des Zuschlages beantragt, so finden, sofern die öffentliche Bekanntmachung der Terminsbestimmung unter Beobachtung der Vorschriften der §§. 44, 48 erfolgt war, die Vorschriften des §. 51 entsprechende Anwendung.

Wird die Fortsetzung des Verfahrens vor Ablauf von drei Monaten seit der Versagung des Zuschlages nicht beantragt, so gilt der Versteigerungsantrag als zurückgenommen.

Die im zweiten und dritten Absatze bezeichneten Fristen beginnen, sofern die Versagung des Zuschlages nicht verkündet ist, mit der Zustellung des Beschlusses an den Gläubiger.

§. 146.

Sind alle Versteigerungsanträge ohne Ertheilung des Zuschlages erledigt, so hat das Gericht das Grundbuchamt um die Löschung des Versteigerungsvermerkes zu ersuchen.

VII. Vertheilung des Erlöses.

§. 147.

Ist der Zuschlag ertheilt und die erforderliche Zustellung des Beschlusses bewirkt, so hat das Gericht zur Zahlung und Vertheilung des Versteigerungserlöses einen Termin zu bestimmen (Vertheilungstermin).

Der Beschluß ist den zur Zeit der Erlassung vorhandenen Betheiligten und denjenigen, welche vor der Erlassung einen Anspruch auf den Erlös angemeldet haben, sowie dem Ersteher und in den Fällen der §§. 78, 123 der für zahlungspflichtig oder für mithaftend erklärten Person zuzustellen. Als Betheiligte gelten hierbei diejenigen, welche ein Recht oder einen Anspruch der im §. 8 Nr 2 bezeichneten Art angemeldet haben, auch dann, wenn die verlangte Glaubhaftmachung noch nicht erbracht ist. Zwischen der Zustellung und dem Termine muß ein Zeitraum von mindestens zwei Wochen liegen.

Der Beschluß ist durch Anheften an die Gerichtstafel bekannt zu machen.

Wird gegen die Ertheilung des Zuschlages Beschwerde eingelegt, so kann das Gericht den Termin wieder aufheben.

Ist die Beschwerde rechtzeitig eingelegt oder kann dieselbe noch eingelegt werden, so ist auf Antrag des Erstehers oder der in den Fällen der §§. 78, 123 für zahlungspflichtig oder für mithaftend erklärten Person die Ausführung der Vertheilung bis zur Rechtskraft des Beschlusses auszusetzen.

§. 148.

In dem Termine ist zunächst festzustellen, welcher Betrag als Erlös in diesem Termine zu zahlen oder in Folge der Hinterlegung vorhanden ist.

Die Zahlung des Erlöses erfolgt an das Gericht.

Ist der Erlös gehörig hinterlegt und die Hinterlegung nachgewiesen oder ist zum Zwecke der Sicherheitsleistung Geld hinterlegt, so gilt der hinterlegte Betrag als gezahlt.

§. 149.

Ist der zu zahlende Betrag nicht gezahlt und sind zum Zwecke der Sicherheitsleistung Werthpapiere hinterlegt, so hat das Gericht anzuordnen, daß die Werthpapiere nach den Vorschriften über die Zwangsvollstreckung veräußert werden.

Der Erlös ist nach Anweisung des Gerichtes öffentlich zu hinterlegen oder auszuzahlen.

Ist gegen die Ertheilung des Zuschlages rechtzeitig Beschwerde eingelegt oder kann dieselbe noch eingelegt werden, so ist auf Antrag desjenigen, welcher die Sicherheit geleistet hat, die Veräußerung bis zur Rechtskraft des Beschlusses auszusetzen.

§. 150.

Sind mehrere Grundstücke auf Grund eines Gesammtausgebotes zugeschlagen, so ist aus dem Gesammterlöse zunächst der Betrag der durch Zahlung zu berichtigenden, bei Feststellung des geringsten Gebotes berücksichtigten Ansprüche auf dieselben zu vertheilen.

Von dem verbleibenden Ueberschusse ist als Erlös jedes einzelnen Grundstückes zu rechnen:

1. der Betrag, um welchen das für das einzelne Grundstück erreichte Meistgebot das für dasselbe festgestellte geringste Gebot übersteigt;
2. ein nach Verhältniß der Werthe der Grundstücke zu berechnender Antheil an dem nach Abzug der unter Nr. 1 bezeichneten Beträge verbleibenden Reste; durch Landesgesetz kann bestimmt werden, nach welchen Grundsätzen der Werth der Grundstücke festgestellt werden soll.

§. 151.

Aus dem durch Zahlung zu berichtigenden Theile des Gebotes sind die Kosten des Verfahrens vorweg zu entnehmen, mit Ausnahme derjenigen, welche durch die Anordnung des Verfahrens, die Zulassung des Beitrittes eines Gläubigers und die Ertheilung des Zuschlages oder durch nachträgliche Vertheilungsverhandlungen entstehen.

Der Ueberschuß ist auf die Ansprüche, für welche ein Recht auf vorzugsweise Befriedigung aus dem Grundstücke besteht, nach Maßgabe des Ranges unter Berücksichtigung der an den Ansprüchen bestehenden Rechte zu vertheilen. Soweit ein Recht an dem Grundstücke bestehen bleibt, ist dasselbe bei der Vertheilung nicht zu berücksichtigen.

§. 152.

Die bei Feststellung des geringsten Gebotes berücksichtigten Ansprüche gehen bei der Vertheilung den nicht berücksichtigten Ansprüchen vor, soweit die letzteren zu den im §. 65 Abs. 1 bezeichneten gehören oder zur Zeit der Eintragung des Versteigerungsvermerkes aus dem Grundbuche nicht ersichtlich waren.

§. 153.

Ansprüche von gleichem Range sind, wenn der Erlös zu ihrer vollständigen Befriedigung nicht ausreicht, nach Verhältniß der Beträge zu befriedigen.

§. 154.

Ein nicht fälliger Anspruch ist wie ein fälliger zu behandeln. Für einen unverzinslichen Betrag kann jedoch nur der Betrag verlangt werden, welcher mit Hinzurechnung der gesetzlichen Zinsen für die Zeit bis zur Fälligkeit dem vollen Betrage des Anspruches gleichkommt.

Solange die Zeit der Fälligkeit eines unverzinslichen Anspruches ungewiß ist, ist der Anspruch wie ein Anspruch unter aufschiebender Bedingung zu behandeln.

§. 155.

Der Theilungsplan ist von dem Gerichte im Termine nach Anhörung der Anwesenden, welche in Ansehung des Erlöses einen Anspruch geltend machen, aufzustellen. Das Gericht kann bei der Aufstellung einen Rechnungsverständigen zuziehen.

In dem Plane sind auch die nach dem §. 138 nicht erlöschenden Rechte anzugeben.

§. 156.

In den Theilungsplan sind von Amtswegen aufzunehmen:

1. die Ansprüche aus eingetragenen oder vorgemerkten Hypotheken und Grundschulden, soweit deren Betrag aus dem Grundbuche ersichtlich ist, Ansprüche aus Hypotheken für Forderungen von unbestimmtem Betrage zu dem eingetragenen Höchstbetrage;
2. die Ansprüche aus eingetragenen oder vorgemerkten Rechten wegen wiederkehrender Leistungen, soweit diese zu den laufenden gehören;
3. der Anspruch des Gläubigers mit Ausschluß der in dem Versteigerungsantrage noch nicht berechneten Kosten der Zwangsvollstreckung.

Im Uebrigen erfolgt die Aufnahme in den Plan nur auf Grund einer Anmeldung. Die Anmeldung kann vor oder in dem Termine erfolgen. Eine vor dem Zuschlage erfolgte Anmeldung bedarf nicht der Wiederholung.

Wer in dem Termine erschienen ist oder vor demselben eine Berechnung seines Anspruches eingereicht hat, ist nicht befugt, nach dem Termine die Berechnung des Anspruches zu ergänzen.

Eintragungen, welche nach Eintragung des Versteigerungsvermerkes erfolgt sind, werden nur berücksichtigt, wenn sie spätestens in dem Termine nachgewiesen werden.

§. 157.

Ueber den Theilungsplan wird sofort verhandelt.

Auf die Verhandlung sowie auf die Erledigung erhobener Widersprüche und die Ausführung des Planes finden die §§. 762 bis 768 der Civilprozeßordnung entsprechende Anwendung.

Ist ein vor dem Termine angemeldeter Anspruch nicht nach dem Antrage in den Plan aufgenommen, so gilt die Anmeldung als Widerspruch gegen den Plan.

Der Widerspruch des Schuldners gegen einen vollstreckbaren Anspruch wird nach den §§. 686, 688, 689 der Civilprozeßordnung erledigt. Soweit der Schuldner durch Sicherheitsleistung die Befriedigung eines solchen Anspruches abwenden darf, unterbleibt die Ausführung des Planes.

Der Widerspruch einer nicht zu den Betheiligten gehörenden Person, welche einen Anspruch auf den Erlös nicht glaubhaft macht, hält die Ausführung des Planes nicht auf.

§. 158.

Soweit der Erlös in Geld vorhanden ist, erfolgt die Ausführung des Theilungsplanes durch Zahlung an den Berechtigten.

Ist der Berechtigte in dem Termine nicht erschienen, so hat das Gericht die Auszahlung des Betrages von Amtswegen anzuordnen. Die Art der Auszahlung bestimmt sich nach den Landesgesetzen. Kann die Auszahlung nicht erfolgen, so ist der Betrag für den Berechtigten öffentlich zu hinterlegen.

Soweit der Erlös hinterlegt ist, kann statt der Zahlung eine Anweisung auf den hinterlegten Betrag ertheilt werden.

§. 159.

Soweit der durch Zahlung im Vertheilungstermine zu berichtigende Theil des Meistgebotes nicht gezahlt ist, erfolgt die Ausführung des Theilungsplanes durch Uebertragung der gegen den Ersteher verbleibenden Forderung an die Berechtigten. Die Uebertragung erfolgt durch die Anordnung des Gerichtes.

Durch die Uebertragung wird die Befriedigung des Berechtigten wegen der ihm gegen den Schuldner oder andere Personen oder in Ansehung anderer Grundstücke zustehenden Ansprüche bewirkt, wenn der Berechtigte weder die Zwangsversteigerung des Grundstückes vor Ablauf von sechs Monaten seit der Uebertragung beantragt und demnächst ohne Verzögerung durchführt noch vor Ablauf der sechs Monate auf die Rechte aus der Uebertragung verzichtet.

Der Verzicht auf die Rechte aus der Uebertragung erfolgt durch eine gegenüber dem Vollstreckungsgerichte abzugebende Erklärung. Das Vollstreckungsgericht soll die Erklärung demjenigen, auf welchen in diesem Falle die Forderung übergeht, und dem Ersteher mittheilen.

§. 160.

Ein bedingter Anspruch ist als solcher in den Theilungsplan aufzunehmen. Durch den Plan ist festzustellen, wie der zugetheilte Betrag für den Fall, daß der Anspruch wegfällt, anderweit vertheilt werden soll.

Ein Gleiches gilt, wenn bei einer Hypothek für eine Forderung von unbestimmtem Betrage der Betrag der Forderung noch unbestimmt bleibt.

§. 161.

Ist für einen Anspruch unter aufschiebender Bedingung ein Betrag zugetheilt, so ist der Betrag für den Berechtigten und denjenigen, welchem er anderweit zugetheilt ist, unter der der Sachlage entsprechenden Bedingung öffentlich zu hinterlegen oder, wenn der Betrag nicht gezahlt ist, die gegen den Ersteher verbleibende Forderung jedem der beiden Berechtigten unter der der Sachlage entsprechenden Bedingung zu übertragen.

Während des Schwebens der Bedingung finden in Ansehung der Anlegung des hinterlegten Geldes sowie in Ansehung der Kündigung und Einziehung der übertragenen Forderung und der Anlegung des eingezogenen Geldes die Vorschriften der §§. 1033, 1034 des Bürgerlichen Gesetzbuches entsprechende Anwendung. Die Art der Anlegung zu bestimmen, steht demjenigen zu, welcher bis zur Erfüllung der aufschiebenden Bedingung der Berechtigte ist.

Die Vorschriften des ersten und zweiten Absatzes finden entsprechende Anwendung im Falle der Zutheilung eines Betrages für einen Anspruch von unbestimmtem Betrage.

§. 162.

Ein Anspruch unter auflösender Bedingung ist bei der Ausführung des Theilungsplanes wie ein unbedingter zu behandeln. Die im Falle der Erfüllung der Bedingung eintretende Verpflichtung zur Rückgewähr und die Verpflichtung zur Sicherheitsleistung bleiben unberührt. Die Rückgewähr sowie die Sicherheit ist demjenigen zu leisten, welchem der Betrag für den Fall der Erfüllung der auflösenden Bedingung zugetheilt ist.

Ist der unter der auflösenden Bedingung Berechtigte zur Sicherheitsleistung verpflichtet, so finden bis dahin, daß die Sicherheit geleistet wird, die Vorschriften des §. 161 Abs. 1, 2 entsprechende Anwendung. Die Art der Anlegung des Geldes zu bestimmen, steht dem unter der auflösenden Bedingung Berechtigten zu.

§. 163.

Für den im §. 140 bezeichneten Anspruch aus einem Nießbrauche, aus einer beschränkten persönlichen Dienstbarkeit oder aus einer Reallast von unbestimmter Dauer ist in den Theilungsplan ein der Summe aller künftigen Leistungen gleich kommender Betrag, jedoch nicht mehr als der fünfundzwanzigfache Betrag der Jahresleistung aufzunehmen mit der Bestimmung, daß aus den Zinsen des Betrages und dem Betrage selbst die einzelnen Leistungen zur Zeit der Fälligkeit zu entnehmen sind. Durch den Plan ist festzustellen, wie der zugetheilte Betrag für den Fall, daß derselbe nicht aufgebraucht wird, anderweit vertheilt werden soll.

In Ansehung des zugetheilten Betrages finden die Vorschriften des §. 161 Abs. 1, 2 entsprechende Anwendung. Der zunächst Berechtigte kann eine solche Anlegung des eingezogenen oder hinterlegten Geldes verlangen, welche die Entnahme der ihm gebührenden wiederkehrenden Leistungen zur Zeit der Fälligkeit gestattet; ihm steht zu, die Art der Anlegung zu bestimmen.

§. 164.

Sind mehrere Grundstücke in demselben Verfahren versteigert und kann ein Betheiligter Befriedigung für seinen ganzen Anspruch aus jedem der Grundstücke verlangen, so ist der Anspruch in den Theilungsplan in Ansehung eines jeden der Grundstücke nur in Höhe eines nach Verhältniß der Erlöse zu bestimmenden Betrages aufzunehmen, sofern nicht der Betheiligte in anderer Weise befriedigt zu werden verlangt. Als Erlös ist hierbei nur derjenige Betrag zu rechnen, welcher nach Befriedigung aller dem Anspruche vorgehenden Ansprüche übrig bleibt.

Soweit die auf den Anspruch zugetheilten Beträge nicht gezahlt sind, ist von Amtswegen in Ansehung eines jeden der Grundstücke der ganze Anspruch in den Plan aufzunehmen.

§. 165.

Wird in den Theilungsplan ein Anspruch aufgenommen, für welchen auch aus einem anderen Grundstücke Befriedigung verlangt werden kann, und ist der zugetheilte Betrag nicht gezahlt, so ist durch den Plan festzustellen, wie der Betrag für den Fall anderweit vertheilt werden soll, daß der Berechtigte im Wege der Zwangsversteigerung oder der Zwangsverwaltung aus dem anderen Grundstücke befriedigt wird oder sonst aus dem zugetheilten Betrage seine Befriedigung nicht mehr verlangen kann.

Die Zutheilung ist durch Uebertragung der gegen den Ersteher verbleibenden Forderung unter Beifügung der der Sachlage entsprechenden Bedingung auszuführen.

§. 166.

Ist ein Anspruch, dessen Vorhandensein oder Betrag aus dem Grundbuche nicht ersichtlich ist, in den Theilungsplan aufgenommen, so hat im Falle des Widerspruches derjenige, welcher den Anspruch verfolgt, die rechtliche Stellung des widersprechenden Gläubigers im Sinne des §. 764 der Civilprozeßordnung, sofern nicht spätestens im Termine die Vollstreckbarkeit des Anspruches nachgewiesen wird.

Auf einen Anspruch wegen wiederkehrender Leistungen findet die Vorschrift des ersten Absatzes keine Anwendung, sofern der Anspruch in einem eingetragenen Rechte sich gründet und der Betrag der einzelnen Leistungen aus dem Grundbuche ersichtlich ist.

§. 167.

Wird ein gegen den Theilungsplan erhobener Widerspruch nicht erledigt, so ist durch den Plan festzustellen, wie der streitige Betrag für den Fall anderweit vertheilt werden soll, daß der

Widerspruch für gerechtfertigt erklärt oder im Falle des §. 166 die Klage nicht rechtzeitig erhoben wird.

Die Vorschriften des §. 161 Abs. 1, 2 finden entsprechende Anwendung. Die Art der Anlegung des Geldes zu bestimmen, steht demjenigen zu, gegen welchen zum Zwecke der Erledigung des Widerspruches Klage zu erheben ist.

Ein Gleiches gilt, soweit der Plan wegen des dem Schuldner zustehenden Rechtes, durch Sicherheitsleistung die Zwangsvollstreckung abzuwenden, nicht ausgeführt wird, in Ansehung des auf den Anspruch zugetheilten Betrages.

§. 168.

In den Fällen der §§. 69 bis 71 ist in den Theilungsplan auch die Vertheilung desjenigen Betrages aufzunehmen, um welchen der durch Zahlung zu berichtigende Theil des Meistgebotes sich erhöht.

Die Zutheilung ist durch Uebertragung der gegen den Ersteher verbleibenden Forderung auszuführen, in den Fällen der §§. 69, 70 auch dann, wenn der Widerspruch gegen das nicht erlöschende Recht nicht erledigt wird. Die §§. 764, 768 der Civilprozeßordnung finden keine Anwendung.

§. 169.

Der Hypothekenbrief oder Grundschuldbrief über eine nach den §§. 138, 139 erloschene Hypothek oder Grundschuld ist, sofern er vorgelegt wird, von dem Gerichte unbrauchbar zu machen. Das Gleiche gilt in Ansehung des Briefes über eine nach dem §. 1078 Abs. 2 des Bürgerlichen Gesetzbuches erloschene Hypothek oder Grundschuld. Ist die Hypothek oder Grundschuld nur zum Theil erloschen, so ist von dem Gerichte auf dem Briefe zu beurkunden, in welchem Umfange das Erlöschen eingetreten ist.

Die Zahlung oder Hinterlegung eines zugetheilten Betrages sowie die Uebertragung der gegen den Ersteher verbleibenden Forderung ist von dem Gerichte, wenn über den Anspruch eine vollstreckbare Ausfertigung des Titels vorgelegt ist, auf dieser zu beurkunden.

Der wörtliche Inhalt der Beurkundungen ist durch Protokoll festzustellen. Die Urkunden sind, wenn der Berechtigte befriedigt ist, dem letzten Eigenthümer, anderenfalls dem Berechtigten auszufolgen.

§. 170.

Für jeden Berechtigten, welchem ein Theil der gegen den Ersteher verbleibenden Forderung übertragen ist, ist eine Sicherungshypothek an dem Grundstücke mit dem Range des Anspruches, für welchen die Uebertragung erfolgt ist, einzutragen. Das eingetragene

Recht eines Dritten an dem Rechte, in welchem der Anspruch sich gründet, ist als Recht an der Forderung miteinzutragen.

Ist ein Theil der Forderung unvertheilt geblieben, so erfolgt die Eintragung einer Sicherungshypothek in Ansehung dieses Theiles für den letzten Eigenthümer des Grundstückes.

Auf die Hypotheken für diejenigen Theile der Forderung, welche für die im §. 65 Abs. 1 bezeichneten Ansprüche übertragen sind, findet die Vorschrift des §. 1081 Abs. 2 des Bürgerlichen Gesetzbuches keine Anwendung. Diese Hypotheken erlöschen, wenn das Recht des Gläubigers und das Eigenthum an dem Grundstücke in derselben Person sich vereinigen. In Ansehung der Ansprüche aus diesen Hypotheken findet im Falle der wiederholten Versteigerung des Grundstückes der §. 65 Abs. 1 Anwendung.

§. 171.

Sind mehrere Grundstücke auf Grund eines Gesammtausgebotes zugeschlagen, so erfolgt die Eintragung der nach dem §. 170 einzutragenden Hypothek nur bei denjenigen Grundstücken, aus welchen der Berechtigte Befriedigung für seinen Anspruch verlangen konnte.

Ist die Uebertragung für einen Anspruch erfolgt, für welchen Befriedigung aus mehreren der Grundstücke verlangt werden konnte, so ist bei jedem dieser Grundstücke die Hypothek für alle dem Berechtigten übertragenen Theile der gegen den Ersteher verbleibenden Forderung einzutragen.

§. 172.

Nach Ausführung des Theilungsplanes hat das Gericht das Grundbuchamt zu ersuchen:

1. den Ersteher als Eigenthümer einzutragen;
2. den Versteigerungsvermerk und die nach den §§. 138, 139 erloschenen Rechte an dem Grundstücke zu löschen;
3. die in den §§. 170, 171 bezeichneten Eintragungen zu bewirken.

In den Fällen der §§. 69, 70 hat das Gericht das Grundbuchamt auch um Löschung des nicht bestehenden oder des erloschenen Rechtes zu ersuchen.

§. 173.

Ist eine Hypothek oder Grundschuld, mit welcher noch ein anderes Grundstück belastet ist, in Ansehung dieses Grundstückes nach Maßgabe des §. 1078 Abs. 2 des Bürgerlichen Gesetzbuches erloschen, so hat das Gericht das Grundbuchamt um Löschung der Hypothek oder Grundschuld bei diesem Grundstücke zu ersuchen.

§. 174.

Dem Ersuchen des Gerichtes an das Grundbuchamt ist eine Ausfertigung des Beschlusses, durch welchen der Zuschlag ertheilt ist, und des Protokolles über den Vertheilungstermin beizufügen.

Die Vorlegung des Hypothekenbriefes oder Grundschuldbriefes ist zur Löschung einer Briefhypothek oder Grundschuld nur in den Fällen des §. 69, zur Eintragung des Vorranges einer nach den §§. 170, 171 einzutragenden Hypothek in keinem Falle erforderlich.

§. 175.

Ist in den Fällen des §. 167 der Streit erledigt oder der Theilungsplan nach dem §. 764 der Civilprozeßordnung auszuführen, so hat das Gericht den Plan anderweit auszuführen und das Grundbuchamt um die danach erforderlichen Eintragungen zu ersuchen.

§. 176.

Soweit nach Maßgabe des §. 170 eine Hypothek mit dem Vorrange vor einem eingetragenen nicht erloschenen Rechte einzutragen ist, hat das Grundbuchamt den eingetragenen Berechtigten von der Bewirkung der Eintragung zu benachrichtigen.

§. 177.

Ist die gegen den Ersteher verbleibende Forderung für den Anspruch aus einer Reallast, Hypothek oder Grundschuld übertragen, mit welcher zugleich ein anderes Grundstück belastet ist, so findet die Vorschrift des §. 33 der Grundbuchordnung entsprechende Anwendung.

§. 178.

Die gegen den Ersteher verbleibende Forderung ist, soweit sie durch Zahlung im Vertheilungstermine zu berichtigen war, nach Ausführung des Theilungsplanes gegen den Ersteher und im Falle des §. 123 gegen die für mithaftend erklärte Person vollstreckbar. Der Anspruch aus der im §. 170 bezeichneten Hypothek ist gleichfalls vollstreckbar.

Die Zwangsvollstreckung erfolgt auf Grund einer vollstreckbaren Ausfertigung des Beschlusses, durch welchen der Zuschlag ertheilt ist. Die zur Ausführung des Planes erfolgte Uebertragung der Forderung ist in der Vollstreckungsklausel zu erwähnen; die Zustellung einer Urkunde über diese Uebertragung ist nicht erforderlich. Ist ein Theil der Forderung dem letzten Eigenthümer des Grundstückes verblieben, so ist dies in der Vollstreckungsklausel zu erwähnen.

§. 179.

Gegen den Ersteher ist die Zwangsversteigerung sowie die Zwangsverwaltung des versteigerten Grundstückes ohne vorgängige

Zustellung des vollstreckbaren Titels oder der nach dem §. 178 Abs. 2 ertheilten Vollstreckungsklausel zulässig. Jede der bezeichneten Maßregeln ist auch dann zulässig, wenn der Ersteher noch nicht als Eigenthümer des Grundstückes eingetragen ist; die Vorlegung des im §. 29 Abs. 1 Nr. 2 bezeichneten Zeugnisses des Grundbuchamtes ist nicht erforderlich, wenn das Grundbuchamt um Eintragung des Eigenthümers noch nicht ersucht ist.

§. 180.

Im Falle des §. 78 finden die auf die Forderung gegen den Ersteher sich beziehenden Vorschriften auf die Forderung gegen den für zahlungspflichtig erklärten Dritten entsprechende Anwendung. Die Eintragung der im §. 170 bezeichneten Hypothek an dem versteigerten Grundstücke erfolgt auch in diesem Falle. Wird auf die Rechte aus der Uebertragung der Forderung verzichtet, so ist der Verzicht auch dem Dritten mitzutheilen.

Die Forderung des Dritten gegen den Ersteher ist nicht vollstreckbar.

§. 181.

Ist in Ansehung eines zugetheilten Betrages die Person des Berechtigten ungewiß, insbesondere bei einer Briefhypothek oder Grundschuld der Brief nicht vorgelegt, so ist der Betrag für den Berechtigten öffentlich zu hinterlegen oder, wenn der Betrag nicht gezahlt ist, die gegen den Ersteher verbleibende Forderung dem unbekannten Berechtigten unter Vorbehalt der Feststellung desselben zu übertragen.

Durch den Theilungsplan ist festzustellen, wie der zugetheilte Betrag für den Fall, daß der Anspruch wegfällt, anderweit vertheilt werden soll.

§. 182.

Im Falle des §. 181 ist zur Ermittelung des Berechtigten ein Pfleger zu bestellen. Auf den Pfleger finden die Vorschriften des §. 22 Abs. 2 entsprechende Anwendung. In Ansehung dieser Pflegschaft hat das Vollstreckungsgericht die Rechte und Pflichten des Vormundschaftsgerichtes.

Die Auslagen und Gebühren des Pflegers sind aus dem zugetheilten Betrage vorweg zu entnehmen.

§. 183.

Wird der Berechtigte nachträglich ermittelt, so wird der Theilungsplan durch Zahlung oder durch Ersuchen des Grundbuchamtes ohne Zuziehung anderer Personen weiter ausgeführt. Ist der Nachweis des Berechtigten von der Beibringung eines Hypothekenbriefes oder eines Grundschuldbriefes abhängig, so findet der §. 1123 Abs. 1 des Bürgerlichen Gesetzbuches auch dann Anwendung, wenn die Hypothek oder die Grundschuld bereits gelöscht ist.

Ist der Anspruch von einem Widerspruche betroffen, so ist derjenige, welcher den Widerspruch erhoben hat, von dem Gerichte zu benachrichtigen, daß der Berechtigte ermittelt ist. Für den Beginn der im §. 764 der Civilprozeßordnung bestimmten Frist ist statt des Terminstages der Tag der Zustellung der Benachrichtigung maßgebend.

§. 184.

Ist der Berechtigte bis zum Ablaufe von drei Monaten seit dem Vertheilungstermine nicht ermittelt, so ist derjenige, welchem der Betrag für den Fall, daß der Anspruch wegfällt, zugetheilt ist, auf Antrag von dem Gerichte zu ermächtigen, das Aufgebotsverfahren zum Zwecke der Ausschließung des unbekannten Berechtigten von der Befriedigung aus dem zugetheilten Betrage zu beantragen.

§. 185.

Wird nach Ertheilung der Ermächtigung zum Aufgebotsantrage der Berechtigte von dem Gerichte für ermittelt erachtet, so hat dasselbe zur weiteren Verhandlung einen Termin zu bestimmen. Zu dem Termine sind der Berechtigte, der bestellte Pfleger, der zum Aufgebotsantrage Ermächtigte und der letzte zu den Betheiligten gehörende Eigenthümer des Grundstückes zu laden. Die Vorschriften über den Vertheilungstermin, die Ausführung des Theilungsplanes und das Ersuchen des Grundbuchamtes finden entsprechende Anwendung.

In der Ladung des zu dem Aufgebotsantrage Ermächtigten ist die Ermittelung des Berechtigten zu erwähnen. Mit der Zustellung der Ladung erlischt die Ermächtigung.

Für den Beginn der im §. 764 der Civilprozeßordnung bestimmten Frist ist statt des Terminstages der Tag des neuen Termines maßgebend.

§. 186.

Für das Aufgebotsverfahren ist das Gericht zuständig, welches als Vollstreckungsgericht zuständig ist.

Der Antragsteller hat zur Begründung des Antrages anzugeben, welche Personen ihm als wirkliche oder angebliche Rechtsnachfolger des letzten ermittelten Berechtigten bekannt sind, und sich zur eidlichen Versicherung der Wahrheit seiner Angaben zu erbieten.

Von dem Aufgebote werden auch die von dem Antragsteller als Rechtsnachfolger des Berechtigten angezeigten Personen betroffen.

Das Aufgebot ist diesen Personen sowie dem letzten ermittelten Berechtigten und dem Pfleger desselben von Amtswegen zuzustellen.

Eine im Vollstreckungsverfahren erfolgte Anmeldung gilt auch für das Aufgebotsverfahren.

Der Antragsteller kann die Erstattung der Kosten des Verfahrens aus dem zugetheilten Betrage verlangen.

Die Art der Bekanntmachung des Aufgebotes und die Aufgebotsfristen können durch Landesgesetz anders bestimmt werden, als in den §§. 825, 827 der Civilprozeßordnung vorgesehen ist.

§. 187.

Nach Erlassung des Ausschlußurtheiles hat das Gericht auf Antrag zur anderweiten Vertheilung des zugetheilten Betrages einen Termin zu bestimmen. Zu dem Termine sind derjenige, welcher das Aufgebot beantragt hat, diejenigen, welchen in dem Ausschlußurtheile Rechte vorbehalten sind, der Pfleger des vorher Berechtigten und der letzte zu den Betheiligten gehörende Eigenthümer des Grundstückes zu laden. Die Vorschriften über den Vertheilungstermin, die Ausführung des Theilungsplanes und das Ersuchen des Grundbuchamtes finden entsprechende Anwendung.

§. 188.

Das Vertheilungsverfahren erstreckt sich auch auf den Erlös derjenigen Gegenstände, welche besonders versteigert oder anderweit verwerthet sind.

Dritter Titel.

Zwangsverwaltung.

§. 189.

Auf die Anordnung der Zwangsverwaltung finden die für die Anordnung der Zwangsversteigerung geltenden Vorschriften entsprechende Anwendung, soweit nicht in den §§. 190 bis 195 ein Anderes bestimmt ist.

§. 190.

Wegen des Anspruches aus einer an dem Grundstücke bestehenden Reallast, Hypothek oder Grundschuld findet die Zwangsverwaltung auch dann statt, wenn die Voraussetzungen des §. 26 nicht vorliegen, der Schuldner aber Besitzer des Grundstückes ist. Der Besitz ist, sofern er nicht bei dem Vollstreckungsgerichte offenkundig ist, durch Urkunden glaubhaft zu machen. Die Urkunden sollen dem Antrage auf Zwangsverwaltung beigefügt werden.

Die Rechte des Eigenthümers werden durch die Anordnung

der Zwangsverwaltung gegen den Besitzer, welcher nicht Eigenthümer ist, nicht berührt.

§. 191.

Die im §. 33 Abs. 2 bezeichneten Mittheilungen des Grundbuchamtes erfolgen erst auf besonderes Ersuchen des Gerichtes.

§. 192.

Die Beschlagnahme des Grundstückes erstreckt sich auf landwirthschaftliche Erzeugnisse und auf Forderungen ohne die im §. 36 Abs. 2, 3 bezeichneten Beschränkungen.

Ist die Beschlagnahme bewirkt, so ist nur der zu ernennende Verwalter befugt, die dem Schuldner zustehenden thatsächlichen Verfügungen über das Grundstück und die in Beschlag genommenen Sachen vorzunehmen.

Die Vorschrift des §. 39 Abs. 2 findet keine Anwendung.

Der Beschluß, durch welchen der Beitritt eines Gläubigers zugelassen wird, soll auch dem Verwalter zugestellt werden.

§. 193.

Das Grundstück ist dem Verwalter durch einen Beamten des Gerichtes oder durch einen von dem Gerichte zu bestimmenden Gerichtsvollzieher zu übergeben. Die Uebergabe kann auch in der Weise erfolgen, daß der Verwalter durch das Gericht ermächtigt wird, selbst die Inhabung des Grundstückes sich zu verschaffen, und die Inhabung erlangt.

Hat ein Anderer als der Schuldner den Besitz oder die Inhabung, so kann die Räumung des Grundstückes nur auf Grund eines gegen den Ersteren vollstreckbaren Titels verlangt werden. Sofern das Grundstück einem Miether oder Pächter überlassen ist, kann die Räumung nur nach Maßgabe des Miethvertrages oder Pachtvertrages verlangt werden.

§. 194.

Wohnt der Schuldner zur Zeit der Beschlagnahme auf dem Grundstücke, so sind ihm die für ihn und seine Familie unentbehrlichen, für die Zwecke der Zwangsverwaltung nicht erforderlichen Wohnungsräume zu belassen. Das Gericht hat auf Antrag dem Schuldner die Räumung des Grundstückes aufzugeben, wenn durch den Schuldner oder durch eine dem Hausstande desselben angehörende Person das Grundstück oder die Verwaltung gefährdet wird.

§. 195.

Die Beschlagnahme ist auch mit der Uebergabe des Grundstückes an den Verwalter und im Falle des späteren Beitrittes eines Gläubigers mit der Zustellung des Beitrittsbeschlusses an den Verwalter als bewirkt anzusehen.

Das Zahlungsverbot an einen Drittschuldner ist auch auf Antrag des Verwalters zu erlassen.

§. 196.

Der Verwalter wird von dem Gerichte ernannt.

Das Gericht kann dem Verwalter die Leistung einer Sicherheit auferlegen, gegen denselben Ordnungsstrafen bis zu zweihundert Mark festsetzen und ihn entlassen.

§. 197.

Der Verwalter hat das Recht und die Pflicht, alle Handlungen vorzunehmen, welche zur ordnungsmäßigen Erhaltung des Grundstückes und des wirthschaftlichen Bestandes desselben, zur ordnungsmäßigen Nutzung des Grundstückes oder zur Umsetzung der für die Fortführung der Verwaltung entbehrlichen Nutzungen in Geld erforderlich sind. Er ist insbesondere auch berechtigt, die in Beschlag genommenen Forderungen einzuziehen. In Ansehung der auf das Grundstück sich beziehenden Miethverträge und Pachtverträge hat er, sofern das Grundstück dem Miether oder Pächter überlassen ist, die Rechte des Vermiethers oder Verpächters auszuüben.

§. 198.

Das Gericht hat den Verwalter nach Anhörung des Gläubigers und des Schuldners, nach den Umständen des Falles unter Zuziehung eines Sachverständigen, mit der erforderlichen Anweisung für die Verwaltung zu versehen, die dem Verwalter zu gewährende Vergütung festzusetzen und die Geschäftsführung desselben zu beaufsichtigen.

Die Landesjustizverwaltung kann für die Geschäftsführung der Verwalter und die denselben zu gewährende Vergütung allgemeine Anordnungen treffen.

§. 199.

Der Verwalter hat dem Gläubiger und dem Schuldner jährlich und nach Beendigung der Verwaltung Rechnung zu legen. Die Rechnung ist dem Gerichte einzureichen und von diesem den bezeichneten Personen vorzulegen.

§. 200.

Aus den Nutzungen des Grundstückes sind die für die Zwangsverwaltung erforderlichen Ausgaben und die Kosten des Verfahrens vorweg zu bestreiten, mit Ausnahme derjenigen Kosten, welche durch die Anordnung des Verfahrens oder die Zulassung des Beitrittes eines Gläubigers entstehen.

Aus den Ueberschüssen werden nur die Ansprüche wegen der laufenden öffentlichen Abgaben und öffentlichen Lasten, die Ansprüche wegen der laufenden wiederkehrenden Leistungen und der Anspruch des Gläubigers befriedigt. Der Anspruch des Gläubigers wird, soweit er nicht laufende wiederkehrende Leistungen betrifft, erst nach den bezeichneten anderen Ansprüchen befriedigt, es sei denn, daß die Begründung der letzteren in Folge der Beschlagnahme gegenüber dem Gläubiger unwirksam ist.

Inwieweit der Anspruch aus einer Hypothek oder Grundschuld, für welchen Befriedigung aus dem Grundstücke nur im Wege der Zwangsverwaltung verlangt werden kann, auch insoweit, als er laufende Zinsen nicht betrifft, aus den Nutzungen zu befriedigen ist, bestimmt sich nach den Landesgesetzen.

§. 201.

Die laufenden öffentlichen Abgaben und öffentlichen Lasten sind von dem Verwalter ohne vorgängige Verhandlung über die Vertheilung der Nutzungen zu berichtigen.

Ist zu erwarten, daß aus den Nutzungen weitere Zahlungen an die Betheiligten erfolgen können, so hat das Gericht das Grundbuchamt um die im §. 33 Abs. 2 bezeichneten Mittheilungen zu ersuchen. Nach Eingang derselben erfolgt die Feststellung des Planes, nach welchem die Nutzungen vertheilt werden sollen; die Vorschriften des §. 147 Abs. 1, 2, des §. 153, des §. 155 Abs. 1 und der §§. 156, 157, 166 finden entsprechende Anwendung.

§. 202.

Die nach dem festgestellten Plane erforderlichen Zahlungen sind an den Fälligkeitstagen durch den Verwalter zu leisten, soweit die jedesmaligen Bestände der Nutzungen hinreichen. Der Verwalter ist hierzu mit der erforderlichen Anweisung zu versehen.

Ist ein Widerspruch unerledigt geblieben, so finden die Vorschriften der §§. 167, 175 entsprechende Anwendung. Wird nach Feststellung des Planes der Beitritt eines Gläubigers zugelassen, so ist die Anweisung zu ergänzen.

Jeder Betheiligte kann eine spätere Abänderung des Planes im Wege des Prozesses auch dann erwirken, wenn er dem Plane nicht widersprochen hat. Zahlungen, welche vor einer solchen Abänderung auf Grund des Planes geleistet sind, können nicht auf Grund der Abänderung zurückgefordert werden.

Ist in Ansehung eines zugetheilten Betrages die Person des Berechtigten ungewiß, so finden die Vorschriften der §§. 181 bis 187 entsprechende Anwendung.

§. 203.

Zahlungen auf das Kapital einer Hypothek oder Grundschuld erfolgen in einem auf Antrag des Verwalters von dem Gerichte zu bestimmenden Termine. Die Vorschriften des §. 158 Abs. 2 finden Anwendung.

Auf dem Hypothekenbriefe oder Grundschuldbriefe ist von dem Gerichte zu beurkunden, in welchem Umfange die Hypothek oder die Grundschuld erloschen ist; im Falle vollständiger Befriedigung des Berechtigten ist der Brief unbrauchbar zu machen.

Das Gericht hat das Grundbuchamt unter Beifügung einer Ausfertigung des Protokolles um Löschung der Hypothek oder Grundschuld, soweit dieselbe erloschen ist, zu ersuchen.

Die Vorschriften des §. 169 Abs. 3 und des §. 173 finden Anwendung.

§. 204.[1])

Erfolgt die Zwangsverwaltung zur Vollziehung eines Arrestbefehles, so sind die auf den Anspruch des Gläubigers zugetheilten Beträge öffentlich zu hinterlegen. Die Vorschrift des §. 200 des Bürgerlichen Gesetzbuches findet entsprechende Anwendung.

§. 205.

Die Aufhebung der Zwangsverwaltung erfolgt durch Beschluß des Gerichtes.

Die Aufhebung der Zwangsverwaltung erfolgt von Amtswegen, wenn der Gläubiger aus den Nutzungen befriedigt worden ist.

Das Gericht kann die Aufhebung des Verfahrens anordnen, wenn die Fortsetzung desselben besondere Aufwendungen erfordert und der Gläubiger den nöthigen Geldbetrag nicht vorschießt.

Das Gericht hat bei Aufhebung der Zwangsverwaltung das Grundbuchamt um Löschung des Vermerkes der Zwangsverwaltung zu ersuchen.

Dritter Abschnitt.

Zwangsvollstreckung in Schiffe.

§. 206.

Auf die Zwangsvollstreckung in ein Schiff, welches in das Schiffsregister eingetragen ist, finden die Vorschriften über die Zwangsvollstreckung in Grundstücke entsprechende Anwendung, soweit nicht in den §§. 207 bis 225 ein Anderes bestimmt ist.

[1]) Vergl. die Anmerkung zum §. 3.

§. 207.

Die Zwangsvollstreckung erfolgt nur durch Zwangsversteigerung.

§. 208.

Als Vollstreckungsgericht ist das Amtsgericht, in dessen Bezirke das Schiff sich befindet, ausschließlich zuständig.

§. 209.

In dem Verfahren gelten als Betheiligte an Stelle der im §. 8 Nr. 1 bezeichneten Personen diejenigen, für welche zur Zeit der Eintragung des Versteigerungsvermerkes ein Recht in das Schiffsregister eingetragen ist.

Die nach dem Gesetze, betreffend die Unfallversicherung der Seeleute und anderer bei der Seeschifffahrt betheiligter Personen, vom 13. Juli 1887 (Reichs-Gesetzbl. S. 329) gebildete Berufsgenossenschaft gilt auch ohne Anmeldung als Betheiligter.

§. 210.

Ein Recht auf vorzugsweise Befriedigung aus dem Schiffe besteht in folgender Rangordnung:

1. für die Ansprüche aus einem Pfandrechte, für mehrere solche Ansprüche nach Maßgabe der unter den Rechten bestehenden Rangordnung;
2. für den Anspruch des Gläubigers, zu dessen Gunsten die Beschlagnahme erfolgt ist; dieser Anspruch geht jedoch denjenigen Ansprüchen vor, deren Begründung in Folge der Beschlagnahme gegenüber dem Gläubiger unwirksam ist; ist die Beschlagnahme für mehrere Ansprüche erfolgt, so geht derjenige Anspruch, für welchen die Beschlagnahme früher erfolgt ist, den übrigen vor.

§. 211.

Die Versteigerung soll nur angeordnet werden, wenn der Schuldner Besitzer des Schiffes ist oder wenn er im Falle des Artikel 764 des Handelsgesetzbuches das Schiff als Schiffer führt. Diese Thatsachen sind, soweit sie nicht bei dem Vollstreckungsgerichte offenkundig sind, durch Urkunden glaubhaft zu machen.

§. 212.

Dem Antrage auf Versteigerung sollen statt der im §. 29 Abs. 1 Nr. 2 bezeichneten Urkunden beigefügt werden:

1. ein Auszug aus dem Schiffsregister, welcher alle das Schiff betreffenden, noch in Kraft befindlichen Eintragungen enthält;

2. die Urkunden, welche außerdem zu der im §. 211 bezeichneten Glaubhaftmachung erforderlich sind.

§. 213.

Der Versteigerungsvermerk ist auf das Ersuchen des Gerichtes in das Schiffsregister einzutragen.

Ist der Versteigerungsvermerk eingetragen, so kann derjenige, welcher nach Bewirkung der Beschlagnahme ein Recht an dem Schiffe erworben hat, nicht geltend machen, daß er die Beschlagnahme nicht gekannt habe. Auf die Pfandrechte der Schiffsgläubiger findet diese Vorschrift keine Anwendung.

Die das Schiffsregister führende Behörde hat dem Gerichte mitzutheilen, ob und welche Eintragungen nach Ertheilung des im §. 212 Nr. 1 bezeichneten Auszuges erfolgt sind.

§. 214.

Die Beschlagnahme erstreckt sich nur auf das Schiff und dessen Zubehör.

§. 215.

Das Gericht hat bei der Anordnung der Versteigerung zugleich die Bewachung und Verwahrung des Schiffes anzuordnen.

Das Schiff soll während des Verfahrens den Hafen nicht verlassen.

§. 216.

Die Beschlagnahme ist auch dann als bewirkt anzusehen, wenn das Schiff auf Anordnung des Gerichtes in Verwahrung genommen wird.

§. 217.

Ist im Falle des Artikel 764 des Handelsgesetzbuches das Verfahren gegen den Schiffer angeordnet, so ist die Beschlagnahme auch gegen den Rheder wirksam.

Der Schiffer gilt als Betheiligter nur so lange, als er das Schiff führt. Ein neuer Schiffer gilt als Betheiligter, wenn er sich bei dem Vollstreckungsgerichte meldet und seine Angabe auf Verlangen des Gerichtes oder eines Betheiligten glaubhaft macht; die Vorschriften des §. 52 Abs. 1, 2 und des §. 147 Abs. 2 finden auf den Schiffer entsprechende Anwendung.

§. 218.

Ergiebt sich, daß das Schiff sich zur Zeit der Beschlagnahme in dem Bezirke des Gerichtes nicht befunden hat, so hat das Gericht das Verfahren aufzuheben.

§. 219.

Die Bestimmung des Versteigerungstermines muß die Bezeichnung des Schiffes nach dem Schiffsregister enthalten.

Sie muß an Stelle des im §. 44 Nr. 4 bezeichneten Inhaltes die Aufforderung an die Schiffsgläubiger und die sonstigen aus dem Schiffe zu befriedigenden Berechtigten enthalten, ihre Rechte bei der Versteigerung wahrzunehmen, insbesondere ihre Ansprüche spätestens bei der Verhandlung über die Vertheilung des Versteigerungserlöses anzumelden, widrigenfalls dieselben, soweit sie zur Zeit der Eintragung des Versteigerungsvermerkes aus dem Schiffsregister nicht ersichtlich waren, bei der Vertheilung unberücksichtigt bleiben würden.

§. 220.

Liegt der Heimathshafen des Schiffes nicht im Bezirke des Vollstreckungsgerichtes, so ist die Bestimmung des Versteigerungstermines auch durch einmalige Einrückung in dasjenige Blatt bekannt zu machen, welches zur Veröffentlichung amtlicher Bekanntmachungen des Gerichtes des Heimathshafens bestimmt ist.

Die Vorschrift des §. 48 Abs. 3 findet keine Anwendung.

§. 221.

Die Vorschriften über das geringste Gebot finden keine Anwendung. Die Vorschriften des §. 65 sind für das ganze Gebot maßgebend.

§. 222.

An die Stelle der nach den Vorschriften des §. 144 Abs. 1 zulässigen Verwaltung tritt die gerichtliche Bewachung und Verwahrung des versteigerten Schiffes.

Die Vorschrift des §. 205 Abs. 3 findet entsprechende Anwendung.

§. 223.

Mit dem Zuschlage entsteht für die Forderung gegen den Ersteher ein Pfandrecht an dem Schiffe.

Die Eintragung des Erstehers und die Eintragung des Pfandrechtes für die gegen den Ersteher verbleibende Forderung sowie die Löschung der durch den Zuschlag erlöschenden Pfandrechte und des Versteigerungsvermerkes erfolgen auf Ersuchen des Gerichtes.

Auf das im ersten Absatze bezeichnete Pfandrecht finden die Vorschrift des §. 1199 des Bürgerlichen Gesetzbuches und, sofern das Pfandrecht in das Schiffsregister eingetragen worden ist, die Vorschriften der §§. 1200 bis 1204 des Bürgerlichen Gesetzbuches Anwendung.

§. 224.

Für die Zwangsversteigerung einer Schiffspart ist als Vollstreckungsgericht das Amtsgericht ausschließlich zuständig, in dessen Bezirke der Heimathshafen des Schiffes sich befindet.

Die Anordnung des Verfahrens gegen den Schiffer ist ausgeschlossen. Der §. 209 Abs. 2 und die §§. 215, 216, 218, 222 finden keine Anwendung.

Die im §. 219 Abs. 2 bezeichnete Aufforderung der Schiffsgläubiger unterbleibt. Die Ansprüche derselben werden aus dem Versteigerungserlöse nicht befriedigt.

Die Vorschriften des Artikel 471 des Handelsgesetzbuches finden entsprechende Anwendung mit der Maßgabe, daß an die Stelle der Anzeige des Veräußerers und des Erwerbers die Vorlegung des Beschlusses tritt, durch welchen der Zuschlag ertheilt ist, und daß der Anspruch auf Gewährleistung dem Ersteher nur gegen den Schuldner zusteht.

§. 225.[1])

Die Vollziehung eines Arrestbefehles in ein Schiff oder eine Schiffspart erfolgt durch Pfändung nach den Vorschriften der Civilprozeßordnung über die Zwangsvollstreckung in das bewegliche Vermögen.

Ist zur Zeit der Arrestvollziehung die Zwangsversteigerung eingeleitet, so ist die in Gemäßheit des §. 727 Abs. 2 der Civilprozeßordnung zuzustellende Abschrift des Pfändungsprotokolles dem Vollstreckungsgerichte einzureichen.

Das Arrestpfandrecht ist auf Antrag des Gläubigers in das Schiffsregister einzutragen; ist dasselbe eingetragen worden, so finden die Vorschriften der §§. 1200 bis 1204 des Bürgerlichen Gesetzbuches Anwendung.

Vierter Abschnitt.

Zwangsversteigerung und Zwangsverwaltung in besonderen Fällen.

Erster Titel.

Zwangsversteigerung und Zwangsverwaltung im Falle des Konkurses.

§. 226.

Wird die Zwangsversteigerung oder die Zwangsverwaltung nach dem §. 116 der Konkursordnung von dem Konkursverwalter

---

[1]) Späterer Erwägung bleibt vorbehalten, diesen Paragraphen als §. 811a in die Civilprozeßordnung zu übertragen. Vergl. die Anmerkung zum §. 3.

beantragt, so finden die Vorschriften des zweiten und dritten Abschnittes entsprechende Anwendung, soweit nicht in den §§. 227, 228 ein Anderes bestimmt ist.

§. 227.

Der Versteigerungsbeschluß gilt nicht als Beschlagnahme.

Für die Bestimmung der laufenden und rückständigen Abgaben und Lasten sowie der laufenden und rückständigen wiederkehrenden Leistungen ist an Stelle der Beschlagnahme die Zustellung des Versteigerungsbeschlusses an den Konkursverwalter maßgebend.

Im Falle der Zwangsversteigerung finden die Vorschriften des §. 73 Nr. 1 und des §. 138 Abs. 3 Anwendung, wie wenn mit der Zustellung des Versteigerungsbeschlusses an den Konkursverwalter die Beschlagnahme zu Gunsten der Konkursmasse bewirkt worden wäre.

§. 228.

Im Falle der Zwangsversteigerung eines Grundstückes sind auf Antrag eines Betheiligten, welcher für einen von dem Verwalter anerkannten Anspruch Befriedigung aus dem Grundstücke verlangen kann, bei Feststellung des geringsten Gebotes nur die dem Anspruche des Betheiligten vorgehenden Rechte zu berücksichtigen.

Die Vorschrift des ersten Absatzes findet keine Anwendung, wenn der Gemeinschuldner nicht persönlich für den Anspruch haftet.

Zweiter Titel.

Zwangsversteigerung zum Zwecke der Aufhebung der Gemeinschaft.

§. 229.

Wird die Zwangsversteigerung eines Grundstückes von einem Miteigenthümer zum Zwecke der Aufhebung der Gemeinschaft beantragt, so finden die Vorschriften des zweiten Abschnittes entsprechende Anwendung, soweit nicht in den §§. 230 bis 233 ein Anderes bestimmt ist.

§. 230.

Die Versteigerung soll nur angeordnet werden, wenn auch der Antragsteller als Miteigenthümer des Grundstückes in das Grundbuch eingetragen oder Erbe des eingetragenen Eigenthümers oder Miteigenthümers ist. Die Erbfolge ist, sofern sie nicht bei dem Vollstreckungsgerichte offenkundig ist, durch Urkunden glaubhaft zu machen; die Urkunden sollen dem Antrage beigefügt werden.

§. 231.

Das geringste Gebot ist in der Weise festzustellen, daß gedeckt werden:

1. die an dem Antheile des Antragstellers bestehenden Rechte;
2. die Rechte, welche an dem ganzen Grundstücke oder an einem den Antheil des Antragstellers mitumfassenden Antheile bestehen;
3. die Rechte an einem anderen Antheile, sofern sie einem der unter Nr. 2 bezeichneten Rechte vorgehen oder gleichstehen.

Soweit die Antheile mit Rechten, welche nach den Vorschriften des ersten Absatzes gedeckt werden müssen, ungleich belastet sind, ist der zur Ausgleichung unter den Miteigenthümern erforderliche Betrag hinzuzurechnen. Für diesen Betrag sind die Vorschriften des §. 65 maßgebend.

Als Rechte an dem Grundstücke oder an einem Antheile gelten im Sinne der Vorschriften des ersten und zweiten Absatzes auch die Rechte auf vorzugsweise Befriedigung aus dem Grundstücke oder dem Antheile.

§. 232.

Die Bestimmung des Versteigerungstermines muß an Stelle der im §. 44 Nr. 3 bezeichneten Angabe die Angabe enthalten, daß die Versteigerung zum Zwecke der Aufhebung der Gemeinschaft erfolge.

§. 233.

Die Vorschrift des §. 92 Abs. 3 findet auf die Miteigenthümer keine Anwendung.

Fünfter Abschnitt.
Einführungsvorschriften.

§. 234.

Dieses Gesetz tritt in Ansehung der Grundstücke und der Berechtigungen, welche ein Blatt im Grundbuche erhalten können, für jeden Grundbuchbezirk mit dem Zeitpunkte in Kraft, in welchem das Grundbuch als angelegt anzusehen ist; bis dahin bleiben die Vorschriften der Artikel 11, 13 des Einführungsgesetzes zum Bürgerlichen Gesetzbuche, soweit sie die §§. 755 bis 757, 811 der Civilprozeßordnung und den §. 39 der Konkursordnung betreffen, außer Anwendung.

In Ansehung der Schiffe tritt dieses Gesetz gleichzeitig mit dem Bürgerlichen Gesetzbuche in Kraft.

Die Vorschriften der Artikel 2 bis 5, 9, 32 des Einführungsgesetzes zum Bürgerlichen Gesetzbuche finden entsprechende Anwendung.

§. 235.

Die landesgesetzlichen Vorschriften, welche ein Recht auf vorzugsweise Befriedigung für andere Ansprüche als die in einem Rechte an dem Grundstücke sich gründenden gewähren, treten außer Kraft, soweit nicht in diesem Gesetze bestimmt ist, daß sie in Kraft bleiben sollen. In Ansehung derjenigen Berechtigungen, welche ein Blatt im Grundbuche nur nach Landesgesetz erhalten können, findet diese Vorschrift keine Anwendung.

Im Uebrigen bleiben die Vorschriften der Landesgesetze insoweit, als sie nach dem Einführungsgesetze zum Bürgerlichen Gesetzbuche von dem letzteren unberührt bleiben, auch von diesem Gesetze unberührt.

§. 236.

Unberührt bleiben die landesgesetzlichen Vorschriften, durch welche in Ansehung eines Landgutes oder mehrerer zum Betriebe der Landwirthschaft verbundener Grundstücke den zur Bewirthschaftung der Grundstücke oder zum Betriebe eines damit verbundenen landwirthschaftlichen Nebengewerbes in einem dauernden Dienstverhältnisse oder Arbeitsverhältnisse stehenden Personen, insbesondere dem Gesinde, den Wirthschaftsbeamten und Forstbeamten, für die Ansprüche wegen der laufenden und der aus dem letzten Jahre rückständigen Beträge an Lohn, Kostgeld und anderen Bezügen das Recht auf vorzugsweise Befriedigung aus dem Grundstücke gewährt und der Rang dieses Rechtes bestimmt ist. Die Vorschrift des §. 12 findet entsprechende Anwendung.

§. 237.

Unberührt bleiben die landesgesetzlichen Vorschriften, durch welche in den Fällen der Gemeinheitstheilung, der Zusammenlegung von Grundstücken, der Regulirung der gutsherrlich-bäuerlichen Verhältnisse und der Ablösung von Dienstbarkeiten und Reallasten dem Entschädigungsberechtigten oder dem Dritten, welcher die Entschädigung geleistet hat, für den Entschädigungsanspruch oder Ersatzanspruch, mit Einschluß des Anspruches wegen Zinsen, das Recht auf vorzugsweise Befriedigung aus dem Grundstücke gewährt und der Rang dieses Rechtes bestimmt ist. Für den Anspruch wegen solcher Zinsrückstände, welche älter sind als die Rückstände aus den letzten zwei Jahren, kann jedoch ein Rang vor den im §. 10 Abs. 1 Nr. 1 bis 4 bezeichneten Ansprüchen nicht bestimmt werden. Die Vorschrift des §. 12 findet entsprechende Anwendung.

§. 238.

Unberührt bleiben die Vorschriften des Artikel 46 des Bayerischen Gesetzes vom 29. Mai 1886, Abänderungen der Bestimmungen über die Zwangsvollstreckung in das unbewegliche Vermögen betreffend.

§. 239.

Durch Landesgesetz kann vorgeschrieben werden, daß auch eingetragene Hypotheken, welche vor dem Inkrafttreten des Bürgerlichen Gesetzbuches begründet sind, im Falle der Zwangsversteigerung bei Feststellung des geringsten Gebotes und bei Aufstellung des Theilungsplanes nur auf Grund einer Anmeldung zu berücksichtigen sind. Im Falle einer solchen Vorschrift muß die nach dem §. 44 Nr. 3 in die Terminsbestimmung aufzunehmende Aufforderung auf die Anmeldung der Ansprüche aus solchen Hypotheken ausgedehnt werden; die bei Feststellung des geringsten Gebotes berücksichtigten Ansprüche gehen bei der Vertheilung des Erlöses den nicht berücksichtigten Ansprüchen aus solchen Hypotheken vor.

§. 240.

Im Falle der Zwangsversteigerung bleiben diejenigen nach Landesgesetz begründeten Rechte an dem Grundstücke, zu deren Begründung oder zu deren Fortbestande gegenüber jedem Dritten die Eintragung in das Grundbuch nicht erforderlich ist, nach Maßgabe der Landesgesetze ohne Rücksicht auf ihren Rang und ohne Anspruch des Erstehers auf Gewährleistung auch dann bestehen, wenn sie bei Feststellung des geringsten Gebotes nicht berücksichtigt sind. Auf Hypotheken findet diese Vorschrift keine Anwendung.

Die Vorschriften der §§. 69, 70 finden in Ansehung eines solchen Rechtes nur Anwendung, wenn dasselbe bei Feststellung der Versteigerungsbedingungen als bestehen bleibend bezeichnet ist; die Bezeichnung soll nur erfolgen, wenn das Recht eingetragen ist.

Verlangt ein Betheiligter, dessen Recht einem nach dem ersten Absatze bestehen bleibenden Rechte vorgeht oder gleichsteht, daß das Erlöschen des letzteren Rechtes als Versteigerungsbedingung bestimmt werde, und würde ohne diese Bestimmung das Recht des Betheiligten beeinträchtigt werden, so ist die Zustimmung eines anderen Betheiligten nicht erforderlich.

§. 241.

Durch Landesgesetz kann bestimmt werden, daß und nach welchen Grundsätzen im Falle der Zwangsversteigerung der Werth des zu versteigernden Grundstückes festgestellt werden soll. Durch die Feststellung des Werthes darf die Versteigerung nicht verzögert werden.

§. 242.

Die Landesgesetze können bestimmen, daß die im Verfahren der Zwangsversteigerung und der Zwangsverwaltung dem Vollstreckungsgerichte zugewiesenen Amtshandlungen von einer anderen Behörde oder einem Beamten, mit Einschluß der Notare, ganz oder theilweise wahrzunehmen sind.

Die Vorschrift des ersten Absatzes findet keine Anwendung auf die Entscheidung über Anordnung, Aufhebung oder Verbindung des Verfahrens oder über Zulassung des Beitrittes eines Gläubigers.

Die Vorschriften der Civilprozeßordnung über Behinderung und Ablehnung des Richters und des Gerichtsschreibers sowie die Vorschriften des §. 97 und des §. 123 Abs. 3 finden entsprechende Anwendung.

Wird die Aenderung einer Entscheidung der Behörde oder des Beamten verlangt, so ist die Entscheidung des Vollstreckungsgerichtes nachzusuchen. Die Beschwerde findet gegen die Entscheidung des Vollstreckungsgerichtes statt. Auf das Aenderungsverlangen finden die Vorschriften der Civilprozeßordnung über die sofortige Beschwerde, die Vorschrift des §. 120 Abs. 2 und, wenn das Verlangen gegen den Beschluß über den Zuschlag gerichtet ist, die Vorschriften über die Beschwerde gegen die Entscheidung über den Zuschlag entsprechende Anwendung.

§. 243.

Unberührt bleiben die Vorschriften der Landesgesetze über die besonderen Rechte der Kreditverbände bei der Zwangsverwaltung eines zu dem Verbande gehörenden oder von demselben beliehenen Grundstückes.

§. 244.

Ein vor dem Inkrafttreten dieses Gesetzes beantragtes Verfahren ist nach den bisherigen Gesetzen zu erledigen; nach diesen bestimmen sich auch die Wirkungen des Verfahrens. Die bisherigen Gesetze können auch nach dem Inkrafttreten dieses Gesetzes durch Landesgesetz geändert werden.

§. 245.[1])

Im Falle der Eintragung einer Zwangshypothek kann der Gläubiger die Eintragung derselben auch für den von ihm berechneten Betrag der Kosten dieser Zwangsvollstreckung verlangen.

Der Antrag auf Eintragung einer Arresthypothek gilt im Sinne des §. 809 Abs. 2, 3 der Civilprozeßordnung als Vollziehung des Arrestbefehles.

---

[1]) Späterer Erwägung bleibt vorbehalten, den ersten Absatz zum §. 1130 des Bürgerlichen Gesetzbuches, den zweiten Absatz zum §. 809 der Civilprozeßordnung zu versetzen.

Motive

zu dem

Entwurfe eines Gesetzes

betreffend die

Zwangsvollstreckung in das unbewegliche Vermögen.

Einleitung.

I. Während das neuere röm. Recht den Hauptinhalt des Pfandrechtes darin sieht, daß der Gläubiger befugt ist, die ihm verpfändete Sache zum Zwecke seiner Befriedigung zu verkaufen und deswegen sich den Besitz zu verschaffen, hatte für das Pfandrecht an Grundstücken schon in der italienischen Praxis des Mittelalters sich der Grundsatz ausgebildet, daß der Verkauf nur von dem Richter durch öffentliche Versteigerung der Sache vorgenommen werden dürfe. Da aber der Richter seiner Stellung gemäß einen rechtlichen Zwang gegen den Schuldner nur in den Formen der Zwangsvollstreckung üben kann, so war mit dem gerichtlichen Pfandverkaufe zugleich die Nothwendigkeit gegeben, diese Formen auf das Verkaufsverfahren zu übertragen. Hiermit gelangte man zu einem besonderen Subhastationsprozesse, der in Deutschland anstatt des röm. Privatverkaufes um so leichter Eingang fand, je näher es lag, ihn auf den Gedanken zurückzuführen, auf welchem die richterliche Mitwirkung bei der neueren Satzung beruhte. Die Landesgesetzgebung zog bei der Gestaltung des Verfahrens die Analogie des Konkurses heran. Die Subhastation wurde den Grundsätzen des Konkurses unterstellt und, wenn Konkurs nicht eröffnet war, als eine Art Partikularkonkurs behandelt. Geschichtliche Entwickelung. Subhastation.

Mit der Einführung des Subhastationsprozesses war eigentlich das Recht des Gläubigers auf den Besitz des Pfandgrundstückes erledigt. Ergab sich während des Verfahrens die Nothwendigkeit, dem Schuldner den Besitz zu entziehen, so hatte der Richter, wenn ihm im Allgemeinen die Wahrung der Interessen der Betheiligten oblag, naturgemäß auch die Aufgabe, das Grundstück sicher zu stellen bezw. zu sequestriren. In manchen Staaten, z. B. Württemberg und Mecklenburg, wirkte diese Erwägung so nachhaltig auf die Gesetzgebung ein, daß noch gegenwärtig mit jedem Subhastationsverfahren in der Regel eine gerichtliche Sequestration (Verwaltung) des Grundstückes verbunden wird. Sequestration.

Von Bedeutung für die Entwickelung des Rechtes der Subhastation und der Sequestration war auch die in großen Gebieten des Reiches in Gebrauch gekommene Immission des Gläubigers. Sie empfing ihren Namen Immission von der missio in bona bezw. in possessionem, ihren Inhalt dagegen, wenn auch unter dem Einflusse des röm. Rechtes, aus einheimischen Rechtsbildungen. Man unterschied eine symbolische und eine wirkliche Immission[1]).

in Sachsen, Hessen-Cassel, Die symbolische Immission kam namentlich in Sachsen und in Hessen-Cassel vor. Sie bestand dort nach der Erläuterten Proz. O. von 1724 und hier nach der Untergerichts-O. von 1732 darin, daß der Gläubiger, auf dessen Antrag die Zwangsvollstreckung in das Grundstück erfolgen sollte, von dem Richter an Ort und Stelle in dasselbe eingewiesen wurde, hierdurch aber weder den Besitz noch ein Recht zum Bezuge der Nutzungen des Grundstückes, sondern nur ein Pfandrecht an demselben erlangte. Die symbolische Einweisungshandlung des Richters war die Vorbedingung der Subhastation, wie es scheint, weil man den Zwangsverkauf des Grundstückes nur auf Grund eines Pfandrechtes zulassen zu können glaubte. In Hessen bedurfte es deshalb keiner Immission, wenn der Gläubiger bereits vor der Stellung des Subhastationsantrages eine Hypothek erworben hatte. Durch die Einführung des Grundbuchsystemes ist das Institut überhaupt beseitigt. Das Prinzip indessen, daß nur der Hypothekengläubiger die Subhastation und die Sequestration des Grundstückes verlangen könne, ist von der sächs. Gesetzgebung beibehalten worden[2]). In Hessen, wo die symbolischen Handlungen des Richters schon nach einer Verordn. v. 16. September 1788 durch ein bloßes Immissionsdekret ersetzt wurden, begründete dieses Dekret nach dem preuß. Gesetze über das Grundbuchwesen in dem Bezirke des Appellationsgerichtes zu Cassel v. 29. Mai 1873 § 15 nur noch einen Titel zur Eintragung einer Hypothek.

Bayern, Eine wirkliche Immission, d. h. eine solche, durch welche der Gläubiger den Besitz des Grundstückes und das Recht auf die Nutzungen zum Zwecke seiner Befriedigung erhält, war in Bayern eingeführt. Die Gesetzgebung des 17. und des 18. Jahrhundertes ließ dem Gläubiger die Wahl zwischen dem öffentlichen Zwangsverkaufe und der Einweisung in den Besitz. Aus dem heutigen Rechte ist die Immission verschwunden[3]).

Württemberg, Aehnlich wie in Bayern wurde in Württemberg verfahren. Doch durfte der Gläubiger nur dann in den Besitz des Grundstückes eingewiesen werden, wenn dasselbe unverkäuflich war. Das geltende Recht gestattet die Immission nur bei Grundstücken, über deren Substanz der Schuldner nicht verfügen kann[4]).

Baden, Eine Einweisung des Gläubigers in die Nutzung und den Besitz der Güter des Schuldners kommt als Exekutionsmaßregel auch in Baden sowie in

---

[1]) Ueber die Geschichte der Immission in Sachsen, Hessen-Cassel, Bayern, Württemberg und Preußen siehe v. Meibom, der Immobiliararrest im Geltungsbereiche der deutschen C. P. O. (Freiburg 1888) S. 88 ff.

[2]) Sächs. Ges., die Grund- und Hypothekenbücher und das Hypothekenwesen betr., v. 6. Novbr. 1843 § 40 Nr. 6; sächs. G. B. §§ 394, 424; Ges. v. 4. März 1879 §§ 10, 13 und v. 15. Aug. 1884 § 1.

[3]) Bayer. Ger. O. v. 1616, Proz. O. v. 1753, Hypoth. Ges. v. 1. Juni 1822 § 12 Nr. 12, Proz. O. v. 1869 und Ges., die Zwangsvollstr. ꝛc. betr., v. 23. Febr. 1879.

[4]) Württemb. L. R. v. 1555 und v. 1610, Pfandges. v. 15. April 1825 Art. 44 ff. und Ges., die Zwangsvollstr. ꝛc. betr., v. 18. August 1879 Art. 31.

den hessischen Provinzen Starkenburg und Oberhessen vor. Sie konkurrirt hier ebenso wie in Württemberg mit der gerichtlichen Sequestration, die indessen in Baden durch Verpachtung in öffentlicher Versteigerung, in Hessen durch öffentliche Vermiethung oder Verpachtung ersetzt werden kann[1]). Hessen-Darmstadt.

In Preußen konnte nach dem A. L. R. I 20 § 490 die Hypothek durch Sequestration, Immission und Subhastation geltend gemacht werden. Diese Maßregeln standen aber auch den nur persönlichen Gläubigern des Eigenthümers eines Grundstückes zu Gebote. Die Immission fand früher für eigene Rechnung des Gläubigers statt, d. h. das Grundstück wurde demselben nach einem Anschlage zur eigenen Verwaltung und Nutznießung „gleichsam auf Gewinn und Verlust" ohne Verbindlichkeit zur Rechnungslegung übergeben. Diese Immissionsart ist indessen als Exekutionsmittel schon durch die Allg. Ger. O. I 24 § 118 abgeschafft worden. Die ebenda unter § 116 in Verbindung mit der Sequestration zugelassene Immission ist jetzt gleichfalls beseitigt. Die neuere Gesetzgebung Preußens bezeichnet als Mittel zur Verwirklichung der Hypothek und der Grundschuld nur die Zwangsversteigerung und die Zwangsverwaltung[2]). Ein nur persönlicher Gläubiger kann im Wege der Zwangsvollstreckung für seine Forderung eine Hypothek auf die Grundstücke des Schuldners eintragen lassen, aber auch, ohne sich eine Hypothek zu beschaffen, auf Zwangsversteigerung und auf Zwangsverwaltung antragen[3]). Preußen.

II. Von besonderem Einflusse auf die Gestaltung der Zwangsvollstreckung in Grundstücke ist die Herstellung eines einheitlichen Prozeßrechtes für das Deutsche Reich gewesen. Die C. P. O. hat diesen Gegenstand wegen der Verschiedenheiten, welche auf dem mit ihm zusammenhängenden Gebiete des Grundbuch- und Hypothekenrechtes in den einzelnen Bundesstaaten obwalten, nicht regeln können, die Regelung daher den Landesgesetzen überlassen. Der Vorbehalt bezieht sich nicht blos auf Grundstücke, sondern auch auf die übrigen Gegenstände, welche mit diesen als das unbewegliche Vermögen[4]) dem beweglichen Vermögen gegenübergestellt werden[5]). Die meisten Bundesstaaten haben auf Grund dieses Vorbehaltes die Zwangsvollstreckung in das unbewegliche Vermögen neu geordnet; einige haben sich mit korrektorischen Gesetzen begnügt, andere nur die nothwendigsten Aenderungen vorgenommen, welche durch die C. P. O. bedingt waren. Einfluß der C. P. O.

1. Im Wesentlichen vollständig, wenn auch zum Theil durch Verweisungen, regeln ihren Gegenstand die folgenden Gesetze: Landesgesetze.

---

[1]) Vergl. für Baden das Einf. Ges. v. 3. März 1879 §§ 95—97; für Hessen das Pfandges. v. 15. Septbr. 1858 Art. 85 und das Ausf. Ges. v. 4. Juni 1879 Art. 61, 62.

[2]) Ges. über den Eigenthumserwerb ꝛc. v. 5. Mai 1872 § 43.

[3]) Ges., betr. die Zwangsvollstr. ꝛc., v. 13. Juli 1883.

[4]) Mot. III S. 31. Mit den „Mot." werden hier und in der Folge die durch den Druck veröffentlichten Motive zu dem Entwurfe eines Bürgerlichen Gesetzbuches für das Deutsche Reich (Berlin 1888) bezeichnet.

[5]) C. P. O. § 757.

a) für Preußen das Ges., betr. die Zwangsvollstr. in das unbewegl. Verm., v. 13. Juli 1883[1]);
b) für Bayern das Ges., die Zwangsvollstr. in das unbewegl. Verm. wegen Geldforderungen betr. (Subhastationsordnung), v. 23. Febr. 1879 und das Ges., Aenderungen der Bestimmungen über die Zwangsvollstr. 2c. betr., v. 29. Mai 1886;
c) für Sachsen das Ges., betr. die Zwangsversteigerung und die Zwangsverwaltung unbewegl. Sachen, v. 15. August 1884;
d) für Württemberg das Ges., betr. die Zwangsvollstr. in das unbewegl. Verm., v. 18. August 1879;
e) für Mecklenburg-Schwerin und Mecklenburg-Strelitz je eine Verordn., betr. die Zwangsvollstr. in das unbewegl. Verm. wegen Geldforderungen, v. 24. Mai 1879;
f) für Weimar das Ges. v. 12. Mai 1879 über die Zwangsvollstr. in das unbewegl. Verm.;
g) für Oldenburg, mit Ausschluß des Fürstenthums Lübeck[2]), das Ges., betr. die Zwangsvollstr. in das unbewegl. Verm. wegen Geldforderungen, v. 2. April 1879;
h) für Braunschweig das gleichnamige Ges. v. 10. Juli 1879;
i) für Meiningen das Ges., betr. die Zwangsvollstr. in das unbewegl. Verm., v. 21. Juni 1879;
k) für Coburg-Gotha das gleichnamige Ges. v. 7. April 1879 und das Zusatzges. v. 11. April 1881;
l) für Anhalt das Subhast. Ges. v. 10. Mai 1879 und in Ansehung der Sequestration das Ausf. Ges. zur C. P. O. v. 10. Mai 1879 §§ 15—22;
m) für Rudolstadt das Ges., betr. die Zwangsvollstr. in das unbewegl. Verm., v. 8. August 1879;
n) für Reuß j. L. das Ges. über die Zwangsvollstr. in das unbewegl. Verm., v. 19. Septbr. 1879;
o) für Schaumburg-Lippe das Ges., betr. die Zwangsvollstr. 2c., v. 24. April 1880;
p) für Lübeck das gleichnamige Ges. v. 16. Juli 1879;
q) für Hamburg das Ges., betr. Zwangsvollstr. in das unbewegl. Verm., v. 14. Juli 1879;
r) für Elsaß-Lothringen das Ges. über die Zwangsvollstr. 2c. v. 30. April 1880.

2. Die Zwangsvollstreckung in das unbewegliche Vermögen regeln ferner:
a) für Baden das Ges., die Einführung der Reichsjustizgesetze 2c. betr., v. 3. März 1879 §§ 41—98 und die landesherrliche Verordn., das Verfahren bei Zwangsvollstr. in Liegenschaften betr., v. 25. Juli 1879;

[1]) Das Ges. ist für den Geltungsbereich der Grundb. O. v. 5. Mai 1872 erlassen, mit dieser aber durch das Ges. v. 12. April 1888 auch in dem Geltungsbereiche des rhein. Rechtes eingeführt.

[2]) Vergl. das oldenb. Ges., betr. die Einführung des G. V. G. v. 2. April 1879 Art. 31.

b) für Hessen das Ges., die Ausführung der deutschen C. P. O. und Konk. O. betr., v. 4. Juni 1879 Art. 49—68, 110—181.

3. Denselben Gegenstand behandeln die Ausführungsgesetze zur C. P. O.:
a) für Altenburg, v. 25. März 1879 §§ 15—22,
b) für Sondershausen, v. 17. Mai 1879 §§ 8—10,
c) für Reuß ä. L., v. 3. Mai 1879 §§ 33—50,
d) für Lippe, v. 26. Juli 1879 §§ 11—13,
e) für Bremen, v. 25. Juni 1879 §§ 4, 28—44.

4. In Waldeck und Pyrmont ist durch Ges. v. 1. Septbr 1879 das preuß. Ges., betr. die Zwangsvollstr. in das unbewegl. Verm., v. 4. März 1879[1]) eingeführt worden.

III. Der Grund, aus welchem die C. P. O. davon absah, die Zwangsvollstreckung in das unbewegliche Vermögen zu regeln, erledigt sich, wenn das Deutsche Reich zu einem einheitlichen bürgerlichen Rechte gelangt. In dem Art. 11 des Entw. eines Einf. Ges. zum B. G. B. ist deshalb in Aussicht genommen, unter Beseitigung des erwähnten Vorbehaltes für die Landesgesetzgebung, die C. P. O. dahin zu ändern, daß an Stelle der §§ 755—757 ausgesprochen wird: „Die Zwangsvollstreckung in das unbewegliche Vermögen bestimmt sich nach dem dieselbe betreffenden besonderen Gesetze. Nach diesem besonderen Gesetze bestimmt sich auch, welche Gegenstände in Ansehung der Zwangsvollstreckung zum unbeweglichen Vermögen gehören." Mit Rücksicht auf frühere Erörterungen[2]) bedarf das Vorgehen der Reichsgesetzgebung auf diesem Gebiete einer weiteren Rechtfertigung nicht. Zu erwähnen ist nur noch, daß das Einf. Ges. a. a. O. durch eine entsprechende Aenderung des § 811 der C. P. O. dem Gesetze über die Zwangsvollstreckung in das unbewegliche Vermögen auch die Regelung der Vollziehung des Arrestes in das letztere zugewiesen hat. Aenderung der C. P. O.

IV. Für die Oekonomie des besonderen Gesetzes kommt es wesentlich darauf an, wie dessen Verhältniß zur C. P. O. aufgefaßt wird. Die C. P. O. geht davon aus, daß die Zwangsvollstreckung dem Prozeßrechte angehört und die Zwangsvollstreckung in das unbewegliche Vermögen als Unterart der Zwangsvollstreckung überhaupt sich darstellt. Bei dem Systeme, welches sie befolgt, wird zunächst darüber kein Zweifel sein, daß die allgemeinen Vorschriften über das Prozeßverfahren (Prozeßfähigkeit, Vertretung, Zustellung, Termine, Fristen ꝛc.) auch auf das Vollstreckungsverfahren berechnet sind. Was sodann die Vorschriften für die Zwangsvollstreckung betrifft, so darf nicht übersehen werden, wie das achte Buch der C. P. O. gegliedert ist. Der erste Verhältniß des Entwurfes zur C. P. O.

[1]) In Preußen selbst gilt dieses Gesetz, welches die Anpassung des bisherigen Verfahrens an die Grundsätze der C. P. O. bezweckte, noch uneingeschränkt in dem Regierungsbezirke Wiesbaden, dem Amtsbezirke Vöhl und dem Kreise Herzogthum Lauenburg. Für die übrigen Theile der Monarchie ist an seine Stelle in der Hauptsache das Gesetz von 1883 getreten.

Das preuß. Gesetz von 1883 sowie die im Texte unter Nr. 1 bis 4 nachgewiesenen Gesetze anderer Staaten werden in der Folge meist nur mit dem Namen des Staates bezeichnet, welcher das Gesetz gegeben hat.

[2]) Mot. III S. 31, 140 ff.

Abschnitt führt die Ueberschrift „Allgemeine Bestimmungen" (§§ 644—707). In dem zweiten Abschnitte wird die „Zwangsvollstreckung wegen Geldforderungen" behandelt, und zwar in dem ersten Titel die „Zwangsvollstreckung in das bewegliche Vermögen" (§§ 708—754), in dem zweiten Titel die „Zwangsvollstreckung in das unbewegliche Vermögen" (§§ 755—757), in dem dritten Titel das „Vertheilungsverfahren" (§§ 758—768). Die beiden folgenden Abschnitte beschäftigen sich mit den übrigen Vollstreckungsarten (§§ 769—795). Der fünfte Abschnitt ist überschrieben „Arrest und einstweilige Verfügungen" (§§ 796—822). Hätte die C. P. O. in dem zweiten Titel des zweiten Abschnittes die Zwangsvollstreckung in das unbewegliche Vermögen selbst geregelt, so würde Niemand zweifeln, daß für dieselbe daneben auch die allgemeinen Bestimmungen des ersten Abschnittes maßgebend wären. Ein Zweifel aber entsteht dadurch, daß die Regelung, soweit sie nicht in den §§ 755—757 gegeben wird, der Landesgesetzgebung vorbehalten ist.

Man streitet darüber, ob dem Vorbehalte die Tragweite innewohnt, daß die Landesgesetzgebung völlig freie Hand bei der Gestaltung der Zwangsvollstreckung in das unbewegliche Vermögen hat, so daß die allgemeinen Vorschriften der C. P. O. nur allenfalls subsidiär zur Anwendung kommen, oder ob diese Vorschriften dergestalt zwingend sind, daß die Landesgesetzgebung von ihnen nicht abweichen darf. Die Streitfrage ist für die jetzt zu lösende Aufgabe an sich ohne Belang, da die Reichsgesetzgebung nicht formell an die Vorschriften der C. P. O. gebunden ist. Sie wird hier nur berührt, weil sie ergibt, daß das Verhältniß des besonderen Gesetzes zur C. P. O. eine verschiedene Auffassung gestattet. Die Reichsgesetzgebung muß aus naheliegenden Rücksichten davon ausgehen, daß das Prozeßrecht nach einheitlichen Grundsätzen zu regeln ist. Wenn daher die Zwangsvollstreckung in das unbewegliche Vermögen diesem Rechtsgebiete angehört, so muß sie den Vorschriften der C. P. O. insoweit unterworfen werden, als dieselben nach ihrem Inhalte und ihrer Stellung zur Anwendung geeignet und nicht aus besonderen Erwägungen von der Anwendung auszuschließen sind. Dieser Standpunkt kann dadurch keine Aenderung erleiden, daß die Zwangsvollstreckung in das unbewegliche Vermögen nicht in der C. P. O. selbst sondern aus technischen Rücksichten in einem besonderen Gesetze geordnet wird. Der vorliegende Entwurf ist deshalb so zu lesen, als ständen seine Vorschriften in dem achten Buche der C. P. O. an der Stelle der §§ 755—757. Daß dies verkannt werden möchte, ist im Hinblicke auf die Bestimmungen, durch welche die §§ 755—757 nach dem Einf. Ges.[1]) ersetzt werden sollen, bei der Stellung, welche der Entwurf gegenüber einzelnen Vorschriften der C. P. O. einnimmt, nicht zu besorgen.

zur Konk. O., V. Das Verhältniß des Entwurfes zur Konkursordnung ist noch einfacher als zur C. P. O. Die früher bestandene Verquickung der Immobiliarexekution mit dem Konkurse besteht nicht mehr. Die Hypothekengläubiger sind von der Einlassung in den Konkurs nach den Gesetzen Preußens und anderer Staaten

---

[1]) Mit dem „Einf. Ges." wird hier und in den weiteren Erörterungen der durch den Druck veröffentlichte Entwurf eines Einführungsgesetzes zum Bürgerlichen Gesetzbuche (Berlin 1888) bezeichnet.

schon längst entbunden. Die Reichsgesetzgebung hat diesem Vorgange sich angeschlossen. Die Konkursordnung kennzeichnet unter § 39 ihren Standpunkt dahin: „Zur abgesonderten Befriedigung dienen die Gegenstände, welche in Ansehung der Zwangsvollstreckung zum unbeweglichen Vermögen gehören, insoweit ein dingliches oder ein sonstiges Recht auf vorzugsweise Befriedigung aus denselben besteht. Den Umfang der Immobiliarmasse, sowie den Umfang und die Rangordnung der aus derselben zu berichtigenden Ansprüche bestimmen die Reichsgesetze und Landesgesetze". Die Verweisung auf die Landesgesetze erledigt sich hier natürlich ebenso wie in der C. P. O. § 757, wenn die Zwangsvollstreckung in das unbewegliche Vermögen durch ein besonderes Reichsgesetz geregelt wird. Die erforderliche Aenderung des § 39 ist in dem Einf. Ges. Art. 13 vorgesehen.

Die Konk. O. setzt überall, wo sie von der Zwangsvollstreckung spricht[1]), ein unabhängig von ihr geordnetes Verfahren voraus[2]). Ein solches Verfahren kann allerdings, wenn Konkurs über das Vermögen des Schuldners eröffnet ist, auf Antrag eines nur persönlichen Gläubigers mit rechtlicher Wirkung gegen die Konkursmasse nicht eingeleitet werden. Im Uebrigen aber geht die Zwangsvollstreckung in das unbewegliche Vermögen neben dem Konkursverfahren ihren eigenen Weg. Für den Entwurf ergeben sich aus dem bestehenden Konkursrechte keine Schwierigkeiten.

VI. Die reichsgesetzliche Regelung der Zwangsvollstreckung in das unbewegliche Vermögen dient nicht blos zur Ausfüllung einer Lücke, welche die C. P. O. in ihrem achten Buche gelassen hat, sondern auch zur Ergänzung und Ausführung der Vorschriften des B. G. B.[3]) über das Immobilienrecht, namentlich das Hypothekenrecht. — zum B. G. B.

1. Die Hypothek begründet nach dem B. G. B. § 1075 „für den Gläubiger den Anspruch, daß die Forderung, soweit sie fällig geworden ist, aus dem belasteten Grundstücke und den mithaftenden Gegenständen im Wege der Zwangsverwaltung und der Zwangsversteigerung beigetrieben werde". Zwangsverwaltung und Zwangsversteigerung sind hierbei lediglich als Maßregeln der Zwangsvollstreckung gedacht. Die Zwangsvollstreckung findet freilich in dem größten Theile des Reiches nicht blos wegen dinglicher Ansprüche statt, sondern auch wegen nur persönlicher, d. h. solcher Ansprüche, für welche nicht das Grundstück, sondern nur dessen Eigenthümer dem Gläubiger haftet. Für den Gesetzgeber ist aber der letztere Fall, soweit die Zwangsversteigerung und die Zwangsverwaltung in Frage kommen, mehr oder weniger nebensächlich. Ihren Ausgang muß die gesetzliche Regelung dieser Maßregeln von dem Rechte des Hypothekengläubigers nehmen; sie muß den durch das Hypothekenrecht gegebenen Bedürfnissen sich anpassen und demgemäß den Fall, wenn das Verfahren wegen eines nur persönlichen Anspruches betrieben wird, so behandeln, wie wenn der Anspruch in einer die letzte Stelle der Rang- — Einfluß des Hypothekenrechtes

[1]) Z. B. §§ 1, 11, 17, 28, 98, 117, 152, 179.

[2]) Vergl. § 3 der Konk. O.

[3]) Mit B. G. B. wird hier und in Folgendem der durch den Druck veröffentlichte Entwurf eines Bürgerlichen Gesetzbuches für das Deutsche Reich (Berlin 1888) bezeichnet.

ordnung einnehmenden Hypothek sich gründete. Dieser Standpunkt kann allerdings nicht ohne Zulassung von Ausnahmen durchgeführt werden. Aber die Ausnahmen sprechen nicht gegen ihn. Als Regel rechtfertigt er sich einmal durch den geschichtlichen Ursprung und den Entwickelungsgang der Zwangsversteigerung und der Zwangsverwaltung in Deutschland, sodann aber auch durch die Thatsache, daß die Ansprüche, zu deren Verwirklichung diese Maßregeln in Antrag gebracht werden, in den meisten Fällen hypothekarische Anprüche sind.

Berücksichtigung der dingl. Rechte.

2. Die Regelung der Zwangsversteigerung und der Zwangsverwaltung steht unter dem Einflusse des Immobilienrechtes ferner aus dem Grunde, weil sie auch, abgesehen von dem Anspruche des betreibenden Gläubigers, mit den Rechten zu rechnen hat, welche an dem Grundstücke bestehen. Der Inhalt und der Rang jedes einzelnen Rechtes entscheiden über die Berücksichtigung des Berechtigten bei dem im Interesse eines Anderen angeordneten Verfahren. Die dinglich Berechtigten müssen als solche bei der Zwangsversteigerung und der Zwangsverwaltung zugezogen werden, um ihre Rechte wahrnehmen zu können. Da, wo das Immobilienrecht auf der Grundlage eines öffentlichen Buches beruht, ist der Inhalt desselben mehr oder weniger maßgebend für den Bestand an Rechten, welcher bei dem Verfahren vorauszusetzen ist. Auch muß nach der Durchführung des letzteren das Buch mit den Aenderungen, welche dieselbe zur Folge hat, in Einklang gesetzt werden. Der Einfluß des Immobilienrechtes auf die Gestaltung der Zwangsversteigerung und der Zwangsverwaltung sowie die Rückwirkung des Zwangsverfahrens auf die dinglichen Rechte zeigt sich in allen Gesetzen, in welchen dieses Verfahren geregelt wird.

Vorbilder des Entw.

3. Der Weg, welchen hiernach die Reichsgesetzgebung einzuschlagen hat, ist in seinen Grundlinien durch das Immobilienrecht des B. G. B. vorgezeichnet. Unter den Landesgesetzen dienen daher dem Entwurfe zum Vorbilde diejenigen, welche ein dem B. G. B. entsprechendes Grundbuch- und Hypothekenrecht zur Voraussetzung haben und aus demselben die richtigen Folgerungen für die Zwangsvollstreckung in das unbewegliche Vermögen ziehen. Unter diesen Folgerungen steht obenan der Grundsatz, daß die Zwangsvollstreckung nur unter Wahrung derjenigen Rechte erfolgen darf, welche dem Rechte des betreibenden Gläubigers im Range vorgehen. Für die meisten Bundesstaaten liegt hierin eine Neuerung, welche sich gegen die Versteigerung um jeden Preis und gegen das Erlöschen der dem Rechte des Gläubigers vorgehenden Hypotheken und Grundschulden durch den Zuschlag richtet. In Preußen ist diese Neuerung durch das Ges. v. 13. Juli 1883 eingeführt worden. Von hier aus ist sie in die Gesetze für Sachsen v. 15. Aug. 1884 und für Bayern v. 29. Mai 1886 übergegangen. Da unter dem Einflusse des in Rede stehenden Grundsatzes das ganze Verfahren ein eigenartiges Gepräge erhält, so können bei der reichsgesetzlichen Regelung der Zwangsversteigerung nach diesem Grundsatze diejenigen Landesgesetze, welchen derselbe fremd ist, nur in beschränkterem Maße berücksichtigt werden. Die Hauptquellen, aus welchen der Entwurf zu schöpfen hat, sind in den Gesetzen für Preußen und Sachsen, zum Theil auch in den bayer. Gesetzen von 1879 und 1886 gegeben.

Bestimmung der Aufgabe.

VII. Nach dem Einf. Ges. Art. 11 handelt es sich um ein Gesetz, betr. die Zwangsvollstreckung in das unbewegliche Vermögen. Dem entspricht die Ueberschrift, welche der Entwurf für dieses Gesetz in Aussicht nimmt. Um Mißverständnissen vorzubeugen, muß jedoch Folgendes bemerkt werden:

Zwangsvollstr. in das unbew. Verm.

1. Der Entwurf bezieht sich zunächst nicht auf Zwangsvollstreckungen, welche, wenn auch in Ansehung des unbeweglichen Vermögens, doch nicht in dasselbe erfolgen. Dies ergibt sich aus seiner Ueberschrift, ohne daß es nöthig wäre, derselben hinzuzusetzen „wegen Geldforderungen". Die Zwangsvollstreckung in das Vermögen, und zwar sowohl in das bewegliche wie in das unbewegliche, ist nach der C. P. O. VIII. 2 stets eine Zwangsvollstreckung „wegen Geldforderungen", im Sinne des B. G. B. eine solche, durch welche ein Geldanspruch beigetrieben werden soll. Ein entsprechender Zusatz zur Ueberschrift des Entwurfes würde mithin insofern inkorrekt sein, als er so gedeutet werden könnte, daß der Gesetzgeber auch wegen eines anderen Anspruches die Zwangsvollstreckung in das unbewegliche Vermögen für zulässig hielte.

Zwangsverst. u. Zwangsverw. in anderen Fällen.

2. Der Entwurf tritt dadurch aus dem Rahmen der Zwangsvollstreckung bezw. der Zwangsvollstreckung wegen Geldforderungen heraus, daß er auch die auf den Antrag des Konkursverwalters nach der Konk. O. § 116 stattfindende Zwangsversteigerung und Zwangsverwaltung sowie die nach dem B. G. B. § 769 zum Zwecke der Aufhebung der Gemeinschaft eintretende Zwangsversteigerung regelt. Daß beide Maßregeln in den vorausgesetzten Fällen nicht Maßregeln der Zwangsvollstreckung im Sinne der Nr. 1 sind, ist nicht zweifelhaft, da sie nicht auf Verwirklichung eines Geldanspruches abzielen. Sie müssen aber in ihren Besonderheiten gesetzlich geregelt werden, und diese Regelung kann zweckmäßig nur im Anschlusse an die im Wege der Zwangsvollstreckung wegen Geldforderungen erfolgende Zwangsversteigerung und Zwangsverwaltung geschehen. Auf die kleine Inkorrektheit, welche in Folge des erweiterten Inhaltes des Gesetzes der Ueberschrift desselben anhaftet, kann es nicht ankommen.

Eintheilung des Entw.

VIII. Der Entwurf zerfällt in fünf Abschnitte mit den Ueberschriften; Unbewegliches Vermögen; Zwangsvollstreckung in Grundstücke: Zwangsvollstreckung in Schiffe; Zwangsversteigerung und Zwangsverwaltung in besonderen Fällen; Einführungsvorschriften.

Erster Abschnitt.

Unbewegliches Vermögen.

1. Gegenstände.

§ 1.

a) Wenn die Zwangsvollstreckung „wegen Geldforderungen", soweit sie in das unbewegliche Vermögen erfolgt, in einem besonderen Gesetze geregelt wird, so darf dieses Gesetz, um nicht die Tragweite seiner Bestimmungen gegenüber der C. P. O. im Dunkeln zu lassen, nicht darüber schweigen, welche Gegenstände in der fraglichen Beziehung zum unbeweglichen Vermögen gerechnet werden sollen. Daß es sich hierbei lediglich um die Zwangsvollstreckung „wegen Geldforderungen" handelt, braucht in der erforderlichen Vorschrift ebensowenig ausgesprochen zu werden wie in den Vorschriften der C. P. O. §§ 755—757 und der Konk. O. § 39. Dagegen empfiehlt es sich, durch die Fassung des Gesetzes darauf hinzuweisen, daß nur eine Bestimmung für die Zwangsvollstreckung in das unbewegliche Vermögen beabsichtigt ist[1]), die Zwangsvollstreckung zur Erwirkung der Herausgabe von Grundstücken rc. daher unberührt bleibt[2]).

b) Bestimmungen darüber, welche Gegenstände hierher gehören, finden sich in einer Reihe von Landesgesetzen[3]). Außer den Grundstücken sind es gewisse Kategorieen von Berechtigungen, aber auch Schiffe, welche der Zwangsvollstreckung in das unbewegliche Vermögen unterworfen werden. Die Vorschrift des Entwurfes trifft:

Grundstücke α. die Grundstücke ohne Einschränkung. Was unter Grundstück zu verstehen ist, ergibt sich aus dem B. G. B. § 781 Abs. 1 in Verbindung mit § 787. Zur Aufstellung eines besonderen Grundstücksbegriffes für die Zwangsvollstreckung[4]) fehlt das Bedürfniß;

---

[1]) Vergl. oben S. 72, 73, 75.

[2]) Der Unterscheidung im Texte entspricht auch die Sprachweise des B. G. B. § 674 Abs. 2, §§ 1314, 1374, 1829 Abs. 1, §§ 1904, 2125.

[3]) Preußen § 1, Bayern 1879 Art. 2, 3, Hessen Art. 50, Weimar § 1, Oldenburg Art. 2, Braunschweig § 2, Rudolstadt § 1, Reuß ält. L. § 33, Hamburg § 1, Lübeck § 1.

[4]) Vergl. sächs. Gesetzb. § 64 und Ges. v. 15. August 1884 §. 2.

β. Berechtigungen, welche ein Blatt im Grundbuche erhalten können[1]), in Gemäßheit des B. G. B. § 781 Abs. 2; Berechtigungen.

γ. Schiffe, welche in das Schiffsregister eingetragen sind. Daß diese Kategorie von Schiffen, soweit es sich um die Zwangsvollstreckung in dieselben handelt, dem unbeweglichen Vermögen zugerechnet wird, liegt schon in der Konsequenz der Vorschriften des Handelsgesetzbuches über die Rechte der Schiffsgläubiger[2]), entspricht aber auch den besonderen Gesetzen derjenigen Bundesstaaten, in deren Gebieten sich Seehäfen befinden[3]). Was dagegen die nicht registrirten Schiffe anlangt, so unterliegen der Immobiliarexekution (Zwangsversteigerung) in Preußen nach der Subhast. O. v. 15. März 1869 § 1 Ziff. 4 „zur Frachtschifffahrt bestimmte Schiffsgefäße", nach der hann. Proz. O. § 558 Schiffe von wenigstens fünf Last Tragfähigkeit, in Oldenburg Flußschiffe, welche der Vermessung unterworfen sind, in Lübeck Seeschiffe und in das Hypothekenbuch eingetragene Flußschiffe, in Hamburg und Bremen Fluß- und Seeschiffe von mehr als fünfzig Kubikmeter Bruttogehalt[4]). Der Grund, weshalb der Entwurf die registrirten Schiffe zum unbeweglichen Vermögen zählt, liegt einmal in dem gewöhnlich erheblichen Werthe derselben, welchem die Formen der Mobiliarexekution nicht immer gerecht werden würden, sodann aber und zwar vornehmlich darin, daß bei der Zwangsversteigerung eines solchen Schiffes der Regel nach verschiedene einander widerstreitende Interessen in Frage kommen, welche nur in einem der Zwangsvollstreckung in Grundstücke entsprechenden Verfahren die ihnen gebührende Berücksichtigung zu finden vermögen. Dieses Verfahren aber kann reichsgesetzlich nur unter der Voraussetzung einer bereits eingeführten Grundbucheinrichtung geregelt und folglich auf Schiffe nur insoweit, als für dieselben in dem Schiffsregister eine grundbuchähnliche Einrichtung besteht, übertragen werden[5]). Auf Schiffe, welche nicht in das Register eingetragen sind, müssen daher die Vorschriften der C. P. O. über die Zwangsvollstreckung in das bewegliche Vermögen zur Anwendung gelangen. Im Allgemeinen wird dies auch, soweit Seeschiffe in Betracht zu ziehen sind, den Bedürfnissen genügen, da ein inländisches Seeschiff, welches mehr als fünfzig Kubikmeter Raumgehalt hat, in das Schiffsregister eingetragen werden muß, um die Reichsflagge führen zu dürfen[6]), kleinere Fahrzeuge aber schon wegen ihres verhältnißmäßig nicht bedeutenden Werthes besser von der Immobiliarexekution ausgeschlossen werden. Ob dagegen die Rücksicht auf die Schiffe.

---

[1]) Mot. III S. 39, 40.

[2]) H. G. B. Art. 757, 767 ff. Vergl. die Begründung zu dem preuß. Entw. eines Ges., betr. die Zwangsvollstreckung in das unbew. Verm., § 1, bei Stegemann, die Materialien zum Ges. v. 13. Juli 1883 ꝛc. S. 47.

[3]) Die Binnenstaaten haben keine besonderen Vorschriften über die Zwangsvollstreckung in Schiffe.

[4]) Siehe die Vollstreckungsgesetze für Preußen § 1 Ziff. 4, § 164 Ziff. 2, Oldenburg Art. 88, 89, Hamburg § 1, Lübeck §. 1 und das Gesetz für Bremen, betr. Zwangsvollstr. wegen Geldforderungen in Schiffe ꝛc., v. 15. Dezbr. 1887 § 1.

[5]) Vergl. B. G. B. §§ 1196 ff. und Mot. III S. 849, 850.

[6]) Bundesges., betr. die Nationalität der Kauffahrteischiffe ꝛc., v. 25. Oktbr. 1867 §§ 3, 7, 10 und Reichsges. v. 28. Juni 1873 § 1.

Bedürfnisse des Verkehres erheischt, Schiffe, welche im Bau befindlich sind[1]), sowie größere Flußfahrzeuge und ausländische Seeschiffe[2]) der Subhastation zu unterwerfen, muß der Entscheidung bei der Revision des Handelsgesetzbuches vorbehalten bleiben[3]). (Abs. 1.)

Antheile

c) Zum unbeweglichen Vermögen gehören in Ansehung der Zwangsvollstreckung in dasselbe auch die Antheile an einem Grundstücke, einer buchungsfähigen Berechtigung oder einem registrirten Schiffe. Dies liegt in der Konsequenz der Vorschriften des B. G. B. über das Miteigenthum an Grundstücken sowie über die Hypothek, wird aber auch in dem vorliegenden Entwurfe unter §§ 4, 5, 224 vorausgesetzt. Gegenüber den Streitfragen über das Wesen des Antheilsrechtes erscheint es zweckmäßig, hier neben den Grundstücken 2c. die Antheile an solchen besonders zu erwähnen. (Abs. 1.)

Mithaftende Gegenstände.

d) Der Begriff des unbeweglichen Vermögens erfährt dadurch eine Erweiterung, daß die Zwangsvollstreckung in einen Gegenstand desselben auch auf bewegliche Sachen und auf Forderungen sich ausdehnen kann. Hierauf weist schon die Reichskonkursordnung hin, wenn sie unter § 39 den „Umfang der Immobiliarmasse" der Bestimmung durch die Reichsgesetze und Landesgesetze vorbehält. Nach dem preußischen Gesetze § 1 Abs. 2 gehören zu dieser Masse „auch diejenigen beweglichen Gegenstände, auf welche das bezüglich eines unbeweglichen Gegenstandes bestehende Pfand- oder Vorzugsrecht kraft Gesetzes sich miterstreckt." Aehnlich Oldenburg Art. 2 Abs. 2, Coburg-Gotha und Rudolstadt § 1 Abs. 2. Auch für Mecklenburg bestehen entsprechende Vorschriften[4]). Das französische Gesetzbuch rechnet hierher die Akzessorien des unbeweglichen Gutes, die es für unbeweglich erklärt[5]). In dem bayerischen Gesetze von 1879 heißt es unter Art. 8: „Bewegliche Zugehörungen stehen mit dem Zeitpunkte, in welchem die Beschlagnahme bewirkt ist, in Ansehung der Zwangsvollstreckung und ihrer Wirkungen der beschlagnahmten Hauptsache gleich. Dasselbe gilt von allen nach der Beschlagnahme anfallenden Erträgnissen." Sachlich ebenso Braunschweig § 8. Die Gesetze für Hamburg und Lübeck, welche zum unbeweglichen Vermögen Grundeigenthum und Schiffe zählen, sprechen zugleich aus (§ 1), welche Sachen und Forderungen das Grundeigenthum umfaßt und unter welchen Voraussetzungen Frachtgelder der Zwangsvollstreckung in das Schiff unterliegen, bezw. in Ansehung derselben zum unbeweglichen Vermögen gehören. Das bremische Gesetz von 1887 sagt unter § 2: „Das Inventar und die Ausrüstung eines Schiffes, ausstehende Frachten, sowie die in Art. 778 des H. G. B. erwähnten Vergütungs- und Entschädigungsgelder, soweit sie noch ausstehen, gelten in Betreff der Zwangsvollstreckung als Theile der Schiffmasse."

Zubehör — Erträgnisse — Frachtgelder. — Schiffsinventar

Mithaftung kraft Pfandrechtes

Für den Entwurf ergibt sich aus dem B. G. B. § 1075, daß die nach §§ 1067 ff. kraft des Pfandrechtes an einem Grundstücke mit dem letzteren

---

[1]) Brem. Ges. v. 15. Dezbr. 1887 § 1.

[2]) Hamburg § 41.

[3]) Vergl. die Anm. zu § 1196 des B. G. B.

[4]) Verord. v. 3. Mai 1879 §§ 1 ff. und v. 24. Mai 1879 §§ 3, 8.

[5]) Code civil art. 2118, 2204. Vergl. Hessen Art. 123, Baden § 41.

dem Gläubiger haftenden Sachen und Forderungen bei einer von dem Gläubiger betriebenen Zwangsversteigerung oder Zwangsverwaltung des Grundstückes dessen rechtliche Behandlung theilen müssen. Dasselbe gilt mit Rücksicht auf die §§ 1051, 1135, 1136, wenn der Anspruch des Gläubigers nicht in einer Hypothek, sondern in einer Reallast oder einer Grundschuld sich gründet. Es muß aber auch dann gelten, wenn die Zwangsvollstreckung in das Grundstück wegen eines rein persönlichen Anspruches betrieben wird, gleichviel ob daneben Ansprüche aus Rechten an dem Grundstücke vorhanden sind oder nicht. Bereits bei der Begründung des § 1075 ist gezeigt, wie bedenklich mit Rücksicht auf die wirthschaftliche Zusammengehörigkeit des Grundstückes und der mit demselben kraft des Pfandrechtes haftenden Gegenstände es sein kann, diese Gegenstände bei der Zwangsvollstreckung von dem Grundstücke zu trennen[1]). Die Trennung wäre aber auch um deswillen unzweckmäßig, weil sie den Gläubiger nöthigen würde, außer der Immobiliarexekution in das Grundstück, die Mobiliarexekution in die übrigen Gegenstände zu beschreiten, so daß zwei besondere, mit Kosten verknüpfte Vollstreckungsarten neben einander herliefen. Gegen die Trennung spricht ferner, daß die Beschlagnahme des Grundstückes, welche mit der Zwangsvollstreckung in dasselbe verbunden wird und welche ein Recht auf vorzugsweise Befriedigung gewährt, in dieser Hinsicht kaum von einer anderen Wirkung begleitet gedacht werden kann als die Hypothek. Hinzutritt endlich noch, daß Ansprüche auf vorzugsweise Befriedigung, welche von der Beschlagnahme unabhängig sind, bei jedem Grundstücke vorkommen können und, namentlich im Konkurse, die erwähnten Gegenstände mitergreifen müssen.

Die vorstehenden Erwägungen treffen auch dann zu, wenn nicht ein Grundstück, sondern eine buchungsfähige Berechtigung oder ein registrirtes Schiff als Gegenstand der Zwangsvollstreckung unterstellt wird. Es rechtfertigt sich deshalb, in dem Gesetze allgemein auszusprechen, daß für die Zwangsvollstreckung die mithaftenden Sachen und Forderungen zum unbeweglichen Vermögen gehören. Die Fassung läßt keinen Zweifel, daß es nicht darauf ankommt, ob im gegebenen Falle ein Pfandrecht besteht oder nicht. (Abs. 2.)

2. Beschränkte Zulässigkeit der Zwangsvollstreckung in das bewegliche Vermögen.

§ 2.

a) Die im § 1 Abs. 2 bezeichneten Sachen und Forderungen dürfen um deswillen, weil sie hinsichtlich der Zwangsvollstreckung in das unbewegliche Vermögen zu dem letzteren gehören, von der Zwangsvollstreckung in das bewegliche Vermögen nicht ohne Weiteres ausgeschlossen werden. Die Ausschließung würde in Widerspruch treten mit dem Grundsatze, daß bewegliche Sachen und Forderungen des Schuldners, soweit demselben die freie Ver- Einfl der Immob = Exekution.

[1]) Mot. III S. 677, 678.

fügung über sie zusteht, für die Gläubiger gepfändet werden können[1]). Die Zugehörigkeit gewisser, der Pfändung ausgesetzter Gegenstände zum unbeweglichen Vermögen hat indessen auf das Recht der Zwangsvollstreckung immerhin den Einfluß, daß im einzelnen Falle die Mobiliarexekution von der Immobiliarexekution überwunden wird. Der Zeitpunkt aber, von welchem ab die Mobiliarexekution in die gedachten Gegenstände nicht mehr stattfindet, ist mit der im Wege der Mobiliarexekution erfolgenden Beschlagnahme gegeben, weil grundsätzlich durch diese die Verfügung über dieselben dem Schuldner entzogen wird. Es entspricht dies den Gesetzen für Preußen § 206 Abs. 1, Bayern 1879 Art. 20 und andere Staaten[2]), aber auch der Auffassung, welche dem B. G. B. §§ 1068—1070 zu Grunde liegt. Für die Bestimmung der Wirkung, mit welcher die Mobiliarexekution von dem bezeichneten Zeitpunkte an auszuschließen ist, bieten sich zwei Wege. Man kann jeden ferneren Akt der Zwangsvollstreckung in das bewegliche Vermögen dergestalt für unstatthaft erklären, daß ein solcher, wenn er gleichwohl vorgenommen wird, nichtig ist. Man kann aber auch davon ausgehen, daß die Mobiliarexekution an sich zulässig und nur gegenüber dem die Immobiliarexekution betreibenden Gläubiger unwirksam sei; hieraus würde namentlich folgen, daß, wenn die Beschlagnahme auf Grund eines Verzichtes des Gläubigers aufgehoben würde, die im Wege der Mobiliarexekution geschehene Pfändung volle Wirksamkeit erlangte. Der Entwurf entscheidet sich für den ersteren Weg, um den Verwickelungen vorzubeugen, welche sich aus der Konkurrenz zweier Arten der Zwangsvollstreckung in die nämlichen Gegenstände ergeben könnten. Ein Verstoß gegen den Grundsatz, daß die Beschlagnahme nur relativ wirkt (§ 39 Abs. 1), liegt hierin nicht, da nicht die Ausschließung der pfändungsberechtigten Gläubiger von der Zwangsvollstreckung überhaupt, sondern nur eine ausschließliche, für jeden Gläubiger zugängliche Form der Zwangsvollstreckung vorgeschrieben wird.

Beschlagnahme.

Nicht getrennte Früchte.

b) Außer den im § 1 Abs. 2 bezeichneten Gegenständen kommen hier die Früchte in Betracht, welche vom Boden noch nicht getrennt sind. Als wesentliche Bestandtheile des Grundstückes, welches sie erzeugt, unterliegen sie der Zwangsvollstreckung in dasselbe. Nach der C. P. O. § 714 indessen können sie gepfändet werden. Es bedarf daher auch bezüglich ihrer einer Regelung des Verhältnisses der Immobiliarexekution zur Mobiliarexekution. Diese Relung aber kann nicht anders als im Einklange mit der unter a) bewirkten gegeben werden.

---

1) Gegen Preußen § 206 Abs. 2 ist die Ausführung in den Mot. III S. 678 a. E. zu vergleichen.

2) Mecklenburg § 20, Braunschweig § 18.

Zweiter Abschnitt.

Zwangsvollstreckung in Grundstücke.

Vorbemerkungen.

Die Zwangsvollstreckung in das unbewegliche Vermögen hängt in ihrer Gestaltung, wie früher dargelegt wurde, von dem Immobilienrechte des B. G. B. ab. Sie muß daher in erster Linie und hauptsächlich in Beziehung auf die Grundstücke als die eigentlichen Gegenstände dieses Rechtes und der Bucheinrichtung, welche dessen Grundlage bildet, geregelt werden. Die buchungsfähigen Berechtigungen sind auch insoweit, als sie nach § 1 der Immobiliarexekution unterliegen, wie Grundstücke zu behandeln; hinsichtlich ihrer wird deshalb von einer besonderen Regelung abgesehen. Mit der Zwangsvollstreckung in Schiffe beschäftigt sich der dritte Abschnitt des Entwurfes. Die übrigen Gegenstände, welche nach § 1 in Frage kommen, finden bei dem Gegenstande, durch den ihre Zugehörigkeit zum unbeweglichen Vermögen bestimmt wird, die erforderliche Berücksichtigung.

Die Zwangsvollstreckung in Grundstücke erfolgt, von der Zwangseintragung einer Forderung abgesehen, durch Zwangsversteigerung und durch Zwangsverwaltung. Sie bietet indessen eine Reihe von Gesichtspunkten dar, welche in ihrer Bedeutung nicht auf eine dieser Maßregeln beschränkt sind. Mit Rücksicht hierauf sind der Zwangsvollstreckung in Grundstücke drei Titel gewidmet: Allgemeine Vorschriften (§§ 3—24); Zwangsversteigerung (§§ 25—188); Zwangsverwaltung (§§ 189—205).

Erster Titel.

Allgemeine Vorschriften.

I. Maßregeln der Zwangsvollstreckung.

1. Die zulässigen Maßregeln.

§ 3.

a) In dem geltenden Rechte kommen als Maßregeln der Zwangsvollstreckung in Grundstücke vor: Zwangsversteigerung (Subhastation), Zwangsverwaltung (Administration, Sequestration), Einweisung des Gläubigers in den Besitz und die Nutzungen des Grundstückes, Verpachtung und Vermiethung desselben, Eintragung einer Hypothek.

Zwangsversteigerung

α. Die Zwangsversteigerung findet in allen Bundesstaaten statt. Ihre Zulassung in einem Gesetze, welches die Zwangsvollstreckung in Grundstücke zu ordnen hat, ist selbstverständlich. Den besonderen Vorschriften über die Unstatthaftigkeit der Zwangsversteigerung wegen gewisser Forderungen[1]) wird hier, wo es sich nur darum handelt, welche Vollstreckungsmaßregeln reichsgesetzlich anzuerkennen sind, nicht vorgegriffen. Unberührt bleiben namentlich auch die landesgesetzlichen Vorschriften, nach welchen gewisse Forderungen, die im öffentlichen Rechte sich gründen[2]) oder einer durch das Einführungsgesetz der Landesgesetzgebung vorbehaltenen Materie angehören, durch Zwangsversteigerung nicht beigetrieben werden dürfen[3]).

Zwangsverwaltung.

β. Die Zwangsverwaltung kann ebenfalls nicht abgelehnt werden, da sie in Preußen seit langer Zeit sich bewährt hat und auch in Bayern, Sachsen, Mecklenburg, Oldenburg, Weimar und anderen Staaten als Vollstreckungsmaßregel eingeführt ist.

Besitzeinweisung

γ. Die Einweisung des Gläubigers in den Besitz rc. ist neben der Zwangsverwaltung entbehrlich, da der Zweck, welchem sie dient, durch diese erreicht wird. Es stehen ihr ähnliche Bedenken entgegen, wie dem antichretischen Pfandrechte[4]), welches in dem B. G. B. keine Stelle gefunden hat. In Württemberg, Baden und Hessen kommt sie allerdings noch vor, aber doch nur in beschränkter Weise[5]). In dem weitaus größten Theile des Reiches ist sie aus dem geltenden Rechte verschwunden.

Vermiethung, Verpachtung

δ. Die Vermiethung bezw. Verpachtung eines Grundstückes kann auch in Ausführung der Zwangsverwaltung erfolgen. Als besondere Vollstreckungsmaßregel, wie sie in den Gesetzen der drei genannten Staaten erscheint, ist sie kein Bedürfniß.

Zwangshyp. Arresthyp

ε. Die Eintragung einer Zwangshypothek bezw. einer Arresthypothek wird in dem Entwurfe, obschon sie bereits in dem B. G. B. §§ 1130—1133 geregelt ist, neben der Zwangsversteigerung und der Zwangsverwaltung erwähnt, um außer Zweifel zu stellen, daß es auch bei ihr um eine Maßregel der Zwangsvollstreckung in das Grundstück sich handelt. Die Erwähnung ist namentlich deshalb von Bedeutung, weil durch sie auf die Anwendbarkeit allgemeiner Vorschriften der C. P. O., z. B. über die Einstellung des Verfahrens, hingewiesen wird. (Abs. 1.)

Wahlrecht des Gläubigers

b) Das Verhältniß der zulässigen Vollstreckungsmaßregeln zu einander bestimmt der Entwurf im Einklange mit dem preußischen Ges. § 2 Abs. 2 so, daß der Gläubiger berechtigt ist, nach seiner Wahl zu verlangen, daß eine dieser Maßregeln allein oder neben den übrigen angeordnet werde. (Abs. 2.) Dies entspricht dem Standpunkte, welchen die C. P. O. in ihren allgemeinen Bestimmungen über die Zwangsvollstreckung einnimmt, weicht aber von dem Rechte mehrerer Bundesstaaten ab.

---

1) Ges., betr. die Erhebung von Reichsstempelabgaben, v. 1. Juli 1881 § 25.

2) Vergl. preuß. Ausf. Ges. zum deutschen Gerichtskostenges. rc. v. 10. März 1879 § 29.

3) Vergl. Entw. § 235 Abs. 2.

4) Mot. III S. 629—631.

5) Oben S. 68.

a. In Sachsen ist das Recht, die Zwangsversteigerung oder die Zwangsverwaltung zu beantragen, nur dem Hypothekengläubiger eingeräumt. Ein nur persönlicher Gläubiger muß im Wege der Zwangsvollstreckung die Eintragung seiner Forderung in das Hypothekenbuch erwirken, um den Antrag stellen zu können[1]). Dasselbe gilt auch noch in anderen Staaten des sächsischen Rechtes[2]). In Oldenburg, Anhalt und Rudolstadt ist dieser Standpunkt dahin abgeschwächt worden, daß die ungesäumte Eintragung der Forderung des Antragstellers vorgeschrieben ist[3]). Die Gesetze der meisten Bundesstaaten, darunter Bayern, Württemberg, Baden, Hessen, Mecklenburg, machen die Zwangsversteigerung und auch die Zwangsverwaltung, soweit sie diese zulassen, nicht davon abhängig, daß der Gläubiger eine Hypothek für seine Forderung hat eintragen lassen[4]). Die Eintragung ist in der That entbehrlich, wenn man mit dem Entwurfe[5]) das Verfahren so gestaltet, daß mit dessen Einleitung eine Beschlagnahme des Grundstückes verbunden und durch diese ein Vorzugsrecht für den Anspruch des Gläubigers begründet wird. ohne Beschränk. auf den Fall der Hyp.

Die Vorstellung, daß nur der Pfandgläubiger berechtigt sein könne, die Zwangsversteigerung des Grundstückes zu betreiben, mag in der Konsequenz des römischen Rechtsgedankens liegen. Der Entwickelung und Gestaltung des Exekutionsrechtes in Deutschland entspricht sie nicht. Nach der C. P. O. erklärt sich dieses Recht nicht aus einer pfandrechtlichen Verhaftung der Sache für die Forderung, sondern aus der Aufgabe des Staates, den zur Rechtsverwirklichung im einzelnen Falle erforderlichen Zwang zu üben. Die Pfändung, durch welche die Zwangsvollstreckung in das bewegliche Vermögen erfolgt, verschafft freilich dem Gläubiger ein Pfandrecht an der gepfändeten Sache, so daß thatsächlich ein Zwangsverkauf der Sache nur stattfindet, wenn der Gläubiger ein Pfandrecht an derselben erworben hat. Allein dieses Pfandrecht dient nicht zur Rechtfertigung des Zwangsverkaufes. Vielmehr verbindet die C. P. O., wie ihre Entstehungsgeschichte ergibt, mit der Pfändung um deswillen ein Pfandrecht, um den wachsamen und eifrigen Gläubiger dagegen zu schützen, daß andere Gläubiger der Pfändung mit gleichem Rechte beitreten und auf diese Weise demselben den Gegenstand der Zwangsvollstreckung schmälern. Bei der Zwangsvollstreckung in ein Grundstück wird dieser Schutz durch das an die Beschlagnahme sich knüpfende Vorzugsrecht gewährt. Meint der Gläubiger sich eine Hypothek beschaffen zu müssen, so mag er die Eintragung einer solchen beantragen. Glaubt er dagegen auf Grund seines persönlichen Anspruches unmittelbar den Weg der Zwangsversteigerung oder der Zwangsverwaltung mit Erfolg beschreiten zu können,

---

1) Sächs. G. B. § 424, Ges., einige mit der C. P. O. zusammenhängende Bestimmungen enthaltend, v. 4. März 1879 §§ 10, 13 und Ges. v. 15. Aug. 1884 § 1.

2) Meiningen § 11, Coburg-Gotha § 3, Altenburg § 15, Reuß ä. L. § 39, j. L. §§ 7, 8, 48.

3) Oldenburg Art. 19, Anhalt (Subh. Ges.) §§ 3, 5, Rudolstadt § 12.

4) Bayern (1879) Art. 7 ff., 108, Württemberg Art. 7, Baden § 41, Hessen Art. 52, 111, Mecklenburg §§ 9 ff., 21 ff., Weimar, Hamburg 2c.

5) Vergl. §§ 9 Nr. 3, 10 Nr. 4, 35 ff.

so darf das Gesetz ihn hieran nicht hindern; es darf die Zwangsversteigerung und die Zwangsverwaltung um so weniger von der vorherigen Eintragung einer Hypothek für die Forderung abhängig machen, als hiermit Kosten und Verzögerungen verbunden sind.

Beschränk. der Zwangsverst., β. Die Zwangsversteigerung war früher in Preußen nach der Allg. Ger. O. I. 24 §§ 112 ff. in der Weise beschränkt, daß der Gläubiger, wenn er voraussichtlich binnen Jahresfrist aus den Einkünften des Grundstückes befriedigt werden konnte, zunächst auf diesem Wege seine Befriedigung suchen mußte. Aus dem heutigen Rechte ist die Beschränkung verschwunden. In Baden besteht noch jetzt eine Vorschrift, nach welcher im Falle der Verpachtung des Grundstückes, wenn der Pachtzins eines Jahres zur Befriedigung des Gläubigers hinreicht, das Versteigerungsverfahren eingestellt werden kann[1]). Der Entwurf lehnt diese und ähnliche Beschränkungen der Zwangsversteigerung ab, indem er davon ausgeht, daß dieselben in dem größten Theile des Reiches um deswillen abgeschafft sind, weil die Erfahrung gelehrt hat, daß die dem Schuldner zugewandte Milde des Gesetzes ungünstig auf den Realkredit zurückwirkt und deshalb in ihrem Endergebnisse die Grundbesitzer benachtheiligt.

der Zwangsverw. γ. Die Zwangsverwaltung findet als selbständige Vollstreckungsmaßregel in Bayern und Oldenburg nur statt, wenn die Zwangsversteigerung rechtlich unzulässig ist, dagegen in Württemberg, Mecklenburg, Braunschweig sowie in den hessischen Provinzen Starkenburg und Oberhessen außer in diesem Falle auch dann, wenn die Versteigerung vergeblich versucht wurde, in Weimar, falls der Veräußerung des Grundstückes ein Hinderniß nicht entgegensteht, nur mit Zustimmung des Schuldners[2]). Die Gesetze anderer Staaten, namentlich Sachsen, Anhalt, Altenburg, Sondershausen, lassen dem Gläubiger die Wahl zwischen den beiden Maßregeln[3]), deren Zulässigkeit natürlich vorausgesetzt. Sie gehen mit dem preuß. Rechte erkennbar davon aus, daß, wenn der Gläubiger sich mit der Zwangsverwaltung begnügen will, es an einem durchschlagenden Grunde fehlt, ihn auf den Weg der Zwangsversteigerung zu drängen. Der hierfür angeführte Grund, daß der Gläubiger „nur ein Recht auf Befriedigung aus dem Exekutionsobjekte", d. h. aus dem Grundstücke, nicht aus den Einkünften desselben allein habe[4]), ist theoretisch mehr als bedenklich, praktisch aber nicht entscheidend. Der Gläubiger kann ein erhebliches Interesse daran haben, das Grundstück nicht zur Versteigerung zu bringen, sei es, daß er dabei einen Ausfall besorgt oder daß ihm zur Zeit nur an der Beitreibung der Zinsen gelegen, mit der Zahlung

---

[1]) Bad. L. R. Satz 2212 in der Fassung des Ges. v. 3. März 1879 § 41.

[2]) Vergl. Bayern (1879) Art. 125, 126, Mecklenburg § 74, Oldenburg Art. 79, Weimar § 94, Braunschweig § 96; für Württemberg das Exekutionsges. v. 15. April 1825 Art. 44 ff., 75 ff. und das Ausf. Ges. zur C. P. O. v. 18. August 1879 Art. 34, für Hessen das Pfandges. v. 15. Septbr. 1858 Art. 84 und das Ausf. Ges. v. 4. Juni 1879 Art. 49.

[3]) Sächs. Gesetzb. §§ 424, 435, 436 und Ges. v. 15. August 1884 § 1, anhalt. Ausf. Ges. zur C. P. O. v. 10. Mai 1879, §§ 15 ff., altenb. Ges., die Grund- und Hypothekenb. ꝛc. betr., v. 13. Oktbr. 1852 § 84.

[4]) Mansfeld, die braunschw. Ausf. Ges. S. 206.

des Kapitales aber nicht gedient ist. Er kann aber auch die humane Absicht haben, dem Schuldner das Eigenthum zu lassen, und hierin ihm entgegenzukommen hat die Gesetzgebung alle Ursache. Es ist freilich der Einwand zu gewärtigen, daß die Zwangsverwaltung nicht selten zur Verschlechterung des Grundstückes führe, mithin die Sicherheit der Gläubiger vermindere, ohne dem Eigenthümer zu nützen. Aber es sind auch die Fälle zu beachten, in welchen die Verwaltung Ordnung in zerfahrene Verhältnisse bringt und hierdurch für alle Betheiligten von Vortheil wird. Die Gefahr ist sicherlich nicht groß, weil die Gläubiger, wenn ihr Interesse es erheischt, nicht zögern werden, den Antrag auf Zwangsversteigerung zu stellen. Ein besonderer Grund liegt endlich noch in den Verhältnissen der großen Kreditinstitute, welche zur Erreichung der ihnen gestellten Aufgaben es in der Hand haben müssen, im einzelnen Falle die Zwangsverwaltung mit Ausschließung der Zwangsversteigerung zu betreiben.

c) Die Vollziehung des Arrestes in unbewegliches Vermögen bestimmt sich in Gemäßheit der C. P. O. § 811 nach den Landesgesetzen. Da aber zufolge der Aenderung, welche für diesen Paragraphen der Art. 11 des Einf. Ges. zum B. G. B. vorschlägt, das die Zwangsvollstreckung in das unbewegliche Vermögen betreffende Reichsgesetz an die Stelle der Landesgesetze treten soll, so darf der Entwurf die Arrestvollziehung nicht übergehen. Unter den Maßregeln, welche für die letztere zu Gebote stehen, scheidet die Zwangsversteigerung wegen der vernichtenden Wirkung, welche sie auf das Eigenthum des Schuldners übt, von der Berücksichtigung durch die Reichsgesetzgebung aus. Die Arresthypothek aber ist bereits oben erwähnt. Durch sie erledigt sich zugleich das Institut der Verfügungsbeschränkung, welches partikularrechtlich für den Arrest verwerthet wird[1]). Es bleibt nur noch die Zwangsverwaltung, durch welche in Preußen, Württemberg rc. ein Arrestbefehl vollzogen werden kann[2]). Der Entwurf hat keine Veranlassung, die Arrestvollziehung mittels Zwangsverwaltung abzulehnen. (Abs. 3.) Fraglich kann nur sein, ob es, nachdem die Arresthypothek in dem B. G. B. geregelt worden, systematisch nicht richtiger ist, im Uebrigen die Vollziehung des Immobiliararrestes in der C. P. O. zu ordnen und demgemäß dem § 811 derselben eine andere Fassung zu geben. Die Entscheidung hierüber muß aber gegenüber dem Art. 11 des Einf. Ges. späterer Erwägung vorbehalten bleiben[3]). Arrest.

2. Zwangsvollstreckung in einen Antheil an einem Grundstücke.

§ 4.

Für das preußische Recht ist es nicht zweifelhaft, daß, wenn dem Schuldner nur ein Antheil an dem Grundstücke gehört, auch nur der Antheil dem Exekutionsrechte des Gläubigers unterliegt. Bezüglich des Rechtes der Hypothek und der Grundschuld bestimmt das Gesetz über den Eigenthums- Geltendes Recht.

---

[1]) Mot. III S. 626, 627.

[2]) Preußen § 2 Abs. 3, Oldenburg Art. 1 Abs. 3, Weimar § 109, Reuß ä. L. § 54 Abs. 3, Schaumburg-Lippe § 21, württemb. Ges. zur Ausf. der C. P. O. v. 16. August 1879 Art. 27 Abs. 3.

[3]) Anm. zu § 3 des Entw.

erwerb ꝛc. v. 5. Mai 1872 § 43, daß, wenn das Recht nur auf einem Antheile des Grundstückes haftet, nur der Antheil zur Zwangsverwaltung und Zwangsversteigerung gestellt werden kann[1]). Nach französischem Rechte sind für den Gläubiger eines Miteigenthümers diese Vollstreckungsmaßregeln auch in den Antheil des Schuldners ausgeschlossen[2]). In dem bayerischen Gesetze v. 1879 Art. 157 ff. wird, wenn der Schuldner Miteigenthümer einer unbeweglichen Sache ist, unterschieden: Ist bezüglich seines Antheiles eine Auseinandersetzung mit den übrigen Theilhabern wegen der Gemeinschaft erforderlich, so läßt das Gesetz die Zwangsvollstreckung nur nach Maßgabe der C. P. O. § 754 zu. Bedarf es dagegen einer solchen Auseinandersetzung nicht, so kann der Gläubiger die Beschlagnahme des Antheiles zum Zwecke der Zwangsvollstreckung in denselben verlangen; er kann nach seiner Wahl zu diesem Zwecke den beschlagnahmten Antheil oder das ganze Grundstück versteigern lassen[3]). Für die Pfalz ist eine dem franz. Rechte entsprechende Sonderbestimmung gegeben. In dem Königreich Sachsen konnte, auch wenn die Hypothek nur an einem ideellen Antheile des Grundstückes bestand, doch nicht dieser Antheil, wohl aber das ganze Grundstück zum Gegenstande der Zwangsversteigerung oder der Zwangsverwaltung gemacht werden[4]). Dieser Grundsatz ist in die Gesetze mehrerer Staaten[5]) übergegangen, in Sachsen selbst aber neuerdings durch Annahme des preuß. Grundsatzes aufgegeben[6]). Für den Entwurf liegt das Verhältniß so:

Entwurf. a) Der Gläubiger kann die Zwangsvollstreckung in das Vermögen des Schuldners nur insoweit verlangen, als dieser über dasselbe zu verfügen berechtigt ist. Ueber ein Grundstück als Ganzes aber steht im Falle des Miteigenthumes die Verfügung nur allen Miteigenthümern gemeinschaftlich zu[7]). Wegen eines Anspruches mithin, der nur gegen einen oder einzelne Miteigenthümer sich richtet bezw. in einem nur deren Antheile ergreifenden Rechte sich gründet, kann das Gesetz die Zwangsvollstreckung in das Grundstück als Ganzes nicht zulassen, ohne die Rechte der übrigen Miteigenthümer zu verletzen. Dem Gläubiger eines Miteigenthümers bleibt freilich unbenommen, den dem letzteren gegen die übrigen

[1]) Ebenso Ges. über den Eigenthumserw. ꝛc. für Oldenburg § 43, Coburg-Gotha § 43, Braunschweig § 47. Siehe auch das hess. Pfandges. v. 15. Septbr. 1858 Art. 89.

[2]) Code civil art. 883, 1166, 2205. Vergl. für Baden das Einf. Ges. v. 3. März 1879 § 41, für Rheinpreußen das Ges. v. 12. April 1888 § 16.

[3]) Aehnlich Mecklenburg §§ 78 ff. Siehe auch die brem. Erbe- und Handfesten-O. v. 1860 § 37.

[4]) Sächs. Ges., die Grund- und Hypothekenbücher ꝛc. betr., v. 6. Novbr. 1843 § 80 und sächs. Gesetzb. § 424.

[5]) Ges., die Grund- und Hypothekenb. ꝛc. betr., für Altenburg v. 13. Oktbr. 1852 § 82, Sondershausen v. 20. Juli 1857 § 79, Reuß j. L. v. 20. Novbr. 1858 § 81, Reuß ä. L. v. 27. Febr. 1873 § 79. Siehe ferner für Weimar das Vollstreckungsges. v. 12. Mai 1879 § 92 und für Rudolstadt das Hypoth. Ges. v. 6. Juni 1856 § 49.

[6]) Sächs. Ges. v. 15. Aug. 1883 §§ 3, 42.

[7]) B. G. B. §§ 763, 946.

Theilhaber zustehenden Anspruch auf Aufhebung der Gemeinschaft sich überweisen zu lassen und auf Grund der Ueberweisung die Zwangsversteigerung zum Zwecke der Theilung zu betreiben. Eine Zwangsversteigerung zu diesem Zwecke aber ist keine Maßregel der Zwangsvollstreckung in das Grundstück, hier daher nicht weiter in Betracht zu ziehen. Theilungsanspr.

Daß der Entwurf die Zwangsvollstreckung in einen Grundstücksantheil zuläßt, ist bereits durch den § 1 Abs. 1 festgestellt. Es kann sich mithin nur noch fragen, ob die Zulässigkeit unbeschränkt sein soll. Die Frage schöpft ihre Berechtigung aus der Erwägung, daß das Verfahren nicht selten verwickelt und schwierig wird, wenn die Antheile verschieden belastet sind. Hinzutritt für die Antheilsversteigerung die Gefahr, daß die bei Vielen vorhandene Abneigung, an einer Gemeinschaft Theil zu nehmen, die Erzielung eines dem Werthe des Grundstückes als Ganzen entsprechenden Preises für den Antheil verhindert. Diese Unzuträglichkeiten wiegen freilich nicht schwer genug, um eine Beschränkung der Zwangsvollstreckung in einen vorhandenen Grundstücksantheil zu rechtfertigen. Vorhanden aber ist ein solcher Antheil für den Gläubiger nur, wenn der Anspruch desselben entweder gegen einen Miteigenthümer sich richtet oder in einer den Antheil als solchen belastenden Hypothek oder Grundschuld sich gründet. In diesen Fällen ist die Zwangsvollstreckung in den Antheil selbst dann berechtigt, wenn der Gläubiger in der Lage ist, auch aus den übrigen Antheilen bezw. aus dem ganzen Grundstücke Befriedigung zu verlangen. Liegt dagegen keine jener Voraussetzungen vor, soll vielmehr erst durch die Zwangsvollstreckung ein Antheil geschaffen werden, so erscheint dieselbe unstatthaft, weil die dem Eigenthümer zustehende Befugniß zur Ausscheidung von Antheilen aus dem Grundstücke dem Gläubiger nicht beigelegt werden kann[1]. (Abs. 1.) Beschr. der Zwangsvollstr. auf vorhandene Antheile.

b) Ebenso wie mehrere Grundstücke, können auch mehrere Antheile an einem Grundstücke Gegenstand desselben Vollstreckungsverfahrens sein. Der juristischen Natur der Antheile, welche als solche der Immobiliarexekution unterliegen, entspricht es, dieselben auch in dem vorausgesetzten Falle wie Grundstücke zu behandeln[2]. Bei dem positiven Karakter mehrerer Vorschriften, welche in diesem Falle für die Grundstücksversteigerung gelten[3], erscheint es rathsam, die Gleichstellung in dem Gesetze zum besonderen Ausdrucke zu bringen. (Abs. 2.) Zwangsvollstr. in mehrere Anth.

3. Zwangsvollstreckung in eine buchungsfähige Berechtigung.

§ 5.

Wenn der Entw. unter § 1 Nr. 2 Berechtigungen, welche ein Blatt im Grundbuche erhalten können, in Ansehung der Zwangsvollstreckung in das unbewegliche Vermögen zu dem letzteren rechnet, so erscheint es mit Rücksicht auf die Behandlung dieser Berechtigungen in dem B. G. B. § 781 Abs. 2

[1] Entsch. d. R. Ger. in Civils. 20 S. 270 ff.
[2] Vergl. B. G. B. § 948.
[3] Vergl. die §§ 80 ff. des Entw.

gerechtfertigt, von einer besonderen Regelung der Zwangsvollstreckung in dieselben abzusehen und demgemäß in das Gesetz nur eine Bestimmung aufzunehmen, durch welche die entsprechende Anwendung der Vorschriften über die Zwangsvollstreckung in Grundstücke auf die Zwangsvollstreckung in buchungsfähige Berechtigungen angeordnet wird. Die nämliche Methode befolgen Preußen § 156, Bayern (1879) Art. 3, Sachsen § 3, Hessen Art. 50, Weimar § 3, Braunschweig 2c. In dem preußischen Gesetze wird zwar noch hervorgehoben, daß als Vollstreckungsgericht das Amtsgericht zuständig ist, in dessen Bezirke die Sache belegen ist bezw. die Gerechtigkeit ausgeübt wird, eine derartige Bestimmung erscheint jedoch entbehrlich, weil sie bei entsprechender Anwendung der §§ 6, 7 sich von selbst ergibt.

II. Gerichtsstand.

§§ 6, 7.

Zur Rechtfertigung der §§ 6 und 7 genügt im Wesentlichen der Hinweis auf die Vorschriften der C. P. O. § 755 Abs. 1 und § 756, welche durch dieselben ersetzt werden sollen, sowie auf die Ergänzung, deren die Vorschrift des § 756 Abs. 2 nach der Anm. zum Einf. Ges. Art. 11 (bei § 755) bedarf[1]). Nach dieser Anmerkung (II) soll die Vorschrift auf den Fall einer an mehreren Grundstücken bestehenden Hypothek oder Grundschuld ausgedehnt werden. Diesem Falle aber ist vom Standpunkte des Entwurfes der Fall der Reallast gleichzustellen (§ 7 Abs. 2). Die Verweisung auf den § 37 der C. P. O. entspricht dem § 756, in welchem jedoch irrthümlich der § 36 genannt ist.

III. Betheiligte.

§ 8.

Bestimmung der Betheiligten

Durch die Zwangsversteigerung und die Zwangsverwaltung werden die rechtlichen Interessen einer Reihe von Personen berührt. Diese Personen sind deshalb als Betheiligte bei dem Verfahren zuzuziehen, damit sie ihre Rechte wahrnehmen können. Wie die Zuziehung im Einzelnen sich gestaltet, werden die weiteren Vorschriften des Entwurfes ergeben. Vorweg muß aber durch eine allgemeine Norm der Kreis der Betheiligten bestimmt und begrenzt werden, um keinen Zweifel zu lassen, welche Personen gemeint sind, wenn der Entwurf von Betheiligten redet. Es entspricht dies mehr oder weniger den Gesetzen für Preußen § 21, Bayern (1879) Art. 40, Württemberg Art. 10, 11, Mecklenburg §§ 38, 39, Weimar § 30, Braunschweig §§ 35, 36, Coburg-Gotha § 12, Anhalt (Subh. Ges.) § 13, Reuß j. L. § 17.

Gläubiger, Schuldner,

Nach diesen und anderen Gesetzen sind zwei Personen bei jeder Zwangsvollstreckung betheiligt: der Gläubiger und der Schuldner. Dies braucht aber für die Zwangsvollstreckung in Grundstücke nicht dispositiv bestimmt zu werden, weil es sich bereits aus den allgemeinen Vorschriften der C. P. O. über die Zwangsvollstreckung ergibt.| Bei der Anwendbarkeit dieser Vorschriften auf

[1]) Mot. zu dem Entw. eines Einf. Ges. zum B. G. B. S. 101.

die Immobiliarexekution erscheint ein Ausspruch des Gesetzes auch darüber, in welchem Sinne die Worte „Gläubiger“ und „Schuldner“ zu nehmen sind, entbehrlich. Es kann nicht bezweifelt werden, daß unter Gläubiger und Schuldner hier dieselben Personen zu verstehen sind, welche die C. P. O. in den gedachten Vorschriften mit diesen Worten bezeichnet, nämlich derjenige, für welchen, und derjenige, gegen welchen die Zwangsvollstreckung angeordnet wird.

Eigenthümer, Drittbesitzer,

Die Bezeichnung des Schuldners als Grundeigenthümer oder als Eigenthümer in den Gesetzen für Hamburg und Lübeck ist zu eng, da derjenige, gegen welchen diese Anordnung erfolgt, zwar in der Regel, aber nicht immer der Eigenthümer des Grundstückes ist. Ebensowenig empfiehlt es sich, mit Bayern, Hessen und Elsaß-Lothringen zwischen Schuldner und Drittbesitzer zu unterscheiden. Eine solche Unterscheidung mag dem Hypothekenrecht des französischen Gesetzbuches entsprechen. Für den Entwurf ist sie ohne Belang, da, wenn der Anspruch des Gläubigers in einer Hypothek sich gründet, es hinsichtlich der Zwangsvollstreckung in das Grundstück nicht darauf ankommt, ob dasselbe dem persönlichen Schuldner oder einem Dritten gehört. Der eine wie der andere hat, wenn das Verfahren gegen ihn angeordnet ist, die Rolle des Schuldners im Sinne der C. P. O. zu versehen.

andere Berechtigte Voraussetzung der Zuziehung:

Außer dem Gläubiger und dem Schuldner kommen als Betheiligte in Frage nicht blos die in das Grundbuch eingetragenen Berechtigten, sondern auch diejenigen, welche, ohne eingetragen zu sein, ein Recht an dem Grundstücke oder an einem eingetragenen Rechte oder einen Anspruch mit dem Rechte auf vorzugsweise Befriedigung aus dem Grundstücke haben.

Eintragung,

1. Die eingetragenen Berechtigten sind bei der Bedeutung, welche dem Grundbuche für die Immobiliarexekution beiwohnt, von Amtswegen als Betheiligte zuzuziehen. Vorausgesetzt ist aber, daß das Recht für den Berechtigten zur Zeit der Eintragung des Vollstreckungsvermerkes[1]) eingetragen ist. Zur Berücksichtigung später erfolgender Eintragungen von Amtswegen fehlt der Anlaß, da derjenige, für welchen die Eintragung bewirkt wird, aus dem Grundbuche die Einleitung der Zwangsvollstreckung ersehen kann, hierin aber eine Aufforderung zur Anmeldung seines Rechtes bei dem Vollstreckungsgerichte finden muß[2]). Dagegen kommt es nicht darauf an, ob das Recht für den Berechtigten endgültig eingetragen oder nur vorgemerkt ist. Die Gleichstellung der Vormerkung mit der endgültigen Eintragung rechtfertigt sich durch die Voraussetzungen, von welchen das B. G. B. § 845 die Eintragung einer Vormerkung abhängig macht. Der Entwurf beschränkt den Kreis der Betheiligten auch nicht auf die dinglich Berechtigten. Auch derjenige, für welchen ein Veräußerungsverbot eingetragen ist, hat ein schutzbedürftiges Interesse an dem rechtlichen Schicksale des Grundstückes, mithin ein Recht, als Betheiligter zugezogen zu werden.

Vormerkung; Veräußerungsverbot;

Anmeldung,

2. Die zur Zeit der Eintragung des Vollstreckungsvermerkes nicht eingetragenen Berechtigten können als Betheiligte nur gelten, wenn sie ihr Recht

---

1) Vergl. § 33 Abs. 2, §§ 189, 191.

2) Mot. zur preuß. Subh. O. v. 15. März 1869 S. 61.

Glaubhaftmachung

bei dem Vollstreckungsgerichte anmelden. Die Gesetze einiger Staaten, z. B. Preußen, Weimar, Anhalt, erfordern überdies, daß das angemeldete Recht glaubhaft gemacht werde. Dieses Erforderniß schließt jedoch die Gefahr einer durch seinen Zweck nicht gerechtfertigten Härte in sich. Es empfiehlt sich deshalb, die Glaubhaftmachung nicht schlechthin, sondern nur für die Fälle vorzuschreiben, in welchen dieselbe entweder von dem Vollstreckungsgerichte nach Lage der Sache für nöthig gehalten oder von einem der vorhandenen Betheiligten verlangt wird. Hierdurch wird offenbar unbegründeten, vielleicht frivolen Anmeldungen und Einwirkungen auf das Verfahren vorgebeugt und den Betheiligten die Möglichkeit geboten, ihr Interesse zu wahren. Die Fassung der Vorschrift ergibt, daß das Verlangen der Glaubhaftmachung nicht auf eine bestimmte Zeit beschränkt ist, sondern auch nach der Zuziehung des Betreffenden gestellt werden kann. Geschieht dies, so gilt derselbe so lange, bis er das Recht glaubhaft macht, nicht als Betheiligter.

IV. Rechte auf Befriedigung aus dem Grundstücke. Rangordnung.

1. Ansprüche mit dem Rechte auf vorzugsweise Befriedigung.

§ 9.

Die Landesgesetze lassen aus ihren Vorschriften über die Vertheilung des Versteigerungserlöses, bezw. der bei der Zwangsverwaltung erzielten Einkünfte, insbesondere aus der Aufstellung von Rangordnungen für die aus dem Erlöse oder den Einkünften zu befriedigenden Ansprüche erkennen, mit welchen Ansprüchen sie ein Recht auf vorzugsweise Befriedigung aus dem Grundstücke verbinden[1]). Vom Standpunkte der Reichsgesetzgebung erscheint es indessen angemessener, zur Gewinnung eines engeren Anschlusses an die Vorschrift der Konk. O. § 39 Abs. 1 die Ansprüche, für welche reichsgesetzlich[2]) ein solches Vorzugsrecht bestehen soll, vorweg in einem eigenen Paragraphen zu bestimmen. Auf Reallasten, Hypotheken und Grundschulden hat die Bestimmung ihren dispositiven Inhalt nicht zu erstrecken, weil bezüglich dieser Rechte bereits aus dem B. G. B. entnommen werden muß, daß dieselben im Sinne der Konk. O. zu den Rechten auf vorzugsweise Befriedigung aus dem Grundstücke gehören. Die Ansprüche, für welche im Uebrigen hier ein solches Vorzugsrecht anerkannt wird, sind folgende:

Verwaltungsausgaben.

1. Der Anspruch eines die Zwangsverwaltung betreibenden Gläubigers wegen der für dieselbe erforderlichen Ausgaben. Das Vorrecht besteht, wie es scheint, nur in Preußen und Sachsen. Die Gesetze anderer Staaten, z. B. Bayern[3]), rechnen zu den Kosten, welche aus der Masse vor deren Ver-

---

[1]) Preußen §§ 23—38, 147, Bayern (1879) Art. 107—116, 150—153, Sachsen §§ 4—12, 197, Mecklenburg §§ 61—63, 76, Weimar §§ 62—68, 100, Oldenburg Art. 63 ff., 85, Braunschweig 2c.

[2]) Vergl. §§ 235 ff. des Entw.

[3]) Bayern Art. 107, Württemberg Art. 22, Oldenburg Art. 63, Mecklenburg § 61, Weimar §§ 62, 63, Braunschweig § 78, Anhalt § 35.

theilung zu berichtigen sind, auch „die Kosten der etwaigen Verwaltung"; Braunschweig schließt in dieselben „die vorgenommenen Verwendungen auf das Grundstück" ausdrücklich mit ein. Für den Entwurf untersagt sich die Gleichstellung der Verwaltungsausgaben mit den aus der Masse vorweg zu bestreitenden Kosten durch die Rücksicht auf das Institut des geringsten Gebotes. Der Gläubiger wird mit seinem Anspruche bei der Feststellung des geringsten Gebotes nur berücksichtigt, wenn er denselben rechtzeitig angemeldet und, soweit nöthig, glaubhaft gemacht hat (§ 61). Soweit er nicht berücksichtigt ist, tritt er bei der Vertheilung des Versteigerungserlöses hinter die berücksichtigten Ansprüche zurück (§ 152). Würden dagegen die Verwaltungsausgaben jenen Kosten gleichgestellt, so würden sie bei der Feststellung des geringsten Gebotes von dem Richter vorläufig geschätzt und mit dem geschätzten Betrage in Ansatz gebracht werden müssen; das Vorrecht würde aber bei der Vertheilung des Erlöses auch dann zur Geltung kommen, wenn die Ausgaben zu niedrig angenommen oder gänzlich übergangen wären. Für eine so weit gehende Berücksichtigung des betreibenden Gläubigers fehlt es an einem ausreichenden Grunde. Dem praktischen Interesse des Gläubigers wird ohnehin genügt, wenn für den Anspruch, soweit derselbe nicht in Gemäßheit des § 200 Abs. 1 aus den Nutzungen des Grundstückes bei der Zwangsverwaltung befriedigt werden kann, ein Recht auf vorzugsweise Befriedigung aus dem Grundstücke anerkannt wird.

Die Feststellung der in Betracht kommenden Ausgaben erfolgt in dem Zwangsverwaltungsverfahren. Daher empfiehlt es sich, dieselben hier, wo nur das Vorzugsrecht in Frage ist, durch Verweisung auf den § 200 Abs. 1 zu bezeichnen.

Der Konk. O. § 41 Nr. 7, in der Fassung des Einf. Ges. zum B. G. B. Nr. 3, würde es vielleicht entsprechen, wenn das Vorzugsrecht für die Ausgaben auf den Betrag beschränkt würde, um welchen das Grundstück durch die Aufwendung noch verbessert wäre. Allein eine solche Beschränkung würde die Handhabung der Vorschrift erheblich erschweren und den Gläubiger in eine mißliche Lage bringen, da demselben der Nachweis der noch vorhandenen Verbesserung nur selten gelingen würde. Die Beschränkung würde überdies dazu nöthigen, nicht blos dem Gläubiger, sondern einem Jeden, der eine derartige Verbesserung nachzuweisen vermöchte, das Vorrecht zuzugestehen. Ein Bedürfniß hierfür ist jedoch nicht anzuerkennen. Die Vergünstigung käme, von dem Gläubiger abgesehen, praktisch nur dem Verwalter zu Gute; für diesen aber wäre sie die Quelle einer Machterweiterung, die leicht zu Uebergriffen auf Kosten der Betheiligten führen könnte.

Wird das Vorrecht nur dem Gläubiger eingeräumt, so setzt es nur voraus, daß die von demselben betriebene Zwangsverwaltung bis zur Ertheilung des Zuschlages in dem Versteigerungsverfahren fortgesetzt ist. Diese Voraussetzung ist unerläßlich, weil nur, wenn sie gegeben ist, ein Zusammenhang zwischen der durch die Ausgabe herbeigeführten Erhaltung des Grundstückes und dem Versteigerungserlöse sich annehmen läßt.

2. Die Ansprüche wegen der öffentlichen Abgaben und der öffentlichen Lasten des Grundstückes. Die Landesgesetze erkennen diesen Ansprüchen, wenn Oeffentliche Abgaben.

auch in verschiedenem Umfange, ein Vorzugsrecht zu; so insbesondere die Gesetze für Preußen §§ 25, 27, 28, 147, Bayern (1879) Art. 108 Ziff. 1, 151 Ziff. 1, Sachsen § 4 Ziff. 2, § 194, Württemberg Art. 22, Baden § 23, Hessen § 40, Mecklenburg §§ 62, 73, Oldenburg Art. 30, 64, 84, Weimar §§ 63, 100, Braunschweig §§ 79, 106, Coburg-Gotha § 28, Anhalt § 35, Meiningen § 23, Reuß j. L. § 48. Das preußische Gesetz bevorzugt die „zur Erfüllung der Deichpflicht erforderlichen Beiträge und Leistungen", die direkten Staatsabgaben und die gemeinen Lasten, soweit dieselben auf dem Grundstücke haften. Zu den gemeinen Lasten gehören „namentlich alle nach Gesetz oder Verfassung auf dem Grundstücke haftenden Abgaben und Leistungen, welche aus dem Kommunal-, Amts-, Kreis- und Provinzialverbande, oder aus dem Kirchen-, Pfarr- und Schulverbande entspringen, oder an Kirchen, Pfarren und Schulen, oder an Kirchen- und Schulbediente zu entrichten sind, sowie die Beiträge, welche aus der Verpflichtung zu öffentlichen Wege-, Wasser- oder Uferbauten entstehen, oder welche an Meliorationsgenossenschaften oder an andere gemeinnützige, von der Staatsbehörde genehmigte Institute, namentlich an Vereine behufs gemeinschaftlicher Uebertragung der durch Brand, Hagelschlag oder Viehsterben entstandenen Schäden zu gewähren sind". Den Begriff der gemeinen Lasten verwerthen auch Oldenburg und Braunschweig[1]). Verwandte Bestimmungen finden sich in Weimar, Anhalt, Meiningen 2c., wenn auch die bezüglichen Abgaben nicht als „gemeine Lasten" bezeichnet werden. In Bayern haben das Vorzugsrecht „die auf die beschlagnahmten Gegenstände treffenden Steuern, Kreis-, Distrikts- und Gemeindeumlagen, Brand- und Hagelversicherungsbeiträge, Kaminkehrerlöhne, Grundabgaben". Sachsen spricht „von den auf dem Grundstück lastenden öffentlichen Abgaben, von den zur Landes-Immobiliar-Brandversicherungsanstalt zu entrichtenden Beiträgen und von den an die Landrentenbank und die Landeskulturrentenbank zu zahlenden Landrenten und Landeskulturrenten". Württemberg rechnet hierher „die den Schuldner als Besitzer des Grundstückes treffenden Staats-, Amtskörperschafts- und Gemeindeabgaben" und „Brandschadensbeiträge". Hamburg § 12 nennt nur die „öffentlichen Abgaben, denen der Schornsteinfegerlohn gleichgestellt wird".

Gemeine Lasten.

Gegen die Bevorzugung der Staatsabgaben läßt sich freilich geltend machen, daß bei Unzulänglichkeit der Befriedigungsmittel die Staatskasse einen Ausfall viel leichter zu ertragen im Stande sei, als ein betheiligter Privatmann. Allein dieser Gesichtspunkt muß zurücktreten einerseits gegen die Rücksicht auf das geltende Recht, andererseits gegen die allgemeine Erwägung, „daß Vorbedingung jeder Sicherheit des Eigenthums und des Verkehrs der Schutz sei, den der Staat gewährt, und deshalb die Hülfsquellen, deren der Staat zur Gewährung solchen Schutzes bedarf, vorzugsweise sichergestellt werden müssen"[2]). Das Vorzugsrecht kann daher auch nicht auf die Staatsabgaben beschränkt, sondern muß auch für die Abgaben anerkannt werden,

Staatsabgaben

Gemeindelasten.

---

[1]) Vergl. auch die Gesetze über den Eigenthumserwerb 2c. für Oldenburg § 12 und Braunschweig § 18.

[2]) Mot. zu dem Entw. der Konk. O. S. 254.

welche an die Gemeinde oder an einen anderen an dem Staatszwecke mitarbeitenden Verband von dem Grundbesitze zu entrichten sind. Hinzutreten gewisse im öffentlichen Rechte wurzelnde Grundlasten, welche ebenfalls dem allgemeinen Interesse dienen, ohne gerade die Natur der Staats- oder Gemeindeabgaben zu haben. Es gehören hierher nicht blos wiederkehrende Leistungen, sondern auch einmalige Leistungen, wenn nur die Leistung auf Grund einer öffentlichen Last, welche auf dem Grundstücke ruht, zu bewirken ist.

Bei der Vielgestaltigkeit der öffentlichen Abgaben und Lasten und bei dem Mangel allgemein anerkannter Kategoricen und bezeichnender Merkmale ist die Reichsgesetzgebung nicht in der Lage, eine Bestimmung darüber zu treffen, welche Abgaben und Lasten im Sinne der Vorschrift zu den öffentlichen zu rechnen sind. Diese Bestimmung hängt so eng mit dem öffentlichen Rechte der einzelnen Bundesstaaten zusammen, daß sie sachgemäß nur von der Landesgesetzgebung ausgehen kann. Selbst eine dem preuß. Rechte entsprechende Beschränkung des Vorrechtes der öffentlichen Abgaben auf die direkten Abgaben ist hier nicht am Platze, da die Scheidung zwischen direkten und indirekten Abgaben nicht in einer begriffsmäßigen, sondern in einer geschichtlich hergebrachten Eintheilung sich gründet, diese aber in den verschiedenen Gebieten sich verschieden gestaltet hat. Die Landesgesetzgebung kann die ihr vorbehaltene Bestimmung bezüglich der Abgaben in der Weise treffen, daß sie dieselben schlechthin für öffentliche erklärt. Sie kann aber auch gewissen Abgaben die Rechte der öffentlichen Abgaben beilegen oder dieselben sonst den letzteren gleichstellen. Ebenso verhält es sich mit der Beziehung einer Abgabe zu dem Grundstücke. Aus den Landesgesetzen hat sich zu ergeben, ob die Abgabe aus dem Grundstücke zu entrichten ist bezw. auf demselben haftet. Der Landesgesetzgebung muß es also auch freistehen, zu bestimmen, daß eine Abgabe im Sinne der Vorschrift eine von dem Grundstücke zu entrichtende Abgabe sein soll. Was hier in Ansehung der öffentlichen Abgaben vorgeschrieben wird, muß auch für die öffentlichen Lasten gelten. Daß die Landesgesetzgebung in dieser Hinsicht zu weit gehen und rein privatrechtliche Lasten für öffentliche erklären werde, ist nicht zu besorgen. Landesgesetzg.

3. Der Anspruch des Gläubigers, zu dessen Gunsten die Beschlagnahme erfolgt ist. Der Entwurf knüpft sowohl an die Zwangsversteigerung als auch an die Zwangsverwaltung eine Beschlagnahme des Grundstückes für den Gläubiger. Die Frage, ob durch die Beschlagnahme ein Recht des Gläubigers auf vorzugsweise Befriedigung aus dem Grundstücke bezw. aus dessen Nutzungen begründet werden soll, ist vom Standpunkte derjenigen Gesetze, nach welchen die gedachten beiden Maßregeln nur wegen eines in einem eingetragenen Rechte sich gründenden Anspruches stattfinden, ohne praktische Bedeutung. Unter den übrigen Gesetzen scheinen diejenigen der süddeutschen Staaten, mit Ausnahme von Bayern, so aufgefaßt werden zu müssen, daß für den Anspruch des Gläubigers durch die Beschlagnahme ein Vorzugsrecht vor den Ansprüchen anderer Gläubiger nicht zur Entstehung gelangt[1]). In Bayern erwirbt der Anspruch des Gläubigers.

[1]) Württemberg Art. 8 Abs. 2, Art. 22 Abs. 3, Art. 32 Abs. 2; Baden §§ 46, 74; Hessen Art. 54, 119; Elsaß-Lothringen §§ 26, 32.

Gläubiger durch die Beschlagnahme „an dem beschlagnahmten Gegenstande und dessen Erträgnissen, falls aber der beschlagnahmte Gegenstand nach bestehenden Rechtsverhältnissen der Zwangsversteigerung nicht unterstellt werden kann, nur an dessen Erträgnissen ein Vorzugsrecht, kraft dessen er seine Befriedigung daraus vor anderen Gläubigern verlangen kann". Dasselbe gilt in Mecklenburg und Braunschweig[1]). In Preußen knüpft sich an die Beschlagnahme ein Recht des Gläubigers auf vorzugsweise Befriedigung aus dem Grundstücke, im Falle der Zwangsverwaltung ein Pfandrecht an den Einkünften[2]). Weimar läßt durch die Vormerkung der Beschlagnahme für den Gläubiger das einer Hypothek gleichstehende Recht auf Befriedigung aus dem Grundstücke entstehen. In den Gesetzen für Hamburg und Lübeck wird dieses Recht geradezu als Pfandrecht bezeichnet[3]).

Wie bekannt, wurde und wird noch jetzt darüber gestritten, ob es zweckmäßig ist, einem Gläubiger, für welchen eine Sache im Wege der Zwangsvollstreckung in Beschlag genommen ist, vor anderen Gläubigern, welche auf demselben Wege an die Sache sich halten können, ein Vorzugsrecht zu geben. Die Frage kann füglich von der Reichsgesetzgebung für die Immobiliarexekution nicht anders entschieden werden als für die Mobiliarexekution. Wenn daher die C. P. O., um dem Gläubiger, für welchen bewegliche Sachen des Schuldners gepfändet werden, die Früchte seines Eifers und seiner Wachsamkeit in der Rechtsverfolgung zu sichern, durch die Pfändung ein Pfandrecht entstehen läßt und demselben den Vorzug vor dem durch eine spätere Pfändung entstehenden Pfandrechte einräumt, so kann es sich bei der Regelung der Zwangsvollstreckung in Grundstücke nur darum handeln, den Weg zu finden, auf welchem der gleiche gesetzgeberische Zweck auch hier zu erreichen ist. Von der Begründung eines Pfandrechtes durch die Beschlagnahme muß dabei abgesehen werden, weil nach dem B. G. B. ein solches Recht an einem Grundstücke nur durch Eintragung in das Grundbuch entstehen kann, für den Entwurf aber ein zwingender Grund nicht vorliegt, zu Gunsten des die Zwangsversteigerung oder die Zwangsverwaltung betreibenden Gläubigers das Erforderniß der Eintragung[4]) aufzugeben. Das Interesse dieses Gläubigers erheischt nur, daß ihm das Grundstück in der Rechtslage, in welcher dasselbe zur Zeit der Beschlagnahme sich befindet, als Gegenstand der Befriedigung nicht durch das Andringen anderer Gläubiger entzogen werde. Dieses Ziel aber wird erreicht, wenn an die Beschlagnahme das Recht des Gläubigers auf vorzugsweise Befriedigung aus dem Grundstücke geknüpft wird. Das Vorzugsrecht genügt auch für die Zwangsverwaltung, ohne daß für deren Zwecke es nöthig wäre, daneben noch ein besonderes, juristisch nicht unbedenkliches Pfandrecht an den Einkünften des Grundstückes zu schaffen.

Ablehnung weiterer Vorzugsrechte.

Inwiefern die Landesgesetzgebung noch ermächtigt bleibt, gewisse Ansprüche mit einem Vorzugsrechte auszustatten, wird aus den §§ 235 ff. sich ergeben. Für die Reichsgesetzgebung ist durch die oben bezeichneten Ansprüche der Kreis

---

1) Bayern (1879) Art. 9; Mecklenburg § 9; Braunschweig § 9.
2) Preußen §§ 23, 30, 143, 147.
3) Weimar § 15 Abs. 3, § 95; Hamburg § 11 Abs. 2; Lübeck §§ 19, 49.
4) B. G. B. § 1130 Abs. 2.

der zu bevorzugenden Ansprüche geschlossen. Zur Rechtfertigung dieses Standpunktes genügt der Hinweis auf den Entwicklungsgang, den die Kredit- und Hypothekengesetzgebung genommen hat. Ehedem erhielten die Hypothekengläubiger, da sie in den Konkurs des Eigenthümers hineingezogen wurden, ihre Befriedigung nur nach Maßgabe der allgemeinen Rangordnung, welche sich aus dem römischen Systeme der stillschweigenden und bevorzugten Hypotheken herausgebildet hatte. Nur allmählich und mit ungleichmäßigem Erfolge hat die Landesgesetzgebung von dieser Verquickung der Zwangsvollstreckung in Grundstücke mit dem Konkurse sich frei gemacht und in den meisten Bundesstaaten dem Grundsatze, daß nur die Eintragung in das Grundbuch ein Recht auf Befriedigung aus dem Grundstücke begründen dürfe, zur Anerkennung verholfen. Nachdem schließlich die Konkursordnung die Geltendmachung der dinglichen Rechte aus dem Konkurse ausgeschieden und die persönlichen Gläubiger, mit wenigen Ausnahmen, einander gleichgestellt hat[1]), ist die Reichsgesetzgebung nicht in der Lage, die Regelung der Zwangsvollstreckung in Grundstücke jenem Grundsatze zu entziehen. In neuerer Zeit sind freilich Bestrebungen hervorgetreten, welche ein Vorzugsrecht für gewisse Verwendungsansprüche fordern, namentlich für die Ansprüche von Bauhandwerkern, welche Arbeiten und Materialien in einen Neubau verwendet haben, wegen dieser Verwendungen. Allein es wäre ein höchst bedenkliches Wagniß, diesen Bestrebungen nachzugeben. Das Reich mag immerhin die Aufgabe haben, den wirthschaftlich Schwachen gegen den wirthschaftlich Starken zu schützen. Ein solcher Schutz würde hier in wirksamer Weise nur dadurch ertheilt werden können, daß den fraglichen Ansprüchen ein Vorzugsrecht nicht allein vor anderen persönlichen Ansprüchen, sondern auch vor den Ansprüchen aus Hypotheken und Grundschulden zugestanden würde. Auf diesem Wege käme die Gesetzgebung, wenn auch nicht in der Form, aber doch der Sache nach, zu Hypotheken, welche, ohne selbst dem Eintragungsprinzipe unterworfen zu sein, eingetragenen Hypotheken und Grundschulden vorgingen. Ein solcher Bruch in das Eintragungsprinzip aber würde, wie bereits früher[2]) dargelegt worden ist, die Grundlage des Realkredites erschüttern. Die Aufnahme von Hypotheken und Grundschulden auf Baustellen würde kaum zu ermöglichen oder nur unter den drückendsten Bedingungen ausführbar sein. Der Nachtheil hiervon aber träfe nicht allein die Grundbesitzer, welche das zur Bebauung des Grundstückes erforderliche Kapital nur im Wege des Realkredites beschaffen können, sondern auch die Bauhandwerker, für welche die Gelegenheit zu lohnender Beschäftigung erheblich sich vermindern würde.

Bauhandwerker

2. Rangordnung der bevorzugten Ansprüche.

§ 10.

Eintheilung.

Unter den bevorzugten Ansprüchen bilden, gegenüber den im § 9 Nr. 1—3 bezeichneten, die Ansprüche aus Reallasten, Hypotheken und Grundschulden eine eigene, durch das für sie maßgebende Erforderniß der Eintragung

[1]) Mot. zur Konk. O. S. 250 ff.

[2]) Mot. zum B. G. B. III S. 18, 171, 172, 599—601.

bestimmte Klasse. Zwei weitere Klassen ergeben sich daraus, daß sowohl aus dieser Klasse als aus der die öffentlichen Abgaben und Lasten umfassenden Klasse gewisse Ansprüche ausscheiden, um am Schlusse der Rangordnung untergebracht zu werden. Die Ausscheidung trifft die älteren Rückstände der Abgaben und Lasten sowie der Zinsen und sonstigen wiederkehrenden Leistungen. Wollte man das Vorrecht einer solchen Abschwächung nicht unterwerfen, so würden die Rückstände insoweit desselben theilhaftig sein, als sie nicht im einzelnen Falle verjährt wären. Dies müßte aber auf den Realkredit ungünstig einwirken, weil ein Jeder, der ein Grundstück beleihen möchte, bei Würdigung der ihm gebotenen Sicherheit den Höchstbetrag der möglichen (nicht verjährten) Rückstände in Anschlag zu bringen genöthigt wäre. Die für die Verjährung öffentlicher Gefälle in Deutschland eingeführten Fristen sind überdies verschieden bemessen, so daß der Entwurf, wenn er das Vorzugsrecht den nicht verjährten Ansprüchen ohne Einschränkung zugestände, in diesem Punkte die Rechtseinheit auf dem Gebiete der Immobiliarexekution gefährden würde.

Reihenfolge: Die Reihenfolge der sechs Klassen in der Rangordnung hat die Bedeutung, daß überall, wo es auf das Vorzugsrecht ankommt, die Ansprüche, welche einer nachstehenden Klasse angehören, erst nach Berücksichtigung bezw. Befriedigung der in die vorstehende Klasse fallenden Ansprüche berücksichtigt werden können.

Verwaltungsausgaben; 1. Der im § 9 Nr. 1 bezeichnete Anspruch muß seinem Grunde entsprechend, im Einklange mit Preußen und Sachsen, allen übrigen Ansprüchen vorangestellt werden.

Oeffentl. Abgaben und Lasten; 2. Die nächste Klasse gehört den öffentlichen Abgaben und Lasten, soweit nicht die älteren Rückstände hier auszuscheiden sind. In Betracht kommen nach dem geltenden Rechte, außer den laufenden Beträgen dreijährige Rückstände in Sondershausen, Altenburg und Reuß[1]), zweijährige in Preußen, Bayern, Sachsen, Mecklenburg, Weimar, Oldenburg, Coburg-Gotha, Braunschweig, Rudolstadt, Hamburg, einjährige in Württemberg, Baden, Rheinhessen, Anhalt, Meiningen, Lübeck, Bremen[2]). Der Entwurf schließt sich der zweiten Gruppe an, indem er, ohne die Abweichung derselben von der Konk. O. § 54 Ziff. 2 zu unterschätzen, das entscheidende Gewicht darauf legt, daß bei allgemeinen Nothständen es möglich sein muß, die in Rede stehenden Abgaben und Lasten ungefährdet auf zwei Jahre zu stunden.

In Preußen sind die Deichlasten vor den direkten Abgaben, welche zur Staatskasse fließen, und diese wieder vor den gemeinen Lasten bevorzugt. Ein Bedürfniß, innerhalb dieser Klasse die eine Kategorie mit einem Vorzugsrechte vor der anderen auszustatten, ist für die Reichsgesetzgebung nicht vorhanden. Wenn indessen die Landesgesetzgebung darüber zu entscheiden hat, welche Abgaben und Lasten zu den öffentlichen gehören, so muß sie auch bestimmen können, daß gewisse Abgaben und Lasten anderen im Range vorgehen.

---

[1]) Ges., die Grund- und Hypothekenbücher ꝛc. betr., für Altenburg v. 13. Oktbr. 1852 §§ 69 ff., Sondershausen v. 20. Juli 1857, Reuß j. L. v. 20. Novbr. 1858, Reuß ä. L. v. 27. Febr. 1873.

[2]) Siehe die oben S. 92 angeführten Gesetze.

3. Unmittelbar nach den öffentlichen Abgaben und Lasten rangiren die Ansprüche aus Reallasten, Hypotheken und Grundschulden, mit Ausschluß der Ansprüche wegen der älteren Rückstände wiederkehrender Leistungen. Der Zeitraum, für welchen die Rückstände das Vorrecht dieser Klasse haben, beträgt drei Jahre in Nassau[1]), Altenburg, Sondershausen, Reuß[2]), zwei Jahre in Preußen, Sachsen, Mecklenburg ꝛc., hinsichtlich der Reallasten in Bayern, hinsichtlich der Hypothekenzinsen in Württemberg, Baden, Anhalt[3]), ein Jahr in Lübeck und Bremen, hinsichtlich der Hypothekenzinsen in Bayern, hinsichtlich der Reallasten in Anhalt und Württemberg[4]). Der Entwurf entscheidet sich, um mit der Bestimmung unter Nr. 2 in Uebereinstimmung zu bleiben, für die Bevorzugung der aus den beiden letzten Jahren rückständigen Beträge. Reallasten, Hypotheken, Grundschulden;

Für die Reihenfolge, in welcher die Ansprüche dieser Klasse unter einander rangiren, sind die Vorschriften des B. G. B. §§ 840—842 maßgebend.

4. Das Vorzugsrecht des Gläubigers steht, da es erst durch die Beschlagnahme begründet wird, allen denjenigen Vorzugsrechten nach, welche bereits bestanden, als das Grundstück für den Gläubiger in Beschlag genommen wurde. Andererseits kommt in Betracht, daß die Beschlagnahme nach § 39 die Wirkung eines zum Schutze des Gläubigers erlassenen Veräußerungsverbotes hat. Der Anspruch des Gläubigers geht daher denjenigen Ansprüchen vor, welche in Folge dessen mit Wirksamkeit gegen denselben nicht begründet werden können. Anspruch des Gläubigers;

5. Die aus der zweiten Klasse ausgeschiedenen Ansprüche wegen älterer Rückstände öffentlicher Abgaben und Lasten haben in einigen Staaten, z. B. Bayern und Württemberg, kein Vorzugsrecht, in anderen, namentlich Preußen, Sachsen, Braunschweig, Anhalt, Hamburg, den Rang unmittelbar nach dem Anspruche des Gläubigers bezw. nach den Ansprüchen aus eingetragenen Rechten[5]). Der Entwurf folgt der letzteren Gruppe, indem er davon ausgeht, daß der positive Grund, auf welchem die Einschränkung des Vorzugsrechtes unter Nr. 2 beruht, die gänzliche Beseitigung desselben für die Rückstände nicht rechtfertigt. Aeltere Rückstände öffentlicher Abgaben u. Lasten,

6. Zuletzt kommen die aus der dritten Klasse ausgeschiedenen Ansprüche wegen der länger als zwei Jahre rückständigen Beträge wiederkehrender Leistungen, entgegen dem code civil art. 2148, 2151 und den Gesetzen für Württemberg, Baden, Meiningen, Lübeck, aber im Einklange mit Preußen, Bayern, Sachsen[6]) ꝛc. und in Konsequenz des Standpunktes, welchen der Entwurf in Ansehung der öffentlichen Abgaben einnimmt[7]). anderer wiederkehrender Leistungen.

---

1) Pfandges. v. 15. Mai 1851 § 30.

2) Siehe die S. 96 Anm. 1 angeführten Gesetze.

3) Preußen § 35 Ziff. 3, Bayern Art. 108 Ziff. 1, Baden § 28, Oldenburg Art. 65, Braunschweig § 80, Anhalt § 35, Meiningen § 26, Hamburg § 12; ferner württemb. Pfandges. v. 15. April 1825 § 54, weimar. Gesetz über die Vorzugsrechte der Gl. v. 7. März 1839 §§ 61 ff., code civil art. 2148, 2154.

4) Württemberg Art. 22, Anhalt § 35, Lübeck § 28, Bremen § 29; ferner bayer. Hypothekenges. v. 1. Juni 1822 §§ 42, 43; brem. Erb- und Handfesten O. v. 1860 § 47.

5) Bayern Art. 108, Württemberg Art. 22; Preußen § 37, Sachsen § 4 Ziff. 5 Braunschweig § 79 Ziff. 5, Anhalt § 36, Hamburg § 12.

6) Siehe Anm. 3—5.

7) Näheres in den Mot. III. S. 151—153.

§ 11.

Berücksichtigung weiterer Anspr.

Zu den Ansprüchen aus Hypotheken sind im Sinne des § 10 Nr. 3 auch die für erlöschende andere Rechte entstehenden Ansprüche zu rechnen, da ihnen unter § 140 Abs. 2 hypothekarische Rechte beigelegt werden. Durch den § 11 werden auch diejenigen Rechte an dem Grundstücke, welche ihrer Natur nach einen Anspruch auf Befriedigung aus dem Grundstücke nicht gewähren, in die Rangordnung mit einbezogen, um zum Ausdrucke zu bringen, daß auch ihnen gegenüber der Vorrang gewisser Ansprüche und das Zurücktreten gewisser anderer Ansprüche nach Maßgabe des § 10 gelten soll.

3. Vorzugsrecht für Kosten.

§ 12.

Die Hypothek erstreckt sich nach dem B. G. B. § 1066 auch auf die Kosten der die Befriedigung aus dem Grundstücke bezweckenden Rechtsverfolgung. Dasselbe gilt für die Reallast und die Grundschuld. Nicht minder muß das Vorzugsrecht, welches für die im § 9 Nr. 1—3 bezeichneten Ansprüche besteht, seinem Zwecke entsprechend auf die gedachten Kosten ausgedehnt werden.

Für die Zinsen ist eine Vorschrift, wie sie der § 12 für die Kosten gibt, nicht erforderlich. Da das Vorzugsrecht in den Fällen des § 9 für den ganzen Anspruch gewährt wird, so versteht es sich von selbst, daß es auch dessen etwaige Erweiterung durch Zinsen mitumfaßt. Sind Zinsen und Kosten in Frage, so hat der Kostenanspruch vor dem Zinsenanspruche und dieser vor dem Hauptanspruche den Vorrang. Auch dies braucht hier nicht vorgeschrieben zu werden, weil es bereits aus dem B. G. B. § 268 zu entnehmen ist.

4. Rangordnung für die in derselben Reallast, Hypothek oder Grundschuld sich gründenden Ansprüche.

§ 13.

Die Vorschrift des § 10 Nr. 3 bedarf insofern der Ergänzung, als eine Entscheidung darüber erforderlich ist, in welchem Rangverhältnisse mehrere Ansprüche, welche in einer und derselben Reallast, Hypothek oder Grundschuld sich gründen, unter einander stehen sollen. Die Entscheidung, welche hier gegeben wird, schließt sich mehr oder weniger an Preußen § 35, Baden § 28 und Braunschweig § 80 an. Sie bringt den Grundsatz des B. G. B. § 268, daß zuerst die Kosten, sodann die Zinsen und schließlich der Hauptanspruch zu berücksichtigen sind, mit einigen Besonderheiten zur Geltung.

1. Die Kosten, für welche das Vorzugsrecht in Betracht kommt, sind diejenigen, auf welche nach dem B. G. B. die gedachten Rechte sich erstrecken, nämlich die Kosten der Kündigung und der die Befriedigung aus dem Grundstücke bezweckenden Rechtsverfolgung[1]). Zu der letzteren Kategorie gehören u. a. auch die Kosten, welche durch die Anordnung der Zwangsvollstreckung bezw. durch die Zulassung des Beitrittes eines Gläubigers entstehen[2]).

---

[1]) B. G. B. §§ 1051, 1066, 1108, 1136; Mot. III S. 648—650.

[2]) Entw. § 151.

Für die Aufnahme einer dem preußischen Gesetze § 29 Abs. 3 entsprechenden Bestimmung fehlt es an zureichenden Gründen.

2. Unter den Zinsen und anderen wiederkehrenden Leistungen muß nach dem Vorgange von Preußen § 35 Ziff. 2 den laufenden Beträgen der Vorzug vor den rückständigen eingeräumt werden.

3. Von den rückständigen Beträgen sind, wie der Eingang des § 13 ergibt, vor dem Hauptanspruche nur die Rückstände der zwei letzten Jahre zu berücksichtigen.

4. Der Hauptanspruch bedarf hier, wo es sich nur um dessen Stelle in der Rangordnung handelt, einer näheren Kennzeichnung nicht.

5. Laufende und rückständige Leistungen.

§ 14.

Da der Entwurf das Vorzugsrecht der öffentlichen Abgaben und Lasten sowie der anderen wiederkehrenden Leistungen in den §§ 10, 13 verschieden bestimmt, je nachdem es sich um laufende oder rückständige Beträge handelt, so darf er nicht darüber schweigen, welcher Zeitpunkt für diese Unterscheidung maßgebend sein soll. In Preußen nehmen die laufenden Leistungen ihren Anfang grundsätzlich von dem letzten Fälligkeitstermine vor der Beschlagnahme bezw. vor der ersten Beschlagnahme des Grundstückes; die rückständigen werden von diesem Termine zurückgerechnet[1]). Kaum verschieden hiervon ist der Standpunkt, welchen die bayerischen Gesetze einnehmen[2]). Die Auffassung des sächsischen Gesetzes zeigt sich darin, daß bei der Zwangsversteigerung die Rückstände an Abgaben und Reallasten insoweit, als sie „in den letzten zwei Jahren vor dem Beschluß auf Zwangsversteigerung und bis zur Versteigerung fällig geworden sind", die Hypothekenforderungen mit den Zinsen „auf die letzten zwei Jahre von dem Beschlusse auf Zwangsversteigerung zurückgerechnet und bis zur Versteigerung" in Ansatz kommen, bei der Zwangsverwaltung aber „die nach deren Beginn fällig werdenden Abgaben und Reallastenbeträge sowie, nach Maßgabe des Rangverhältnisses der Hypotheken, die auf die Zeit nach dem Beginn der Verwaltung zu rechnenden Zinsen" ꝛc. zu berichtigen sind[3]). Das französische Gesetzbuch hebt neben zweijährigen Zinsenrückständen die Zinsen des laufenden Jahres hervor; hierunter wird dasjenige Zinsjahr verstanden, in welchem der Konkurs eröffnet oder die Hypothek zur Lokation angemeldet ist[4]), in Rheinhessen das Jahr, in welchem der Zuschlag ertheilt wird[5]). In Württemberg, wo die Zinsen des laufenden Jahres und der zwei nächstvorangegangenen Jahre berücksichtigt

Geltendes Recht.

[1]) Preußen § 36. Vergl. die Konk. O. v. 8. Mai 1855 § 59.

[2]) Bayer. Hypoth. Ges. v. 1. Juni 1822 §§ 42, 43, Ges. v. 23. Febr. 1879 Art. 108, 109 und v. 29. Mai 1886 Art. 3.

[3]) Sachsen §§ 4, 194. S. auch das sächs. B. G. B. § 417.

[4]) Code civil art. 2151; Puchelt, das rhein.-franz. Privilegien- und Hypoth. R. I § 74 S. 243. Vergl. auch Baden §§ 23, 28.

[5]) Hessen Art. 160 Abs. 2.

werden, ist das laufende Jahr dasjenige, in welchem die Klage angestellt wurde oder der Gant ausbrach. Im Uebrigen werden bei den öffentlichen Abgaben und den Brandschädensbeiträgen die nach der Vollstreckungsverfügung fällig werdenden Leistungen und die Rückstände des vergangenen Jahres bezw. die „von der letzten Brandschadensumlage herrührenden Rückstände", bei den Reallasten „die laufenden sowie die von dem letzten Jahre vor der Vollstreckungsverfügung rückständigen Realrenten" 2c. ohne nähere Bestimmung bevorzugt[1]). In Weimar und Coburg-Gotha nehmen die laufenden Leistungen ihren Anfang von der Beschlagnahme, in Oldenburg von deren Eintragung, in Braunschweig und Anhalt vom Tage der Versteigerungsbekanntmachung bezw. des Subhastationspatentes[2]).

Entwurf: Fälligkeitstermin.

Die Unterscheidung zwischen laufenden und rückständigen Leistungen bestimmt sich hier zweckmäßig durch den letzten Fälligkeitstermin vor der Beschlagnahme. (Abs. 1.) Nur wenn dieser Termin weiter als zwei Jahre hinter der Beschlagnahme zurückliegt, kann er aus praktischen Rücksichten nicht maßgebend sein. In einem solchen Falle müssen mit Preußen Abs. 3 die laufenden Leistungen, als vom Zeitpunkte der Beschlagnahme ihren Anfang nehmend, die Beträge aus der Zeit vor derselben, auch wenn sie noch nicht fällig sind, als rückständig angesehen werden. Dasselbe gilt auch in Ansehung der gesetzlichen Zinsen, weil bei diesen von einem besonderen Fälligkeitstermine füglich nicht die Rede sein kann. (Abs. 2.)

Beschlagnahme

Wiederholte Beschlagn

Die Berechnung der Rückstände muß für alle Gläubiger eine gleichmäßige sein. Wenn daher in demselben Verfahren mehrere Beschlagnahmen bewirkt sind, so kommt es auf den letzten Fälligkeitstermin vor der ersten Beschlagnahme an. (Abs. 1 Satz 1.) Bei der Unabhängigkeit der Zwangsversteigerung und der Zwangsverwaltung von einander wirkt an sich die Beschlagnahme, welche in dem einen Verfahren erfolgt ist, nicht für das andere. Von diesem Grundsatze, der ersichtlich für den § 9 Nr. 3 die Richtschnur bildet, muß hier insofern eine Ausnahme gemacht werden, als die in dem Zwangsverwaltungsverfahren bewirkte Beschlagnahme, wenn dasselbe bis zu der in dem Zwangsversteigerungsverfahren erfolgenden Beschlagnahme fortgesetzt ist, auch in diesem Verfahren den entscheidenden Zeitpunkt für die Bestimmung der rückständigen und der laufenden Leistungen zu bilden hat. Der Grund hierfür liegt darin, daß die Verwaltungsbeschlagnahme nicht nur die Nutzungen, sondern auch diejenigen Gegenstände ergreift, auf welche die Versteigerung sich erstreckt. (Abs. 3.)

Zwangsverw.

6. Gleichstellung gewisser Kapitalbeträge mit den Zinsen.

§ 15.

Bei Hypotheken und Grundschulden kommt es nicht selten vor, daß in dem Bruchtheile der eingetragenen Summe, in welchem der Zinsatz sich

[1]) Württemb. Pfandges. v. 15. April 1825 Art. 54, Ges. zur Ausf. der Konk. O. v. 18. August 1879 Art. 13, Ges., betr. die Zwangsvollstr. 2c., v. 18. August 1879 Art. 22.

[2]) Weimar §§ 62, 63, Coburg-Gotha § 28, Oldenburg Art. 64, 65, Braunschweig §§ 78, 79, Anhalt § 35.

darstellt, ein zur allmählichen Abtragung des Kapitales bestimmter Zuschlag zu den Zinsen enthalten ist. In einem solchen Falle fragt es sich, ob der Zuschlag (Amortisationsquote) im Sinne des Entwurfes als Kapital behandelt oder zu den Zinsen gerechnet werden soll. Die Amortisationsquote ist, wenn auch an sich Kapital, doch eine wiederkehrende Leistung, deren Trennung von den Zinsen die Handhabung des Gesetzes erheblich erschweren würde. Mit Rücksicht auf die praktische Wichtigkeit der Frage und auf entsprechende Vorschriften der Landesgesetze[1]) empfiehlt es sich, die Zugehörigkeit der Amortisationsquoten zu den Zinsen durch eine besondere Bestimmung außer Zweifel zu stellen. Die Bestimmung steht übrigens im Einklange mit der Auffassung wiederkehrender Leistungen, welche in dem B. G. B. § 157 zur Anerkennung gelangt ist[2]).

V. Zustellungen.

1. Von Amtswegen.

§ 16.

a) Nach der C. P. O. § 294 Abs. 3 sind „nicht verkündete Beschlüsse des Gerichts .... den Parteien von Amtswegen zuzustellen". Die Anwendung dieses Grundsatzes auf das Verfahren der Zwangsvollstreckung in Grundstücke kann wegen des Wortes „Parteien" zu Zweifeln Anlaß geben. Es ergehen aber auch Beschlüsse in diesem Verfahren, welche ungeachtet ihrer Verkündung der Zustellung bedürfen[3]). Deshalb erscheint es rathsam, durch eine allgemeine Bestimmung zu entscheiden, wie die Zustellungen, welche nach den Vorschriften der C. P. O. und des Entwurfes erforderlich sind, bewirkt werden sollen. Standpunkt der C. P. O.,

In dem Verfahren, welches vor der C. P. O. bestand, war die Zustellung von Amtswegen die Regel. Das preußische Gesetz, betr. die Zwangsvollstreckung in das unbewegliche Vermögen, v. 4. März 1879 beschränkte sich deshalb darauf, „die bestehende Verpflichtung der Gerichte, Zustellungen und Behändigungen von Amtswegen zu betreiben", einfach aufrecht zu erhalten. Diese Vorschrift wurde von Meiningen § 9, Rudolstadt § 8, Altenburg 2c. übernommen bezw. nachgebildet. Bayern (1879) Art. 17, Sachsen § 53, Mecklenburg § 15, Oldenburg Art. 6, Weimar § 7 bestimmen ausdrücklich, daß die erforderlichen Zustellungen von Amtswegen zu bewirken sind. Den nämlichen Grundsatz befolgt auch das preußische Ges. v. 13. Juli 1883, wie seine bezüglichen Bestimmungen, z. B. §§ 16, 47, 101, ergeben. Der Grundsatz ist zweifellos richtig. Die Zwangsvollstreckung in ein Grundstück kann zwar nur auf Antrag von dem Vollstreckungsgerichte angeordnet werden. Das einmal angeordnete Verfahren aber muß, so lange es nicht aus einem besonderen Grunde eingestellt ist, unabhängig von jeder Partei- der Landesgesetze, des Entw.

---

1) Preußen § 35 Ziff. 2; Sachsen § 11 Ziff. 2, § 12 Ziff. 2, § 13 Ziff 3; Bayern 1886 Art. 8 Abs. 3.

2) Mot. I S. 306.

3) Vergl. §§ 125, 135.

thätigkeit seinen Fortgang nehmen, weil das Gericht nur, wenn es selbst den Betrieb in der Hand behält, die verschiedenen einander widerstreitenden Interessen zu wahren im Stande ist. Aus diesem Grunde müssen auch die erforderlichen Zustellungen von Amtswegen erfolgen. (Satz 1.)

b) Die Zustellung ist aber blos deshalb, weil sie auf Betreiben eines Betheiligten vorgenommen ist, nicht ungültig. In der Praxis wird freilich die Ungültigkeit einer solchen Zustellung in den Fällen angenommen, für welche die Zustellung von Amtswegen in der C. P. O. vorgeschrieben ist. Allein die Uebertragung dieser Praxis auf die Zwangsvollstreckung in Grundstücke erscheint nicht rathsam. Sie würde dahin führen, daß der Gerichtsbeschluß, durch welchen der Zuschlag ertheilt ist, lediglich deshalb, weil eine Zustellung nicht von Amtswegen, sondern auf Betreiben eines Betheiligten erfolgte, in Frage gestellt werden könnte. Dies muß aber wegen der schweren Folgen, welche sich an die Aufhebung des Beschlusses knüpfen, verhütet werden. Auch empfiehlt es sich in einem Verfahren, dessen Rechtsbeständigkeit von einer großen Anzahl von Zustellungen abhängig sein kann, den Betheiligten die Möglichkeit zu gewähren, eine versäumte Zustellung selbst nachzuholen, um auf diese Weise die mit erheblichen Kosten und anderen Nachtheilen verbundene Wiederholung des Verfahrens zu vermeiden. Die Kosten einer solchen Zustellung trägt zunächst der dieselbe betreibende Betheiligte. Er kann aber, wenn die Zustellung nothwendig war, die Berichtigung der Kosten unter den Kosten des Verfahrens (§ 151) verlangen. Ist eine Zustellung doppelt bewirkt, von Amtswegen und auf Betreiben eines Betheiligten, so ist die zuerst erfolgte Zustellung maßgebend. (Satz 2.)

2. Beschränkte Anwendung der Civilprozeßordnung.

§ 17.

Die Zustellungsvorschriften der C. P. O. sind auf ein Verfahren berechnet, in welchem sich zwei Parteien gegenüberstehen; sie passen daher nicht durchweg für die Zwangsvollstreckung in Grundstücke, da in dem Verfahren, welches für diese vorgeschrieben wird, die Zustellung an eine ganze Reihe von Personen nothwendig werden kann. Es kommt sowohl bei der Zwangsversteigerung als auch bei der Zwangsverwaltung darauf an, die Zuziehung aller Betheiligten nicht allein sicher zu stellen (§ 16), sondern auch so zu gestalten, daß nicht durch die Zustellung an einen das Verfahren zum Nachtheile anderer unterbrochen und verzögert wird. Deshalb ist die Gesetzgebung verschiedener Bundesstaaten darauf bedacht gewesen, für die Zwangsversteigerung und die Zwangsverwaltung die Zustellung an die Betheiligten zu vereinfachen[1]). Preußen und Sachsen geben ausführliche und vielfach miteinander übereinstimmende Vorschriften. Bayern erleichtert die öffentliche Zustellung und regelt die Verpflichtung eines Betheiligten, welcher nicht innerhalb des Gerichts-

[1]) Preußen § 4, Bayern 1879 Art. 17—19, Sachsen §§ 52—58, Württemberg Art. 5, Mecklenburg §§ 15, 16, Oldenburg Art. 6, Braunschweig §§ 15, 17, Meiningen § 9, Altenburg § 21, Coburg-Gotha § 12 Abs. 3, Anhalt ꝛc.

bezirkes wohnt, zur Bestellung eines Zustellungsbevollmächtigten. Baden und Hessen haben es in der Hauptsache bei der C. P. O. belassen[1]).

Der Entwurf ordnet die Zustellung in den §§ 18—24, so daß die Vorschriften der C. P. O. nur aushülfsweise zur Anwendung kommen. Die §§ 18—24 beziehen sich indessen nur auf die Zustellungen, welche an die Betheiligten zu bewirken sind. Ist einem Dritten zuzustellen, so erfolgt die Zustellung nach Maßgabe der C. P. O.

3. Zustellung durch Aufgabe zur Post.

§ 18.

Nach der C. P. O. § 162 müssen Zustellungen, „welche in einem anhängigen Rechtsstreite geschehen sollen, an den für die Instanz bestellten Prozeßbevollmächtigten erfolgen". Das Verfahren vor dem Vollstreckungsgerichte ist gemäß § 163 Abs. 3 als zur ersten Instanz gehörig anzusehen. Der § 160 bestimmt: „Wohnt eine Partei weder am Orte des Prozeßgerichtes noch innerhalb des Amtsgerichtsbezirkes, in welchem das Prozeßgericht seinen Sitz hat, so kann das Gericht, falls sie nicht einen in diesem Orte oder Bezirke wohnhaften Prozeßbevollmächtigten bestellt hat, auf Antrag anordnen, daß sie eine daselbst wohnhafte Person zum Empfange der für sie bestimmten Schriftstücke bevollmächtige. Die Anordnung kann ohne vorgängige mündliche Verhandlung erfolgen. Eine Anfechtung des Beschlusses findet nicht statt". (Abs. 2:) „Wohnt die Partei nicht im Deutschen Reiche, so ist sie auch ohne vorgängige Anordnung des Gerichtes zur Benennung eines Zustellungsbevollmächtigten verpflichtet, falls sie nicht einen in dem durch den ersten Absatz bezeichneten Orte oder Bezirke wohnhaften Prozeßbevollmächtigten bestellt hat". In dem § 161 wird dann vorgeschrieben, wann der Zustellungsbevollmächtigte zu bestellen ist; weiter heißt es: „Geschieht dies nicht, so können alle späteren Zustellungen bis zur nachträglichen Benennung in der Weise bewirkt werden, daß der Gerichtsvollzieher das zu übergebende Schriftstück unter der Adresse der Partei nach ihrem Wohnorte zur Post gibt. Die Zustellung wird mit der Aufgabe zur Post als bewirkt angesehen, selbst wenn die Sendung als unbestellbar zurückkommt". (Abs. 2:) „Die Postsendungen sind mit der Bezeichnung „Einschreiben" zu versehen, wenn die Partei es verlangt und zur Zahlung der Mehrkosten sich bereit erklärt". C. P. O.

Für das Verfahren der Zwangsversteigerung und der Zwangsverwaltung hat die Gesetzgebung mehrerer Staaten von dem Antrage, welchen der § 160 verlangt, abgesehen. Die Anordnung des Gerichtes ergeht nach dem weimar. Ges. § 8 mit Bestimmung einer Frist, binnen welcher der Zustellungsbevollmächtigte zu bestellen ist. Bayern Art. 19 läßt auch die Anordnung fallen und regelt den Zeitpunkt, bis zu welchem die Benennung des Bevollmächtigten geschehen muß. „Erfolgt die Benennung nicht, so werden weitere Zustellungen mit der Aufgabe zur Post, in Fällen, in welchen eine Landesgesetze.

[1]) Landesh. Verordn. für Baden v. 25. Juli 1879 § 11; Ausf. Ges. zur C. P. O. für Hessen Art. 115, 124, 157, 176.

öffentliche Zustellung zu geschehen hätte (§ 186 der C. P. O.), mit der Anheftung des zuzustellenden Schriftstückes an die Gerichtstafel als bewirkt angesehen"[1]). Das preußische Gesetz knüpft unter § 4 Nr. 3 die Zustellung durch Aufgabe zur Post lediglich an die Voraussetzung, daß derjenige, welchem zuzustellen ist, weder am Orte noch im Bezirke des Vollstreckungsgerichtes wohnt, und daß auch nicht die Bestellung eines daselbst wohnhaften Prozeß- oder Zustellungsbevollmächtigten zu den Akten angezeigt ist, erhöht aber zu-

Einschreiben

gleich die Sicherheit dieser Zustellungsart dadurch, daß es die Einschreibung der Postsendung anordnet. Sachsen § 54 hat dieser Regelung im Wesentlichen sich angeschlossen, und auch in Württemberg Art. 5 ist dieselbe zur Geltung gelangt. Das „Einschreiben" der Postsendung wird auch in Oldenburg Art. 6, Meiningen § 9, Anhalt, Rudolstadt, Waldeck rc. gefordert.

Die Abweichung des preußischen Gesetzes von dem bayerischen besteht hauptsächlich darin, daß nach dem letzteren die Zustellung „durch Aufgabe zur Post" erst dann statthaft ist, wenn derjenige, welchem zugestellt werden soll, nicht in der ersten Erklärung, welche er in dem Vollstreckungsverfahren abgibt, bezw. spätestens zwei Wochen nach der ersten in diesem Verfahren an

– Vereinfachung der Zustellg

ihn erfolgten Zustellung den Bevollmächtigten namhaft macht. Es erscheint indessen nicht bedenklich, diese praktisch kaum erhebliche Beschränkung im Interesse der Vereinfachung des Gesetzes aufzugeben. Die Einwendungen, welche gegen die Zustellung durch Aufgabe zur Post an sich erhoben werden können, verlieren ohnehin ihr Gewicht, wenn das „Einschreiben" der Postsendung für alle Fälle als wesentliches Erforderniß der Zustellung vorgeschrieben wird. In diesem Sinne hat der Entwurf dem preuß. Gesetze sich angeschlossen. Dabei wird durch die Fassung angedeutet, daß in den vorausgesetzten Fällen die Zustellung, wenn sie nicht durch Aufgabe zur Post, sondern in anderer der C. P. O. entsprechender Weise bewirkt ist, blos aus diesem Grunde nicht angefochten werden kann. (Abs. 1.)

Zust an einen Vertreter

Daß die Zustellung durch Aufgabe zur Post, wenn der Betheiligte durch einen Anderen vertreten wird, auch in Ansehung des Vertreters stattfindet (Abs. 2), bedarf einer besonderen Rechtfertigung nicht.

4. Bestellung eines Zustellungsbevollmächtigten bei dem Grundbuchamte.

§ 19.

Das preußische Gesetz bestimmt unter § 4 Nr. 1: „Hat der Betheiligte zu den Grundakten die Bestellung eines Vertreters zur Empfangnahme von Zustellungen angezeigt, so kann die Zustellung an diesen auch dann erfolgen, wenn der Wohnort des Betheiligten bekannt ist". Die Bestimmung stammt aus der Subhast. O. v. 15. März 1869 § 19. Von hier ist sie in das Subhast. Ges. für Anhalt § 14 Nr. 2 übergegangen. In dem sächsi-

[1]) Aehnlich Braunschweig § 17.

schen Gesetze § 55 heißt es: „Der bei dem Vollstreckungsgerichte zur Empfangnahme von Zufertigungen oder sonstigen Mittheilungen in Grund- und Hypothekenangelegenheiten bestellte Vertreter ist auch zur Empfangnahme von Zustellungen und sonstigen Mittheilungen legitimirt, welche an den Auftraggeber im Versteigerungsverfahren zu erfolgen haben". Eine derartige Bestimmung ist kaum bedenklich, da man bei demjenigen, welcher einen Anderen zur Empfangnahme grundbuchamtlicher Zustellungen für ihn ermächtigt, den Willen voraussetzen darf, daß diese Ermächtigung auch für die Zustellungen in dem betreffenden Vollstreckungsverfahren gelten soll. Die Vorschrift des sächs. Gesetzes ist jedoch insofern zu eng, als sie voraussetzt, daß die Funktionen des Vollstreckungsgerichtes und des Grundbuchamtes von der nämlichen Behörde wahrgenommen werden. Geht man davon aus, daß diese Funktionen getrennten Behörden übertragen sind, so kommt es vor allem darauf an, daß die Bestellung des Bevollmächtigten zur Kenntniß des Vollstreckungsgerichtes gelangt ist. Diese Kenntniß aber muß durch eine Mittheilung des Grundbuchamtes an das Vollstreckungsgericht vermittelt sein, weil in dieser Mittheilung erst die Kundgebung der Bestellung des Bevollmächtigten gegenüber dem Vollstreckungsgerichte liegt. Die Vorschrift des Entwurfes ist indessen nicht so gemeint, als ob in dem Falle, wenn Grundbuchamt und Vollstreckungsgericht dieselbe Behörde sind, die Mittheilung eine besondere Bedeutung hätte. Da eine Form für die Mittheilung nicht bestimmt ist, so ist dem Erfordernisse derselben in diesem Falle genügt, wenn das Gericht aus den Grundakten Kenntniß von der Bestellung des Zustellungsbevollmächtigten erlangt und die Zustellung an denselben anordnet. Die Vorschrift des § 33 Abs. 2 beseitigt alle etwaigen Bedenken.

Zeigt der Betheiligte selbst dem Vollstreckungsgerichte an, daß er bei dem Grundbuchamte eine von ihm bezeichnete Person zum Zustellungsbevollmächtigten bestellt habe, so liegt hierin zugleich eine dem Vollstreckungsgerichte gegenüber erfolgende Bestellung, so daß es auf eine Mittheilung seitens des Grundbuchamtes nicht weiter ankommt.

5. Bestellung eines Zustellungsvertreters durch das Gericht.

§ 20.

a) Das preußische Gesetz bestimmt unter § 4 Abs. 1 Ziff. 4: „Ist weder aus einer zu den Vollstreckungsakten gemachten Mittheilung des Grundbuchrichters (§ 19) noch aus einer Anzeige des Betheiligten der Wohnort des Letzteren oder seines Vertreters zu ersehen, oder stellt sich bei einer nicht durch Aufgabe zur Post bewirkten Zustellung heraus, daß der Betheiligte an dem angegebenen Wohnorte nicht wohnt, oder gestorben ist, so erfolgen die Zustellungen, wenn sie nicht nach Nr. 2 an eine vormundschaftliche Behörde oder eine Aufsichtsbehörde bewirkt werden, an einen von dem Vollstreckungsgerichte dem Betheiligten oder dessen Rechtsnachfolgern zur Empfangnahme von Zustellungen zu bestellenden besonderen Vertreter". Die Fassung erklärt sich aus der Subhast. O. v. 15. März 1869, welche in den vorausgesetzten Fällen Wohnort unbekannt von der Zustellung absah. Die betreffenden Bestimmungen der Subhast. O. sind von Anhalt § 14 übernommen[1]). Nach dem sächsischen Ges. § 56 Abs. 1 wird, wenn der Aufenthaltsort einer Person, welcher durch Aufgabe zur Post zugestellt werden soll, unbekannt ist, dem Betheiligten ein Zustellungsvertreter bestellt. Andere Gesetze belassen es bei der C. P. O., machen also unter Umständen eine öffentliche Zustellung nöthig; so namentlich Bayern und Braunschweig[2]). Nach dem württembergischen Ges. Art. 5 genügt, wenn der Wohnort und der Aufenthaltsort eines Betheiligten unbekannt ist, „die Anheftung des Schriftstückes an die Tafel der Ortsbehörde".

Der Fall, wenn der Betheiligte verstorben ist, wird unter § 21 geregelt. In Ansehung der übrigen Fälle, welche das preuß. Gesetz behandelt, erscheint es nicht zweifelhaft, daß im Interesse der ungehemmten und sicheren Durchführung des Verfahrens die Zustellung durch Bestellung eines Zustellungsvertreters erleichtert werden muß. Die Vorschrift wird indessen verständlicher, wenn sie einfach darauf abgestellt wird, daß dem Vollstreckungsgerichte der Wohnort eines Betheiligten und, wenn dieser einen Vertreter hat, auch der Wohnort des Vertreters unbekannt ist. Ein objektives Unbekanntsein kann nicht verlangt werden. Der Zweck der Vorschrift läßt sich nur erreichen, wenn die Nichtkenntniß des Gerichtes als genügend angesehen wird. Kennt das Gericht den Wohnort, so findet die Bestellung eines Vertreters nicht statt, ohne daß es darauf ankommt, woher die Kenntniß erlangt ist. (Abs. 1.)

Postsendung unbestellbar.

b) Das preußische Gesetz bestimmt weiter unter Nr. 5: „Kommt nach einer Zustellung durch Aufgabe zur Post die Postsendung als unbestellbar zurück, so hat das Vollstreckungsgericht auf Anzeige des mit der Zustellung beauftragten Gerichtsvollziehers dem Betheiligten oder dessen Rechtsnachfolgern einen besonderen Vertreter zur Empfangnahme von Zustellungen zu bestellen und diesem die zurückgekommene Sendung auszuhändigen". In dem sächsischen Ges. § 56 Abs. 2 heißt es: „Die Bestellung eines Vertreters zur Empfangnahme künftig erforderlich werdender Zustellungen findet auch dann statt, wenn die nach § 54 erfolgte Postsendung als unbestellbar zurückkommt".

Der Entwurf hält aus dem unter a) hervorgehobenen Grunde die Bestellung eines Zustellungsvertreters für nothwendig, wenn die Postsendung mit dem Vermerke der Unbestellbarkeit (C. P. O. § 161) dem Vollstreckungsgerichte vorgelegt wird. Eine Bestimmung darüber, ob durch die Aufgabe zur Post die Zustellung bereits wirksam ausgeführt ist oder nicht, wird hier nicht getroffen. Es soll nur einerseits im Interesse des Betheiligten an Stelle der in den meisten Fällen zur Wahrung seiner Rechte bedeutungslosen ferneren Zustellung durch Aufgabe zur Post, andererseits, um das Gericht der weiteren Nachforschung zu überheben, für die noch nothwendigen Zustellungen ein Vertreter gegeben werden. Die Aushändigung der zurückgekommenen Postsendung an den Vertreter bezweckt, namentlich im Falle der bereits wirksam erfolgten Zustellung, die Ermittelung des Betheiligten zu erleichtern. (Abs. 2.)

---

[1]) Vergl. auch Hessen Art. 124.

[2]) Oben S. 102.

6. Tod eines Betheiligten.

§ 21.

Der Erbe eines Betheiligten ist, weil er in dessen Rechtsstellung eintritt, selbst Betheiligter. Als solcher muß er bei dem Vollstreckungsverfahren zugezogen werden. Aus diesem Grundsatze folgt an sich, daß, wenn eine Zustellung an den Erben unterblieben ist, das weitere Verfahren der Wirksamkeit gegen denselben ermangelt. Der Entwurf nimmt jedoch im Interesse der sicheren Durchführung des Verfahrens Anstand, eine so scharfe, namentlich auch die Rechtsbeständigkeit des Zuschlagsbeschlusses gefährdende Folgerung uneingeschränkt zu ziehen. Bezüglich gewisser Zustellungen freilich muß es aus Rücksicht auf die Wichtigkeit derselben bei jenem Grundsatze verbleiben; es gilt dies einmal von der Zustellung der Entscheidung des Vollstreckungsgerichtes über den Zuschlag (Abs. 3), sodann von der an den Schuldner zu bewirkenden Zustellung des Beschlusses, durch welchen die Zwangsvollstreckung angeordnet oder der Beitritt eines Gläubigers zugelassen wird[1]).

Im Uebrigen aber kann ein Recht des Erben eines Betheiligten auf Zustellung in dem Verfahren nur anerkannt werden, wenn dem Vollstreckungsgerichte Kenntniß von dem Erbfalle gegeben ist[2]). Der an die Spitze gestellte Grundsatz erleidet demgemäß die Einschränkung, daß, wenn zur Zeit der Anordnung einer Zustellung der Betheiligte, welchem zugestellt werden soll, verstorben, der Tod aber dem Gerichte nicht bekannt ist, die Zustellung an den Erben nicht erforderlich erscheint. (Abs. 1.) Es handelt sich aber nur um eine Ausnahmevorschrift in Ansehung der Zustellungen. Auf andere Fälle, z. B. wenn die Einwilligung oder die Zustimmung eines Betheiligten in Frage ist, darf die Vorschrift nicht ausgedehnt werden.

Wird der Tod des Betheiligten später bekannt, so liegt es nahe, dem Interesse des Erben durch nachträgliche Zustellung an denselben Rechnung zu tragen. Die Gültigkeit des Verfahrens kann aber von dieser Zustellung nicht abhängig sein. Die Bestimmung, durch welche dieselbe dem Vollstreckungsgerichte zur Pflicht gemacht wird, ist deshalb nur als Ordnungsvorschrift zu geben. (Abs. 2 Satz 1.) Ist die Person oder der Wohnort des Erben und, wenn derselbe einen Vertreter hat, auch des Vertreters dem Gerichte unbekannt, so rechtfertigt es sich, wie im Falle des § 20 Abs. 1, dem Erben einen Zustellungsvertreter zu bestellen. (Abs. 2 Satz 2.)

7. Rechtliche Stellung des Zustellungsvertreters.

§ 22.

Die Ermächtigung des Zustellungsvertreters zur Empfangnahme aller Zustellungen für den Betheiligten ist mit dem Zwecke der Vertretung gegeben. Sie dauert so lange, bis der Betheiligte oder ein anderer Vertreter des Betheiligten dergestalt ermittelt ist, daß ihm zugestellt werden kann. (Abs. 1.)

---

1) Siehe § 24 Abs. 1.

2) Vergl. § 8.

Die Vertretung des Betheiligten in dem Verfahren liegt außerhalb des Zweckes, zu welchem der Zustellungsvertreter bestellt wird. Dagegen erscheint es angemessen und diesem Zwecke entsprechend, die Ermittelung und, sofern dieselbe gelingt, die Benachrichtigung des Betheiligten dem Zustellungsvertreter zur Pflicht zu machen. (Abs. 2 Satz 1.) Andererseits kann diesem billigerweise nicht zugemuthet werden, für jenen sich unentgeltlich zu bemühen. Der Zustellungsvertreter muß deshalb nicht allein den Ersatz seiner Auslagen, sondern auch eine von dem Vollstreckungsgerichte festzusetzende Vergütung für seine Thätigkeit von dem Betheiligten fordern können. (Satz 2.)

Von den Gesetzen für Preußen § 4 Abs. 1 Ziff. 6, Abs. 2 und Sachsen § 56 Abs. 2, 3 weicht der Entwurf nur darin ab, daß er den Betheiligten zur Erstattung nicht blos der baaren, sondern aller Auslagen des Zustellungsvertreters verpflichtet.

8. Zustellungen für nicht prozeßfähige Betheiligte.

§ 23.

C P O I. Die C. P. O. bestimmt unter § 157: „Die Zustellungen, welche an eine Partei bewirkt werden sollen, erfolgen für die nicht prozeßfähigen Personen an die gesetzlichen Vertreter derselben. Bei Behörden, Gemeinden und Korporationen, sowie bei Personenvereinen, welche als solche klagen und verklagt werden können, genügt die Zustellung an die Vorsteher. Bei mehreren gesetzlichen Vertretern, sowie bei mehreren Vorstehern genügt die Zustellung an einen derselben". Diese Vorschriften reichen für das Verfahren der Zwangsvollstreckung in ein Grundstück nicht aus, weil sie das Gericht in Stich lassen, wenn ein Vertreter, welchem zugestellt werden könnte, nicht vorhanden oder Preußen doch dem Gerichte nicht bekannt ist. Die preußische Subhast. O. v. 15. März 1869 ließ unter § 19 Nr. 3 in dem Falle, wenn die Person oder der Wohnort des Vertreters eines prozeßunfähigen Betheiligten zu den Subhastationsakten nicht bekannt geworden war, die Zustellung an die vormundschaftliche Behörde genügen und sah, wenn auch diese unbekannt war, von der Zustellung überhaupt ab. Ebenso Anhalt § 14 Ziff. 3. Nach dem preußischen Gesetze von 1883 § 4 Nr. 2 genügt in dem erwähnten Falle gleichfalls die Zustellung an die vormundschaftliche Behörde, „für juristische Personen an die Aufsichtsbehörde". Eventuell wird nach Nr. 4 dem Betheiligten ein Zustellungsvertreter Sachsen bestellt. In dem sächsischen Gesetze, welches die Bestellung eines solchen Vertreters unter § 56 regelt, heißt es: „§ 57. Ist die Person, welcher zugestellt werden soll, nicht prozeßfähig und deren gesetzlicher Vertreter unbekannt, so erfolgt die Zustellung an die Behörde, welche den Vertreter zu bestellen hat. Für den unbekannten Vertreter einer Aktiengesellschaft, einer eingetragenen Genossenschaft, oder eines anderen in einem gerichtlichen Register eingetragenen Personenvereins oder für die unbekannten Inhaber einer Handelsfirma ist die Bekanntmachung dem Gerichtsschreiber des Registergerichts, für den unbekannten Vertreter einer nicht registrirten juristischen Person ist sie der Aufsichtsbehörde mit dem Ersuchen um Abgabe an den Vertreter zuzustellen. § 58. Kann die Zustellung auf dem im § 57 angegebenen Wege nicht erfolgen, so kommen die Bestimmungen in § 56 zur Anwendung".

II. Eine leichtere Art der Zustellung ist in den bezeichneten Fällen aus demselben Grunde zuzulassen, wie in den Fällen der §§ 18—21. Würde etwas Besonderes nicht bestimmt, so würde vielleicht aus den §§ 20, 21 gefolgert werden können, daß einem nicht prozeßfähigen Betheiligten, wenn ein Vertreter desselben nicht vorhanden oder dem Vollstreckungsgerichte die Person oder der Wohnort des Vertreters nicht bekannt ist, ein Zustellungsvertreter zu bestellen wäre. Es entspricht aber mehr dem Interesse der in Frage kommenden Personen, für den vorausgesetzten Fall die Zustellung an die vorhandene Aufsichtsbehörde, wenn auch nur in der Form einer Ordnungsvorschrift, zu bestimmen und erst, wenn diese Zustellungsart versagt, auf die Vorschriften des § 20 zurückzugreifen. Zustell an die Aufsichtsbehörde,

1. Neben den juristischen Personen sind nach dem Vorgange der C. P. O. § 19 Abs. 1 und § 157 Abs. 2 die Personenvereine zu berücksichtigen, welche als solche klagen und verklagt werden können. In Ansehung beider Kategorieen ist der zu regelnde Fall der, daß die Zustellung nicht bewirkt werden kann, weil ein Vorsteher oder ein Vertreter nicht bekannt oder nicht aufgefunden ist. Die Abstellung der Vorschrift auf diesen Fall rechtfertigt sich durch die Erwägung, daß bei Zustellungen an die bezeichneten Personen und Vereine die Adresse nicht auf den Namen des Vorstehers oder Vertreters, sondern nur auf den Namen (die Firma) der juristischen Person oder des Vereines zu lauten braucht; es genügt jedenfalls, wenn der zustellende Beamte den Vorsteher oder den sonstigen Vertreter ermittelt. Gelingt dies nicht, so tritt die Zustellung an die betreffende Behörde ein. Bei Bestimmung dieser Behörde muß aber von der Registerbehörde abgesehen werden. Ist die Person, an welche zugestellt werden soll, der gedachten Behörde bekannt, so ist sie bei derselben leicht zu erfragen. Im Uebrigen aber ist die Registerbehörde an sich nicht geeignet, die oft in kurzer Zeit nothwendige Ermittelung herbeizuführen und die Verantwortlichkeit für die Mittheilung zu übernehmen. Als diejenige Behörde, welcher allein die Sorge dafür, daß die Zustellung an den Adressaten gelangt, übertragen werden kann, stellt sich vielmehr stets die Aufsichtsbehörde dar. Gemeint ist natürlich nur eine staatliche Aufsichtsbehörde, nicht etwa auch ein sich Aufsichtsbehörde nennender statutarisch eingesetzter Aufsichtsrath. (Abs. 1.) für jurist. Pers. und für Personenvereine,

2. Bei anderen nicht prozeßfähigen Betheiligten ist die Voraussetzung der Vorschrift dahin zu bestimmen, daß dem Vollstreckungsgerichte ein Vertreter des Betheiligten oder der Wohnort des Vertreters nicht bekannt ist. Die Behörde, an welche unter dieser Voraussetzung die Zustellung bewirkt werden soll, ist das Vormundschaftsgericht, weil ihm die Aufsicht über die Vertretung der in Rede stehenden Personen bezw. die Bestellung des Vertreters obliegt. (Abs. 2.) an das Vormundschaftsgericht.

3. Wenn in den bezeichneten Fällen die Zustellung an eine Behörde nicht erfolgen kann, so bleibt nur die Bestellung eines Zustellungsvertreters übrig. Die Zustellung an den letzteren darf jedoch nicht davon abhängig gemacht werden, daß die Zustellung an die Behörde nicht möglich ist. Vielmehr muß, um nicht das weitere Verfahren zu gefährden, die Bestellung eines Zustellungsvertreters und die Zustellung an denselben nach Maßgabe der §§ 20, 22 Zustellungsvertreter.

gegen den prozeßunfähigen Betheiligten auch dann wirksam sein, wenn die Zustellung an die Behörde bewirkt werden konnte, aber nicht bewirkt worden ist. (Abs. 3.)

9. Zustellungen an den Schuldner und dessen Erben.

§ 24.

a) Die §§ 18—23 sind an sich auch auf die Zustellungen an den Schuldner anwendbar (§ 8). Die Anwendung auf die Zustellung des Beschlusses, durch welchen die Zwangsvollstreckung angeordnet oder der Beitritt eines Gläubigers zugelassen wird, muß jedoch im Einklange mit Preußen § 4 Abs. 3 ausgeschlossen werden, weil es sich hierbei um die für den Schuldner vor allem wichtige Einleitung des Verfahrens handelt. Für diese Zustellung sind daher lediglich die Vorschriften der C. P. O. maßgebend. Die Einleitung des Versteigerungsverfahrens kann sich hierdurch allerdings verzögern. Allein ein ernstlicher Nachtheil ist mit einer solchen Verzögerung nicht verbunden, wenn der Gläubiger sein Interesse dadurch wahrt, daß er sofort die Anordnung der Zwangsverwaltung durch Uebergabe des Grundstückes an den Verwalter beantragt (§ 195).

b) Der Fall, daß der Versteigerungs- oder der Beitrittsbeschluß der als Schuldner bezeichneten Person nicht zugestellt werden kann, weil dieselbe verstorben ist, bedarf keiner besonderen Regelung. Denn in diesem Falle ist Schuldner der Erbe, an ihn mithin die Zustellung nach den für die Zustellung an den Schuldner geltenden Normen zu bewirken. Stirbt dagegen der Schuldner, nachdem ihm der Einleitungsbeschluß zugestellt worden, so ist nach Maßgabe des § 21 zu verfahren. Ein Zustellungsvertreter darf jedoch dem Erben nur bestellt werden, wenn das zuständige Nachlaßgericht dem Vollstreckungsgerichte unbekannt ist. Trifft diese Voraussetzung nicht zu, so hat das Vollstreckungsgericht, damit die Vorschrift der C. P. O. § 694 in der durch den Art. 11 des Einf. Ges. zum B. G. B. bestimmten Fassung gewahrt bleibt, das Nachlaßgericht um Bezeichnung des Erben oder des Vertreters desselben zu ersuchen. Für andere Zustellungsfälle, mit Ausnahme des im § 21 Abs. 3 vorgesehenen Falles, braucht an der Vorschrift des § 694 nicht festgehalten zu werden.

Zweiter Titel.

Zwangsversteigerung.

Vorbemerkungen.

Anschluß an die C. P. O.

1. Die Landesgesetze, durch welche die Zwangsversteigerung der Grundstücke geregelt wird, zeigen ein überaus mannigfaltiges Bild. Die Mannigfaltigkeit erklärt sich einerseits und hauptsächlich aus der Verschiedenheit des geltenden Immobilienrechtes und der durch dieselbe mehr oder weniger bedingten ungleichen Auffassung der Zwangsversteigerung, andererseits aus den Besonder-

heiten des gerichtlichen Verfahrens, mit welchen die einzelnen Bundesstaaten zu rechnen hatten. In letzterer Hinsicht hat freilich die einheitliche Gestaltung des Prozeßrechtes dadurch zu einer gewissen Uebereinstimmung geführt, daß die Landesgesetzgebung sich genöthigt sehen mußte, den Grundsätzen der C. P. O. sich zu fügen und an das von dieser vorgeschriebene Verfahren die Regelung der Zwangsversteigerung anzupassen. Immerhin aber sind auch insoweit viele Bundesstaaten ihren eigenen Weg gegangen, indem sie dem zu ihren Gunsten in der C. P. O. gemachten Vorbehalte eine Deutung gaben, welche ein völlig stelbständiges Vorgehen der Landesgesetzgebung gestattete. Für die Reichsgesetzgebung versteht es sich von selbst, daß die Zwangsversteigerung der Grundstücke möglichst im Anschlusse an die C. P. O. geordnet werden muß[1]).

2. Der wichtigste Grundsatz, auf welchem der Entwurf beruht, ist das Deckungsprinzip. Da die Annahme dieses Prinzipes bereits in den Motiven zum B. G. B.[2]) gerechtfertigt worden ist, so genügt es, an dieser Stelle Folgendes hervorzuheben: Deckungsprinzip

Nach römischem Rechte ist es nicht zweifelhaft, daß eine Sache, welche zum Pfande bestellt ist, mithin auch ein verpfändetes Grundstück, nur cum suo onere, d. h. unbeschadet der vor Entstehung des Pfandrechtes an der Sache begründeten Rechte, von dem Pfandgläubiger verkauft werden kann. Dieser Grundsatz folgt nothwendig aus dem Wesen der dinglichen Rechte. Das dingliche Recht muß, weil es die Sache selbst ergreift, den Berechtigten gegen alle ihm nachtheiligen Verfügungen des Eigenthümers über die Sache und also auch gegen die Geltendmachung von Rechten sichern, welche später von dem Eigenthümer oder gegen denselben begründet werden. Das Pfandrecht kann demnach dem Gläubiger nie die Befugniß verleihen, durch seine Ausübung ein älteres Recht zu Falle zu bringen. im röm. R.,

In Deutschland wurde, als die gerichtliche Subhastation an die Stelle des Privatverkaufes trat, dieser Standpunkt zum Schutze der Rechte an Grundstücken, mit Ausschluß der Hypothek, festgehalten, in Ansehung der Hypothek dagegen aufgegeben. Der Subhastationsrichter war in den meisten Rechtsgebieten, da es an ordentlichen Hypothekenbüchern mangelte, gar nicht in der Lage, die pfandrechtliche Belastung eines Grundstückes, dessen Subhastation beantragt war, mit Sicherheit festzustellen. Die Subhastation wurde deshalb, wenn für den Gläubiger die Voraussetzungen der Zwangsvollstreckung gegen den Besitzer des Grundstückes vorlagen, ohne Rücksicht auf etwa vorhandene bessere Rechte zugelassen und durchgeführt. Diese Neuerung vollzog sich freilich nicht ohne Kampf. Die Pfandgläubiger konnten zunächst noch interveniren und die Fortsetzung der von einem nachstehenden Gläubiger betriebenen Subhastation verhindern. Allmählich aber gelangte der Grundsatz zur Geltung, daß der Richter pfandfrei zu verkaufen habe und die Gläubiger mit ihren Pfand- und Vorzugsrechten lediglich auf das Kaufgeld zu verweisen seien[3]). Nach diesem Grundsatze, der in verschiedenen Bundesstaaten noch gegenwärtig im gemeinen R.,

[1]) Oben S. 71 u. 72.

[2]) Mot. III S. 143 ff.

[3]) v. Salpius, Gutachten rc. in den Verhandlungen des 12. Juristentages 1 S. 120—122.

die Gesetzgebung beherrscht, hängt die Ertheilung des Zuschlages von der Höhe des Meistgebotes nicht ab. Es kann also vorkommen, daß weder der betreibende Gläubiger noch alle ihm im Range vorgehenden Gläubiger aus dem Versteigerungserlöse befriedigt werden, die Subhastation mithin, ohne dem ersteren zu nützen, zum Nachtheile der letzteren und zum Schaden des Schuldners durchgeführt wird. Daß ein solches Ergebniß in scharfem Widerspruche steht mit dem Zwecke der Subhastation, bedarf keiner Ausführung.

in den Landesgesetzen.

Indessen nicht überall in Deutschland hat die Rechtsentwickelung diesen Gang genommen. In dem vormaligen Kurfürstenthume Hessen konnte nach der Praxis jeder besser als der Antragsteller berechtigte Gläubiger, zu dessen Befriedigung das erzielte Meistgebot keine Aussicht gewährte, der Ertheilung des Zuschlages für dieses Gebot widersprechen. In Württemberg, sowie in dem Großherzogthume Hessen, mit Ausschluß der Provinz Rheinhessen, darf in einem solchen Falle das Grundstück dem Meistbietenden nur zugeschlagen werden, wenn die dem Antragsteller vorgehenden Realgläubiger zustimmen[1]). In Hamburg und Lübeck wird bei der Versteigerung das Grundstück von dem Gerichte zu einer bestimmten Summe eingesetzt. Gebote, welche unter diese Summe herabgehen, sind nicht annehmbar. Die Einsatzsumme muß mindestens so hoch sein, daß sie zur Deckung der dem betreibenden Gläubiger vorgehenden Beschwerungen des Grundstückes ausreicht. In Hamburg wird sie zunächst auf den Gesammtbetrag der Forderungen, mit welchen ein Recht auf Befriedigung aus dem Grundstücke verbunden ist, bemessen, und nur, wenn ein hierzu hinreichendes Gebot nicht erfolgt, „sukzessive" auf den erwähnten Mindestbetrag herabgesetzt. In Lübeck bildet dieser Betrag von vornherein die Einsatzsumme[2]). Das nämliche Prinzip gilt in Frankfurt a. M.[3]). Nach dem oldenburgischen Gesetze kann, wenn ein die dem Anspruche des Gläubigers vorgehenden Forderungen übersteigendes Gebot nicht zu erwarten ist, der Subhastationsantrag zurückgewiesen und, wenn dies nicht geschieht, der Zuschlag für ein den Anspruch des Gläubigers auch nicht theilweise deckendes Gebot nicht ertheilt werden[4]). Für Neuvorpommern und Rügen bestimmte das Ges. über das Grundbuchwesen v. 26. Mai 1873 § 43: „Die Forderungen der Gläubiger, welche vor dem verkaufenden Gläubiger eingetragen sind, werden durch die Zwangsversteigerung nicht berührt, sie bleiben unverändert stehen". Derselbe Grundsatz ist auch in dem vormaligen Herzogthume Nassau gesetzlich anerkannt[5]).

Ergebniß der Rechtsentwickelung.

Nachdem neuerdings, wie bereits früher hervorgehoben wurde, das Deckungsprinzip in Preußen für den ganzen Geltungsbereich der Grundb. O. v. 5. Mai 1872 sowie in Sachsen und mit Ausschluß der Pfalz auch in Bayern zur gesetzlichen Anerkennung gelangt ist[6]), stellt der Entwurf nur

---

[1]) Württemberg Art. 21; hess. Pfandges. v. 15. Septbr. 1858 Art. 107.

[2]) Hamburg § 8, Lübeck § 24.

[3]) Wolff, der Hypotheken- (Insatz-) Prozeß 2c., in der Zeitschr. für Gesetzgeb. und Rechtspflege in Preußen 2 S. 421.

[4]) Oldenburg Art. 25, 45.

[5]) Exek. O. v. 16. Juli 1851 § 59; Pfandges. v. 15. Mai 1851 § 39.

[6]) Oben S. 74.

das Ergebniß der bisherigen Rechtsentwickelung fest, wenn er diesem Vorgange sich anschließt. Bei der Geltung des Prinzipes in dem weitaus größten Theile des Reiches und in den größten Bundesstaaten kann es sich nicht mehr fragen, ob überhaupt die Reichsgesetzgebung den der Gerechtigkeit entsprechenden Grundsatz annehmen soll, sondern nur noch, wie derselbe zu gestalten ist. In dieser Hinsicht aber führen die oben gepflogenen Erörterungen dahin, im Einklange mit Preußen, Bayern und Sachsen vorzuschreiben, daß bei der Versteigerung nur ein solches Gebot zugelassen werden darf, durch welches die dem Anspruche des Gläubigers vorgehenden Rechte und die aus dem Versteigerungserlöse zn entnehmenden Kosten des Verfahrens gedeckt werden.

3. Gegenüber der Frage, wie diese Deckung zu bewirken ist, fällt entscheidend ins Gewicht, daß nach dem geltenden Rechte die Zwangsversteigerung darauf abzielt, die Haftung des Grundstückes für die Ansprüche, welche nicht in einem Rechte an demselben sich gründen, sowie für die Ansprüche wegen der laufenden und rückständigen Leistungen und der Kosten zu lösen, diese Ansprüche daher durch Zahlung aus dem Meistgebote zu berichtigen sind, im Uebrigen aber die Rechte an dem Grundstücke, von den Hypotheken und Grundschulden abgesehen, von der Zwangsversteigerung unberührt bleiben. Deckung der dem Gl. vorgehenden Rechte,

Was dagegen die Hypotheken und Grundschulden anlangt, so gehen die Gesetze, welchen das Deckungsprinzip fremd ist, davon aus, daß die Kapitalansprüche der Gläubiger in Folge der Zwangsversteigerung fällig werden und deshalb durch Zahlung aus dem Meistgebote befriedigt werden müssen. Dieselbe Vorstellung liegt auch den auf dem Deckungsprinzipe beruhenden Gesetzen Württembergs und Oldenburgs zu Grunde[1]). In Hessen, mit Ausschluß von Rheinhessen, bestimmt der Richter, ob die Befriedigung der vorstehenden Hypotheken oder die Uebernahme derselben zur Bedingung gestellt werden soll[2]). Das hamburgische Gesetz schreibt die Befriedigung der fälligen Hypothekposten durch Zahlung aus dem Meistgebote vor[3]). Dagegen werden die Hypotheken und Grundschulden in Preußen sowie die Hypotheken in Bayern rechts des Rheines, in Sachsen und in Lübeck von dem Ersteher in Anrechnung auf das Meistgebot übernommen[4]). insbes. der Hypotheken u. Grundschulden. Deckung durch Zahlung, durch Anrechnung.

Führt man mit dem Entwurfe das Deckungsprinzip darauf zurück, daß die Zwangsversteigerung nur unbeschadet der dem Anspruche des Gläubigers vorgehenden Rechte an dem Grundstücke erfolgen darf, so versteht sich von selbst, daß auch Hypotheken und Grundschulden, welche dem Anspruche vorgehen, durch die Zwangsversteigerung nicht erlöschen dürfen. In der Zwangsversteigerung liegt ebensowenig wie in der freiwilligen Veräußerung ein Moment, welches die betreffenden Gläubiger verpflichtete, Befriedigung aus dem Erlöse des Grundstückes anzunehmen, oder berechtigte, dieselbe zu verlangen. Dies gilt auch dann, wenn der Anspruch aus der Hypothek oder der Grundschuld Rechtsstandpunkt.

---

[1]) Württemb. Pfandges. v. 15. April 1825 Art. 112 und Ges., betr. die Zwangsvollstr. 2c., v. 18. August 1879 Art. 14; oldenb. Ges. über den Eigenthumserw. 2c., v. 3. April 1876 § 47 und Ges., betr. die Zwangsvollstr. 2c., v. 2. April 1879 Art. 40, 64.

[2]) Hess. Pfandges. v. 15. Sept. 1858 Art. 109.

[3]) Hamburg § 12 Abs. 2.

[4]) Preußen §§ 22, 57 Abs. 3, Bayern (1886) Art. 1, Sachsen § 10, Lübeck § 28.

bereits fällig ist. Denn die Fälligkeit ist nach dem B. G. B. § 1075 nur eine Voraussetzung der Beitreibung des Kapitales aus dem Grundstücke, keineswegs eine Thatsache, aus der allein von dem Gläubiger oder dem Ersteher das Recht hergeleitet werden könnte, in dem von einem Dritten betriebenen Verfahren auf Befriedigung des Anspruches aus dem Versteigerungserlöse zu dringen.

Wirthschaftliche Bedenken.

Die Frage, ob die Hypotheken und Grundschulden bestehen bleiben oder erlöschen sollen, hat freilich auch ihre wirthschaftliche Seite. In dieser Hinsicht kommt vor Allem in Betracht, welcher Einfluß der Entscheidung auf den Realkredit beizumessen ist. Die früher aufgestellte Behauptung, daß die vorgehenden Gläubiger regelmäßig ein Interesse daran haben, daß ihnen das auf mehrere Jahre in der Hypothek oder der Grundschuld festgelegte Kapital bei der Vertheilung des Versteigerungserlöses ausgezahlt werde, hat in Folge des fortwährenden Sinkens des Zinsfußes ihr Gewicht verloren. Man wird für die Mehrzahl der Fälle gegenwärtig annehmen dürfen, daß einem Gläubiger mit der vorzeitigen Rückzahlung eines sicherstehenden Kapitales nicht gedient ist. Derjenige aber, welcher die Zwangsversteigerung betreibt, sowie die ihm gleich- und nachstehenden Berechtigten sind sichtbar in einer besseren Lage, wenn die ihnen vorgehenden Hypotheken und Grundschulden bestehen bleiben. Denn bei einer unter dieser Bedingung erfolgenden Versteigerung ist auf höhere Gebote zu rechnen, weil zu deren Erfüllung geringere Baarmittel erforderlich sind, als wenn die Zahlung des ganzen Meistgebotes zur Bedingung gestellt wird. Aber gerade die Möglichkeit, mit verhältnißmäßig geringen Baarmitteln ein Grundstück im Wege der Zwangsversteigerung zu erwerben, wurde seinerzeit zu einem Haupteinwande gegen den Grundsatz, daß die vorgehenden Hypotheken und Grundschulden bestehen bleiben, verwerthet. Man wies auf die Gefahren hin, welche dem Realkredite und den wirthschaftlichen Verhältnissen des Grundbesitzes überhaupt daraus entstehen können, daß werthvolle Grundstücke, namentlich größere Güter, von Personen erstanden werden, welche nicht die Mittel haben, den erworbenen Besitz zu halten, bisweilen sogar die unredliche Absicht verfolgen, denselben in kurzer Zeit aufs Aeußerste auszubeuten, und so einer neuen Subhastation die Wege bahnen. Allein dieser Einwand beweist weit mehr, als er beweisen soll. Die Gefahr, daß ein mit Hypotheken &c. übermäßig belastetes Grundstück in wirthschaftlich schwache bezw. ungeeignete Hände gelange, besteht in gleichem, vielleicht noch höherem, Maße bei der freiwilligen Veräußerung. Will der Eigenthümer eines solchen Grundstückes sich desselben entledigen, so wird er in Ansehung der Person des Käufers gewiß nicht wählerisch sein; er kann das Grundstück unter der Abrede veräußern, daß alle Belastungen desselben bestehen bleiben. Gelingt es auch nicht oft, für ein überschuldetes Grundstück einen Käufer zu finden, so braucht man doch ebensowenig zu besorgen, daß dasselbe, von einem in der Rangordnung zuletzt stehenden Gläubiger zur Zwangsversteigerung gebracht, mit Leichtigkeit einen Erwerber finden werde. Jedenfalls muß der Ersteher immer wenigstens den zur Deckung der Kosten und der Rückstände an Zinsen &c. erforderlichen Betrag durch Zahlung berichtigen, während eine freiwillige Veräußerung ohne jede Anzahlung möglich ist. Die in einzelnen Fällen vorhandene Unzuträglichkeit wird überdies im Allgemeinen durch den Vortheil überwogen, welcher daraus erwächst, daß tüchtige und zur Bewirthschaftung des Grundstückes befähigte Personen ihre Geldmittel nicht in der Zahlung des ganzen Preises zu erschöpfen brauchen, sondern einen angemessenen Betrag als Betriebskapital verwenden und hierdurch wesentlich zur Verbesserung des Grundstückes und folglich zur Erhöhung der Sicherheit der stehen bleibenden Hypotheken und Grundschulden beitragen können.

Erfahrungen.

Die Erfahrungen endlich, welche mit dem Grundsatze, daß die dem Anspruche des Gläubigers vorgehenden Hypotheken und Grundschulden bestehen bleiben, in der Praxis gemacht sind, rechtfertigen keineswegs die Bedenken, welche früher gegen die Neuerung erhoben wurden. In Preußen hat dieselbe sich durchaus bewährt; sie hat namentlich die Versteigerung von Grundstücken zu Schleuderpreisen verhindert und durch die erhöhte Sicherheit, welche sie den Vorhypotheken gegenüber den Nachhypotheken gewährt, den Realkredit auf eine gesunde Grundlage gestellt. Auch aus Sachsen und Bayern sind ungünstige Einwirkungen der Neuerung auf die Verhältnisse des Grundbesitzes nicht bekannt geworden.

Ausnahmen.

Dem Prinzipe unterliegen in Preußen und Sachsen alle Hypotheken. In Bayern dagegen sind ausgenommen Korrealhypotheken, wenn die für sie haftenden Grundstücke von verschiedenen Personen erstanden werden, Sicherungshypotheken und bedingte Hypotheken; der Theil des Meistgebotes, welcher zur Deckung des Anspruches aus einer dieser drei Kategorieen nöthig erscheint, ist durch Baarzahlung zu berichtigen[1]). Die Vertheilung des Versteigerungserlöses wird hierdurch unleugbar vereinfacht. Aber es dient schwerlich zur Empfehlung und leichten Einbürgerung des Grundsatzes, wenn das Gesetz selbst zu erkennen gibt, daß es denselben für zahlreiche und wichtige Fälle als undurchführbar betrachtet. Schwierigkeiten können allerdings entstehen. Aber sie treffen nicht sowohl das Interesse der Betheiligten, als vielmehr die Thätigkeit des Richters, welchem die Aufstellung des Theilungsplanes obliegt. Der Richter kann sich indessen die Arbeit in dem Vertheilungstermine dadurch erleichtern, daß er sich der Hülfe eines Rechnungsverständigen bedient. Keinesfalls darf die Rücksicht auf ihn so weit gehen, daß die Anwendung des Grundsatzes auf schwierige Fälle ausgeschlossen wird. Der Entwurf hat deshalb die Ausnahmen des bayerischen Gesetzes nicht übernommen.

Geringstes Gebot.

Hiervon abgesehen, ist das Verfahren in den Gesetzen der drei Staaten so geregelt, daß die dem Anspruche des Gläubigers vorgehenden Hypotheken bezw. Grundschulden, soweit das eingetragene Kapital in Betracht kommt, in Anrechnung auf das Meistgebot von dem Ersteher zu übernehmen sind. Das geringste Gebot, welches bei der Versteigerung zulässig ist, wird demgemäß von dem Richter auf einen Betrag festgesetzt, welcher zur Deckung der durch Zahlung zu befriedigenden Ansprüche und der auf das Meistgebot anzurechnenden Kapitalien ausreicht[2]). Eine solche Bemessung des geringsten Gebotes hat augenscheinlich die Sitte für sich, nach welcher beim Verkaufe eines Grundstückes der Preis ohne Rücksicht auf die Hypotheken und Grund-

[1]) Bayern 1886, Art. 8 Abs. 1, 2.

[2]) Preußen §§ 54 ff., Sachsen §§ 13 ff., Bayern (1886) Art. 5 ff.

schulden vereinbart und, soweit der Verkäufer nicht verpflichtet sein soll, dieselben zur Löschung zu bringen, die Verbindlichkeit des Käufers in Höhe der eingetragenen Kapitalien durch deren Anrechnung auf den Preis als erfüllt angesehen wird. Im Grunde aber liegt hierin nur ein Umweg zur Erreichung des Zieles, daß die betreffenden Hypotheken und Grundschulden ohne Anspruch des Käufers auf Gewährleistung bestehen bleiben sollen. Zum Betreten dieses Umweges bei der gesetzlichen Regelung der Zwangsversteigerung nöthigt das praktische Bedürfniß nicht. Wohl aber wird das Verfahren einfacher und durchsichtiger, wenn man das Anrechnungsprinzip fallen läßt. Der Entwurf hat diesen Schritt gethan, so zwar, daß das geringste Gebot ziffermäßig auf den Betrag, welchen die Deckung der durch Baarzahlung zu befriedigenden Ansprüche erfordert, festzustellen, im Uebrigen aber dadurch zu ergänzen ist, daß die dem betreibenden Gläubiger vorgehenden Rechte an dem Grundstücke bestehen bleiben, ohne daß dem Ersteher deswegen ein Anspruch auf Gewährleistung zugestanden wird[1]). Das oben aus dem Begriffe des dinglichen Rechtes hergeleitete Prinzip, daß die Zwangsversteigerung nur unter Wahrung der dem Anspruche des Gläubigers vorgehenden Rechte geschehen darf, gelangt auf diese Weise zu voller Geltung.

Zuschlag

4. Ein Hauptgrundsatz des Entwurfes liegt ferner in der Auffassung des **Zuschlages**.

Geltendes Recht.

In **Preußen** erfolgte bereits nach der Allg. Ger. O. I, 52 § 58 die Ertheilung des Zuschlages durch ein „Urtel". Ein Rechtsmittel war anfänglich gegen diesen „Adjudikationsbescheid" nicht gegeben. Erst die Verordn. v. 14. Dezbr. 1833 § 7 gestattete die Nichtigkeitsbeschwerde, und die Verordn. v. 4. März 1834 § 15 ließ gegen die Ausschließung der Realberechtigten, welche durch den Zuschlagsbescheid ausgesprochen werden konnte, die Restitution zu. Hiermit war die Urtheilsnatur einer solchen Entscheidung außer Zweifel gestellt. Später wurden allerdings Stimmen laut, welche die Beseitigung des Zuschlagserkenntnisses als einer überflüssigen und regelwidrigen Einrichtung anregten, indem sie sich auf die freiwillige Subhastation und den Zwangsverkauf der Mobilien beriefen. Indessen hatten diese Bestrebungen keinen Erfolg. Die im Jahre 1861 eingesetzte Kommission zur Ausarbeitung des Entwurfes einer Zivilprozeßordnung für den preuß. Staat trat der Abschaffung des Urtheiles besonders scharf entgegen; sie bezeichnete dieselbe als eine sehr gefährliche Neuerung[2]). Auch die Subhast. O. v. 15. März 1869 und das Ges., betr. die Zwangsvollstr. in das unbewegl. Verm., v. 4. März 1879 § 9 beließen es bei dem bisherigen Rechte, das letztere Gesetz mit der Maßgabe, daß es gegen die Entscheidung über den Zuschlag nur das Rechtsmittel der sofortigen Beschwerde für statthaft erklärte. Das Ges. v. 13. Juli 1883 hat an diesem Standpunkte festgehalten.

Die gedachte Entscheidung ist demnach in Preußen ein der Rechtskraft fähiges Urtheil. Wird durch das Urtheil der Zuschlag ertheilt, so wird der Ersteher Eigenthümer des Grundstückes, auch wenn dasselbe nicht dem Schuldner

---

[1]) Entw. §§ 59, 65, 66.

[2]) Mot. zu dem Entw. einer Proz. O. 2c. 1864 (§ 1215) S. 290.

gehörte. Auch erlöschen durch den Zuschlag alle Rechte an dem Grundstücke, die nicht nach den gesetzlichen oder den besonders gestellten Versteigerungsbedingungen bestehen bleiben oder von dem Ersteher übernommen sind[1]).

In der Form des Urtheiles wird der Zuschlag ferner ertheilt nach den Gesetzen für Weimar § 53, Anhalt § 23, Meiningen §§ 17, 20, Rudolstadt § 9, Reuß j. L. § 38, Waldeck § 1, Lübeck § 28. Nach dem hessischen Gesetze Art. 61, 62, 139 wird der Zuschlag in Starkenburg und Oberhessen durch eine Entscheidung des Amtsrichters, in Rheinhessen durch das Versteigerungsprotokoll (Zuschlagsurtheil) bewirkt. Ein Zuschlagsbescheid ergeht in Württemberg (Art. 16 ff.) und in Mecklenburg (§§ 48, 49). In Braunschweig (§ 55) wird das Grundstück durch eine entsprechende Erklärung dem Meistbietenden zugeschlagen und, wenn der Zuschlag unanfechtbar geworden ist, ein Adjudikationsurtheil erlassen. Aehnlich in Altenburg, Rudolstadt 2c. Nach dem sächsischen Gesetze § 131 erfolgt der Zuschlag durch Verkündung eines Beschlusses des Vollstreckungsgerichtes. Die Gesetze für Bayern, Baden, Elsaß-Lothringen 2c. nehmen hier einen besonderen Standpunkt ein, da nach ihnen für die Ertheilung des Zuschlages nicht das Vollstreckungsgericht, sondern der Versteigerungsbeamte (Notar) zuständig ist.

Der Zuschlag wird in diesen Gesetzen anders aufgefaßt als in dem preuß. Gesetze. Zwar ist er insofern der Rechtskraft fähig, als er nach fruchtlosem Ablaufe bestimmter Fristen in dem Rahmen des Verfahrens nicht mehr angefochten werden kann. Die Anfechtung geschieht da, wo das Vollstreckungsgericht den Zuschlag ertheilt, durch das Rechtsmittel der sofortigen Beschwerde, wo eine andere Behörde oder ein besonderer Versteigerungsbeamter zuschlägt, durch Beschwerde bezw. Klage bei dem Vollstreckungsgerichte. Aber der Zuschlag kann auf diesem Wege nur aus Gründen des Verfahrens bezw. wegen Verletzung gewisser Förmlichkeiten in Frage gestellt werden. Daneben ist eine Klage aus dem Kaufvertrage in Bayern, Sachsen, Württemberg und anderen Staaten nicht ausgeschlossen.

Der Entwurf bezeichnet, um mit dem Systeme der C. P. O. in Uebereinstimmung zu bleiben, die Entscheidung des Vollstreckungsgerichtes über den Zuschlag als Beschluß, knüpft aber an denselben in der Hauptsache die nämlichen Wirkungen, die das preuß. Gesetz mit seinem Urtheile verbindet. In Betracht kommt hier nur der Beschluß, durch welchen der Zuschlag ertheilt wird. Für die Frage, welche Wirkungen diesem Beschlusse beizulegen sind, ist die Rücksicht auf den Realkredit entscheidend. Der Realkredit verlangt eine Regelung des Verfahrens, welche eine möglichst sichere Bürgschaft dafür gewährt, daß das Grundstück nur für einen seinem Werthe gleichkommenden Preis veräußert wird. Diese Bürgschaft aber läßt sich nur dadurch erreichen, daß denjenigen, welche zur Abgabe von Geboten auf das Grundstück geneigt sind, nur eine Prüfung der den Werth desselben bestimmenden thatsächlichen Verhältnisse auferlegt, irgend ein rechtliches Risiko dagegen nicht angesonnen wird. Das Gesetz muß daher von dem Grundsatze ausgehen, daß der Ersteher durch den Zuschlag das Grundstück erwirbt, d. h. gerade so erwirbt, wie er dasselbe

Beschlußform.

Wirkungen.

[1]) Preußen §§ 22, 57 ff., 81, 86 ff., 97, 124 Nr. 2.

nach dem Inhalte des Grundbuches und der Versteigerungsbedingungen erwerben soll. Der Gegenstand der Erwerbung darf ihm weder entzogen noch geschmälert werden. Den Betheiligten ist daher ein Recht zur Anfechtung des Zuschlages nur in dem Rahmen des Verfahrens, d. h. im Wege eines an eine kurze Frist gebundenen Rechtsmittels, für welches in der „sofortigen Beschwerde" der C. P. O. ein Muster gegeben ist, einzuräumen. Wird der Zuschlagsbeschluß in dieser Weise nicht angefochten, so muß er der Anfechtung überhaupt entrückt sein. Eine Klage aus einem der Zwangsversteigerung zu unterstellenden Verkaufe darf ebensowenig wie die Geltendmachung von Rechten über den durch die Versteigerungsbedingungen bestimmten Umfang hinaus gegen den Ersteher zugelassen werden. Hieraus folgt, daß Rechte Dritter, welche die Versteigerung hindern, vor der Versteigerung in der Weise geltend zu machen sind, daß das Verfahren eingestellt wird. Anderenfalls muß in Ansehung ihrer ebenso wie in Ansehung der den Betheiligten zustehenden Rechte der Versteigerungserlös an die Stelle des Grundstückes treten. Um diese rechtsvernichtende Wirkung des Zuschlages mit den Anforderungen der Gerechtigkeit zu vereinigen, wird der Aufruf der Berechtigten in der Bekanntmachung des Versteigerungstermines und die Zustellung der Terminsbestimmung an die Betheiligten in dem Entwurfe vorgeschrieben.

Jurist. Konstr. der Zwangsverst.

5. Dem geltenden Rechte gegenüber erhebt sich die Frage, wie die Zwangsversteigerung juristisch zu konstruiren, welchem anderen Rechtsinstitute sie an die Seite zu stellen ist. Die geschichtliche Entwickelung der Subhastation aus dem röm. Pfandverkaufe legt es nahe, in der Versteigerung des Grundstückes einen Verkauf zu sehen, der nur die Eigenthümlichkeit hat, daß der Vertrag in den Formen der Zwangsvollstreckung zu Stande gebracht und vollzogen wird. Für das sächsische Recht werden die Vorgänge, welche für die Analogie des Verkaufes sprechen sollen, so aufgefaßt, daß der Richter den Vertrag mit dem Meistbietenden schließt und durch den Zuschlag feststellt[1]). Für das badische Recht hat man als eine Eigenthümlichkeit dieses Vertrages die Unpersönlichkeit des Verkäufers bezeichnet[2]). In dem hamburgischen Gesetze §§ 10, 13 wird der Gläubiger, welcher die Zwangsversteigerung betreibt, Verkäufer genannt[3]). Den Gesetzen für Bayern[4]) und Mecklenburg[5]) scheint es zu entsprechen, dem Verfahren einen Verkauf seitens des Schuldners zu unterstellen. Für das preußische Recht hat man bald den Schuldner, bald den Gläubiger, aber auch die Realgläubiger, bezw. alle Betheiligten als Verkäufer hingestellt[6]).

Neuerdings ist die ganze Verkaufstheorie als unzutreffend bekämpft und ihr die Auffassung entgegengesetzt worden, daß der Richter lediglich in Aus-

---

[1]) Schurig, sächs. Subhast. O. S. 224.

[2]) Naef, das Recht der Liegenschaftsvollstr. im Großherzogthum Baden S. 40.

[3]) Siehe auch das braunschw. Ges. §§ 54, 55; dazu Mansfeld, Ausf. Ges. S. 224.

[4]) Regelsberger, das bayer. Hypoth. R. § 85 S. 215; Hellmann, Kommentar zur Subhast. O. für das Königreich Bayern S. 88.

[5]) v. Meibom, das mecklenb. Hypoth. R. § 26 S. 210.

[6]) Jäckel, Zwangsvollstreckungsordnung rc., 2. Aufl. S. 292 ff.

übung seiner Pflicht, dem Gläubiger den exekutorischen Rechtsschutz zu gewähren, kraft obrigkeitlicher Machtvollkommenheit das Eigenthum dem Schuldner nehme und auf den Meistbietenden übertrage[1]).

Auf die Gründe für und gegen die eine und die andere Auffassung ist hier nicht einzugehen. Der Entwurf bezweckt, die Zwangsversteigerung der Grundstücke vollständig zu regeln. Diese Regelung muß allerdings, da sie ein Glied in dem Systeme des bürgerlichen Rechtes ist, in dessen Vorschriften ihre Ergänzung finden. Allein ein praktisches Bedürfniß zu einer Entscheidung darüber, ob die Ergänzung gerade aus den Vorschriften über den Kaufvertrag zu entnehmen ist, hat sich bei der Aufstellung des Entwurfes nicht ergeben. Die Lösung der Konstruktionsfrage kann daher ohne Schaden für die Rechtssicherheit der Wissenschaft überlassen bleiben[2]).

Vollstreckungsgericht.

6. In dem größten Theile des Reiches, namentlich in Preußen, Sachsen, Mecklenburg, Weimar, Braunschweig, Anhalt werden die amtlichen Verrichtungen bei der Zwangsversteigerung von dem Vollstreckungsgerichte wahrgenommen. In Süddeutschland dagegen, sowie in einigen mittel- und norddeutschen Staaten wird ein Theil dieser Verrichtungen von einem nichtrichterlichen Beamten bezw. von einer anderen Behörde besorgt.

Versteigerungsbeamter.

In Bayern ernennt das Gericht, wenn es die Beschlagnahme zum Zwecke der Zwangsversteigerung beschließt, „zugleich den Versteigerungsbeamten aus den Notaren". Diesem liegt der Vollzug der Versteigerung mit Einschluß der Ertheilung des Zuschlages ob[3]). Eine ähnliche Einrichtung besteht in Baden und in Elsaß-Lothringen. In Baden hat der Vollstreckungsbeamte nicht blos die Versteigerung, sondern auch die nachfolgende Verweisung des Erlöses auszuführen. In Württemberg werden diese Verrichtungen von dem Gemeinderathe als Vollstreckungsbehörde versehen. Indessen kann das Vollstreckungsgericht die Erledigung des Vollstreckungsauftrages einem Komissar. übertragen; auch steht ihm die Entscheidung über Anträge und Einwendungen gegen die Art und Weise der Zwangsvollstreckung und das Verfahren zu. In den hessischen Provinzen Starkenburg und Oberhessen beraumt das Vollstreckungsgericht den Versteigerungstermin an und beauftragt mit dessen Abhaltung das zuständige Ortsgericht, falls nicht besondere Gründe die Abhaltung durch das Amtsgericht selbst nothwendig erscheinen lassen. Nach dem oldenburgischen Gesetze hat der Amtsauktionator die Versteigerung abzuhalten sowie die Hebung und Gefahr der Kaufgelder zu übernehmen. Das hamburgische Gesetz bestimmt: „Das Amtsgericht beauftragt mit der Leitung des Verkaufes einen Gerichtsschreiber. Das Amtsgericht in Hamburg ist befugt, den Verkauf von Grundstücken, welche im Landgebiet belegen sind, auch durch einen Beamten der Landherrnschaft vornehmen zu lassen". Der Verkauf geringwerthiger Grundstücke kann ferner in Meiningen und Coburg-

---

1) Dernburg, Privatrecht 1 § 343; Krech und Fischer, das preuß. Ges. v. 13. Juli 1883 S. 111 ff.

2) Durch das B. G. B. § 485 wird, wie die §§ 769, 1065 ergeben, der Entscheidung nicht vorgegriffen.

3) Bayern 1879 Art. 29, 35, 48 ff., 76.

Gotha dem Gerichtsschreiber, in Coburg-Gotha auch dem Schultheißen übertragen werden[1]).

Der Entwurf geht davon aus, daß das Vollstreckungsgericht an sich die zur Durchführung der Zwangsversteigerung geeignetste Behörde ist und daß es auch mit Rücksicht auf das geltende Recht nicht rathsam erscheint, durch eine reichsgesetzliche Vorschrift das Verfahren theilweise vor eine andere Behörde oder einen besonderen Versteigerungsbeamten zu verweisen. Es kann folglich auch nicht darauf ankommen, ob es im Sinne der C. P. O. ist, daß das von dem Vollstreckungsgerichte anzuordnende Verfahren von einem anderen Organe geleitet wird. Um indessen bestehende Einrichtungen zu schonen und die Einbürgerung des neuen Verfahrens zu erleichtern, empfiehlt es sich, der Landesgesetzgebung die Uebertragung der dem Vollstreckungsgerichte reichsgesetzlich zugewiesenen Amtshandlungen auf eine andere Behörde oder einen Beamten in gewissen Grenzen zu überlassen. Der erforderliche Vorbehalt wird in dem § 242 bestimmt.

Rechtsstreitigkeiten.

7. In dem Zwangsversteigerungsverfahren entstehen nicht selten Rechtsstreitigkeiten, welche in einem besonderen Prozesse zu erledigen sind. Die Erledigung erfolgt nach den Vorschriften der C. P. O., was in derselben unter § 757 Abs. 3 ausdrücklich bestimmt ist. Diese Bestimmung soll indessen nach der neuen Fassung, welche für die §§ 755—757 in dem Art. 11 des Einf. Ges. zum B. G. B. in Aussicht genommen ist, künftig wegfallen. Der Entwurf nimmt gleichwohl Anstand, sie zu wiederholen. Ihre Aufnahme in die C. P. O. erklärt sich wesentlich daraus, daß es gegenüber den in dem § 755 enthaltenen Vorbehalten für die Landesgesetzgebung empfehlenswerth erschien, besonders hervorzuheben, daß die bezeichneten Rechtsstreitigkeiten nach den Vorschriften der C. P. O. zu erledigen seien. Für ein Reichsgesetz, welches die Zwangsvollstreckung in das unbewegliche Vermögen regelt, versteht sich dies von selbst. Die C. P. O. hat auch für die Zwangsvollstreckung in das bewegliche Vermögen eine ähnliche Vorschrift nicht.

Beschränkung auf gebuchte Grundstücke.

8. Die Zwangsversteigerung kann, wie frühere Ausführungen ergeben[2]), nur im Anschlusse an ein bestimmtes Immobilienrecht geordnet werden. Für den Entwurf bildet mithin das Immobilienrecht des B. G. B. und, da dieses ein bereits angelegtes Grundbuch voraussetzt, die Bucheinrichtung die Grundlage. Soll ein Grundstück, welches noch nicht gebucht ist, versteigert werden, so muß es zunächst ein Blatt im Grundbuche erhalten. Auf die Versteigerung eines Grundstückes, für welches das Grundbuch noch nicht als angelegt anzusehen ist, findet gemäß § 234 das bisherige Recht Anwendung. Die Aufgabe des Entwurfes beschränkt sich mithin auf die Regelung der Zwangsversteigerung gebuchter Grundstücke.

[1]) Baden §§ 42, 46 ff., landesherrliche Verordn. v. 25. Juli 1879 §§ 2 ff., 67; Elsaß-Lothringen §§ 4, 13; Württemberg Art. 1—3; Hessen Art. 53; Oldenburg Art. 39; Hamburg § 5 Abs. 2; Meiningen § 15; Coburg-Gotha §§ 13—15.

[2]) Oben S. 73, 74.

I. Anordnung der Versteigerung.

1. Beschlüsse des Gerichtes. Voraussetzungen des Verfahrens.

a) Versteigerungsbeschluß.

§ 25.

Nach der C. P. O. § 755 Abs. 2 wird die Zwangsvollstreckung in ein Grundstück von dem Vollstreckungsgerichte auf Antrag angeordnet. Obschon diese Bestimmung nach der Fassung, welche der § 755 erhalten soll[1]), aus der C. P. O. ausscheidet, darf sie doch in dem besonderen Gesetze, auf welches die neue Fassung verweist, nicht ganz unterdrückt werden. Entbehrlich ist sie freilich im Hinblicke auf die allgemeinen Grundsätze der C. P. O. und auf die §§ 28—32 des Entwurfes insoweit, als sie das Erforderniß des Antrages ausspricht. Im Uebrigen aber muß sie in das Vollstreckungsgesetz aufgenommen werden, um den Gedanken, daß die Zwangsversteigerung eine den Gerichten mit Ausschluß des Gerichtsvollziehers zugewiesene Vollstreckungsmaßregel sei, zum Ausdrucke zu bringen. (Abs. 1.)

Ist das Gericht gemäß § 7 zum Vollstreckungsgerichte bestellt, so können Unzuträglichkeiten entstehen, wenn nicht die betheiligten anderen Gerichte von der Bestellung benachrichtigt werden. Es empfiehlt sich deshalb, nach dem Vorgange von Bayern (1879) Art. 14 dem Vollstreckungsgerichte diese Benachrichtigung zur Pflicht zu machen. (Abs. 2.)

b) Eintragung des Schuldners als Eigenthümer.

§ 26.

Die Anordnung der Zwangsversteigerung eines Grundstückes setzt voraus, daß dasselbe dem Schuldner gehört. Für diejenigen Rechtsgebiete, in welchen die Regel gilt, daß Eigenthum an Grundstücken nur durch Eintragung in das Grundbuch erworben wird, folgt hieraus, daß die Zwangsversteigerung nur angeordnet werden kann, wenn der Schuldner als Eigenthümer eingetragen ist[2]). Nach den Gesetzen für Preußen § 14 Ziff. 3, Oldenburg Art. 17 Ziff. 2, Mecklenburg § 22 Ziff. 3, Weimar ꝛc. ist die Eintragung des Schuldners nicht Vorbedingung der Einleitung des Verfahrens. Für Preußen erklärt sich dieser Standpunkt daraus, daß die neue Grundbuchgesetzgebung auch solche Bücher, in welchen die Besitztitelberichtigung für den gegenwärtigen Eigenthümer unterblieben war, als Grundbücher anerkannte. Nach dem bayerischen Gesetze von 1879 Art. 21 Abs. 3 darf bei der Zwangsversteigerung im Geltungsgebiete des Hypoth. Ges. v. 1. Juni 1822 von der Besitztitelberichtigung für den Eigenthümer nur abgesehen werden, wenn derselben ein Hinderniß entgegensteht. Geltendes Recht.

Für den Entwurf kann die Regel, daß die Zwangsversteigerung nur gegen den als Eigenthümer eingetragenen Schuldner angeordnet werden soll, schon daraus hergeleitet werden, daß nur der eingetragene Eigenthümer Regel.

[1]) Einf. Ges. Art. 11.

[2]) Mot. III S. 299

zur Verfügung über das Grundstück befugt und die Eintragung einer Zwangshypothek gegen den nicht eingetragenen Eigenthümer unzulässig ist[1]). In Betracht kommt aber weiter, daß für denjenigen, welcher als Eigenthümer eingetragen ist, nach dem B. G. B. § 826 die Vermuthung des Eigenthumes streitet. Nun kann freilich der Gläubiger dem Vollstreckungsgerichte glaubhaft machen, daß der Schuldner, obschon nicht eingetragen, der Eigenthümer sei. Allein wenn hieraufhin die Zwangsversteigerung eingeleitet würde, so müßte der als Eigenthümer Eingetragene, welcher dieser Maßregel widersprechen wollte, seinen Widerspruch im Wege der Klage nach näherer Bestimmung der C. P. O. § 690 verfolgen. Dies wäre aber mit der Rechtsvermuthung, welche durch die Eintragung begründet wird, nicht vereinbar.

Daß für den Gläubiger erhebliche Schwierigkeiten aus der Regel des Entwurfes entstehen werden, ist nicht zu besorgen. Denn wenn in Wirklichkeit der Schuldner Eigenthümer des Grundstückes ist, aus welchem Befriedigung im Wege der Zwangsversteigerung gesucht wird, so kann der Gläubiger, dessen Anspruch ein nur persönlicher ist, nach Maßgabe der Grundb. O. §§ 45, 47 die Eintragung des Schuldners erwirken. Der Gläubiger aber, dessen Anspruch in einem Rechte an dem Grundstücke sich gründet, ist kraft dieses Rechtes nach den Vorschriften des B. G. B. § 1075, bezw. §§ 1051, 1136, in der Lage, gegen den als Eigenthümer Eingetragenen auf Duldung der Zwangsversteigerung zu klagen. Hat der eingetragene Eigenthümer das Eigenthum aufgegeben und der Zueignungsberechtigte dasselbe noch nicht erworben, so ist das Interesse des Gläubigers dadurch gewahrt, daß derselbe gemäß § 872 Abs. 3 die Bestellung eines Vertreters zu erlangen und gegen diesen die Zwangsversteigerung auszubringen berechtigt ist. Gehört das Grundstück zu dem Gesammtgute einer ehelichen oder einer fortgesetzten Gütergemeinschaft, so genügt die Eintragung derselben in das Grundbuch, um die Anordnung der Zwangsversteigerung des Grundstückes auf den Antrag eines Gläubigers des Ehemannes bezw. des überlebenden Ehegatten zu rechtfertigen[2]).

Dereliktion.

Gütergemeinschaft.

Erbfall.

Eine Ausnahme von der Regel ist hier nur insofern zu bestimmen, als die Zwangsversteigerung auch dann zugelassen werden muß, wenn der Schuldner der Erbe des eingetragenen Eigenthümers geworden ist. Der Erbe kann nach § 869 a. a. O. das ererbte Grundstück auflassen, ohne vorher seine Eintragung als Eigenthümer erwirkt zu haben. Es muß daher auch die Zwangsversteigerung gegen den Erben ohne dessen vorgängige Eintragung möglich sein. (Abs. 1.)

Eines Beweises der Erbfolge bedarf es nicht, wenn dieselbe bei dem Vollstreckungsgerichte offenkundig ist. Im Uebrigen erfordern einige Gesetze, namentlich Bayern und Oldenburg, Urkunden, welche das Eigenthum des Schuldners ergeben, andere, z. B. Preußen, Glaubhaftmachung durch Urkunden, wieder andere, wie Mecklenburg, Bescheinigung des Eigenthumes. Der Entwurf geht davon aus, daß hier, wo es sich um eine auf den einseitigen Vortrag des Gläubigers anzuordnende Maßregel handelt, von einer

[1]) B. G. B. §§ 828, 1130.

[2]) Vergl. B. G. B. §§ 1343, 1347, 1360, 1397, 1399, 1417, 1424, 1431.

eigentlichen Beweisführung nicht die Rede sein kann. Es muß genügen, wenn die Erbfolge dem Vollstreckungsgerichte glaubhaft gemacht wird. Aber als Mittel der Glaubhaftmachung können nur Urkunden zugelassen werden. (Abs. 2.)

c) Vollstreckbarer Titel im Falle der Veräußerung des Grundstückes.

§ 27.

Die prozessualischen Voraussetzungen der Zwangsversteigerung bestimmen sich im Allgemeinen nach den Vorschriften der C. P. O. über die Voraussetzungen der Zwangsvollstreckung. Nach diesen Vorschriften kann ein persönlicher Gläubiger die Zwangsversteigerung nur verlangen, wenn der Schuldner noch zur Zeit der Beschlagnahme Eigenthümer des Grundstückes ist. Darauf, daß der Schuldner zu der Zeit, als gegen ihn der Anspruch rechtshängig oder der vollstreckbare Titel erlangt wurde, als Eigenthümer eingetragen war, kann es nur ankommen, wenn die Veräußerung des Grundstückes einem gegen den Erwerber wirksamen Veräußerungsverbote zuwider erfolgt ist. Eine andere Beurtheilung erheischt dagegen der Fall, wenn der Anspruch des Gläubigers in einem an dem Grundstücke bestehenden Rechte sich gründet und dieses Recht schon zur Zeit der Veräußerung in das Grundbuch eingetragen war. Voraussetz. der Zwangsverst. gegen den Erwerber:

1) Das **preußische** Gesetz über den Eigenthumserwerb ꝛc. v. 5. Mai 1872, in dessen § 43 mit dem vollstreckbar gewordenen Anspruche aus einer Hypothek oder einer Grundschuld für den Gläubiger das Recht verbunden wird, die Zwangsversteigerung und die Zwangsverwaltung des Grundstückes zu beantragen, erklärt diesen Antrag unter § 44 auch dann für zulässig, „wenn seit der Zustellung der Klage ein Wechsel in der Person des Eigenthümers des Grundstückes eingetreten ist“[1]). Wollte der Entwurf eine entsprechende Vorschrift nicht aufnehmen, so würde das Urtheil in dem vorausgesetzten Falle gegen den Erwerber nur dann wirksam und vollstreckbar sein, wenn zur Zeit der Erwerbung die Rechtshängigkeit des Anspruches gegen den Veräußerer dem Erwerber bekannt gewesen wäre[2]). Der Eigenthümer hätte es demnach in der Hand, die Verfolgung des dinglichen Anspruches durch Veräußerung des Grundstückes an einen mit der Rechtshängigkeit unbekannten Dritten zu vereiteln oder doch wenigstens erheblich zu verzögern und zu vertheuern. Der Gläubiger würde sogar, wenn der Erwerber die Rechtshängigkeit kannte, die Vollstreckungsklausel gegen ihn nicht ohne neuen Prozeß erlangen können, da der Nachweis der Kenntniß kaum je durch öffentliche Urkunden zu führen sein würde. Eine derartige Erschwerung der Rechtsverfolgung wäre in hohem Grade geeignet, auf die Neigung zur Beleihung des Grundbesitzes abschwächend zu wirken. Das Interesse des Realkredites fordert daher dringend, in Ansehung des Anspruches, der in einer Hypothek oder einer Grundschuld sich gründet, die Wirksamkeit und Vollstreckbarkeit des Urtheiles gegen den Erwerber ohne Rücksicht auf die Unkenntniß desselben von der Rechtshängigkeit Urtheil;

---

[1]) Ebenso die Ges. über den Eigenthumserw. ꝛc. für Oldenburg, Coburg-Gotha, Braunschweig ꝛc.

[2]) C. P. O. §§ 236, 238, 665 ff.; B. G. B. §§ 192, 837, Mot. III S. 217 ff., Einf. Ges. Art. 11.

vorzuschreiben. Die Ausdehnung dieser Vorschrift auf den Anspruch aus einer Reallast rechtfertigt sich durch die Bestimmung des B. G. B. § 1051.

Der Standpunkt des Entwurfes kann zu einer gewissen Härte gegen denjenigen führen, der das Grundstück in Unkenntniß der Rechtshängigkeit des Anspruches erworben hat. Allein dies kann gegenüber der Rücksicht auf das Interesse des Realkredites um so weniger ins Gewicht fallen, als der Erwerber durch die Eintragung des Rechtes, in welchem der Anspruch sich gründet, darauf hingewiesen wird, sich bei dem Veräußerer zu erkundigen, ob etwa die dingliche Klage erhoben ist.

andere vollstr. Schuldtitel.

2. Außer dem Urtheile kommen hier auch die in der C. P. O. § 702 bezeichneten vollstreckbaren Schuldtitel in Betracht. Es fragt sich, ob und inwieweit die Vorschriften der C. P. O. über die Vollstreckbarkeit gegen den Sondernachfolger auch auf die Zwangsvollstreckung aus diesen Titeln anzuwenden sind. Der Entwurf läßt es dahin gestellt, wie diese Frage für die einzelnen Schuldtitel an der Hand der C. P. O. zu beantworten ist. Aus praktischen Rücksichten muß dem Eintritte der Rechtshängigkeit des Anspruches die Erlangung eines vollstreckbaren Titels für denselben hier gleichgestellt werden. Von besonderer Wichtigkeit ist die Gleichstellung für die in dem § 702 Nr. 5 bezeichneten Urkunden, zu welchen auch die über den Anspruch aus einer Reallast, einer Hypothek oder einer Grundschuld ausgestellten Urkunden zu rechnen sind. Unterwirft sich der Eigenthümer in einer solchen Urkunde der sofortigen Zwangsvollstreckung in das Grundstück, so geschieht dies im Hinblicke darauf, daß das dingliche Rechtsverhältniß den Wechsel in der Person überdauert, in der Absicht, daß die Zwangsvollstreckung von diesem Wechsel unabhängig sein soll. Für den Gläubiger würde die dem Kreditinteresse dienende Vorschrift des § 702 Nr. 5 erheblich an praktischer Bedeutung verlieren, wenn der vollstreckbare Schuldtitel nicht nach Maßgabe des § 665 der C. P. O. auch gegen den Sondernachfolger des Ausstellers vollstreckbar sein sollte. Natürlich ist der Sondernachfolger in der Geltendmachung von Einwendungen, welche den Anspruch selbst betreffen, ebensowenig beschränkt wie der Rechtsvorgänger.

Vollstreckung gegen den Inhaber.

3. Der § 27 bezieht sich nur auf den Fall der Veräußerung. Hat Jemand für den eingetragenen Eigenthümer oder dessen Erben die Inhabung des Grundstückes erlangt, so hindert dies die Anordnung und Durchführung der Zwangsversteigerung nicht. Es bedarf eines vollstreckbaren Titels, im Hinblicke auf § 143, nur gegen den eingetragenen Eigenthümer oder dessen Erben, nicht auch gegen den Inhaber, gleichviel ob dieser vor oder nach dem Eintritte der Rechtshängigkeit, bezw. vor oder nach Erlangung des vollstreckbaren Titels gegen jenen, Inhaber geworden ist.

d) Versteigerungsantrag.

§ 28.

Inhalt des Antrages.

Die C. P. O. hat für die Fälle, in welchen sie die Anordnung von Vollstreckungshandlungen dem Gerichte zuweist, namentlich für die Fälle der Zwangsvollstreckung in Forderungen und andere Vermögensrechte, keine besonderen Vorschriften über den Inhalt des Vollstreckungsgesuches. Für den

Antrag indessen, auf welchen die Zwangsversteigerung eines Grundstückes angeordnet werden soll, empfiehlt es sich nach dem Vorgange wichtiger Landesgesetze[1]) gleichwohl, im Interesse der Deutlichkeit und der leichteren Handhabung des Gesetzes sowie im Hinblicke auf die große Bedeutung, welche jene Anordnung für den Schuldner hat, gewisse formelle Erfordernisse aufzustellen. Daneben müssen auch die materiellen Voraussetzungen der Zwangsvollstreckung überhaupt und der Zwangsversteigerung insbesondere gegeben sein. Dies braucht jedoch in dem Gesetze nicht ausgesprochen zu werden, weil es sich von selbst versteht. Die Fassung des Entwurfes ergibt, daß es auf eine erschöpfende Bestimmung der Erfordernisse des Antrages nicht abgesehen ist. Es soll nur der Ordnung halber klargestellt werden, daß der Antrag die in dem Entwurfe aufgeführten Erfordernisse unter allen Umständen zu enthalten habe, um nicht zurückgewiesen zu werden. Von einer Nichtigkeit des Verfahrens kann blos um deswillen, weil dasselbe ordnungswidrig auf einen mangelhaften Antrag angeordnet wird, keine Rede sein. Ordnungsvorschrift.

Die aufgestellten Erfordernisse sind in der Hauptsache dem preußischen Gesetze § 13 Ziff. 1, 2 entlehnt.

1. Nach dem bayerischen Gesetze von 1879 Art. 24 Ziff. 3 muß der Antrag „Namen, Stand oder Gewerbe, und Wohnort des Schuldners, des etwaigen Drittbesitzers und des Gläubigers" enthalten. Die Erwähnung des Drittbesitzers ist hier ebenso wie in dem § 8 entbehrlich. Im Uebrigen genügt es, die Bezeichnung des Gläubigers und des Schuldners zu verlangen, da vertraut werden darf, daß die Gerichte in diesem Erfordernisse die nöthige Handhabe finden werden, um auf einer Bezeichnung zu bestehen, welche jeden Zweifel an der Identität der Personen ausschließt. (Nr. 1.) Bezeichnung des Schuldners, des Gläubigers,

Eine Bezeichnung des Gerichtes, wie sie Preußen fordert, ist überflüssig, wenn der Antrag zum gerichtlichen Protokolle erklärt wird. Bei schriftlichen Anträgen erscheint es ausreichend, wenn der Antrag an das Gericht adressirt ist. Für die Behandlung eines ohne Adresse eingehenden Antrages aber ist eine besondere Direktive nicht nöthig. des Gerichtes,

2. Neben der Bezeichnung des vollstreckbaren Titels und des Anspruches, wegen dessen versteigert werden soll, bedarf es nicht noch einer speziellen Angabe des beizutreibenden Betrages. Ergibt der Antrag in dieser Hinsicht keine Beschränkung, so ist er selbstredend auf den ganzen Betrag des Anspruches zu beziehen. (Nr. 2.) des vollstr. Titels, des Anspruches,

3. Das Grundstück ist so zu bezeichnen, daß es ohne Weiterungen und mit Sicherheit im Grundbuche sich auffinden läßt[2]). Die Fassung schließt sich an den Entwurf der Grundb. O. § 25 an. (Nr. 3.) des Grundstückes,

„Die Angabe der von dem Gläubiger vorgeschlagenen Versteigerungsbedingungen" 2c., welche Bayern Art. 24 fordert, muß außer Betracht bleiben, da, wenn die Angabe fehlt, die Vorschriften des Gesetzes ergeben, wie zu verfahren ist, ein Grund aber, die Nachholung der fehlenden Angabe abzuschneiden, nicht vorliegt. der Verst.-Beding.

---

[1]) Preußen § 13, Bayern (1879) Art 24, 25, Oldenburg Art. 16, Weimar § 21, Mecklenburg § 21, Braunschweig § 19.

[2]) Vergl. §§ 33, 34.

Angebot. In Rheinhessen sowie in Elsaß-Lothringen gehört zur Begründung des Antrages ein Angebot für jedes Grundstück, welches versteigert werden soll[1]). Dieses Erforderniß hat seine Bedeutung nur für das französische Recht; es ist entbehrlich für ein Verfahren, welches so gestaltet wird, daß die Versteigerung nur stattfindet, wenn ein Gebot erfolgt, durch welches die dem Anspruche des Gläubigers vorgehenden Rechte gedeckt werden.

e) Urkunden zur Rechtfertigung des Versteigerungsantrages.

§ 29.

I. Aehnliche Erwägungen wie diejenigen, auf welchen die Aufnahme des § 27 beruht, lassen es angemessen erscheinen, durch eine Ordnungsvorschrift klarzustellen, welche Urkunden dem Versteigerungsantrage beizufügen sind (Abs. 1 Nr. 1, 2).

Ausfert. des Schuldtitels. 1. Daß die vollstreckbare Ausfertigung des Schuldtitels zu diesen Urkunden gerechnet werden muß, ist nicht zweifelhaft, da nach der C. P. O. §§ 662, 703 die Zwangsvollstreckung auf Grund einer solchen Ausfertigung erfolgt. Verschiedene Landesgesetze, namentlich das bayerische und das sächsische, verlangen überdies, daß dem Antrage des Gläubigers der Nachweis der Zustellung des Titels an den Schuldner beigefügt werde[2]). Neben dem Titel ist in Hessen „der Nachweis etwaiger besonderer Voraussetzungen, von welchen die Zwangsvollstreckung abhängig ist“, in Elsaß-Lothringen „der Nachweis der Erfordernisse, von deren Vorhandensein der Beginn der Zwangsvollstreckung abhängig ist“, mit dem Antrage vorzulegen[3]). Preußen § 14 erwähnt nur die vollstreckbare Ausfertigung des Schuldtitels.

Zustell. des Titels.

Beginn der Zwangsvollstr.

Der Entwurf geht davon aus, daß zu den Vorschriften der C. P. O., welche auf die Zwangsvollstreckung in Grundstücke Anwendung finden, auch die den Beginn der Zwangsvollstreckung betreffenden §§ 671—673 gehören. Es müssen also, bevor das Versteigerungsverfahren beginnen darf, alle Erfordernisse erfüllt sein, welche in diesen Paragraphen aufgestellt werden. Nach den §§ 671, 672 aber darf die Zwangsvollstreckung nur beginnen, wenn das Urtheil, bezw. der andere vollstreckbare Titel, und die Urkunden über die sonstigen Voraussetzungen, von welchen sie im einzelnen Falle abhängt, bereits zugestellt sind oder gleichzeitig zugestellt werden. Fraglich kann nur sein, ob im Falle des Zwangsversteigerungsverfahrens der Beginn der Zwangsvollstreckung in die Anordnung des Verfahrens oder in die Zustellung des Beschlusses an den Schuldner zu setzen ist.

In den Motiven des preußischen Gesetzes ist angenommen, der Beginn liege in der Zustellung des Beschlusses an den Schuldner, weil erst mit diesem Akte eine Wirkung gegen den Schuldner eintrete[4]). In dem Gesetze

[1]) Hessen Art. 111 Abs. 3; Elsaß-Lothringen § 1 Ziff. 5.

[2]) Bayern 1879 Art. 26, 27 Ziff. 2; Sachsen § 64 Ziff. 2; Hessen Art. 49, 52, 111 Ziff. 1; Mecklenburg § 22 Ziff. 2; Oldenburg Art. 17 Ziff. 1; Weimar § 11 Ziff. 2; Braunschweig § 20 Ziff. 2.

[3]) Hessen Art. 52 Ziff. 2, Art. 111 Ziff. 2; Elsaß-Lothringen § 1 Ziff. 2. Aehnlich die württemb. Min. Verf. v. 1. Okt. 1879 § 3.

[4]) Stegemann S. 52.

selbst indessen hat diese Meinung keinen Ausdruck gefunden. Dagegen bestimmen Bayern (1879) Art. 7, Mecklenburg § 6 und Braunschweig § 7: „Das Zwangsvollstreckungsverfahren beginnt mit dem Beschlusse der Beschlagnahme ‚um Zwecke der Zwangsversteigerung ....“. Und auch die übrigen Gesetze, nach welchen mit dem Versteigerungsantrage der Nachweis der Zustellung des vollstreckbaren Titels an den Schuldner zu führen ist[1]), folgen offenbar der Auffassung, daß die Zwangsvollstreckung schon mit der Anordnung des Verfahrens ihren Anfang nehme. Die Frage kann aber nicht auf die Zwangsvollstreckung in das unbewegliche Vermögen beschränkt werden; sie ist vielmehr bei jeder von dem Gerichte anzuordnenden Zwangsvollstreckung zu stellen und für alle Fälle gleichmäßig zu beantworten. Das Reichsgericht hat sich für die Zwangsvollstreckung in Forderungen in Uebereinstimmung mit der Auffassung ausgesprochen, welche in den Gesetzen für Bayern, Mecklenburg ꝛc. zur Geltung gelangt ist[2]). In der That erscheint diese Auffassung als die richtige.

Man hat freilich für die andere, in den preuß. Motiven vertretene Auffassung geltend gemacht, der Gläubiger müsse die Möglichkeit haben, die Zustellung des vollstreckbaren Schuldtitels und der zugehörigen Urkunden bis zur Zustellung des Beschlusses, durch welchen die Zwangsversteigerung angeordnet wird, aufzuschieben, um einem etwaigen Versuche des Schuldners, durch Veräußerung des Grundstückes die Versteigerung zu vereiteln, vorzubeugen. Allein ein besonderes Bedürfniß für eine diesem Gedanken entsprechende Vorschrift ist nicht anzuerkennen, zumal der Schuldner in den Fällen der Klage aus einer Hypothek oder einer Grundschuld schon durch den Prozeß in Kenntniß gesetzt wird, daß das Grundstück Gegenstand der Zwangsvollstreckung sein werde. In diesen Fällen wird aber durch die Bestimmung des § 27 der Veräußerung nach Eintritt der Rechtshängigkeit die Spitze gegen die Verfolgung des Anspruches abgebrochen. Handelt es sich dagegen um einen nur persönlichen Anspruch, so besteht für den Gläubiger die Möglichkeit, sich die Zwangsvollstreckung in ein Grundstück des Schuldners durch Arrest oder durch einstweilige Verfügung des Gerichtes zu sichern.

Ist demnach der Beginn der Zwangsvollstreckung an die Anordnung des Verfahrens zu knüpfen, so müssen die Zustellungen, deren die C. P. O. in den §§ 671, 672 gedenkt, dieser Anordnung vorangehen. Die Bestimmung, daß sie gleichzeitig mit derselben erfolgen können, ist für eine durch das Gericht anzuordnende Zwangsvollstreckung ohne Bedeutung. Das Gesetz hat nicht nöthig, hierüber sich auszusprechen. Wohl aber erscheint es angemessen, unter den Urkunden, welche dem Versteigerungsantrage beigelegt werden sollen, neben der vollstreckbaren Ausfertigung des Titels die sonstigen zum Nachweise der Zulässigkeit des Beginnes der Zwangsvollstreckung erforderlichen Urkunden hervorzuheben. (Nr. 1.)

2. Auf der Vorlegung eines Eigenthumszeugnisses des Grundbuchamtes mit dem Versteigerungsantrage muß in Folge der Vorschriften des § 26 be- Eigenthumszeugniß.

---

[1]) Siehe S. 126 Anm. 2, 3.

[2]) Entsch. des R. Ger. in Civils. 12 S. 379.

standen werden. Das Erforderniß ist dem preußischen Ges. § 14 Ziff. 2 entlehnt, aber auch in den Gesetzen anderer Staaten, z. B. Bayern Art. 26 Ziff. 3, Hessen Art. 52, 111 Ziff. 3, Braunschweig § 20 enthalten.

Abschrift des Grundbuchbl. Nach dem sächsischen Ges. § 64 Ziff. 3 ist, wenn das Vollstreckungsgericht nicht die Buchbehörde ist, „eine vom Grund- und Hypothekenbuchführer beglaubigte Abschrift des betreffenden Grundbuchfoliums" dem Versteigerungsantrage beizufügen. Auch die Gesetze für Bayern und Oldenburg sind in diesem Sinne zu verstehen. Der Entwurf dagegen läßt mit dem preuß. Gesetze das Eigenthumszeugniß genügen. Eine beglaubigte Abschrift des Grundbuchblattes muß zwar während des Verfahrens dem Vollstreckungsgerichte vorliegen. Allein diese Abschrift hat den Stand des Grundbuches zur Zeit der Eintragung des Subhastationsvermerkes nachzuweisen. Sie kann daher zweckmäßig erst bei Gelegenheit dieser Eintragung gefertigt werden. Wird sie früher ertheilt, so bedarf sie später der Ergänzung, welche denn auch in den Gesetzen für Bayern Art. 31 und Oldenburg Art. 26, sowie in der sächsischen Ausf. Verordn. § 5 vorgesehen ist. Dies wird vermieden, wenn man von der Vorlegung der Abschrift bei Anordnung der Zwangsversteigerung absieht. (Nr. 2.)

Bezugnahme auf das Grundbuch. Ist das Vollstreckungsgericht zugleich die Buchbehörde, so bedarf es in Preußen, Bayern, Sachsen ꝛc. nicht der Einreichung eines Eigenthumszeugnisses. Auch der Entwurf läßt in diesem Falle, um dem Gläubiger eine angemessene Erleichterung und Schutz gegen einen übertriebenen Formalismus zu gewähren, die Bezugnahme auf das Grundbuch genügen. (Abs. 2.)

Erbfolge. Ist der eingetragene Eigenthümer verstorben, so sind in Konsequenz des § 26 Abs. 2 dem Versteigerungsantrage auch die Urkunden beizufügen, welche die Erbfolge des Schuldners glaubhaft machen. (Abs. 1 Nr. 2.)

Steuerbuch. II. Preußen § 14 Ziff. 1 verlangt im Anschlusse an die Subhast. O. v. 15. März 1869 § 2 Ziff. 1 die Beibringung eines neuesten Auszuges aus der Grundsteuermutterolle und der Gebäudesteuerrolle. In Bayern (1879) Art. 26, 27 und in Weimar § 11 Ziff. 3 wird statt dessen ein Auszug aus dem Steuerkataster, in Oldenburg Art. 17 Ziff. 2 ein Auszug aus der Artikel-Mutterrolle erfordert.

Von der Aufnahme einer entsprechenden Vorschrift in das Reichsgesetz muß im Hinblicke auf die Verschiedenartigkeit der Einrichtungen, welche in den einzelnen Bundesstaaten bezüglich der Besteuerung und der Steuerbücher bestehen, abgesehen werden. Auf der anderen Seite empfiehlt es sich jedoch, der Landesgesetzgebung in dieser Hinsicht Raum zu lassen, weil die Vorlegung eines Steuerbuchauszuges denjenigen, auf deren Geneigtheit zur Erwerbung des Grundstückes zu rechnen ist, immerhin einigen Anhalt gibt, von vorherein einen Werthüberschlag zu machen. (Abs. 3.)

Flurbuch Mit Rücksicht auf die Grundb. O. §§ 7, 9 kann es sich fragen, ob für den Fall, daß das Grundstück im Grundbuche noch nicht nach dem Flurbuche bezeichnet ist, die Vorlegung eines Auszuges aus dem Flurbuche vorgeschrieben werden soll. Indessen ist eine solche Vorschrift durch die besonderen Zwecke der Zwangsversteigerung nicht geboten. Zur Feststellung der Identität des Grundstückes muß hier ebenso wie bei den Eintragungen in das Grundbuch die aus diesem sich ergebende Bezeichnung des Grundstückes genügen. Möglich ist es freilich, daß ein nicht nach dem Flurbuche bezeichnetes Grundstück später nicht aufgefunden wird, die Versteigerung mithin für den Ersteher kein praktisches Ergebniß hat. Allein auf derartige äußerst seltene Fälle kann das Gesetz füglich keine Rücksicht nehmen, zumal die Herbeischaffung eines Flurbuchauszuges den Beginn der Zwangsversteigerung unter Umständen recht erheblich zu verzögern vermöchte.

f) Verfahren bei einer von verschiedenen Gläubigern oder wegen verschiedener Ansprüche beantragten Versteigerung.

§ 30.

Da das Grundstück dem Schuldner nur einmal genommen werden kann, so darf zur Vermeidung von Unzuträglichkeiten, bezw. von Täuschungen, neben einem die Zwangsveräußerung bezweckenden Verfahren nicht noch ein zweites denselben Zweck verfolgendes Verfahren zugelassen werden. Die Versteigerung ist daher, auch wenn sie von verschiedenen Gläubigern oder wegen verschiedener Ansprüche beantragt ist, doch immer in einem und demselben Verfahren zu bewirken. Es erscheint, namentlich mit Rücksicht auf die Gebiete, welchen ein auf den Grundlagen des Entwurfes beruhendes Versteigerungsverfahren fremd ist, angemessen, dies in dem Gesetze auszusprechen. Die Vorschrift schließt zugleich den Gedanken in sich, daß das Gericht, wenn zur Zeit der Anordnung des Verfahrens die Anträge verschiedener Gläubiger vorliegen, ohne Rücksicht auf die Zeit des Einganges der einzelnen Anträge durch einen einheitlichen Beschluß die Zwangsversteigerung anzuordnen, keiner der Gläubiger in dieser Hinsicht einen Vorzug vor dem anderen hat.

g) Beitrittsbeschluß.

§ 31.

Wenn ein Gläubiger berechtigt ist, die Zwangsversteigerung eines Grundstückes zu verlangen, so kann ihm dieses Recht nicht dadurch entzogen werden, daß bereits ein anderer Gläubiger die Anordnung des Verfahrens erwirkt hat. Dem einmal angeordneten Verfahren ist nur der formelle Einfluß auf die Behandlung des späteren Antrages zuzugestehen, daß das Gericht nicht von Neuem die Zwangsversteigerung anzuordnen, sondern die Zulassung des Beitrittes des Antragstellers zu dem Verfahren zu beschließen hat. (Abs. 1 Satz 1.) Dies gilt auch dann, wenn während des Verfahrens ein neuer Eigenthümer eingetreten ist, und wegen eines anderen Anspruches die Zwangsversteigerung beantragt wird. (Satz 2.) Der neue Eigenthümer ist für den beitretenden Gläubiger der Schuldner im Sinne des § 8.

Da somit auch der spätere Antrag die Natur des Versteigerungsantrages hat, so finden auf ihn die für diesen geltenden Vorschriften ohne Weiteres und unmittelbar Anwendung. Was indessen die dem Antrage nach § 29 beizufügenden Urkunden anlangt, so muß in Konsequenz des Gedankens, auf welchem der Abs. 2 des § 29 beruht, anstatt der Beifügung einer Urkunde, die bereits bei den Vollstreckungsakten sich befindet, die Bezugnahme auf diese Urkunde genügen. (Abs. 2.)

Aus der rechtlichen Natur des Antrages ist endlich noch zu folgern, daß der Gläubiger, dessen Beitritt zugelassen ist, dieselben Rechte hat, wie wenn auf seinen Antrag die Zwangsversteigerung angeordnet wäre. (Abs. 3.)

Die Vorschriften des Entwurfes weichen sachlich nicht wesentlich ab von Preußen § 15, Bayern (1879) Art. 42, Sachsen § 59, Oldenburg Art. 18, Weimar § 25, Mecklenburg § 35, Braunschweig § 37.

h) Verbindung des Verfahrens mit dem ein anderes Grundstück betreffenden Verfahren.

§ 32.

Beantragt ein Gläubiger, nachdem die Zwangsversteigerung eines Grundstückes angeordnet ist, die Zwangsversteigerung noch eines anderen Grundstückes des Schuldners, so ist das auf diesen Antrag anzuordnende Verfahren ein an sich selbständiges Verfahren. Nach den Gesetzen für Bayern (1879) Art. 44, Mecklenburg § 37 und Braunschweig § 39 kann es jedoch „von dem Vollstreckungsgerichte mit dem bereits eingeleiteten Verfahren verbunden werden, soweit dies ohne wesentliche Beeinträchtigung der Betheiligten möglich ist". Die Zulassung einer solchen Verbindung ist, namentlich mit Rücksicht auf die Gebiete hochgradiger Bodenzersplitterung, im Interesse der Kostenersparniß und zur Vermeidung der sonst für den betreibenden Gläubiger entstehenden Weiterungen geboten. Einer Beeinträchtigung desjenigen Gläubigers, zu dessen Gunsten die Zwangsversteigerung bereits angeordnet ist, wird dadurch vorgebeugt, daß die Verbindung des Verfahrens von dem Ermessen des Gerichtes abhängig gemacht wird. Mit dieser Maßgabe aber muß die Verbindung auch dann zugelassen werden, wenn die mehreren Grundstücke zwar nicht demselben Schuldner gehören, wohl aber kraft derselben Hypothek oder Grundschuld bezw. Reallast dem Antragsteller haften. Die Ausdehnung rechtfertigt sich wie die Bestimmung des § 7 Abs. 2 durch die Erwägung, daß es der Natur des Rechtes in einem solchen Fall entspricht, wenn dem Gläubiger die Möglichkeit gegeben wird, die ihm ungetheilt haftenden Grundstücke als ein Ganzes zur Versteigerung zu bringen. Dabei versteht es sich nach § 7 Abs. 2 von selbst, daß das Vollstreckungsgericht ein von ihm angeordnetes Verfahren auf ein Grundstück, welches in dem Bezirke eines anderen Amtsgerichtes belegen ist, nur dann erstrecken kann, wenn es in Ansehung der Zwangsversteigerung dieses Grundstückes zum Vollstreckungsgericht bestellt ist.

Die Zwangsversteigerung mehrerer Grundstücke hat auch dann in einem und demselben Verfahren zu erfolgen, wenn von vornherein verschiedene Antragsteller vorhanden sind und der Antrag des einen sich noch auf weitere Grundstücke als der Antrag des anderen erstreckt. Dies braucht jedoch nicht besonders bestimmt zu werden, weil der vorausgesetzte Fall dem Falle gleichsteht, wenn die Zwangsversteigerung mehrerer Grundstücke auf Antrag eines Gläubigers angeordnet ist und später ein anderer Gläubiger dem Verfahren in Ansehung eines dieser Grundstücke beitritt.

i) Versteigerungsvermerk. Mittheilungen des Grundbuchamtes.

§ 33.

I. Die Zwangsversteigerung muß im Interesse des Gläubigers und damit zugleich des Realkredites so geregelt werden, daß sie unabhängig von allen Aenderungen, welchen der Rechtsstand ihres Gegenstandes ausgesetzt ist, sich durchführen läßt. Das Gesetz muß aber andererseits, um Täuschungen Dritter vorzubeugen, dafür sorgen, daß das Verfahren einem Jeden, welcher das Eigenthum oder ein anderes Recht an dem Grundstücke erwerben will, bei einiger Aufmerksamkeit nicht unbekannt bleiben kann. Das Mittel hierzu bietet das Grundbuch. Eintr. des Vermerkes.

1. Die Sorge für die Eintragung liegt dem Vollstreckungsgerichte ob. Dasselbe hat daher, wie schon jetzt in den meisten Bundesstaaten[1]), ohne Verzug das Eintragungsersuchen an die Buchbehörde zu erlassen. (Abs. 1.) Ersuchen des Gerichtes.

2. Eingetragen wird in Preußen, „daß die Zwangsversteigerung beantragt sei", in Bayern „die Beschlagnahme", in Sachsen der Beschluß auf Zwangsversteigerung, in Württemberg[2]) „die Vollstreckungsverfügung", in Baden „die Versteigerungsverfügung", in Hessen[3]) die Bemerkung „gehemmt", in Mecklenburg „die einstweilige Schließung des Buches", in Oldenburg, „daß die Versteigerung eingeleitet sei", in Braunschweig der Beschlagnahmebeschluß[4]). Inhalt der Eintr.

Da der Zweck der Eintragung die Veröffentlichung des mit der Zwangsversteigerung zu verbindenden Veräußerungsverbotes ist, so erscheint es am korrektesten, die Anordnung, auf welcher dieses Verbot beruht, zum Inhalte der Eintragung zu machen. Die hiervon abweichende Fassung des Eintragungsvermerkes, welche Preußen § 18 vorschreibt, hängt zusammen mit dessen § 17, nach welchem die Wirkungen der Beschlagnahme gegen denjenigen, der den Versteigerungsantrag kannte, schon vor der Eintragung eintreten sollen[5]). Man kann indessen diesen Standpunkt gelten lassen, ohne darum die Eintragung des Antrages als genügend anerkennen zu müssen. Dem B. G. B. § 837 Abs. 1 würde eine solche Eintragung schwerlich entsprechen.

3. Das Grundbuchamt hat den Versteigerungsvermerk entsprechend dem Ersuchen des Vollstreckungsgerichtes einzutragen und, wenn aus dem Grundbuche Anstände sich ergeben, diese dem Gerichte mitzutheilen. Die Ablehnung der Eintragung in Folge eines solchen Anstandes[6]) darf nicht vorgeschrieben werden. Nach der Grundb. O. § 50 Satz 1 hat das Grundbuchamt nur zu prüfen, ob das Vollstreckungsgericht gesetzlich befugt ist, die beantragte Eintragung zu verlangen. Ergibt die Prüfung, daß diese Befugniß besteht, so Grundbuchamt.

---

1) Preußen § 18, Bayern (1879) Art. 30, Sachsen § 84, Baden § 46, Mecklenburg § 24, Weimar § 15, Oldenburg Art. 26, 27, Braunschweig § 24, Coburg-Gotha § 7, Anhalt § 5, Lübeck § 19, Elsaß-Lothringen 2c.

2) Württemberg Art. 8 Abs. 2 Satz 2. Die Eintragung erfolgt von Amtswegen durch die Vollstreckungsbehörde, welche das Unterpfandsbuch führt.

3) Hessen Art. 119; vergl. auch Art. 6, 49.

4) Siehe Anm. 1.

5) Stegemann, Materialien S. 54.

6) Bayern (1879) Art. 31.

muß die Eintragung erfolgen. Wird der Gegenstand der Prüfung weiter ausgedehnt, so können leicht Verzögerungen entstehen, welche das ganze Verfahren vereiteln.

Abschrift des Grundbuchblattes.

II. Nach Eintragung der Anordnung hat das Grundbuchamt unaufgefordert eine beglaubigte Abschrift des Grundbuchblattes bezw., wenn das Blatt über mehrere Grundstücke geführt wird, über den das zu versteigernde Grundstück betreffenden Theil des Blattes anfertigen und dem Vollstreckungsgerichte zugehen zu lassen. Diese Abschrift ist für das Versteigerungsverfahren unentbehrlich, weil das Grundbuch für die meisten Rechte, welche bei dem Verfahren zu berücksichtigen sind, die maßgebende Erkenntnißquelle bildet. Die Bestimmung des Entwurfes ist dem preußischen Gesetze § 19 entlehnt, auf dessen Standpunkt im Grunde auch Bayern Art. 31, Sachsen § 64 Ziff. 3, Mecklenburg § 24, Braunschweig § 25, Oldenburg u. a. stehen[1]).

Weitere Mittheilung.

Der Entwurf geht aber weiter als diese Gesetze, indem er auch die abschriftliche Mittheilung derjenigen Urkunden vorschreibt, auf welche die Eintragungen Bezug nehmen. Dies rechtfertigt sich dadurch, daß insoweit diese Urkunden das Grundbuch ergänzen[2]). Ist bei einer Eintragung nur auf einen Theil einer Urkunde Bezug genommen, so hat selbstredend die Abschrift auf diesen Theil sich zu beschränken. Dagegen wäre es bedenklich, das Grundbuchamt zu einer solchen Beschränkung auch dann zu ermächtigen, wenn die ganze Urkunde den Gegenstand der Bezugnahme bildet. Die Verpflichtung des Grundbuchamtes zur Auskunft über die Wohnungen der Betheiligten und deren Vertreter liegt in der Konsequenz des § 19. (Abs. 2.)

k) Aufhebung des Verfahrens in Folge der Mittheilungen des Grundbuchamtes.

§ 34.

Da das Vollstreckungsgericht für die Anordnung der Zwangsversteigerung zuständig ist, so ist damit in seine Hand die Entscheidung darüber gelegt, ob die Voraussetzungen vorhanden sind, von welchen die Anordnung abhängt. Fraglich indessen bleibt, wie zu verfahren ist, wenn aus den Mittheilungen des Grundbuchamtes (§ 33 Abs. 2) sich eine Thatsache ergibt, welche die Anordnung gehindert haben würde, wenn sie vor derselben dem Gerichte bekannt gewesen wäre. In einem solchen Falle wird immer das Recht eines Dritten bestehen, welches durch die Fortsetzung des Verfahrens verletzt werden würde. Die Gerechtigkeit fordert deshalb, das Vollstreckungsgericht zu verpflichten, je nach Lage des Falles entweder das Verfahren sofort aufzuheben oder dem Gläubiger eine Frist zur Hebung des Hindernisses zu setzen und nach Ablauf der Frist die Aufhebung zu beschließen, sofern nicht inzwischen die Beseitigung des Hindernisses von dem Gläubiger nachgewiesen ist. Auf dieser Erwägung beruht die Vorschrift des § 34, welche mit Preußen § 20, Bayern Art. 32,

---

[1]) Vergl. oben S. 128.

[2]) Vergl. B. G. B. §§ 969, 982, 1048, 1054, 1064, 1125; Grundb. O. §§ 14, 28.

Mecklenburg § 25, Weimar § 16, Braunschweig § 26 sachlich übereinstimmt[1]).

Sachsen hat eine entsprechende Vorschrift nicht; es hat anscheinend Anstand genommen, das Vollstreckungsgericht zur Wiederaufhebung des der Rechtskraft fähigen Versteigerungsbeschlusses zu ermächtigen[2]). Dem praktischen Bedürfnisse sucht das sächsische Gesetz dadurch zu genügen, daß es unter § 65 diesen Beschluß davon abhängig macht, daß dem Antrage des Gläubigers ein Zeugniß der Buchbehörde darüber beiliegt, „daß Rechte dritter Personen, welche sie nach Maßgabe der Gesetze in dieser Eigenschaft wahrzunehmen hat, im Falle der Zwangsversteigerung dem Eintrag des Erstehers als Eigenthümer des Grundstücks im Grund- und Hypothekenbuche nicht im Wege stehen". Dem Vollstreckungsgerichte verbleibt demnach gemäß § 66 nur die Entscheidung, „ob der Antrag auf Zwangsversteigerung nach Maßgabe der Prozeßgesetze begründet ist". Das Gericht theilt somit in Sachsen die Prüfung der Voraussetzungen des Verfahrens mit dem Grundbuchamte. Geschichtlich erklärt sich dies daraus, daß vor dem Ges. v. 1884 die Zwangsversteigerung als Akt der freiwilligen Gerichtsbarkeit von der Buchbehörde angeordnet und ausgeführt wurde. Sonst wäre man wohl schwerlich auf eine solche Vertheilung zusammengehöriger Verrichtungen unter verschiedene Behörden gekommen. Macht man Ernst mit der Auffassung und Gestaltung der Zwangsversteigerung als Zwangsvollstreckung, so kann dem Urtheile des Grundbuchamtes ein Einfluß auf die Anordnung des Verfahrens nicht zugestanden werden.

Die Vorschrift des Entwurfes trägt freilich gegenüber der C. P. O. § 540 Abs. 4 und § 701 insofern einen positiven Charakter an sich, als sie das Vollstreckungsgericht zur Aufhebung eines der Rechtskraft fähigen Beschlusses berechtigt und verpflichtet. Allein hieraus kann mit Rücksicht auf den Standpunkt, welchen der Entwurf in dem § 120 einnimmt, kein Bedenken entnommen werden, da die Aufhebung durch das Bekanntwerden eines Grundes bedingt ist, über welchen bei der Anordnung des Verfahrens gar nicht entschieden werden konnte.

2. Beschlagnahme.

a) Versteigerungs- und Beitrittsbeschluß als Beschlagnahme.

§ 35.

Das Zwangsversteigerungsverfahren muß, um seinen Zweck sicher und vollständig erreichen zu können, von einer Beschlagnahme des Grundstückes begleitet sein. In Rheinhessen „gilt", wie es in dem hessischen Gesetze Art. 119 heißt, „die Versteigerungsverfügung als Beschlagnahme". Dieselbe Auffassung scheint dem Gesetze für Elsaß-Lothringen § 26 zu Grunde zu liegen. In Bayern, Mecklenburg und Braunschweig erfolgt umgekehrt die Anordnung des Verfahrens „mit dem Beschlusse der Beschlagnahme zum

Nothwendigkeit der Beschlagnahme.

[1]) Die Quelle ist die preuß. Subh. O. v. 15. März 1869 § 11.

[2]) Sachsen §§ 80, 84.

Zwecke der Zwangsversteigerung"[1]). Nach den Gesetzen für Lübeck § 19, Anhalt ꝛc. hat das Gericht Arrest (Beschlagnahme) auf das Grundstück anzuordnen und die Zwangsversteigerung zu verfügen. Preußen § 16 verlangt, daß in dem Beschlusse, durch welchen die Zwangsversteigerung angeordnet oder der Beitritt eines Gläubigers zugelassen wird, zugleich die Beschlagnahme ausgesprochen werde. Auch Sachsen § 83 Abs. 2 hat für den „Beschluß auf Zwangsversteigerung" eine solche Bestimmung.

Verknüpfung der Beschlagnahme mit dem Versteigerungsbeschl.

Der Entwurf knüpft nach Analogie des Beschlusses, durch welchen das Konkursverfahren eröffnet wird[2]), die Beschlagnahme an den Versteigerungsbeschluß, so zwar, daß dieser Beschluß kraft des Gesetzes zugleich als Beschlagnahme des Grundstückes gilt. (Satz 1.) Nur der Ordnung halber soll in dem Versteigerungsbeschlusse die Beschlagnahme besonders ausgesprochen werden. (Satz 2.) Diese Lösung bietet den Vortheil, daß, wenn einmal aus Versehen der Ausspruch unterblieben ist, die Beschlagnahme dennoch als angeordnet anzusehen ist.

zu Gunsten des Gl.

Die Zwangsversteigerung wird wie jede andere Zwangsvollstreckung nur vorgenommen, um den Gläubiger, der sie beantragt hat, zu befriedigen. Daß daneben noch andere Gläubiger aus dem Versteigerungserlöse zu befriedigen sind, ist nicht der Zweck des Verfahrens, sondern nur eine Folge des Einflusses, welchen der Zuschlag auf die verschiedenen Rechte an dem Grundstücke hat. Die Beschlagnahme erfolgt daher in Preußen und anderen Staaten nur zu Gunsten des Gläubigers, der den Versteigerungsbeschluß bezw. den Beitrittsbeschluß erwirkt hat[3]). Dagegen wird die Vorschrift des sächsischen Gesetzes § 83 Abs. 2 so aufgefaßt, daß die Beschlagnahme zu Gunsten aller hypothekarischen Gläubiger auszusprechen ist. Die Konsequenz hiervon ist, daß jeder dieser Gläubiger Klage auf Rückgabe von Zubehörstücken, welche der Beschlagnahme zuwider veräußert oder verpfändet werden, gegen den Erwerber erheben kann[4]). Dagegen würde die weitere Folge, daß nach Zurücknahme des Versteigerungsantrages seitens des betreibenden Gläubigers die Beschlagnahme zu Gunsten der übrigen Gläubiger in Kraft bliebe, auch mit dem sächsischen Gesetze (§ 81) in Widerspruch treten. Ein praktisches Bedürfniß, welches dazu nöthigte, dem Vorgange Sachsens zu folgen und damit zu dem in Preußen aufgegebenen Standpunkte der Subhast. O. v. 15. März 1869 § 9 zurückzukehren, ist nicht vorhanden.

b) Umfang der Beschlagnahme.

§ 36.

Grundsatz

Die Landesgesetze haben zum Theil kasuistische Bestimmungen darüber, welche Gegenstände von der Beschlagnahme des Grundstückes mitergriffen

---

[1]) Oben S. 126, 127.

[2]) Konk. O. §§ 5, 100, 102.

[3]) Preußen § 16 Abs. 1, Württemberg Art. 8, Hessen Art. 54, 121, Mecklenburg § 28, Oldenburg Art. 27, Weimar § 22, Braunschweig § 28.

[4]) Schurig, Subhast. O. S. 167 (4).

werden[1]). Für den Entwurf ist diese Frage keine offene. Durch die Beschlagnahme soll die Durchführung des Verfahrens in Ansehung des Grundstückes und der mit demselben zu versteigernden Sachen und Forderungen dem Gläubiger gesichert werden. Zu versteigern sind aber mit dem Grundstücke gemäß § 1 Abs. 2 an sich die Gegenstände, welche im Falle eines an dem Grundstücke bestehenden Pfandrechtes kraft desselben nach dem B. G. B. § 1067 dem Gläubiger mithaften. Auf diese Gegenstände hat sich folglich auch die Beschlagnahme des Grundstückes zu erstrecken, und zwar entsprechend dem § 1067 nicht allein auf die vorhandenen, sondern auch auf die erst später d. h. bis zur Versteigerung in die Mithaft eintretenden Sachen und Forderungen. (Abs. 1.)

Der Grundsatz des Entwurfes erleidet indessen zwei Einschränkungen. Landwirthsch. Erzeugn. Die eine Einschränkung betrifft die landwirthschaftlichen Erzeugnisse und die Forderungen aus deren Versicherung. Wenn nämlich ein Landgut oder mehrere zum Betriebe der Landwirthschaft verbundene Grundstücke[2]) zu versteigern sind, muß die Beschlagnahme auf die gedachten Erzeugnisse insoweit sich erstrecken, als dieselben zur Fortführung der Wirthschaft bis zu der Zeit erforderlich sind, in welcher gleiche oder ähnliche Erzeugnisse voraussichtlich gewonnen werden. Der Grund ist, daß die zur Fortführung der Wirthschaft nöthigen Erzeugnisse mitversteigert werden müssen, weil der Ersteher regelmäßig ihrer bedarf, die Mitversteigerung daher zur Erzielung angemessener Gebote auf das Grundstück dient. Die Rücksicht auf das Interesse des Erstehers gestattet auch nicht, die Beschlagnahme der Erzeugnisse auf diejenigen zu beschränken, welche nach dem B. G. B. § 789 Abs. 1 und § 791 Nr. 2 die Eigenschaft des Zubehöres haben, ganz abgesehen davon, daß diese Eigenschaft in dem § 1067 Nr. 2 nicht zur Voraussetzung der Haftung für den Anspruch des Hypothekengläubigers gemacht ist. Im Uebrigen aber, d. h. soweit die in Rede stehenden Erzeugnisse nicht zur Fortführung der Wirthschaft bis zu jener Zeit erforderlich sind, bleiben sie dem Rechte des Schuldners zur Benutzung und Bewirthschaftung des Grundstückes unterworfen und deshalb von der Versteigerungsbeschlagnahme unberührt. Bei der Versteigerung eines nicht zu der oben bezeichneten Kategorie gehörenden Grundstückes ist ein besonderes Interesse des Erstehers an der Miterwerbung landwirthschaftlicher Erzeugnisse überhaupt nicht in Frage, die Beschlagnahme von solchen mithin nicht am Platze. Was von diesen Erzeugnissen gilt, muß folgerecht auch von den an deren Stelle tretenden Forderungen aus der Versicherung gelten. (Abs. 2.)

Die andere Einschränkung betrifft den Fall, wenn das Grundstück, welches Mieth- und Pachtzinsen. in Beschlag genommen wird, vermiethet oder verpachtet oder ein Recht, aus welchem Ansprüche auf wiederkehrende Leistungen hervorgehen, mit dem Eigenthume an dem Grundstücke verbunden ist. Die Ansprüche wegen des Miethzinses und des Pachtzinses sowie wegen der anderen wiederkehrenden Leistungen gehen auf den Ersteher nur in dem durch § 74 Abs. 2 und § 141 Abs. 2 bestimmten Umfange über. Im Uebrigen verbleiben sie, obschon sie nach dem B. G. B. § 1067 Nr. 4 dem Hypothekengläubiger haften, der Verfügung des

---

[1]) Oben S. 78, 79.

[2]) Vergl. B. G. B. § 547.

Schuldners, so lange sie nicht im Wege der Zwangsverwaltung in Beschlag genommen werden[1]). Von der Versteigerungsbeschlagnahme werden sie ebensowenig wie die oben von derselben ausgenommenen Erzeugnisse ergriffen. (Abs. 3.)

Im Wesentlichen schließt somit der Entwurf sich an das preußische Gesetz § 16 Abs. 2 an.

c) Bewirkung der Beschlagnahme.

§ 37.

Beschlagn des Grundstückes 2c.

I. Der Gerichtsbeschluß, mit welchem nach § 35 die Beschlagnahme verbunden ist, genügt nach den Grundsätzen der C. P. O. noch nicht, um die Wirkungen hervorzurufen, welche die Beschlagnahme haben soll. Vielmehr bedarf es eines besonderen Aktes, durch welchen die Beschlagnahme vollzogen, im Sinne der C. P. O. „bewirkt" wird[2]). Dieser Akt ist in Baden die Verkündung des richterlichen Zugriffsbefehles[3]), in Preußen und Weimar die Zustellung des Gerichtsbeschlusses an den Schuldner[4]), in Hamburg und Mecklenburg die Zustellung dieses Beschlusses an die Buchbehörde[5]), in Bayern und Oldenburg die Eintragung der Beschlagnahme in das Hypothekenbuch bezw. Grundbuch[6]), in Württemberg die Bestellung eines Verwalters für das zu versteigernde Grundstück[7]).

Die Pfändung durch den Gerichtsvollzieher, welche in dem vormaligen Herzogthume Nassau die Beschlagnahme vermittelt, hat vom Standpunkte der C. P. O. nur für die Fälle Bedeutung, in welchen die Vollziehung eines Urtheiles oder eines anderen vollstreckbaren Titels dadurch bewirkt wird, daß die Staatsgewalt in den Besitz des Schuldners thatsächlich eingreift. Ein solcher Eingriff aber ist, um die Versteigerungsbeschlagnahme zu bewirken, nicht erforderlich. Ebensowenig kann dieselbe mit der Bestellung eines Verwalters verbunden werden, da nach dem Entwurfe eine solche nur erfolgt, wenn eine Zwangsverwaltung angeordnet ist. Auch die Zustellung des Gerichtsbeschlusses an die Buchbehörde kommt nicht in Frage. In Mecklenburg und Hamburg mag sie ein geeignetes Mittel zur Vollendung der Beschlagnahme sein, da hier die Wirkung der letzteren gegen den Eigenthümer darin besteht, daß auf dessen Bewilligung neue Eintragungen nicht vorgenommen werden dürfen. Nach dem Entwurfe aber findet eine Sperre des Grundbuches nicht statt. Die Anordnung der Zwangsversteigerung ist allerdings in das Grundbuch einzutragen, jedoch nicht um sie zur Entstehung zu bringen, sondern um

---

[1]) Vergl. B. G. B. § 1068 und den vorliegenden Entwurf §§ 189, 192 Abs. 1.

[2]) C. P. O. § 730 Abs. 3. Vergl. auch §§ 709, 801, 811, 815.

[3]) Baden §§ 41, 55.

[4]) Preußen § 16 Abs. 3, Weimar § 14 Abs. 3. Zweifelhaft Sachsen §§ 83, 84 und Hessen Art. 54, 119 ff.

[5]) Mecklenburg § 7, Hamburg § 4.

[6]) Bayern Art. 7, Oldenburg Art. 27; ebenso Braunschweig § 7, Anhalt § 5 Coburg-Gotha § 7.

[7]) Württemberg Art. 8.

sie zu veröffentlichen und hierdurch ihr absolute Wirkung zu verschaffen[1]). Die Beschlagnahme richtet ihre Spitze gegen das Grundstück, d. h. gegen den dasselbe vertretenden Schuldner, welchem durch sie die Befugniß, zum Nachtheile des Gläubigers über das Grundstück zu verfügen, entzogen werden soll. Sobald daher der Gerichtsbeschluß dem Schuldner eröffnet worden, ist die Beschlagnahme als bewirkt anzusehen. Die Eröffnung aber erfolgt, da das Gericht ohne vorgängige mündliche Verhandlung das Verfahren anzuordnen bezw. den Beitritt eines Gläubigers zuzulassen hat, nicht durch Verkündung, sondern durch Zustellung des Beschlusses an den Schuldner. (Abs. 1.)

Beschlagn. von Forder.

II. Eine Einschränkung erleidet der Grundsatz des Abs. 1 in dem Falle, wenn die Beschlagnahme von Forderungen des Schuldners zu bewirken ist, welche mit dem Grundstücke dem Gläubiger haften. Nach dem preußischen Gesetze § 16 Abs. 4 wird in einem solchen Falle ein Zahlungsverbot an den Drittschuldner auf Antrag des Gläubigers erlassen und von Amtswegen zugestellt, mit der Zustellung aber die Beschlagnahme gegen den Drittschuldner wirksam. Bei der Zwangsversteigerung kommen nur Forderungen aus der Versicherung in Betracht. Diese Forderungen stehen nach den mecklenburgischen Verordnungen § 8 von dem Zeitpunkte ab, in welchem die Beschlagnahme bewirkt ist, in Ansehung der Zwangsvollstreckung und ihrer Wirkungen dem beschlagnahmten Grundstücke gleich[2]). In Hamburg finden die Vorschriften der C. P. O. §§ 730, 739 über die Forderungspfändung entsprechende Anwendung[3]). Nach dem Entwurfe würde, wenn derselbe eine besondere Bestimmung nicht träfe, die Beschlagnahme der Forderung des Schuldners mit der Zustellung des Beschlusses an denselben auch gegenüber dem Drittschuldner als bewirkt anzusehen und eine nach diesem Zeitpunkte dem Schuldner von dem Drittschuldner geleistete Erfüllung nach Maßgabe der Vorschrift des B. G. B. § 107 Abs. 1 unwirksam sein. Ob der Drittschuldner, wenn er zur Zeit der Leistung keine Kenntniß von der Beschlagnahme hatte, gegen deren Wirkungen geschützt ist, hängt davon ab, ob unter die in dem § 107 Abs. 1 Satz 2 für entsprechend anwendbar erklärten Vorschriften zu Gunsten derjenigen, welche Rechte von einem Nichtberechtigten herleiten, auch die §§ 303 ff. fallen. Verneint man dies, so wäre der Drittschuldner auch dann nicht geschützt, wenn ihm weder die Beschlagnahme bekannt noch ein Zahlungsverbot zugestellt worden wäre. Ein solches Ergebniß aber würde sich mit der Billigkeit nicht vereinigen lassen, auch mit der C. P. O. § 730 Abs. 3 nicht in Einklang stehen. Hinzutritt, daß im Falle einer Forderung des Schuldners aus der Gebäudeversicherung das B. G. B. § 1070 Abs. 2 dem Versicherer gegen die auf diese Forderung sich erstreckende Hypothek nach Maßgabe der §§ 303—306 Schutz gewährt. Der Gedanke aber, welcher dieser Vorschrift zu Grunde liegt, muß zu einem gleichen Schutze des Versicherers auch gegen die Beschlagnahme führen, welche für einen Gläubiger erfolgt, dessen Anspruch nicht in

Schutz des Drittschuldners.

---

1) B. G. B. §§ 107, 828, 837.

2) Vergl. die mecklenb. Verordn. zur Erg. der Hypoth. Gesetzg. vom 3. Mai 1879 §§ 1, 5.

3) Hamb. Ges. v. 14. Juli 1879, betr. Ausf. der C. P. O., § 19 Nr. 2 und betr. Zwangsvollstr. ꝛc. §§ 1 ff.

einer Hypothek sich gründet. Bei der Zwangsverwaltung, die hier im Hinblicke auf § 189 des Entwurfes nicht unberücksichtigt bleiben darf, erstreckt sich die Beschlagnahme in weiterem Umfange auf Forderungen als bei der Zwangsversteigerung. Es rechtfertigt sich deshalb in Ansehung aller Forderungen, welche mit dem Grundstücke der Zwangsvollstreckung unterliegen, den Drittschuldner, welcher die Beschlagnahme nicht gekannt hat, gegen die Wirkungen derselben zu schützen. Den Vorschriften des B. G. B. §§ 303 ff. würde es am meisten entsprechen, wenn diese Wirkungen lediglich von der Kenntniß des Drittschuldners abhängig gemacht werden könnten. So weit zu gehen, gestattet aber die Rücksicht auf die Regelung des analogen Falles der Forderungspfändung in der C. P. O. nicht. Da diese Pfändung gegen den Drittschuldner durch Zustellung des Zahlungsverbotes an denselben unbedingt als bewirkt anzusehen ist[1]), so muß auch bei der Zwangsvollstreckung in ein Grundstück auf Antrag des Gläubigers ein Zahlungsverbot an den Drittschuldner erlassen und an die Zustellung dieses Verbotes dieselbe Wirkung geknüpft werden wie an die Kenntniß des Drittschuldners von der Beschlagnahme. (Abs. 2 Satz 1, 2.) Daneben erscheint es angemessen, die Nachtheile, welche für den Gläubiger aus der vorgeschriebenen Mitwirkung des Gerichtes sich ergeben, auf dem in der C. P. O. § 744 bestimmten Wege zu vermindern. (Satz 3.)

d) Thatsächliche Verfügungen des Schuldners nach der Beschlagnahme.

§ 38.

Verwaltung. I. In **Preußen** verbleibt dem Schuldner ungeachtet der Versteigerungsbeschlagnahme „die Befugniß zur Benutzung und Verwaltung des Grundstückes und der zur Immobiliarmasse gehörigen Gegenstände“. Die nämliche Regel gilt in **Bayern**, **Sachsen** und den meisten übrigen Bundesstaaten[2]). In einigen Staaten, z. B. **Weimar**[3]), ist die Verwaltung des Schuldners erheblichen Beschränkungen unterworfen. In **Baden** kann der Schuldner, wenn ihm der Zugriffsbefehl des Richters verkündet ist, keine außergewöhnlichen Benutzungsarten, z. B. durch Holzschläge, ausführen und die zu erhebenden Früchte nur als Aufbewahrer an sich nehmen[4]). In **Rheinhessen** kann auf Antrag eines Gläubigers eine Verwaltung angeordnet werden[5]). In **Elsaß-Lothringen** ist diese Anordnung ebenfalls zulässig; unterbleibt sie, so gilt der Schuldner bezw. der Drittbesitzer als gerichtlicher Sequester[6]). In **Mecklenburg** verliert der Schuldner durch die Beschlagnahme die Befugniß, das Grundstück zu verwalten; es wird in der Regel ein Sequester bestellt, der

[1]) C. P. O. §§ 730, 808, 810, 815.

[2]) Preußen § 16 Abs. 2 a. E., Bayern (1879) Art. 46, Sachsen § 83 (sächs. G. B. § 424), Hessen Art. 49, 54 (Pfandges. v. 15. Septbr 1858 §§ 84 ff.), Braunschweig § 40, Coburg-Gotha, Anhalt, Altenburg, Sondershausen, Reuß, Rudolstadt, Hamburg, Lübeck 2c.

[3]) Weimar §§ 17 ff.

[4]) Baden §§ 41, 55; Landr. Satz 2204 a.

[5]) Hessen Art. 123.

[6]) Elsaß-Lothringen § 24.

dasselbe in Besitz zu nehmen und die Verwaltung für Rechnung der Gläubiger zu führen hat[1]). In Württemberg wird mit jeder Subhastation eine gerichtliche Verwaltung des Gegenstandes derselben verbunden[2]).

Inhabung des Schuldners.

Der Zweck der Zwangsversteigerung erfordert nicht, dem Schuldner schon vor dem Zuschlage die Inhabung und Verwaltung des Grundstückes zu entziehen. Von einer Analogie des Konkursverfahrens kann hier keine Rede sein. Wenn einmal das Gesetz die Zwangsversteigerung und die Zwangsverwaltung als von einander unabhängige Vollstreckungsmaßregeln behandelt (§ 3 Abs. 2), so darf es diesen Standpunkt nicht dadurch verdunkeln, daß es das Versteigerungsverfahren mit Momenten beschwert, welche der Zwangsverwaltung angehören. Wird eine solche nicht eingeleitet, so ist davon auszugehen, daß der Gläubiger kein berechtigtes Interesse an der Befriedigung seines Anspruches aus den Nutzungen des Grundstückes hat. Die Befugniß, das Grundstück zu nutzen und zu bewirthschaften, kann daher dem Schuldner belassen werden. Das Gesetz hat nur die Grenzen zu bestimmen, in welchen sich diese Befugniß zu halten hat. Eine solche Bestimmung ist weder im Hinblicke auf das Str. G. B. § 137 noch in Folge der Vorschriften des B. G. B §§ 704 ff. für überflüssig zu erachten. Das preuß. Ges. v. 1883 konnte sich freilich an dem erwähnten Hinweise auf das Nutzungs- und Verwaltungsrecht des Schuldners genügen lassen, weil sich bereits unter der Herrschaft der Subhast. O. v. 15. März 1869 eine feste Praxis in Ansehung des Einflusses der Versteigerungsbeschlagnahme auf dieses Recht gebildet hatte. Die Reichsgesetzgebung aber hat auch mit solchen Rechtsgebieten zu rechnen, in welchen das Versteigerungsverfahren ganz anders sich entwickelt hat als in Preußen. Sie muß daher bedacht darauf sein, jenen Einfluß möglichst klarzustellen. Der leitende Gedanke aber, der in der Hauptsache auch der preuß. Praxis zur Richtschnur diente, kann nur der sein, daß der Schuldner nach der Beschlagnahme mit deren Gegenstande nicht willkürlich, sondern nur ordnungsmäßig verfahren darf. Die ordnungsmäßige Nutzung und Wirthschaftsführung bildet mithin die Grenzen, welche der Befugniß des Schuldners zu thatsächlichen Verfügungen über das Grundstück und die mit demselben in Beschlag genommenen Sachen zu ziehen sind. (Abs. 1.) Die Ueberschreitung dieser Grenzen macht den Schuldner verantwortlich, bezw. dem Gläubiger schadensersatzpflichtig. Eine Verpflichtung zur Fortführung der Wirthschaft kann dagegen aus der Bestimmung des Entwurfes gegen den Schuldner nicht hergeleitet werden.

Beschränkung.

Sicherungsmaßregeln.

II. Es kommt nicht selten vor, daß der Schuldner nach Anordnung der Zwangsversteigerung jedes Interesse an den beschlagnahmten Gegenständen verliert und die Wirthschaftsführung vernachlässigt. In einem solchen Falle kann zum Schutze eines Gläubigers, dessen Anspruch in einem Rechte an dem Grundstücke sich gründet, das Prozeßgericht einschreiten, wenn die Voraussetzungen des B. G. B. § 1072 gegeben sind. Dieser Schutz reicht aber im Zwangsversteigerungsverfahren nicht aus, wenn zu besorgen ist, daß die Erhaltung des Grundstückes und der mit demselben in Beschlag genommenen

[1]) Mecklenburg §§ 27, 30. Bei städtischen und kleineren Grundstücken kann das Gericht von der Bestellung eines Sequesters absehen (§ 30).

[2]) Württemberg Art. 8.

Sachen durch thatsächliche Verfügungen des Schuldners gefährdet werde. Einmal nämlich ist der § 1072 zu Gunsten eines nur persönlichen Gläubigers nicht anwendbar. Sodann aber nöthigt er den Gläubiger, den umständlichen und kostspieligen Weg des Prozesses zu betreten, um die zur Abwendung der Gefährdung erforderlichen Maßregeln zu erwirken. Aus diesem Grunde muß auch davon abgesehen werden, den Gläubiger auf das Mittel der einstweiligen Verfügung zu verweisen. Der Sachlage angemessen ist nur ein solcher Schutz, den das Vollstreckungsgericht zu gewähren vermag. Dieses Gericht aber kann in Preußen dem Gläubiger nur dadurch helfen, daß es auf dessen Antrag die Zwangsverwaltung einleitet, in anderen Staaten überhaupt dadurch, daß es die zur Sicherung erforderlichen Maßregeln anordnet. Der Entwurf nimmt Anstand, den Gläubiger auf den Weg der Zwangsverwaltung zu beschränken, weil diese an sich nicht eine Sicherungsmaßregel, sondern eine Vollstreckungsmaßregel, als solche aber mit Weiterungen und Kosten verbunden ist, die häufig zu dem Interesse des Gläubigers nicht in dem richtigen Verhältnisse stehen werden. Dem praktischen Bedürfnisse genügt es, wenn die im einzelnen Falle erforderlichen Sicherungsmaßregeln getroffen werden können. Vom Standpunkte des Entwurfes aber hat das Vollstreckungsgericht diese Maßregeln nicht von Amtswegen, wie in Sachsen[1]), sondern nur auf Antrag anzuordnen, und der Antrag kann nicht wie in Bayern[2]) von einem beliebigen Betheiligten, sondern nur von dem die Zwangsversteigerung betreibenden Gläubiger gestellt werden[3]). (Abs. 2 Satz 1.) Daß die getroffenen Maßregeln wieder aufgehoben werden können, wenn der zu ihrer Fortsetzung erforderliche Geldbetrag von dem Gläubiger nicht vorgeschossen wird, muß hier aus demselben Grunde, auf welchem die Vorschrift der C. P. O. §. 813 Abs. 2 beruht, bestimmt werden. (Satz 2.)

e) Rechtliche Verfügungen des Schuldners nach der Beschlagnahme. Veräußerungsverbot.

§ 39.

Geltendes Recht.

I. In dem größten Theile des Reiches, namentlich in Preußen[4]), Württemberg, Hessen, Elsaß-Lothringen, Oldenburg, kann der Schuldner auch nach der Beschlagnahme das Grundstück und die mithaftenden Gegenstände noch veräußern und belasten. Seine rechtlichen Verfügungen sind nur insoweit, als sie den betreibenden Gläubiger bezw. die betheiligten Gläubiger beeinträchtigen, nichtig bezw. unwirksam[5]). Einige Gesetze, z. B. diejenigen für Bayern, mit Ausschluß der Pfalz, für Weimar und Braunschweig, gestatten die Eintragung von Verfügungen nur in der Form der Vormerkung.

1) Sachsen § 83 Abs. 3.

2) Bayern (1879) Art. 15.

3) Vergl. § 3 Abs. 2, § 25 Abs. 1, §§ 28 ff.

4) Preuß. Subhast. O. v. 15. März 1869 § 9; Allg. Ger. O. I 7 § 48c, I 29 § 83; Ges. v. 13. Juli 1883 § 17 Abs. 1.

5) Bayern (1879) Art. 8, 33, Sachsen §§ 83, 85 (sächs. G. B. § 223), Württemberg Art. 8, Hessen Art. 54, 121, Mecklenburg § 28 Weimar § 22, Elsaß-Lothringen §§ 26, 32, Oldenburg Art. 27, Braunschweig § 28.

Noch weiter gehen die Gesetze für Baden, Mecklenburg, Coburg-Gotha und Anhalt, indem sie die Veräußerung und Belastung des Grundstückes dem Schuldner überhaupt verbieten. Dasselbe gilt in Hamburg und Lübeck, da hier die Buchbehörde, nachdem ihr die Beschlagnahmeverfügung zugestellt worden ist, Eintragungen auf Antrag des Eigenthümers nicht mehr vornehmen darf[1]).

Ein praktisches Bedürfniß zur formellen Aufhebung der Befugniß des Schuldners über die in Beschlag genommenen Gegenstände zu verfügen, ist nicht anzuerkennen[2]). Die Beschlagnahme bezweckt nur, in Ansehung dieser Gegenstände dem Gläubiger die Durchführung der Zwangsversteigerung möglichst zu sichern. Zur Erreichung des Zweckes aber ist, von der Vorschrift des § 38 Abs. 1 abgesehen, nur erforderlich, daß grundsätzlich den rechtlichen Verfügungen, welche der Schuldner über die gedachten Gegenstände trifft, die Wirksamkeit gegen den Gläubiger versagt wird. Dies braucht indessen hier nicht ausdrücklich ausgesprochen zu werden, weil es sich bereits aus dem B. G. B. § 107 Abs. 1 Satz 1 ergiebt. Nur weil der § 107 nicht von der Beschlagnahme, sondern von dem Veräußerungsverbote redet, empfiehlt es sich, der Deutlichkeit halber zu bestimmen, daß die Beschlagnahme die Wirkung eines Veräußerungsverbotes zum Schutze des Interesses des Gläubigers hat. (Abs. 1.) Unwirksamkeit der Verfüg. Veräußerungsverbot.

II. Die Bestimmung erleidet aber eine Einschränkung durch das ungeachtet der Beschlagnahme dem Schuldner verbleibende Recht, das Grundstück zu nutzen und zu verwalten. Die zweckmäßige Ausübung dieses Rechtes ist nicht selten dadurch bedingt, daß einzelne Zubehörstücke und Vorräthe veräußert werden. Aus demselben Grunde indessen, aus welchem der Schuldner über die in Beschlag genommenen Sachen nur innerhalb der Grenzen ordnungsmäßiger Nutzung und Wirthschaftsführung thatsächlich verfügen darf, ist ihm auch die Befugniß zur Veräußerung einzelner Stücke nur in diesen Grenzen zuzugestehen. Darauf, ob die Veräußerung den wirthschaftlichen Bestand mindert, kommt es nicht an. Ist eine solche Minderung aus dem Gesichtspunkte der ordnungsmäßigen Nutzung und Wirthschaftsführung gerechtfertigt, so ist es gleichgültig, ob sie auf einer thatsächlichen oder einer rechtlichen Verfügung des Schuldners beruht. (Abs. 2.) Veräußerung.

III. Für das sächsische Recht wird angenommen, daß die Nichtigkeit einer Veräußerung von Zubehörstücken, welche dem Hypothekengläubiger haften, auch dem gutgläubigen Erwerber gegenüber eintrete[3]). Das preußische Gesetz schützt auch hier den Erwerb im guten Glauben. Nach dem B. G. B. § 107 Abs. 1 Satz 2 finden auf eine Veräußerung, welche gegen ein unter Satz 1 bezeichnetes Veräußerungsverbot verstößt, „die Vorschriften zu Gunsten derjenigen, welche Rechte von einem Nichtberechtigten herleiten, ... entsprechende Anwendung". Hiernach ist eine der Versteigerungsbeschlagnahme zuwiderlaufende Verfügung auch gegen den Gläubiger wirksam, wenn der- Schutz des guten Glaubens.

[1]) Baden § 41, Mecklenburg § 27, Coburg-Gotha § 7, Anhalt § 5, Hamburg § 4, Lübeck §§ 19, 49.

[2]) Mot. III S. 219, 220.

[3]) Sachsen § 83 Abs. 2; Schurig a. a. O. S. 167 (3).

jenige, welcher durch diese Verfügung von dem Schuldner erwirbt, keine Kenntniß von der Beschlagnahme hat und, sofern es sich um eine bewegliche Sache handelt, seine Unkenntniß auch nicht auf grober Fahrlässigkeit beruht[1]).

Kenntniß des Versteigerungsantrages

Mit Recht weisen aber die Motive des preuß. Gesetzes[2]) darauf hin, daß jedem Dritten, welcher Kenntniß von der Stellung des Versteigerungsantrages hat, schon mit Rücksicht auf das Strafgesetzbuch wenigstens die Pflicht auferlegt werden müsse, die Möglichkeit der Beschlagnahme, von deren Ausführung er sichere Nachricht erhalten könne, in Rechnung zu ziehen. Wollte man die Unwirksamkeit der Erwerbung des Dritten gegenüber dem Gläubiger davon abhängig machen, daß dem Dritten bei der Erwerbung die Beschlagnahme selbst d. h. die Anordnung des Gerichtes und die Zustellung des Beschlusses an den Schuldner (§ 37 Abs. 1) bekannt gewesen wäre, so würde die Beschlagnahme ihre praktische Bedeutung in Fällen verlieren, in welchen dies durch die Rücksicht auf den Dritten nicht geboten erscheint. Es empfiehlt sich deshalb, mit Preußen § 17 Abs. 1, die Kenntniß des Versteigerungsantrages sowie die Kenntniß des Versteigerungs- oder des Beitrittsbeschlusses einer Kenntniß der Beschlagnahme gleichzustellen. (§ 39 Abs. 3.)

Das preuß. Gesetz wird vielfach so ausgelegt, als lasse es die Kenntniß des Versteigerungsantrages auch dann wie die Kenntniß der Beschlagnahme wirken, wenn das Geschäft in der Zeit zwischen der Stellung des Antrages und der Beschlagnahme errichtet sei. Es kann jedoch nicht anerkannt werden, daß diese Auslegung der Absicht des Gesetzes entspreche. Die Frage, ob der Erwerber in gutem Glauben gewesen ist oder nicht, kann immer nur in Anschung eines nach bewirkter Beschlagnahme gemachten Erwerbes gestellt werden. Für eine Abweichung von diesem Standpunkte aber besteht kein Bedürfniß.

f) Wirkung der Eintragung des Versteigerungsvermerkes.

§ 40.

Der Versteigerungsvermerk bezweckt, das in der Beschlagnahme liegende Veräußerungsverbot durch das Grundbuch zu veröffentlichen. Da aber in das Buch nicht das Verbot, sondern die Anordnung der Zwangsversteigerung eingetragen wird (§ 33), so muß das Gesetz, um dieser Eintragung gegenüber die Berufung eines Dritten auf den öffentlichen Glauben des Grundbuches auszuschließen, der Eintragung des Versteigerungsvermerkes dieselbe Wirkung beilegen, wie wenn das Veräußerungsverbot unmittelbar in das Grundbuch eingetragen wäre. Denn die Vorschrift des B. G. B. § 837, nach welcher durch diese Eintragung die Kenntniß des Dritten vermittelt wird, setzt voraus, daß das Veräußerungsverbot selbst aus dem Grundbuche ersichtlich ist. Wie aber dem Dritten die Kenntniß des Versteigerungsantrages ꝛc. zur Zeit der Erwerbung nach dem Entwurfe § 39 Abs. 3 nur nachtheilig ist, wenn zu dieser Zeit die Beschlagnahme bereits bewirkt war, so kann auch der Eintragung des Versteigerungsvermerkes die gedachte Wirkung nur unter der gleichen Voraussetzung eingeräumt werden. Wollte man diese Wirkung in dem Falle, wenn

[1]) B. G. B. §§ 837, 838, 877—879, 983, 1147 Abs. 2.
[2]) Stegemann a. a. O. S. 54.

die Beschlagnahme später bewirkt wird, schon mit der Eintragung eintreten lassen, so würden die Vorschriften des § 37 erheblich abgeschwächt werden, da dann im Grunde die Beschlagnahme schon mit der Eintragung, wenn auch nur unter der Bedingung späterer Zustellung des Gerichtsbeschlusses an den Schuldner bezw. den Drittschuldner, als bewirkt anzusehen und wirksam wäre. Für eine solche Abschwächung aber besteht kein Bedürfniß, ganz abgesehen davon, daß sie in dem Falle, wenn die Beschlagnahme sich auf eine Forderung erstreckt, zu einer großen Unbilligkeit gegen den Drittschuldner führen könnte. Fälle, in welchen die Zustellung des Beschlusses, durch welchen die Zwangsversteigerung angeordnet wird, bis nach Eintragung dieser Anordnung sich verzögert, werden immer nur selten sein, und wenn ein solcher Fall vorkommt, so wird doch ein Dritter, der bei der Einsicht des Grundbuches findet, daß der Versteigerungsvermerk eingetragen ist, nicht leicht mit dem Schuldner in ein Geschäft über das Grundstück sich einlassen.

Die Lösung des Entwurfes bietet überdies den Vortheil, daß die Eintragung des Versteigerungsvermerkes auch zu Gunsten eines Gläubigers, dessen Beitritt zu dem Verfahren zugelassen ist (§ 31 Abs. 1), verwerthet werden kann, so zwar, daß die einmal erfolgte Eintragung, sobald die Beschlagnahme für den beigetretenen Gläubiger bewirkt ist, auch zu dessen Gunsten wirksam wird, eine Wiederholung der Eintragung mithin, wie sie Bayern Art. 43 und Braunschweig § 28 vorschreiben, entbehrlich erscheint.

g) Veräußerung des Grundstückes nach der Beschlagnahme.

§ 41.

In den meisten Landesgesetzen ist der Einfluß einer nach der Beschlagnahme erfolgenden Veräußerung des Grundstückes auf das Verfahren nicht besonders geregelt. Preußen indessen bestimmt unter § 17 Abs. 2: „Ist das Grundstück für die Forderung, wegen deren die Beschlagnahme erfolgte, zur Zeit eines nach der Beschlagnahme eintretenden Eigenthumswechsels dinglich verhaftet, so ist das Verfahren auch dann fortzusetzen, wenn der neu eingetretene Eigenthümer zur Zeit der Erwerbung weder von der Beschlagnahme, noch von dem Versteigerungsantrage Kenntniß gehabt hat“. Das sächsische Gesetz schreibt unter § 85 vor, daß ein nach der Eintragung des Gerichtsbeschlusses neu eintretender Eigenthümer im ferneren Verlaufe des Verfahrens alle in diesem Gesetze dem Schuldner beigelegten Rechte und Obliegenheiten hat und daß im Falle des Ablebens des Schuldners die Bestimmungen der C. P. O. § 693 anzuwenden sind.

Der Entwurf unterscheidet im Anschlusse an Preußen wie folgt:

I. Veräußert der Eigenthümer, gegen welchen die Zwangsversteigerung auf den Antrag eines nur persönlichen Gläubigers angeordnet ist, nach der Beschlagnahme das Grundstück, so kommt es darauf an, ob zur Zeit der Veräußerung der Versteigerungsvermerk bereits eingetragen war oder nicht. War der Vermerk bereits eingetragen, so wird das Verfahren in Gemäßheit des B. G. B. § 107 Abs. 1 fortgesetzt. Anderenfalls hat der Gläubiger, wenn der Erwerber die Beschlagnahme zu jener Zeit gekannt hat, zwar ebenfalls das

Recht auf Fortsetzung des Verfahrens, kann aber dieses Recht schwerlich anders als im Prozeßwege zur Geltung bringen. Hat der Erwerber die Beschlagnahme nicht gekannt, so kann er, falls nicht nach § 34 des Entw. das Verfahren aufgehoben wird, gegen dessen Fortsetzung nach Maßgabe der C. P. O. § 690 Widerspruch erheben. Geschieht dies, so muß gegen ihn erst ein vollstreckbarer Titel von dem Gläubiger erwirkt werden. Es verbleibt also dem nur persönlichen Gläubiger gegenüber bei den allgemeinen Grundsätzen.

II. Ist der Antragsteller ein Gläubiger, dessen Anspruch in einem schon zur Zeit der Veräußerung eingetragenen Rechte an dem Grundstücke sich gründet, so ist nach § 27 der gegen den Veräußerer erlangte vollstreckbare Titel auch gegen den Erwerber wirksam und vollstreckbar. Das Verfahren würde aber, wenn die Veräußerung vor der Eintragung des Versteigerungsvermerkes bewirkt wäre, nicht ohne Weiteres gegen den Erwerber fortgesetzt werden dürfen. Vielmehr müßte der Gläubiger, wenigstens dann, wenn der Erwerber zur Zeit der Erwerbung die Beschlagnahme nicht gekannt hätte, erst eine gegen den Erwerber vollstreckbare Ausfertigung seines Titels sich beschaffen. Dies erscheint aber nicht zweckmäßig, weil es dem Gläubiger die Rechtsverfolgung vertheuern und verzögern würde. Der Entwurf nimmt deshalb die Fortsetzung des Verfahrens auch dann in Aussicht, wenn der neue Eigenthümer die Beschlagnahme nicht gekannt hat. Es liegt zwar hierin eine Abweichung von den Vorschriften des B. G. B. §§ 107 und 837. Allein sie erscheint nicht bedenklich, wenn man erwägt, daß der Erwerber den Anspruch des Gläubigers aus dem Grundbuche kennen und folglich mit der Möglichkeit der Zwangsversteigerung rechnen mußte, in der Regel auch schon zur Zeit der Erwerbung Kenntniß von der Beschlagnahme gehabt haben wird. Die wenigen Fälle, in welchen die Vorschrift des Entwurfes zu einer gewissen Härte gegen den neuen Eigenthümer führen kann, werden von der Rücksicht auf den Realkredit, welcher wesentlich von einer glatten Verwirklichung des dinglichen Anspruches abhängt, erheblich überwogen.

Eine Bestimmung, wie sie Sachsen § 85 enthält, ist vom Standpunkte des Entwurfes entbehrlich.

h) Erlöschen der Rechte des Gläubigers aus der Beschlagnahme.

§ 42.

Erledigung des Verfahrens.

I. Die Beschlagnahme erledigt sich mit dem Verfahren, in welchem sie sich gründet. Auch ihre Wirkungen erlöschen, wenn das Verfahren mit der Befriedigung des Gläubigers endet oder aber, ohne diesen Zweck zu erfüllen, zur Durchführung gelangt. Fraglich ist nur, ob die Wirkungen der Beschlagnahme, d. h. die Rechte, welche durch dieselbe gemäß § 9 Nr. 3, § 10 Nr. 4, §§ 38—40 für den Gläubiger bereits begründet sind, ohne Rücksicht auf dessen Befriedigung erlöschen sollen, wenn das Verfahren vor seiner Durchführung aufgehoben oder der Versteigerungsantrag von dem Gläubiger zurückgenommen wird. Der Entwurf bejaht diese Frage, indem er davon ausgeht, daß die Rechte des Gläubigers aus der Beschlagnahme durch diese mit dem Verfahren, dessen Durchführung der Zweck derselben ist, dergestalt zusammenhängen, daß sie mit dem Verfahren stehen und fallen müssen. Die Aufhebung des Verfahrens stellt fest, daß die auf den Antrag des Gläubigers angeordnete Zwangsversteigerung nicht stattfindet. Das für diese durch die Beschlagnahme begründete Vorzugsrecht des Gläubigers ist daher ebenso gegenstandslos, wie die Unwirksamkeit der Verfügungen, welche der Eigenthümer der Beschlagnahme zuwider getroffen hat, fortan zwecklos ist. Wird der Versteigerungsantrag zurückgenommen, so müssen sich hieran für den Gläubiger die nämlichen Folgen knüpfen, gleichviel ob das Verfahren im Interesse eines anderen Gläubigers fortgesetzt wird oder nicht. Das Gesetz kann, ohne mit den thatsächlichen Verhältnissen in Widerspruch zu treten, die Zurücknahme des Antrages als Verzicht auf die durch die Beschlagnahme begründeten Rechte behandeln.

Im Allgemeinen wird diese Auffassung dem geltenden Rechte entsprechen. Dasselbe enthält nur wenige hierher gehörige Bestimmungen. Preußen § 17 Abs. 3 und Oldenburg Art. 27 Abs. 3 haben den Satz: „Durch Zurücknahme des Versteigerungsantrages erlischt die Beschlagnahme". Nach dem Gesetze für Lübeck §§ 19, 49 währt die Beschlagnahme bis zur Löschung im Hypothekenbuche. In Hamburg erlöschen die Beschlagnahmepfandrechte, „sobald das Zwangsvollstreckungsverfahren eingestellt wird" (§ 11). Nach dem bayerischen Gesetze von 1879 Art. 11 erlöschen „die Wirkungen der Beschlagnahme, wenn das Verfahren in Folge einer den Zeitpunkt der Fortsetzung nicht bestimmenden Vereinbarung der Parteien ruht und seit der letzten Handlung des Vollstreckungsgerichts oder des Versteigerungsbeamten ein Jahr abgelaufen ist". Eine ähnliche Bestimmung findet sich in den Gesetzen für Weimar § 23 und Baden § 47.

In dem Entwurfe ist nach der oben gegebenen Ausführung an dieser Stelle nur zum Ausdrucke zu bringen, daß die Rechte des Gläubigers aus der Beschlagnahme sowohl mit der Aufhebung des Verfahrens als auch mit der Zurücknahme des Versteigerungsantrages erlöschen. Ob dieser Antrag die Anordnung der Zwangsversteigerung oder nur die Zulassung des Beitrittes zur Folge gehabt hat, macht nach § 31 keinen Unterschied. (Abs. 1.)

II. Nach der preußischen Konk. O. v. 8. Mai 1855 konnte der Gläubiger, wenn sein Anspruch nicht in einem Rechte an dem Grundstücke sich gründete, das durch die Beschlagnahme erlangte Vorzugsrecht im Konkurse des Schuldners nicht geltend machen. Auf diesem Standpunkte steht noch jetzt die Gesetzgebung einiger Bundesstaaten[1]). In Preußen selbst ist derselbe mit Rücksicht auf die deutsche Konk. O. § 39 Abs. 1 aufgegeben worden. Das Ges. v. 13. Juli 1883 hat freilich eine bezügliche ausdrückliche Bestimmung nicht. Aber in seinen Motiven[2]) heißt es: „Nachdem .... die deutsche Konkursordnung auch den letzten Rest der Verbindung der Zwangsversteigerung von Immobilien mit dem Konkursverfahren gelöst hat, erscheint es allein richtig, die Immobilien auch in der Wirkung der Zwangsvollstreckung den Konkurs.

[1]) Die Gesetze für Württemberg Art. 32 Abs. 2 und Baden § 75 gehen noch weiter, indem sie ein Vorzugsrecht aus der Beschlagnahme im Sinne des Entwurfes überhaupt nicht anerkennen.

[2]) Stegemann, Materialien S. 58.

Mobilien gleichzustellen, mit dem Vorzugsrechte also auch das Recht auf abgesonderte Befriedigung im Konkurse zu verbinden". In der Theorie und Praxis des preußischen Rechtes scheint Einverständniß zu bestehen, daß die Rechte des Gläubigers aus der Beschlagnahme durch die Eröffnung des Konkurses über das Vermögen des Schuldners nicht aufgehoben werden[1]). Bayern (1879) Art. 11, Mecklenburg § 12, Braunschweig § 11 bestimmen ausdrücklich: „Der Gläubiger behält das durch die Beschlagnahme begründete Vorzugsrecht auch gegenüber der Konkursmasse des Schuldners". Für Weimar sowie für Hamburg und Lübeck folgt dies aus der dinglichen Natur des dem Gläubiger beigelegten Rechtes. Nicht minder ist aber auch für Sachsen und andere Staaten, in welchen nur der Hypothekengläubiger das Recht auf Zwangsversteigerung hat, aus der Konk. O. § 39 die Folgerung zu ziehen, daß die Rechte des Gläubigers aus der Beschlagnahme durch die Eröffnung des Konkurses nicht hinfällig werden[2]).

Für die Reichsgesetzgebung kann von der Wirksamkeit des Vorzugsrechtes im Konkurse des Schuldners oder eines neu eingetretenen Eigenthümers schon aus Rücksicht auf die gleiche Wirkung der Pfändung beweglicher Sachen nicht abgesehen werden. Die nämliche Erwägung, welche dahin geführt hat, mit der Versteigerungsbeschlagnahme das Recht des Gläubigers auf vorzugsweise Befriedigung aus den beschlagnahmten Gegenständen entstehen zu lassen, nöthigt dazu, dieses Recht den Einwirkungen des Konkurses zu entziehen[3]). Was von dem Vorzugsrechte gilt, muß aber auch von den übrigen durch die Beschlagnahme begründeten Rechten gelten, da, wenn diese wegfielen, das Vorzugsrecht an praktischer Bedeutung wesentlich verlieren würde.

Daß die Bestimmung des Entwurfes in die Vorschriften der Konk. O. §§ 12 und 22—34 nicht eingreifen soll, ist nicht zweifelhaft. Ein Anlaß aber, dies nach dem Vorgange von Bayern 2c. in dem Gesetze hervorzuheben, ist in der Fassung der Bestimmung nicht enthalten. Soweit jener § 12 die Begründung von Vorzugsrechten nach der Konkurseröffnung ausschließt, trifft er selbstredend auch das Recht des Gläubigers aus der Beschlagnahme. Dabei ist nicht zu übersehen, daß dieses Recht nach dem Entwurfe erst in dem Zeitpunkte entstehen kann, in welchem die Beschlagnahme bewirkt wird, also erst mit der Zustellung des Gerichtsbeschlusses an den Schuldner. Bekommt das Gericht vorher Kenntniß von der Konkurseröffnung, so muß es die Anordnung der Zwangsversteigerung aufheben, selbst wenn der Konkurs erst nach der Stellung des Versteigerungsantrages oder gar erst nach der Beschlußfassung über denselben eröffnet ist. Die Verknüpfung von Wirkungen der Beschlagnahme mit dem Versteigerungsantrage oder der Beschlußfassung ist hier ebenso unstatthaft wie im Falle des § 39 Abs. 3.

---

[1]) Man streitet nur darüber, ob durch die Beschlagnahme ein Pfandrecht oder nur ein Vorzugsrecht begründet wird. Für das Vorzugsrecht insbes. Reichsger. Entsch. in Civils. 19 S. 295.

[2]) Vergl. Sachsen § 179.

[3]) Oben S. 93.

II. Bestimmung des Versteigerungstermines.

1. Ausführung der Versteigerung. Terminsbestimmung.

§ 43.

a) Die Reichsgesetzgebung hat, wie S. 120 dargelegt ist, das Verfahren so zu regeln, daß die Versteigerung von dem Vollstreckungsgerichte nicht blos anzuordnen, sondern auch auszuführen ist. Es empfiehlt sich, diesen Gedanken, den der § 25 Abs. 1 hinsichtlich der Anordnung ausspricht, in Ansehung der Ausführung hier durch das Gesetz zum Ausdrucke zu bringen. (Abs. 1.) Ausführung d. Versteigerung durch das Gericht.

b) Die Ausführung der Versteigerung erfordert die Bestimmung eines Termines, in welchem das Grundstück zu versteigern ist. Den Gesetzen einer Reihe von Staaten, z. B. Preußen § 39, Bayern (1879) Art. 34, Baden § 51, Mecklenburg § 26, entspricht es, den Versteigerungstermin erst nach Eingang der Mittheilungen des Grundbuchamtes anzuberaumen. Nach dem Entwurfe sollen nicht allein diese Mittheilungen, sondern nach dem Vorgange von Preußen auch die Zustellung des Versteigerungsbeschlusses bezw. eines Beitrittsbeschlusses an den Schuldner abgewartet werden, weil andernfalls die Gefahr besteht, daß der Termin auf Grund der Mittheilungen oder in Ermangelung einer gehörigen Zustellung wieder aufgehoben werden muß[1]). (Abs. 2.) Bestimmung des Termines,

c) Ist die Zwangsversteigerung mehrerer Grundstücke angeordnet, so versteht es sich von selbst, daß der Termin zur Versteigerung aller dieser Grundstücke zu bestimmen ist. Die Vorschrift des württembergischen Ges. Art. 7 Abs. 1, daß das Vollstreckungsgericht bezw. die Vollstreckungsbehörde die zu versteigernden Grundstücke auszuwählen habe, eignet sich nicht zur Aufnahme in das Reichsgesetz. Soweit sie sich auf den Fall bezieht, wenn der Anspruch des Gläubigers in einer an den Grundstücken bestehenden Hypothek sich gründet, ist sie nur die Konsequenz der dem württemb. Pfandges. v. 15. April 1825 Art. 98 ff. eigenen Gestaltung der Korrealhypothek. Diese Gestaltung aber erledigt sich durch die Vorschrift des B. G. B. § 1078 Abs. 1, nach welcher der Gläubiger die Wahl hat, ob er aus allen oder aus einigen der ihm haftenden Grundstücke Befriedigung suchen will[2]). Soweit dagegen der Fall in Betracht kommt, in welchem das Verfahren wegen eines nur persönlichen Anspruches betrieben wird, darf nicht unbeachtet bleiben, daß der Gläubiger nach § 1130 für seine Forderung eine Hypothek an allen Grundstücken des Schuldners eintragen lassen kann und daß die Konsequenz hiervon die ist, ihm auch die Zwangsvollstreckung in diese Grundstücke ohne vorgängige Eintragung zu gestatten. In beiden Fällen würde überdies die Beschränkung des Verfahrens auf einzelne Grundstücke zu einer Benachtheiligung gleich- oder nachstehender Rechte führen können. Auch würde der Gläubiger der Gefahr einer Verzögerung seiner Befriedigung ausgesetzt werden, da das Gericht, wenn es den Versteigerungstermin bestimmt, in vielen Fällen gar noch nicht über- bezüglich mehrerer Grundst.

---

[1]) Vergl. §§ 34, 58.

[2]) Mot. III S. 684, 685.

sehen kann, ob der Gläubiger durch die Versteigerung befriedigt werden wird. In Preußen und in anderen Staaten endlich hat sich ein praktisches Bedürfniß für einen dem württembergischen Gesetze entsprechenden Schutz des Schuldners bisher nicht herausgestellt, obschon auch hier der Grundbesitz in verschiedenen Gegenden ebenso zersplittert ist wie in Württemberg und daher der Fall, daß der Gläubiger die Zwangsversteigerung mehrerer Grundstücke des Schuldners beantragt, häufig vorkommt[1]).

Termin zur Vorbereitung

d) In einigen Staaten findet vor der Versteigerung ein Termin zur Vorbereitung derselben statt. Der Termin dient in dem Herzogthume Oldenburg und dem Fürstenthume Birkenfeld zur Ermittelung der Eigenthumsverhältnisse ꝛc., in Elsaß-Lothringen auch zur Verhandlung über die Angebote, die Versteigerungsbedingungen, die Zeit, den Ort und die Art der Versteigerung, in Mecklenburg „zur Anmeldung aller dinglichen Ansprüche an das Grundstück und an die zur Immobiliarmasse gehörenden Gegenstände (Zubehör)" ꝛc. unter dem Nachtheile des Ausschlusses[2]). Ein Anmeldetermin muß auch in Sachsen vor dem Versteigerungstermine abgehalten und zugleich mit diesem bestimmt werden; der Zweck dieses Termines ist, das Maß der Ansprüche, welche bei der Feststellung des geringsten Gebotes und bei der Vertheilung des Versteigerungserlöses zu berücksichtigen sind, vor dem Versteigerungstermine endgültig zu bestimmen. Das sächs. Gesetz weicht hierin wesentlich ab von dem preußischen. Beide kommen, von Einzelheiten abgesehen, darin überein, daß die aus dem Grundbuche hervorgehenden Ansprüche von Amtswegen, andere Ansprüche dagegen nur auf vorangegangene Anmeldung zu berücksichtigen sind. Während aber die Anmeldung in Preußen vor oder in dem Versteigerungstermine bis zur Aufforderung zur Abgabe von Geboten erfolgen kann[3]), muß sie in Sachsen spätestens in dem Anmeldetermin mündlich oder schriftlich bewirkt werden. Der Termin hat also in Sachsen zugleich die Bedeutung einer Frist, vor deren Ablauf die Ansprüche anzumelden sind, um voll berücksichtigt werden zu können[4]).

Ein Termin zur Vorbereitung der Versteigerung ist insoweit, als er zur Feststellung des geringsten Gebotes und der Versteigerungsbedingungen in keiner Beziehung steht, bei der Art und Weise, wie das Verfahren in dem Entwurfe geregelt ist, entbehrlich. Was dagegen den Anmeldetermin des sächs.

Anmeldetermin.

Gesetzes anlangt, so ist nicht zu verkennen, daß durch denselben die Thätigkeit des Gerichtes in dem Versteigerungstermine erheblich entlastet, auch die Personen, auf deren Geneigtheit zum Bieten auf das Grundstück zu rechnen ist, zeitig über die Höhe der zur Erwerbung desselben erforderlichen Baarmittel unterrichtet werden können[5]). In ersterer Hinsicht aber sind nur verwickelte und schwierige Sachen in Betracht zu ziehen, da in einfachen Sachen (und diese werden immer die überwiegende Mehrzahl bilden) die in dem Versteigerungstermine zu Gebote stehende Zeit zur Vorbereitung der Versteigerung

[1]) Vergl. hierzu § 104 des Entw.
[2]) Oldenburg Art. 23 ff., Mecklenburg § 26 Ziff. 1c, Elsaß-Lothringen § 7.
[3]) Preußen § 56.
[4]) Sachsen §§ 12, 89, 101.
[5]) Vergl. Sachsen §§ 107, 120.

ausreichen wird; mit Rücksicht hierauf genügt die Vorschrift des Entw. § 56, nach welcher die Anberaumung eines besonderen Termines zur Verhandlung über das geringste Gebot und die Versteigerungsbedingungen dem Ermessen des Vollstreckungsgerichtes überlassen wird. In letzterer Hinsicht fällt das Interesse der Bieter vom Standpunkte des Entwurfes, nach dessen § 65 die von dem Ersteher zu leistende Baarzahlung erst in dem Vertheilungstermine zu leisten ist, viel weniger ins Gewicht als nach dem sächs. Gesetze, da dieses den Ersteher verpflichtet, einen Theil des Meistgebotes schon in dem Versteigerungstermine zu erlegen bezw. sicher zu stellen[1]).

Die Vortheile eines Anmeldetermines im Sinne des sächs. Gesetzes werden überdies durch den Nachtheil überwogen, welcher mit der ausschließenden Wirkung des Termines und der in demselben liegenden Anmeldefrist verbunden ist. Dieser Nachtheil zeigt sich darin, daß entgegen den Grundsätzen der C. P. O. und der Konk. O., nach welchen eine Ausschließung der Gläubiger nur thatsächlich insoweit eintritt, als sie durch das Fortschreiten des Verfahrens bedingt ist, in Sachsen die Ausschließung zu einer Zeit erfolgt, in welcher noch vollständig res integra ist, und daß die nach dem Schlusse des Termines, aber vor dem Beginne der Versteigerung, eintretenden Veränderungen in den Ansprüchen der Gläubiger unberücksichtigt bleiben, z. B. die in der Zwischenzeit erfolgte Kündigung einer zu übernehmenden Hypothek gegenüber dem Ersteher nicht mehr wirksam ist[2]). Ein Gläubiger wird ferner durch die drohende Ausschließung auch dann zur Anmeldung seiner Ansprüche genöthigt, wenn er zur Zeit ein Interesse an derselben gar nicht hat, ein solches Interesse aber möglicherweise für ihn aus einer vor dem Versteigerungstermine eintretenden Aenderung der Umstände, z. B. der Zurücknahme des Versteigerungsantrages seitens des bestberechtigten unter mehreren Antragstellern, sich ergeben kann. Daß das Interesse des Gläubigers dem Interesse der Bieter vorgehen muß, ist um so weniger zweifelhaft, als auch die Information der Bieter hinfällig wird, wenn in der Person des bestberechtigten unter mehreren betreibenden Gläubigern sich eine Aenderung vollzieht.

2. Inhalt der Terminsbestimmung.

a) Wesentlicher Inhalt.

§ 44.

Die Terminsbestimmung, d. h. der Gerichtsbeschluß, durch welchen gemäß § 43 der Versteigerungstermin bestimmt wird, — das Subhastationspatent, die Versteigerungsbekanntmachung 2c. im Sinne der Landesgesetze — bezweckt durch seine Veröffentlichung (§ 48) und Zustellung (§ 52) alle diejenigen, deren Rechte von der Versteigerung berührt werden, sowie diejenigen, bei welchen Geneigtheit zur Erwerbung des Grundstückes vorauszusetzen ist, davon zu unterrichten, daß, wo und wann die Versteigerung vorgenommen werden soll. Diesem Zwecke muß der Inhalt der Terminsbestimmung entsprechen. Die Gesetze verschiedener Staaten, namentlich Preußen, Bayern, Sachsen,

---

[1]) Ebenda §§ 13, 14, 114.

[2]) Sachsen § 20. Dagegen Preußen § 57 Abs. 5, Entw. § 68.

schreiben deshalb ausdrücklich vor, was der Gerichtsbeschluß zu enthalten hat[1]). Im Einzelnen weichen freilich diese Vorschriften von einander ab. Die Abweichungen erklären sich jedoch meist daraus, daß das Verfahren überhaupt und die Bucheinrichtungen, mit welchen es zu rechnen hat, auf verschiedenen Grundsätzen beruhen. Die Reichsgesetzgebung kann im Interesse der Rechtssicherheit und eines gleichmäßigen Verfahrens auf eine Festsetzung des Inhaltes der Terminsbestimmung nicht verzichten. Um das Verständniß des Gesetzes zu erleichtern, empfiehlt es sich, den wesentlichen Inhalt von dem nicht wesentlichen zu scheiden. Wesentlich sind im Hinblicke auf § 114 Nr. 3 folgende Punkte:

Bezeichnung des Grundstückes;

1. die Bezeichnung des Grundstückes. Preußen verlangt eine Bezeichnung, welche zur Unterscheidung desselben von anderen Grundstücken genügt. In Bayern wird die Gattung, Lage 2c. hervorgehoben, in Sachsen außerdem noch das Grundbuchfolium. In Rheinhessen ist die grundbuchmäßige Beschreibung des Grundstückes erforderlich. In Oldenburg muß dasselbe nach dem Artikel der Mutterrolle bezeichnet werden. Der Entwurf geht davon aus, daß das Grundstück in der Terminsbestimmung gerade so zu bezeichnen ist, wie es gemäß § 28 Nr. 3 in dem Versteigerungsantrage bezeichnet werden soll. Eine Erwähnung der mit dem Grundstücke zu versteigernden Gegenstände kann als wesentliches Erforderniß nicht vorgeschrieben werden;

Zeit u. Ort des Termines;

2. Zeit und Ort des Versteigerungstermines;

Hinweis auf die Zwangsvollstr.;

3. die Angabe, daß die Versteigerung im Wege der Zwangsvollstreckung erfolge.

Das Erforderniß zu 2 erwähnen die meisten Gesetze, welche den Inhalt der Bekanntmachung bestimmen; einer besonderen Rechtfertigung bedarf es nicht.

Das Erforderniß zu 3, welches in den Gesetzen für Preußen, Bayern, Oldenburg 2c. aufgestellt wird, ist unerläßlich, weil die besonderen Voraussetzungen und Wirkungen der Versteigerung aus dem Rechte der Zwangsvollstreckung sich ergeben;

Aufforderung zur Anmeldung,

4. die Aufforderung zur Anmeldung von Rechten und Ansprüchen, welche bei der Feststellung des geringsten Gebotes berücksichtigt werden sollen. Die Vorschrift des preußischen Gesetzes § 40 Ziff. 8 beruht auf dem Gedanken, daß das Vollstreckungsgericht bei der Feststellung des geringsten Gebotes von Amtswegen nur das berücksichtigen kann, was sich aus dem Grundbuche ergibt, daß daher Ansprüche, welche aus dem Buche nicht hervorgehen, grundsätzlich angemeldet werden müssen, widrigenfalls sie bei jener Feststellung überhaupt nicht und bei der Vertheilung des Versteigerungserlöses erst nach den berücksichtigten Ansprüchen berücksichtigt werden können. Diesem Gedanken entspricht die Aufforderung, welche an die Realberechtigten zu erlassen ist. Ein derartiger Aufruf wird auch in Rheinhessen, Oldenburg, Anhalt 2c., wenn auch nicht unter Festsetzung derselben Wirkungen wie in Preußen, mit der Bekanntmachung des Versteigerungstermines verbunden.

---

[1]) Preußen § 40, Bayern Art. 48, Sachsen § 97, Rheinhessen Art. 118, Baden § 53, Oldenburg Art. 29, Elsaß-Lothringen § 9, Anhalt 2c.

Nach dem sächsischen Gesetze § 97 Ziff. 6 geschieht die Aufforderung ohne Bezeichnung der Rechtsfolgen, welche eintreten, wenn die bezüglichen Ansprüche nicht rechtzeitig angemeldet werden. Bayern hat sich in dem Gesetze von 1886 Art. 20 mehr an Preußen angeschlossen.

Die Nothwendigkeit einer Anmeldung der Rechte und Ansprüche, soweit dieselben nicht aus dem Grundbuche hervorgehen, sowie die in dem Versteigerungstermine ergehende Aufforderung zur Abgabe von Geboten als Zeitgrenze für die Anmeldung, desgleichen die Rechtsfolgen des Unterbleibens der Anmeldung, sind in dem Entwurfe unter §§ 60—62 bezw. § 152 bestimmt. Streng genommen ist eine weitere Vorschrift nicht nöthig. Da indessen Preußen, Bayern und Sachsen die Aufforderung zur Anmeldung in der Versteigerungsbekanntmachung vorschreiben, eine solche Vorschrift auch unverkennbar im Interesse der Betheiligten liegt, so wäre es bedenklich, in dem Reichsgesetze die Aufforderung fallen zu lassen. Die Androhung der Rechtsnachtheile, welche auf die Nichtbefolgung der Aufforderung gesetzt sind, entspricht dem ähnlichen Verfahren, welches bei öffentlichen Aufgeboten beobachtet wird [1];

zur Geltendmachung von Rechten.

5. die Aufforderung zur Geltendmachung von Rechten, welche der Versteigerung entgegenstehen. Nach dem preußischen Gesetze § 40 Ziff. 9 muß die Bekanntmachung enthalten „die Aufforderung an diejenigen, welche das Eigenthum des Grundstückes beanspruchen, vor Schluß des Versteigerungstermines die Einstellung des Verfahrens herbeizuführen, widrigenfalls nach erfolgtem Zuschlage das Kaufgeld in Bezug auf den Anspruch an die Stelle des Grundstückes tritt". In dem Gesetze für Anhalt § 12 Ziff. 5 ist vorgeschrieben, daß der Verlust des Eigenthumes für den Fall anzudrohen ist, daß dasselbe nicht spätestens in dem Versteigerungstermine angemeldet wird. Bayern, Sachsen, Württemberg, Hessen ꝛc. haben eine derartige Vorschrift nicht. Die meisten Landesgesetze gehen davon aus, daß der Ersteher Rechtsnachfolger des Schuldners ist [2]) und folglich, soweit er sich nicht auf den öffentlichen Glauben des Grundbuches berufen kann, nicht Eigenthümer wird, wenn der Schuldner es nicht war. Der Entwurf dagegen regelt das Verfahren so, daß der Ersteher ohne Rücksicht auf die Rechte Dritter das Eigenthum durch den Zuschlag erwirbt. (§ 138.) Bei einer solchen Regelung muß für den bisherigen Eigenthümer durch den Zuschlag der Versteigerungserlös an die Stelle des Grundstückes treten. Obschon nun bei dem Grundbuchsysteme, welches der Entwurf voraussetzt, Fälle, in welchen die Zwangsversteigerung gegen eine andere Person als den wahren Eigenthümer angeordnet wird, nur sehr selten sein werden, so gebietet doch die Rücksicht auf den letzteren, mit dem preußischen Gesetze einen Aufruf zur rechtzeitigen und der Ordnung des Verfahrens entsprechenden Geltendmachung des Eigenthumes (§ 109) in die Terminsbestimmung aufzunehmen. Der Entwurf geht aber noch weiter als der Wortlaut seines Vorbildes, indem er im Anschlusse

---

[1]) Mot. zu dem preuß. Ges. § 10 bei Stegemann S. 61.

[2]) In dem Ges. für Elsaß-Lothringen § 22 ist es ausdrücklich ausgesprochen. Siehe auch Bayern (1879) Art. 55 Ziff. 2.

an die C. P. O. § 690 der erforderlichen Vorschrift eine solche Fassung gibt daß einerseits nicht blos das Eigenthum, sondern auch die sonstigen Rechte, welche der Versteigerung entgegenstehen können[1]), aufzurufen sind, andererseits nicht allein das Grundstück, sondern auch die mitzuversteigernden beweglichen Sachen von dem Aufrufe betroffen werden.

Forderungen gehören nicht zu den der Geltendmachung bedürfenden Rechten, weil sie insoweit, als sie mit Wirksamkeit gegen den Gläubiger auf einen Anderen übertragen sind, dem Schuldner nicht mehr zustehen und folglich die Versteigerung auf sie sich nicht erstreckt.

Dagegen beschränkt sich die Vorschrift des Entwurfes nicht auf Rechte, welche aus dem Grundbuche nicht hervorgehen. Das Vollstreckungsgericht hat zwar eingetragene Rechte nach Maßgabe des § 109 Abs. 2 von Amtswegen zu berücksichtigen, so daß der Berechtigte an sich nicht genöthigt ist, die Einstellung des Verfahrens auf dem Wege der C. P. O. § 690 herbeizuführen. Allein wenn das Verfahren fortgesetzt und durchgeführt wird, tritt auch in Ansehung eingetragener Rechte die in dem Entwurfe unter Nr. 5 bestimmte Rechtsfolge ein.

b) Nichtwesentlicher Inhalt.

§ 45.

I. Zur Information der Betheiligten und der Bietungslustigen empfiehlt es sich in die Terminsbestimmung noch aufzunehmen:

1. die Bezeichnung desjenigen, der als Eigenthümer des Grundstückes eingetragen ist, nach dem Vorgange von Sachsen § 97 Ziff. 2, wobei jedoch in Betracht kommt, daß das Vollstreckungsgericht nur den zur Zeit der Eintragung des Versteigerungsvermerkes aus dem Grundbuche ersichtlichen Eigenthümer berücksichtigen kann (§§ 33, 34);

2. die Angabe der Größe des Grundstückes, in sachlicher Uebereinstimmung mit Preußen § 40 Ziff. 2, Bayern Art. 48 Ziff. 4, Oldenburg Art. 29 Ziff. 3;

3. die kurze Bezeichnung der mit dem Grundstücke zu versteigernden Gegenstände[2]). Daß hiermit eine Gewähr für das Vorhandensein derselben nicht übernommen wird, ist im Hinblicke auf die §§ 73, 74 nicht zweifelhaft. (Abs. 1.)

II. Die Landesgesetze schreiben vielfach noch die Aufnahme weiterer Nachrichten in die Bekanntmachung des Versteigerungstermines vor. Zum Theil erledigen sich dieselben durch die Art und Weise, wie das Verfahren in dem Entwurfe geregelt ist. Zum Theil mögen sie mit Rücksicht auf lokale Sitten und Gewohnheiten auch jetzt noch einen günstigen Einfluß auf das Versteigerungsgeschäft üben können. In Anbetracht dessen erscheint es zweckmäßig, die Bestimmung, daß der Beschluß des Gerichtes noch weitere Angaben über das Grundstück enthalten soll, der Landesgesetzgebung vorzubehalten. (Abs. 2.)

---

[1]) Vergl. B. G. B. § 107 Abs. 4, § 871 Abs. 2, § 1829.

[2]) Vergl. C. P. O. § 717 Abs. 3.

3. Begrenzung der Zeit zwischen der Terminsbestimmung und dem Termine.

§ 46.

Das preußische Gesetz hat unter § 42 den Satz: „Der Versteigerungstermin ist nach dem Ermessen des Gerichtes auf sechs Wochen bis drei Monate, unter Umständen auf längstens sechs Monate und nur in den in diesem Gesetze bezeichneten Fällen auf weniger als sechs, jedoch mindestens drei Wochen hinauszurücken (§ 75 Nr. 6)". In Bayern sollten nach dem Gesetze von 1879 Art. 52 „zwischen dem Tage der Festsetzung der Versteigerung und dem Versteigerungstermine nicht mehr als drei Monate in Mitte liegen". Nach der Fassung indessen, welche dieser Artikel in dem Gesetze von 1886 Art. 45 erhalten hat, kann der Termin auf sechs Monate hinausgeschoben werden. In Württemberg beträgt nach Art. 10 der Zeitraum einen bis drei Monate. Die meisten Landesgesetze haben eine derartige Bestimmung nicht. Es erscheint jedoch zur Verhinderung einer ungebührlichen Hinausrückung des Termines angemessen, im Interesse des Gläubigers dem Vollstreckungsgerichte durch Reichsgesetz eine Anweisung dahin zu ertheilen, daß der Termin niemals über sechs Monate und auch nur unter besonderen Umständen über drei Monate hinaus bestimmt werden darf. Dagegen ist eine Vorschrift, durch welche der Ansetzung des Termines auf einen zu nahen Tag entgegengetreten wird, im Hinblicke auf § 50 hier entbehrlich.

4. Terminsort.

§ 47.

In Ansehung des Terminsortes besteht kein Zweifel, daß die Versteigerung nur in dem Bezirke des Vollstreckungsgerichtes vorgenommen werden darf. Im Uebrigen weichen die Landesgesetze von einander ab. Die Regel ist nach den Gesetzen für Bayern Art. 53, Württemberg Art. 13, Rheinhessen Art. 117 Versteigerung in der Gemeinde, in deren Bezirk das Grundstück belegen ist, nach den Gesetzen für Sachsen § 96 Abs. 2, Mecklenburg § 42 Versteigerung an der Gerichtsstelle. In Elsaß-Lothringen hat der Versteigerungsbeamte mit den Betheiligten über die Wahl des Ortes zu verhandeln. (§ 7.)

Der Entwurf hält es mit Preußen § 43, Weimar § 33, Braunschweig § 42 Abs. 3 für das Zweckmäßigste, dem Ermessen des Gerichtes die Bestimmung des Ortes zu überlassen.

5. Oeffentliche Bekanntmachung der Terminsbestimmung.

a) Art der Bekanntmachung.

§ 48.

Der Beschluß, durch welchen der Versteigerungstermin bestimmt wird, muß, da er nicht blos die Rechte der dem Gerichte bekannten Betheiligten berührt, sondern auch in die Rechte unbekannter Personen eingreifen kann, Bekanntmachung

öffentlich bekannt gemacht werden. Die Landesgesetze enthalten in dieser Hinsicht verschiedene Vorschriften[1]).

durch Anheften an die Gerichtstafel,

I. Die Bekanntmachung geschieht in Württemberg und Baden sowie in den hessischen Provinzen Starkenburg und Oberhessen in ortsüblicher Weise, in dem übrigen Deutschland meist durch Anheftung der Terminsbestimmung an die Gerichtstafel, in einigen Staaten an die Gemeindetafel[2]), und durch Einrückung in ein öffentliches Blatt. Dieses Blatt ist in Preußen der Anzeiger des Amtsblattes, in Sachsen die Leipziger Zeitung und das Amtsblatt der Grund- und Hypothekenbehörde, in Bayern, Elsaß-Lothringen, Hamburg das für den Sitz des Vollstreckungsgerichtes zur Veröffentlichung der amtlichen Bekanntmachungen bestimmte Blatt. Es entspricht somit dem geltenden Rechte[3]), wenn reichsgesetzlich die Anheftung der Terminsbestimmung und die Einrückung derselben in das zuletzt bezeichnete Blatt[4]) vorgeschrieben wird. (Abs. 1.)

Einrückung in ein öffentliches Blatt.

Anheft. bei mehreren Gerichten

II. Die Anheftung muß, wenn das Gericht gemäß § 7 zum Vollstreckungsgerichte bestellt ist, um ihren Zweck zu erfüllen, an die Tafel aller betheiligten Gerichte bewirkt werden. (Abs. 2.)

Ersatz der Einrückung.

III. Die Einrückung der Terminsbestimmung in das öffentliche Blatt wird zur Vermeidung der Kosten, welche sie verursacht, bei Grundstücken geringeren Werthes zweckmäßig durch Anheftung des Schriftstückes in der Gemeinde, in deren Bezirke das Grundstück belegen ist, an die zu öffentlichen Bekanntmachungen bestimmte Stelle ersetzt. Diese Art der Bekanntmachung bedarf aber jedesmal einer besonderen Anordnung des Gerichtes, weil sonst leicht die mißbräuchliche, den Zweck des Gesetzes gefährdende Praxis sich einschleichen könnte, in allen Fällen den Aushang der Terminsbestimmung in der Gemeinde zu bewirken, um auf diese Weise etwaige Mängel der regelmäßigen Art der Bekanntmachung zu decken. (Abs. 3.)

Die Vorschriften zu II, III stehen sachlich mit Preußen § 40 Abs. 2, 6 in Einklang.

§ 49.

Dauer der Anheftung.

I. Bei der Bekanntmachung durch Anheftung der Terminsbestimmung an die Gerichtstafel oder an die betreffende Stelle in der Gemeinde erscheint es wünschenswerth, daß das Schriftstück bis zum Terminstage angeheftet bleibe. Es würde jedoch gegenüber den Vorschriften der C. P. O. § 189 Abs. 3 und § 826 zu weit gehen, wenn das Gesetz die Gültigkeit der Bekanntmachung hiervon abhängig machen wollte.

---

[1]) Preußen § 46, Bayern (1879) Art. 64, Sachsen §§ 90 ff., Württemberg Art. 12, Baden § 61, Hessen Art. 56, 57, 124, Oldenburg Art. 32, Weimar § 34, Braunschweig § 46, Hamburg § 6, Elsaß-Lothringen § 10.

[2]) Bayern Art. 64 Abs. 1 Ziff. 1, Elsaß-Lothr. § 10. Siehe auch Sachsen § 90 Ziff. 1 und Weimar § 34 Ziff. 3.

[3]) Vergl. auch die C. P. O. § 187 Abs. 3, § 842.

[4]) Die Bezeichnung des Blattes lehnt sich an die Bezeichnung in dem B. G. B. § 52 an.

Den nach dieser Richtung hin möglichen Zweifeln sucht der Entwurf durch Nachbildung der Bestimmungen des sächsischen Gesetzes § 91 vorzubeugen. (Abs. 1.)

Wiederholte Einrückung.

II. Die Einrückung der Terminsbestimmung in das öffentliche Blatt ist nach § 48 Abs. 1 Nr. 1 nur einmal nöthig. Die Gesetze einiger Staaten, z. B. Sachsen, Württemberg, Oldenburg, Weimar, Hamburg, welche eine wiederholte Einrückung vorschreiben, setzen demgemäß auch die Zwischenräume fest, in welchen die Wiederholung zu bewirken ist. Der Entwurf gestattet, um der Eigenthümlichkeit jedes einzelnen Falles gerecht zu werden, dem Vollstreckungsgerichte die Anordnung einer wiederholten Einrückung. Aber er stellt diese Anordnung aus dem angedeuteten Grunde lediglich in das Ermessen des Gerichtes, so daß die Ausführung derselben ohne Einfluß auf die Gültigkeit des Verfahrens ist. Besondere Vorschriften über die Ausführung, namentlich über den Zeitraum zwischen der einen und der anderen Einrückung, sind daher entbehrlich. Die Zulassung der Anordnung noch anderer Arten der Bekanntmachung liegt in der Konsequenz des angeführten Grundes. (Abs. 2.)

Bekanntm. durch die Betheiligten.

III. Die Befugniß eines jeden Betheiligten, die Terminsbestimmung auf seine Kosten bekannt zu machen, ist in den Gesetzen für Preußen und Weimar anerkannt; sie spricht für sich selbst und bedarf einer weiteren Rechtfertigung nicht. (Abs. 3.)

b) Versteigerungsfrist.

§ 50.

Wenn die öffentliche Bekanntmachung der Terminsbestimmung nicht ihren Zweck verfehlen soll, muß zwischen ihr und dem Terminstage eine angemessene Frist (Versteigerungsfrist) liegen. Das preußische Gesetz bestimmt diese Frist dadurch, daß es unter § 75 Nr. 6 einen Grund zum Widerspruche gegen die Ertheilung des Zuschlages an den Meistbietenden als vorliegend anerkennt, wenn „die Frist zwischen dem Tage, an welchem die Einrückung oder die erste Einrückung der Bekanntmachung in den Anzeiger des Amtsblattes oder die Anheftung der Bekanntmachung in der Ortsgemeinde erfolgt, und dem Versteigerungstermine kürzer ist als die geringste für den Fall bestimmte Versteigerungsfrist[1]) (§ 42)". In Bayern muß nach dem Ges. v. 1879 Art. 64 sowohl die Anheftung als auch die Einrückung in das Blatt „spätestens einen Monat vor dem Termine" bewirkt werden. Die Gesetze für Sachsen § 93, Weimar § 35 und Braunschweig § 42 Abs. 2 schreiben die Innehaltung einer mit dem Tage nach der ersten Einrückung beginnenden Frist von sechs Wochen bis drei Monaten, ausnahmsweise sechs Monaten, vor. In Sachsen kann auf Antrag des Gläubigers die Frist auf vier Wochen herabgesetzt werden, wenn die Zustimmung der im Range nachstehenden sowie der nur vorgemerkten Gläubiger und des Schuldners beigebracht wird. Für den Entwurf handelt es sich mit Rücksicht auf die Vorschrift des § 46 hier nur darum,

---

1) Unter „Versteigerungsfrist" versteht das preuß. Gesetz die von dem Entwurfe in dem § 46 bestimmte Frist.

die Frist zu bestimmen, welche mindestens innegehalten werden muß, um nicht das weitere Verfahren in Frage zu stellen (§ 114 Nr. 3). Auch kommt es zunächst nur auf den regelmäßigen Verlauf des Verfahrens an. Für diesen aber erscheint eine Frist von sechs Wochen erforderlich und ausreichend.

6. Verkürzung der Fristen im Falle eines neuen Termines.

§ 51.

Der Versteigerungstermin kann, nachdem die öffentliche Bekanntmachung erfolgt ist, aus verschiedenen Gründen sowohl von Amtswegen als auch auf Antrag aufgehoben werden[1]). Wird in einem solchen Falle ein neuer Termin angesetzt, so erheischt das Interesse des Gläubigers, daß die in den §§ 46 und 50 bestimmten Fristen entsprechend verkürzt werden. Die Verkürzung läßt sich jedoch ohne Gefährdung des berechtigten Interesses anderer Betheiligter nur rechtfertigen, wenn einerseits die Bekanntmachung der früheren Terminsbestimmung unter Beobachtung der Vorschriften der §§ 44, 48 bewirkt ist, anderseits das Verfahren von Amtswegen fortgesetzt wird oder doch der Antrag, in Folge dessen die Fortsetzung geschieht, vor Ablauf von drei Monaten seit der Terminsaufhebung gestellt ist. Liegen diese Voraussetzungen vor, so erscheint es angemessen, den neuen Termin nicht über sechs Wochen hinaus zu bestimmen. Die entsprechende Vorschrift des Entwurfes, welche mit dem preußischen Gesetze übereinstimmt, hat jedoch nur die Bedeutung einer Ordnungsvorschrift. (Abs. 1.) Ihre Tragweite wird überdies dadurch eingeschränkt, daß die Versteigerungsfrist mindestens drei Wochen betragen muß und der neue Termin nicht vor dem Tage des alten Termines stattfinden darf[2]). (Abs. 2.)

7. Mittheilung an die Betheiligten ꝛc.

a) Zustellung der Terminsbestimmung an die Betheiligten, sowie des Versteigerungs- und des Beitrittsbeschlusses an den Schuldner.

§ 52.

Zustellung an die Betheiligten. I. Die Betheiligten sind als solche berechtigt, zu dem Verfahren zugezogen, mithin auch von dem Beschlusse, durch welchen der Versteigerungstermin bestimmt ist, besonders benachrichtigt zu werden. Die Landesgesetze schreiben die Benachrichtigung in verschiedenen Wendungen vor[3]). In Preußen werden die Betheiligten durch Zustellung der Versteigerungsbekanntmachung zu dem Termine geladen. Einer Ladung im Sinne der C. P. O. bedarf es jedoch nicht. Es genügt im Einklange mit Bayern (1879) Art. 62 und Sachsen § 100 vorzuschreiben, daß die Terminsbestimmung den zur Zeit des Beschlusses vorhandenen Betheiligten zuzustellen ist. Die Zustellung ist

---

[1]) Vergl. C. P. O. §§ 206, 688 ff.; Entw. §§ 58, 104 ff., 119, 145.

[2]) Vergl. Preußen § 49 Abs. 2, § 50 Abs. 2, 3, § 69 Abs. 2, § 74 Abs. 3, § 75 Nr. 6, § 79 Abs. 3, § 99 Abs. 3.

[3]) Preußen § 47, Bayern (1879) Art. 62, Sachsen § 100, Württemberg Art. 10, Baden § 54, Hessen Art. 53, 120, Weimar § 36, Anhalt ꝛc.

für das weitere Verfahren nach § 114 Nr. 5, § 115 relativ wesentlich, daher nach Maßgabe der §§ 16 ff. zu bewirken und zu beurkunden. Wer zu den Betheiligten gehört, ergibt sich aus § 8. Von dem daselbst unter Nr. 2 aufgestellten Erfordernisse der Glaubhaftmachung wird jedoch hier abgesehen, da dasselbe für die Zustellung der Terminsbestimmung kaum von Bedeutung sein würde, dem Betheiligten gegenüber jedoch zu einer empfindlichen Härte führen könnte. (Abs. 1.)

Zwischen der Zustellung und dem Termine muß ein Zeitraum liegen, welcher für die Betheiligten zur Erlangung der nöthigen Kenntniß von der Sachlage und zur Vorbereitung auf den Termin ausreichend ist. Diesen Zeitraum bemessen Preußen und Weimar auf zwei Wochen, Bayern auf einen Monat vor dem Versteigerungstermine, Sachsen auf zwei Wochen vor dem Anmeldetermine. Eine Frist von zwei Wochen erscheint genügend, ihre Einhaltung aber in gleicher Weise wesentlich wie die Zustellung überhaupt. (Abs. 2.)

II. Während eine möglichst schnelle Erledigung des Verfahrens im Interesse des Gläubigers liegt, fordert andererseits die billige Rücksicht auf die Lage des Schuldners, daß die Versteigerung selbst nicht überhastet werde. Der Schuldner muß eine angemessene Frist haben, um sich mit dem Gläubiger benehmen und die Einstellung des Verfahrens vor der Versteigerung herbeiführen zu können. Eine solche Frist wird ihm zwar mittelbar schon dadurch gewährt, daß der Versteigerungstermin erst nach der Zustellung des Beschlusses, durch welchen die Versteigerung angeordnet ist, bestimmt werden darf und auf einen ziemlich fern liegenden Tag anberaumt werden muß[1]). Allein das Gesetz muß damit rechnen, daß der Versteigerungsantrag schon vor dem Termine erledigt sein kann, das Verfahren aber auf den Antrag eines anderen Gläubigers fortzusetzen ist. In diesem Falle muß nach dem preußischen Gesetze zwischen der Zustellung des Beitrittsbeschlusses an den Schuldner und dem Termine eine Frist von zwei Wochen liegen[2]). Auch in dem sächsischen Gesetze ist nur dieser Fall berücksichtigt[3]). Die hierin liegende besondere Behandlung des Beitrittsbeschlusses gegenüber dem Versteigerungsbeschlusse entspricht jedoch nicht der grundsätzlichen Gleichstellung beider Beschlüsse in dem Entwurfe. Vom Standpunkte des letzteren ist die Frist zwischen dem Termine und der Zustellung des für die Fortsetzung des Verfahrens maßgebenden Beschlusses von derselben Bedeutung, gleichviel ob durch diesen Beschluß das Verfahren angeordnet oder nur der Beitritt zugelassen ist[4]). (Abs. 3.) an den Schuldner

b) Mittheilung der Terminsbestimmung an gewisse Behörden ꝛc

§ 53.

Diejenigen, welchen ein Anspruch wegen öffentlicher Abgaben oder wegen öffentlicher Lasten zusteht (§ 9 Nr. 2), gehören zu den Betheiligten, sobald sie

[1]) Entw. § 43 Abs. 2, §§ 46, 50.
[2]) Preußen § 49 Abs. 1, § 75 Ziffer 8.
[3]) Sachsen § 63.
[4]) Vergl. Entw. § 31 Abs. 1, § 43 Abs. 2, § 58.

den Anspruch bei dem Vollstreckungsgerichte anmelden. Erfolgt die Anmeldung vor dem Beschlusse, durch welchen der Versteigerungstermin bestimmt wird, so muß ihnen die Terminsbestimmung gemäß § 43 Abs. 1 zugestellt werden. Anderenfalls besteht ein Recht hierauf nicht. Man könnte freilich daran denken, ein solches Recht dadurch zu schaffen, daß das Vollstreckungsgericht durch das Reichsgesetz verpflichtet würde, die zur Erhebung der gedachten Abgaben und Lasten berechtigten Behörden, Anstalten oder Beamten von der Terminsbestimmung in Kenntniß zu setzen. Allein das Vollstreckungsgericht ist in einer Reihe von Staaten bei der großen Zahl und Verschiedenheit der von dem Grundbesitze zu entrichtenden Gefälle gar nicht in der Lage, von sich aus zu wissen oder zu ermitteln, ob das Grundstück, dessen Versteigerung es angeordnet hat, in einem Verhältnisse steht, aus welchem gewisse Abgaben und Lasten sich ergeben. An sich ist es Aufgabe der Behörden und Kassen, welchen die Erhebung dieser Gefälle obliegt, darauf zu achten, namentlich durch Nachlesen der öffentlichen Blätter ihres Bezirkes, ob ein Grundstück, auf welchem derartige Abgaben und Lasten ruhen, zur Zwangsversteigerung gestellt ist. In Preußen, wo ehedem eine Verpflichtung der Gerichte in der angedeuteten Richtung gesetzlich vorgeschrieben war, hat man daher diese Vorschrift aufgegeben, zugleich aber das Bedürfniß empfunden, den betreffenden Behörden, Kassen &c. die Aufgabe zu erleichtern. Zu diesem Zwecke sind im Wege der Justizverwaltung Ministerialverfügungen ergangen, durch welche die Gerichte angewiesen werden, von der Versteigerung diejenigen Kassen &c. zu benachrichtigen, welche ihnen von der zuständigen Verwaltungsbehörde bezeichnet werden[1]). Auch für Sachsen ist die Benachrichtigung nicht in dem Ges., betr. die Zwangsversteigerung &c., v. 15. August 1884, sondern in der Ausf. Verordn. § 21 vorgeschrieben. Es handelt sich in der That nur um eine Anordnung der Justizverwaltung im Interesse der Geschäftserleichterung für die betreffenden Behörden, Kassen und Anstalten. Daß den Landesjustizverwaltungen als solchen die Befugniß zusteht, den Gerichten als Organen der Verwaltung die Weisung zu Mittheilungen an andere Behörden zu ertheilen, ist nicht zweifelhaft. Dieser Gesichtspunkt trifft aber hier, wo die Erlassung einer eigentlichen Verfahrensvorschrift in Frage steht, nicht zu. Es erscheint daher angezeigt, der Landesjustizverwaltung in dem Gesetze selbst die Befugniß zu den gedachten Anordnungen vorzubehalten. Daß die Unterlassung der Mittheilung im einzelnen Falle ohne Einfluß auf die Gültigkeit des Verfahrens ist, wird durch die Fassung angedeutet.

c) Weitere Mittheilung an die Betheiligten.

§ 54.

Nach dem preuß. Ges. § 47 Abs. 2 ist „im Laufe der zweiten Woche vor dem Versteigerungstermine den zu dieser Zeit vorhandenen Interessenten mit Ausnahme des Schuldners und des etwa neu eingetretenen Eigenthümers des Grundstückes mitzutheilen, welche Gläubiger das Verfahren oder die Zu-

[1]) Allg. Verf., betr. die Zwangsvollstr. in das unbewegl. Verm., v. 2. Novbr. 1883, Just. Min. Bl. S. 332, v. 2. April und v. 8. Oktbr. 1884, Just. Min. Bl. S. 66, 230, v. 24. März 1885, Just. Min. Bl. S. 122.

lassung des Beitrittes zu demselben vor Beginn der zweiten Woche vor dem Termine beantragt haben, und wegen welcher Forderungen die Anträge gestellt sind. Die Beurkundung der Zustellung ist nicht erforderlich". Der letzte Satz ergibt, daß es sich nur um eine Ordnungsvorschrift handelt, welche den Zweck hat, den bezeichneten Berechtigten für die Prüfung, ob und inwieweit sie von der Zwangsversteigerung berührt werden, eine gewisse Grundlage zu verschaffen. Eine solche Vorschrift ist in der That erforderlich, wenn die Bestimmung des Versteigerungstermines über die Person des betreibenden Gläubigers und den Anspruch desselben keine Auskunft zu geben braucht. Da es sich indessen nur um eine Ordnungsvorschrift handelt, so erscheint es nicht rathsam, die erforderlichen Mittheilungen an bestimmte Fristen zu knüpfen oder gewisse Betheiligte von der Benachrichtigung auszuschließen.

8. Einreichung und Einsicht von Nachweisungen, welche das Grundstück betreffen.

§ 55.

a) Bei der Regelung des Verfahrens muß darauf Bedacht genommen werden, die Bieter über die Verhältnisse des Grundstückes möglichst zu unterrichten, damit Gebote erzielt werden, welche dem Werthe des Grundstückes entsprechen. Es muß daher den Betheiligten freistehen, dem Vollstreckungsgerichte Abschätzungen und andere das Grundstück betreffende Nachweisungen zur Klarstellung der Verhältnisse einzureichen. (Abs. 1.) Die Vorschrift des Entwurfes ist dem preußischen Ges. § 44 entlehnt.

b) Mehrere Landesgesetze verlangen, daß die Versteigerungsbekanntmachung darüber Auskunft gebe, wo der Auszug aus dem Steuerbuche, die Abschrift des Grundbuchblattes, die unter a) bezeichneten Nachweisungen und etwaige besondere Versteigerungsbedingungen eingesehen werden können; so namentlich Preußen § 40 Ziff. 7 und, wenn auch in den Einzelheiten abweichend, Sachsen § 97 Ziff. 7, Rheinhessen Art. 118 Ziff. 4, Weimar § 31 Ziff. 4, Oldenburg Art. 28 Ziff. 5, Braunschweig § 45 Ziff. 7, Elsaß-Lothringen § 19 Ziff. 2. Der Entwurf hat eine solche Vorschrift nicht aufgenommen, um den Umfang der Terminsbestimmung im Hinblicke auf die kostspielige Bekanntmachung derselben möglichst zu beschränken. Von seinem Standpunkte wird das Interesse der Betheiligten an der Kundbarmachung der eingereichten Nachweisungen 2c. mit Einschluß derjenigen, welche gemäß § 29 Abs. 3 eingereicht sind, genügend gewahrt, wenn nach dem Vorgange von Weimar § 29 Abs. 1 die Niederlegung der fraglichen Schriftstücke zur Einsicht für Jeden auf der Gerichtsschreiberei vorgesehen wird. (Abs. 2.) Die Versteigerungsbedingungen kommen hier mit Rücksicht auf § 85 Abs. 3 nicht in Betracht.

9. Besonderer Termin zur Verhandlung über das geringste Gebot und die Versteigerungsbedingungen.

§ 56.

Der Entwurf gestattet, um ein in verwickelteren Fällen hervortretendes Bedürfniß zu befriedigen, im Einklange mit Preußen § 45 Abs. 3 und

Bayern (1886) Art. 24 Abs. 1 Satz 3 dem Vollstreckungsgerichte die Bestimmung eines besonderen Termines zur Verhandlung über das geringste Gebot und die Versteigerungsbedingungen[1]). Das Gericht kann einen solchen Termin, wenn der Richter es nach den Umständen z. B. zu seiner eigenen Information für angemessen erachtet, auch von Amtswegen anberaumen. Die Verhandlung hat insofern einen nur vorbereitenden Karakter, als die Feststellung des geringsten Gebotes und der Versteigerungsbedingungen nach § 85 Abs. 3 erst in dem Versteigerungstermine zu erfolgen hat.

10. Aufhebung des Versteigerungstermines und Neubestimmung desselben wegen Verletzung von Verfahrensvorschriften.

a) Verletzung von Vorschriften über den Inhalt der Terminsbestimmung, deren Bekanntmachung und Zustellung.

§ 57.

Die Vorschriften des § 44 über den Inhalt der Terminsbestimmung, des § 48 über die öffentliche Bekanntmachung derselben und des § 50 sowie des § 51 Abs. 2 über die Versteigerungsfrist sind, wie bereits in ihrer Begründung angedeutet wurde, dergestalt wesentlich, daß im Falle der Verletzung einer dieser Vorschriften der Zuschlag gemäß § 114 Nr. 3 versagt werden muß. Wenn daher das Gericht vorher sich überzeugt, daß ein solcher Fall vorliegt, so erscheint die Aufhebung des Termines und die Neubestimmung desselben im Interesse aller Betheiligten; sie ist aus diesem Grunde dem Vollstreckungsgerichte nicht, wie nach dem sächsischen Gesetze § 99, blos zu gestatten, sondern zur Pflicht zu machen. Auch ist von einem Antrage, wie ihn Preußen § 79 Abs. 1 verlangt, abzusehen. (Abs. 1.)

Aehnlich verhält es sich, wenn die Terminsbestimmung, der Vorschrift des § 52 zuwider, einem Betheiligten nicht zugestellt ist; nur daß in einem solchen Falle es bei dem Termine zu bewenden hat, wenn der Betheiligte das Verfahren genehmigt oder durch den Zuschlag nicht beeinträchtigt wird. (Abs. 2.) In dieser Hinsicht genügt es, auf § 114 Nr. 5 und §§ 115, 116 zu verweisen.

In allen Fällen ist die Aufhebung des Termines von der Befolgung der Vorschrift des § 99 abhängig.

b) Verletzung von Vorschriften über die Zustellung des Versteigerungs- oder des Beitrittsbeschlusses an den Schuldner.

§ 58.

Die Zustellung des Beschlusses, auf Grund dessen die Zwangsversteigerung ausgeführt wird, an den Schuldner ist für das Verfahren nicht minder wesentlich wie die Zustellung der Terminsbestimmung an einen Betheiligten, dessen Recht durch die Ertheilung des Zuschlages beeinträchtigt werden würde. Es erhellt dies aus den Vorschriften der §§ 8, 24, 26 ff., des § 37 Abs. 1,

[1]) Vergl. oben S. 148, 149.

des § 43 Abs. 2 und des § 52 Abs. 3. Wenn daher die Zustellung an den Schuldner nicht gehörig bewirkt ist, so muß der Versteigerungstermin, wie in den Fällen des § 57, aufgehoben und von Neuem bestimmt werden, sofern nicht der Schuldner und, wenn ein Anderer als Eigenthümer zu den Betheiligten gehört, auch dieser das Verfahren genehmigt[1]). Preußen § 49 und Sachsen § 63 haben entsprechende Vorschriften nur für den Fall, daß nach Erledigung des Versteigerungsantrages das Verfahren in Folge des Beitrittes eines Gläubigers fortzusetzen ist. Diesem Falle aber muß, wie aus der Begründung des § 52 Abs. 3 zu entnehmen ist, der Fall gleichgestellt werden, wenn umgekehrt nicht der Versteigerungsantrag, sondern der Antrag auf Zulassung des Beitrittes sich erledigt hat oder überhaupt nur ein einziger Antrag gestellt ist. Beim Mangel eines sachlichen Unterschiedes zwischen Versteigerungsantrag und Beitrittsantrag kommt es, wenn mehrere Beschlüsse zu erledigen sind, nur darauf an, ob einer von ihnen dem Schuldner gehörig zugestellt worden ist. Wird dies bejaht, so kann von einer Aufhebung des Versteigerungstermines blos um deswillen, weil ein anderer Beschluß — gleichviel ob durch ihn die Versteigerung angeordnet oder nur der Beitritt eines Gläubigers zugelassen worden — nicht gehörig zugestellt ist, keine Rede sein.

III. Geringstes Gebot. Versteigerungsbedingungen.

1. Geringstes Gebot.

a) Begriff und Feststellung des geringsten Gebotes.

§ 59.

Der für den Entwurf maßgebende Grundsatz, daß die Zwangsversteigerung nur unter Wahrung der dem Anspruche des Gläubigers vorgehenden Rechte und Ansprüche erfolgen darf[2]), bringt es mit sich, daß bei der Versteigerung nur ein solches Gebot zugelassen wird, durch welches diese Rechte und Ansprüche mit Einschluß der aus dem Versteigerungserlöse zu entnehmenden Kosten gedeckt werden. Preußen § 22 Abs. 1 Satz 2, § 54 Abs. 1 und Bayern (1886) Art. 1 Abs. 1 stimmen hierin überein. Sachsen dagegen verlangt unter § 10, daß das Gebot den Gesammtbetrag, welcher zu decken ist, übersteige. Der Entwurf läßt es bei dem Erfordernisse der Deckung der dem Gläubiger vorgehenden Rechte und Ansprüche bewenden, da, wenn auch der Anspruch des Gläubigers theilweise gedeckt werden müßte, dieses Erforderniß nur dann von praktischer Bedeutung wäre, wenn der zu deckende Theil auf einen verhältnißmäßig erheblichen Betrag festgesetzt würde. Eine solche Festsetzung aber kann nicht vorgeschrieben werden, ohne das Recht des Gläubigers auf Befriedigung aus dem Grundstücke zu verletzen. (Abs. 1.)

---

[1]) Vergl. § 114 Nr. 7, § 115.

[2]) Oben S. 111 ff.

Daß das geringste Gebot vor der Versteigerung festgestellt wird, entspricht den erwähnten Gesetzen[1]). Die vorgängige Feststellung ist nöthig, um einer ergebnißlosen Versteigerung vorzubeugen. Daß sie von dem Richter zu bewirken ist, folgt aus der Stellung desselben in dem Verfahren. (Abs. 2.)

b) Voraussetzungen der Berücksichtigung eines Rechtes bei der Feststellung des geringsten Gebotes.

α. Eintragung in das Grundbuch.

§ 60.

Die Feststellung des geringsten Gebotes gemäß § 59 erheischt, daß die durch dasselbe zu deckenden Rechte von dem Versteigerungsrichter festgestellt werden. Dem Grundbuchsysteme, mit welchem der Entwurf zu rechnen hat, entspricht es, die aus dem Grundbuche ersichtlichen Rechte sowie die Rangordnung der eingetragenen Rechte nach Inhalt des Buches zu berücksichtigen[2]). Preußen § 55 Abs. 1 und Sachsen § 102 erkennen den Grundsatz an[3]). Derselbe muß indessen von dem Standpunkte, welchen der Entwurf in dem § 33 und dem § 44 Nr. 4 einnimmt, im Einklange mit dem preuß. Ges. Abs. 5 dahin eingeschränkt werden, daß nur der zur Zeit der Eintragung des Versteigerungsvermerkes vorhandene Grundbuchinhalt zu beachten ist.

Selbstverständlich ist, daß der Eintragung eines erloschenen Rechtes ein Einfluß auf die Feststellung des geringsten Gebotes nicht zugestanden werden darf. Der Versteigerungsrichter kann aber ein eingetragenes Recht, welches noch nicht gelöscht ist, nur dann als nicht bestehend behandeln, wenn die Voraussetzungen der Löschung liquide vorliegen. Dies braucht aber in dem Gesetze nicht ausgesprochen zn werden, weil nicht zu besorgen ist, daß es verkannt werden möchte. Dagegen könnte es leicht zu Mißverständnissen führen, wenn mit dem preuß. Ges. Abs. 2 bestimmt würde, daß eingetragene Posten, rücksichtlich welcher ein Anspruch nicht mehr besteht, unberücksichtigt bleiben.

β. Anmeldung und Glaubhaftmachung.

§ 61.

Rechte, Ansprüche;

1. Nach den Gesetzen für Preußen, Bayern und Sachsen müssen Rechte und Ansprüche, welche nicht mit Hülfe des Grundbuches (Hypothekenbuches) festgestellt werden können, angemeldet bezw. glaubhaft gemacht werden. Für den Entwurf ergibt sich bereits aus § 44 Nr. 4, daß die Anmeldung und Glaubhaftmachung spätestens in dem Versteigerungtermine vor der Aufforderung zur Abgabe von Geboten zu bewirken ist und daß, wenn sie unterbleibt, die fraglichen Rechte und Ansprüche insoweit, als sie nicht zur Zeit der Eintragung des Versteigerungsvermerkes aus dem Grundbuche ersichtlich waren, bei der Feststellung des geringsten Gebotes nicht zu berücksichtigen sind. Im Einklange hiermit bestimmt der Entwurf an dieser Stelle die Rechte und Ansprüche, welche der Anmeldung bezw. der Glaubhaftmachung bedürfen,

---

[1]) Preußen § 54 Abs. 1, Bayern (1886) Art. 2, Sachsen § 120.

[2]) B. G. B. §§ 826 ff.

[3]) Vergl. Bayern (1886) Art. 2.

um bei der Feststellung des geringsten Gebotes berücksichtigt werden zu können. Eine Aufzählung der einzelnen Ansprüche, wie sie in den Gesetzen für Sachsen §§ 12, 103, 105 und Bayern (1886) Art. 3 Abs. 2, Art. 15 Abs. 2, Art. 20 Abs. 2 sich findet, erscheint nicht nöthig. Für das Verständniß des Gesetzes genügt es, hier im Gegensatze zu dem § 60 die beiden Kategorieen hervorzuheben: Rechte, welche überhaupt nicht eingetragen sind bezw. zur Zeit der Eintragung des Versteigerungsvermerkes nicht eingetragen waren, und Ansprüche, welche zwar in eingetragenen Rechten sich gründen, aber in ihrem Umfange aus dem Grundbuche nicht hervorgehen. Zu der letzteren Kategorie gehören außer den Kosten der Rechtsverfolgung nur die wiederkehrenden Leistungen, und auch diese im Hinblicke auf §§ 14 und 62 nur insoweit, als es sich nicht um laufende Leistungen handelt; dagegen scheiden in Konsequenz des § 66 hier aus die in dem preuß. Ges. §. 56 bezeichneten „eingetragenen Forderungen von unbestimmter Höhe, für welche ein höchster Betrag nicht eingetragen ist".

Die Anmeldefrist endet, wie in Preußen und Bayern, zweckmäßig mit der in dem Versteigerungstermine erfolgenden Aufforderung des Richters zur Abgabe von Geboten, nicht erst mit dem Schlusse des Termines. Die Erstreckung der Frist über jenen Zeitpunkt hinaus würde eine Wiederholung der Feststellung des geringsten Gebotes nothwendig machen, hierdurch aber das Versteigerungsgeschäft erheblich erschweren. (Abs. 1.)

2. Was hier in Ansehung der Rechte vorgeschrieben wird, muß auch für die Rangordnung gelten, in welcher dieselben unter einander stehen. Der Deutlichkeit halber empfiehlt es sich, mit dem preuß. Ges. § 56 Satz 2 den Fall besonders hervorzuheben, in welchem es sich um den zur Zeit der Eintragung des Versteigerungsvermerkes aus dem Grundbuche nicht ersichtlichen Vorrang eines Rechtes vor dem Anspruche des betreibenden Gläubigers handelt. (Abs. 2.) Rang,

3. Wenn das Erforderniß der Anmeldung und Glaubhaftmachung eines Anspruches seinen Zweck erfüllen soll, so muß es in Beziehung auf einen bestimmten Betrag aufgestellt werden. Demgemäß ist bei Ansprüchen von unbestimmter Höhe die Anmeldung und Glaubhaftmachung zu einem höchsten Betrage zu bewirken. Diese Vorschrift hat jedoch in dem Entwurfe eine geringere Tragweite als die entsprechende Bestimmung des preuß. Ges. § 56 Satz 1, da die unter der Herrschaft des bisherigen Rechtes ohne Beschränkung auf einen Höchstbetrag eingetragenen Hypotheken nach dem Entwurfe[1]) dem Anmeldezwange nicht unterliegen. (Abs. 3.) Betrag;

4. Die Glaubhaftmachung eines Anspruches kann, insbesondere wenn man die zuletzt gedachten Hypotheken und die in dem Einf. Ges. Art. 109 bezeichneten gesetzlichen Pfandrechte in Betracht zieht, mit Schwierigkeiten verbunden sein. Um indessen frivolen, die Verzögerung der Zwangsversteigerung bezweckenden Anmeldungen zu begegnen, erscheint es unerläßlich, die Glaubhaftmachung eines angemeldeten Anspruches wenigstens dann zu verlangen, wenn der Gläubiger widerspricht. (Abs. 1.) Hiervon ist jedoch in Ansehung ein- Rückstände.

[1]) Vergl. § 239.

getragener wiederkehrender Leistungen eine Ausnahme zu machen. Soweit dieselben rückständig sind, kann zwar beim Mangel jeden Anhaltes dafür, wieweit die Rückstände reichen, von dem Erfordernisse der Anmeldung nicht abgesehen werden. Einer Glaubhaftmachung des angemeldeten Anspruches aber bedarf es nicht, da dieser an sich aus dem Grundbuche hervorgeht. (Abs. 4.) Der Entwurf folgt hierin den Gesetzen für Preußen § 56 Satz 4, Bayern (1886) Art. 3 und Sachsen §§ 12, 103.

c) Berechnung wiederkehrender Leistungen.

§ 62.

Laufende Leistungen.

α. Die laufenden Leistungen, wegen welcher ein Anspruch auf Befriedigung aus dem Grundstücke besteht, sind bei der Feststellung des geringsten Gebotes insoweit, als sie aus dem Grundbuche hervorgehen, nach § 60 von Amtswegen, im Uebrigen gemäß § 61 auf Anmeldung zu berücksichtigen. Berechnet werden sie in Preußen und Bayern bis zum Zuschlage[1]), in Sachsen bis zum Versteigerungstermine[2]). Die Berechnung bis zum Zuschlage würde dem Standpunkte, auf welchem die Vorschrift des § 74 Abs. 2 beruht, am meisten entsprechen. Sie ist jedoch insofern nicht ohne Bedenken, als der Tag, an welchem der Zuschlag ertheilt wird, bei der Feststellung des geringsten Gebotes sich nicht mit Sicherheit bestimmen läßt[3]), mithin die Möglichkeit besteht, daß das geringste Gebot zu niedrig berechnet, hierdurch aber ein Gläubiger, dessen Anspruch gedeckt werden muß, geschädigt wird. Es empfiehlt sich deshalb, für die laufenden Leistungen einen kalendermäßig bestimmbaren Endpunkt festzusetzen und denselben so geräumig zu bemessen, daß der darnach zu berechnende Betrag in der großen Mehrzahl der Fälle nicht hinter demjenigen Betrage zurückbleibt, welcher sich ergeben würde, wenn der Zeitpunkt der Ertheilung des Zuschlages zu Grunde gelegt worden wäre. Wenn daher in dem § 62 die Berechnung für die Zeit bis zum Ablaufe von zwei Wochen nach dem Versteigerungstermine vorgeschrieben wird, so ist freilich nicht ausgeschlossen, daß in einzelnen Fällen das geringste Gebot zu hoch gegriffen wird. Aber der hierin liegende Uebelstand ist weit weniger bedenklich als die Unzuträglichkeiten, welche aus einer zu niedrigen Bemessung sich ergeben können. (Abs. 1.)

Naturalleistungen.

β. Wiederkehrende Leistungen, welche nicht Geld zum Gegenstande haben, können, da sie nach § 65 durch Zahlung aus dem Versteigerungserlöse zu berichtigen sind, bei der Feststellung des geringsten Gebotes nur nach ihrem Geldwerthe berücksichtigt werden. Dieser Werth ist sowohl in Bayern als auch in Sachsen maßgebend[4]). Nach dem preußischen Ges. § 55 Abs. 6 sind die laufenden und rückständigen Naturalleistungen „zu einem Geldbetrage festzusetzen, unbeschadet jedoch der anderweiten Berechnung bei der Vertheilung.

---

[1]) Preußen § 55 Abs. 4, Bayern (1886) Art. 3 Abs. 1.

[2]) Begr. des § 14, oben S. 99.

[3]) Vergl. §§ 121, 127 ff.

[4]) Bayern (1886) Art. 3 Abs. 4, Sachsen § 5.

des Kaufgeldes". Der Entwurf geht davon aus, daß, wenn ein bestimmter Geldbetrag angemeldet und glaubhaft gemacht ist, dieser Betrag der Berechnung zu Grunde gelegt werden muß. Andernfalls hat der Richter selbstständig die Schätzung vorzunehmen. Dieselbe gilt indessen ebenso wie die unter Abs. 1 vorgesehene Berechnung nur für das geringste Gebot. Ein Vorbehalt, wie ihn das preuß. Gesetz enthält, ist jedoch nicht erforderlich, da die Vorschriften über die Vertheilung des Versteigerungserlöses keinen Zweifel lassen, daß ein Betheiligter, dessen Anspruch bei der Feststellung des geringsten Gebotes zu niedrig angesetzt ist, hierdurch nicht behindert wird, im Vertheilungsverfahren das zu beanspruchen, was ihm in Wirklichkeit gebührt. (Abs. 2.)

d) Behandlung bedingter und vorgemerkter Rechte.

§ 63.

α. Bedingte Rechte, welche dem Anspruche des Gläubigers vorgehen, werden bei der Feststellung des geringsten Gebotes in Preußen sowohl wie in Bayern und Sachsen den unbedingten Rechten gleichbehandelt[1]). Ob dies genau dem Rechte der Bedingungen entspricht[2]), muß hier dahin gestellt bleiben. Die Feststellung des geringsten Gebotes kann aus nahe liegenden Gründen nicht von einer Bedingung abhängig gemacht werden. Wenn daher auch die bedingten Rechte gemäß § 59 gewahrt werden sollen[3]), so läßt sich dies nur so ausführen, daß sie hier dieselbe Berücksichtigung finden, welche den unbedingten Rechten nach §§ 60—62 zu Theil wird.

β. Den bedingten Rechten stehen die vorgemerkten Rechte insofern gleich, als die Vormerkung, wenn das Recht liquide wird, ebenso wirkt wie die (endgültige) Eintragung. Sie müssen deshalb bei der Feststellung des geringsten Gebotes wie eingetragene Rechte berücksichtigt werden. Dies erscheint um so weniger bedenklich, als nach dem B. G. B. § 845 eine Vormerkung nur eingetragen werden darf, wenn das Recht dem Prozeßgerichte glaubhaft oder die Bewilligung des leidenden Theiles beigebracht ist.

Die Vorschrift des sächsischen Ges. § 8, daß Vormerkungen nicht zu berücksichtigen sind, hängt mit der dem sächs. Rechte eigenen Vormerkungstheorie[4]) zusammen.

e) Feststellung des geringsten Gebotes bei einer von mehreren Gläubigern betriebenen Versteigerung.

§ 64.

α. Wenn einerseits die Deckung der dem Anspruche des Gläubigers vorgehenden Rechte bezw. Ansprüche eine unerläßliche Voraussetzung des Zuschlages ist, so hat andererseits der Gläubiger ein Recht darauf, daß das Grundsatz.

---

1) Preußen § 55 Abs. 3, Bayern (1886) Art. 2 Abs. 2, Sachsen § 7.
2) B. G. B. § 135.
3) Vergl. Entw. § 71.
4) Mot. III S. 239.

geringste Gebot nicht höher bemessen werde als zu der nöthigen Deckung erforderlich erscheint. Wird das Verfahren von verschiedenen Gläubigern betrieben, so ist für die Feststellung des geringsten Gebotes derjenige Anspruch entscheidend, nach welchem dasselbe am niedrigsten bestimmt werden kann. In Preußen und Sachsen scheint es als selbstverständlich zu gelten, daß das geringste Gebot nach dem bestberechtigten Anspruche festgestellt werden muß. Nach dem bayerischen Gesetze von 1886 Art. 1 Abs. 2 ist „diejenige Forderung maßgebend, welche den besten Rang hat". Die Abstellung auf den Rang führt jedoch für gewisse Fälle nicht zu einer richtigen Lösung. Hervorzuheben ist namentlich der Fall, wenn ein vorstehendes Recht nur gegenüber dem einen, nicht auch gegenüber dem anderen der mehreren betreibenden Gläubiger unwirksam ist. Ein Beispiel mag dies erläutern: Die Zwangsversteigerung wird von B und von C betrieben. Das beiden vorgehende Recht des A ist gegenüber dem C, nicht aber gegenüber dem B unwirksam. Zur Deckung des A ist ein höheres Gebot erforderlich als zur Deckung des B. Gleichwohl kann C verlangen, daß das geringste Gebot nach Maßgabe des Rechtes des B, nicht des A, festgestellt werde, obschon B ihm im Range vorgeht, und B kann die Versteigerung des Grundstückes unter Bedingungen, welche auch ihm Zahlung verschaffen, nur nach näherer Bestimmung des § 76 beanspruchen. Richtiger ist es deshalb, so zu verfahren, daß zunächst für jeden Antragsteller das geringste Gebot ohne Rücksicht auf die übrigen bestimmt und sodann von den mehreren in dieser Weise ermittelten geringsten Geboten das niedrigste als maßgebend festgestellt wird. (Satz 1.)

Einschränkung des Grundsatzes.

β. Der Grundsatz des Entwurfes bedarf insofern der Einschränkung, als der Antrag eines Gläubigers, welcher dem Verfahren beigetreten ist, nicht in Betracht gezogen werden kann, wenn der Beitrittsbeschluß dem Schuldner nicht rechtzeitig zugestellt worden ist. Das preußische Gesetz bestimmt unter § 54 Abs. 2: „Ist der zugelassene Beitritt eines Gläubigers erst innerhalb der beiden letzten Wochen vor dem Termine beantragt worden, so bleibt der Beitritt bei der Feststellung des geringsten Gebotes unbeachtet, es sei denn, daß diejenigen Realberechtigten der Beachtung zustimmen, deren Ansprüche in Folge der Beachtung bei der Feststellung des geringsten Gebotes unberücksichtigt bleiben". Sachsen weicht unter § 63 Abs. 2, 3 hiervon insofern ab, als es die Beachtung des Beitrittes davon abhängig macht, daß entweder der denselben zulassende Beschluß vor Beginn der Frist dem Schuldner und den zwischenberechtigten Hypothekengläubigern zugestellt ist oder diese Personen der Beachtung zustimmen[1]). Bayern Art. 22 gedenkt der Zustellung des Beschlusses an den Schuldner so wenig wie einer Zustimmung der Betheiligten; im Uebrigen stimmt es mit Sachsen überein. Der Entwurf rechnet in Konsequenz des § 52 Abs. 3 sowie des § 58 die zweiwöchige Frist von der Zustellung des Beitrittsbeschlusses an den Schuldner, hält es dagegen im Hinblicke auf § 76 nicht für nöthig oder zweckmäßig, an dieser Stelle darauf hinzuweisen, daß die Betheiligten durch ihr Einverständniß eine abweichende Feststellung herbeiführen können. (Satz 2.)

---

[1]) Vergl. auch Sachsen §§ 62, 93 Abs. 3.

2. Versteigerungsbedingungen.

a) Zahlungspflicht des Erstehers.

§ 65.

1. Nach denjenigen Gesetzen, nach welchen die Rechte an dem Grundstücke durch die Zwangsversteigerung erlöschen, hat der Ersteher das Meistgebot durch Baarzahlung zu berichtigen, damit die Ansprüche aus den erlöschenden Rechten, soweit sie durch das Gebot gedeckt sind, befriedigt werden können. Die Annahme des Deckungsprinzipes nöthigt zu einer Einschränkung der Zahlungspflicht des Erstehers nur insoweit, als die Rechte an dem Grundstücke, welche durch das geringste Gebot gedeckt werden müssen (§ 59), ohne Anspruch des Erstehers auf Gewährleistung bestehen bleiben (§ 66). Die Durchsichtigkeit des Gesetzes wird indessen wesentlich gefördert, wenn dasselbe unmittelbar ausspricht, was baar zu zahlen ist. Betrag.

Ein Recht auf Befriedigung durch Zahlung aus dem Meistgebote besteht für die Ansprüche, welche nicht in einem Rechte an dem Grundstücke sich gründen, für die Ansprüche wegen der laufenden und rückständigen wiederkehrenden Leistungen und wegen der Kosten, für den Anspruch des betreibenden Gläubigers und für die Ansprüche aus Rechten an dem Grundstücke, welche dem Anspruche des Gläubigers im Range gleich- oder nachstehen. Dieses Recht auf Zahlung tritt an die Stelle des mit dem Zuschlage erlöschenden Rechtes auf vorzugsweise Befriedigung aus dem Grundstücke[1]), natürlich nur insoweit, als die Ansprüche, welchen das Vorzugsrecht gebührt, durch das geringste Gebot zu decken, bezw. durch das Meistgebot gedeckt sind. Der zu der Deckung erforderliche Theil des Meistgebotes ist demnach von dem Ersteher baar zu zahlen. Daß, wenn nach Deckung aller Ansprüche, bezw. Rechte, für den Schuldner ein Ueberschuß verbleibt, auch dessen Betrag durch Zahlung zu berichtigen ist, bedarf keiner Ausführung. Die zu zahlende Summe hat der Ersteher vom Tage des Zuschlages ab zu verzinsen, weil ihm von da an die Nutzungen des Grundstückes zufallen. (Abs. 1.) Zinsen.

Diese Regelung der Zahlungspflicht entspricht den Gesetzen für Preußen § 57 Abs. 1, 6, Sachsen §§ 13, 15, 131, Bayern (1879) Art. 55 Nr. 1, (1886) Art. 6, 8, 9.

2. Die Zahlung, welche der Ersteher zu leisten hat, erfolgt nach dem preußischen Ges. § 102 Abs. 2 in dem Vertheilungstermine an den Richter. Auch nach den Gesetzen für Württemberg Art. 24, Weimar § 69, Anhalt § 34 ist sie in diesem Termine zu bewirken. Die mecklenburgischen Verordnungen bestimmen unter § 44 Ziff. 4: „Die Zahlung des Kaufpreises erfolgt an das Vollstreckungsgericht. Der Käufer ist jedoch schuldig, auf Erhebungsanweisung des Gerichtes an einzelne Gläubiger zu zahlen, auch zu dem Behufe denselben Agnitionsakte auszustellen". In Bayern ist nach dem Gesetze von 1879 Art. 55 Ziff. 1 der zu zahlende Betrag binnen zwei Wochen nach dem Zuschlage gerichtlich zu hinterlegen. Nach dem säch- Zahlungszeit.

[1]) Vergl. § 72 Abs. 1, § 138 Abs. 2—4, § 140.

sischen Gesetze § 14 ist ein Theil des Meistgebotes bereits in dem Versteigerungstermine zu zahlen. In mehreren Gebieten, namentlich in Elsaß-Lothringen und in Rheinhessen, wo das Gericht an sich nicht mit der Empfangnahme und Auszahlung des Geldes befaßt ist, kann der Ersteher sich durch Hinterlegung von der Zahlungspflicht befreien[1]). Auch das preußische Gesetz erkennt das Recht zur Hinterlegung an. In Elsaß-Lothringen ist der Ersteher unter Umständen verpflichtet zu hinterlegen.

Der Entwurf sieht von der Festsetzung einer solchen Verpflichtung ab, weil mit der Hinterlegung Kosten und Weiterungen verknüpft sind, von welchen ein ungünstiger Einfluß auf die Neigung zur Erwerbung von Grundstücken in der Zwangsversteigerung zu besorgen wäre. Es bleibt deshalb nur übrig, entweder den Ersteher nach Feststellung des Theilungsplanes zu verpflichten, nach Anleitung desselben unmittelbar an die Betheiligten zu zahlen, oder aber die Leistung der Zahlung in dem Vertheilungstermine zum Zwecke der Vertheilung in Aussicht zu nehmen. Die der ersteren Möglichkeit entsprechende Verweisung der Betheiligten an den Ersteher würde kaum befriedigen, und zwar die Betheiligten nicht, weil sie leicht zu einer Verzögerung der Zahlung führen könnte, den Ersteher nicht, weil dieser, wenn er zu sofortiger Zahlung bereit wäre, in der Nothwendigkeit, an mehrere Personen zu zahlen, eine ungerechtfertigte Erschwerung der Erfüllung seiner Verbindlichkeit erblicken müßte. Es erscheint deshalb rathsam, die Verweisung an den Ersteher nur eintreten zu lassen, wenn die schuldige Zahlung nicht geleistet wird. Im Uebrigen führt die zweite Möglichkeit zu einer angemessenen Lösung. Die Forderung an den Ersteher wird an sich mit der Ertheilung des Zuschlages fällig. Da indessen der zu zahlende Betrag zur Vertheilung unter die Betheiligten bestimmt ist, so wird kein berechtigtes Interesse verletzt, wenn die Zahlung erst in dem Vertheilungstermine erfolgt. Daß der Ersteher an das Vollstreckungsgericht zu zahlen hat, wird unter § 148 Abs. 2 bestimmt werden; an dieser Stelle ist für eine solche Bestimmung kein Raum, da sie nicht zu den Versteigerungsbedingungen gehört. (Abs. 2 Satz 1.)

Hinterlegung

3. Die Vorschrift, daß die Zahlung in dem Vertheilungstermine zu leisten ist, kann nicht so gemeint sein, daß der Ersteher nicht befugt wäre, schon vorher von der Zahlungspflicht sich zu befreien. Diese Befugniß muß im Hinblicke auf die rechtlichen Folgen, welche sich gemäß §§ 74, 138 Abs. 1, 143 Abs. 1 an den Zuschlag knüpfen, als mit dem Zuschlage begründet angesehen werden. Sie ist für den Ersteher von besonders praktischer Bedeutung, da derselbe nur durch ihre Ausübung sich der Verzinsung des zu zahlenden Betrages entziehen und die nach § 144 zulässige gerichtliche Verwaltung des Grundstückes abwenden kann. Das Mittel, durch welches die Zahlungspflicht vor dem Vertheilungstermine erfüllt wird, ist die öffentliche Hinterlegung des zu zahlenden Betrages. Durch die Hinterlegung wird jedoch der Ersteher nur dann befreit, wenn die Zurücknahme des hinterlegten Betrages ausgeschlossen ist. Dies muß zum Schutze der Betheiligten in Konsequenz des B. G. B. § 276 bestimmt werden. Daß die gehörige Hinterlegung nur wirksam ist,

---

[1]) Elsaß-Lothringen § 21, Hessen Art. 148.

wenn sie in dem Vertheilungstermine nachgewiesen wird, ist nach dem Vorgange des preuß. Ges. § 102 Abs. 3 Satz 2 besonders zu betonen. (Abs. 2. Satz 2.)

b) Deckung von Rechten an dem Grundstücke durch Erhaltung derselben.

§ 66.

Aus dem Grundsatze, daß die Zwangsversteigerung nur unter Wahrung der dem Anspruche des Gläubigers vorgehenden Rechte an dem Grundstücke gestattet werden darf, zieht der Entwurf die Folgerung, daß diese Rechte insoweit, als sie bei der Feststellung des geringsten Gebotes berücksichtigt sind und nicht gemäß § 65 durch Zahlung sich erledigen, bestehen bleiben müssen, ohne daß dieserhalb dem Ersteher ein Anspruch auf Gewährleistung zustände. Diese Folgerung ist im Allgemeinen bereits früher gerechtfertigt worden[1]). Im Einzelnen ist noch zu bemerken:

Für den Ersteher kann die Entscheidung darüber, ob ein Recht bestehen bleiben soll, nur der Feststellung des geringsten Gebotes entnommen werden, weil der Inhalt derselben in dieser Beziehung zugleich die Bedeutung einer Versteigerungsbedingung hat. Rechte mithin, welche bei der Feststellung, gleichviel aus welchem Grunde, nicht berücksichtigt sind, kommen bei der Anwendung des § 66 nicht in Betracht. Die Vorschrift desselben enthält die Ausführung des Deckungsprinzipes in Ansehung der fraglichen Rechte. Die Wortfassung stellt klar, daß es sich nicht um die Deckung durch eine Rechtshandlung, sondern um eine auf Grund des Meistgebotes kraft gesetzlicher Vorschrift eintretende Deckung handelt. Das Bestehenbleiben der Rechte hat für den Ersteher die Bedeutung eines Entgeltes für die Ueberlassung des Grundstückes an ihn. Um dies möglichst scharf hervortreten zu lassen, wird die Versagung des Anspruches auf Gewährleistung in der Fassung besonders betont.

c) Schuldübernahme.

§ 67.

a. Eine Schuldübernahme kommt in Frage bei Rechten, welche gemäß § 66 bestehen bleiben. Befindet sich unter denselben eine Hypothek, bezüglich welcher dem Schuldner oder dem mit dem Schuldner nicht identischen Eigenthümer des Grundstückes eine persönliche Verbindlichkeit obliegt, so erheischt die Billigkeit, daß diese Verbindlichkeit von dem Ersteher übernommen wird. Nach denjenigen Gesetzen, welche die Versteigerung unter der Bedingung baarer Zahlung des Meistgebotes in dessen ganzem Umfange vorschreiben, ist der Schuldner dadurch geschützt, daß die durch das Meistgebot gedeckten Ansprüche durch Zahlung befriedigt werden, die entsprechende persönliche Verbindlichkeit mithin erlischt. Muß nun auch dieses System im Interesse der Betheiligten und des Erstehers aufgegeben werden, so darf man doch bei der Durchführung des an seine Stelle tretenden Systemes die Lage des Schuldners bezw. des Eigenthümers in der fraglichen Richtung nicht so erheblich verschlechtern, wie es der Fortbestand jener Verbindlichkeit mit sich bringen würde. Preußen

Fälle des § 66

[1]) Oben S. 113 ff.

Analogie des Kaufes. § 115 Abs. 3 und Sachsen § 16 Abs. 3 suchen den Schutz, welchen das erstere System dem Schuldner in ihrem Bereiche gewährte, dadurch zu ersetzen, daß sie auf die Hypotheken, welche von dem Ersteher übernommen werden müssen, die Vorschriften übertragen, welche in dem Falle gelten, wenn bei einem Kaufvertrage der Käufer gegenüber dem Verkäufer eine Hypothekenschuld in Anrechnung auf das Kaufgeld übernommen hat, und auch nach dem bayerischen Gesetze von 1886 Art. 6 tritt der Ersteher, wenn der Besitzer persönlich haftet, in die persönliche Haftung ein.

Der Entwurf schließt sich diesen Gesetzen insofern an, als nach ihm die Betheiligten kraft des Gesetzes ebenfalls in die Rechtslage versetzt werden, welche sich im Falle eines Kaufvertrages ergibt, wenn der Käufer in Anrechnung auf den Preis eine Schuld des Verkäufers übernimmt. Dies erscheint um so mehr gerechtfertigt, als der Ersteher, wenn ihm die Erfüllung der Verbindlichkeit des Schuldners bezw. des Eigenthümers in Höhe der bestehen bleibenden Hypothek nicht zur Pflicht gemacht würde, im Falle der Befriedigung des Gläubigers durch den Verpflichteten sich in ungerechtfertigter Weise an dem Entgelte für die Ueberlassung des Grundstückes an ihn bereichern könnte. Die Abweichung des Entwurfes von dem geltenden Rechte besteht nur darin, daß derselbe mit einer anderen Regelung der Schuldübernahme beim Kaufe zu rechnen hat, als in den angeführten Gesetzen vorausgesetzt ist. Nach den hier maßgebenden Vorschriften des B. G. B. § 318 Abs. 2 hat die Uebernahme seitens des Käufers zunächst nur die Bedeutung einer Erfüllungsübernahme; die Bedeutung der eigentlichen Schuldübernahme erlangt sie erst mit der Genehmigung des Gläubigers.

Grundschuld. Der Fall einer Grundschuld, welche nach § 66 bestehen bleibt, muß ebenso behandelt werden wie der Fall der Hypothek. Denn die Grundschuld wird nicht selten mit Beziehung auf eine persönliche Verbindlichkeit bestellt oder durch die Uebernahme einer solchen in Ansehung der Grundschuldsumme verstärkt. Dasselbe muß ferner für die einzelnen zu einer Reallast gehörenden Leistungen gelten, und zwar um deswillen, weil die Verwandschaft einer solchen von einer persönlichen Verpflichtung begleiteten Last mit der Hypothek nicht zu verkennen ist. (Abs. 1, 3.)

Andere Fälle. β. Eine Schuldübernahme kann auch bei einem Anspruche in Frage kommen, welcher aus dem durch Zahlung zu berichtigenden Theile des Meistgebotes zu befriedigen ist, und zwar sowohl dann, wenn die in dem Vertheilungstermine zu leistende Zahlung nicht bewirkt wird, als auch dann, wenn der nach § 65 zu zahlende Betrag sich in Folge des Wegfalles eines bei der Feststellung des geringsten Gebotes berücksichtigten Rechtes nach Maßgabe der §§ 69—71 erhöht. Es beruht auch hier in der Billigkeit, daß, wenn der Schuldner oder der Eigenthümer in Ansehung des Anspruches persönlich verpflichtet ist, der Ersteher diese Verpflichtung für den Fall, daß die Zahlung bei der Vertheilung des Versteigerungserlöses nicht geleistet wird, in Höhe des dem betreffenden Gläubiger zugetheilten Betrages in den Grenzen seiner eigenen Verbindlichkeit zur Zahlung übernimmt. Im Uebrigen nöthigt die Konsequenz dazu, die vorausgesetzten Fälle ebenso zu behandeln wie den unter α. erörterten Fall. (Abs. 2, 3.)

d) Einschränkung der Wirksamkeit von Kündigungen sowie der Geltendmachung einer bestehen bleibenden Hypothek oder Grundschuld.

§ 68.

Schutz des Erstehers.

I. Das gesetzgeberische Motiv der Vorschrift, daß die dem betreibenden Gläubiger vorgehenden Hypotheken und Grundschulden bestehen bleiben, liegt, von dem Interesse der betreffenden Gläubiger abgesehen, in der Erwägung, daß von einer solchen Versteigerungsbedingung ein günstiger Einfluß auf die Höhe der Gebote zu erwarten sei. Diese Erwartung ist indessen nur dann berechtigt, wenn der Bieter in Ermangelung einer entgegenstehenden Eröffnung darauf rechnen darf, daß er, falls ihm der Zuschlag ertheilt wird, die Hypothek oder die Grundschuld zunächst nicht zu bezahlen braucht. Um Täuschungen vorzubeugen, erscheint es erforderlich, daß solchen Thatsachen, welche ein alsbaldiges bezw. nach dem Inhalte des Grundbuches nicht zu gewärtigendes Vorgehen des betheiligten Gläubigers rechtfertigen, die Wirksamkeit gegen den Ersteher versagt wird, sofern dieselben nicht bei dem Vollstreckungsgerichte so zeitig angemeldet werden, daß der Richter die Anmeldung in dem Versteigerungstermine vor der Aufforderung zur Abgabe von Geboten gemäß § 85 Abs. 3 Satz 2 bekannt geben kann.

II. Diesen Erwägungen entsprechen die Vorschriften, welche in dem § 68 aufgestellt werden.

Kündigung.

1. Die Kündigung bedarf der Anmeldung auch nach den Gesetzen für Preußen § 57 Abs. 5 und Bayern Art. 6 Abs. 2. Von dem preuß. Gesetze weicht der Entwurf insofern ab, als er nicht verlangt, daß der betreffende Gläubiger die Anmeldung bewirkt habe. Die Anmeldung kann gültig auch von einem Anderen vorgenommen werden. Ebensowenig kommt es darauf an, wer von den nach dem B. G. B. § 1079 zu der Kündigung Berechtigten gekündigt hat. (Abs. 1 Satz 1.) Dem Gedanken, auf welchem die Vorschrift des sächsischen Ges. § 20 Abs. 1 Satz 2 beruht, trägt der Entwurf dadurch Rechnung, daß er eine erst nach der Aufforderung zur Abgabe von Geboten aber vor dem Zuschlage erfolgte Kündigung gegenüber dem Ersteher überhaupt nicht wirken läßt. (Satz 2.)

Rechtsverwirkung.

2. Was für die Kündigung bestimmt ist, muß auch dann maßgebend sein, wenn die Hypothek oder die Grundschuld in Folge einer Rechtsverwirkung[1]) vor der Zeit geltend gemacht werden kann. Bayern und Sachsen Abs. 2 stellen der Kündigung jeden anderen Umstand gleich, der die Fälligkeit der Forderung begründet. Dies geht indessen zu weit. Der Zweck des Gesetzes erfordert hier nur die Berücksichtigung der Rechtsverwirkung. (Abs. 2.)

Vollstr. Titel. Rechtshängigkeit.

3. Zu berücksichtigen ist aber noch der Fall, wenn für den Anspruch aus einer Hypothek oder einer Grundschuld ein vollstreckbarer Titel erlangt oder doch der Anspruch rechtshängig geworden ist. In diesem Falle ist der Titel bezw. die Rechtshängigkeit nach Maßgabe des § 27 an sich auch gegen den Ersteher wirksam. Die uneingeschränkte Anwendung des § 27 müßte indessen hier, namentlich im Hinblicke auf die C. P. O. § 237, zu einem Er-

[1]) Vergl. B. G. B. § 436.

gebnisse führen, welches der Sachlage wenig entsprechen und mit dem Interesse und der sonstigen Rechtsstellung des Erstehers nicht im Einklange stehen würde. Um diesem Ergebnisse vorzubeugen, macht der Entwurf die Wirksamkeit des vollstreckbaren Titels und der Rechtshängigkeit gegen den Ersteher ebenso wie die Wirksamkeit der Kündigung von einer Anmeldung abhängig. (Abs. 3.)

e. Erhöhung des zu zahlenden Betrages in Folge des Wegfalles eines nach Maßgabe des § 66 gedeckten Rechtes.

α Nichtbestehen einer Hypothek oder einer Grundschuld.

§ 69.

Erhöhung des zu zahlenden Betrages

I. Wenn eine bei der Feststellung des geringsten Gebotes berücksichtigte Hypothek oder Grundschuld nicht besteht, so darf hieraus dem Ersteher kein Vortheil erwachsen. Vielmehr muß der Vortheil, wenn nicht das Versteigerungsgeschäft den Karakter eines gewagten Geschäftes annehmen soll, den Betheiligten zufallen, welche, wenn die Hypothek oder die Grundschuld bestände, auf Deckung nicht rechnen könnten. Zu diesem Zwecke nimmt der Entwurf eine Erhöhung des gemäß § 65 durch Zahlung zu berichtigenden Theiles des Gebotes um den Kapitalbetrag des wegfallenden Rechtes in Aussicht. Das preußische Gesetz sucht den Zweck in anderer Weise zu erreichen; es verpflichtet unter § 58 Abs. 1 den Ersteher, „statt eines nach Vorschrift des § 57 zu übernehmenden Realanspruches einen anderen Anspruch von gleicher Höhe unter den für den ersteren festgestellten Bedingungen der Verzinsung und der Zahlung zu übernehmen, wenn der erstere bei der Vertheilung des Kaufpreises gänzlich oder doch mit dem Range vor dem Anspruch des betreibenden Gläubigers in Wegfall kommt". Diese sogenannte Ersatzübernahme[1]), welche auch in die Gesetze für Sachsen § 16 Abs. 2 und Bayern (1886) Art. 7 Abs. 2 Eingang gefunden hat, wird freilich dem Grundsatze, daß das Surrogat dem Surrogirten thunlichst anzupassen sei, in weiterem Umfange gerecht als die von dem Entwurfe gegebene Lösung. Aus diesem Grunde ist sie, wenn das bisher nicht berücksichtigte Recht eine Briefhypothek oder eine Grundschuld ist, dem Berechtigten insofern günstiger, als derselbe seine Hypothek oder Grundschuld behält, während er nach dem Entwurfe auf die Forderung aus dem Meistgebote verwiesen, für diese aber nur eine Sicherungshypothek eingetragen wird[2]). Auch wird bei der Ersatzübernahme die nach dem Entwurfe erforderliche Löschung und Neueintragung nebst den hiermit verbundenen Kosten vermieden. Allein diese Vortheile werden von den Nachtheilen überwogen, die ihnen gegenüberstehen. Die Ersatzübernahme führt nicht zu einer gerechten Gestaltung des Verhältnisses, wenn die ersatzweise zu übernehmende Post unverzinslich und noch nicht fällig, die wegfallende dagegen verzinslich ist. Schwierigkeiten ergeben sich ferner, wenn das Nichtbestehen der letzteren erst nach der Beendigung des Vertheilungsverfahrens und nach Löschung der statt jener zu übernehmenden Post hervortritt. Das System der Ersatzübernahme ist überhaupt nicht allgemein durch-

Ersatzübernahme

Ablehnung der Ersatzübern

[1]) Vergl. die Mot. zu dem preuß. Ges. § 58, bei Stegemann S. 68.
[2]) Siehe §§ 159, 170.

führbar; es versagt den Dienst, wenn eine zur nachträglichen Uebernahme geeignete Hypothek oder Grundschuld nicht vorhanden, also namentlich, wenn die Belastungen des Grundstückes sämmtlich gedeckt sind oder nur der Anspruch des betreibenden Gläubigers noch unbefriedigt ist, dieser aber nicht in einer Hypothek oder einer Grundschuld sich gründet, ferner, wenn das bei der Feststellung des geringsten Gebotes berücksichtigte wegfallende Recht nicht eine Hypothek oder eine Grundschuld ist. Das System des Entwurfes paßt auch für diese Fälle; es hat den Vorzug größerer Einfachheit und Praktikabilität für sich, indem es sich durchführen läßt, ohne auf Schwierigkeiten wie die oben angedeuteten zu stoßen. (Abs. 1.)

Wegfall des Vorranges.

II. Eine Erhöhung des nach § 65 von dem Ersteher zu zahlenden Betrages kann auch dann nothwendig werden, wenn eine bei der Feststellung des geringsten Gebotes berücksichtigte Hypothek oder Grundschuld dem nicht berücksichtigten Rechte eines anderen Betheiligten gleich- oder nachsteht, oder gegenüber demselben unwirksam ist. Ein solcher Fall unterscheidet sich von dem Falle, wenn die Post nicht besteht, nur darin, daß lediglich eine Vorschrift zu Gunsten dieses Betheiligten in Frage ist. Die Erhöhung tritt daher nur dann ein, wenn der Betheiligte von seinem Rechte Gebrauch gemacht. Geschieht dies aber, so erlischt die berücksichtigte Hypothek oder Grundschuld, und das Verhältniß liegt ebenso wie in dem unter I. vorausgesetzten Falle. (Abs. 2.)

Schutz des Erstehers.

III. Die Erhöhung des zu zahlenden Betrages enthält in beiden Fällen eine Abänderung der Versteigerungsbedingungen zu Gunsten Betheiligter. Sie darf daher, um nicht das Bieten auf das Grundstück zu einem gewagten Geschäfte zu machen, nur mit der Einschränkung erfolgen, daß durch sie die Rechtslage des Erstehers nicht verschlimmert wird. Aus dieser Erwägung folgt, daß für die Mehrzahlung nicht die Vorschriften des § 65, sondern nur die Bedingungen, welche für die weggefallene Hypothek oder Grundschuld galten, maßgebend sein können. (Abs. 3.)

β. Nichtbestehen eines anderen Rechtes.

§ 70.

Da bei der Feststellung des geringsten Gebotes gemäß § 59 nicht blos Hypotheken- und Grundschulden, sondern auch andere Rechte an dem Grundstücke berücksichtigt werden, so muß das Gesetz den Fall, wenn ein solches Recht nicht besteht, grundsätzlich ebenso behandeln wie den Fall des Nichtbestehens einer Hypothek oder einer Grundschuld. (Abs. 1.) Die Fälle liegen jedoch insofern verschieden, als das Kapital, um welches der von dem Ersteher zu zahlende Betrag sich zu erhöhen hat, bei Hypotheken und Grundschulden in der eingetragenen Summe gegeben ist, bei anderen Rechten dagegen erst gefunden werden muß. In dieser Hinsicht führt der Grundsatz, daß der Ersteher aus dem Wegfalle des Rechtes keinen Vortheil auf Kosten Betheiligter ziehen soll, zur Annahme desjenigen Betrages, um welchen der Werth des Grundstückes durch die wegfallende Belastung, falls dieselbe bestehen bliebe, sich verringern würde. Dieser Betrag ist, wie auch das preußische Gesetz unter § 58 Abs. 2 hervorhebt, von dem Vollstreckungsgerichte zu bestimmen. Unterbleibt die Bestimmung, so muß der Betrag nachträglich, nöthigenfalls im Wege des Prozesses ermittelt werden. (Abs. 2.) Da das wegfallende Recht für die Zahlungsbedingungen keinen Anhalt gewährt, so empfiehlt es sich nach dem Vorgange des preuß. Ges. Abs. 3 Satz 2 eine dreimonatige Kündigungsfrist und die Entrichtung von Zinsen seit dem Zuschlage festzusetzen. (Abs. 3.)

γ. Wegfall eines bedingten Rechtes durch den Ausfall oder die Erfüllung der Bedingung.

§ 71.

Wenn in Ansehung bedingter Rechte an dem Grundstücke, welche gemäß § 63 bei der Feststellung des geringsten Gebotes berücksichtigt sind, die aufschiebende Bedingung ausfällt oder die auflösende erfüllt wird, so ergibt sich für die Betheiligten und den Ersteher die nämliche Sachlage wie in dem Falle des Nichtbestehens eines berücksichtigten unbedingten Rechtes. Der Ersteher muß daher für den Wegfall des bedingten Rechtes eine entsprechende Erhöhung des von ihm nach § 65 zu zahlenden Betrages nach näherer Bestimmung des § 69 Abs. 1, 3 und des § 70 sich gefallen lassen. (Abs. 1 Satz 1, 3.) Daß hierbei eine Hypothek für eine Forderung von unbestimmtem Betrage als aufschiebend bedingt durch die Feststellung des Betrages zu gelten hat, entspricht der Natur einer solchen Hypothek sowie der Rücksicht auf die Betheiligten, deren Befriedigung von dem Wegfalle bezw. der Ermäßigung des Anspruches aus dieser Hypothek abhängt. (Satz 2.)

Korreal-hypothek.

In dem preußischen Gesetze § 59 Abs. 2 wird „eine Forderung, welche auf einem anderen Grundstücke ungetheilt haftet, ... wie eine Forderung unter auflösender Bedingung behandelt". Diese Behandlung steht jedoch nicht im Einklange mit der Gestaltung der Korrealhypothek in dem B. G. B. § 1078. Die Hypothek für eine unbedingte Forderung wird dadurch nicht zu einem bedingten Rechte, daß sie an mehreren Grundstücken besteht; sie erlischt nur an allen Grundstücken, wenn der Gläubiger aus einem derselben befriedigt wird. Die Behandlung der Korrealhypothek als auflösend bedingte Hypothek würde überdies zu einer unzweckmäßigen Ordnung des Verhältnisses führen, da derjenige, welcher im Falle der Erfüllung der Bedingung einzutreten hätte, gegen den auflösend bedingt Berechtigten nur den Anspruch auf Rückgewähr des Geleisteten haben würde[1]). Die Rücksicht auf den Karakter der Korrealhypothek und das praktische Bedürfniß erheischt nur, das Verhältniß so zu regeln, daß den für den Fall des Nichtbestehens einer bei der Feststellung des geringsten Gebotes berücksichtigten Hypothek oder Grundschuld getroffenen Bestimmungen die Anwendung im Falle der Haftung mehrerer Grundstücke für die Post auch dann gesichert wird, wenn der Berechtigte aus einem mithaftenden Grundstücke im Wege der Zwangsversteigerung oder der Zwangsverwaltung Befriedigung erhält oder das Recht an dem versteigerten Grundstücke und den Anspruch aus der persönlichen Verpflichtung des Erstehers aufgibt. (Abs. 2.)

---

[1]) Vergl. § 162.

f) Erlöschende Rechte.

§ 72.

Gegenüber den §§ 65 und 66 erhebt sich die Frage, welche Rechte bei Durchführung der Zwangsversteigerung erlöschen sollen. Der Entwurf entscheidet diese Frage wesentlich in Uebereinstimmung mit Preußen § 22 Abs. 2, 3, § 57 Abs. 1—3.

Dem Gläubiger vorgehende Rechte.

I. In Ansehung derjenigen Rechte, welche dem Anspruche des Gläubigers vorgehen, kommt es darauf an, ob dieselben bei der Feststellung des geringsten Gebotes berücksichtigt sind oder nicht.

1. Von den berücksichtigten Rechten bleiben nur die Rechte an dem Grundstücke gemäß § 66 bestehen. Dagegen müssen die in einem solchen Rechte sich gründenden Ansprüche wegen der wiederkehrenden Leistungen, soweit dieselben nicht nach § 74 Abs. 2 von dem Ersteher zu tragen sind, desgleichen die Rechte auf vorzugsweise Befriedigung, die nicht in einem Rechte an dem Grundstücke beruhen, sowie die Haftung des letzteren für die bis zum Zuschlage entstehenden Kosten erlöschen, da für die Aufrechterhaltung auch dieser Ansprüche bezw. Rechte die Gründe, welche den § 66 rechtfertigen, nicht zutreffen. In den meisten Landesgesetzen freilich, namentlich in dem bayerischen und dem sächsischen, ist das Erlöschen nicht erwähnt; man wird deshalb annehmen dürfen, daß es nur eintreten soll, wenn der zur Befriedigung der bezüglichen Gläubiger erforderliche Theil des Meistgebotes gezahlt wird. Allein es hängt dies, wie es scheint, mit der Art und Weise zusammen, wie die Berichtigung des Gebotes und die Folgen der Nichtberichtigung desselben in diesen Gesetzen geregelt sind. Nach dem Entwurfe können sich die Betheiligten dagegen, daß die in Rede stehenden Beträge nicht durch Zahlung aus dem Meistgebote befriedigt werden, regelmäßig dadurch schützen, daß sie Sicherheitsleistung für die Gebote nach Maßgabe des § 92 verlangen. Soweit sie von diesem Rechte keinen Gebrauch machen, haben sie sich etwa entstehende Nachtheile selbst zuzuschreiben. Der Entwurf kann die Haftung des Grundstückes für die gedachten Ansprüche nicht fortdauern lassen, weil hierdurch die Belastungen desselben einen Umfang annehmen könnten, bei welchem die Sicherheit der durch das Meistgebot gedeckten gleich- oder nachstehenden Rechte in ungerechtfertigter Weise gefährdet wäre. Es erscheint deshalb auch nicht rathsam, mit dem preuß. Gesetze § 124 Abs. 4 das Realrecht für Ansprüche wegen wiederkehrender Leistungen, auf welche ein Theil der Forderung aus dem Meistgebote überwiesen wird, von dem Erlöschen auszunehmen. (Abs. 1 Satz 1, 2).

2. Rechte, welche bei der Feststellung des geringsten Gebotes nicht berücksichtigt sind, können die Zwangsversteigerung nicht überdauern. Dies folgt aus der Bedeutung des geringsten Gebotes für den Ersteher und die Betheiligten, welche durch das Bestehenbleiben des Rechtes benachtheiligt werden würden. (Abs. 1 Satz 1.) Die Regel erleidet indessen eine Ausnahme, wenn das Grundstück mit einer der in dem B. G. B. §§ 857 und 863 bezeichneten Renten belastet ist. Die Verpflichtung zur Entrichtung der Rente trifft gemäß § 858 auch den Ersteher. (Abs. 2.) Eine weitere Ausnahme bestimmt der Entwurf unter § 240.

Recht des Gläubigers

II. Das Recht des betreibenden Gläubigers ist in doppelter Beziehung ins Auge zu fassen, als bloßes Vorzugsrecht und als dingliches Recht.

1. Wird die Zwangsversteigerung wegen eines nur persönlichen Anspruches betrieben, so hängt das für denselben nach § 9 Nr. 3 begründete Recht auf vorzugsweise Befriedigung aus dem Grundstücke in seinem Bestande von der Beschlagnahme ab. Die Beschlagnahme aber erledigt sich mit der Durchführung des Verfahrens[1]). (Abs. 1 Satz 2.)

2. Wird die Zwangsversteigerung wegen eines Anspruches betrieben, der in einem Rechte an dem Grundstücke sich gründet, so besteht nach den Landesgesetzen kein Zweifel, daß das Recht erlischt, sofern bezw. soweit der Anspruch nicht durch das Meistgebot gedeckt wird[2]). Juristisch erklärt sich dies daraus, daß die Leistung, welche den Inhalt des Rechtes bildete, sich als unmöglich erwiesen hat. Das Erlöschen muß aber auch im Falle der Deckung eintreten, weil das Recht an dem Grundstücke in der von dem Berechtigten betriebenen Zwangsversteigerung sich erschöpft und dem Zwecke der letzteren entsprechend in ein Recht auf Befriedigung aus dem Meistgebote übergehen muß. Das Gesetz für Lübeck § 24 Abs. 1 bezw. § 28 Abs. 3 Ziff. 1 weicht hiervon insofern ab, als es in dem Falle, wenn die Zwangsversteigerung nur wegen Zinsen oder Renten betrieben wird, auch den Posten, von welchem die Zinsen oder die Renten zu entrichten sind, bestehen bleiben läßt[3]). Im Grunde liegt hierin eine Erweiterung des Deckungsprinzipes, für welche vom Standpunkte des Entwurfes ein Bedürfniß nicht anzuerkennen ist. Der Gläubiger kann in dem vorausgesetzten Falle allerdings ein Interesse daran haben, daß er zur Annahme des Kapitales nicht genöthigt werde. Allein diesem Interesse wird durch die §§ 76 und 77 ausreichend Rechnung getragen. (Satz 1.)

Gleich- und nachstehende Rechte.

III. Die dem Anspruche des Gläubigers gleich- oder nachstehenden Rechte werden sehr verschieden behandelt. In Hamburg und Lübeck bleiben sie insoweit, als sie durch das Meistgebot gedeckt werden, von der Versteigerung unberührt[4]). In Württemberg und Hessen scheinen sie sämmtlich zu erlöschen[5]). Mehrere Gesetze unterscheiden zwischen Hypotheken und anderen Rechten: jene werden aufgehoben, diese nicht[6]). Nach dem preußischen Rechte erlöschen Hypotheken und Grundschulden. Im Uebrigen hat die Gesetzgebung

---

[1]) Oben S. 144 f.

[2]) Preußen § 124 Ziff. 2, Bayern (1879) Art. 94 Ziff. 1, Sachsen § 171, Hamburg § 12, Lübeck § 29.

[3]) Etwas abweichend Hamburg §§ 8, 12.

[4]) Lübeck § 28, Hamburg a. a. O.

[5]) Württemb. Pfandges. v. 15. April 1825 Art. 57 ff., 65 ff., Exekutionsges. v. 15. April 1825 Art. 73, Ges., betr. die Zwangsvollstr. rc. v. 18. August 1879 Art. 21—23; hess. Pfandges. v. 15. Sept. 1858 Art. 107 ff. und Ges., die Ausf. der C. P. O. rc. betr., v. 4. Juni 1879 Art. 49, 164.

[6]) Elsaß-Lothringen § 22, Braunschweig § 71. Siehe ferner die Ges., die Grund- und Hypothekenbücher rc. betr., für Altenburg v. 13. Oktbr. 1852 §§ 107—110, Sondershausen v. 20. Juli 1857, Reuß j. L. v. 20. Nov. 1858, Reuß ä. L. v. 27. Febr. 1873.

gewechselt. Das Ges. über den Eigenthumserwerb ꝛc. v. 5. Mai 1872 bestimmte unter § 47 nach Erwähnung gewisser bergrechtlicher Lasten: „Dingliche Lasten anderer Art, welche aus privatrechtlichen Titeln herrühren, müssen von dem Ersteher übernommen werden, wenn denselben keine Hypothek oder Grundschuld vorgeht. Gebote, durch welche der Bietende sich zur Uebernahme derartiger, einer Hypothek oder Grundschuld nachstehenden Lasten bereit erklärt, dürfen nur dann berücksichtigt werden, wenn dieselben zugleich für sämmtliche der zu übernehmenden Last vorgehende Hypotheken oder Grundschulden vollständige Deckung gewähren". Diesen in die Gesetze anderer Staaten[1]) übergegangenen Bestimmungen entspricht sachlich das bayerische Gesetz von 1879 Art. 57. Das sächsische Gesetzbuch verwerthet denselben Gedanken unter § 519 für Reallasten, unter § 528 für Dienstbarkeiten, macht aber das Ausgebot des Grundstückes unter der Bedingung, daß die Last oder die Dienstbarkeit erlischt, von dem Antrage eines vorstehenden Hypothekengläubigers abhängig. Das preußische Ges. v. 13. Juli 1883 hat an dem Standpunkte des Gesetzes von 1872 hinsichllich der dem Anspruche des betreibenden Gläubigers nachstehenden dauernden Lasten festgehalten. Hinsichtlich der Grunddienstbarkeiten geht es davon aus, daß dieselben bestehen bleiben, so zwar, daß das Erlöschen einer solchen Dienstbarkeit nur auf den Antrag eines vorstehenden Betheiligten, dessen Recht durch das Bestehenbleiben benachtheiligt werden würde, zur Bedingung gestellt werden darf[2]).

Aus dem Begriffe des dinglichen Rechtes folgt, daß, wenn wegen des in einem solchen Rechte sich gründenden Anspruches die Zwangsversteigerung betrieben wird, die Durchführung des Verfahrens nicht von der Wahrung gleich- oder nachstehender Rechte abhängen kann. Wenn daher ein zur Deckung jenes Rechtes ausreichendes Gebot nur unter der Bedingung des Erlöschens dieser Rechte erzielt wird, so muß die Bedingung gestellt werden. Andererseits kommt aber in Betracht, daß der Gläubiger, wenn sein Recht gedeckt wird, kein Interesse daran hat, ob andere Rechte an dem Grundstücke bestehen bleiben oder nicht. Die billige Rücksicht auf die dem Anspruche des Gläubigers gleich- oder nachstehenden Rechte führt demnach dahin, ein solches Recht auf Verlangen des Berechtigten bestehen zu lassen, wenn unter dieser Bedingung ein die gleich- und vorstehenden Rechte deckendes Gebot erfolgt. Wenn aber das Verhältniß so liegt, so kann es sich nur fragen, wer zur Wahrung seines Interesses aktiv vorzugehen verpflichtet sein soll, — der Gläubiger oder der gleich- oder nachstehend Berechtigte. Der Entwurf entscheidet diese Frage zu Gunsten des Gläubigers, da dessen Recht, aus dem Grundstücke befriedigt zu werden, durch formelle Rücksichten auf gleich- oder nachstehende Rechte nicht erschwert werden darf. Demgemäß ist bei der Regelung der gesetzlichen Versteigerungsbedingungen von dem Erlöschen dieser Rechte auszugehen und den Berechtigten zu überlassen, die Stellung einer abweichenden Bedingung nach Maßgabe der §§ 76, 77 herbeizuführen. (Abs. 1 Satz 1.)

---

[1]) Ges. über den Eigenthumserwerb ꝛc. für Oldenburg, Coburg-Gotha § 47, Ges. betr. die Zwangsvollstr. für Braunschweig § 71.

[2]) Preußen § 60.

g) Umfang des Gegenstandes der Versteigerung.

§ 73.

Wenn die Versteigerungsbedingungen, wie sie in den §§ 65 ff. aufgestellt sind, genau ergeben, was in Erfüllung des Meistgebotes zu leisten ist, so dürfen sie auch über die Gegenleistung, welche der Ersteher zu erwarten hat, keinen Zweifel lassen. Mit Rücksicht darauf, daß die Grundstücke nicht immer in ihrer Isolirtheit, sondern vielfach mit beweglichen Sachen und mit Forderungen zusammen veräußert zu werden pflegen, kommt es vor Allem darauf an, den Umfang des Versteigerungsgegenstandes zu bestimmen. Wie es in dieser Hinsicht nach dem geltenden Rechte steht, ist schwer zu erkennen. In Preußen sind die Streitfragen, welche die Praxis nach der Subhast. O. v. 15. März 1869 zu lösen hatte, durch das Ges. v. 13. Juli 1883 nicht beseitigt worden. Auch das sächsische Gesetz verhält sich schweigend. Die Gesetze der meisten Staaten scheinen davon auszugehen, daß die Vorschriften über den Umfang der Immobiliarmasse ausreichend seien. Die wenigen, welche reden, sind kaum erschöpfend. In Bayern und Braunschweig erstreckt sich die Versteigerung der Hauptsache in der Regel auf die beweglichen Zugehörungen und die Früchte; doch kann das Gericht, wenn ein betheiligter Gläubiger darauf anträgt, eine gesonderte Versteigerung dieser Gegenstände anordnen. In Oldenburg und Coburg-Gotha werden dieselben nach den Vorschriften der C. P. O. über die Zwangsvollstreckung in bewegliche Sachen veräußert. Auch in Mecklenburg ist der Anwendung dieser Vorschriften Raum gegeben. Nach den Gesetzen für Weimar und Reuß j. L. hat das Gericht, in Weimar jedoch nur in Ermangelung einer Einigung der Betheiligten, darüber zu entscheiden, ob bewegliche Zubehörstücke mit dem Grundstücke oder für sich allein versteigert werden sollen. In Anhalt werden die von einer Hypothek an dem Grundstücke ergriffenen beweglichen Gegenstände mit dem Grundstücke versteigert; sind sie jedoch vorher gepfändet, so können sie mit Bewilligung der älteren Hypothekengläubiger von der Subhastation ausgeschlossen werden[1]).

Landesgesetze.

Entwurf.

Für den Entwurf handelt es sich hier nur um die gesetzliche Versteigerungsbedingung. Daß von dieser im einzelnen Falle nach Maßgabe der §§ 76 und 84 abgewichen werden kann, fällt nicht ins Gewicht. Findet aber eine solche Abweichung nicht statt, so nöthigt die Rücksicht auf die muthmaßliche Absicht der Betheiligten und der Bieter gegenüber den Vorschriften, welche der Entwurf unter § 1 Abs. 2, §§ 2, 3 Abs. 1, § 35 aufstellt, die Versteigerung des Grundstückes auf alle Gegenstände zu erstrecken, welche gemäß §§ 36, 37 von der Beschlagnahme ergriffen sind. Der Grundsatz bedarf aber einerseits der Einschränkung, andererseits der Erweiterung.

Grundsatz.

[1]) Bayern (1879) Art. 8, 36, Braunschweig § 29, Oldenburg Art. 3, Coburg-Gotha § 25, Mecklenburg § 57, Weimar § 28, Reuß j. L. § 15, Anhalt § 4. Vergl. auch Elsaß-Lothringen § 25, Hessen Art. 123, Hamburg §§ 1, 15, Lübeck §§ 1, 35. Siehe ferner die Feuerversicherungsgesetze für Bayern v. 3. April 1875 Art. 43, Sachsen v. 23. August 1862 §§ 92 ff., Baden v. 29. Mai 1852 §§ 53, 59, 60, auch das hess. Pfandges. v. 15. Septbr. 1858 Art. 143.

1. Die Einschränkung rechtfertigt sich dahin, daß die Beschlagnahme zur Zeit der Versteigerung noch wirksam sein muß, durch die Erwägung, daß das Gesetz der Absicht und den Interessen der Betheiligten nicht gerecht werden würde, wenn es die in der Zwischenzeit untergegangenen Sachen und die von der Beschlagnahme frei gewordenen Gegenstände nicht von der Versteigerung ausschlösse. (Abs. 1.) Wirksamkeit der Beschlagn.

2. Die Erweiterung bezieht sich auf das Zubehör des Grundstückes. Zubehörstücke, welche zwar zur Zeit der Versteigerung vorhanden, aber nicht in das Eigenthum des Grundstückseigenthümers gelangt sind, unterliegen nach § 36 Abs. 1 nicht der Beschlagnahme[1]). Von der Versteigerung können sie indessen nicht allgemein ausgenommen werden, weil, wenn einmal das Grundstück mit Zubehör versteigert wird, die Bieter erwarten dürfen, daß gegenüber dem Zubehörbegriffe des B. G. B. § 789 nicht unterschieden werde, ob die vorhandenen Stücke dem Eigenthümer des Grundstückes oder einem Anderen gehören, daß vielmehr entsprechend der Vorschrift des § 790 das Gebot und der Zuschlag auf alle vorhandenen Zubehörstücke sich mitbeziehe. Die Möglichkeit einer Täuschung der Bieter in dieser Erwartung könnte leicht zu einer ungünstigen Beeinflussung des Ergebnisses der Versteigerung führen. Der Eigenthümer von Zubehörstücken, welche dem Gläubiger nicht haften, kann freilich auf diese Weise um sein Eigenthum kommen. Allein hieraus darf ein Einwand gegen die Mitversteigerung derselben nicht hergeleitet werden, da der Eigenthümer berechtigt ist, durch gehörige Verfolgung des Eigenthumes die Ausschließung der Sachen von der Versteigerung herbeizuführen und, wenn ihm dies nicht gelingt, Entschädigung aus dem Versteigerungserlöse zu fordern. Um jedoch Pächter, Miether, Nießbraucher 2c. möglichst dagegen zu schützen, daß die von ihnen dem Grundstücke zugefügten Zubehörstücke, welche nicht von der Beschlagnahme ergriffen sind[2]), mit versteigert werden, kennzeichnet der Entwurf näher diejenigen Gegenstände, auf welche die Versteigerung sich miterstrecken soll und, ohne zu besonderen Härten zu führen, auch miterstreckt werden kann. (Abs. 2.) Zubehör

h) Zeitpunkt des Ueberganges der Gefahr, der Nutzungen und der Lasten.

§ 74.

I. Nach dem preußischen A. L. R. I. 11 § 342 „gehen bei gerichtlichen nothwendigen Verkäufen durch den Zuschlag Eigenthum, Nutzung, Gefahr und Lasten auf den Käufer über, wenngleich selbiger die erstandene Sache noch nicht in Empfang genommen hat". Das Ges. v. 13. Juli 1883 hat hieran nichts geändert[3]). Für Bayern bestimmt das Ges. v. 1879 Art. 55 Ziff. 2, „daß unter der Bedingung der Erfüllung der bei der Versteigerung übernommenen Verbindlichkeiten das Eigenthum der versteigerten Sache mit dem Zuschlage auf den Ansteigerer übergeht mit den Rechten sowie mit den ding- Landesgesetze.

[1]) B. G. B. § 1067 Nr. 3.

[2]) Vergl. Entw. §§ 193, 195.

[3]) Die Lasten sind in dem entscheidenden § 97 nicht erwähnt.

lichen Lasten, mit welchen der bisherige Eigenthümer dieselben besessen hat". In Sachsen, wo der Ersteher das Eigenthum erst mit seiner Eintragung in das Grundbuch erwirbt, ist im Uebrigen der Versteigerungstermin der Zeitpunkt, mit welchem Gefahr, Lasten und Nutzungen übergehen[1]). Nach dem Gesetze für Reuß j. L. § 42 erfolgt „die gerichtliche Uebereignung und die Uebergabe des Gegenstandes, mit welcher die Uebernahme der Gefahr verbunden ist, ... auf Grund des gerichtlichen Zuschlagsurtheils". Andere Gesetze schweigen gänzlich, indem sie anscheinend voraussetzen, daß die für den Kauf bestehenden Vorschriften auch für die Zwangsversteigerung maßgebend seien, wobei denn freilich unentschieden bleibt, ob der unterstellte Kaufvertrag mit der Versteigerung oder erst mit dem Zuschlage zum Abschlusse gelangt.

Analogie des Kaufes.

II. Der Entwurf nimmt zwar seinen Ausgang ebenfalls von den für den Kaufvertrag geltenden Vorschriften, kann aber auf eine besondere Regelung der fraglichen Verhältnisse bei der Zwangsversteigerung nicht verzichten, weil es von seinem Standpunkte mindestens zweifelhaft ist, ob, wenn er schwiege, die Praxis jene Vorschriften überhaupt und in dem richtigen Sinne auf diese Verhältnisse übertragen würde. Die Bestimmungen des B.G.B. § 463 ergeben, daß beim Verkaufe eines Grundstückes die Gefahr des zufälligen Unterganges und der zufälligen Verschlechterung sowie die Lasten und die Nutzungen der Sache mit der Uebergabe, in dem Falle jedoch, wenn der Eigenthumsübergang in das Grundbuch vor der Uebergabe eingetragen wird, schon mit der Eintragung auf den Käufer übergehen. Der Gedanke, auf welchem diese Lösung beruht[2]), geht in seiner Tragweite über das Kaufgeschäft hinaus; er bewährt sich in allen Fällen, in welchen ein Grundstück gegen Entgelt einem Anderen zu Eigenthum überlassen wird, mithin, richtig verstanden, auch für die Zwangsversteigerung, obschon die Vorschriften, in welchen er für diese seinen Ausdruck findet, mit denjenigen für den Kaufvertrag nicht übereinstimmen können.

Gefahr.

1. Wenn das Gesetz, was die Gefahr anlangt, der Eintragung des Käufers in das Grundbuch die gleiche Wirkung beilegt wie der Uebergabe, so wird es von der Erwägung geleitet, daß die Eintragung die den Uebergang des Eigenthumes auf den Käufer vollendende Thatsache ist[3]) und daß es dem Wesen der entgeltlichen Veräußerung und dem Parteiwillen nicht entsprechen würde, die Gefahr dem bisherigen Eigenthümer über diesen Zeitpunkt hinaus zu belassen. Bei der Zwangsversteigerung aber wird das Eigenthum nicht erst durch die Eintragung, sondern gemäß § 138 schon durch den Zuschlag von dem Ersteher erworben. Die Analogie des Kaufes nöthigt mithin, auch den Uebergang der Gefahr an den Zuschlag zu knüpfen. Die Uebergabe verliert hierdurch von selbst ihre Bedeutung für die Gefahr, da sie erst nach der Ertheilung des Zuschlages in Frage kommt. Geht das Grundstück nach der Versteigerung, aber vor dem Zuschlage unter, so ist dieser ausgeschlossen; die Ertheilung des Zuschlages würde in diesem Falle ebenso nichtig sein wie die Versteigerung einer nicht vorhandenen Sache.

---

[1]) Sächs. Gesetzb. §§ 129, 276, 866 ff.; Ges. v. 15. Aug. 1884 §§ 18, 176.
[2]) Mot. II S. 322 ff.
[3]) B. G. B. §§ 828, 868.

Der Grundsatz, daß die Gefahr des Unterganges mit dem Zuschlage übergeht, paßt aber nur, soweit das Grundstück selbst von demselben betroffen wird. In Ansehung von Gegenständen, welche mit dem Grundstücke versteigert werden, muß der Ersteher die Gefahr mit dem Schlusse der Versteigerung übernehmen, da für die Zeit zwischen der Versteigerung und dem Zuschlage weder dem Schuldner noch den sonst Betheiligten die Gefahr aufgebürdet, ebenso wenig aber auch dem Ersteher ein Abzug an dem Meistgebote wegen des Unterganges eines einzelnen Gegenstandes nachgelassen werden kann.

Die Gefahr der Verschlechterung bedarf hier überall keiner Erwähnung. Da der Entwurf aus Rücksicht auf das Wesen und den Zweck der Zwangsversteigerung und im Einklange mit dem B. G. B. § 395 einen Anspruch auf Gewährleistung wegen Mängel der Sache[1]) nicht anerkennt, so muß der Ersteher jede Verschlechterung des Grundstückes und der mit demselben versteigerten Gegenstände hinnehmen, gleichviel ob dieselbe vor oder nach der Versteigerung bezw. dem Zuschlage eingetreten ist. (Abs. 1.)

2. Die Nutzungen des Grundstückes gebühren dem Ersteher von dem Zeitpunkte, in welchem der Uebergang der Gefahr sich vollzieht, sowohl nach dem geltenden Rechte[2]) als auch in Konsequenz des Grundsatzes, auf welchem die entsprechende Vorschrift des B. G. B. § 463 Abs. 1 Satz 2 beruht; für die Auseinandersetzung zwischen dem Ersteher und den Betheiligten ist der § 794 maßgebend. Der gedachte Zeitpunkt muß unter Berücksichtigung des § 795 auch für den Uebergang der Lasten des Grundstückes entscheiden. Die besondere Vorschrift wegen der Zinsen, welche von den bestehen bleibenden Hypotheken und Grundschulden zu entrichten sind, entspricht der Sachlage und steht mit Preußen § 55 Abs. 4, § 57 Abs. 1, Bayern (1879) Art. 108 Ziff. 2, (1886) Art. 3, Sachsen § 18 Abs. 1, § 176 Abs. 2 im Einklange. (Abs. 2.)

Nutzungen

Lasten.

Zinsen.

i) Kosten des Zuschlages.

§ 75.

Der Entwurf enthält unter § 151 die Regel, daß die Kosten des Verfahrens aus dem durch Zahlung zu berichtigenden Theile des Meistgebotes vorweg zu entnehmen sind. Von dieser Regel werden indessen die Kosten des Beschlusses ausgenommen, durch welchen der Zuschlag ertheilt wird. Diese Kosten fallen nach den Gesetzen für Preußen § 84 Abs. 1, Oldenburg Art 40 Abs. 4, Anhalt § 31, Reuß j. L. § 43 dem Ersteher zur Last[3]). Die Ausnahme rechtfertigt sich dadurch, daß auch im Falle einer freiwilligen Veräußerung der Erwerber in Preußen und anderen Staaten die durch seinen Erwerb veranlaßten Kosten zu tragen pflegt, der Zuschlag aber vornehmlich den Zweck hat, dem Ersteher ein unanfechtbares Recht zu verschaffen.

---

[1]) Vergl. Bayern Art. 55 Ziff. 3, Mecklenburg § 44 Ziff. 1, Anhalt § 7, Braunschweig § 48; ferner preuß. A. L. R. I. 11 § 344, franz. Gesetzb. §§ 1618, 1619, 1636—1638, 1649, 1684, sächs. Gesetzb. § 950, bayer. Entw. II Art. 332.

[2]) Mot. II S. 324.

[3]) Vergl. Bayern (1879) Art. 107, Elsaß-Lothringen § 16, Lübeck § 28 Ziff. 3, Mecklenburg § 44 Ziff. 6.

3. Abweichung von den gesetzlichen Vorschriften über das geringste Gebot und die Versteigerungsbedingungen auf Verlangen eines Betheiligten.

a) Rechte der Betheiligten auf eine abweichende Feststellung.

§ 76.

Bedürfniß.

Wenn das Gesetz das geringste Gebot und die Versteigerungsbedingungen regelt, so ist der Gedanke hiervon der, daß diese Regelung die Richtschnur für das Verfahren bilden soll. Besondere Versteigerungsbedingungen für den gegebenen Fall sind daher unnöthig, und für eine Verpflichtung des Gläubigers, solche in Vorschlag zu bringen[1]), ist kein Raum. Nicht minder ausgeschlossen ist die in den mecklenburgischen Verordnungen § 44 Abs. 2, 3 anerkannte Befugniß des Gerichtes, aus eigener Machtvollkommenheit, wenn auch nach Anhörung der Betheiligten, die gesetzlichen Bedingungen zu ändern. Da indessen das Gesetz hier nur die Absicht haben kann, dem Interesse der Betheiligten zu dienen, so muß es im Hinblicke auf den Fall, daß die Betheiligten ihr Interesse durch die getroffenen Bestimmungen nicht gewahrt finden, die Möglichkeit gewähren, eine von diesen Bestimmungen abweichende Feststellung der Versteigerungsbedingungen bezw. des geringsten Gebotes herbeizuführen.

Einverständniß der Betheiligten.

Selbstverständlich ist, daß, wenn die Betheiligten über die Abweichung mit einander einverstanden sind, das Einverständniß entscheidet[2]). Im Uebrigen würde es den Gesetzen einer Reihe von Staaten, namentlich Bayern (1879) Art. 60, Hessen Art. 116, Weimar § 27, Braunschweig § 48, Elsaß-Lothringen §§ 7, 19, entsprechen, wenn das Reichsgesetz die Entscheidung darüber, ob eine mit den gesetzlichen Vorschriften nicht in Widerspruch stehende

Ermessen des Gerichtes.

Versteigerungsbedingung gestellt werden soll, dem Vollstreckungsgerichte nach dessen Ermessen überließe. Der Entwurf muß jedoch die Aufnahme einer solchen Bestimmung ablehnen, weil im Grunde bei dem Vorschlage einer besonderen Versteigerungsbedingung immer eine Abweichung von den gesetzlichen Vorschriften in Frage ist. Das Gericht hat nur die formelle Leitung des Verfahrens, dagegen nicht den Beruf, durch sein Ermessen in das materielle Recht der Betheiligten einzugreifen. Dieses Recht aber ist es, welches durch die Vorschriften des Entwurfes über das geringste Gebot und die Versteigerungs-

Verlangen eines Betheil.

bedingungen geregelt wird. Eine Abweichung von diesen Vorschriften auf Verlangen eines Betheiligten kann daher nur zugelassen werden, wenn entweder die Rechte der übrigen Betheiligten von der Abweichung nicht berührt werden oder die betreffenden Berechtigten derselben zustimmen. Dieser Gedanke, der auch den Gesetzen für Preußen § 45 Abs. 1 und Sachsen § 109 zu Grunde liegt[3]), gelangt in dem Entwurfe zum Ausdrucke. (Abs. 1.)

---

[1]) Bayern (1879) Art. 24, Hessen Art. 111, Braunschweig ꝛc.

[2]) Bayern Art. 61, Baden § 85, Weimar § 27.

[3]) Vergl. für Preußen Kurlbaum, neue Grundsätze der Zwangsverst. ꝛc. (1883) S. 9.

Das Gesetz muß ferner einen Weg eröffnen, auf welchem festgestellt wird, wessen Rechte durch die Abweichung berührt werden. Dies geschieht dadurch, daß das Grundstück doppelt ausgeboten wird, einmal mit der verlangten Versteigerungsbedingung, sodann ohne dieselbe. Das doppelte Ausgebot zur Erzielung eines Gebotes, durch welches die Betheiligten in möglichst weitem Umfange befriedigt werden, entspricht nicht nur den für gewisse Fälle in den Gesetzen Preußens und Sachsens getroffenen Bestimmungen, sondern auch der Praxis in ausgedehnten Gebieten. Es handelt sich hierbei aber nicht um eine nur probeweise, sondern um eine ernstliche Versteigerung, so zwar, daß mit jedem der beiden Ausgebote so lange fortgefahren wird, bis kein Gebot mehr erfolgt. Die Bieter bleiben daher an ihre Gebote gemäß § 98 gebunden, bis festgestellt ist, welches derselben das beste ist. Diese Feststellung aber kann erst durch den Zuschlag bewirkt werden. (Abs. 2.) Doppeltes Ausgebot.

b) Bestimmung des Fortbestehens eines Rechtes.

§ 77.

Die uneingeschränkte Anwendung des § 76 auf den Fall, wenn ein Betheiligter, dessen Recht nach § 72 Abs. 1 Satz 1 erlöschen würde, die Versteigerung mit der Bedingung des Fortbestehens seines Rechtes verlangt, würde dahin führen, daß diese Bedingung nur mit Zustimmung auch der im Range nachstehenden Betheiligten gestellt werden dürfte, sofern bezw. soweit sie deren Rechte berührte. Ein solches Ergebniß ist auch durchaus angemessen, wenn jenes Recht eine Hypothek oder eine Grundschuld ist. Der Regel nach sind, wenn ein Grundstück zur Zwangsversteigerung gebracht wird, die dem betreibenden Gläubiger gleich- oder nachstehenden Hypotheken und Grundschulden nicht mehr genügend gesichert. Man kann daher annehmen, daß, wenn die Hypothek oder die Grundschuld durch das Meistgebot gedeckt wird, der Berechtigte die Deckung durch Zahlung einer Deckung durch das Fortbestehen seines Rechtes an dem Grundstücke vorziehen wird. Jedenfalls gewährt die Zahlung dem Berechtigten gerade das, was der Natur und dem Zwecke des Rechtes entspricht. Die seltenen Fälle, in welchen der Berechtigte ein besonderes Interesse an dem Bestehenbleiben der Hypothek oder der Grundschuld hat, sind um so weniger geeignet, eine Abweichung von dem Grundsatze des § 76 zu rechtfertigen, als in dem Falle, wenn mit der Bedingung des Fortbestehens eines solchen Rechtes ein höheres Gebot erzielt wird, die Zustimmung der nachstehenden Betheiligten ohnehin nicht erforderlich ist. Hypothek u. Grundsch.

Eine andere Bewandtniß hat es mit den gedachten Rechten, wenn dieselben nicht in Hypotheken oder Grundschulden bestehen. In diesem Falle muß aus Rücksichten der Billigkeit und der praktischen Zweckmäßigkeit dem Berechtigten die Möglichkeit geboten werden, sich den Fortbestand des Rechtes auch ohne die Zustimmung eines ihm nachstehenden Betheiligten zu sichern. Erlischt das Recht, obschon es durch das Meistgebot gedeckt ist, so wird in vielen Fällen durch die dem Berechtigten zu gewährende Geldentschädigung entfernt nicht der Nachtheil ausgeglichen werden, welchen derselbe durch das Erlöschen erleidet. Eine Entschädigung in Geld entspricht nicht der Natur Andere Rechte.

und dem Zwecke der hier in Betracht kommenden Rechte (Altentheil, Dienstbarkeit 2c.); sie ist nur ein Nothbehelf für die Fälle, in welchen ein solches Recht ohne Benachtheiligung vor- oder gleichstehender Rechte nicht bestehen bleiben kann. Hinzutritt, daß, wenn es sich um ein mit dem Tode des Berechtigten erlöschendes Recht handelt, die Ermittelung einer dem wahren Werthe des Rechtes entsprechenden Geldentschädigung nicht selten mit großen Schwierigkeiten verbunden sein wird. Juristisch erscheint das Fortbestehen des Rechtes ohne Rücksicht auf ein im Range nachstehendes Recht unbedenklich; da dieses Recht, eben weil es im Range nachsteht, für den Berechtigten niemals den Anspruch auf Beseitigung eines vorstehenden Rechtes begründen kann. Daß endlich die Vorschrift des Entwurfes im Sinne der meisten Landesgesetze ist, erhellt aus früheren Erörterungen[1]).

c) Bestimmung von Fristen für die von dem Ersteher zu leistende Zahlung.

§ 78.

I. Wenn der § 65 den Ersteher verpflichtet, den durch Zahlung zu berichtigenden Theil des Meistgebotes in dem Vertheilungstermine zu zahlen, so prägt sich hierin der Gedanke aus, daß es vom Standpunkte der Betheiligten nicht angemessen erscheint, eine weitere als die in dieser Bestimmung gegebene, durch das Vertheilungsverfahren bedingte oder doch mit demselben verträgliche Zahlungsfrist zu bewilligen. Der nämliche Gedanke liegt erkennbar auch den Gesetzen für Preußen § 102 Abs. 2, § 103, Weimar § 69, Anhalt § 33, Reuß j. L. § 52, Coburg-Gotha § 17, Meiningen § 21, Hamburg § 12 zu Grunde[2]).

Landesgesetze.

In einer Reihe von Staaten dagegen finden Zahlungsfristen von längerer Dauer statt. Nach dem sächsischen Ges. § 14 Abs. 2 bestimmt das Gericht die Zahlungszeit für die zur Berichtigung der Hauptforderungen des Gläubigers und der demselben im Range gleich- oder nachstehenden Betheiligten erforderlichen Zahlungen. Die mecklenburgischen Verordnungen überlassen diese Bestimmung unter § 45 ebenfalls dem Richter, jedoch mit der Maßgabe, daß jeder Betheiligte darauf bestehen kann, „daß vor der Tradition bei Landgütern mindestens ein Fünftheil, bei sonstigen Grundstücken mindestens ein Viertheil des ausgelobten Kaufpreises baar gezahlt und daß die Zahlung des Ganzen nicht über drei Jahre, von dem Tage des Zuschlages an gerechnet, hinausgesetzt werde". Nach dem oldenburgischen Ges. Art. 40 darf „der Zahlungstermin nie über ein Jahr und sechs Wochen vom Tage des Verkaufs an hinausgesetzt werden". Das hessische Gesetz verweist hinsichtlich der Zahlungsziele für Starkenburg und Oberhessen unter Art. 60 Abs. 2 auf die ortsüblichen Bedingungen; in Rheinhessen kann nach Art. 116 Abs. 2 der Richter auf Antrag Zahlungsfristen bis zu drei Jahren bewilligen. Württemberg schreibt unter Art. 14 vor, daß „soviel als möglich die baare Zahlung des Kaufpreises" bedungen werden soll, fährt dann aber fort: „Kann solches

---

1) Oben S. 176, 177.

2) Vergl. oben S. 167, 168.

ohne wesentlichen Nachtheil nicht geschehen, so ist dem Käufer die baare Zahlung wenigstens eines Viertheils des Kaufschillings anzubedingen und sind für die allmähliche Entrichtung des Angeborgten Fristen, in der Regel nicht über die Dauer von drei Jahren, zu bewilligen, die Zieler aber in jedem Falle verzinslich zu bestimmen". Auch ist „das gesetzlich eingeräumte Unterpfandsrecht auf der verkauften Sache sofort in das Unterpfandsbuch einzutragen (vergl. Pfandges. Art. 43 ff.) . . . . . Ist der Kaufschilling auf mehr als drei Jahreszieler vertheilt, so sind die weiteren Zieler auf Kosten des Schuldners zu verwerthen, und es ist der baare Erlös zur Befriedigung des Gläubigers zu verwenden". In Bayern muß nach dem Ges. von 1879 Art. 59, wenn es ein Betheiligter vor der Aufforderung zur Abgabe von Geboten verlangt, zur Erlegung des Kaufpreises eine Frist bis zu drei Monaten, in der Pfalz für achtzig vom Hundert Frist bis zu drei Jahren bestimmt werden; das Ges. von 1886 dagegen gestattet unter Art. 10 für die Zahlung fälliger Annuitäten, Zinsen 2c. keine besondere Frist. Das badische Gesetz enthält folgende Vorschriften: „§ 91. Auf Antrag des Schuldners verfügt der Richter die Versteigerung auf Zahlungszieler, die ohne Zustimmung der betheiligten Gläubiger im Ganzen die Zahlung nicht über drei Jahre vom Tage des Zuschlages hinaussetzen dürfen. Der Richter muß einen baar zu bezahlenden Theil des Steigerungspreises von wenigstens einem Fünftheile desselben festsetzen, es müssen von dem übrigen Theile gewöhnliche Zinsen vorbehalten und dem Steigerer muß freigelassen werden, den ganzen Steigerungspreis sogleich zu entrichten. § 92. Der Schuldner und jeder andere Betheiligte darf die Versteigerung auf mehr als dreijährige Zahlungszieler alsdann begehren, wenn sich ein Käufer für die Zieler gegen gleich baare Zahlung darstellt und Sicherheit für die Baarzahlung geleistet wird. Die Größe des Nachlasses, um den der Käufer die Zieler übernehmen will, muß in bestimmten Prozenten des Erlöses festgesetzt sein, und zwar vor dem Versteigerungstage. § 93. Tritt der Fall der Versteigerung auf mehr als dreijährige Zieler ein, so wird mit derselben zugleich die Versteigerung auf baare Zahlung oder auf die § 91 bestimmte Zahlung mit dreijährigen Zielern vorgenommen. Das Gebot bei der Versteigerung auf mehr als dreijährige Zieler geht nur dann vor, wenn dasselbe, nach Abzug des Nachlasses, das höhere ist".

Richterliches Ermessen.

II. Vom Standpunkte des Entwurfes (§ 76) ist der Richter nach der Stellung, welche ihm gegenüber den Betheiligten zukommt, nicht berufen, die Versteigerungsbedingungen nach seinem Ermessen zu bestimmen. Die landesgesetzlichen Vorschriften mithin, welche ihn zur Bestimmung von Zahlungsfristen ermächtigen, können hier nicht berücksichtigt werden. Im Uebrigen ist bei der Würdigung des geltenden Rechtes von folgenden Erwägungen auszugehen.

Recht der Betheil. auf sofortige Zahlung.

1. Der Gläubiger, welcher die Zwangsversteigerung betreibt, hat ein Recht auf sofortige Befriedigung aus dem Grundstücke und also, wenn das Grundstück versteigert ist, aus dem Versteigerungserlöse. Dasselbe Recht muß aber auch den im Range gleich- oder nachstehenden Betheiligten zugestanden werden. Es wäre unbillig, ja ungerecht, wenn das Reichsgesetz Rechte an dem Grundstücke, welche durch das Meistgebot gedeckt sind, erlöschen ließe, ohne

dafür den Berechtigten den Anspruch auf möglichst sofortige Zahlung aus dem Betrage des Gebotes zu geben. Die Ungerechtigkeit, welche in der Verweisung auf eine erst später fällige Forderung an den Ersteher läge, würde besonders scharf hervortreten, wenn das erloschene Recht einen bereits früher fälligen Anspruch begründete.

Einfluß der Stundung auf die Gebote.

Der Eingriff in die Rechtsstellung der Gläubiger und auch des Schuldners, wenn für diesen ein Ueberschuß des Versteigerungserlöses verbleibt, wird auch keineswegs ausgeglichen durch den günstigen Einfluß, welchen die Stundung der Forderung an den Ersteher auf die Höhe der Gebote üben kann. Bei dem Prinzipe, daß das Meistgebot in seinem ganzen Umfange durch Zahlung zu erfüllen ist, mag die Stundung zweckmäßig gewesen sein. Für den Entwurf ist sie von geringerer Bedeutung, da in der Art und Weise, wie derselbe das Deckungsprinzip gestaltet (§ 66), der Regel nach ein ausreichendes Korrektiv gegen ein unverhältnißmäßiges Anwachsen des baar zu zahlenden Theiles des Meistgebotes liegt. Auch kann der Ersteher im Wege der Vereinbarung mit den betreffenden Gläubigern deren Hypotheken oder Grundschulden in Anrechnung auf das Meistgebot übernehmen. Wie die Erfahrung lehrt, kommen solche Vereinbarungen leicht zu Stande, wenn nur genügende Sicherheit vorhanden ist.

Nachtheile der Stundung.

Die Versteigerung unter Kreditirung des Preises (auf Zieler) ist ohnehin mit dem wirthschaftlichen Uebelstande verbunden, daß das Bestreben, den eigenen Grundbesitz zu vergrößern, welches nicht selten zu einem förmlichen Landhunger ausartet, im Hinblicke auf den längere Zeit hinausgeschobenen Eintritt der Fälligkeit des zu zahlenden Betrages zu leichtfertigen Erwerbungen in der Zwangsversteigerung führt. Schon mancher ist dadurch, daß er die Zahlungstermine nicht einhalten konnte, dem Wucher verfallen und zu Grunde gegangen. Auch hat sich in manchen Gegenden ein geradezu gewerbsmäßiger Handel mit den sogenannten Zielern entwickelt, so zwar, daß die Gläubiger vielfach, um das eigene Geldbedürfniß zu befriedigen, sich gezwungen sehen, die Zieler erheblich unter dem Nennwerthe zu verkaufen.

Gestützt auf diese Erwägungen kann der Entwurf eine Zahlungsstundung, durch welche den Betheiligten das Recht, im Vertheilungstermine aus dem Meistgebote befriedigt zu werden, versagt wird, nur nach Maßgabe des § 76 zulassen.

Eintritt eines Dritten

Eine andere Frage dagegen ist, ob nicht dem geltenden Rechte der betreffenden Staaten so weit nachgegeben werden kann, daß eine dem badischen Gesetze §§ 92, 93 entsprechende Regelung des Verhältnisses in den Entwurf aufgenommen wird. Dagegen scheint freilich zu sprechen, daß hierdurch dem Ersteher eine Möglichkeit eröffnet wird, die ihm der Sache nach schon an sich zu Gebote steht. Der Ersteher kann einen Kreditgeber, der ihm seinerseits Zahlungsfristen bewilligt, sich vorher suchen, und wenn ein Betheiligter ein Interesse daran hat, daß eine bestimmte Person mitbietet, so ist es seine Sache, selbst den Kredit zu gewähren oder dafür zu sorgen, daß ein Anderer das Geld unter Bewilligung der bezeichneten Fristen darleiht. Allein dieses Bedenken kann als entscheidend nicht angesehen werden. Maßgebend für die Bejahung der gestellten Frage ist die Erwägung, daß die Lösung des badischen Gesetzes immerhin geeignet ist, in einzelnen Fällen den Kreis der Bieter zu erweitern und die Erzielung eines höheren Gebotes herbeizuführen, bezw. die Ergebnißlosigkeit der Versteigerung zu verhindern. Auch muß besonderes Gewicht darauf gelegt werden, daß die Bietungslustigen überhaupt auf diesen die Verpflichtungen des Erstehers erleichternden Weg hingewiesen und so veranlaßt werden, denselben in Erwägung zu ziehen.

Zur Vereinfachung des Verhältnisses dient es wesentlich, wenn dasselbe so geordnet wird, daß der Dritte, so viel die von ihm zu leistende Zahlung und die mit dieser Zahlungspflicht in Verbindung stehenden weiteren Verpflichtungen anlangt, von vornherein an die Stelle des Erstehers tritt. Im übrigen rechtfertigen sich die Abweichungen des § 78 von dem bad. Gesetze, soweit sie nicht aus der Ablehnung einer dem § 91 desselben entsprechenden Vorschrift sich ergeben, durch die Rücksicht auf anderweite Bestimmungen des Entwurfes[1]).

4. Antheilsweise Versteigerung des Grundstückes.

§ 79.

Es entspricht dem Begriffe des Grundstückes, daß dasselbe als Ganzes versteigert wird. Nach § 4 freilich findet die Zwangsversteigerung auch eines Antheiles statt, wenn entweder das Grundstück im Miteigenthume steht oder das Verfahren wegen des Anspruches aus einer den Antheil besonders belastenden Hypothek oder Grundschuld beantragt ist; die Versteigerung mehrerer Antheile wird dann wie die Versteigerung mehrerer Grundstücke behandelt. Den Fällen des § 4 ist aber für den Gläubiger, welcher die Zwangsversteigerung des Grundstückes betreibt, der Fall ähnlich, wenn dem Anspruche desselben eine nur auf einem Antheile des Grundstückes haftende Hypothek oder Grundschuld vorgeht. In einem solchen Falle müssen daher, wenn es der Gläubiger verlangt, auch die einzelnen Antheile ausgeboten werden. Es geschieht dies aber nur im Interesse des Gläubigers, so zwar, daß, wenn derselbe bei diesem Verfahren Befriedigung in größerem Umfange als bei dem Ausgebote des ganzen Grundstückes nicht zu erwarten hat, der Zuschlag auf Grund des Ausgebotes der Antheile nicht ertheilt werden darf. Der Entwurf schließt sich hier im Wesentlichen dem sächsischen Gesetze §§ 41, 43 an.

5. Versteigerung mehrerer Grundstücke in demselben Verfahren.

a) Einzelausgebot und Gesammtausgebot.

§ 80.

I. Wenn in demselben Verfahren mehrere Grundstücke zu versteigern sind, so fragt es sich, ob die Grundstücke einzeln oder zusammen ausgeboten werden sollen. In den meisten Landesgesetzen, auch in dem preußischen, ist die Frage übergangen. Für Preußen scheint jedoch in der Theorie und Praxis kein Zweifel zu bestehen, daß die Einzelversteigerung die Regel bildet. Das hessische Gesetz spricht diese Regel für Rheinhessen unter Art. 131 aus, gestattet jedoch dem Gerichte, auf Antrag eines Betheiligten aus er- Einzelausgebot.

[1]) Vergl. §§ 65 ff., 90, 94, 124.

heblichen Gründen den Zuschlag im Ganzen zu ertheilen. Das sächsische Gesetz schreibt für Grundstücke, welche in einem wirthschaftlichen Verbande stehen, unter § 28 das Gesammtausgebot, für andere Grundstücke unter § 30 das Einzelausgebot als Regel vor. In den bayerischen Landestheilen rechts des Rheines dürfen Grundstücke, welche auf einem und demselben Folium des Hypothekenbuches eingetragen sind, ohne Zustimmung derjenigen Gläubiger, deren Forderungen in Anrechnung auf das Kaufgeld übernommen werden müssen, nur zusammen versteigert werden [1]). Im Uebrigen hat nach dem Ges. v. 1879 Art. 51 der Versteigerungsbeamte über die Art der Versteigerung zu befinden, jedoch auf Verlangen der Betheiligten auch eine von ihm nicht gewählte Versteigerungsart vorzunehmen. In Braunschweig liegt dem Vollstreckungsgerichte die Entscheidung unter Berücksichtigung der Anträge des Gläubigers nach Anhörung des Schulders ob [2]).

Für eine Entscheidung nach richterlichem Ermessen ist auch hier kein Raum [3]). Die Voraussetzungen derselben müssen daher aus dem Gesetze selbst sich ergeben. Um in dieser Hinsicht eine feste Grundlage für die Gestaltung des Verfahrens zu gewinnen, empfiehlt es sich, eine bestimmte Regel in dem Gesetze auszusprechen. Die Regel aber kann mit Rücksicht auf die Bedeutung des einzelnen Grundstückes für den Rechtsverkehr nur das Einzelausgebot sein. Es liegt auch kein Bedürfniß vor, bei Grundstücken, welche in einem wirthschaftlichen Zusammenhange stehen, das Gesammtausgebot als Regel vorzuschreiben, zumal durch eine solche Vorschrift das Gesetz an Einfachheit verlieren und das Verfahren erschwert werden würde. Haben die mehreren Grundstücke ein gemeinschaftliches Blatt im Grundbuche [4]), so treten sie hierdurch an sich in keinen rechtlichen Zusammenhang mit einander, es sei denn, daß sie als einheitliches Grundstück gebucht sind. In diesem Falle aber müssen sie schon in Konsequenz der Vorschrift des B. G. B. § 787 Abs. 2 als ein einheitliches Grundstück zusammen versteigert werden. Anderenfalls fehlt es für den Entwurf an einem Grunde, sie bei der Zwangsversteigerung als rechtliche Einheit zu behandeln. (Abs. 1.)

Ausschluß des Einzelausgebotes.

II. Die Regel, daß die Grundstücke einzeln auszubieten sind, kommt insoweit nicht zur Anwendung, als die Betheiligten mit einander einverstanden sind, daß das Gesammtausgebot stattfinden soll. In dem hessischen Ges. Art. 131 ist dies ausdrücklich hervorgehoben. Es entspricht aber auch dem Grundsatze, welcher nach anderen Gesetzen für die Bestimmung der Rechte und Pflichten des Erstehers maßgebend ist. Für den Entwurf genügt es in dieser Hinsicht, auf den § 76 Abs. 1 und dessen Begründung zu verweisen. Die Zustimmung derjenigen Betheiligten, deren Rechte und Ansprüche bei der Feststellung des geringsten Gebotes berücksichtigt sind, ist nicht erforderlich [5]), da dieselben unter allen Umständen gedeckt werden und deshalb ein Interesse an dem Einzelausgebote nicht haben. (Abs. 3.)

---

[1]) Bayern (1879) Art. 49, (1886) Art. 12.

[2]) Braunschweig §§ 43, 48.

[3]) Vergl. oben S. 171, 184.

[4]) Entw. der Grundb. O. § 6 Abs. 2.

[5]) Vergl. Bayern (1886) Art. 19 Abs. 1.

III. Liegt ein Einverständniß der Betheiligten nicht vor, so kann ein Gesammtausgebot auf Verlangen eines derselben nur neben dem Einzelausgebote erfolgen. Durch einen Widerspruch von anderer Seite wird das doppelte Ausgebot nicht ausgeschlossen, weil das weitere Verfahren in den §§ 81 ff. so geregelt ist, daß der Zuschlag auf Grund des Gesammtausgebotes nur ertheilt wird, wenn auf diesem Wege die berechtigten Interessen in größerem Umfange Berücksichtigung finden als durch die Einzelversteigerung. (Abs. 2.) Doppeltes Ausgebot.

In Frage kommt, ob der Gläubiger, wenn für seinen Anspruch die mehreren Grundstücke ungetheilt haften, deren Versteigerung mit Ausschließung des Einzelausgebotes verlangen kann. Die Gesetze für Preußen und Bayern gestehen ihm ein solches Recht nicht zu und das sächsische Gesetz verweist unter § 34 gerade den Korrealpfandgläubiger auf das doppelte Ausgebot. Ein Bedürfniß, die Frage mit Rücksicht auf die Regelung der Korrealhypothek in dem B. G. B. § 1078 Abs. 2 anders zu entscheiden, ist nicht anzuerkennen. Ein beachtenswerthes Interesse des Gläubigers an der Ausschließung des Einzelausgebotes zum Nachtheile anderer Betheiligter ist nicht ersichtlich.

b) Feststellung des geringsten Gebotes für das Gesammtausgebot.

§ 81.

Wenn die mehreren Grundstücke einzeln ausgeboten werden sollen, so wird für jedes von ihnen das geringste Gebot nach den Vorschriften der §§ 59 ff. besonders festgestellt. Diese Vorschriften reichen jedoch für die Feststellung im Falle eines Gesammtausgebotes nicht aus. Zweifellos ist freilich, daß alle Rechte und Ansprüche, welche bei der Feststellung des geringsten Gebotes für ein einzelnes Grundstück zu berücksichtigen sind, bei der Feststellung des geringsten Gebotes für die zusammen auszubietenden Grundstücke nicht unberücksichtigt bleiben dürfen. Allein wenn unter diesen Rechten und Ansprüchen sich solche befinden, für welche mehrere der Grundstücke ungetheilt haften, so können sie, entsprechend der Natur dieser Haftung, in das für das Gesammtausgebot festzustellende geringste Gebot nur einmal eingerechnet werden[1]). Jene Vorschriften sind ferner zu ergänzen für den Fall, daß bei dem Einzelausgebote auf eines der Grundstücke das für dasselbe festgestellte geringste Gebot überboten wird. In diesem Falle muß der Betrag, um welchen das Meistgebot das geringste Gebot übersteigt, bei der Feststellung des geringsten Gebotes für das Gesammtausgebot hinzugerechnet werden, weil nur so den an dem einzeln ausgebotenen Grundstücke Berechtigten, welche dem Gläubiger im Range gleich- oder nachstehen, die aus der Einzelversteigerung zu erwartenden Vortheile auch bei der Ertheilung des Zuschlages auf Grund des Gesammtausgebotes gesichert bleiben. Grundsatz.

c) Ertheilung des Zuschlages auf Grund des Gesammtausgebotes.

§ 82.

Wenn das Gesetz ein doppeltes Ausgebot zuläßt, so bezweckt es, den Betheiligten ein möglichst günstiges Ergebniß der Versteigerung zu gewähr-

[1]) Sachsen § 29.

leisten. Dieser Zweck bringt es mit sich, daß der Zuschlag auf Grund des Gesammtausgebotes ertheilt wird, wenn das bei demselben erzielte Meistgebot höher ist als die Summe der bei der Einzelversteigernng abgegebenen Meistgebote, oder wenn diejenigen Betheiligten zustimmen, deren Rechte dadurch berührt werden, daß der Zuschlag nicht auf Grund des Einzelausgebotes erfolgt. Das sächsische Gesetz gestattet den Zuschlag auf Grund des Gesammtausgebotes nur in diesen Fällen[1]). Der Entwurf nimmt keinen Anstand, diesem Vorgange grundsätzlich sich anzuschließen, da das höchste Gebot gewöhnlich auch das günstigste ist. (Abs. 1.)

Korrealhaft. Der Grundsatz bedarf aber der Einschränkung für den Fall, daß bei der Feststellung des geringsten Gebotes für das Gesammtausgebot ein Anspruch, für welchen mehrere der Grundstücke ungetheilt haften, gemäß § 81 nur einmal mitgerechnet ist. In einem solchen Falle kann, weil dieser Anspruch bei dem Einzelausgebote für jedes Grundstück voll in Ansatz kommt, vom Standpunkte des betreibenden Gläubigers das die Summe der einzelnen Meistgebote nicht erreichende Gesammtmeistgebot dann den Vorzug verdienen, wenn der Gläubiger aus dem durch Zahlung in dem Vertheilungstermine zu berichtigenden Theile dieses Gebotes Befriedigung in größerem Umfange zu erwarten hat als bei dem Zuschlage auf das Einzelausgebot. Zur Veranschaulichung mag folgendes Beispiel dienen:

Es stehen drei Grundstücke zur Versteigerung. Jedes von ihnen ist mit zwei Korrealhypotheken über je 1000 belastet. Wegen der nachstehenden Hypothek wird das Verfahren betrieben. Das geringste Gebot beträgt, von Kosten 2c. abgesehen, für jedes der drei Grundstücke 1000; es wird bei der Einzelversteigerung wirklich erreicht, so daß die Summe der Meistgebote 3000 ist. Für das Gesammtausgebot beläuft sich das geringste Gebot auf 1000; geboten werden 2000. In diesem Falle kann der Gläubiger, wenn der Zuschlag auf das Gesammtausgebot erfolgt, in dem Vertheilungstermine volle Befriedigung durch Zahlung erhalten, wenn dagegen die Grundstücke einzeln zugeschlagen werden, gemäß § 71 Abs. 2 und § 159 Abs. 1 nur bedingte Forderungen an den Ersteher erlangen.

Nach dem Grundsatze des § 82 Abs. 1 würde der Zuschlag auf das Einzelausgebot zu ertheilen sein, hierdurch aber das berechtigte Interesse, welches der Gläubiger an seiner sofortigen Befriedigung hat, schwer beeinträchtigt werden. Um diese Beeinträchtigung zu verhindern, muß der Grundsatz dahin eingeschränkt werden, daß auf Verlangen des Gläubigers in dem gesetzten Falle der Zuschlag für das im Wege des Gesammtausgebotes erzielte Meistgebot zu ertheilen ist. Der Umstand, daß hierbei Betheiligte, welche durch die Einzelversteigerung befriedigt worden sein würden, bezw. der Schuldner leer ausgehen, steht nicht entgegen. Das Interesse der dem Gläubiger vorgehenden Berechtigten ist durch die Vorschrift des § 59 gewahrt. Auf die übrigen Betheiligten aber braucht derselbe keine Rücksicht zu nehmen. Denn das Recht auf Befriedigung aus den mehreren Grundstücken ist ein dergestalt absolutes, daß der Gläubiger es auf demjenigen Wege ausüben kann, der am ersten zum

---

1) Sachsen §§ 35, 39.

Ziele führt und für ihn der vortheilhafteste ist. Aus diesem Grundsatze ergibt sich zugleich, daß nicht allein der betreibende Gläubiger, sondern auch ein ihm im Range gleich- oder nachstehender Betheiligter, wenn er für seinen Anspruch aus allen zusammen ausgebotenen Grundstücken zu befriedigen ist, für berechtigt erachtet werden muß, die Ertheilung des Zuschlages auf das Gesammtausgebot zu verlangen.

Die Anerkennung dieser Berechtigung wird obenein in wirthschaftlicher Hinsicht den Vortheil haben, daß sie den Eigenthümer davon abhält, durch Belastung seiner Grundstücke mit Korrealhypotheken seinen Grundbesitz für andere Gläubiger unveräußerlich zu machen und den letzteren auf diese Weise den durch die Gesammthypotheken nicht erschöpften Theil des Werthes seiner Grundstücke zu entziehen. (Abs. 2.)

d) Erhöhung des von dem Ersteher zu zahlenden Betrages nach Maßgabe der §§ 69—71 im Falle der Ertheilung des Zuschlages auf das Gesammtausgebot.

§ 83.

Die §§ 69—71 beruhen auf dem Gedanken, daß, wenn ein bei der Feststellung des geringsten Gebotes berücksichtigtes Recht nicht besteht bezw. wegfällt, der Ersteher hiervon keinen Gewinn ziehen soll. Sie können daher, falls das Recht mehrere dem Ersteher zusammen zugeschlagene Grundstücke belastete, nur dann zur Anwendung kommen, wenn die Belastung sich in Ansehung aller dieser Grundstücke erledigt, ohne daß die Mittel des Erstehers in Anspruch genommen werden. Im Interesse der Deutlichkeit des Gesetzes erscheint es rathsam, die Beschränkungen, welche die Anwendung der gedachten Paragraphen hier erleidet, besonders zu bestimmen.

6. Besondere Versteigerung oder anderweite Verwerthung einer Forderung oder einer beweglichen Sache.

§ 84.

a) Bereits bei der Begründung des § 73 wurde angedeutet, daß Forderungen und bewegliche Sachen, auf welche sich die Versteigerung des Grundstückes an sich miterstreckt, von dieser Versteigerung ausgeschlossen werden können[1]). Für die abgesonderte Versteigerung bezw. die anderweite Verwerthung eines solchen Gegenstandes besteht ein Bedürfniß in den Fällen, in welchen derselbe von einem Dritten in Anspruch genommen[2]) und deshalb das Verfahren in Beziehung auf ihn eingestellt ist. Ein solches Sondervorgehen kann aber auch dann angezeigt sein, wenn von der Einzelversteigerung oder einer anderen Art der Verwerthung die Erreichung eines höheren Preises für den Gegenstand zu erwarten ist. Bei Forderungen wird außerdem unter Umständen die Einziehung durch einen Verwalter oder die an Zahlungsstatt Bedürfniß

[1]) Oben S. 179.

[2]) Sachsen § 45.

Voraussetzungen. erfolgende Ueberweisung an einen hierzu bereiten Betheiligten ungleich vortheilhafter bezw. angemessener sein als die Versteigerung. Wie im einzelnen Falle zu verfahren ist, kann nicht von einer Abänderung der Versteigerungsbedingungen nach Maßgabe des § 73 abhängig gemacht, sondern zweckmäßig nur von dem Vollstreckungsgerichte auf Antrag eines Betheiligten unter Berücksichtigung der gegebenen Verhältnisse bestimmt werden. (Abs. 1.) Das Gericht darf indessen mit der abgesonderten Versteigerung bezw. Verwerthung einer beweglichen Sache oder einer Forderung erst nach der Versteigerung des Grundstückes und nur dann vorgehen, wenn das geringste Gebot bei derselben erreicht ist. Die erstere Schranke ist nothwendig, weil die vorzeitige Verwerthung eines der fraglichen Gegenstände, namentlich eines wichtigen Inventarstückes, leicht den Erfolg der Grundstücksversteigerung gefährden könnte. (Abs. 1 Satz 1) Die andere aber ist um deswillen geboten, weil, wenn von der Erreichung des geringsten Gebotes abgesehen würde, in den Fällen, in welchen die besondere Verwerthung des Gegenstandes nicht in dem zur Versteigerung des Grundstückes bestimmten Termine, sondern erst nach Beendigung eines vielleicht Jahre lang dauernden Eigenthumsstreites erfolgte, ein unleidlicher, die Aussetzung des Zuschlages des Grundstückes für die ganze Dauer bedingender Schwebezustand eintreten müßte. Nicht nothwendig ist indessen, daß das geringste Gebot für das Grundstück allein erreicht ist; es muß z. B. genügen, wenn die für das abgebrannte Grundstück öffentlich hinterlegten Versicherungsgelder mit dem für das Grundstück erzielten Gebote das geringste Gebot erreichen. (Abs. 4.)

Verfahren. b) Die abgesonderte Versteigerung eines Gegenstandes erfolgt zweckmäßig unter entsprechender Anwendung der für die Versteigerung durch den Gerichtsvollzieher in der C. P. O. §§ 718, 721 gegebenen Vorschriften. Die direkte Anwendung wird um deswillen nicht vorgeschrieben, weil das Gericht nicht nöthig hat, mit der Versteigerung einen Gerichtsvollzieher zu beauftragen. Hinterlegung (Abs. 2.) Die öffentliche Hinterlegung des Erlöses ist im Hinblicke auf das Vertheilungsverfahren erforderlich. (Abs. 3.)

IV. Versteigerungstermin.

1. Verfahren bis zur Versteigerung.

a) Gang des Verfahrens.

§ 85.

Der Gegenstand der Verhandlung in dem Versteigerungstermine ergibt sich im Allgemeinen aus früheren Bestimmungen. Die Landesgesetze enthalten bald mehr, bald weniger ausführliche Vorschriften darüber, was und wie zu verhandeln ist[1]). Es erscheint rathsam, im Anschlusse hieran die Hauptmomente

[1]) Preußen §§ 52 ff., Bayern (1879) Art. 69, (1886) Art. 24, Sachsen §§ 120, 121, Württemberg Art. 15, Hessen Art. 126, Baden § 62, Oldenburg Art. 43, Weimar § 39, Coburg-Gotha § 14, Braunschweig § 51, Rudolstadt § 13, Lübeck § 26.

des Verfahrens, soweit dieselben zur Vorbereitung der Versteigerung dienen, an dieser Stelle zusammenfassend hervorzuheben.

Der Entwurf folgt in der Hauptsache den Gesetzen für Preußen §§ 52, 53, 61, Bayern (1879) Art. 69 bezw. (1886) Art. 24. Das sächsische Gesetz kommt weniger in Betracht, weil nach ihm der Schwerpunkt der Vorbereitung des Versteigerungsgeschäftes in dem Anmeldetermine liegt.

α. Der Termin beginnt zweckmäßig mit dem Aufrufe der Sache. Wenn die Landesgesetze, außer Preußen § 52, den Aufruf nicht besonders vorschreiben, so erklärt sich dies vielleicht daraus, daß sie voraussetzen, es sei jeder gerichtliche Termin mittels Aufrufes einzuleiten. Für den Entwurf indessen kann mit einer solchen Voraussetzung nicht gerechnet werden. Der Richter braucht übrigens den Aufruf nicht persönlich vorzunehmen; er kann denselben vielmehr durch einen anderen Beamten des Gerichtes (Gerichtsschreiber, Gerichtsdiener 2c.) bewirken lassen. Bei der allgemeinen Fassung des Entwurfes ist nicht zu besorgen, daß dies verkannt werden möchte. (Abs. 1.) Aufruf der Sache;

β. Nach dem Aufrufe kommt es zunächst darauf an, die erschienenen Personen über die Verhältnisse zu unterrichten, welche bei der Versteigerung bezw. bei der Bemessung der Gebote zu berücksichtigen sind. Der Richter hat daher die das Grundstück betreffenden Nachweisungen, mit Einschluß der Mittheilungen des Grundbuchamtes, soweit dieselben solche enthalten, nicht minder die Personen und die Ansprüche der betreibenden Gläubiger sowie den Zeitpunkt der Beschlagnahme bekannt zu machen [1]). Die „besonderen Realverhältnisse", deren Preußen § 52 gedenkt, brauchen daneben nicht erwähnt zu werden, da die Bekanntmachung der gedachten Nachweisungen sich auch auf sie erstreckt. (Abs. 2.) Informirung der Anwesenden;

γ. Den wichtigsten Theil der Vorbereitung des Versteigerungsgeschäftes bildet die Feststellung des geringsten Gebotes und der Versteigerungsbedingungen; sie kann bei dem erheblichen rechtlichen Interesse, welches die Betheiligten an dem Inhalte der Feststellung haben, nicht ohne vorgängige Anhörung der anwesenden Betheiligten erfolgen. Bei der hierdurch bedingten Verhandlung kommen die Ansprüche, welche bei der Feststellung des geringsten Gebotes berücksichtigt werden sollen, von selbst zur Sprache. Eine dem preuß. Gesetze entsprechende Vorschrift, welche dem Richter die Bekanntmachung der angemeldeten Ansprüche zur Pflicht macht, ist daher entbehrlich. (Abs. 3 Satz 1.) Die Verlesung der festgestellten Versteigerungsbedingungen entspricht den Gesetzen für Preußen § 61 Satz 1 und Bayern (1879) Art. 69 Abs. 1 Satz 2. Es erscheint indessen zweckmäßig, auch die das geringste Gebot betreffenden Feststellungen zu verlesen. Die Mittheilung der nach § 68 erforderlichen Anmeldungen ist durch deren Zweck geboten. (Abs. 3.) Feststell. des geringsten Gebotes 2c.

δ. Erst nach Beendigung der Vorbereitungen darf zur Versteigerung übergegangen werden. Der Uebergang wird durch die seitens des Gerichtes erfolgende Aufforderung zur Abgabe von Geboten auf das Grundstück bewirkt. (Abs. 4.) Auffordr. zum Bieten.

---

[1]) Vergl. §§ 37, 54, 55, 58 ff.

b) Zuziehung eines Rechnungsverständigen. Bezeichnung der bei der Feststellung des geringsten Gebotes berücksichtigten Rechte und Ansprüche.

§ 86.

α. Obschon die Feststellung des geringsten Gebotes nach § 59 Abs. 1 dem Vollstreckungsgerichte obliegt, so muß doch mit Rücksicht darauf, daß nicht selten die Rechnungsarbeit überwiegen wird, der Richter, welcher den Termin abhält, der Beihülfe eines Rechnungsverständigen sich bedienen dürfen. Da indessen das Verfahren sich vertheuert, wenn ein solcher zugezogen wird, so empfiehlt es sich mit Preußen § 54, durch das Gesetz die Zuziehung für statthaft zu erklären. (Abs. 1.)

β. Die Vorschrift, daß in der Feststellung des geringsten Gebotes die berücksichtigten Rechte und Ansprüche einzeln zu bezeichnen sind, stellt sich als eine angemessene Ergänzung der die Feststellung regelnden §§ 59ff. dar. (Abs. 2.)

c) Zeitbestimmungen für die Anmeldungen.

§ 87.

Zur Rechtfertigung des § 87 genügt es, auf die §§ 61, 68 und deren Begründung Bezug zu nehmen.

d) Aufforderung zur Abgabe von Geboten.

§ 88.

Nach dem preußischen Gesetze § 61 Satz 2 darf zur Abgabe von Geboten erst aufgefordert werden, „wenn seit der zum Beginn des Termines festgesetzten Zeit mindestens eine Stunde verflossen ist und der Richter auf den zu erwartenden Ausschluß der noch nicht geltend gemachten Ansprüche ausdrücklich aufmerksam gemacht hat. Bayern hat diese Bestimmung in dem Gesetze von 1886 Art. 24 Abs. 3 nachgebildet. Der zweite Theil derselben erscheint auch gerechtfertigt, der erste dagegen nicht. Ein praktisches Bedürfniß, die fragliche Aufforderung erst nach Ablauf einer Stunde seit dem Beginne des Termines zu gestatten, die Ausschließung weiterer Anmeldungen mithin so weit hinauszuschieben, ist nicht anzuerkennen. Das Interesse der Betheiligten ist ausreichend geschützt, wenn der Eintritt des Ausschlusses erst erfolgt, nachdem der Richter auf den bevorstehenden Rechtsnachtheil hingewiesen hat und hierauf eine Erklärung nicht abgegeben ist. Dazu kommt, daß die Anmeldungen auch vor dem Termine bewirkt werden können. In der Regel wird überdies durch die nach § 85 vor der Versteigerung zu erledigenden Geschäfte einige Zeit in Anspruch genommen. Wird aber durch dieselben eine volle Stunde nicht ausgefüllt, so nöthigt die Vorschrift des preuß. Gesetzes zu einer unnützen und lästigen Zeitverschwendung, die in Preußen bereits zu Klagen der Gerichte geführt hat.

2. Versteigerung.

a) Behandlung unwirksamer Gebote.

§ 89.

Zurückweisung des Gebotes.

α. Es ist nicht zweifelhaft, daß auf ein Gebot der Zuschlag dem Bieter nur ertheilt werden darf, wenn dasselbe rechtsgültig bezw. für den Bieter verbindlich ist. Eine andere Frage aber ist, wie das Vollstreckungsgericht bei der Versteigerung sich verhalten soll gegenüber Geboten, welche dieser Anforderung nicht genügen. Man könnte daran denken, die Entscheidung darüber, ob ein Gebot wirksam ist oder nicht, dem Beschlusse zuzuweisen, durch welchen über die Ertheilung des Zuschlages entschieden wird. Allein diese Lösung erweist sich ohne Weiteres als unannehmbar für die Fälle, in welchen ein Bieter ersichtlich unfähig ist, sich durch das Gebot zu verpflichten, oder derjenige, welcher für ihn geboten hat, der Vertretungsmacht ermangelt; sie paßt aber auch nicht für die übrigen Fälle, in welchen der Richter sich überzeugt, daß das Gebot unwirksam ist oder der Bieter das Grundstück nicht erwerben kann[1]). Denn in allen diesen Fällen würde durch die widerspruchslose Zulassung des Gebotes, auf welches die Ertheilung des Zuschlages nicht stattfindet, das nächsthöchste Gebot gemäß § 98 Nr. 2 erlöschen und also, wenn ein weiteres wirksames Gebot nicht abgegeben wird, die Versteigerung ergebnißlos verlaufen. Dies muß aber im Interesse der Betheiligten möglichst verhindert werden. Fälle der Unwirksamkeit

Die Landesgesetze greifen freilich nur einzelne Fälle heraus, in welchen das Gebot zurückzuweisen bezw. nicht zuzulassen ist, so namentlich die Fälle, wenn der Bieter unfähig, zu bieten[2]), das geringste Gebot nicht erreicht[3]), die Vertretungsmacht nicht nachgewiesen ist[4]). Aber es liegt kein Grund vor, der die besondere formelle Behandlung gerade der hervorgehobenen Fälle rechtfertigte. Vielmehr kann der Gedanke, auf welchem diese Behandlung beruht, nur der sein, daß ein Gebot, auf welches der Zuschlag nicht ertheilt werden kann, als nicht abgegeben anzusehen und deshalb sofort von dem Gerichte zurückzuweisen ist. Wird demgemäß die Zurückweisung eines solchen Gebotes allgemein vorgeschrieben, so kann, wenn vor demselben ein wirksames Gebot abgegeben worden ist, darauf gerechnet werden, daß auch in Ermangelung weiterer Gebote die Versteigerung nicht ergebnißlos verläuft, da eventuell das in Kraft gebliebene Gebot als Meistgebot gilt[5]). Die Vorschrift gewährt überdies den technischen Vortheil, daß sie eine einfachere Regelung der Versagung des Zuschlages ermöglicht[6]). (Abs. 1.)

β. Den Fällen, in welchen das Gebot unwirksam ist oder der Bieter das Grundstück nicht erwerben kann, müssen hier aus Rücksicht auf die nothwendige Grundlage des Zuschlages die Fälle gleichgestellt werden, in welchen die Wirksamkeit des Gebotes bezw. die Möglichkeit des Erwerbes von der Vertretungsmacht desjenigen, welcher das Gebot für den Bieter abgegeben hat, oder von der Einwilligung oder Genehmigung einer anderen Person oder einer Behörde abhängig, die zu erweisende Thatsache aber nicht genügend nachgewiesen ist. Die Landesgesetze berühren meist nur den Fall der Vollmacht[7]). Preußen Vertretungsmacht, Einwilligung, Genehmigung.

1) Vergl. Einf. Ges. Art. 49.

2) Bayern 1879 Art. 74 Abs. 1; vergl. Preußen § 75 Ziff. 2.

3) Preußen § 61 Satz 3; vergl. Sachsen § 111 und Bayern 1886 Art. 26 Ziff. 1.

4) Preußen § 65, Sachsen § 117.

5) Entw. §§ 98, 101, 113 Abs. 3.

6) § 113 Abs. 2 Satz 1.

7) Hessen Art. 124 Satz 2, Weimar § 42 Abs. 3, Braunschweig § 53, Reuß j. L. § 29, Schaumburg-Lippe § 10, Lübeck § 26.

spricht unter § 65 Satz 1 allgemeiner sich dahin aus: „Gebote eines Vertreters dürfen nur zugelassen werden, wenn dessen Vertretungsbefugniß gerichtsbekannt ist oder durch öffentliche Urkunden nachgewiesen wird". Denselben Grundsatz enthält Sachsen § 117 Abs. 1. Für den Entwurf bedarf es nur des Hinweises auf die Vorschriften des B. G. B. §§ 65 ff., 127, 1675, 1681 und des Einf. Ges. Art. 48, 49, um darzuthun, daß nicht blos die Vertretungsmacht, sondern auch die erforderliche Einwilligung oder Genehmigung in den vorausgesetzten Fällen gerade so wie in dem Falle der Grundb. O. § 39 liquide vorliegen muß, wenn nicht die Zurückweisung des Gebotes erfolgen soll. (Abs. 2.)

b) Sicherheitsleistung für ein Gebot.

α. Recht der Betheiligten auf Sicherheitsleistung.

§ 90.

Schutz gegen Zahlungsunfähigkeit

I. Die Rücksicht auf den Zweck der Zwangsversteigerung sowie auf die Wirkungen, welche dieselbe auf Rechte der Betheiligten hat, nöthigt das Gesetz, ein Mittel zu bieten, durch welches diejenigen, deren Ansprüche gemäß § 65 aus dem durch Zahlung zu berichtigenden Theile des Meistgebotes zu befriedigen sind, gegen die Ertheilung des Zuschlages an einen nicht zahlungsfähigen Bieter geschützt werden können. Die Gesetze einer Reihe von Staaten, namentlich Preußen, Bayern, Württemberg, Baden, Mecklenburg, gewähren diesen Schutz dadurch, daß sie die Zulassung eines Gebotes gegebenenfalls von der Leistung einer Sicherheit für dasselbe abhängig machen. Die Gesetze für Sachsen und Hamburg dagegen knüpfen die Sicherheitsleistung nicht an die Abgabe der Gebote, sondern an die Ertheilung des Zuschlages, weichen jedoch von einander darin ab, daß der Ersteher die Sicherheit in Sachsen ohne Rücksicht auf den Antrag eines Betheiligten, in Hamburg nur auf Verlangen des betreibenden Gläubigers zu leisten hat. Diese Lösung bringt es mit sich, daß, wenn die Sicherheitsleistung nicht erfolgt, der Zuschlag rückgängig gemacht wird, und zwar in Sachsen von Amtswegen, in Hamburg durch eine Erklärung des Gläubigers[1]). Die Sicherheitsleistung hat hiernach die Natur einer Kaufbedingung, an deren Nichterfüllung für den Verkäufer das Recht zum Rücktritte vom Vertrage geknüpft wird. Dem Entwurfe ist eine derartige Auffassung fremd.

durch Sicherstellung des Zuschlages;

Nach § 138 Abs. 1 erwirbt der Ersteher durch den Zuschlag das Eigenthum an dem Grundstücke. Der Beschluß, durch welchen derselbe ertheilt wird, ist der Rechtskraft fähig, mithin der Anfechtung nur ausgesetzt auf dem Wege, der durch die zulässigen Rechtsmittel vorgezeichnet ist. Eine Aufhebung des Zuschlages und also auch des Eigenthumsüberganges durch das Vollstreckungsgericht ist ausgeschlossen. Sie wäre nur möglich, wenn das Grundstück dem Ersteher unter der Bedingung gehöriger Sicherheitsleistung zugeschlagen würde. Keinesfalls könnte sie von Amtswegen erfolgen, weil hiermit die Gefahr einer erheblichen Verletzung des Interesses der Betheiligten verbunden wäre. Aber auch wenn ein Einschreiten des Vollstreckungsgerichtes nur auf Antrag eines Betheiligten stattfinden dürfte, müßte sich doch immer für die übrigen Be-

---

1) Sachsen § 14 Abs. 1, § 134; Hamburg § 10. Vergl. auch Elsaß-Lothringen § 14.

theiligten der praktische Uebelstand aus der Aufhebung des Zuschlages ergeben, daß die Versteigerung vergeblich vorgenommen und folglich zu wiederholen wäre. Um diesen Uebelstand zu vermeiden, muß die Frage der Sicherheitsleistung vor dem Zuschlage erledigt werden. Hierauf weist auch das sächsische Gesetz hin, indem es unter § 118 die Zulassung eines Gebotes von dem Nachweise abhängig macht, „daß der Bieter die Mittel zur sofortigen Erlegung oder Sicherstellung des Betrages in Bereitschaft hat, welcher nach § 14 Abs. 1 im Versteigerungstermin zu erlegen oder sicherzustellen ist, wenn der Zuschlag auf das Gebot erfolgt". Diese Vorschrift wird in der Weise ausgeführt, daß die erschienenen Bieter aufgefordert werden, „durch Vorzeigung der Mittel, welche sie bei sich führen, nachzuweisen, bis zu welcher Höhe ihre Gebote zugelassen werden können"[1]). Für die Reichsgesetzgebung ist ein solches Verfahren nicht annehmbar, da es einerseits die Erreichung seines Zweckes nur unvollkommen gewährleistet, andererseits aber über das Ziel hinausgeht, ganz abgesehen davon, daß es eine fortwährende, Manchen verletzende, das Versteigerungsgeschäft störende Kontrole der in dem Termine anwesenden Personen bedingt.

II. Die Gesetze, nach welchen die Sicherheit für das Gebot als solches zu leisten ist, gehen hierbei von einer verschiedenen Auffassung aus. Nach dem preußischen Ges. § 62 Abs. 1 darf „ein Bieter nicht zugelassen und sein Gebot nicht berücksichtigt werden, wenn ein Interessent, dessen Rechte durch Nichterfüllung des Gebotes benachtheiligt werden würden, dagegen im Versteigerungstermine Widerspruch erhebt, es sei denn, daß der Bieter für das Gebot eine Sicherheit leistet . . . .". Hiermit stimmen sachlich überein die Gesetze für Bayern (1879) Art. 55 Ziff. 4, Art. 74 Abs. 1, (1886) Art. 17, Braunschweig § 52 Abs. 1, 3 Satz 2. Nach anderen Gesetzen dagegen ist es nicht der Betheiligte, welcher die Sicherheitsleistung verlangen kann, sondern der Richter bezw. Versteigerungsbeamte, welcher dieselbe fordert, wenn er den Bieter nicht für zahlungsfähig hält oder doch dessen Zahlungsfähigkeit nicht als nachgewiesen ansieht[2]). Im Einzelnen bestehen wieder Verschiedenheiten. Hervorzuheben ist insbesondere, daß in Württemberg, Mecklenburg, Coburg-Gotha die Sicherheitsleistung von Amtswegen beansprucht werden kann[3]), in Weimar und Anhalt dagegen das Gericht nur in Folge des Widerspruches eines Betheiligten gegen das Gebot einschreiten darf[4]). durch Sicherheitsleistung für die Gebote.

Der Entwurf schließt sich den Gesetzen für Preußen und Bayern an.

1. Die Sicherheitsleistung bezweckt, das Interesse der Betheiligten zu schützen. Dieses Interesse ist aber weder allgemein noch gleichmäßig vorhanden; es fehlt für diejenigen, deren Rechte gemäß § 66 bestehen bleiben, insoweit überhaupt, nicht minder für diejenigen, welche auf Befriedigung ihrer Ansprüche aus dem Gebote nicht rechnen können; für andere macht es sich in verschiedenem Grade geltend je nach der Stelle, welche der zu befriedigende Anspruch in der Rangordnung einnimmt. Demnach kann die Frage, ob die Zu- Recht der Betheiligten.

[1]) Ausf. Verf. des Just. Min. v. 16. August 1884 § 32.

[2]) Code de proced. civ. art. 713. Vergl. auch Baden § 64 und Hessen Art. 129.

[3]) Württemberg Art. 15, Mecklenburg § 45 Ziff. 2, 3, Coburg-Gotha § 15, Reuß j. L. § 26 Abs. 2.

[4]) Weimar § 40, Anhalt § 16, Lübeck § 26.

lassung eines Gebotes von dessen Sicherstellung abhängig zu machen ist, nicht nach einem gemeinschaftlichen Interesse der Betheiligten, sondern nur nach dem Sonderinteresse eines bestimmten Betheiligten entschieden werden. Wenn dies aber richtig ist, so versteht es sich von selbst, daß der Richter einem Bieter gegenüber nicht von Amtswegen, sondern nur auf Verlangen eines Betheiligten die Leistung einer Sicherheit für das Gebot fordern darf. Eine andere Frage ist freilich die, ob, falls die Sicherheitsleistung verlangt wird, diesem Verlangen nur dann nachgegeben werden soll, wenn dem Richter die Zahlungsunfähigkeit des Bieters bekannt oder wenigstens die Zahlungsfähigkeit desselben unbekannt ist. Allein auf die Kenntniß des Richters kann es hier nicht ankommen, wenn man nicht von vornherein darauf verzichten will, die Betheiligten in wirksamer Weise zu schützen. Wollte man die Zahlungsfähigkeit oder die Zahlungsunfähigkeit entscheiden lassen, so müßte Beweis über die Vermögenslage des Bieters erhoben werden. Denn das richterliche Ermessen kann in dieser Beziehung nicht maßgebend sein, weil die Thatsachen, auf welche es sich gründen müßte, der Kenntniß des Richters in der Regel sich entziehen. Für eine Beweisaufnahme mit dem bezeichneten Ziele aber ist in dem Versteigerungstermine kein Raum. Es bleibt deshalb nur übrig, von der Frage der Zahlungsfähigkeit überhaupt abzusehen und die Entscheidung darüber, ob das Interesse eines Betheiligten erheischt, daß Sicherheit für ein Gebot geleistet werde, grundsätzlich in die Hand des Betheiligten selbst zu legen. Von diesem Standpunkte ist das Verlangen der Sicherheitsleistung die Geltendmachung eines mit dem Anspruche auf Befriedigung aus dem Versteigerungserlöse verbundenen Rechtes. Der Richter hat daher nur zu prüfen, ob die Voraussetzungen dieses Rechtes vorhanden sind, und im Falle des Vorhandenseins die Sicherheit zu bestimmen und, wenn dieselbe nicht sofort geleistet wird, das Gebot zurückzuweisen. Die formelle Zurückweisung des nicht sichergestellten Gebotes liegt in der Konsequenz des § 89, steht aber auch mit Bayern, Mecklenburg, Braunschweig rc. in Einklang. (Abs. 1 Satz 1.)

Stellung des Richters.

Voraussetzungen des Rechtes.

2. Das Recht auf Sicherheitsleistung für ein Gebot kann seinem Zwecke gemäß nur einem Betheiligten, nicht auch einem Bieter, der von einem anderen überboten wird, diesem gegenüber beigelegt werden[1]). Es steht aber auch einem Betheiligten nicht ohne Weiteres, sondern nur unter der Voraussetzung zu, daß derselbe durch die Nichterfüllung des Gebotes in seinem Rechte auf Befriedigung beeinträchtigt werden würde. Die Frage, ob diese Voraussetzung vorhanden ist, erfordert zu ihrer Beantwortung eine Vergleichung des gebotenen Betrages mit den durch Zahlung zu berichtigenden Beträgen der dem Anspruche des Betheiligten vorgehenden Ansprüche. Nur wenn diese Beträge geringer sind, als jener, kann überhaupt der Betheiligte aus dem Gebote befriedigt und also, wenn dasselbe nicht erfüllt wird, beeinträchtigt werden. Es liegt auf der Hand, daß die Berechnung der Beträge, wenn sie genau sein soll, nicht immer so einfach ist, daß sie ohne Störung der Versteigerung bewirkt werden kann. Nach dem preußischen Gesetze § 62 Abs. 1 Satz 2 vereinfacht

[1]) Nach dem badischen Ges. § 64 Abs 2 kann der überbotene Bieter wie ein Betheiligter Sicherheitsleistung fordern.

sich das Verfahren dadurch, daß für die Beantwortung der Frage, ob die Forderung eines Betheiligten bei dem beanstandeten Gebote zur Hebung kommen würde, vorgehende Forderungen nur nach dem Kapitalbetrage berechnet werden. Eine ähnliche Bestimmung findet sich in dem bayerischen Gesetze von 1886 Art. 17 Satz 2. Eine solche erscheint um so weniger bedenklich, als es sich um eine Entscheidung handelt, welche in dem Versteigerungstermine überhaupt nicht mit Sicherheit, sondern nur auf Grund einer summarischen Prüfung getroffen werden kann. Mit Rücksicht hierauf rechtfertigt es sich aber auch, um den Zweck der Bestimmung zu erreichen, zu Gunsten eines Betheiligten, dessen Anspruch bei der Feststellung des geringsten Gebotes nicht berücksichtigt ist, nicht blos die Kosten, Zinsen und sonstigen wiederkehrenden Leistungen, sondern auch die Beträge anderer Ansprüche, soweit diese nicht aus Rechten an dem Grundstücke hervorgehen, außer Betracht zu lassen. (Satz 2.)

III. Die Regel, daß für jedes Gebot nach Maßgabe des ersten Absatzes die Leistung einer Sicherheit verlangt werden kann, erleidet Ausnahmen. (Abs. 2.) Befreite Gebote.

1. Eine Ausnahme findet statt, wenn gemäß § 78 die Versteigerung mit der Bedingung, daß die Zahlung in bestimmten Fristen erfolge, vorgenommen wird. Sie ist nöthig, damit nicht der Zweck dieser Versteigerungsbedingung vereitelt werde. Das Interesse der Betheiligten wird dadurch gewahrt, daß der Dritte, welcher für den Bieter eintritt, für die Erfüllung seiner Verbindlichkeit Sicherheit leisten muß. (Satz 1.)

2. Zu einer weiteren Ausnahme nöthigt die Rücksicht, welche die Reichsgesetzgebung auf die Verhältnisse des Reiches zu nehmen hat. Nach dem preußischen Gesetze § 62 Abs. 4 darf „der Zulassung der Reichskasse, der Reichsbank, der Staatskasse, der Gemeinden und weiteren kommunalen Verbände, der landschaftlichen, ritterschaftlichen, städtischen und provinzialen Kreditinstitute und der öffentlichen Sparkassen . . . . nicht widersprochen werden". In Braunschweig werden die Gebote staatlicher Behörden ohne Sicherheitsleistung zugelassen. Bayern und Sachsen haben anscheinend keine hierher gehörige gesetzliche Bestimmung. Für Sachsen ermächtigt indessen die Ausf. Verordn. § 33 die Gerichte, „auf Antrag die zur sofortigen Erlegung oder Sicherstellung der nach § 118 des Gesetzes erforderlichen Mittel aus der Gerichtskasse vorzuschießen und die Bereitwilligkeit hierzu im voraus zu erklären, wenn der Antrag von einem hierzu Bevollmächtigten für 1. den Staatsfiskus, 2. den Reichsfiskus, 3. eine inländische politische Gemeinde, 4. den erbländischen ritterschaftlichen Kreditverein oder die oberlausitzer landständische Bank als Bieter gestellt und die Rückzahlung des Vorschusses innerhalb zweiwöchiger Frist zugesagt wird". Diejenigen Landesgesetze, nach welchen das Ermessen des Richters bezw. des Versteigerungsbeamten über die Sicherstellung der Gebote zu entscheiden hat, lassen es hierbei auch gegenüber einem Gebote des Reiches, des Staates 2c. bewenden.

Der Standpunkt des Entwurfes ist folgender:

a) Die Reichsgesetzgebung muß davon ausgehen, daß, wenn das Reich, die Reichsbank oder ein Bundesstaat in der Zwangsversteigerung ein Grundstück ersteht, die Erfüllung des Meistgebotes vollständig und rechtzeitig erfolgen werde. Ein Recht auf Sicherheitsleistung für ein Gebot kann ihnen gegenüber nicht anerkannt werden. (Satz 2.)

Vorbehalt für die Landesgesetzg. b) Ein Bedürfniß, dieses Recht auch gegenüber Gemeinden und weiteren Kommunalverbänden, Kreditinstituten und Sparkassen zu versagen, mag in dem einen und dem anderen Bundesstaate hervorgetreten sein. Es besteht aber keinesfalls überall in gleichem Umfange. Die Organisation und wirthschaftliche Grundlage der fraglichen Körperschaften und Anstalten ist in den einzelnen Staaten zu verschieden, als daß die Befreiung der letzteren von der Sicherheitsleistung allgemein auch den ersteren zugestanden werden könnte. Die Beschränkungen aber, welche diesem Zugeständnisse beigefügt werden müßten, entziehen sich der Bestimmung durch die Reichsgesetzgebung. Es erscheint deshalb rathsam, die Entscheidung überhaupt der Landesgesetzgebung zu überlassen. (Satz 3.)

β) Geltendmachung des Rechtes auf Sicherheitsleistung.

§ 91.

Zeitgrenze. I. Die meisten Landesgesetze, welche die Zulassung eines Gebotes von der Leistung einer Sicherheit für dasselbe abhängig machen, schweigen über den Zeitpunkt, bis zu welchem die Sicherheitsleistung verlangt werden kann. Nach den Gesetzen für Bayern (1879) Art. 74 Abs. 2 und Braunschweig § 52 Abs. 2 Satz 3 bildet der Zuschlag die Zeitgrenze. Das preußische Gesetz dagegen bestimmt unter § 63 Abs. 1: „Der Widerspruch (§ 62) muß spätestens sofort nach Abgabe des Gebotes erfolgen; er gilt auch für alle nachfolgenden Gebote desselben Bieters.“ Mit dem ersteren Satze stimmt sachlich überein Anhalt § 16 Abs. 1 Satz 2. Der Entwurf hat beide Sätze, wenn auch in anderer Fassung, übernommen.

Gebundenheit an das Gebot 1. Die Entscheidung hängt zusammen mit der Frage, wie lange ein Bieter an sein Gebot gebunden ist. Nach § 98 Nr. 2 erlischt das Gebot, wenn ein Uebergebot zugelassen und der Zulassung nicht sofort von einem Betheiligten widersprochen wird. Sollte nun für das zugelassene d. h. nicht sofort zurückgewiesene Uebergebot noch bis zum Schlusse der Versteigerung Sicherheitsleistung verlangt werden können, so würde der Betheiligte es in der Hand haben, ganz nach seinem Belieben die Zurückweisung des von keiner Seite beanstandeten Gebotes noch nachträglich herbeizuführen und hierdurch, wenn nicht weiter geboten würde, den Zuschlag zu verhindern. Ein solcher Einfluß eines Betheiligten auf das Verfahren würde aber nicht blos den Gedanken, auf welchem der § 98 Nr. 2 beruht, durchkreuzen, sondern auch den Uebelstand im Gefolge haben, daß das Recht, auf Sicherheitsleistung für ein Gebot zu bestehen, gemißbraucht werden könnte, um die Herbeischaffung der Sicherungsmittel zu vereiteln und auf diese Weise entweder die Versteigerung überhaupt erfolglos zu machen oder durch den Ausschluß gewisser Bieter die Ertheilung des Zuschlages für ein unangemessenes Gebot zu erwirken. Das Gesetz muß daher den äußersten Zeitpunkt, in welchem Sicherheitsleistung für ein Gebot verlangt werden kann, sofort nach dessen Abgabe eintreten lassen. Die frühere Stellung dieses Verlangens ist hierdurch nicht ausgeschlossen; sie muß zulässig sein, um die Härte zu mildern, welche sonst mit der zeitlichen Begrenzung desselben für die Betheiligten verbunden sein könnte. (Abs. 1 Satz 1.)

Weitere Gebote desselben Bieters.

2. Wenn Sicherheitsleistung für ein Gebot schon vor dessen Abgabe verlangt werden kann, so ist die Konsequenz hiervon die, daß das Verlangen, einmal gestellt, auch für weitere Gebote desselben Bieters zu gelten hat. Daß diese Konsequenz überdem der Absicht des Betheiligten entspricht, ist ebenfalls zweifellos. (Satz 2.)

II. Daraus, daß für ein Gebot keine Sicherheit verlangt wurde, läßt sich ein Verzicht auf das Recht, dieses Verlangen gegenüber einem später von dem Bieter abgegebenen Gebote zu stellen, nicht herleiten. Der Bieter erlangt durch die unbeanstandete Zulassung des Gebotes kein Recht darauf, daß auch weitere Gebote von ihm ohne Sicherheitsleistung zugelassen werden. Es erscheint angemessen, dies nach dem Vorgange von Preußen § 63 Abs. 2 und Anhalt § 16 Abs. 2 durch eine besondere Bestimmung klarzustellen. (Abs. 2.)

γ) Höhe der zu leistenden Sicherheit.

§ 92.

Landesgesetze.

I. Der Betrag der zu leistenden Sicherheit wird in Deutschland sehr verschieden bestimmt, in Mecklenburg durch das Ermessen des Gerichtes, in Württemberg auf zehn Prozent des Anschlages, in Weimar auf ein Fünftel der Würderungssumme, in Coburg-Gotha auf ein Viertel derselben, in Reuß j. L. auf ein Viertel des Steuerwerthes, in Anhalt auf ein Viertel des Gebotes, in Braunschweig auf zehn Prozent desselben, in Bayern auf zwanzig vom Hundert des durch Baarzahlung zu berichtigenden Theiles des Gebotes, in Preußen auf ein Zehntel dieses Theiles oder, wenn die aus dem Kaufgelde zu entnehmenden Kosten mehr betragen, auf den Betrag dieser Kosten, in Sachsen auf den baar zu zahlenden Theil des geringsten Gebotes, event. mit zwanzig vom Hundert Zuschlag[1]. Vom Standpunkte des Entwurfes ist für ein Ermessen des Gerichtes hier ebensowenig Raum wie im Falle des § 90 Abs. 1. Auch ein Bruchtheil des Grundstückswerthes bezw. der Summe, auf welche derselbe in dem Verfahren geschätzt ist, bildet keine geeignete Grundlage für die Bestimmung des Betrages der Sicherheit. Denn auf welchen Bruchtheil man auch zurückgreifen mag, die Möglichkeit läßt sich nicht ausschließen, daß sich bei diesem Maßstabe ein Betrag ergibt, der den sicherzustellenden Betrag des Gebotes übersteigt. Ein solches Ergebniß aber ist unannehmbar. Das sächs. Gesetz trägt zwar dem Deckungsprinzipe Rechnung, bemißt aber den Betrag der zu leistenden Sicherheit für den Fall, daß das abgegebene Gebot nicht oder nur unerheblich höher ist als das geringste Gebot, zu hoch, für den anderen Fall dagegen zu niedrig. Zu einer angemessenen Behandlung der verschiedenen Fälle kann die Reichsgesetzgebung nur gelangen, wenn sie auf den Vortheil der Festsetzung eines für alle Gebote gleichen Betrages der zu leistenden Sicherheit verzichtet und den Betrag auf einen Bruchtheil des nach § 65 durch Baarzahlung zu berichtigenden Theil des Gebotes bestimmt.

Standpunkt des Entw.

---

[1]) Sachsen § 14 Abs. 1, § 132 Abs. 1. Im Uebrigen siehe wegen des geltenden Rechtes die S. 197 angeführten Gesetzesstellen.

Zweck der Sicherheit.

Käme es darauf an, dem Betheiligten, welcher die Sicherheitsleistung verlangt, die pünktliche und vollständige Bewirkung der demselben gebührenden Zahlung sicherzustellen, so müßte der Betrag der Sicherheit so hoch bemessen werden, daß diese Zahlung und die auf die vorgehenden Ansprüche zu leistenden Zahlungen durch ihn gedeckt würden. Allein eine so hohe Bemessung der Sicherheit würde den Zweck der Zwangsversteigerung in vielen Fällen gefährden, weil im Allgemeinen nicht darauf zu rechnen ist, daß die zum Bieten erschienenen Personen die entsprechenden Mittel zur Verfügung haben, andererseits aber betheiligte Gläubiger hierdurch leicht verleitet werden, das Recht der Sicherheitsleistung zu mißbrauchen, um das Grundstück für einen Schleuderpreis zu erstehen. Angemessene Gebote sind regelmäßig nur zu erwarten, wenn die Sicherheit so bemessen wird, daß zahlungsfähige Personen sie ohne besondere Schwierigkeiten zu beschaffen im Stande sind. Der Gedanke, daß die Erfüllung des Gebotes dem Betheiligten gesichert werden müsse, ist daher abzuweisen. Es kann sich im Hinblicke auf die §§ 159 und 170 nur darum handeln, einen gewissen Schutz gegen die mit der Nichterfüllung verbundenen Nachtheile zu bieten. Diese Nachtheile aber bestehen im Wesentlichen darin, daß die aus dem Grundstücke zu berichtigenden Kosten und wiederkehrenden Leistungen, namentlich im Falle der Wiederversteigerung, dergestalt anwachsen können, daß die Sicherheit, welche bisher das Grundstück den nachstehenden Berechtigten gewährte, mehr und mehr sich vermindert. Einer solchen Gefahr aber wird in ausreichendem Maße entgegengetreten, wenn für das Gebot eine Sicherheit geleistet wird, deren Betrag einem Zehntel des durch Zahlung im Vertheilungstermine zu berichtigenden Theiles des Gebotes, mindestens jedoch dem Betrage der obenbezeichneten Kosten gleichkommt[1]). (Abs. 1.)

Deckung der Kosten und wiederkehrenden Leistungen

Erhöhte Sicherheit

II. Die Regel des Entwurfes erweist sich indessen für zwei Fälle nicht als genügend.

1. Der eine Fall ist der, daß die Sicherheitsleistung von einem Betheiligten verlangt wird, welchem ein nach § 66 bestehen bleibendes Recht zusteht. Nach dem Grunde, auf welchem das Deckungsprinzip beruht, darf die Zwangsversteigerung nur unter Wahrung der in dem § 66 bezeichneten Rechte geschehen. Ein solches Recht muß folglich auch dagegen besonders geschützt werden, daß die Sicherheit, welche das Grundstück dem Berechtigten gewährt, durch das Anwachsen vorgehender Ansprüche an Kosten, Zinsen und anderen wiederkehrenden Leistungen geschmälert wird. Diesem Gedanken entspricht es, mit Preußen § 62 Abs. 2 vorzuschreiben, daß der Berechtigte die Sicherheitsleistung für ein Gebot zu einem mindestens jene Ansprüche deckenden Betrage verlangen kann. (Abs. 2 Satz 1.)

Gebot des Schuldners, des Eigenthümers.

2. Der andere Fall ist der, daß von dem Schuldner bezw. dem Eigenthümer des Grundstückes ein Gebot auf dasselbe abgegeben wird.

In Preußen, Württemberg, Oldenburg 2c. ist das Gebot des Schuldners und auch des Eigenthümers, welcher nicht der Schuldner ist, zu-

---

[1]) Siehe die Begründung des Entw. zu dem preuß. Ges. § 62 Abs. 2, bei Stegemann S. 71.

lässig[1]). In Bayern, Sachsen, Hessen 2c. ist der Schuldner vom Mitbieten ausgeschlossen; die bayer. Vorschrift bezieht sich indessen nicht auf den Drittbesitzer[2]). Nach dem B. G. B. § 1173 Abs. 2 kann beim Pfandverkaufe einer beweglichen Sache deren Eigenthümer als Käufer auftreten. Schon mit Rücksicht hierauf wäre es kaum angemessen, bei der Zwangsversteigerung eines Grundstückes das Gebot des Eigenthümers bezw. des Schuldners als unstatthaft anzusehen. Ist der Schuldner nicht der Eigenthümer, so läßt sich aus Rechtsgründen seine Fähigkeit, das Eigenthum zu erwerben, überhaupt nicht bestreiten. Er muß daher, falls nicht besondere Bedenken obwalten, wie jeder Dritte zum Bieten auf das Grundstück zugelassen werden. Gegen ein Gebot des Eigenthümers scheint allerdings, wenigstens vom Standpunkte des röm. Rechtes, geltend gemacht werden zu können, daß Niemand seine eigene Sache kaufen könne. Aber dieser Einwand ist nur von theoretischer Bedeutung; er trifft überhaupt nicht zu, wenn der Zwangsversteigerung ein Kaufvertrag nicht unterstellt wird. Nun bestimmt freilich der Entwurf unter § 138 Abs. 1, daß durch den Zuschlag der Ersteher das Eigenthum an dem Grundstücke erwirbt. Allein daraus, daß diese Bestimmung gegenstandslos ist, wenn das Eigenthum dem Ersteher bereits zusteht, folgt sicherlich nicht, daß dem Eigenthümer das Grundstück nicht zugeschlagen werden könnte. Die Frage, ob der Zuschlag an den Eigenthümer und also auch die Gebote desselben zugelassen werden sollen oder nicht, ist für den Gesetzgeber lediglich eine Frage der Zweckmäßigkeit. In dieser Hinsicht aber ist ohne Weiteres klar, daß die Zulassung solcher Gebote geeignet ist, die Erzielung eines möglichst hohen Preises für das Grundstück zu fördern. Das Gesetz kann daher, ohne das Interesse des Gläubigers und der demselben im Range gleich- oder nachstehenden Betheiligten zu gefährden, den Eigenthümer vom Bieten auf das Grundstück nicht ausschließen. Nahe liegt es allerdings, den Eigenthümer, der sich das Eigenthum erhalten will und die hierzu erforderlichen Geldmittel besitzt, auf die nur von der Befriedigung des Gläubigers abhängende Aufhebung des Verfahrens zu verweisen. Allein dem praktischen Bedürfnisse genügt dies nicht, da der Eigenthümer ein berechtigtes Interesse haben kann, nicht diesen Weg zu betreten, sondern den Zuschlag mit den im § 138 Abs. 2 bestimmten Wirkungen zu erlangen.

Die Lage der Betheiligten gegenüber dem Schuldner und dem Eigenthümer ist indessen insofern eine besondere, als in der Regel der Kredit desjenigen, welcher es zur Zwangsversteigerung kommen läßt oder ein zur Zwangsversteigerung gestelltes Grundstück erwirbt, ohne deren Aufhebung herbeizuführen, erschüttert sein wird. Es rechtfertigt sich deshalb, im Einklange mit dem geltenden Rechte, namentlich dem preuß. Ges. § 62 Abs. 3, die für ein Gebot des Schuldners oder des Eigenthümers zu leistende Sicherheit auf den ganzen Betrag des nach § 65 zu zahlenden Theiles des Gebotes zu erhöhen. (Abs. 3.)

[1]) Ges. über den Eigenthumserw. 2c. für Preußen § 46, Oldenburg, Coburg-Gotha 2c. Für Württemberg siehe das Exekutionsges. v. 15. April 1825 Art. 35 und das Ausf. Ges. zur C. P. O. v. 18. Aug. 1879 Art. 32.

[2]) Bayern 1879 Art. 73, Sachsen § 119 Ziff. 3, Baden § 63, Hessen Art. 61, 129, Mecklenburg § 45 Ziff. 1, Braunschweig § 35, Anhalt § 17, Elsaß-Lothringen § 14.

6. **Sicherheitsleistung für das Gebot eines eingetragenen Gläubigers.**

§ 93.

Sicherheitsleistung mit einer Hyp ꝛc

Nach dem preußischen Ges. § 64 Abs. 2 kann ein Bieter, für welchen eine an dem Grundstücke bestehende Hypothek oder Grundschuld eingetragen ist, unter gewissen Voraussetzungen die Sicherheit für das Gebot mit dieser Post bestellen. Die Bestimmung beruht indessen nur zum Theil auf dem Bestreben, den eingetragenen Gläubigern eine besonders leichte Art der Sicherheitsleistung zu gestatten. Denn die Leistung der Sicherheit mit einer eigenen Hypothek oder Grundschuld bietet keineswegs allen Betheiligten unter allen Umständen eine wirkliche Sicherheit. Jene Bestimmung beruht vielmehr hauptsächlich auf dem hiervon verschiedenen selbständigen Gedanken, daß demjenigen, welchem eine an sich als sicher zu betrachtende Hypothek oder Grundschuld zusteht, die Möglichkeit des Mitbietens auch ohne Sicherheitsleistung gewährt werden müsse, damit derselbe auf diese Weise die Gebote auf das Grundstück bis zu einem seine Ansprüche deckenden Betrage zu steigern im Stande sei. Die Billigkeit und Angemessenheit dieses Gedankens ist nicht zu verkennen. In Bayern (1879) Art. 55 Ziff. 4 hat die Berücksichtigung desselben zu der Bestimmung geführt, daß der Bieter insoweit, als seine Hypothek durch das Gebot gedeckt ist, überhaupt keine Sicherheit zu leisten braucht. Auch das württembergische Ges. (Art. 15) begünstigt den Hypothekengläubiger in dieser Weise, stellt jedoch an die Sicherheit der Hypothek bestimmte Anforderungen.

Befreiung von der Sicherheitsleistung.

Voraussetzungen.

Es erscheint in der That nicht bedenklich, dem Vorgange der bayerischen und der württembergischen Gesetzgebung zu folgen, wenn nur dafür gesorgt wird, daß nur eine ganz sichere Hypothek oder Grundschuld den Gläubiger von der Sicherheitsleistung entbindet. Dies wird erreicht, wenn das Gesetz die Vergünstigung davon abhängig macht, daß die Hypothek oder die Grundschuld an dem zur Versteigerung stehenden Grundstücke ohne Beschränkung für den Bieter eingetragen ist und den Voraussetzungen entspricht, unter welchen Mündelgelder in Hypotheken oder Grundschulden angelegt werden dürfen[1]).

Das preußische Gesetz gestattet die Leistung der Sicherheit mit einer Hypothek oder einer Grundschuld nur für den Betrag, welcher die aus dem Versteigerungserlöse zu entnehmenden Kosten des Verfahrens übersteigt. Für eine entsprechende Beschränkung der Vorschrift des Entwurfes ist jedoch ein Bedürfniß nicht anzuerkennen. Dagegen kann der Bieter durch die für ihn eingetragene Hypothek oder Grundschuld von der Sicherheitsleistung überhaupt nur insoweit entbunden werden, als nicht der nach § 92 sicherzustellende Betrag das Kapital der Post übersteigt. Wollte man auch diese Beschränkung fallen lassen, so bestände die Möglichkeit, daß Befreiung von der Sicherheitsleistung auch dann eintreten müßte, wenn das Kapital nur eine im Verhältnisse zu jenem Betrage ganz geringfügige Summe darstellte. (Satz 1.)

Schuldner; Eigenthümer

Auf den Fall, wenn der Schuldner oder der Eigenthümer bietet, kann die Vorschrift nicht angewendet werden, weil für diesen Fall der Grund nicht zutrifft, auf welchem sie beruht. (Satz 2.)

---

[1]) B. G. B. §§ 203, 1664.

e. Art und Weise der Sicherheitsleistung und Wirkung derselben.

§ 94.

I. Die Frage, ob die Vorschriften des B. G. B. §§ 199 ff. über die Art und Weise (Mittel) sowie über die Wirkung der Sicherheitsleistung beim Mangel einer entgegenstehenden Bestimmung auch auf die Sicherheitsleistung für ein Gebot bei der Zwangsversteigerung anzuwenden sind, kann dahin gestellt bleiben, da im Interesse der leichten und schnellen Handhabung des Gesetzes die fraglichen Punkte hier vollständig geregelt werden müssen.

Hinterleg von Geld u. Werthpap

1. Im Hinblicke auf das geltende Recht[1]) kann reichsgesetzlich zunächst nur bestimmt werden, daß die Leistung der Sicherheit durch öffentliche Hinterlegung[2]) von Geld oder gewissen Werthpapieren zu bewirken ist. Dem Zwecke der Bestimmung entspricht es, nur solche Werthpapiere zuzulassen, welche jederzeit ohne Weiterungen in Geld umgesetzt werden können. Die Papiere müssen daher im Inlande ausgestellt sein, auf den Inhaber lauten und einen leicht und schnell festzustellenden Werth darstellen. Die Ausschließung ausländischer Papiere rechtfertigt sich dadurch, daß unter den in Deutschland eingeführten und an den Börsen gehandelten sich zahlreiche Papiere befinden, welche im Auslande selbst nur wenig Vertrauen genießen und wegen ihrer erheblichen Kursschwankungen kein geeignetes Sicherungsmittel sind, ein durch das Gesetz bestimmbares Kennzeichen aber, nach welchem die guten Papiere von den schlechten unterschieden werden könnten, nicht vorhanden ist. Die Zulassung inländischer Papiere aber kann nicht davon abhängig gemacht werden, daß dieselben an einer öffentlichen Börse oder „an dem für den Ort der Versteigerung maßgebenden Handelsplatz" Kurs haben. Vielmehr muß es, um nicht zahlreiche an sich völlig zweifellose Schuldverschreibungen von Gemeinden, Kreisen und Provinzen, Deichgenossenschaften rc. zum Nachtheile weiter Volkskreise auszuschließen, als genügend angesehen werden, wenn das zur Sicherheitsleistung angebotene Papier überhaupt einen Marktpreis hat und die Höhe dieses Preises sofort von dem Bieter nachgewiesen wird. Von selbst versteht es sich, daß die Stücke lieferbar, insbesondere also mit den Zinsscheinen und sonstigen Nebenpapieren versehen sein müssen, auch nicht außer Kurs gesetzt sein dürfen[3]). Eine besondere Bestimmung dagegen ist erforderlich, um gegenüber dem B. G. B. § 201 außer Zweifel zu stellen, daß die Sicherheit für ein Gebot mit dem Werthpapiere in Höhe des ganzen Werthes (Kurswerthes) desselben geleistet werden kann. (Abs. 1 Satz 1.)

Uebergabe an das Gericht

Mit Rücksicht darauf, daß das Vollstreckungsgericht in großen Gebieten des Reiches, namentlich in Preußen, nicht die zuständige Hinterlegungsstelle ist, die Sicherheitsleistung für ein Gebot aber sofort geleistet werden muß, erscheint es unerläßlich, die Sicherheitsleistung auch durch Uebergabe des Geldes oder der Werthpapiere an das Gericht zu gestatten. Wie das Gericht

---

[1]) Preußen § 64 Abs. 1, Bayern (1879) Art. 55 Ziff. 4, Sachsen § 133, Württemberg Art. 15, Weimar § 40, Braunschweig § 52.

[2]) B. G. B. §§ 272, 280.

[3]) In Preußen und Sachsen wird dies ausdrücklich bestimmt. Siehe dagegen das B. G. B. §§ 199, 201.

mit den Sachen zu verfahren hat, richtet sich in Konsequenz der Vorschriften des B. G. B. § 280 nach den Landesgesetzen. (Satz 2.)

Wirkung. 2. Die Wirkung der Sicherheitsleistung kann hier nicht anders als in dem § 200 a. a. O. geregelt werden, gleichviel ob dieselbe durch Hinterlegung oder durch Uebergabe an den Richter bewirkt wird. Es genügt deshalb, die entsprechende Anwendung des § 200 vorzuschreiben. (Satz 3.)

Auf den in dem § 205 geregelten Fall, daß die Sicherheit unzureichend wird, braucht hier, wo es sich nur um die Sicherstellung für ganz kurze Zeit handelt, nicht eingegangen zu werden.

Bürgschaft II. Die Bürgschaft ist in dem größten Theile Norddeutschlandes kein zur Sicherheitsleistung für ein Gebot geeignetes Mittel. Ihre Zulassung würde den daselbst im geschäftlichen Leben überwiegenden Anschauungen und Gewohnheiten schwerlich entsprechen. Sie würde in das Verfahren ein Moment hineintragen, welches den Schwierigkeiten, die in demselben zu überwinden sind, eine weitere hinzufügte, nämlich die Geltendmachung und Beitreibung des Anspruches gegen den Bürgen. Hinzu tritt das juristische Bedenken, welches aus der Gestaltung des Rechtes, die Sicherheitsleistung zu verlangen, zu einem Individualrechte der einzelnen Betheiligten entspringt. Dieses Recht besteht gegenüber jedem Gebote ohne Rücksicht auf die Zahlungsfähigkeit des Bieters oder vielmehr auf die Meinung des Richters über dieselbe. Die Sicherheit ist dem Berechtigten und nicht dem Richter zu leisten. Sie soll für die Verpflichtung einer Person geleistet und kann folglich in der bloßen Ausdehnung dieser Verpflichtung auf eine andere Person nicht gefunden werden. Vielmehr müßte sich gegen die letztere das Recht des Betheiligten ebenfalls bethätigen, der Bürge mithin seinerseits die gesetzlich bestimmte Realsicherheit bestellen. Ist er aber hierzu im Stande, so bedarf es überhaupt keiner Bürgschaft, da es für den Zweck des Gesetzes gleichgültig ist, ob die Sicherungsmittel von dem Bieter selbst oder von einem Anderen herrühren. Jedenfalls dürfte doch dem Betheiligten nur ein im Sinne des Gesetzes tüchtiger Bürge aufgedrungen werden. Für die Ermittelung und Feststellung der Tüchtigkeit aber ist in dem Versteigerungstermine kein Raum.

Bei der Berathung des preußischen Gesetzentwurfes im Landtage, namentlich im Herrenhause, wurde diesen Erwägungen gegenüber geltend gemacht, daß in denjenigen Gegenden, in welchen die Sicherheitsleistung durch Bürgschaft seit langer Zeit zulässig und üblich sei, praktische Schwierigkeiten hieraus sich nicht ergeben haben, da die Zahlungsfähigkeit eines Bürgen, wenn sie dem Richter nicht bekannt sei, demselben leicht nachgewiesen werden könne, daß aber bei dem Mangel der Kleingrundbesitzer an liquidem Kapitale die Ergebnisse der Zwangsversteigerung kleinerer Ackerstücke entschieden zurückgehen würden, wenn man die Sicherheitsleistung durch Bürgen nicht mehr zuließe[1]). Das Gesetz von 1883 hat es jedoch bei der Ablehnung der Bürgschaft als Sicherungsmittel belassen. Dasselbe gilt in Sachsen, Anhalt, Coburg-Gotha und anderen Staaten.

---

[1]) Stegemann, Materialien zum Gesetze v. 13. Juli 1883 S. 242—246, 386, 387.

Hiernach wäre es bedenklich, reichsgesetzlich die Sicherheitsleistung durch Stellung von Bürgen zuzulassen. Nicht minder bedenklich aber wäre es, im Wege der Reichsgesetzgebung das Prinzip des preuß. und. sächs. Gesetzes denjenigen Gebieten aufzunöthigen, in welchen diese Art der Sicherheitsleistung von jeher gebräuchlich ist, ihre Ausschließung daher als ein kaum gerechtfertigter Eingriff in die bestehenden Gewohnheiten und als eine Schädigung weiter Kreise der Bevölkerung empfunden werden müßte. Es darf nicht unberücksichtigt bleiben, daß Baden § 64 und Hessen Art. 139 überhaupt nur die Stellung eines Bürgen als Sicherungsmittel erwähnen und daß auch Bayern Art. 55 Ziff. 1, Württemberg Art. 15, Weimar § 40, Braunschweig § 52, Reuß j. L. § 26 und Elsaß-Lothringen § 14 jeden, der einen tauglichen Bürgen stellt, ohne weitere Sicherheit zum Bieten zulassen, ja daß selbst das preußische Gesetz v. 12. April 1888 § 37 der Einführung des Gesetzes v. 13. Juli 1883 in den Geltungsbereich des rheinischen Rechtes die Maßgabe beigefügt hat, daß die von einem Bieter zu leistende Sicherheit auch „durch Stellung eines als Selbstschuldner haftenden zahlungsfähigen Bürgen" geleistet werden kann. Es erscheint daher gerechtfertigt, der Landesgesetzgebung das Recht vorzubehalten, auch in Zukunft eine entsprechende Bestimmung zu treffen[1]). (Abs. 1 Satz 2.) Der Vorbehalt kann indessen auf die Sicherheitsleistung für ein Gebot des Schuldners oder des Eigenthümers nicht ausgedehnt werden, weil der Grund, auf welchem er beruht, gegenüber einem solchen Gebote nicht zutrifft. Der Entwurf folgt auch in dieser Hinsicht dem preuß. Gesetze für das rhein. Recht. (Satz 2.)

Gebot des Schuldners, des Eigenth

ζ) **Entscheidung des Gerichtes über die Zulassung des Gebotes.**

§ 95.

Die Unterbrechung des Versteigerungsgeschäftes durch das Aufwerfen der Sicherheitsfrage muß mit Rücksicht auf das Interesse der Betheiligten an der schnellen und glatten Erledigung des Geschäftes auf die möglichst kürzeste Zeitdauer beschränkt werden. Von diesem Gesichtspunkte hat der Richter, wenn für ein Gebot Sicherheitsleistung verlangt wird, die erforderliche Entscheidung sofort zu geben. (Satz 1.) Wird das Gebot zugelassen, so muß der Betheiligte, welcher das Verlangen gestellt hat, der Zulassung sofort widersprechen, um sich das Recht, den Mangel der Sicherheit geltend zu machen, für das weitere Verfahren zu erhalten. Ein nachträglicher Widerspruch, etwa noch im Wege der Beschwerde gegen den Zuschlag, welcher auf das Gebot ertheilt wird, muß aus denselben Gründen unberücksichtigt bleiben, aus welchen die Sicherheitsleistung selbst nach § 91 Abs. 1 Satz 1 nicht später als sofort nach der Abgabe des Gebotes verlangt werden kann[2]). Die ganze Sicherheitsfrage ist nicht von solcher Bedeutung, daß demjenigen, welcher sie erhebt, irgend welche Frist zur Wahrung seines Rechtes bewilligt werden müßte. (Satz 2.)

---

[1]) Vgl. B. G. B. §§ 204, 675 Nr. 1.

[2]) Oben S. 200.

η) **Abweichende Art der Sicherheitsleistung.**

§ 96.

Die Sicherheitsleistung für ein Gebot wird nach § 90 nur bewirkt, weil sie von einem Betheiligten verlangt wird. Es muß daher demjenigen, auf dessen Verlangen im einzelnen Falle die Sicherheit zu leisten ist, freistehen, mit einer anderen als der im § 94 bestimmten Art der Leistung, z. B. mit einer solchen, die kein Pfandrecht gewährt, sich zu begnügen.

c) Gebote des Richters und des Gerichtsschreibers.

§ 97.

Nach dem preußischen A. L. R. I, 11 § 22 kann „bei gerichtlichen Verkäufen diejenige Gerichtsperson, welche die Verhandlung dirigirt, sowie diejenige, welche dabei das Protokoll führt, nicht mitbieten". Die Verletzung dieser Vorschrift bei der Subhastation galt, wenn die Gerichtsperson ohne ausdrückliche Zustimmung des Schuldners und der sämmtlichen Gläubiger den Zuschlag erhielt, als eine den Widerruf des Verkaufes rechtfertigende Verabsäumung einer wesentlichen Förmlichkeit. Das Ges. v. 13. Juli 1883 gedenkt der Möglichkeit des Gebotes einer bei dem Verfahren amtlich betheiligten Gerichtsperson nicht. Dagegen haben die Vollstreckungsgesetze anderer Staaten Bestimmungen, welche dem Richter, bezw. dem Versteigerungsbeamten, dem Protokollführer, mitunter auch dem Gerichtsvollzieher und dem Ausrufer das Mitbieten untersagen. Hierher gehören insbesondere Bayern (1879) Art. 73, Sachsen § 119, Hessen Art. 129, Elsaß-Lothringen § 14, Coburg-Gotha § 15, Anhalt § 17 Abs. 2 Satz 2, Reuß j. L. § 26. Die Uebertretung des Verbotes hat in Hessen und Elsaß-Lothringen die Nichtigkeit des Zuschlages, in Württemberg die Nichtigkeit des Kaufes und die Schadensersatzpflicht des Uebertreters zur Folge[1]); in Sachsen ist sie ein Grund zur Beschwerde gegen den Zuschlag[2]).

Für die Reichsgesetzgebung kann es nicht zweifelhaft sein, daß zum Schutze der Betheiligten und der Bieter gegen eine parteiische und ordnungswidrige Handhabung des Verfahrens den Beamten, vor welchen die Versteigerung vor sich geht — dem Richter und dem Gerichtsschreiber — ein Gebot auf das Grundstück nicht gestattet werden darf[3]). Das B. G. B., welches unter § 468 Abs. 1 für den Verkauf im Wege der Zwangsvollstreckung eine entsprechende Vorschrift enthält, macht ebenda Abs. 2 die Wirksamkeit eines dieser Vorschrift zuwider abgegebenen Gebotes von einer Genehmigung der Betheiligten abhängig. Für die Zwangsversteigerung eines Grundstückes paßt diese Regelung nicht. Denn davon, daß der Richter oder der Gerichtsschreiber in dem Termine die sämmtlichen Betheiligten um deren Zustimmung zu ersuchen und die erlangte Zustimmung etwa selbst zu beurkunden hätte,

---

1) Württ. Ausf. Ges. zur C. P. O. v. 18. August 1879 Art. 31.
2) Sachsen § 119 Ziff. 1, § 148 Ziff. 7.
3) Mot. II S. 331.

kann selbstverständlich keine Rede sein. Eine nachträgliche Genehmigung aber kommt nach § 89 Abs. 2 hier überhaupt nicht in Frage. Der Entwurf begnügt sich deshalb damit, das Gebot des Richters oder des Gerichtsschreibers für unwirksam zu erklären[1]).

d) Dauer der Gebundenheit an ein Gebot (Erlöschungsgründe).

§ 98.

Vom Standpunkte des B. G. B. §§ 80, 90 ist es nicht zweifelhaft, daß ein Gebot für den Bieter bindend ist, sobald es abgegeben ist[2]). Ein Bedürfniß aber, für die Zwangsversteigerung in dieser Hinsicht etwas Besonderes vorzuschreiben, ist nicht vorhanden. Dagegen muß hier die Frage, wie lange die Bindung dauern bezw. wodurch das Gebot erlöschen soll, selbständig und zwar zum Theil abweichend von der Bestimmung des § 90 entschieden werden. Für die Entscheidung kommt es nicht darauf an, ob in dem Gebote eine Offerte des Bieters oder die Annahme einer in dem Versteigerungsausgebote liegenden Offerte gefunden werden kann[3]). Vielmehr muß die Rücksicht auf die Interessen der Betheiligten und der Bieter den Ausschlag geben Den Betheiligten wird im Hinblicke auf den Zweck der Versteigerung in der Regel daran gelegen sein, daß der Bieter möglichst so lange an sein Gebot gebunden bleibt, bis feststeht, daß der Zuschlag einem anderen Bieter zu ertheilen ist. Das Interesse des Bieters erheischt dagegen, daß derselbe ohne Verzug Gewißheit darüber erlange, ob er an das Gebot noch gebunden ist. Werden diese Interessen in billiger Weise gegen einander abgewogen, so ergibt sich Folgendes:

Bindung des Bieters.

Dauer der Gebundenheit.

Gründe der Erlöschung eines Gebotes:

1. Die Zurückweisung eines Gebotes befreit den Bieter nur, wenn ihr nicht widersprochen wird, weil nur dann ohne Weiteres anzunehmen ist, daß kein Interesse an der Berücksichtigung dieses Gebotes besteht. Anderenfalls muß der Bieter, sofern er nicht wirksam überboten wird, gebunden und die Entscheidung darüber, ob die Zurückweisung mit Recht erfolgt ist oder nicht, der Entscheidung über den Zuschlag vorbehalten bleiben. Zur Erhebung des Widerspruches ist nicht blos ein Betheiligter, sondern mit Rücksicht auf § 113 Abs. 1 auch der zurückgewiesene Bieter berechtigt. Der Widerspruch muß aber, um berücksichtigt werden zu können, sofort nach der Zurückweisung erhoben werden, weil die Zulassung eines späteren Widerspruches leicht der Chikane Vorschub leisten und das Interesse der Gegner des Widersprechenden gefährden könnte.

Zurückweisung des G.;

2. Durch ein Uebergebot erlischt nach dem B. G. B. § 90 im Zweifel das vorangegangene Gebot. Für die Zwangsversteigerung eines Grundstückes genügt indessen eine solche Regel nicht. Die Landesgesetze haben besondere Bestimmungen. So Anhalt § 18: „Die Verbindlichkeit und das Recht des Bieters aus seinem Gebot dauert nur so lange, als sein Gebot das höchste ist". Schaumburg-Lippe § 10: „Jeder Bieter bleibt an sein Gebot gebunden, bis ein höheres Gebot von einem anderen als Bieter in dem

Uebergebot;

---

[1]) Vergl. § 123 Abs. 3.
[2]) Vergl. Einf. Ges. Art. 11, C. P. O. § 718 Abs. 1.
[3]) Mot. I S. 331.

Termin Zugelassenen erfolgt ist". Baden § 65 Abs. 2: „Wo ein Mehrgebot erfolgt, wird der vorige Bieter frei, wenn nicht das Mehrgebot unmittelbar zurückgewiesen wird". Preußen § 66 Abs. 1: „Jeder Bieter, dessen Gebot zugelassen worden ist, bleibt an dasselbe gebunden, bis ein höheres Gebot ohne Widerspruch zugelassen worden ist". Bayern (1879) Art. 75 und nach ihm Mecklenburg § 45 Ziff. 4 sowie Braunschweig § 54: „Ein Bieter ist an sein Gebot nicht mehr gebunden, wenn ein Mehrgebot erfolgt und dasselbe nicht bis zum Zuschlage zurückgewiesen worden ist". Hessen Art. 138: „Wird ein Gebot oder ein Zuschlag für unzulässig oder ungültig erklärt, so bleibt das vorangegangene Gebot in Kraft". Sachsen § 122 Abs. 1 unterscheidet, ob das Gebot die auf dem Grundstücke haftenden Schulden deckt oder nicht; in jenem Falle ist der Bieter „bis zum Erfolg des Zuschlages" gebunden, in diesem wird er durch die Zulassung eines höheren Gebotes frei.

Für den Entwurf liegt nach den oben gegebenen Ausführungen der Fall, wenn ein Bieter von einem anderen überboten wird, ähnlich wie der Fall der Zurückweisung des Gebotes. Durch die widerspruchslose Zulassung eines Uebergebotes wird gegen den überbotenen Bieter festgestellt, daß dessen Gebot, weil das Uebergebot nicht blos das höhere, sondern auch als das bessere anzusehen ist, als abgelehnt zu gelten hat. Von einer weiteren Verpflichtung des Bieters kann billigerweise keine Rede sein. Das Erlöschen des Gebotes kann nur von einem Betheiligten und nur dadurch verhindert werden, daß derselbe der Zulassung des Uebergebotes sofort widerspricht. Da der Widerspruch sich gegen die Zulassung richtet, so darf das Gesetz keinen Zweifel darüber lassen, wann ein Uebergebot als zugelassen gelten soll. In dieser Hinsicht aber kommt in Betracht, daß ein nicht zuzulassendes Gebot gemäß §§ 89, 90 von dem Gerichte zurückzuweisen und daß die Zurückweisung aus Rücksicht auf die Lage der Bieter unverzüglich auszusprechen ist. Es erscheint daher gerechtfertigt, daß ein nicht sofort zurückgewiesenes Uebergebot als zugelassen behandelt wird.

Einstellung des Verfahrens

3. Der dritte Fall, welcher hier in Betracht kommt, ist der, daß vor dem Schlusse der Versteigerung das Verfahren eingestellt oder der Termin aufgehoben wird. Ist in einem solchen Falle die Fortsetzung des Verfahrens in einem neuen Versteigerungstermine zulässig, so fragt es sich, ob in demselben ein Gebot, welches in dem früheren Termine abgegeben wurde, den Bieter noch binden soll. Nach den Gesetzen für Württemberg Art. 16, Hessen Art. 134, Weimar § 42 würde die Frage bejaht werden müssen. Das preußische Gesetz dagegen verneint sie unter § 66 Abs. 2 direkt, ebenso Braunschweig § 58 Abs. 3 Satz 2 und für einen einzelnen Fall auch Baden § 66 Satz 2: In Sachsen (a. a. O. Abs. 2, 3) bleibt der Bieter nur gebunden, wenn eine Vertagung der Fortsetzung des Termines nothwendig wird.

Der Entwurf läßt die Gebote in allen vorausgesetzten Fällen erlöschen. Er wird hierzu durch die billige Rücksicht auf die Lage der Bieter bestimmt. Ein Bieter muß allerdings darauf vorbereitet sein, daß in den Fällen der Nr. 1 und 2 unter Umständen die Entscheidung über seine Gebundenheit sich längere Zeit verzögert. Wenn dagegen der vorauszusetzende Gang des Verfahrens durch einen Zufall oder lediglich im Interesse und auf einseitiges Verlangen eines Betheiligten oder gar in Folge der Intervention eines Dritten unterbrochen wird, so ist dies ein Zwischenfall, von dessen Erledigung ein verständiger Mann die Entscheidung über die Annahme seines Gebotes nicht wird abhängig machen wollen. Würde er hierzu durch das Gesetz genöthigt, so nähme für ihn die Abgabe des Gebotes im Hinblicke auf die Möglichkeit eines Sinkens des Grundstückswerthes die Natur eines gewagten Geschäftes an. Die Folge hiervon aber würde die sein, daß angemessene Gebote in vielen Fällen überhaupt nicht erfolgten.

e) Aufhebung des Termines nach Abgabe eines Gebotes.

§ 99.

Obschon die Aufhebung des Versteigerungstermines nach Maßgabe der §§ 57, 58 noch in dem Termine selbst zulässig ist, so darf sie doch, wenn bereits ein an sich wirksames Gebot auf das Grundstück vorliegt, nicht gegen den Widerspruch eines Betheiligten erfolgen. Der Betheiligte muß, wenn er die Aufhebung des Termines nicht als geboten ansieht, Gelegenheit haben, seine von der Auffassung des Vollstreckungsgerichtes abweichende Ansicht im Wege der Beschwerde zur Geltung zu bringen. Eine Beschwerde aber kann, da das Gebot nach § 98 Nr. 3 mit der Aufhebung des Termines erlischt, einen praktischen Erfolg nur haben, wenn die Versteigerung fortgesetzt wird. Der Richter muß deshalb, bevor er den Termin aufhebt, die Betheiligten zur Erklärung über den Aufhebungsgrund auffordern. Widerspricht dann ein Betheiligter, so ist die Versteigerung fortzusetzen und die Entscheidung darüber, ob der vorausgesetzte Grund zur Aufhebung des Termines zur Versagung des Zuschlages nöthigt, durch den nach § 121 erforderlichen Beschluß zu geben.

3. Schluß der Versteigerung.

a) Voraussetzungen des Schlusses.

§ 100.

Verst. bei brennenden Kerzen.

I. Nach den Gesetzen für Elsaß-Lothringen § 13 und Rheinhessen Art. 128 geschieht die Versteigerung bei brennenden Kerzen. In dem Reichslande wird der Zuschlag ertheilt, „sobald nach einem Gebote drei Kerzen, von denen jede wenigstens eine Minute gebrannt hat, erloschen sind, ohne daß ein Mehrgebot erfolgt ist“. In Hessen genügt das Erlöschen eines Lichtes; die Lichter müssen aber so eingerichtet sein, daß jedes einzelne mindestens zwei Minuten brennt. Für den französisch-rechtlichen Theil Preußens erledigt sich die Versteigerung bei brennenden Kerzen mit der Einführung des Gesetzes, betr. die Zwangsvollstreckung in das unbewegliche Vermögen, v. 13. Juli 1883. In der bayerischen Pfalz und in Baden hat die Gesetzgebung diese Einrichtung gleichfalls aufgegeben. Der Entwurf hat deshalb keine Veranlassung, dieselbe sich anzueignen.

II. Das preußische Gesetz gibt, um jede Uebereilung bei der Versteigerung zu verhindern und den Schluß derselben für alle Anwesenden außer Zweifel zu stellen, unter § 68 Abs. 1 einige formelle Vorschriften, welche der Entwurf übernommen hat.

Ablauf einer Stunde. 1. Die Versteigerung darf nicht vor Ablauf einer Stunde seit der Aufforderung zur Abgabe von Geboten geschlossen werden. (Abs. 1.) Dies gilt auch nach den Gesetzen für Weimar § 41, Braunschweig § 55, Anhalt § 19, Rudolstadt § 13, Sondershausen § 9, Reuß j. L. § 27. In Bayern beträgt nach dem Ges. v. 1886 Art. 24 Abs. 4 die Frist nur eine halbe Stunde. In Sachsen § 130 ist sie zwar auf eine Stunde bemessen, ihr Beginn aber in den Zeitpunkt der Terminseröffnung verlegt. Der Entwurf muß auf einer längeren Dauer der Frist um so mehr bestehen, als in Preußen nach der Allg. Ger. O. I, 52 § 37 der Versteigerungstermin auf den Vormittag anzuberaumen war und nicht vor sechs Uhr Abends geschlossen werden durfte. Die Frist von einer Stunde ist dergestalt wesentlich, daß, wenn sie nicht eingehalten wird, der Zuschlag nicht ertheilt werden darf.

Fortsetzung. 2. Die Versteigerung ist so lange fortzusetzen, bis der Aufforderung des Richters ungeachtet ein weiteres Gebot nicht mehr abgegeben wird. (Abs. 2.) Auch diese Vorschrift ist nach § 114 Nr. 3 wesentlich.

Letztes Gebot. 3. Vor dem Schlusse hat der Richter das letzte Gebot bekannt zu machen. (Abs. 3.) Daß die Bekanntmachung, wie Preußen und andere Gesetze vorschreiben, „vernehmlich“ erfolgen muß, ist selbstverständlich. Ebenso zweifellos ist, daß sie auch den Namen des Bieters zu umfassen hat; denn ein Gebot ist von rechtlicher Bedeutung nur in Beziehung auf die Person, welche es abgibt. Dagegen besteht kein Bedürfniß, mit Sachsen § 120, Baden § 66, Mecklenburg § 45 Nr. 6, Coburg-Gotha § 14, Weimar 2c. ein dreimaliges Ausrufen des letzten Gebotes dem Gerichte zur Pflicht zu machen.

Verkünd. des Schlusses. 4. Der Schluß der Versteigerung ist zu verkünden. (Abs. 4.) Die Verkündung dient zur Feststellung des Schlusses. Die letztere aber ist nothwendig, um Streitigkeiten darüber abzuschneiden, ob ein Gebot noch rechtzeitig abgegeben ist oder nicht.

b) Beschränkte Fortsetzung der Versteigerung.

§ 101.

Zurückweisung eines Bieters. Preußen hat unter § 68 Abs. 2 folgende Sätze: „Widerspricht vor dem Schlusse der Versteigerung ein zurückgewiesener Bieter der Zurückweisung, so kann der Richter dem Schluß der Versteigerung die Maßgabe beifügen, daß höhere Gebote des zurückgewiesenen Bieters und des bisherigen Meistbietenden unter Vorbehalt der Entscheidung über die Zulässigkeit der ersteren noch angenommen werden sollen. Die Zulässigkeit gilt als Bedingung für die ferneren Gebote des bisherigen Meistbietenden. Ueber die Zulässigkeit ist durch das über den Zuschlag zu erlassende Urtheil zu entscheiden. Wird ein weiteres Gebot der Aufforderung des Richters ungeachtet nicht mehr abgegeben, so ist die fortgesetzte Versteigerung nach der Vorschrift des ersten Absatzes zu schließen und der Schluß zu verkünden“. Eine solche beschränkte Fortsetzung der Versteigerung ist jedoch unter der Voraussetzung, daß der von der Zurückweisung betroffene Bieter nicht das höchste Gebot abgegeben hat, kein Bedürfniß. Das preuß. Gesetz bezweckt durch seine Bestimmungen einerseits dem zurückgewiesenen Bieter die Möglichkeit, das höchste Gebot abzugeben, zu wahren, andererseits das Verfahren vor den Störungen, welche mit den wiederholten Geboten dieses

Bieters und den wiederholten Zurückweisungen verbunden sein können, zu sichern[1]). Der Entwurf dagegen geht mit Rücksicht darauf, daß die Zurückweisung nicht gegen die Person des Bieters, sondern nur gegen ein bestimmtes Gebot desselben sich richten kann[2]), davon aus, daß die Zurückweisung eines Gebotes den Bieter nicht hindern darf, immer wieder zu bieten, wenn von anderer Seite höhere Gebote abgegeben werden. Wird der Bieter auf diesen Weg verwiesen, so hat er nur die Mehrgebote anderer zu überbieten, um das Meistgebot zu erreichen. Wiederholten Zurückweisungen kann er dadurch vorbeugen, daß er den Gang der Versteigerung abwartet und erst schließlich das höchste Gebot abgibt.

Zurückweis. des Meistgebotes.

Ein Bedürfniß für Bestimmungen im Sinne des preuß. Gesetzes besteht dagegen für den Fall, wenn das Meistgebot zurückgewiesen und der Zurückweisung von dem Bieter oder einem Betheiligten widersprochen wird. Ist die Zurückweisung gerechtfertigt, so ist das nächsthöchste wirksame Gebot gemäß § 113 Abs. 3 als das Meistgebot anzusehen. Andernfalls gilt zwar das zurückgewiesene Gebot als wirksames Uebergebot, aber mit Rücksicht auf § 100 Abs. 2 nicht ohne Weiteres als höchstes Gebot, weil die Möglichkeit nicht ausgeschlossen ist, daß derjenige, welcher das nächsthöchste Gebot abgegeben hat, das zurückgewiesene Gebot unter der Bedingung, daß die Zurückweisung sich als ungerechtfertigt erweist, noch überbietet. Die Versteigerung kann daher, wenn anders ihr ein möglichst günstiges Ergebniß gesichert werden soll, nach der Zurückweisung des Meistgebotes nur mit dem Vorbehalte weiterer Gebote desjenigen, der das nächsthöchste Gebot abgegeben hat, und des Meistbietenden geschlossen werden. Die demgemäß erfolgenden Gebote sind natürlich nach dem Grunde ihrer Zulassung nur wirksam, wenn die Zurückweisung des Meistgebotes der Rechtfertigung ermangelte. (Abs. 1 Satz 1.)

Widerspr. gegen das Meistgeb.

Dem Falle einer Zurückweisung des Meistgebotes steht der Fall, wenn dasselbe zwar nicht zurückgewiesen, seiner Zulassung aber widersprochen ist, im Wesentlichen gleich; die weiteren Gebote gelten in diesem Falle nur, wenn der Widerspruch sich als ungerechtfertigt erweist. (Satz 2.)

In beiden Fällen ist bei der fortgesetzten Versteigerung nach den Vorschriften des § 100 Abs. 2—4 zu verfahren. (Abs. 2.)

4. Anhörung der Betheiligten über den Zuschlag.

§ 102.

Die Vorschriften des § 102 sind aus Preußen § 72 übernommen. Sachlich stimmt Abs. 1 auch mit Weimar § 43 Abs. 2, mit Sachsen § 148 Abs. 3 im Wesentlichen überein. Die meisten Landesgesetze haben freilich derartige Vorschriften nicht. Dieselben liegen jedoch in der Konsequenz derjenigen Gesetze, welche die Zwangsversteigerung als ein prozessualisches oder doch als prozeßähnliches Verfahren gestalten. Aus dieser Gestaltung folgt, daß die

---

[1]) Begr. des preuß. Ges. bei Stegemann S. 74.

[2]) Vergl. § 89 Abs. 1, § 90 Abs. 1, § 98 Abs. 1, 2.

Betheiligten darüber, ob nach dem Ergebnisse der Versteigerung der Zuschlag zu ertheilen oder zu versagen ist, zu hören sind. Da ein besonderer Verhandlungstermin nicht stattfindet, so können nur die in dem Versteigerungstermine anwesenden Betheiligten gehört werden. (Abs. 1.) Auch müssen sie Alles, was bei der Entscheidung über den Zuschlag berücksichtigt werden soll, in diesem Termine vor dem Schlusse der Verhandlung vorbringen, soweit nicht ein nachträgliches Vorbringen von dem Gesetze besonders zugelassen wird[1]. (Abs. 2.)

5. Fälle einstweiliger Einstellung des Verfahrens.

a) Zahlung an das Gericht.

§ 103.

Das preußische Gesetz bestimmt unter § 70 Abs. 3: „Wenn der Schuldner im Versteigerungstermine die Summe, welche durch die Versteigerung beigetrieben werden soll, nebst Zinsen und Kosten, auf seine Gefahr und Kosten für den Gläubiger hinterlegt und für die Kosten des Verfahrens durch baare Hinterlegung eines vom Gericht zu bestimmenden Betrages Sicherheit leistet, so muß das Verfahren eingestellt werden". Ein ähnliche Vorschrift enthält Weimar § 46. Nach dem sächsischen Gesetze § 81 findet die Einstellung des Verfahrens von Amtswegen statt, „wenn der Schuldner den Betrag der Forderung des betreibenden Gläubigers bei dem Vollstreckungsgericht zur Auszahlung an denselben eingezahlt oder gemäß § 101 der C. P. O. sichergestellt hat".

Die Kommentatoren des preußischen Gesetzes streiten darüber, ob in dessen § 70 Abs. 3 eine Hinterlegung im eigentlichen Sinne oder Zahlung an den Richter vorausgesetzt wird. Für den Entwurf liegt keine Veranlassung vor, den Gründen, aus welchen die öffentliche Hinterlegung nach dem B. G. B. § 272 zulässig ist, hier einen neuen Grund hinzuzufügen. Es kommt an dieser Stelle nur darauf an, noch in dem Versteigerungstermine dem Schuldner und, im Hinblicke auf das B. G. B. § 1081 Abs. 1, jedem Anderen, welcher ein Recht an dem Grundstücke durch die Versteigerung zu verlieren Gefahr läuft, die Abwendung der Veräußerung zu ermöglichen. Diesem Bedürfnisse wird dadurch genügt, daß das Gesetz den gedachten Betheiligten gestattet, zur Befriedigung des Gläubigers und zur Deckung der Kosten des Verfahrens den erforderlichen Geldbetrag an das Gericht zu zahlen. (Satz 1.) Dem Gerichte wird hierdurch die Amtspflicht auferlegt, das Geld in Empfang zu nehmen und an den Empfangsberechtigten abzuliefern. Inzwischen ist das Verfahren einstweilen einzustellen. (Satz 2.) Zu einer endgültigen Einstellung (Aufhebung) des Verfahrens kann es erst nach der Befriedigung des Gläubigers kommen. Die Zahlung an den Richter aber steht der Befriedigung des Gläubigers nicht gleich. Um hierüber keinen Zweifel zu lassen, empfiehlt es sich, in dem Gesetze auszusprechen, daß die Zahlung auf Gefahr und Kosten des Zahlenden erfolge. (Satz 3.)

[1]) Siehe § 115 Satz 2, § 117, § 123 Abs. 1 Satz 2, Abs. 2, § 131.

b) Deckung des Gläubigers durch die Gebote auf eines oder einige von mehreren zu versteigernden Grundstücken.

§ 104.

Grunds. der C. P. O.

Wenn im Falle der Versteigerung mehrerer Grundstücke auf eines oder einige derselben so viel geboten worden ist, daß sich der zur Befriedigung des Gläubigers und zur Deckung der Kosten erforderliche Betrag ergibt, so erhebt sich die Frage, ob die Versteigerung der übrigen Grundstücke unterbleiben soll. Das sächsische Gesetz bejaht unter § 33 diese Frage im Anschlusse an die Vorschrift, welche für die Versteigerung gepfändeter Sachen von der C. P. O. § 719 aufgestellt ist. Die Gesetze anderer Staaten, namentlich Bayern Art. 5, Baden § 44, Hessen Art. 51, Mecklenburg § 4, Weimar § 10, Braunschweig § 6, Meiningen § 13, Coburg-Gotha § 4, übertragen auf die Zwangsvollstreckung in das unbewegliche Vermögen bezw. die Zwangsversteigerung den Grundsatz der C. P. O. § 708 Abs. 1 Satz 2, daß die Exekution nicht weiter ausgedehnt werden darf, als zur Befriedigung des Gläubigers und zur Deckung der Kosten erforderlich ist[1]). Preußen hat eine derartige Vorschrift nicht.

Landesgesetze.

Bei der Anordnung der Zwangsversteigerung mehrerer Grundstücke ist die Lage des Falles nicht dieselbe wie bei der Pfändung. Denn während der Gerichtsvollzieher, wenn er zur Pfänduug schreitet, nach der bei ihm vorauszusetzenden Erfahrung regelmäßig im Stande sein wird, den ungefähren Verkaufswerth der pfändbaren Sachen zu schätzen und demgemäß den zu erzielenden Erlös annähernd zu übersehen, läßt sich bei der Zwangsversteigerung mehrerer Grundstücke mit einiger Sicherheit von vornherein nicht sagen, welche Höhe die Gebote auf dieselben erreichen werden. Selbst eine vorangegangene Schätzung durch Sachverständige würde zu erheblichen Täuschungen führen können. Hinzu tritt, daß die Ausschließung einiger Grundstücke von der Versteigerung in vielen Fällen Rechte an den übrigen Grundstücken verletzen würde. Von einer einfachen Uebertragung des Grundsatzes der C. P. O. § 708 Abs. 1 Satz 2 auf die Zwangsversteigerung muß daher abgesehen werden.

Korrealhaft der Grundst.

Auch die Konsequenz dieses Grundsatzes in dem sächs. Ges. § 33 ist insoweit unannehmbar, als sie die Fälle trifft, in welchen die Zwangsversteigerung der mehreren Grundstücke wegen eines Anspruches betrieben wird, der in einem an denselben bestehenden Rechte sich gründet. Denn in diesen Fällen ist der Gläubiger nach dem B. G. B. § 1078 Abs. 1 berechtigt, seine Befriedigung aus allen für seinen Anspruch haftenden Grundstücken zu verlangen[2]). Die hierin sich zeigende Bedeutung der Korrealhypothek aber darf nicht dadurch abgeschwächt werden, daß der Gläubiger, wenn sein Anspruch durch die auf eines oder einige der Grundstücke abgegebenen Gebote gedeckt ist, genöthigt wird, sich die Einstellung des Verfahrens in Ansehung der übrigen Grundstücke gefallen zu lassen.

Persönl. Anspruch.

Ein solcher Eingriff in den Gang der Zwangsvollstreckung erscheint nur statthaft, wenn dieselbe wegen eines Anspruches betrieben wird, der nicht in

[1]) Vergl. sächs. G. B. § 380.

[2]) B. G. B. §§ 1051, 1108, 1125, 1136.

einem Rechte an den mehreren Grundstücken sich gründet. Er rechtfertigt sich in diesem Falle durch die billige Rücksicht auf das Interesse des Schuldners und, wenn ein Anderer als Eigenthümer zu den Betheiligten gehört, auch dieses Anderen. Das Gericht darf daher auch nicht von Amtswegen, sondern nur auf den Antrag des Schuldners bezw. des Eigenthümers das Verfahren einstellen. Die Einstellung darf überdies nur eine einstweilige sein, da noch nicht feststeht, daß die den Anspruch des Gläubigers deckenden Gebote zur Befriedigung desselben führen werden. (Abs. 1.) So lange dieser Zweck des Verfahrens nicht erreicht ist, muß dasselbe anhängig bleiben, namentlich also die Beschlagnahme fortdauern. Waren auf die Grundstücke, bezüglich welcher das Verfahren eingestellt wird, bereits Gebote abgegeben, so erlöschen sie gemäß § 98 Nr. 3 durch die Einstellung. Die weiteren Nachtheile aber, welche dieselbe für den Gläubiger haben kann, sind möglichst einzuschränken. Wenn sich daher ergibt, daß der Gläubiger aus der Durchführung des Verfahrens bezüglich der Grundstücke, auf welche die Einstellung sich nicht bezieht, keine Befriedigung zu erwarten hat, so muß er verlangen können, daß auch in Ansehung der übrigen Grundstücke das Verfahren fortgesetzt werde. Dieses Recht ist ihm aber auch dann nicht zu versagen, wenn seine Befriedigung sich in ungebührlicher Weise verzögert. Eine solche Verzögerung ist als vorliegend anzusehen, wenn die Befriedigung nicht vor Ablauf von zwei Monaten seit dem Versteigerungstermine bewirkt ist. (Abs. 2.) Andererseits muß aber auch im Interesse derjenigen Betheiligten, welchen an der Aufhebung des Verfahrens gelegen ist, dafür gesorgt werden, daß der Schwebezustand nicht ohne Noth sich verlängert. Deshalb empfiehlt es sich, für den Antrag auf Fortsetzung des Verfahrens eine Frist von drei Monaten zu bestimmen und, wenn dieselbe unbenutzt verstrichen ist, den Versteigerungsantrag als zurückgenommen anzusehen. (Abs. 3.)

c) Ergebnißlosigkeit des Versteigerungstermines.

§ 105.

Neuer Termin.

Wenn in dem Termine ein Gebot auf das Grundstück nicht abgegeben ist, so liegt es nahe, das Verfahren als erledigt anzusehen, weil dasselbe den Zweck, zu welchem es eingeleitet wurde, nicht erfüllt hat. Die Landesgesetze ziehen jedoch diese Folgerung nicht, sondern gehen aus billiger Rücksicht gegen den Gläubiger davon aus, daß das negative Ergebniß des einen Termines nicht endgültig über das Schicksal des Versteigerungsantrages entscheiden könne. Demgemäß findet in dem vorausgesetzten Falle ein zweiter Termin zur Versteigerung statt. Die Anberaumung dieses Termines erfolgt nach den Gesetzen für Württemberg Art. 16, Hessen Art. 61, 132, Weimar §§ 50, 51, Schaumburg-Lippe § 12 von Amtswegen, nach den Gesetzen für Preußen § 69, Bayern (1879) Art. 70, Sachsen § 127, Oldenburg Art. 41, Braunschweig § 56, Lübeck § 27 nur auf Antrag des Gläubigers. Die Zeit bis zu dem Tage, auf welchen der zweite Termin anzusetzen ist, wird in den meisten Gesetzen kürzer bemessen als für den ersten Termin. Die Bestimmungen des preuß. Ges. § 69 sind wesentlich gleichlautend mit denjenigen, welche dasselbe zur Regelung der „auf Antrag oder Bewilligung des betreibenden

Gläubigers" erfolgenden Einstellung des Verfahrens trifft[1]). Es entspricht in der That der Sachlage, das Verfahren einstweilen einzustellen, wenn ein Gebot auf das Grundstück nicht abgegeben ist. Für den Entwurf genügt es aber, hier die einstweilige Einstellung vorzuschreiben, da die Folgen, welche an dieselbe zu knüpfen sind, in den §§ 110, 111 bestimmt werden. Wird in dem nach diesen Bestimmungen auf Antrag des Gläubigers anzuberaumenden Termine wiederum ein Gebot nicht abgegeben, so ist genügend festgestellt, daß das geringste Gebot nicht zu erreichen, die von diesem Gläubiger betriebene Zwangsversteigerung mithin nicht durchführbar ist. Das Verfahren ist daher, um weiteren zwecklosen Belästigungen der übrigen Betheiligten vorzubeugen, nunmehr endgültig einzustellen, d. h. aufzuheben.

Einstweil. Einstell., Aufhebung des Verfahrens.

Zurückweis. der Gebote.

Dem Falle, wenn kein Gebot abgegeben ist, steht thatsächlich gleich der Fall, wenn die abgegebenen Gebote sämmtlich widerspruchslos zurückgewiesen sind. Die Gleichbehandlung beider Fälle in dem Entwurfe erscheint daher gerechtfertigt.

Andere Fälle.

In Sachsen wird jenem Falle ferner der Fall gleichgestellt, wenn nur ein Bieter in dem Termine sich eingefunden hat, es sei denn, daß der Ertheilung des Zuschlages für das Gebot dieses Bieters der Schuldner und alle Realberechtigten zustimmen, deren Ansprüche durch das Gebot nicht oder nicht vollständig gedeckt sind. Nach dem Ges. für Anhalt § 22 müssen mindestens zwei gültige Gebote erfolgt sein. In Hamburg § 8 wird schon dann auf Antrag ein zweiter Termin angesetzt, wenn durch das in dem ersten Termine abgegebene höchste Gebot nicht alle auf dem Grundstücke lastenden Beschwerungen gedeckt sind. Der Entwurf lehnt die Aufnahme derartiger Vorschriften ab, indem er davon ausgeht, daß der Gefahr einer Veräußerung des Grundstückes für einen dem Werthe desselben nicht entsprechenden Preis durch die Vorschriften über das geringste Gebot und die öffentliche Bekanntmachung des Versteigerungstermines hinlänglich entgegengetreten wird.

6. Terminsprotokoll.

§ 106.

Geltendes R.

a) Nach dem geltenden Rechte besteht kein Zweifel, daß über den Versteigerungstermin ein Protokoll aufgenommen werden muß. Die Anforderungen indessen, welche an das Terminsprotokoll zu stellen sind, werden in den Landesgesetzen sehr verschieden bestimmt. Bayern (1879) Art. 78, (1886) Art. 25, 45 Ziff. 7, Mecklenburg § 47, Braunschweig § 59, Hessen Art. 139, Elsaß-Lothringen § 17 führen unter fortlaufenden Nummern eine Reihe von Punkten auf, welche das Protokoll zu enthalten hat. Preußen § 80, Sachsen § 136 und Weimar § 52 stimmen mit einander darin überein, daß sie nach Kennzeichnung der zu beurkundenden Vorgänge die entsprechende Anwendung der §§ 148—150 der C. P. O. vorschreiben; Weimar erklärt auch die §§ 145—147 für maßgebend. Jene Vorgänge aber werden nicht gleichmäßig gekennzeichnet. Preußen § 80 Abs. 1 Satz 1: „Das Protokoll des

[1]) Preußen § 50 Abs. 1, § 51 Abs. 1, 3. Siehe auch Bayern (1879) Art. 71 und Sachsen § 135.

Versteigerungstermins muß über den ganzen Hergang im Termine Auskunft geben". Sachsen § 136 Abs. 1: „Das ...... Protokoll soll über alle für die Beurtheilung des Ergebnisses der stattgehabten Verhandlungen einflußreichen Vorgänge Auskunft geben". Weimar verlangt, daß in dem Protokolle „der Gang der Verhandlungen in allen wesentlichen Beziehungen" angegeben werde. Sachsen führt unter Abs. 2 die wichtigsten Vorgänge, welche in dem Protokolle zu erwähnen sind, besonders auf und bestimmt dann unter Abs. 3 Satz 3, daß diese Vorgänge nur durch das Protokoll bewiesen werden können. Auch Preußen § 80 Abs. 1 Satz 2 zieht Folgerungen aus Satz 1. Unter Satz 3 heißt es: „Wird gegen die Ertheilung des Zuschlages Widerspruch erhoben, oder bleibt es streitig, für welches Gebot oder welchem Bieter oder unter welchen Bedingungen der Zuschlag zu ertheilen sei, so ist das in Betracht kommende Sachverhältniß nebst den Anträgen der Betheiligten in das Protokoll aufzunehmen". Hierher gehört auch die Vorschrift des § 81 Abs. 2, nach welcher „Vorgänge des Versteigerungstermins, welche aus dem Versteigerungsprotokolle nicht erhellen", bei der Entscheidung über den Zuschlag nicht berücksichtigt werden.

Anwendung der C. P. O.

b) Die Vorschriften der C. P. O. §§ 145—150 beziehen sich zunächst nur auf das über die mündliche Verhandlung vor dem Gerichte aufzunehmende Protokoll; sie können daher auf das Protokoll über den Versteigerungstermin direkt nicht angewendet werden, da in dem Versteigerungsverfahren vor dem Vollstreckungsgerichte eine mündliche Verhandlung im Sinne der C. P. O. nicht stattfindet. Ueber die außerhalb einer mündlichen Verhandlung aufzunehmenden Protokolle enthält die C. P. O., von dem § 151 abgesehen, keine ausdrückliche Bestimmung. Indessen wird mit Recht in der Theorie und Praxis angenommen, daß auch für solche Protokolle, soweit der Gegenstand der Verhandlung es zuläßt, die §§ 145—150 maßgebend sind. Beachtet man nun, daß das Gesetz über die Zwangsvollstreckung in das unbewegliche Vermögen zur Ergänzung der C. P. O. dient[1]), so kann füglich nicht ausdrücklich vorgeschrieben werden, daß deren §§ 145—150 auf die Verhandlungen vor dem Vollstreckungsgerichte, soweit sie hier nicht gegenstandslos sind, entsprechende Anwendung finden. Eine solche Vorschrift wäre einerseits selbstverständlich, andererseits aber nicht unbedenklich, weil sie das Verhältniß des besonderen Gesetzes zu den Vorschriften der C. P. O. bezw. die Tragweite dieser Vorschriften leicht verdunkeln könnte.

Besonderheiten.

Der Entwurf hat sich hiernach darauf zu beschränken, die durch die besondere Natur des Versteigerungsverfahrens gebotenen Abweichungen von den allgemeinen Vorschriften zu bestimmen. In dieser Hinsicht bedarf es, da nicht das mündliche Vorbringen als solches, sondern das protokollarisch festgestellte Sachverhältniß die Grundlage für die Entscheidung über den Zuschlag bildet, zunächst einer grundsätzlichen Vorschrift, welche klar zum Ausdrucke bringt, daß alle für diese Entscheidung und für die Rechte der Betheiligten in Betracht kommenden Vorgänge durch das Protokoll festzustellen sind. (Abs. 1 Satz 1.) Um indessen dem Mißverständnisse vorzubeugen, als ob der Richter

[1]) Oben S. 71, 72.

nur die nach seiner Auffassung materiell erheblichen Vorgänge durch das Protokoll zu beurkunden habe, dagegen nicht schlechthin genöthigt sei, die gestellten Anträge in dasselbe aufzunehmen, erscheint es rathsam, dem Grundsatze eine dem preuß. Ges. § 80 Abs. 1 Satz 3 entsprechende Erläuterung hinzuzufügen. (Satz 2.) Sodann ist noch die über den § 150 der C. P. O. hinausgehende Bestimmung nöthig, daß Vorgänge in dem Termine, welche nicht aus dem Protokolle ersichtlich sind, bei der Entscheidung über den Zuschlag nicht berücksichtigt werden. (Abs. 2.)

Von einer Unterzeichnung des Protokolles durch den Meistbietenden, welche Bayern Art. 78 Ziff. 6, Württemberg rc. vorschreiben, ist aus praktischen Rücksichten abzusehen.

V. Zurücknahme des Versteigerungsantrages. Aufhebung und einstweilige Einstellung des Verfahrens.

1. Befugnisse des Gläubigers.

a) Zeitgrenze.

§ 107.

Darüber, daß die Ertheilung des Zuschlages der äußerste Zeitpunkt ist, bis zu welchem eine Zurücknahme des Versteigerungsantrages oder die einstweilige Einstellung des Verfahrens in Frage kommen kann, besteht kein Zweifel, da mit dem Zuschlage das Recht des Gläubigers an dem Grundstücke bezw. auf Befriedigung aus demselben erlischt und das Eigenthum von dem Ersteher erworben wird [1]), mithin das Versteigerungsverfahren sich erledigt. Fraglich ist nur, ob es sich empfiehlt, mit Bayern Art. 82 Ziff. 10 und Sachsen § 81 die Zurücknahme bezw. die Einstellung bis zu jenem Zeitpunkte zuzulassen, oder ob es zweckmäßiger ist, die zeitliche Grenze der bezüglichen Befugniß des Gläubigers mit Preußen § 73 und Weimar § 45 durch den Zeitpunkt zu bestimmen, in welchem die Verhandlung über den Zuschlag geschlossen wird. Ein praktischer Unterschied zwischen beiden Alternativen besteht nur, wenn der Zuschlag nicht unmittelbar nach dieser Verhandlung in dem Versteigerungstermine, sondern in einem besonderen Termine ertheilt oder versagt wird. Nach dem Entwurfe § 121 Abs. 2 kann ein solcher Termin stattfinden. Geschieht dies aber, so erheischt die Rücksicht auf den Meistbietenden, es bei dem Ergebnisse der Verhandlung über den Zuschlag bewenden zu lassen. Es empfiehlt sich deshalb, nach dem Schlusse dieser Verhandlung dem Gläubiger die Zurücknahme des Versteigerungsantrages oder die Bewilligung der einstweiligen Einstellung des Verfahrens nicht mehr zu gestatten.

b) Bewilligung einer einstweiligen Einstellung.

§ 108.

Je länger das Verfahren dauert, desto mehr wachsen die Zinsen, welche ein vorstehender Gläubiger aus dem Versteigerungserlöse bekommt, bevor ein nach-

[1]) Entw. §§ 72, 138.

stehender aus demselben befriedigt werden kann. Jede Verzögerung in der Durchführung der Zwangsversteigerung birgt also die Möglichkeit einer Verletzung berechtigter Interessen in sich. Andererseits muß aber doch das Gesetz, um sich nicht den Vorwurf der Härte zuzuziehen, dem Gläubiger die Hand zu einer schonenden Behandlung des Schuldners bieten. Am nachsichtigsten ist in dieser Hinsicht Bayern, indem es auf den Antrag des Gläubigers oder in Folge einer von demselben bewilligten Stundung eine mehrmalige Einstellung des Verfahrens, im Ganzen bis zur Dauer eines Jahres, zuläßt [1]). Dagegen gestatten Preußen § 51 Abs. 1 und Sachsen § 82 die Einstellung aus dem angegebenen Grunde nur einmal und nur auf drei Monate, so zwar, daß der Versteigerungsantrag als zurückgenommen gilt, wenn nicht vor Ablauf der Frist die Fortsetzung von dem Gläubiger beantragt wird. Diese Lösung verdient den Vorzug, weil sie eine billige Ausgleichung der entgegengesetzten Interessen des Schuldners bezw. des Gläubigers einerseits und der übrigen Betheiligten andererseits gewährleistet. (Abs. 1.)

Nach dem sächsischen Gesetze gilt der Versteigerungsantrag als zurückgenommen auch dann, wenn der Gläubiger die Einstellung des Verfahrens nicht für eine bestimmte Zeit oder auf länger als drei Monate bewilligt. Ein praktisches Bedürfniß für eine solche, zum Theil auch der Auslegung des preuß. Gesetzes entsprechende Bestimmung positiver Natur ist jedoch nicht anzuerkennen. Die Vorschrift des Entwurfes Abs. 1 ist so gefaßt, daß das Vollstreckungsgericht genöthigt ist, in Befolgung allgemeiner Grundsätze den Antrag in den von dem sächs. Gesetze gekennzeichneten Fällen als gesetzlich unzulässig zurückzuweisen, sofern nicht die Prüfung der Erklärung des Gläubigers ergibt, daß in der That die Aufhebung des Verfahrens oder eine einstweilige Einstellung desselben auf drei Monate oder auf eine kürzere Zeit gewollt ist. Auf diesem Wege wird das Verfahren zu einem angemessenen Ergebnisse führen.

Ob das Gericht auf Antrag oder Bewilligung des Gläubigers das Verfahren einstweilen einstellt oder den Versteigerungstermin aufhebt, macht keinen Unterschied. Die Aufhebung muß mit Preußen § 51 Abs. 2 als einstweilige Einstellung im Sinne des Abs. 1 auch dann behandelt werden, wenn gleichzeitig die Bestimmung eines neuen Termines beantragt worden ist. (Abs. 2.)

2. Einwendungen des Schuldners und Rechte Dritter.

§ 109.

C. P. O. Das Zwangsversteigerungsverfahren kann sowohl durch Einwendungen des Schuldners als auch durch entgegenstehende Rechte Dritter gehemmt werden. Für die Hemmung sind an sich die Vorschriften der C. P. O. §§ 685 ff. maßgebend. Dies wird in einigen Gesetzen, z. B. Mecklenburg § 40, Sachsen § 81, Preußen §§ 70, 71, mehr oder weniger scharf hervorgehoben, in anderen, wie Bayern, Hessen, Weimar, als selbstverständlich vorausgesetzt. Vom Standpunkte des Entwurfes ist die Behandlung jener

[1]) Bayern (1879) Art. 12, (1886) Art. 45 Ziff. 2.

Einwendungen und Rechte hier insoweit zu regeln, als die Vorschriften der C. P. O. §§ 685 ff. für die Zwangsversteigerung der Ergänzung oder Abänderung bedürfen.

a) In dem § 691 wird unter fünf Nummern bestimmt, unter welchen Voraussetzungen die Zwangsvollstreckung einzustellen oder zu beschränken ist. Es ist im Sinne dieser Bestimmung, daß, wenn dieselbe auf das Versteigerungsverfahren angewendet wird, das Vollstreckungsgericht darüber zu befinden hat, ob eine der fraglichen Voraussetzungen vorliegt. Das preußische Gesetz schließt freilich die vollständige Anwendung insoweit aus, als die Voraussetzungen der Nr. 4, 5 (Vorlegung einer Quittung ꝛc., eines Postscheines) in Frage kommen; in diesen Fällen findet nach § 70 Abs. 2 die Einstellung des Verfahrens nur auf Grund einer Anordnung statt, welche nach Maßgabe der C. P. O. § 688 von dem Prozeßgerichte und nur, wenn der Fall dringend ist, von dem Vollstreckungsgerichte erlassen werden kann. Allein ein Grund hierfür liegt so wenig in dem Wesen der Zwangsversteigerung wie in der Stellung, welche das Vollstreckungsgericht in diesem Verfahren hat. Man kann auch nicht sagen, daß die Vorschriften des § 691 Nr. 4, 5 selbst vorzugsweise eine durch den Gerichtsvollzieher vorzunehmende Zwangsvollstreckung im Auge hätten. Nach der Erfahrung sind die Fälle durchaus nicht selten, in welchen der Schuldner noch im letzten Augenblicke eine Quittung oder einen Postschein dem Vollstreckungsgerichte vorlegen kann. Würde er hiermit auf den Weg des § 688 verwiesen, so würde er häufig die Einstellung des Verfahrens nicht rechtzeitig erlangen. Allerdings muß demnächst das Verfahren fortgesetzt werden, wenn es der Gläubiger beantragt, und dann ist der Schuldner genöthigt, gemäß § 688 sich an das Prozeßgericht zu wenden. Die überwiegende Mehrzahl der Fälle aber wird sich durch die Einstellung erledigen. *Vollstreckungsgericht.*

Besteht somit keine Veranlassung, die Vorschrift des preuß. Ges. § 70 Abs. 2 zu übernehmen, so bedarf es einer Ergänzung der C. P. O. hier nur insofern, als klargestellt werden muß, daß in den Fällen des § 691 die Aufhebung sowie die einstweilige Einstellung des Verfahrens durch Beschluß des Vollstreckungsgerichtes bewirkt wird. (Abs. 1.)

b) „Behauptet ein Dritter, daß ihm an dem Gegenstande der Zwangsvollstreckung ein die Veräußerung hinderndes Recht zusteht, so ist“ nach der C. P. O. § 690 Abs. 1 „der Widerspruch gegen die Zwangsvollstreckung im Wege der Klage bei dem Gerichte geltend zu machen, in dessen Bezirke die Zwangsvollstreckung erfolgt“. Dabei sind für die Einstellung des Verfahrens ꝛc. gemäß Abs. 3 die §§ 688, 689 maßgebend. Nach dem preußischen Ges. § 70 Abs. 1 Satz 1 soll der § 690 auch dann angewendet werden, „wenn ein Dritter ein Recht an dem Grundstücke behauptet, welches den Verkauf an den Meistbietenden oder unter den festgestellten Bedingungen unzulässig machen würde“. Eine solche Bestimmung erscheint indessen entbehrlich, weil es schon nach den Vorschriften der C. P. O. keinen Unterschied begründet, ob das Recht des Dritten die Veräußerung überhaupt oder nur an eine bestimmte Person und unter bestimmten Bedingungen ausschließt. *Grundbuch.*

Das preuß. Gesetz bestimmt aber weiter a. a. O. Satz 2, 3: „Ist das Recht im Grundbuch eingetragen oder betrifft der Widerspruch die Feststellung des geringsten Gebotes, so ist die Geltendmachung des Widerspruches im besonderen Verfahren nicht erforderlich. Eintragungen im Grundbuche, welche nach Eintragung des in § 18 bezeichneten Vermerks[1]) erfolgt sind, werden nur berücksichtigt, wenn sie spätestens im Termine vor Schluß der Versteigerung nachgewiesen werden". Für den Entwurf handelt es sich an dieser Stelle nicht um die Feststellung des geringsten Gebotes, sondern darum, wer über die Aufhebung sowie die einstweilige Einstellung des Verfahrens auf Grund eines eingetragenen Rechtes entscheiden soll, — das Vollstreckungsgericht oder das Prozeßgericht. Aus dem § 34 ergiebt sich, daß das Vollstreckungsgericht, wenn es durch die Mittheilung des Grundbuchamtes Kenntniß von einem der Zwangsversteigerung entgegenstehenden eingetragenen Rechte erhält, je nach Verschiedenheit der Fälle entweder sofort oder nach fruchtlosem Ablaufe einer dem Gläubiger zur Hebung des Hindernisses zu bestimmenden Frist das Verfahren aufzuheben hat. Der Grund für die hier dem Vollstreckungsgerichte beigelegte Zuständigkeit liegt aber nicht darin, daß das Grundbuchamt die Mittheilung macht, sondern darin, daß die Eintragung des Rechtes, wenn sie dem Vollstreckungsgerichte rechtzeitig bekannt gewesen wäre, die Anordnung der Zwangsversteigerung gehindert haben würde. Deshalb kann der Fall, wenn ein solches Recht von dem Berechtigten selbst im Wege der Einwendung gegen die Fortsetzung des Verfahrens zur Kenntniß des Vollstreckungsgerichtes gebracht wird, füglich nicht anders behandelt werden, als unter § 34 bestimmt ist. Es wäre überaus unpraktisch, wenn das Vollstreckungsgericht, nachdem es aus der Einwendung des Berechtigten die Ueberzeugung von der Unstatthaftigkeit des Zuschlages gewonnen hätte, genöthigt sein sollte, das Verfahren dennoch, also völlig nutzlos, bis zu der Entscheidung über den Zuschlag fortzusetzen. Daß es obenein der sicheren Stellung, welche die Eintragung in das Grundbuch dem Berechtigten gewährleisten soll[2]), nicht entspräche, wenn dieser zur Beseitigung der gegen sein liquides Recht angeordneten Zwangsversteigerung Klage erheben müßte, ist nicht zweifelhaft. Ebensowenig bedarf es einer weiteren Ausführung, daß die hier besonders zu schützenden Rechte auch die in dem B. G. B. § 107 bezeichneten Veräußerungsverbote mit umfassen. Die Absicht kann aber überhaupt nur die sein, eingetragene Rechte unter der Voraussetzung zu schützen, daß die Eintragung des Rechtes vor oder gleichzeitig mit der Eintragung des Versteigerungsvermerkes oder, falls die Beschlagnahme erst nach derselben bewirkt worden, vor der Beschlagnahme erfolgt ist[3]). Wird ein der Zwangsversteigerung entgegenstehendes Recht erst später eingetragen, so muß es dem Berechtigten überlassen bleiben, sich als Betheiligter bei dem Vollstreckungsgerichte zu melden und der Ertheilung des Zuschlages im Hinblicke auf § 118 Abs. 2 Satz 1 zu widersprechen. (Abs. 2.)

Zeitgrenze. c) Die zeitliche Begrenzung der Einstellung durch den Schluß der Verhandlung über den Zuschlag rechtfertigt sich in den Fällen der Abs. 1, 2 ebenso wie im Falle des § 107. (Abs. 3.)

---

[1]) Versteigerungsvermerk des Entwurfes. (§ 33 Abs. 1.)
[2]) Mot. III S. 155, 212.
[3]) Vergl. §§ 39 ff.

3. Fortsetzung des Verfahrens nach dessen einstweiliger Einstellung.

§ 110.

a) Das einstweilen eingestellte Verfahren darf nur fortgesetzt werden, wenn der Gläubiger darauf anträgt. Es entspricht dies den Gesetzen für Preußen § 50 Abs. 1 Satz 1 und Sachsen § 82 Satz 3. Der Antrag des Gläubigers ist erforderlich, weil lediglich dessen Interesse es ist, in welchem die Fortsetzung des Verfahrens zugelassen wird. (Abs. 1 Satz 1.) Dieser Grund ist jedoch nicht durchschlagend, wenn das Vollstreckungsgericht nach Maßgabe der C. P. O. § 688 Abs. 2 Satz 1 das Verfahren unter Bestimmung einer Frist, innerhalb welcher die Entscheidung des Prozeßgerichtes beizubringen ist, eingestellt hat; in einem solchen Falle wird gemäß Satz 2 daselbst nach fruchtlosem Ablaufe der Frist die Zwangsvollstreckung von Amtswegen fortgesetzt. Hierbei muß es auch für das Versteigerungsverfahren bewenden. (Satz 2.) Antrag des Gl. Von Amtswegen.

b) Die Fortsetzung des Verfahrens ist für den Schuldner von ähnlicher Bedeutung wie die Einleitung. Der Beschluß, durch welchen die Fortsetzung angeordnet wird, ist daher gleich wie der Versteigerungsbeschluß dem Schuldner und, wenn ein Anderer als Eigenthümer zu den Betheiligten gehört, auch diesem zuzustellen. (Abs. 2 Satz 1.) Die gehörige Zustellung ist aus dem angegebenen Grunde zu einer wesentlichen Voraussetzung des weiteren Verfahrens zu machen. Daher rechtfertigt es sich, die entsprechende Anwendung des § 52 Abs. 2, des § 58 und des § 64 Satz 2 vorzuschreiben. (Satz 2.) Zustell. des Beschl.

c) Wird ein neuer Versteigerungstermin anberaumt, so sind für die Fristen die Vorschriften des § 51 maßgebend. Besondere Bestimmungen, wie sie das preußische Gesetz unter § 50 Abs. 2, 3 enthält, sind mithin entbehrlich. Fristen.

Der Entwurf handelt in dem § 110 nur von der Fortsetzung des Verfahrens nach einstweiliger Einstellung. Ist dasselbe aufgehoben, so kann nicht von einer Fortsetzung, sondern nur noch von der Anordnung eines neuen Verfahrens nach Maßgabe der §§ 25 ff. die Rede sein. Ein Bedürfniß aber, hierauf nach dem Vorgange von Preußen Abs. 4 in dem Gesetze hinzuweisen, ist nicht anzuerkennen.

4. Frist für die Stellung des Antrages auf Fortsetzung des Verfahrens.

§ 111.

a) Wenn die Fortsetzung des Verfahrens nach dessen einstweiliger Einstellung von einem Antrage des Gläubigers abhängt, so ist hiermit an sich die Möglichkeit gegeben, daß die Stellung des Antrages ungebührlich verzögert wird und das Verfahren in Folge dessen zum Nachtheile der übrigen Betheiligten liegen bleibt. Dieser Möglichkeit muß dadurch begegnet werden, daß eine Frist bestimmt wird, vor deren Ablauf die Fortsetzung zu beantragen ist. Die Frist beträgt in Preußen und Sachsen drei Monate. Sie beginnt nach dem sächsischen Gesetze § 135 mit der Rechtskraft des Beschlusses, nach welchem die Anberaumung eines neuen Versteigerungstermines beantragt werden Zweck der Frist. Dauer, Beginn der Frist.

kann[1]), nach dem preußischen Gesetze § 51 Abs. 1 Satz 2 bezw. § 69 Abs. 3, wenn die Einstellung von dem Gläubiger bewilligt worden, mit der Einstellung, wenn ein zulässiges Gebot auf das Grundstück in dem Versteigerungstermine nicht abgegeben ist, mit dem Termine. Vom Standpunkte des Entwurfes[2]) sind zunächst nicht blos diese Fälle, sondern auch die Fälle der C. P. O. § 691 Nr. 4, 5 zu berücksichtigen. Alle drei Kategorieen haben das mit einander gemein, daß das Vollstreckungsgericht über die einstweilige Einstellung des Verfahrens zu beschließen hat. Es erscheint daher angemessen, die Frist mit der Einstellung, d. h. mit der Verkündung eventuell mit der Zustellung des Einstellungsbeschlusses an den Gläubiger beginnen zu lassen. Ablauf. Wird vor Ablauf der Frist die Fortsetzung des Verfahrens nicht beantragt, so folgt aus dem Zwecke der Fristbestimmung, daß der Versteigerungsantrag als zurückgenommen gelten muß. Ein zwar rechtzeitig gestellter, aber nicht gerechtfertigter Antrag kann die Annahme der Zurücknahme des Versteigerungsantrages nicht ausschließen. (Abs. 1.)

Prozeßgericht. b) Einer Verzögerung der Fortsetzung des Verfahrens muß auch dann vorgebeugt werden, wenn dessen einstweilige Einstellung von dem Prozeßgerichte angeordnet ist. In Betracht kommen nicht allein die in dem preußischen Gesetze § 51 Abs. 3 berücksichtigten Fälle der Stundung, sondern alle Fälle, in welchen das Prozeßgericht auf Antrag des Schuldners oder eines Dritten nach Maßgabe der C. P. O. § 688 Abs. 1, § 689, § 690 Abs. 3 die einstweilige Einstellung des Verfahrens angeordnet hat. In solchen Fällen hängt die Dauer der Einstellung zunächst von dem Verlaufe des Prozesses ab. Die dreimonatige Frist, vor deren Ablaufe der Gläubiger die Fortsetzung zu beantragen hat, kann daher nicht schon mit der Einstellung, sondern erst mit der Aufhebung der oben gedachten Anordnung des Prozeßgerichtes beginnen. Darauf, wie und aus welchem Grunde diese Anordnung aufgehoben wird, ob die Aufhebung noch im Laufe des Prozesses oder in Folge des die Einwendung des Schuldners oder des Dritten verwerfenden Urtheiles erfolgt, kommt es nicht an. Wird dem Vollstreckungsgerichte von einem Betheiligten nachgewiesen, daß und wann die Einstellungsanordnung aufgehoben sei, so hat dasselbe, wenn der Gläubiger seit der nachgewiesenen Aufhebung drei Monate verstreichen läßt, ohne die Fortsetzung des Verfahrens zu beantragen, den Versteigerungsantrag als zurückgenommen anzusehen. (Abs. 2.)

5. Ausschließung der Anwendung der §§ 108, 111 durch die Betheiligten.

§ 112.

Die §§ 108 und 111 haben lediglich den Zweck, die Betheiligten, deren Rechte durch die Entscheidung über den Zuschlag berührt werden, gegen eine ungebührliche Verzögerung des Verfahrens zu schützen. Für ihre Anwendung ist daher insoweit kein Raum, als die Betheiligten mit einander einverstanden sind, daß in anderer Weise verfahren werden soll. (Satz 1.) Jedoch kann es auf

---

[1]) Vergl. auch Sachsen § 81, § 82 Satz 3, § 127 Abs. 1 Satz 2, § 148 Ziff. 1.
[2]) Entw. § 105 Satz 1, § 108, § 109 Abs. 1.

die Zustimmung des Schuldners, und, wenn ein Anderer als Eigenthümer zu den Betheiligten gehört, auch dieses Anderen ebensowenig ankommen wie auf die Zustimmung eines etwa vorhandenen Vorkaufsberechtigten[1]), da ein Interesse dieser Personen an der Fortsetzung des Verfahrens kaum je vorhanden und keinesfalls so erheblich sein wird, daß denselben ein entscheidendes Gewicht gegen das Einverständniß der übrigen Betheiligten zugestanden werden dürfte. (Satz 2.)

VI. Entscheidung über den Zuschlag.

1. Ertheilung und Versagung des Zuschlages.

Vorbemerkungen.

Nach Beendigung der Verhandlungen in dem Versteigerungstermine hat das Vollstreckungsgericht die Sachlage darauf zu prüfen, welche Schlüsse aus dem stattgehabten Verfahren für die Entscheidung über den Zuschlag zu ziehen sind. Ein positives Ergebniß kann diese Prüfung nur haben, wenn einerseits ein Gebot abgegeben ist, auf welches der Zuschlag ertheilt werden kann, andererseits das Verfahren nicht an einem Mangel leidet, welcher die Ertheilung des Zuschlages überhaupt ausschließt. Die Gründe, aus welchen der Zuschlag zu versagen ist, beziehen sich daher entweder nur auf ein bestimmtes Gebot (§ 113 Abs. 2) oder auf die Versteigerung als solche ohne Rücksicht auf die Beschaffenheit der Gebote (§§ 114 ff.). Der Entwurf regelt beide Kategorieen. In Ansehung der ersteren nöthigt hierzu die Erwägung, daß es sich nicht empfiehlt, in das Gesetz einen grundsätzlichen Ausspruch über die rechtliche Natur der Zwangsversteigerung aufzunehmen, bei dem Mangel eines solchen aber die sachlichen Voraussetzungen des Zuschlages für das Gericht kaum sicher erkennbar wären, wenn das Gesetz davon absähe, sie ausdrücklich zu bestimmen. In Ansehung der anderen Kategorie fällt ins Gewicht, daß die Vorschriften, welche einer Verletzung durch das Verfahren ausgesetzt sind, nicht sämmtlich eine entscheidende Bedeutung für die Zwangsversteigerung haben, das Gesetz daher diejenigen besonders hervorheben muß, welche es für so wichtig hält, um von ihrer Befolgung die Ertheilung des Zuschlages abhängig machen zu können. Hinzutritt, daß die Fälle, in welchen die Versagung des Zuschlages wegen der Verletzung einer solchen Vorschrift in Frage kommt, eine verschiedene Behandlung erheischen, je nachdem die Personen, um deren Schutz gegen die Verletzung es sich handelt, unbekannt oder nicht in der Lage sind, ihre Rechte wahrzunehmen, oder aber ein in der Wahrnehmung seiner Rechte nicht behinderter Betheiligter zu schützen ist. Unter jener Voraussetzung muß der Zuschlag von Amtswegen versagt werden (§ 114); unter dieser ist die Versagung nur gerechtfertigt, wenn dem Zuschlage von dem Betheiligten rechtzeitig widersprochen wird (§ 118).

Die Versagungsgründe werden als solche in den Gesetzen für Preußen §§ 75, 78, Weimar §§ 48, 49, Anhalt §§ 21, 22 einzeln aufgeführt. Die

[1]) B. G. B. §§ 485, 954, 955, Einf. Ges. Art. 32 ff.

Gesetze anderer Staaten dagegen regeln unmittelbar die Gründe, aus welchen die Aufhebung des Zuschlages verlangt werden kann, indem sie davon ausgehen, daß, wenn ein solcher Grund vor der Ertheilung des Zuschlages bekannt geworden ist, dessen Versagung erfolgen müsse, so namentlich Bayern Art. 82, Sachsen § 128, Braunschweig § 61, Coburg-Gotha § 16. Richtig sind an sich beide Methoden. Die erstere verdient jedoch den Vorzug, da sie dem Gange des Verfahrens sich anschließt, hierdurch aber zur Erleichterung des Verständnisses der erforderlichen Vorschriften beiträgt und die Regelung der Beschwerde vereinfacht.

a) Ertheilung des Zuschlages an den Meistbietenden.

§ 113.

Anweisung an das Gericht.

I. Die Zwangsversteigerung bezweckt unmittelbar nur die Befriedigung des Gläubigers. Soweit es indessen mit der Erreichung dieses Zweckes vereinbar ist, sind auch die Interessen der dem Gläubiger gleich- und nachstehenden Betheiligten zu berücksichtigen. Das Gericht hat daher unter den Geboten, auf welche der Zuschlag ertheilt werden kann, nicht nach seinem Ermessen zu wählen, sondern den Zuschlag auf dasjenige Gebot zu ertheilen, durch welches die Rechte der Betheiligten im weitesten Umfange nach Maßgabe der gesetzlichen Reihenfolge gedeckt werden. Hieraus ergibt sich die von den Gesetzen der meisten Staaten, namentlich Preußen, Bayern, Sachsen, Württemberg, Baden, Hessen, Mecklenburg, befolgte Regel, daß der Zuschlag dem Meistbietenden zu ertheilen ist[1]). Der Entwurf spricht nach dem Vorgange von Bayern (1879) Art. 76 Abs. 1, Sachsen § 125 Satz 1, Braunschweig § 55 Abs. 1, Rudolstadt § 13 diese Regel aus, um keinen Zweifel zu lassen, wie das Gericht zu entscheiden hat und worauf die Anfechtung der Entscheidung im Beschwerdewege gegründet werden kann. (Abs. 1.)

Recht des Meistbiet

Obschon die Vorschrift des Entwurfes in der Form einer Anweisung an das Gericht erscheint, so hat sie doch in Verbindung mit dem § 128 Abs. 1 zugleich die materielle Tragweite, daß sie dem Meistbietenden ein Recht auf den Zuschlag gibt. Dies steht freilich in Gegensatz zu dem B. G. B. §§ 90, 1179 ff. und zu der neuen Fassung, welche nach dem Einf. Ges. Art. 11 die Vorschrift der C. P. O. § 718 erhalten soll. Allein die Gerechtigkeit und Billigkeit verlangt, daß einem Bieter, welcher an sein Gebot gebunden ist, aus diesem Grunde für den Fall, daß nicht ein wirksames Uebergebot erfolgt, ein Recht auf den Zuschlag zugestanden wird. Die praktischen Erwägungen, welche dafür sprechen, bei der freiwilligen Versteigerung sowie bei der Versteigerung durch den Gerichtsvollzieher oder durch den Pfandgläubiger dem Meistbietenden ein Recht auf den Zuschlag im Zweifel nicht zuzugestehen, treffen bei der

---

[1]) Vergl. Preußen § 75 Ziff. 10, § 87 Abs. 2, Württemberg Art. 15, 16, Mecklenburg § 45 Ziff. 5—7, 10, 12, § 47 Ziff. 8, Weimar §§ 41, 42, 57, Oldenburg Art. 43 ff., Coburg-Gotha § 14, Meiningen §§ 17, 20, Reuß j. L. § 29, Lübeck § 28, Hamburg § 8, Elsaß-Lothringen § 13, Baden §§ 62, 66, 69, Hessen Art. 61, 62, 130 ff., Sondershausen § 9.

Zwangsversteigerung eines Grundstückes nicht zu[1]). In dem für diese vorgeschriebenen Verfahren hat jeder einzelne Betheiligte seine eigenen, durch den Inhalt seines Rechtes und dessen Stellung in der Rangordnung bestimmten und begrenzten Befugnisse. Hierüber hinaus kann ihm, ohne die Interessen der übrigen Betheiligten zu gefährden, ein Einfluß auf die Entscheidung über den Zuschlag nicht eingeräumt werden. Für eine Annahme des Meistgebotes, welche willkürlich von dem Gläubiger oder einem anderen Betheiligten erklärt oder versagt werden könnte, ist demnach hier kein Raum. Vielmehr liegt die Annahme in dem Zuschlage, welchen das Gericht auf das Meistgebot ertheilen muß, wenn ein gesetzlicher Grund zur Ablehnung desselben nicht vorhanden ist. Ein Recht des Meistbietenden besteht daher auch nur in den Grenzen, welche aus den besonderen Rechten der Betheiligten sich ergeben. Es fällt daher namentlich fort, wenn der Versteigerungsantrag zurückgenommen oder das Verfahren einstweilen eingestellt wird[2]).

Vorausse̱tz. des Zuschl.

II. Der Grund des Rechtes auf den Zuschlag ist das Gebot des Berechtigten. Das Recht setzt daher zu seiner Entstehung voraus, daß der Zuschlag in dem Gebote seine materielle Rechtfertigung finden kann. Diese Voraussetzung aber fehlt, wenn das Gebot unwirksam oder der Bieter zur Erwerbung des Grundstückes unfähig bezw. nicht berechtigt ist. In dem einen wie dem anderen Falle ist die Ertheilung des Zuschlages ausgeschlossen. Für beide Fälle aber ist in dem § 89 Abs. 1 die Zurückweisung des Gebotes vorgeschrieben. Im Hinblicke auf diese Vorschrift ist hier nur zu bestimmen, daß der Zuschlag von Amtswegen zu versagen ist, wenn das Gebot zurückzuweisen war, gleichviel ob thatsächlich die Zurückweisung erfolgt ist oder nicht. (Abs. 2 Satz 1.) Aus praktischen Rücksichten ist jedoch die Bestimmung für den Fall, daß der Grund der Zurückweisung in einem der unter § 89 Abs. 2 bezeichneten Mängel beruhte, dahin einzuschränken, daß der Nachweis der Hebung des Mangels noch bis zum Schlusse der Verhandlung über den Zuschlag[3]) nachgebracht werden kann. (Satz 2.)

Wegfall des höchsten Geb.

III. Kann der Zuschlag auf das höchste Gebot nicht ertheilt werden, so scheidet dasselbe aus der Reihe der Gebote aus. Die Folge hiervon ist, daß das nächsthöchste Gebot, sofern es nicht gemäß § 98 bereits erloschen ist, als das Meistgebot gilt. (Abs. 3.) Auf dieses Gebot sind dann die das Meistgebot betreffenden Vorschriften anzuwenden.

b) Nichtertheilung des Zuschlages.

α. Versagung des Zuschlages von Amtswegen.

§ 114.

Allgem. Gesichtspunkte.

Das Gesetz hat die Zwangsversteigerung in der Weise zu regeln, daß das Interesse der möglichen Betheiligten nach Maßgabe des jedem einzelnen

[1]) Unter den Landesgesetzen hat, wie es scheint, nur Anhalt § 21 die ausdrückliche Bestimmung: „Der Höchstbietende hat ein Recht auf den Zuschlag". Schaumburg-Lippe dagegen bestimmt unter § 10: „Der Höchstbietende hat kein Recht auf Ertheilung des Zuschlags".

[2]) Vergl. § 42 Abs. 1, §§ 57, 58, § 98 Nr. 3, §§ 99, 103, 104, 107 ff.

[3]) Vergl. § 102 Abs. 2, § 107, § 109 Abs. 3, § 131 Abs. 1.

zustehenden Rechtes zu berücksichtigen ist. Es muß folglich auch dafür sorgen, daß die Verletzung dieser Rücksicht, welche in einem gegebenen Falle durch das Verfahren bewirkt wird, in dem Rahmen des Verfahrens selbst gehoben werden kann. Sofern dies nicht vor der Entscheidung über den Zuschlag geschieht[1]), erhebt sich die Frage, ob die begangene Verletzung die Ertheilung desselben ausschließt. Ein allgemeines Prinzip, nach welchem die Frage zu beantworten wäre, läßt sich in dem Gesetze nicht aufstellen. Es kann namentlich nicht vorgeschrieben werden, daß jeder Verstoß gegen das Gesetz die Nichtigkeit des Verfahrens zur Folge habe und der Ertheilung des Zuschlages entgegenstehe. Eine solche Vorschrift würde in vielen Fällen, in welchen Niemand ein Interesse an der Versagung des Zuschlages hat, zu einem unangemessenen Ergebnisse führen. Das Gesetz kann auch nicht vorschreiben, daß der Zuschlag zu versagen sei, wenn durch seine Ertheilung ein materielles Recht verletzt bezw. gegen eine wesentliche Vorschrift des Verfahrens verstoßen werden würde. Denn hiermit würde es in ersterer Beziehung ebenfalls über das Ziel hinausgehen, in letzterer aber dem richterlichen Ermessen in einem Maße Raum geben, daß die Entscheidung über den Zuschlag jeder sicheren Grundlage entbehrte. Der Zweck des Gesetzes kann allerdings nur der sein, die bei der Zwangsversteigerung in Frage kommenden Rechte zu schützen. Um aber diesen Zweck zu erreichen, muß das Gesetz die Fälle, in welchen der Schutz durch Versagung des Zuschlages gewährt werden soll, im Einzelnen genau bestimmen und begrenzen. Maßgebend ist hierbei der Gesichtspunkt, daß regelmäßig die bloße Möglichkeit einer Rechtsverletzung hinreichend ist, die minder wichtigen Fälle indessen auszuscheiden sind. Von diesem Gesichtspunkte sind auch in Preußen die Versagungsgründe sowie in Sachsen und Bayern die für die Aufhebung des Zuschlages geltenden Gründe bestimmt. Zunächst handelt es sich um die Fälle, in welchen der Zuschlag von Amtswegen zu versagen ist. Diese Fälle werden in dem § 114 unter Nr. 1—8 erschöpfend aufgezählt.

Die einzelnen Fälle:

Unzulässige Fortsetz. des Verfahr.

1. Der Fall, daß das Verfahren, obschon es aufgehoben oder einstweilen eingestellt worden, fortgesetzt ist, wird auch von Preußen § 75 Ziff. 1 hierher gerechnet[2]); er kann mit Rücksicht darauf, daß nur die in dem Gesetze bezeichneten Fälle in Betracht kommen, nicht unerwähnt bleiben.

Veräußerungsverbot.

2. Ein Veräußerungsverbot, welches im öffentlichen Interesse erlassen ist, schließt jede Veräußerung des von ihm betroffenen Grundstückes und folglich auch die Veräußerung im Wege der Zwangsversteigerung aus[3]). Die Erwähnung dieses Falles ist auch im Hinblicke auf die Bestimmungen des § 89 Abs. 1 und des § 113 Abs. 2 Satz 1 nicht überflüssig, da dieselben leicht dahin verstanden werden können, daß sie nur eine in der Person des Bieters bestehende Erwerbsunfähigkeit im Auge haben. Preußen deckt den Fall durch § 75 Nr. 1 und § 78 Abs. 2.

Verstöße bezügl. des Termines.

3. Wegen der unter Nr. 3 bestimmten Fälle genügt es, auf die Begründung der §§ 44, 48, 50, des § 51 Abs. 2 und des § 100 Abs. 1, 2 zu-

---

1) Siehe §§ 34, 57, 58, 99, 109 Abs. 2.

2) Vergl. Sachsen § 148 Ziff. 1, Bayern (1879) Art. 82 Ziff. 10.

3) Mot. III S. 216.

verweisen. Die Vorschrift des Entwurfes stimmt sachlich mit Preußen § 75 Ziff. 4—6, 9 und § 78 Abs. 2, Anhalt § 21 Ziff. 5—7, 10 und Weimar § 49a überein[1]).

Eintr. eines entgegenst. R.

4. Ist vor oder gleichzeitig mit der Eintragung des Versteigerungsvermerkes ein Recht, welches der Veräußerung des Grundstückes entgegensteht, bezw. ein relatives Veräußerungsverbot in das Grundbuch eingetragen worden, so muß das Versteigerungsverfahren nach Maßgabe des § 34 und des § 109 Abs. 2 aufgehoben oder einstweilen eingestellt werden. Mit Rücksicht auf die Vorschriften des B. G. B. § 107 Abs. 4, § 871 Abs. 2 und § 1829 Abs. 1 sowie des Einf. Ges. Art. 37 erscheint es sachgemäß, ein solches Hinderniß der Veräußerung, ungeachtet der Bestimmung des Entwurfes § 109 Abs. 3, noch bei der Entscheidung über den Zuschlag als wirksam anzuerkennen und demgemäß die Versagung des letzteren vorzuschreiben. Die Berücksichtigung des Hindernisses von Amtswegen weicht freilich von Preußen § 75 Ziff. 1, § 78 Abs. 2 ab, liegt aber in der Konsequenz der in Bezug genommenen Vorschriften des B. G. B. und des Entw. § 34.

Unterblieb. Zustell.

5. Die in dem § 52 vorgeschriebene Zustellung der Bestimmung des Versteigerungstermines ist ein wesentlicher Akt des Verfahrens, weil nur sie die möglichst sichere Gewähr dafür gibt, daß die Betheiligten Kenntniß von dem Termine erlangen und hierdurch Gelegenheit zur Wahrnehmung ihrer Rechte erhalten. Wenn daher einem Betheiligten die Terminsbestimmung nicht zugestellt ist, so fehlt es an einer Voraussetzung für den Zuschlag. Der Mangel ist nach den Gesetzen für Preußen § 75 Ziff. 7, § 78 Abs. 2, Weimar § 49b und Anhalt § 21 Ziff. 8 von Amtswegen zu berücksichtigen[2]).

Verstöße bei Festst. des geringst. Geb.

6. Die Vorschriften der §§ 59 ff. über die Feststellung des geringsten Gebotes und der Versteigerungsbedingungen sind ebenfalls wesentlich, weil, wenn eine von ihnen verletzt ist, immer auch die Möglichkeit der Verletzung eines bei der Zwangsversteigerung zu wahrenden materiellen Rechtes besteht. In den Gesetzen für Preußen, Bayern, Sachsen ist dieser Gedanke nicht so allgemein zum Ausdrucke gelangt[3]). Er liegt aber in der Konsequenz jener Vorschriften, so daß die Verletzung einer derselben die Ertheilung des Zuschlages ausschließen muß.

Unterblieb. Aufheb. des Termines.

7. Die Versagung des Zuschlages in dem Falle, wenn entgegen der Vorschrift des § 58 der Versteigerungstermin nicht aufgehoben ist, entspricht der Bedeutung, welche diese Vorschrift für den Schutz der Rechte des Schuldners bezw. des Eigenthümers hat. Wegen des geltenden Rechtes genügt es, auf Preußen § 75 Ziff. 8, § 78 Abs. 2, Bayern (1879) Art. 82 Ziff. 2 und Sachsen § 63, § 148 Ziff. 1 zu verweisen.

Verst. mit Zahlungsfristen, ohne Einzelausgebot.

8. Nicht minder wichtig sind für die Rechte der Betheiligten die Vorschriften des § 78 über die Versteigerung des Grundstückes mit Zahlungsfristen und des § 80 über das Einzelausgebot im Falle der Versteigerung mehrerer

---

[1]) Siehe auch Bayern (1879) Art. 82 Ziff. 1, 3—5, 11, (1886) Art. 24 Abs. 4, Art. 26 Ziff. 4, Braunschweig § 61 Ziff. 1, 3—5, 11, Sachsen §§ 130, 148 Ziff. 3, 7.

[2]) Vergl. Bayern (1879) Art. 82 Ziff. 1, Sachsen § 148 Ziff. 2.

[3]) Preußen § 75 Ziff. 3, § 78 Abs. 2, Sachsen § 148 Ziff. 5, Bayern (1879) Art. 82 Ziff. 6, (1886) Art. 26 Ziff. 1.

Grundstücke. Es kann sich freilich fragen, ob nicht schon nach Nr. 6 der Zuschlag von Amtswegen zu versagen ist, wenn entgegen dem § 78 Abs. 1 Satz 2 das Grundstück nicht auch ohne die Bedingung von Zahlungsfristen ausgeboten oder im Falle des § 80 das Einzelausgebot ohne die erforderliche Zustimmung eines Betheiligten unterblieben ist. Allein in beiden Fällen handelt es sich doch mehr um die Art der Versteigerung als um die Feststellung von Versteigerungsbedingungen. Es erscheint daher rathsam, diese Fälle besonders zu regeln[1]).

§ 115.

Verzicht des Verletzten.

In den Fällen des § 114 Nr. 4—8 handelt es sich um den Schutz von Rechten bestimmter Personen. Diese Personen müssen zwar darauf rechnen können, daß der Richter ihre Rechte von Amtswegen wahrnehme. Soweit sie aber in dem Versteigerungstermine sich eingefunden haben, fragt es sich, ob sie nicht verpflichtet sein sollen, sich über den Mangel des Verfahrens zu äußern. Das preußische Gesetz schreibt für die gedachten Fälle, soweit es dieselben berücksichtigt, unter § 78 Abs. 2 vor, daß der Zuschlag von Amtswegen nur zu versagen sei, „wenn die betheiligten Interessenten im Versteigerungstermine nicht erschienen sind und auch nachträglich der ungehemmten Fortsetzung des Verfahrens nicht zugestimmt haben". Auch Weimar § 49a, b schützt von Amtswegen nur die nicht erschienenen Betheiligten. Sachsen § 128 Abs. 1 läßt eine Versagung des Zuschlages aus Gründen, welche vor oder in dem Termine geltend gemacht werden konnten, überhaupt nur zu, wenn spätestens in dem Termine gegen dessen Abhaltung oder gegen die Ertheilung des Zuschlages Widerspruch erhoben worden ist[2]). Der Gedanke, welcher diesen Bestimmungen zu Grunde liegt, ist überall der, daß auf die Anfechtung des Verfahrens wegen eines Mangels desselben verzichtet werden kann.

Anwesenheit im Termine

Aus dem bloßen Schweigen des Betheiligten aber darf ein solcher Verzicht nicht gefolgert werden. Dasselbe rechtfertigt selbst dann diese Folgerung nicht, wenn der Betheiligte in dem Versteigerungstermine erschienen ist. Einmal nämlich läßt sich bei der großen Anzahl von Personen, welche in diesem Termine sich einzufinden pflegen, und bei der längeren Dauer desselben nicht immer mit Sicherheit feststellen, wer anwesend gewesen ist. Sodann muß auch mit der Möglichkeit gerechnet werden, daß der Betheiligte nur zufällig, ohne Kenntniß von der Verletzung seines Rechtes, in dem Termine erscheint oder aber nur im Beginne desselben, nicht aber zu der Zeit anwesend ist, in welcher der Mangel des Verfahrens zur Sprache kommt bezw. sich Gelegenheit

Frage des Gerichtes.

bietet, denselben geltend zu machen. Das Gericht hat daher, um nicht zu einem unrichtigen Schlusse aus der Sachlage zu gelangen, eine den von ihm erkannten Mangel betreffende Frage an den gegenwärtigen Betheiligten zu richten. Erst wenn dieser hierauf keinen Widerspruch erhebt, rechtfertigt sich die Annahme eines Verzichtes auf die Anfechtung des Verfahrens wegen des Mangels. (Satz 1.)

---

[1]) Vergl. Bayern Art. 82 Ziff. 7.

[2]) Sachsen § 148 Abs. 3. Vergl. auch Bayern (1879) Art. 82 Abs. 2, 3.

Durch eine das Verfahren genehmigende Erklärung muß der Mangel desselben noch bis zur Entscheidung über den Zuschlag geheilt werden können. Die hierin liegende Abweichung von der Regel des § 102 Abs. 2 unterliegt keinem Bedenken. Die Regel beruht auf der Erwägung, daß die einmal geschlossene Verhandlung nicht von Neuem eröffnet werden darf. Die nachträgliche Genehmigung des Verfahrens aber kann zu einer Verhandlung mit den Betheiligten keinen Anlaß geben. Im Uebrigen besteht kein Grund, eine besondere Zeitgrenze für sie zu bestimmen. Wohl aber erscheint es, um die Fälle einer Vereitelung des Zweckes der Zwangsversteigerung möglichst einzuschränken, durchaus angemessen, den Verzicht auf die Anfechtung des Verfahrens so lange zuzulassen, als die Berücksichtigung der Erklärung nicht durch die Entscheidung über den Zuschlag ausgeschlossen ist. Wenn indessen die Genehmigung nicht in dem Termine selbst erklärt wird, muß sie, gleichwie die Genehmigung im Falle des § 89 Abs. 2, in einer öffentlich beglaubigten Urkunde eingereicht werden. (Satz 2.) Genehmigung.

§ 116.

In dem Falle des § 114 Nr. 5 findet nach dem geltenden Rechte eine Versagung des Zuschlages nur statt, wenn der Betheiligte, welchem die Terminsbestimmung nicht zugestellt ist, durch die Ertheilung des Zuschlages benachtheiligt werden würde [1]). Die Benachtheiligung ist also Voraussetzung der Versagung, muß daher gegebenenfalls durch Feststellung der Thatsachen, aus welchen sie hervorgeht, besonders dargethan werden. Auf diese Weise wird der Schutz, auf welchen der in seinem Rechte verletzte Betheiligte Anspruch hat, nicht unbedeutend abgeschwächt. Das Gesetz muß freilich Vorsorge treffen, daß die Verletzung nicht auch dann, wenn eine Benachtheiligung des Verletzten mit ihr gar nicht verbunden ist, zur Versagung des Zuschlages führe. Allein dies kann, mit Vermeidung jener Abschwächung, dadurch geschehen, daß man die Versagung für den Fall, wenn das Recht des Betheiligten durch den Zuschlag nicht beeinträchtigt wird, ausschließt. Dieselbe Bestimmung rechtfertigt sich auch in Ansehung des § 114 Nr. 8. (Abs. 1.) Beeinträchtigung durch den Zuschlag.

Die Entscheidung darüber, ob in einem gegebenen Falle das Recht des Betheiligten beeinträchtigt wird, ist im Prinzipe einfach: eine Beeinträchtigung ist nicht anzunehmen, wenn das Recht durch das Meistgebot gedeckt ist, gleichviel ob es im Falle der Ertheilung des Zuschlages bestehen bleibt oder einen Anspruch auf Zahlung aus dem Versteigerungserlöse erzeugt. Die Anwendung des Prinzipes hat jedoch in Preußen unter der Herrschaft der Subhast. O. v. 15. März 1869 Schwierigkeiten ergeben, weil in dem Abschnitte des Verfahrens, der hier in Frage ist, in der Regel noch keine genauen Berechnungen der durch das Meistgebot gedeckten Ansprüche der Gläubiger vorliegen. Um diesen Schwierigkeiten zu begegnen, ist nach dem Ges. v. 1883 § 77 Abs. 1 bis zum Beweise des Gegentheiles davon auszugehen, daß von den dem Betheiligten selbst „zustehenden wie von den seiner Forderung vorgehenden Leistungen und Zinsen außer den laufenden Beträgen Rückstände für die beiden letzten Feststellung der Beeinträchtigung.

[1]) Siehe oben S. 229 und außerdem Sachsen § 148 Abs. 2 und Bayern (1879) Art. 84 Abs. 1.

Jahre, und daß Forderungen, deren Geldbetrag unbestimmt ist, zu dem zulässigen höchsten Betrage zu berechnen sind". Der Entwurf hat diese Vorschrift, die auch von Bayern (1886) Art. 31 nachgebildet ist, in entsprechender Fassung übernommen. (Abs. 2.)

Sicherheitsleistung. Das preußische Gesetz bestimmt weiter unter Abs. 2: „Wird für die Forderung des Interessenten von einem anderen Interessenten oder von dem Meistbietenden Sicherheit geleistet, so ist eine Benachtheiligung nicht anzunehmen". Der Zweck dieser Bestimmung ist, gegen zu weit gehende Fürsorge den nöthigen Schutz zu gewähren. Praktische Bedeutung hat die Vorschrift namentlich dann, wenn derjenige, welcher zur Leistung der Sicherheit sich erbietet, der Meinung ist, daß der fragliche Betrag der Ansprüche zu hoch berechnet sei, insbesondere der Anspruch aus einer Sicherungshypothek nicht den eingetragenen Höchstbetrag erreiche, der Betheiligte daher in Wirklichkeit einen Ausfall nicht erleiden werde. Der Zweck der Bestimmung fällt indessen nicht so schwer ins Gewicht, daß es sich rechtfertigte, um seinetwillen die Anwendung des § 114 Nr. 5, 8 durch einen scharfen Eingriff in die Rechtskonsequenz zu beschränken. Ein solcher Eingriff ist um so bedenklicher, als der verletzte Betheiligte häufig, wenigstens im Falle der Nr. 5, nicht anwesend sein und daher zugleich in seinem Rechte, über die Ertheilung des Zuschlages gehört zu werden, getroffen werden wird, ganz abgesehen davon, daß das Verfahren an Einfachheit verliert, wenn der Fall der Sicherheitsleistung eintritt. Freilich wird nur selten Jemand bereit sein, die Sicherheit zu leisten. Allein wenn man dies berücksichtigt, so kann ein Bedürfniß für eine dem preuß. Gesetze entsprechende Vorschrift überhaupt nicht anerkannt werden.

§ 117.

Zustellung Hängt die Entscheidung des Gerichtes über den Zuschlag von dem Nachweise einer Zustellung ab, so muß dieser Nachweis, soweit er durch öffentliche Urkunden geführt oder entkräftet werden soll, entgegen der Vorschrift des § 102 Abs. 2 noch bis zur Verkündung der Entscheidung erbracht werden können, weil die Nothwendigkeit, die Urkunden vorzulegen, der Regel nach erst in dem Versteigerungstermine hervortreten wird. Der Entwurf schließt sich hierin dem preußischen Gesetze § 72 Abs. 4 an.

β. Versagung des Zuschlages in Folge des Widerspruches eines Betheiligten.

§ 118.

Kennzeichnung der Fälle I. Soweit die Verletzung bezw. die Möglichkeit einer Verletzung des Rechtes eines Betheiligten durch das Verfahren nicht in dem § 114 berücksichtigt wird, kommen nur solche Fälle in Frage, in welchen der Betheiligte zur eigenen Wahrnehmung seines Rechtes im Stande ist. Das Gesetz kann daher, wenn ein derartiger Fall vorliegt, die Versagung des Zuschlages nur zulassen, sofern der Betheiligte demselben widerspricht. Wird kein Widerspruch erhoben, so ist anzunehmen, daß der Betheiligte die Verletzung nicht geltend machen will und deshalb auf die Anfechtung des Verfahrens verzichtet. Die Versagungsgründe sind aber auch hier, aus dem bei § 114 angegebenen

Grunde, ausschließlich zu bestimmen, ein Widerspruch mithin nur zu berücksichtigen, wenn er durch einen jener Gründe gerechtfertigt ist. (Abs. 1.)

II. Der Widerspruch ist unerläßliche Voraussetzung der Versagung des Zuschlages. Daß der Ertheilung desselben auch in den Fällen des § 114 widersprochen werden kann, ist selbstverständlich. Aber ein solcher Widerspruch hat nur das hinter sich, daß der Richter durch ihn auf einen von Amtswegen zu beachtenden Mangel des Verfahrens aufmerksam gemacht wird. Auch der Widerspruch des § 115 hat eine andere Bedeutung, nämlich die, daß er die Annahme der Heilung eines solchen Mangels ausschließt. Bei Kennzeichnung der Fälle, in welchen der Zuschlag nur auf Grund des Widerspruches eines Betheiligten versagt werden kann, ist daher ein Vorbehalt wegen der Fälle der §§ 114, 115 nicht am Platze. Im Uebrigen werden zur Rechtfertigung des Entwurfes folgende Bemerkungen genügen: Natur des Widerspruches.

1. Der Fall, wenn die Zwangsversteigerung nicht zulässig ist oder nicht hätte fortgesetzt werden sollen, berechtigt auch nach dem geltenden Rechte zum Widerspruche gegen die Ertheilung des Zuschlages, und zwar gleichviel, ob die Zwangsvollstreckung überhaupt oder nur in das versteigerte Grundstück unstatthaft bezw. nicht mehr statthaft ist[1]). Die Vorschrift ist insofern vielleicht zu weit gefaßt, als sie nach ihrem Wortlaute die Fälle des § 114 Nr. 1 mitbegreift. Allein eine größere Korrektheit könnte leicht die Verständlichkeit des Gesetzes gefährden. Daß durch die vorliegende Fassung der Sinn des § 114 Nr. 1 verdunkelt werden könnte, ist nicht zu besorgen. Widerspruchsgründe.

2. In der Behandlung des Falles, wenn die Vorschrift des § 88 verletzt ist, weicht der Entwurf von dem preußischen Ges. § 75 Ziff. 12 zweckmäßig darin ab[2]), daß die Unterlassung des Hinweises auf die mit der Aufforderung zur Abgabe von Geboten eintretende Ausschließung nicht schon an sich, sondern nur dann zum Widerspruche berechtigen soll, wenn der Betheiligte nach jener Aufforderung die Anmeldung oder die Glaubhaftmachung eines Rechtes wirklich versucht hat, hiermit aber wegen der mit der Aufforderung verbundenen Ausschließung zurückgewiesen worden ist.

3. Die Vorschriften des § 101 Abs. 1 sind für das Ergebniß der Versteigerung dergestalt wesentlich, daß, wenn eine von ihnen verletzt ist und deswegen Widerspruch erhoben wird, der Zuschlag nicht ertheilt werden kann[3]).

4. Dasselbe muß auch in Ansehung der Vorschriften des § 78 Abs. 1 Satz 1, des § 79 Satz 1 und des § 80 Abs. 2 gelten[4]). Ist eine derselben verletzt, so liegt, von dem Erfordernisse des Widerspruches abgesehen, die Sache ähnlich wie in den Fällen des § 114 Nr. 8. (Abs. 2.)

III. Gegenüber der allgemeinen Fassung des Abs. 2 Nr. 1—4 empfiehlt es sich, in dem Gesetze den Grundsatz zum Ausdrucke zu bringen, daß ein Betheiligter der Ertheilung des Zuschlages nicht aus einem Grunde widersprechen Widerspr aus dem R. eines Anderen.

---

[1]) Preußen § 75 Ziff. 1, Bayern (1879) Art. 82 Ziff. 10, Sachsen § 148 Ziff. 1, Braunschweig § 61 Ziff. 10, Anhalt § 21 Ziff. 4.

[2]) Siehe auch Bayern (1886) Art. 24 Abs. 4, Art. 26 Ziff. 4, Anhalt §§ 16, 21 Ziff. 10.

[3]) Vergl. Preußen § 75 Ziff. 10.

[4]) Bayern (1879) Art. 82 Ziff. 7, 8.

kann, der nur das Recht eines anderen Betheiligten betrifft. Der Grundsatz ist auch in Preußen § 76, Bayern (1879) Art. 84 Abs. 2, Sachsen § 128 Abs. 2, Braunschweig § 62 Abs. 2 und Anhalt § 27 zur Anerkennung gelangt. Er hat eine erheblich größere Tragweite als die Bestimmung, welche in dem Entwurfe unter § 116 Abs. 2 für die Fälle des § 114 Nr. 5, 8 getroffen wird, und verdient um so mehr Aufnahme, als er für die Handhabung des Gesetzes von besonderer Bedeutung ist.

γ. **Versagung des Zuschlages mit Bestimmung eines neuen Versteigerungstermines.**

§ 119.

Billigkeitsrücksichten

Der Gedanke, auf welchem der § 119 beruht, ist der, daß bei aller Bürgschaft, welche die öffentliche Bekanntmachung des Versteigerungstermines und die Feststellung eines geringsten Gebotes für die Erzielung eines angemessenen Ergebnisses der Versteigerung liefern, doch unter dem Einflusse schnell vorübergehender Umstände dieses Ergebniß hinter dem Werthe des Grundstückes zurückbleiben kann, das Gesetz aber einem solchen unbefriedigenden Ausgange des Verfahrens aus Rücksichten der Billigkeit gegen die Betheiligten, welche durch denselben beeinträchtigt werden würden, möglichst entgegentreten muß. Einem solchen Betheiligten wird in Uebereinstimmung mit Preußen § 74, Sachsen § 126, Weimar § 48, Braunschweig § 58 die Möglichkeit eröffnet, die Ertheilung des Zuschlages abzuwenden und die Anberaumung eines neuen Versteigerungstermines zu verlangen. Der Entwurf kommt hierdurch zugleich denjenigen Bundesstaaten entgegen, nach deren Gesetzen ein zweiter Versteigerungstermin bestimmt wird, wenn das in dem ersten erlangte Meistgebot nicht mindestens die Schätzungssumme erreicht. Einem bezüglichen

Voraussetzungen der Versagung.

Antrage des Betheiligten kann jedoch, um nicht das berechtigte Interesse der übrigen Betheiligten zu verletzen, nur stattgegeben werden, wenn der Antragsteller sich zum Ersatze des durch die Versagung des Zuschlages entstehenden Schadens, mit Einschluß der Mehrkosten, verpflichtet und zugleich für die Erfüllung dieser Verpflichtung nach Maßgabe des Meistgebotes Sicherheit leistet. Für die Sicherheitsleistung gelten die Vorschriften des § 92 und des § 94 Abs. 1; die landesgesetzlich zulässige Leistung der Sicherheit durch Stellung von Bürgen kann hier nicht stattfinden. Wird die Sicherheit geleistet, so hat das Gericht den Zuschlag zu versagen, d. h. eine die Versagung aussprechende Entscheidung zu treffen. (Abs. 1.)

Die übrigen Bestimmungen des § 119 dienen zur zweckmäßigen Ausführung und Begrenzung des Grundsatzes, welchen der erste Absatz aufstellt.

Weiteres Verfahren.

(Abs. 2—6.) Sie entsprechen unter Abs. 2 dem preußischen Gesetze § 77 Abs. 1, unter Abs. 3, 5, 6 demselben Gesetze § 74 Abs. 2—5.

Ersatzpflicht des Antragstellers.

Neu ist die Vorschrift des vierten Absatzes, daß für die weitere Versteigerung das bisherige Meistgebot als ein von dem (ersatzpflichtigen) Betheiligten abgegebenes Gebot gelten soll. Die in dem früheren Termine erzielten Gebote müssen in Folge der Versagung des Zuschlages ebenso wie in den Fällen des § 98 erlöschen. Wird dann in dem neuen Termine ein Gebot, für welches der Zuschlag ertheilt werden kann, nicht abgegeben, so kommt die Schadensersatzpflicht des Betheiligten in Frage. Preußen § 74 Abs. 1,

Sachsen ꝛc. decken diesen Fall dadurch, daß sie bei Bestimmung der Ersatzpflicht, welche der Betheiligte zur Begründung seines Widerspruches gegen die Ertheilung des Zuschlages eingehen muß, die Haftung für die Wiedererreichung des Meistgebotes besonders hervorheben. Bei der Verwirklichung dieser Haftung aber können die Rechtsbeziehungen sich erheblich verwickeln, wenn nicht dem Betheiligten für die Leistungen, welche ihm an Stelle des ausgeschiedenen Meistbietenden obliegen, das Grundstück zugeschlagen wird. Für das preuß. Recht wird freilich die Auffassung vertreten, daß es sich in dem vorausgesetzten Falle nur um einen dem betreibenden Gläubiger zu ersetzenden Schaden handeln, der Betheiligte aber verlangen könne, daß ihm der Gläubiger gegen Leistung des Ersatzes seine Forderung insoweit abtrete, als dieselbe durch das erloschene Meistgebot gedeckt gewesen sein würde. Allein bei dieser Auffassung würde der Gläubiger den nicht gedeckten Theil seines Rechtes an dem Grundstücke bezw. das Recht auf vorzugsweise Befriedigung aus demselben wegen seiner Restforderung behalten, mithin einen Vortheil haben, den er bei Ertheilung des Zuschlages in dem früheren Termine nicht erlangt haben würde. Andererseits aber entspricht es der Haftung des Betheiligten für die Wiedererreichung des Meistgebotes, daß, wenn dasselbe thatsächlich nicht wiedererreicht wird, doch für die übrigen Betheiligten möglichst der Zustand hergestellt werde, welcher sich im Falle der Wiedererreichung ergeben haben würde. Faßt man das Verhältniß so auf, so löst sich die Schadensersatzfrage am einfachsten dadurch, daß das frühere Meistgebot in allen Fällen als ein von dem ersatzpflichtigen Betheiligten in dem neuen Termine abgegebenes Gebot behandelt wird. Nur wenn dieses Gebot in Folge der in der Zwischenzeit eintretenden Erhöhung des geringsten Gebotes sich nicht mehr als ein zulässiges Gebot darstellt, muß es bei der allgemeinen Verpflichtung des Betheiligten, für den Schaden zu haften, bewenden. Diese Verpflichtung aber kann nur im Wege des Prozesses geltend gemacht werden.

c) Bedeutung vorangegangener Entscheidungen.

§ 120.

I. Die Leitung des Versteigerungsverfahrens durch das Vollstreckungsgericht bethätigt sich in einer Reihe von Entscheidungen desselben. Da diese Entscheidungen ohne mündliche Verhandlung erfolgen, so findet gegen sie nach der C. P. O. § 701 sofortige Beschwerde statt. Die „sofortige Beschwerde" aber hat nach der C. P. O. das hinter sich, daß eine Entscheidung, welche ihr unterliegt, der Rechtskraft fähig und deshalb für das Gericht, welches sie erlassen hat, bindend ist. Standpunkt der C. P. O.,

Verschiedene Landesgesetze wiederholen für die Zwangsversteigerung einfach die Vorschriften der C. P. O. § 684 Abs. 3 und § 701, daß die Entscheidungen des Vollstreckungsgerichtes ohne mündliche Verhandlung erfolgen können und die sofortige Beschwerde gegen sie stattfindet; so namentlich das preußische Gesetz, betr. die Zwangsvollstreckung in das unbewegliche Vermögen, v. 4. März 1879 § 9 und die gleichnamigen Gesetze für Elsaß-Lothringen § 27, Oldenburg Art. 5, Meiningen § 17, Rudolstadt § 9, Lippe § 13, der Landesgesetze.

Schaumburg-Lippe § 16, Lübeck § 15, ferner Coburg-Gotha § 13, wenn auch mit einer gewissen Beschränkung, und das hess. Ausf. Ges. Art. 141 für Rheinhessen mit dem Zusatze, daß die Beschwerde aufschiebend Wirkung habe.

Das preußische Gesetz von 1883 gedenkt dieses Rechtsmittels nur insoweit, als durch dasselbe die Entscheidung über den Zuschlag angefochten werden kann. Es wird deshalb darüber gestritten, ob auch die vorangegangenen Entscheidungen des Vollstreckungsgerichtes mit der Beschwerde selbständig oder nur zugleich mit jener Entscheidung, ob sie überhaupt mit der sofortigen Beschwerde oder aber nur mit der einfachen Beschwerde angegriffen werden können, bezw. ob sie für das Gericht bindend sind oder nicht. Dieselben Fragen scheinen auch gegenüber den Gesetzen für Weimar, Anhalt und Reuß j. L. berechtigt zu sein.

Das sächsische Gesetz schneidet diese Frage dadurch ab, daß es die Beschwerde, soweit dieselbe gegen die vor der Entscheidung über den Zuschlag erfolgten Entscheidungen nach der C. P. O. gestattet sein würde, nur gegen bestimmte Entscheidungen zuläßt, nämlich die einfache Beschwerde gegen die Ablehnung der Zwangsversteigerung und der Zulassung des Beitrittes (§§ 61, 68, 80), die sofortige Beschwerde gegen die Anordnung des Verfahrens und die Zulassung des Beitrittes (§§ 61, 68, 69, 75, 80), gegen die Einstellung des Verfahrens und die Ablehnung derselben (§§ 73, 81).

Die Gesetze anderer Staaten, namentlich Bayern, Württemberg, Mecklenburg, Braunschweig, Altenburg, Sondershausen, Reuß ält. L., Hamburg, Bremen, haben, soweit ersichtlich, keine Vorschrift über die Beschwerde gegen Entscheidungen des Vollstreckungsgerichtes. Es gelten also die Bestimmungen der C. P. O., soweit für sie Raum in dem Versteigerungsverfahren ist. Ihre Anwendbarkeit ist indessen in allen Staaten, in welchen die Versteigerung nicht von dem Gerichte, sondern von einem sogen. Versteigerungsbeamten besorgt wird, nur eine beschränkte, weil die Verfügungen dieses Beamten den Vorschriften der C. P. O. an sich überhaupt nicht unterliegen. In Bayern können diese Verfügungen nicht mit einer Beschwerde, wohl aber mittels des an das Vollstreckungsgericht zu richtenden Antrages auf Aufhebung des Zuschlages angegriffen werden. Die Entscheidungen, welche das Vollstreckungsgericht erläßt, namentlich die Beschlüsse, durch welche die Beschlagnahme zum Zwecke der Zwangsversteigerung angeordnet oder abgelehnt wird[1]), unterliegen der sofortigen Beschwerde. Praktisch stellt sich das Verhältniß ähnlich wie in Sachsen. Das württembergische Gesetz verweist unter Art. 2 Anträge und Erinnerungen, welche das Verfahren des Gemeinderathes als Vollstreckungsbehörde betreffen, an das Vollstreckungsgericht. In Baden ist bei Verstößen des Versteigerungsbeamten gegen Verfahrensvorschriften eine an das Amtsgericht gehende Beschwerde im Sinne der C. P. O. §§ 530—539 gegeben, jedoch an eine Frist von vier Wochen gebunden[2]).

---

1) Bayern (1879) Art. 24, 32, 36, 42, 43, 47, 60.

2) Baden §§ 76—78. Dazu Naef, das Recht der Liegenschaftsvollstreckung 2c. (1884) S. 164.

II. Damit über die Bedeutung der in Rede stehenden Entscheidungen kein Zweifel bleibe, hat das Gesetz zwei Fragen zu lösen:

1. Soll das Gericht, wenn es über den Zuschlag entscheidet, hierbei an die vorher von ihm getroffenen Entscheidungen gebunden sein? Die Frage ist, unbeschadet der Vorschrift des § 114 Nr. 1, zu verneinen, weil die Vorentscheidungen ihrem Inhalte nach nur auf die Zulassung des Verfahrens sich beziehen und in manchen Fällen nicht ausschließlich die Rechte derjenigen berühren, durch deren Anträge sie veranlaßt sind. Wollte man das Gericht an die Vorentscheidungen binden, so müßten Beschwerden gegen dieselben, um Erfolg zu haben, immer vor der Entscheidung über den Zuschlag nicht blos eingelegt, sondern auch erledigt werden. Hierdurch aber wäre einer ungebührlichen Verzögerung des Verfahrens Thür und Thor geöffnet. Stellung des Gerichtes.

Praktisch ist die Bestimmung des Entwurfes vornehmlich, wenn die Versagung des Zuschlages mit einer früheren Entscheidung des Vollstreckungsgerichtes in Widerspruch tritt. Es können aber auch Fälle vorkommen, in welchen der Zuschlag entgegen einer Vorentscheidung zu ertheilen ist, z. B. wenn das Gericht bei der Versteigerung ein Gebot zurückgewiesen hat, welches wegen des gegen die Zurückweisung erhobenen Widerspruches nicht erloschen ist, oder wenn die besondere Versteigerung einer beweglichen Sache oder einer Forderung angeordnet und diese Anordnung hiernächst zurückgenommen ist.

Daß es sich nur um Entscheidungen handelt, welche das Gericht selbst getroffen hat, wird durch die Fassung der Vorschrift angedeutet. An eine Entscheidung des Beschwerdegerichtes ist das Vollstreckungsgericht stets gebunden. (Abs. 1.)

2. Soll die Beschwerde gegen Vorentscheidungen selbständig oder nur in Verbindung mit der Beschwerde gegen die Entscheidung über den Zuschlag gestattet werden? Beschwerde.

a) Die Beschwerde gegen eine Entscheidung, durch welche die Anordnung der Zwangsversteigerung oder die Fortsetzung des angeordneten Verfahrens abgelehnt wird, muß ihren eigenen Weg gehen. Klar ist dies ohne Weiteres, wenn nach der angegriffenen Entscheidung kein Raum für eine die Ertheilung oder die Versagung des Zuschlages aussprechende Entscheidung ist. Es muß aber auch dann gelten, wenn eine solche Entscheidung noch bevorsteht, z. B. wenn die Zulassung des Beitrittes eines Gläubigers versagt, das Verfahren indessen auf Betreiben eines anderen Gläubigers weitergeführt wird. Denn in diesen wie in jenen Fällen ist es das Recht der Zwangsvollstreckung, zu dessen Schutze die Beschwerde dient. Das Recht der Zwangsvollstreckung aber darf nicht dadurch zum Nachtheile des Gläubigers abgeschwächt werden, daß die Entscheidung darüber, ob dieselbe gerechtfertigt ist, aus anderen als den durch die Feststellung des Rechtes bedingten Ursachen verzögert wird. Selbständige Einlegung.

Die selbständige Einlegung der Beschwerde ist ferner zuzulassen, wenn das Rechtsmittel sich dagegen richtet, daß die Zwangsversteigerung überhaupt angeordnet ist oder fortgesetzt wird bezw. die Aufhebung oder die einstweilige Einstellung des Verfahrens versagt wird. Denn nicht blos der Schuldner, sondern auch der Dritte, dessen Recht durch die Fortsetzung des Verfahrens verletzt wird, hat ein berechtigtes Interesse an der möglichst baldigen Beseitigung dieser Verletzung, namentlich an der Aufhebung der Beschlagnahme oder wenigstens an der Ausschließung der mit dem öffentlichen Ausgebote des Grundstückes verbundenen Gefährdung seines Kredites.

Darauf, ob die Entscheidung von Amtswegen oder auf Antrag erfolgt ist, kommt es nicht an.

Verbind. mit der Beschw. gegen die Endentscheid.

b) Die Beschwerde gegen die übrigen Entscheidungen, welche vor der Ertheilung oder der Versagung des Zuschlages ergehen, kann zweckmäßig nur in Verbindung mit der Beschwerde gegen die Ertheilung oder die Versagung zugelassen werden. Es entspricht dies im Grunde auch der C. P. O., da nach deren § 473 Zwischenurtheile, obwohl sie der Beurtheilung des Berufungsgerichtes unterliegen, doch regelmäßig nur mit der Berufung gegen das Endurtheil angefochten werden können. Die Beschwerde im Zwangsvollstreckungsverfahren soll freilich gemäß § 701 gegen jede einzelne Entscheidung, welche in diesem Verfahren erlassen wird, stattfinden. Dies paßt auch ganz gut für eine Vollstreckungsart, welche durch eine oder wenige Verfügungen des Gerichtes erledigt wird. Es paßt aber nicht für die Zwangsversteigerung eines Grundstückes, da bei dieser zahlreiche Zwischenentscheidungen vorkommen, welche lediglich zur Durchführung der Anordnung des Verfahrens oder zur Vorbereitung der Entscheidung über den Zuschlag dienen. Hier macht sich überwiegend die Analogie des Prozesses geltend. Wollte man gegen jede einzelne dieser Entscheidungen eine selbständige Beschwerde zulassen, so hätte ein böswilliger Schuldner es in der Hand, durch wiederholten Gebrauch des Rechtsmittels die Beendigung des Verfahrens bis ins Unbestimmte zu verzögern.

Der Entwurf schließt sich deshalb in der Hauptsache dem sächsischen Gesetze an, bleibt jedoch insofern bei der C. P. O. stehen, als er von einer Zulassung der einfachen Beschwerde in Fällen, in welchen nach § 701 sofortige Beschwerde stattfindet, absehen zu sollen glaubt. (Abs. 2.)

2. Beschluß des Gerichtes.

a) Beschlußform der Entscheidung über den Zuschlag. Verkündung des Beschlusses.

§ 121.

Beschluß.

I. Das Gericht hat, wie bereits früher dargelegt wurde[1]), die Entscheidung darüber, ob der Zuschlag zu ertheilen oder zu versagen ist, nicht durch Urtheil, sondern durch Beschluß zu geben. Die Beschlußform entspricht der C. P. O., da diese, von dem Ausnahmefalle des § 802 Abs. 1 abgesehen, als Urtheil nur eine solche Entscheidung behandelt, welcher eine mündliche Verhandlung vorangehen muß. Insbesondere sind alle Entscheidungen des Vollstreckungsgerichtes, da sie nach § 684 Abs. 3 ohne mündliche Verhandlung erfolgen können, im Sinne der C. P. O. Beschlüsse. Die Entscheidung über den Zuschlag aber erfolgt nach dem Entwurfe nicht auf Grund einer mündlichen Verhandlung. Die Anhörung der Betheiligten, welche gemäß § 102 Abs. 1 stattfindet, hat nicht die Natur einer solchen, da nicht das mündliche

[1]) Oben S. 116 ff.

Vorbringen, sondern das protokollarisch festgestellte Sach- und Streitverhältniß die Grundlage der Entscheidung bildet. Weiter kommt in Betracht, daß nach der C. P. O. § 701 gegen die Entscheidungen des Vollstreckungsgerichtes ausschließlich das Rechtsmittel der sofortigen Beschwerde zulässig, dieses Rechtsmittel aber hauptsächlich auf Entscheidungen berechnet ist, welche keine Urtheile sind[1]). Eine naheliegende Analogie für die rechtliche Natur der Entscheidung über den Zuschlag bietet der Gerichtsbeschluß, durch welchen im Konkursverfahren der Zwangsvergleich bestätigt oder verworfen wird[2]).

Es erscheint rathsam, die Beschlußform für jene Entscheidung ausdrücklich vorzuschreiben, einerseits mit Rücksicht auf das geltende Recht, nach welchem in großen Gebieten die Entscheidung in der Form eines Urtheiles erlassen wird, andererseits um klarzustellen, daß der Beschluß, durch welchen das Gericht über den Zuschlag entscheidet, von der nach § 100 erforderlichen Feststellung, wer der Meistbietende sei, verschieden ist. (Abs. 1.)

II. Der Beschluß des Gerichtes tritt, wie jede Entscheidung über die Rechte der Parteien, erst mit seiner Eröffnung ins Leben. Der regelmäßige Weg der Eröffnung ist die Verkündung der Entscheidung. „Die Verkündung des Urtheils erfolgt" nach der C. P. O. § 281 „in dem Termine, in welchem die mündliche Verhandlung geschlossen wird, oder in einem sofort anzuberaumenden Termine, welcher nicht über eine Woche hinaus angesetzt werden soll". Dieser Vorschrift entspricht die nach den Gesetzen der meisten Staaten, namentlich Bayern Art. 78 Ziff. 6 und Sachsen § 131, in dem Versteigerungstermine stattfindende Verkündung des Zuschlages bezw. der Versagung desselben. Dagegen wird in Preußen, Weimar und Reuß j. L. zur Verkündung der Entscheidung ein besonderer Termin zugleich mit dem Versteigerungstermine bestimmt und bekannt gemacht. Kann das Urtheil in dem dazu bestimmten Termine nicht verkündet werden, so wird in demselben ein anderweiter Termin anberaumt und verkündet, bezw. in Preußen durch Anheftung an die Gerichtstafel und durch einmalige Einrückung in den Anzeiger des Amtsblattes veröffentlicht. Das Urtheil wird in Preußen nach Anhörung der Betheiligten verkündet; über die Verhandlung wird ein Protokoll nach den Vorschriften der C. P. O. §§ 145—150 aufgenommen[3]).

Verkündung des Beschl.

Diesen Vorschriften gegenüber ist der Standpunkt des Entwurfes folgender:

1. Die meisten Fälle der Zwangsversteigerung verlaufen so einfach, daß das Gericht noch in dem Versteigerungstermine über den Zuschlag entscheiden und den Beschluß verkünden kann. Da indessen auch Fälle vorkommen, in welchen die Entscheidung eine eingehendere Prüfung und Ueberlegung erfordert, so empfiehlt es sich, einen besonderen Termin zur Verkündung des Beschlusses zu gestatten. Dieser Termin aber ist, um einer Verzögerung möglichst vorzubeugen, in dem Versteigerungstermine zu bestimmen. (Abs. 2.)

in dem Verst.-Term.

in einem besond. Term.

---

[1]) C P O. §§ 68, 126, 352, 472, 473.

[2]) Konk. O. §§ 66, 171, 174.

[3]) Preußen § 40 Ziff. 6, §§ 81, 82, Weimar § 31 Ziff. 3, § 54, Anhalt § 23, Reuß j. L. § 39.

Terminsfrist. 2. Aus dem gleichen Grunde erscheint es rathsam, auch die Terminsfrist der C. P. O § 281 hierher zu übertragen. (Abs. 3 Satz 1.) Einer besonderen Ladung der Betheiligten und des Meistbietenden zu dem Verkündungstermine bedarf es ebensowenig wie einer Bekanntmachung desselben durch das Amtsblatt. Vielmehr genügt es, die Bestimmung des Termines zu verkünden und den Beschluß, durch welchen sie erfolgt, durch Anheften an die Gerichtstafel bekannt zu machen. (Satz 2.)

Bekanntmach. des Term.

Anhörung der Betheiligten. 3. Sind im Falle eines besonderen Verkündungstermines nachträglich noch Thatsachen oder Beweismittel vorgebracht, so erscheint es aus dem Grunde, auf welchem der § 102 Abs. 1 beruht, angemessen, hierüber die anwesenden Betheiligten vor der Verkündung des Beschlusses zu hören. (Abs. 4.)

Die Aufnahme eines Protokolles unter Anwendung der C. P. O. §§ 145—150 ist selbstverständlich.

b) Versagung des Zuschlages.

§ 122.

Wenn vor dem Schlusse der Versteigerung das Verfahren endgültig oder einstweilen eingestellt oder der Versteigerungstermin aufgehoben wird, so erlöschen gemäß § 98 Nr. 3 die Gebote auf das Grundstück. Geschicht dagegen das Eine oder das Andere erst nach dem Schlusse der Versteigerung, so darf hiermit das Erlöschen nicht eintreten, weil sonst das Beschwerderecht eines widersprechenden Betheiligten von vornherein vereitelt sein würde. Dieser Gedanke ist bereits in dem § 99 zur Anerkennung gelangt. Er kann aber füglich nicht auf den einen Fall sich beschränken, sondern muß in allen Fällen, in welchen nach dem Schlusse der Versteigerung das Verfahren eingestellt oder der Termin aufgehoben wird, sich bethätigen, so zwar, daß der bezügliche Beschluß des Gerichtes in diesen Fällen als ein den Zuschlag versagender Beschluß anzusehen und demgemäß den für den letzteren geltenden Vorschriften über Zustellung und Beschwerde zu unterstellen ist.

c) Ertheilung des Zuschlages.

α. Abtretung des Rechtes aus dem Meistgebote.

§ 123.

Erth. des Zuschl. an den Zessionar. I. Die Landesgesetze gehen fast sämmtlich davon aus, daß der Meistbietende nicht behindert ist, das Recht aus dem Meistgebote einem Dritten abzutreten[1]). Die preußische Subhast. O. v. 15. März 1869 verbot freilich dem Richter, die Abtretung bei der Ertheilung des Zuschlages zu berücksichtigen. Allein nach dem Ges. v. 13. Juli 1883 § 83 Abs. 2 wird der Zuschlag dem Dritten an Stelle des neben demselben verhaftet bleibenden Meistbietenden ertheilt, wenn durch gerichtlich oder notariell beglaubigte Urkunden nachgewiesen wird, daß der Meistbietende die Abtretung an den Dritten erklärt und dieser das Meistgebot übernommen hat. Das sächsische Gesetz weicht hiervon unter § 168 darin ab, daß es in Konsequenz seiner Voraussetzung, daß das Eigen-

[1]) Vergl. C. P. O. § 236.

thum erst mit der Eintragung des Erstehers in das Grundbuch auf denselben übergeht, die Abtretung der durch den Zuschlag erworbenen Rechte bis zur Eintragung gestattet. Dagegen schreiben Weimar § 53 und Reuß j. L. § 38 die Ertheilung des Zuschlages an den Dritten vor, falls dieser Sicherheit für die Erfüllung des Meistgebotes leistet, wogegen sie den Meistbietenden, wie es scheint, nicht weiter haften lassen.

Bedürfniß.

Ein praktisches Bedürfniß für die Ertheilung des Zuschlages an denjenigen, welchem das Recht aus dem Meistgebote abgetreten worden, ist unleugbar vorhanden. Denn es kommt nicht selten vor, daß Jemand, lediglich durch die Umstände gedrängt, nämlich um seine nicht gute Hypothek oder Grundschuld bezw. seine Forderung an den Schuldner zu retten, zum Bieten auf das Grundstück sich veranlaßt sieht, jedoch keineswegs in der Absicht, dasselbe, falls er nicht überboten wird, zu behalten, vielmehr in der seiner wirthschaftlichen Lage entsprechenden Absicht, sich des Grundstückes so bald als möglich wieder zu entledigen. Dieser an sich berechtigten Absicht muß das Gesetz entgegenkommen. Hierzu nöthigt nicht allein die auf die Interessen des Realkredites zu nehmende Rücksicht, sondern auch die aus dem Eintragungsprinzipe sich ergebende Erwägung, daß das Grundstück, wenn es dem Meistbietenden zugeschlagen wird, erst nach dessen Eintragung als Eigenthümer veräußert werden kann. Die erforderlichen Erklärungen indessen müssen, wenn sie nicht in dem Versteigerungstermine erfolgen, gerade so wie die Genehmigung im Falle des § 115 Satz 2, in öffentlich beglaubigten Urkunden eingereicht werden. Waltet aber in dieser Hinsicht kein Anstand ob, so darf die Ertheilung des Zuschlages an den Uebernehmer des Meistgebotes nicht davon abhängen, daß derselbe für die Erfüllung seiner Verbindlichkeit Sicherheit leistet. Einmal nämlich müßten die Betheiligten über die Höhe sowie die Art und Weise der Sicherheitsleistung erst gehört werden; hierzu aber bietet sich keine Gelegenheit, wenn der Zuschlag in einem besonderen Termine ertheilt und die Urkunden erst nach dem Versteigerungstermine eingereicht werden. Sodann ließe sich das Erforderniß der Sicherheitsleistung überhaupt nur rechtfertigen, wenn der Meistbietende durch den Eintritt seines Rechtsnachfolgers von der Verbindlichkeit zur Erfüllung des Meistgebotes frei würde. Ein irgendwie erheblicher Grund aber, die einmal begründete Haftung des Meistbietenden erlöschen zu lassen, ist nicht erfindlich. Das Erlöschen würde einen scharfen Eingriff in die Rechte der Betheiligten darstellen und deren Interesse unter Umständen empfindlich verletzen. Die Ertheilung des Zuschlages an den Rechtsnachfolger des Meistbietenden kann daher nur mit der Maßgabe, daß beide als Gesammtschuldner haften, zugelassen werden. (Abs. 1.)

Beglaub. Erklärungen.

Sicherheitsleistung.

Haftung des Zedenten und des Zessionares.

Gebot für einen Dritten.

II. Aehnliche Erwägungen wie die, aus welchen die Abtretung des Rechtes aus dem Meistgebote bei der Ertheilung des Zuschlages nicht unberücksichtigt bleiben kann, nöthigen zur Berücksichtigung auch des Falles, wenn der Meistbietende vor dem Zuschlage erklärt, daß er für einen Dritten (obschon im eigenen Namen) geboten habe, bezw. daß sein Gebot als in Vertretung des Dritten abgegeben gelten solle. Der Dritte kann recht gute Gründe haben, zunächst seinen Namen nicht zu nennen und deshalb einen Anderen als Bieter vorzuschieben. Beachtenswerth sind insbesondere die Fälle, wenn der Fiskus oder eine Gemeinde das Grundstück erwerben will, aber befürchten muß, daß, wenn dies bei der Versteigerung bekannt wird, die Gebote weit über den Werth des Grundstückes hinaufgetrieben werden. In Betracht kommt auch der Fall, wenn Jemand im Interesse eines Dritten, vielleicht eines Abwesenden oder sonst Verhinderten, für denselben als Geschäftsführer, jedoch in eigenem Namen, als Bieter aufzutreten sich veranlaßt findet. Unter den Landesgesetzen sind es namentlich die Gesetze für Bayern (1879) Art. 76 Abs. 4—6, Weimar § 53 Abs. 3, Hessen Art. 127, Elsaß-Lothringen § 15, Mecklenburg § 45 Ziff. 5, Braunschweig § 53, welche die nachträgliche Benennung des Dritten durch den Meistbietenden regeln. Für den Entwurf liegt keine Veranlassung vor, in der Regelung des vorausgesetzten Falles von den für den Fall der Abtretung geltenden Bestimmungen abzuweichen. Die Fassung der erforderlichen Vorschrift schließt sich dem § 89 Abs. 2 an. (Abs. 2.)

Richter, Gerichtsschreiber.

III. Daß dem Richter oder dem Gerichtsschreiber auch in den hier fraglichen Fällen der Zuschlag nicht ertheilt werden kann, muß zur Verhinderung von Umgehungen der Vorschrift des § 97 besonders bestimmt werden. (Abs. 3.)

β. Inhalt des Beschlusses.

§ 124.

Regelmäßiger Inhalt.

I. Der Beschluß, durch welchen der Zuschlag ertheilt wird, stellt formell das Ergebniß der Versteigerung fest; er ist bestimmend einerseits für die Aenderungen, welche durch den Zuschlag an den Rechten der Betheiligten entstehen, andererseits für die rechtliche Stellung des Erstehers, den Rechtserwerb und die Verbindlichkeiten desselben. Die Wirkungen des Zuschlages werden durch das Gesetz und bezw. durch die Versteigerungsbedingungen geregelt. Die Voraussetzungen für die Regelung hat der Beschluß zu geben. Demgemäß sind in der Entscheidung, wie Preußen § 83 Abs. 1 hervorhebt, „das versteigerte Grundstück, der Ersteher und das Gebot, für welches der Zuschlag ertheilt wird, sowie die Bedingungen, unter welchen derselbe erfolgt, zu bezeichnen". Aehnliche Anforderungen stellen Weimar § 53 Abs. 2 an das Urtheil, Sachsen § 131 an den Beschluß, Bayern Art. 78 Ziff. 2, 3, 6, Braunschweig, Mecklenburg, Rheinhessen, Elsaß-Lothringen an das Versteigerungsprotokoll, welches nach ihnen den Zuschlag enthalten muß.

Der Entwurf folgt dem preußischen Gesetze, soweit nicht dadurch, daß in diesem die Form des Urtheiles für den Zuschlag vorgeschrieben wird, Abweichungen bedingt sind. (Abs. 1.)

Daß das Grundstück nach Maßgabe des Grundbuches zu bezeichnen ist, was Sachsen ausdrücklich bestimmt, ist für den Entwurf im Hinblicke auf § 44 Nr. 1 ebenso selbstverständlich wie die Voraussetzung, daß das Grundstück nur in seinem buchmäßigen Bestande versteigert werden kann, sofern nicht die Versteigerungsbedingungen etwas Anderes ergeben. Diese Bedingungen werden freilich nach dem sächs. Gesetze in dem Zuschlage nicht erwähnt. Allein dies hängt, wie es scheint, zusammen mit der diesem Gesetze eigenen Theorie, daß durch die öffentliche Bekanntmachung der Versteigerung und das Meistgebot zwischen dem Gerichte und dem Meistbietenden ein bedingter Vertrag zu

Stande komme, der durch den Zuschlag zu einem unbedingten werde, eine Theorie, welche dem Entwurfe fremd ist. Nach dem Entwurfe erledigen sich die rechtsgeschäftlichen Elemente, welche in der Zwangsversteigerung liegen, durch den Beschluß. Dieser muß daher die Versteigerungsbedingungen, soweit dieselben nicht die gesetzlichen sind, in sich aufnehmen. Sind besondere Bedingungen nicht gestellt, so genügt es, in dem Beschlusse zum Ausdrucke zu bringen, daß das Grundstück unter den gesetzlichen Bedingungen dem Ersteher zugeschlagen werde. Schweigt der Beschluß über die Bedingungen gänzlich, so sind lediglich die gesetzlichen maßgebend.

II. Damit der Beschluß im Falle des § 78 gegen den Dritten, welcher die Zahlungspflicht des Erstehers übernommen hat, und im Falle des § 123 gegen den ausgeschiedenen Meistbietenden vollstreckt werden kann, erscheint es nöthig, daß in jenem Falle der Dritte für zahlungspflichtig, in diesem der Meistbietende für mitverhaftet erklärt wird. (Abs. 2.) Inhalt in den Fällen der §§ 78, 123.

III. Ein Bedürfniß, für den Inhalt des Beschlusses noch weitere, über die Vorschrift der C. P. O. § 294 Abs. 2 hinausgehende Erfordernisse aufzustellen, ist nicht vorhanden. Namentlich ist ein Thatbestand, wie ihn gemäß § 284 Ziff. 3 das Urtheil enthalten muß, als lediglich durch die Mündlichkeit der Verhandlung vor dem Prozeßgerichte bedingt für den Zuschlagsbeschluß entbehrlich. Auch die Beifügung von Entscheidungsgründen ist nicht vorzuschreiben, da vertraut werden darf, daß der Richter ebenso wie bei anderen Beschlüssen auch ohne ausdrückliche Vorschrift in den geeigneten Fällen seine Entscheidung mit Gründen versehen werde, beim Mangel von solchen überdies das Beschwerdegericht in der Lage ist, von dem Gerichte, dessen Beschluß angefochten wird, nähere Auskunft zu erfordern. Thatbestand. Entscheidungsgründe.

Daß der Richter seinen Beschluß zu unterschreiben hat, versteht sich, wie bei anderen Beschlüssen, auch hier von selbst. Unterschrift.

Für den Inhalt des Versagungsbeschlusses bedarf es überhaupt keiner besonderen Vorsicht.

γ. Zustellung des Beschlusses.

§ 125.

I. Nach der preußischen Subhast. O. v. 15. März 1869 § 45 Abs. 1 erhielten „Interessenten, welche weder im Versteigerungstermine erschienen, noch zu demselben geladen sind, obschon ihre Ladung erforderlich war, ... eine Ausfertigung des ergangenen Urtheils“. Das Ges., betr. die Zwangsvollstreckung in das unbewegliche Vermögen, v. 4. März 1879 bestimmt unter § 12: „Die bisherigen Vorschriften, nach welchen die Zustellung einer verkündeten Entscheidung nicht erforderlich ist, bleiben in Kraft. Insoweit die Zustellung nicht erforderlich ist, beginnt die Nothfrist der sofortigen Beschwerde mit der Verkündung der Entscheidung“. Der Regierungsentwurf, aus welchem das Ges. v. 13. Juli 1883 hervorgegangen ist, beschränkte die Zustellung auf den Fall der Ertheilung des Zuschlages, schrieb aber für diesen Fall die Zustellung an den Schuldner ohne Einschränkung vor. Die Kommission des Herrenhauses hielt indessen diese Vorschrift nicht für ausreichend zur Sicherstellung eingetragener Rechte gegen Irrthümer des Richters, welche Preußen.

namentlich bei der Feststellung des geringsten Gebotes vorkommen würden. So erklärt es sich, daß der § 85 des Ges. folgenden Wortlaut erhalten hat: „Wird der Zuschlag ertheilt, so ist das Urtheil dem Schuldner, die Formel des Urtheils denjenigen Interessenten, welche im Versteigerungstermin nicht erschienen sind, von Amtswegen zuzustellen"[1]).

Sachsen. Von den übrigen Bundesstaaten folgen Weimar § 56, Anhalt § 25, Reuß j. L. § 40 der Subhast. O. v. 15. März 1869, Meiningen § 19 dem Ges. v. 4. März 1879. Sachsen bestimmt unter § 52 Abs. 1: „Entscheidungen, welche der sofortigen Beschwerde unterliegen, sind den Betheiligten zuzustellen, soweit nicht die Verkündung in anberaumten Terminen erfolgt". Der Zuschlag gehört aber nicht zu diesen Entscheidungen, weil die Beschwerde gegen ihn nicht direkt, sondern nur indirekt, nämlich dadurch gegeben wird, daß das Gesetz die Verweisung des Vertheilungsplanes auf den Zuschlag der Beschwerde unterwirft.

Beschwerde. II. Für die Frage, welchen Personen der Beschluß des Gerichtes zuzustellen ist, kommt es darauf an, ob für die zur Einlegung der Beschwerde legitimirten Personen die für das Rechtsmittel bestimmte Nothfrist mit der Verkündung oder erst mit der Zustellung des Beschlusses beginnen soll. Nach der C. P. O. § 540 Abs. 2 ist regelmäßig[2]) die Zustellung maßgebend für den Beginn der Frist. Der Entwurf unterscheidet, ob durch den Beschluß der Zuschlag ertheilt oder versagt ist.

Ertheilung des Zuschlages. 1. Hinsichtlich der Ertheilung des Zuschlages würde es der C. P. O. entsprechen, wenn ganz allgemein die Zustellung an die Betheiligten und an den Ersteher sowie für die Fälle der §§ 78 und 123 des Entw. auch an den zahlungspflichtigen Dritten bezw. den Meistbietenden vorgeschrieben würde. Was indessen die Betheiligten betrifft, so würde die Fürsorge für dieselben zu weit gehen, wenn auch den unter § 8 Nr. 2 bezeichneten der Beschluß in allen Fällen zugestellt werden müßte. Dem Bedürfnisse wird genügt, wenn von diesen Betheiligten diejenigen, welchen die Bestimmung des Versteigerungstermines gemäß § 52 Abs. 1 hätte zugestellt werden sollen, aber nicht zugestellt ist, den Zuschlagsbeschluß zugestellt erhalten. Von einer Zustellung des Beschlusses an die übrigen dagegen ist im Interesse der Einfachheit und Promptheit des Verfahrens abzusehen. Es erscheint dies um so weniger bedenklich, als ein solcher Betheiligter, wenn er in dem ihm gehörig bekannt gemachten Termine sich nicht einfindet, immer noch Gelegenheit hat, durch die ihm nach § 126 freistehende Akteneinsicht ꝛc. Kenntniß von der Entscheidung des Gerichtes zu erlangen. Im Uebrigen steht die Vorschrift des Entwurfes auf dem Boden der C. P. O. § 540 Abs. 2. (Abs. 1.)

Verzicht auf die Zustell. Die Zulassung des Verzichtes auf die Zustellung empfiehlt sich durch sich selbst, weil unter den Betheiligten nicht selten sich solche befinden, welche gar kein Interesse an der Zustellung haben. (Abs. 2.)

Versagung des Zuschl. 2. Ist der Zuschlag versagt, so steht nach § 128 Abs. 1 die Beschwerde gegen den Beschluß nur dem Gläubiger und, wenn das Gebot eines Bieters

---

[1]) Stegemann S. 18, 81, 160, 161.

[2]) Die Ausnahmen (§§ 301, 829 Abs. 3) kommen hier nicht in Betracht.

noch nicht erloschen ist, auch diesem Bieter zu. Ist der eine oder der andere bei der Verkündung des Beschlusses nicht gegenwärtig, so mag er sich nach dem Ausfalle desselben erkundigen. Für eine Zustellung des Beschlusses fehlt im Hinblicke auf § 126 das Bedürfniß. Die Beschwerdefrist beginnt daher, in Abweichung von der C. P. O., mit der Verkündung des Beschlusses gemäß § 136 Abs. 1.

d) Einsicht der Akten.

§ 126.

Die Betheiligten sowie Alle, welchen die Beschwerde gegen den Beschluß des Gerichtes zusteht, müssen, um ihre Rechte sachgemäß wahrnehmen zu können, befugt sein, nach der Versteigerung die Akten einzusehen und sich Ausfertigungen, Auszüge und Abschriften durch den Gerichtsschreiber ertheilen zu lassen. Die Vorschrift des Entwurfes schließt sich an die C. P. O. § 271 Abs. 2 an. Die Betheiligten haben vielleicht schon nach der C. P. O. jene Befugniß. Ihre Erwähnung erscheint jedoch rathsam, um darauf hinzuweisen, daß sie als Parteien im Sinne des § 271 anzusehen sind[1]).

3. Beschwerde.

Vorbemerkungen.

I. Nach dem sächsischen Gesetze § 147 kann der Zuschlag nur „mittelst der sofortigen Beschwerde gegen den Vertheilungsplan" angefochten werden. Die Gründe, welche hierfür sprechen sollen, sind in den Motiven, mit welchen der Entwurf des Gesetzes begleitet war, dahin angegeben: Sächs. System.

„Diese Einrichtung verhütet einerseits alle Weiterungen und Verzögerungen, welche mit einer in besonderem Verfahren herbeizuführenden Erledigung der gegen den Zuschlag und der gegen die Dispositionen des Vertheilungsplanes gerichteten Rechtsmittel verbunden sein würden, und bietet andererseits den Vortheil dar, daß die Betheiligten, wenn es sich darum handelt, sich darüber schlüssig zu machen, ob die Ertheilung des Zuschlages angefochten werden solle, einen vollständigen Ueberblick der Konsequenzen des erfolgten Zuschlages für die Gestaltung der von der Zwangsversteigerung berührten Rechtsverhältnisse bereits haben und demzufolge mit Zuverlässigkeit die Größe des Interesses zu berechnen in der Lage sind, welches bei der Verfolgung eines etwa begründeten formellen Rechtes auf Anfechtung des Zuschlages auf dem Spiele stehen kann".

Diese Begründung erscheint nicht überzeugend. Es ist nicht anzuerkennen, daß mit der Zulassung eines selbständigen Rechtsmittels erheblich größere Verzögerungen und Weiterungen verbunden sind als mit der sächs. Einrichtung. Im Gegentheil: bei dieser Einrichtung ist die Mühe und Arbeit, welche die Herstellung des Vertheilungsplanes in Anspruch nimmt, vergeblich, wenn der von dem Vollstreckungsgerichte ertheilte Zuschlag von dem Beschwerdegerichte außer Kraft gesetzt wird. Nach den Motiven freilich soll diese Eventualität „gegenüber den Vortheilen, die das Verfahren in allen Fällen bietet, wo es

---

[1]) Vergl. C. P. O. §§ 41 ff.

zur Anfechtung des Zuschlages nicht kommt, und bei der voraussetzlichen Seltenheit der Fälle, in denen er mit Erfolg wird angefochten werden können, nicht ins Gewicht fallen". Allein die Vortheile bestehen doch wesentlich nur darin, daß der vor der Rechtskraft des Zuschlages aufgestellte Vertheilungsplan den Betheiligten in der richtigen Würdigung des Interesses, welches der Einzelne an der Anfechtung des Zuschlages haben kann, zu Hülfe kommt. Indessen die Feststellung dieses Interesses wird für einen Betheiligten, welcher den Vorgängen in dem Versteigerungstermine mit Aufmerksamkeit gefolgt ist, nach Kenntnißnahme von dem Inhalte des Zuschlages auch ohne diese Hülfe kaum mit Schwierigkeiten verknüpft sein.

Zur Einfügung in den Entwurf ist übrigens die sächs. Einrichtung, auch abgesehen von der praktischen Seite der Frage, nicht geeignet. Vom Standpunkte des Entwurfes zerfällt das zu regelnde Verfahren in zwei Hauptabschnitte: das eigentliche Versteigerungsverfahren und das Vertheilungsverfahren. Das erstere endet, wenn es nicht ergebnißlos verläuft, mit dem Zuschlage, welcher in der Form des Beschlusses ertheilt wird. Durch den Zuschlagsbeschluß wird darüber entschieden, was der Ersteher erwirbt und was er dafür zu leisten hat; der Beschluß stellt das Rechtsverhältniß zwischen den Betheiligten und dem Ersteher formell fest. Das Vertheilungsverfahren dagegen hat es grundsätzlich nur mit einer Angelegenheit der Betheiligten zu thun, nämlich mit der Vertheilung dessen, was von dem Ersteher zu leisten ist. Der Theilungsplan bestimmt die Vertheilung, nicht aber ein Rechtsverhältniß zwischen den Betheiligten und dem Ersteher, setzt vielmehr dieses als feststehend voraus. Der Ersteher konkurrirt hierbei an sich gar nicht. Sein Verhalten beeinflußt das Verfahren nur insofern, als die Art der Vertheilung davon abhängt, ob er das leistet, was er zu leisten hat. Zuschlag und Vertheilungsplan sind somit ganz verschiedene Dinge, deren richtige Erkenntniß gefährdet wäre, wenn sie als Gegenstand der Beschwerde mit einander verquickt würden.

System der C. P. O.

II. Wenn die Beschwerde unmittelbar gegen den Beschluß des Gerichtes zugelassen wird, so kann es für die Reichsgesetzgebung nicht zweifelhaft sein, daß sie im Anschlusse an die C. P. O. geregelt werden muß.

1. Nach der C. P. O. § 685 entscheidet das Vollstreckungsgericht über „Anträge, Einwendungen und Erinnerungen, welche die Art und Weise der Zwangsvollstreckung oder das bei derselben vom Gerichtsvollzieher zu beobachtende Verfahren betreffen". Dieselbe Stellung hat das Vollstreckungsgericht in Württemberg (Art. 2) gegenüber dem Gemeinderathe als Vollstreckungsbehörde und in Elsaß-Lothringen (§ 18) gegenüber dem Notare als Versteigerungsbeamten. Auch in Bayern, wo nach dem Ges. v. 1879 Art. 82 ff. die Aufhebung des von dem Versteigerungsbeamten ertheilten Zuschlages bei dem Vollstreckungsgerichte beantragt werden kann, wird diese Regelung auf den Gedanken der C. P. O. § 685 zurückgeführt[1]). Die bezüglichen Bestimmungen sind zwar in das braunschweigische Ges. §§ 61 ff. übergegangen, obwohl nach dessen § 55 der Zuschlag von dem Gerichte ertheilt

(Randbemerkungen: Württemberg, Elsaß-Lothr., Bayern., Braunschw.)

[1]) Hellmann, Kommentar ꝛc. 1887 S. 91.

wird. Allein im Grunde sind sie ebenso wie die Vorschrift der C. P. O. auf ein Verfahren berechnet, in welchem die Zwangsvollstreckung nicht von dem Gerichte, sondern von einem besonderen Beamten ausgeführt wird.

2. In einem Verfahren, dessen Ausführung lediglich dem Vollstreckungsgerichte obliegt, fällt auch die Entscheidung, durch welche der Zuschlag ertheilt oder versagt wird, unter die Entscheidungen, gegen welche nach der C. P. O. § 701 sofortige Beschwerde stattfindet. Dies ist der Standpunkt der Gesetze für Preußen § 86, Weimar, Anhalt und andere Staaten[1]). Die Reichsgesetzgebung hat keine Veranlassung, bei Bestimmung des Rechtsmittels, welches gegen den Beschluß des Gerichtes zuzulassen ist, das Rechtsmittelsystem der C. P. O. aufzugeben. Preußen, Weimar, Anhalt.

a) Beschränkte Anwendung der Civilprozeßordnung.

§ 127.

Preußen § 86, Weimar § 57, Anhalt § 26, Reuß j. L. § 41 sprechen ausdrücklich aus, daß gegen die Entscheidung, durch welche der Zuschlag ertheilt oder versagt wird, sofortige Beschwerde nach den Vorschriften der C. P. O. stattfindet. Für den Entwurf versteht sich die Zulässigkeit dieses Rechtsmittels von selbst. Eine besondere Vorschrift ist nur nöthig, um darauf hinzuweisen, daß die Vorschriften der C. P. O. über die sofortige Beschwerde nur mit den aus den §§ 128—136 sich ergebenden Einschränkungen zur Anwendung kommen.

b) Befugniß (Legitimation) zur Beschwerde.

§ 128.

I. Die Vorschriften der C. P. O. sind nach dem Vorgange von Preußen § 87, Sachsen § 129 Abs. 2, § 148 Abs. 2, Weimar § 57, Anhalt § 26, Reuß j. L. § 41 insofern zu ergänzen, als der Kreis der zur Einlegung der Beschwerde legitimirten Personen hier besonders festgestellt werden muß. Geht man davon aus, daß nur derjenige, welcher in seinen materiellen Rechten verletzt ist, sich beschweren kann, so bestimmt sich die Legitimation des Beschwerdeführers im allgemeinen dadurch, daß die Möglichkeit einer Verletzung des Rechtes desselben nicht ausgeschlossen ist. Von diesem Standpunkte ist die Legitimationsfrage dahin zu entscheiden: Ergänzung der C. P. O.

1. Die Beschwerde gegen den Beschluß, durch welchen der Zuschlag ertheilt ist, steht jedem Betheiligten und dem Ersteher, aber auch einem anderen Bieter zu, sofern nicht dessen Gebot gemäß § 98 erloschen ist. (Abs. 1.) Ertheilung des Zuschl.

a) Gründet der Beschwerdeführer seine Eigenschaft als Betheiligter auf ein Recht, welches nach näherer Bestimmung des § 8 Nr. 2 bei dem Vollstreckungsgerichte anzumelden und glaubhaft zu machen ist, so muß es ihm freistehen, die bisher versäumte Anmeldung und Glaubhaftmachung des Rechtes bezw. des Anspruches in der Beschwerdeinstanz nachzuholen. In dem Entwurfe ist dem Nachweise der Betheiligung im Sinne des § 8 Nr. 2 eine zeitliche Schranke an sich nicht gesetzt[2]). Dem Grundsatze der C. P. O. § 533 aber Betheiligte.

---

[1]) Oben S. 116, 117, 235, 236.

[2]) Vergl. § 44 Nr. 4, §§ 61, 87, 151.

entspricht es, die Nachholung des Nachweises zuzulassen. Eine Besonderheit liegt nur darin, daß die Anmeldung und Glaubhaftmachung auch bei dem Beschwerdegerichte bewirkt werden kann. Dies erscheint aber zweckmäßig[1]), zumal dieses Gericht, wenn es die Beschwerde für begründet erachtet, nach § 132 Abs. 1 in der Sache selbst zu entscheiden hat. Richtet der Beschwerdeführer die Anmeldung an das Vollstreckungsgericht, so hat dieses dieselbe an das Beschwerdegericht zur Prüfung abzugeben. (Abs. 2.)

Ersteher. b) Dem Ersteher ist im Falle des § 78 der für zahlungspflichtig erklärte Dritte, im Falle des § 123 der Meistbietende, welcher für mithaftend erklärt ist, in Konsequenz des § 124 Abs. 2 gleichzustellen. (Abs. 3.) Der eine wie der andere muß die Beschwerde namentlich auch darauf stützen können, daß das Gebot, auf welches der Zuschlag ertheilt worden, nicht das Meistgebot sei oder daß es rechtlich überhaupt nicht bestehe.

Bieter. c) Einem Bieter, dessen Gebot nicht erloschen ist, darf die Beschwerde gegen den Beschluß, durch welchen einem anderen der Zuschlag ertheilt ist, im Hinblicke auf die Vorschriften des § 113 nicht versagt werden. (Abs. 1.) Als Bieter aber ist im Falle des § 123 auch der Dritte anzusehen, welchem das Recht aus dem Meistgebote abgetreten oder für welchen das Gebot abgegeben ist. (Abs. 3 Satz 2.)

Bürge d) Für den Fall, daß gemäß § 94 Abs. 2 die Sicherheit für ein Gebot durch Bürgschaft geleistet werden kann, fragt es sich, ob auch der Bürge des Erstehers zur Beschwerde gegen den Zuschlagsbeschluß verstattet werden soll. Die Bejahung der Frage wäre nur gerechtfertigt, wenn dieser Beschluß dazu bestimmt würde, zugleich die Gültigkeit der Verbürgung festzustellen und also dem Bürgen die Anrufung des Prozeßgerichtes abzuschneiden. Ein Bedürfniß, dem Beschlusse eine solche Tragweite zu geben, kann jedoch nicht anerkannt werden. Dieselbe würde überdies insofern bedenklich sein, als sie dem Bürgen die Möglichkeit eröffnete, gestützt auf die Ungültigkeit der Bürgschaft, im Beschwerdewege die Versagung des Zuschlages herbeizuführen, obschon der Bürge selbst durch den Zuschlag gar nicht benachtheiligt wäre, die Betheiligten aber trotz der Ungültigkeit der Verbürgung vielleicht kein Interesse an der nachträglichen Versagung des Zuschlages hätten. Der Fall der Bürgschaft hat auch keineswegs die rechtliche Bedeutung, welche den Fällen der §§ 78 und 123 beizumessen ist, auch nicht die praktische Bedeutung dieser Fälle, da der Bürge nur für einen verhältnißmäßig kleinen Betrag des Gebotes zu haften hat. Die gestellte Frage ist daher zu verneinen.

Versagung des Zuschl. 2. Die Beschwerde gegen den Beschluß, durch welchen der Zuschlag versagt ist, wird nur dem Gläubiger und einem Bieter, dessen Gebot noch nicht erloschen ist, zugestanden, weil nur diese Personen ein berechtigtes Interesse an der Ertheilung des Zuschlages haben können. Das thatsächliche Interesse, welches vielleicht der Schuldner oder ein anderer Betheiligter an derselben hat, entzieht sich hier der Berücksichtigung durch das Gesetz. (Abs. 1.)

Begründ. der Beschw II. Verschieden von der Legitimationsfrage ist die Frage, ob die Beschwerde im einzelnen Falle begründet ist. Bestimmungen, wie sie in dieser

---

1) C. P. O. § 63 Abs. 2.

Hinsicht zur näheren Kennzeichnung der Beschwerdegründe in Preußen § 88, Sachsen § 148 Abs. 1, Anhalt § 26 Abs. 3, 4 sich finden[1]), sind für den Entwurf entbehrlich. Einen Grund zur Beschwerde hat der Beschwerdeführer nur, wenn er in seinen materiellen Rechten verletzt ist. Die Fälle aber, in welchen durch die Ertheilung oder die Versagung des Zuschlages eine solche Verletzung herbeigeführt wird, sind in den §§ 113 ff. mit genügender Deutlichkeit bestimmt. Unter Berücksichtigung der Beschränkungen des Beschwerderechtes durch die §§ 130, 131 wird daher gegebenenfalls die Entscheidung der Frage, ob die Beschwerde begründet ist, unschwer sich ergeben.

c) Gegner des Beschwerdeführers. Verbindung mehrerer Beschwerden.

§ 129.

α. Die meisten Landesgesetze ertheilen auf die Frage, wer als Gegner des Beschwerdeführers zuzuziehen ist, keine Antwort. Wie es scheint, stehen nur zwei Lösungen zu Gebote: entweder Zuziehung aller Betheiligten und des Erstehers oder Bestimmung des Gegners durch das Beschwerdegericht[2]). Für die erstere Lösung findet sich ein gewisser Vorgang in dem braunschweigischen Gesetze, indem nach dessen § 63 das Vollstreckungsgericht, wenn es über den Antrag auf Aufhebung des Zuschlages zu entscheiden hat, vorher sämmtliche Betheiligte und den Ersteher hören muß. Die andere Lösung enthält Preußen § 91 Abs. 1 und nach ihm, wenn auch nicht ausdrücklich, Sachsen § 152. Gegner des Beschwerdeführers.

Die Lösung, welche Braunschweig gibt, mag ganz angemessen sein für ein Verfahren, in welchem die Betheiligten bisher vor dem Gerichte überhaupt noch nicht über den Zuschlag verhandelt hatten; sie paßt aber nicht für die Beschwerde gegen einen Beschluß, vor dessen Erlassung alle in dem Versteigerungstermine erschienenen Personen in der Lage gewesen sind, die für und gegen den Zuschlag sprechenden Gründe vorzubringen. Das Verfahren würde viel zu umständlich und weitläufig werden, wenn grundsätzlich alle Betheiligten über die Beschwerde gehört werden müßten. Keinesfalls würde es im Einklange stehen mit den Vorschriften der C. P. O. § 536, daß „die Entscheidung über die Beschwerde ohne vorgängige mündliche Verhandlung" und auch ohne Anordnung einer schriftlichen Erklärung erfolgen kann. Wenn nach diesen Vorschriften über die Beschwerde entschieden werden darf, ohne daß zuvor Jemand über dieselbe gehört wird, so folgt mit Nothwendigkeit, daß das Beschwerdegericht, sofern es gegebenenfalls den oder die Gegner des Beschwerdeführers vor der Entscheidung zu hören für angemessen erachtet, auch

[1]) Vergl. auch Bayern (1879) Art. 82 und Braunschweig § 61.

[2]) Eine dritte Lösung enthielt die preuß. Subhast. O. v. 15. März 1869, indem sie unter § 53 bestimmte: „Als Gegner des Beschwerdeführers sind diejenigen Betheiligten anzusehen, welche von dem Beschwerdeführer als solche bezeichnet werden, sowie die Betheiligten, welche ein Interesse an der Aufrechthaltung des angefochtenen Urtheils haben und auf ergangene Vorladung spätestens im Termine zur mündlichen Verhandlung in das Verfahren sich einlassen". Da diese Art der Lösung in Preußen selbst aufgegeben ist, so kann sie auf sich beruhen.

darüber zu befinden hat, wer als Gegner des Beschwerdeführers zuzuziehen ist[1]). Der Entwurf bleibt daher auf dem Boden der C. P. O., wenn er dem preußischen Gesetze sich anschließt. Der Ausspruch des sächsischen Gesetzes, daß „Gegner des Beschwerdeführers diejenigen Interessenten sind, welche durch eine der Beschwerde entsprechende Entscheidung des Beschwerdegerichtes benachtheiligt werden würden", hat demgegenüber nur die Bedeutung einer dem Gerichte ertheilten, nach Lage der Sache aber selbstverständlichen und deshalb entbehrlichen Direktive. (Abs. 1.)

Verbind. mehr. Beschw

β. Die Verbindung mehrerer Beschwerden gegen denselben Beschluß[2]), welche ebenfalls dem preußischen Gesetze entspricht, verbürgt eine schnellere und sachgemäßere Erledigung als die getrennte Behandlung. Daß die Verbindung nicht ausführbar ist, wenn das Gericht über die eine Beschwerde bereits entschieden hatte, als die andere eingelegt wurde, versteht sich von selbst, steht aber der Bestimmung des Entwurfes nicht entgegen. (Abs. 2.)

d) Beschränkungen des Beschwerderechtes.

α. Beschränkung der Geltendmachung von Beschwerdegründen.

§ 130.

Landesgesetze.

I. Nach dem preußischen Ges. § 89 Abs. 2 kann der Beschwerdeführer, „wenn er zu dem Versteigerungstermine gehörig geladen, aber nicht erschienen ist, aus dem bis zu diesem Termine stattgehabten Verfahren keinen Grund für Versagung des Zuschlages herleiten. Er kann, wenn er im Versteigerungstermine erschienen ist, für Versagung des Zuschlages nicht Gründe geltend machen, welche er im Termine geltend machen konnte, aber nicht geltend gemacht hat, sofern die Gründe nicht nach den Vorschriften des § 78 von Amtswegen berücksichtigt werden mußten". Diese Bestimmungen beruhen auf der Unterstellung eines Verzichtes des Beschwerdeführers auf die in Rede stehenden Gründe. Derselbe Gedanke ist in Bayern (1879) Art. 82 Abs. 3, Sachsen § 148 Abs. 3, Weimar 2c. zum Ausdrucke gelangt.

Versagungsgründe

Verzicht

Vom Standpunkte des Entwurfes ist es nicht zweifelhaft, daß die Gründe, aus welchen der Zuschlag nach Maßgabe der §§ 114 ff. versagt werden mußte, im Falle der Ertheilung des Zuschlages an sich auch Beschwerdegründe sind. Gewiß ist ferner, daß, wenn der Beschwerdeführer auf einen solchen Grund wirksam verzichtet hat, dieser Grund in der Folge nicht mehr geltend gemacht werden kann. Von den in dem § 114 bezeichneten von Amtswegen zu berücksichtigenden Versagungsgründen sind indessen die unter Nr. 1—3 aufgeführten dergestalt absoluter Natur, daß, wenn einmal einer dieser Gründe vorliegt, der Verzicht auf ihn die Ertheilung des Zuschlages nicht zu rechtfertigen vermag. Was dagegen die unter Nr. 4—8 bestimmten Gründe sowie die Widerspruchsgründe des § 118 anlangt, so kann blos daraus, daß ein Betheiligter in dem Versteigerungstermine sich nicht einfindet, nicht ein Verzicht dieses Betheiligten auf die künftige Geltendmachung des einen oder des anderen Grundes gefolgert werden. Selbst wenn der Betheiligte in dem Termine

---

1) Preuß. Motive, bei Stegemann S. 82.

2) Vergl. C. P. O. § 138.

erschienen ist, nöthigt sein Schweigen allein zu dieser Folgerung nicht. Erst wenn er, durch eine entsprechende Frage des Richters zum Reden veranlaßt, bei seinem Schweigen beharrt oder doch den ihm zur Seite stehenden Grund gegen den Zuschlag nicht geltend macht, rechtfertigt sich die Annahme eines Verzichtes auf die Geltendmachung dieses Grundes. Die erforderliche Bestimmung ist aber, soweit die Versagungsgründe des § 114 in Frage kommen, unter § 115 in einer auch auf die Beschwerdeinstanz sich beziehenden Fassung getroffen, hier mithin nur noch insoweit zu treffen, als die Beschwerde auf einen der Widerspruchsgründe des § 118 gestützt werden kann. (Abs. 1.)

II. Zwischen den Betheiligten besteht keine Gemeinschaft im juristischen Sinne. Die Rechte, welche das Gesetz einem Betheiligten oder einem anderen nach § 128 zur Einlegung der Beschwerde Berechtigten beilegt, sind Individualrechte. Die Verletzung eines solchen Rechtes kann immer nur von dem Berechtigten selbst gerügt werden. Dieser kann daher, wenn er Beschwerde gegen den Gerichtsbeschluß erhebt, für dieselbe einen nur das Recht eines Anderen betreffenden Grund nicht geltend machen. Hinsichtlich der in dem § 118 Abs. 2 bestimmten Widerspruchsgründe ergibt sich die Beschränkung des Beschwerderechtes bereits aus dem Abs. 3 daselbst. Es erscheint aber angemessen, sie allgemein, d. h. auch in Beziehung auf die aus § 113 und § 114 Nr. 4—8 sich ergebenden Beschwerdegründe in dem Gesetze auszusprechen. (Abs. 2.) Der Entwurf folgt in dieser Hinsicht dem Vorgange von Preußen § 89 Abs. 1 und Weimar § 57 Abs. 3. Beschwerdegrund eines Anderen

III. Der Beschwerdeführer und dessen Gegner müssen bei der Geltendmachung ihrer Rechte mit gleichem Maße gemessen werden. Die Beschränkungen, welchen jener nach § 130 unterliegt, treffen daher auch diesen. Die Gleichstellung Beider gelangt in der Fassung des Entwurfes, sachlich im Einklange mit Preußen § 91 Abs. 2, zur Anerkennung. Gegner

β. Beschränkung der Nachbringung von Urkunden und Erklärungen.

§ 131.

Nach der C. P. O. § 533 kann die Beschwerde „auf neue Thatsachen und Beweise gestützt werden". Die Anwendung dieser Vorschrift auf die Zwangsversteigerung ist jedoch insoweit ausgeschlossen, als nach dem Entwurfe die Vornahme einer Handlung oder die Abgabe einer Erklärung zeitlich an eine bestimmte, vor dem Schlusse des Versteigerungstermines liegende Grenze, namentlich an den Schluß der Versteigerung oder an die Aufforderung zur Abgabe von Geboten geknüpft ist. Besondere, den Grundsatz der C. P. O. einschränkende Bestimmungen sind nur in Ansehung der §§ 89 und 123 des Entwurfes zu geben.

1. Der nach § 89 Abs. 2 erforderliche Nachweis kann gemäß § 113 Abs. 2 Satz 2 bis zum Schlusse der in dem Versteigerungstermine stattfindenden Verhandlung über den Zuschlag nachgebracht werden. Die spätere Nachholung muß ausgeschlossen bleiben, weil, wenn sie zugelassen würde, der Bieter es in der Hand hätte, jenachdem es ihm paßte, die Wirksamkeit seines Gebotes herbeizuführen, also gewissermaßen von Neuem zu bieten. Um jeden Zweifel an dieser Tragweite der Vorschrift des § 113 vorzubeugen, empfiehlt

es sich, in Abweichung von Preußen § 91 Abs. 1 die Nachholung jenes Nachweises in der Beschwerdeinstanz für unstatthaft zu erklären. (Abs. 1.)

2. Etwas anders verhält es sich mit den nach § 123 in dem Versteigerungstermine abzugebenden Erklärungen bezw. vor dem Zuschlage einzureichenden Urkunden. Wenn freilich der Zuschlag nicht dem Dritten ertheilt ist, so darf dieser oder der Meistbietende die Beschwerde gegen den Beschluß nicht dadurch begründen können, daß die erforderlichen Erklärungen bezw. Urkunden nachgebracht werden. Dies liegt in der Konsequenz des § 123 Abs. 1 Satz 2 und Abs. 2. Hat aber der Dritte den Zuschlag erhalten, so erscheint es zweckmäßig, ihm die Nachbringung in der Beschwerdeinstanz zu gestatten, wenn sonst der Zuschlag in Folge einer gegen den Beschluß erhobenen Beschwerde unhaltbar sein würde. (Abs. 2.)

e) Entscheidung über die Beschwerde.

α. Inhalt der Entscheidung.

§ 132.

C. P. O. I. Nach der C. P. O. § 537 hat das Beschwerdegericht „von Amtswegen zu prüfen, ob die Beschwerde an sich statthaft und ob sie in der gesetzlichen Form und Frist eingelegt sei. Mangelt es an einem dieser Erfordernisse, so ist die Beschwerde als unzulässig zu verwerfen“. Ergibt die Prüfung, daß die Beschwerde zwar an sich statthaft, aber sachlich unbegründet ist, so hat das Gericht die Beschwerde zurückzuweisen. Einer gesetzlichen Bestimmung bedarf es in dieser Hinsicht nicht.

II. Besonders zu regeln ist nur der Fall, wenn die Beschwerde für begründet erachtet wird. Nach der C. P. O. § 538 kann in diesem Falle das Beschwerdegericht „demjenigen Gerichte oder Vorsitzenden, von welchem die beschwerende Entscheidung erlassen war, die erforderliche Anordnung übertragen“. Für die Zwangsversteigerung empfiehlt es sich indessen nicht, dem Beschwerdegerichte eine solche Befugniß einzuräumen.

Sachsen In dem sächsischen Gesetze wird unterschieden, ob der Zuschlag durch den angefochtenen Beschluß verweigert oder ertheilt ist. In dem ersteren Falle kann nach Maßgabe des § 129 Abs. 3, 4 das Beschwerdegericht auf die Beschwerde des Bieters, dessen Gebot zurückgewiesen ist, den Zuschlag auf dieses Gebot ertheilen, auf die Beschwerde des betreibenden Gläubigers dagegen nur die Zulassung des zurückgewiesenen Gebotes bezw. die Ertheilung des Zuschlages auf dasselbe in einem auf Antrog des Gläubigers anzuberaumenden anderweiten Versteigerungstermine unter der Voraussetzung anordnen, daß das Gebot in diesem Termine erneuert und nicht überboten wird. In dem anderen Falle hat das Gericht nach § 153 den Zuschlag außer Kraft zu setzen und zugleich zu bestimmen, ob das Versteigerungsverfahren fortzusetzen oder einzustellen sei; nur wenn der Zuschlag gemäß § 148 Abs. 1 Ziff. 6 außer Kraft gesetzt wird, weil das Meistgebot ohne gesetzlichen Grund zurückgewiesen ist, finden die Vorschriften des § 129 Abs. 3, 4 entsprechende Anwendung.

Preußen. Das preußische Gesetz bestimmt unter § 93 Abs. 1—3: „Das Beschwerdegericht ertheilt selbst den Zuschlag, dessen Ertheilung der Beschwerdeführer mit Recht beantragt hat. Im Falle weiterer Beschwerde ist jedoch, wenn das Urtheil des Vollstreckungsgerichts begründet befunden wird, nur das Urtheil des ersten Beschwerdegerichts aufzuheben und die gegen das erste Urtheil erhobene Beschwerde zurückzuweisen. Steht der von dem Beschwerdeführer beantragten Ertheilung des Zuschlages einer der von Amtswegen zu berücksichtigenden Gründe zur Versagung entgegen (§ 78), so ist der Antrag auf Ertheilung des Zuschlages zurückzuweisen."

Läßt man zunächst den Fall der weiteren Beschwerde bei Seite, so kommt wesentlich in Betracht, daß nach den Bestimmungen, welche in dem Entwurfe unter §§ 106, 113 Abs. 2 Satz 2, § 115 Satz 2, §§ 117, 123 Abs. 1 Satz 2 und Abs. 2, § 128 Abs. 2 und § 131 gegeben sind, das Sachverhältniß, auf Grund dessen der Zuschlag zu ertheilen oder zu versagen ist, dem Beschwerdegerichte vollständig vorliegen muß. Wenn daher die Prüfung der Beschwerde zur Aufhebung des angefochtenen Beschlusses nöthigt, so ist das Beschwerdegericht auch in der Lage, sich darüber schlüssig zu machen, welche Entscheidung an Stelle dieses Beschlusses zu treffen ist. Müßte nun gleichwohl die Entscheidung dem Vollstreckungsgerichte übertragen werden, so könnte sich der endliche Abschluß des Versteigerungsverfahrens erheblich verzögern, namentlich, wenn gegen den anderweiten Beschluß des gedachten Gerichtes wiederum Beschwerde eingelegt würde. Es erscheint daher zweckmäßig, nicht blos in den von Sachsen und Preußen hervorgehobenen Fällen, sondern in allen Fällen, in welchen die Beschwerde sich als begründet erweist, dem Beschwerdegerichte die Entscheidung in der Sache selbst[1]) zur Pflicht zu machen. (Abs. 1.) Beschwerde.

Was für die Entscheidung über die Beschwerde vorgeschrieben wird, muß auch für die Entscheidung über eine etwa gegen den Beschluß des Beschwerdegerichtes erhobene Beschwerde gelten. Die Ertheilung des Zuschlages durch das über die weitere Beschwerde entscheidende Gericht erledigt sich jedoch, wenn dasselbe nicht blos das Rechtsmittel gegen den Beschluß des Beschwerdegerichtes, sondern zugleich den Beschluß des Vollstreckungsgerichtes, durch welchen der Zuschlag ertheilt ist, für begründet erachtet. In einem solchen Falle ist jener Beschluß aufzuheben und die Beschwerde gegen diesen zurückzuweisen. Dadurch daß der Beschluß des Vollstreckungsgerichtes auch formell aufrecht erhalten wird, erreicht man den Vortheil, daß „der Uebergang des Eigenthumes mit allen seinen Folgen so in Kraft tritt, wie er zuerst, wenn auch noch anfechtbar, eingetreten war"[2]). Weitere Beschw.

β. Folgen der Aufhebung des Zuschlages.

§ 133.

I. Das preußische Gesetz bestimmt unter § 94: „Wird ein den Zuschlag ertheilendes Urtheil aufgehoben, so ist auf Antrag auch über Rückgewähr des auf Grund des Urtheiles Gezahlten oder Geleisteten zu entscheiden". Die Aufnahme einer solchen Bestimmung in das Reichsgesetz erscheint jedoch nicht rathsam. Die C. P. O. hat zwar in den §§ 503, 563, 655 entsprechende Vorschriften. Allein diese Vorschriften sind rein positiver Natur, nur auf bestimmte Rückgewähr des Geleisteten

[1]) Wegen der Fassung vergl. die C. P. O. § 528 Abs. 3.

[2]) Preuß. Mot., bei Stegemann S. 83.

Fälle berechnet, daher zur Uebertragung auf andere Fälle nicht ohne Weiteres geeignet. Sie setzen ein im ordentlichen Prozesse zwischen zwei sich gegenüberstehenden Parteien sich bewegendes Verfahren voraus. Für diese Voraussetzung aber bietet das Zwangsversteigerungsverfahren hier keine zutreffende Analogie. Praktisch durchführbar ist die Bestimmung des preußischen Gesetzes ohne Weiteres überhaupt nur in Fällen, in welchen der Beschwerdeführer der Empfänger der zurückzugewährenden Leistung ist. In anderen Fällen müßte der Ersteher als Gegner des Beschwerdeführers durch seinen Antrag erst noch die Empfänger in den Streit hineinziehen. Ein derartiges Verfahren aber ist der C. P. O. fremd. Vor Allem jedoch kommt in Betracht, daß, wenn einmal die Vertheilung des Versteigerungserlöses bewirkt ist, namentlich, wenn hierauf hin Eintragungen in das Grundbuch vorgenommen sind, die Sach- und Rechtslage eine so verwickelte sein kann, daß die Wiederherstellung des früheren Zustandes in dem Rahmen des Beschwerdeverfahrens nicht ausführbar ist. Die betheiligten Personen sind vielmehr, wenn sie sich über die Rückgewähr nicht einigen, auf den Weg des ordentlichen Prozesses zu verweisen. In diesem ist dann nach den Vorschriften des B. G. B. über die Rückgewähr, die Art, das Maß und den Umfang derselben zu entscheiden.

II. In dem Versteigerungsverfahren kann dem Gedanken, auf welchem die Vorschrift des preuß. Gesetzes beruht, nur für zwei Fälle nachgegeben werden.

Rückzahlung

1. Der eine Fall ist der, daß der Ersteher, wenn der den Zuschlag ertheilende Beschluß aufgehoben wird, den durch Zahlung zu berichtigenden Theil des Meistgebotes hinterlegt oder an den Richter gezahlt, eine Vertheilung aber noch nicht stattgefunden hat. In diesem Falle hat das Vollstreckungsgericht für die Zurückzahlung des hinterlegten oder gezahlten Betrages von Amtswegen zu sorgen. Dies muß aber, um Zweifeln vorzubeugen, welche aus § 65 Abs. 2 und § 148 Abs. 2, 3 entstehen könnten, besonders bestimmt werden. (Abs. 1.)

Eintr. in das Grundb.

2. Der andere Fall ist der, daß auf Grund des aufgehobenen Zuschlages und der Vertheilung des Erlöses gemäß § 172 Eintragungen in das Grundbuch erfolgt sind. In diesem Falle hat das Vollstreckungsgericht von Amtswegen das Grundbuchamt um Eintragung der zur Wahrung der Rechte der Betheiligten erforderlichen Vormerkungen[1]) zu ersuchen. Die Bestimmung ist positiver Natur, aber durch die Lage der Betheiligten gegenüber solchen Eintragungen und durch den Umstand, daß diese Lage durch die amtliche Einwirkung des Vollstreckungsgerichtes herbeigeführt ist, gerechtfertigt. (Abs. 2.)

γ. Weitere Beschwerde der Betheiligten.

§ 134.

Hat das Beschwerdegericht unter Aufhebung des den Zuschlag ertheilenden Beschlusses den Zuschlag versagt, so steht gegen diese Entscheidung nach § 128 Abs. 1 einem Betheiligten als solchem die Beschwerde nicht zu. Wenn indessen auf Grund des aufgehobenen Beschlusses schon die Vertheilung des

---

1) B. G. B. § 844.

Erlöses, sei es durch Auszahlung, sei es durch Ueberweisung, stattgefunden hat, so befinden sich die Betheiligten, soweit ihnen der Erlös zugetheilt ist, in einer völlig veränderten und besonders schwierigen Lage. Es handelt sich für sie um Herausgabe des Empfangenen und Wiederherstellung des früheren durch Eintragungen in das Grundbuch veränderten Rechtszustandes. Diese besondere Lage der Betheiligten erheischt eine besondere Bestimmung zum Schutze derselben. Es muß ihnen, entgegen der Regel des § 128 Abs. 1, das Recht beigelegt werden, im Wege der weiteren Beschwerde darzuthun, daß der Zuschlag nicht zu versagen, es vielmehr bei dessen Ertheilung zu belassen sei. Die Bestimmung des Entwurfes steht im Einklange mit Preußen § 87 Abs. 1 Satz 1, Weimar § 57 Abs. 1 Satz 2, Anhalt § 26 und Reuß j. L. § 41.

6. Zustellung des Beschlusses.

§ 135.

Nach der C. P. O. § 294 Abs. 1, 3 ist zu unterscheiden: „Die auf Grund einer mündlichen Verhandlung ergehenden Beschlüsse des Gerichts müssen verkündet werden. Nicht verkündete Beschlüsse des Gerichts .... sind den Parteien von Amtswegen zuzustellen". Das sächsische Gesetz dagegen bestimmt unter § 155 Abs. 1: „Die Entscheidung des Beschwerdegerichtes ist zu verkünden. Dasselbe kann die Verkündung dem Vollstreckungsgericht übertragen. Das Vollstreckungsgericht hat solchenfalls einen besonderen Termin dazu anzuberaumen. Die Bestimmung in § 145 Abs. 1 findet auch in diesem Falle Anwendung"[1]. Abs. 2: „Zu dem Termine sind diejenigen Betheiligten vorzuladen, deren Rechte durch die Entscheidung berührt werden". Zur Rechtfertigung der Bestimmung des Abs. 1 Satz 1 heißt es in den Motiven: „Die Verkündung der Entscheidung des Beschwerdegerichtes ist auch in dem Falle vortheilhaft, wenn die Entscheidung ohne vorgängige mündliche Verhandlung erfolgt, weil die Zustellung derselben einen großen Aufwand an Schreibwerk verursachen würde, dessen Herstellung das Verfahren vertheuert und aufhält". Dieser Grund kann jedoch, zumal auch die Ladungen zu dem Termine mit Schreibwerk und Weitläufigkeiten verbunden sind, nicht als wichtig genug angesehen werden, um die Abweichung von dem Prinzipe der C. P. O. zu rechtfertigen. Das preußische Gesetz beschränkt sich unter § 95 auf die Vorschrift: „Wird in der Beschwerdeinstanz ein abänderndes Urtheil erlassen, so ist dasselbe, wenn eine mündliche Verhandlung nicht vorangegangen ist, allen Interessenten, andernfalls den Interessenten, welche zu der mündlichen Verhandlung nicht zugezogen sind, von Amtswegen zuzustellen". Diese Vorschrift ist jedoch nicht ausreichend.

C. P. O.

Sachsen.

Preußen.

I. Hat das Beschwerdegericht ohne vorgängige mündliche Verhandlung entschieden, so kommt es darauf an, ob durch die Entscheidung der Beschluß des Vollstreckungsgerichtes abgeändert wird oder nicht.

Entsch. ohne mündl. Verhandlung.

[1] Der § 145 des sächs. Gesetzes verordnet unter Abs. 1: „Der Vertheilungsplan ist in dem hierzu anberaumten Termine zu verkünden. Die Verkündung geschieht für Betheiligte, welche bis zur Eröffnung des Termines nicht erschienen sind oder auf die Vorlesung verzichten, durch Auslegung zur Einsicht in der Gerichtsschreiberei am Terminstage".

Abändernde Entsch

1. Im Falle der Abänderung ist der Beschluß des Beschwerdegerichtes nicht blos den im § 125 bezeichneten Personen, sondern auch den Betheiligten, welche durch die Vorschrift unter Nr. 4 daselbst ausgenommen sind, und im Falle der Ertheilung des Zuschlages auch demjenigen, welcher den Zuschlag erhält, von Amtswegen zuzustellen. Die Zustellung an alle Betheiligten rechtfertigt sich gegenüber dem § 125 Nr. 4 dadurch, daß dieselben dem Beschlusse des Beschwerdegerichtes ganz anders gegenüberstehen als dem Beschlusse des Vollstreckungsgerichtes. Während sie durch ihre Zuziehung zu dem Versteigerungstermine[1]) Gelegenheit erhalten, sich Kenntniß von der Ertheilung oder der Versagung des Zuschlages zu verschaffen, erfahren sie von der Beschwerde vielleicht gar nichts. Ein Interesse an dem Inhalte der Entscheidung des Beschwerdegerichtes aber haben sie nicht blos in den Fällen, in welchen sie gemäß §§ 128, 134 weitere Beschwerde einlegen können, sondern, weil das fernere Verfahren auch vor dem Vollstreckungsgerichte durch den Beschluß des Beschwerdegerichtes bestimmt wird, in allen Fällen. Aus diesem Grunde muß auch, wenn im Wege der weiteren Beschwerde dieser Beschluß aufgehoben und der Beschluß des Vollstreckungsgerichtes wiederhergestellt wird, der die Entscheidung über die weitere Beschwerde enthaltende Beschluß den Betheiligten zugestellt werden. Die Zustellung an denjenigen, welchem der Zuschlag ertheilt wird, entspricht dem § 125 Nr. 5.

Zurückweis. der Beschw

2. Wird der Beschluß des Vollstreckungsgerichtes in Folge der Beschwerde nicht geändert, so bedarf es einer Zustellung des Beschlusses des Beschwerdegerichtes nur an den Beschwerdeführer und die etwa als Gegner desselben zugezogenen Personen. Dasselbe gilt auch von dem Beschlusse, durch welchen die weitere Beschwerde verworfen oder zurückgewiesen wird. (Abs. 1.)

Mündl Verh.

II. Ist der Beschluß über die Beschwerde auf Grund einer mündlichen Verhandlung ergangen, so wird er von dem Beschwerdegerichte verkündet. Von einer Zustellung an diejenigen, welche zu der mündlichen Verhandlung geladen sind, kann daher an sich abgesehen werden[2]). Der Entwurf zieht jedoch diese Konsequenz, um mit der Regelung der Zustellung für die erste Instanz[3]) in Einklang zu bleiben, nur für den Fall der Versagung des Zuschlages. Lautet dagegen der Beschluß des Beschwerdegerichtes auf Ertheilung des Zuschlages, so bewendet es bei der Zustellung an die in dem § 125 bezeichneten Personen. Ein Verzicht auf die Zustellung muß hier ebenso zugelassen werden, wie in erster Instanz. (Abs. 2.)

Rücksend. der Akten.

III. Nachdem die erforderlichen Zustellungen bewirkt sind, ist die Thätigkeit des Beschwerdegerichtes beendet. Die demselben eingereichten Akten sind daher dem Vollstreckungsgerichte zurückzusenden. Um Mißverständnissen vorzubeugen, wird die Rücksendung im Einklange mit Preußen § 95 Abs. 2 vorgeschrieben. (Abs. 3.)

---

[1]) Entw. § 52.

[2]) Vergl. C. P. O. § 283 Abs. 1, § 294 Abs. 2.

[3]) Oben S. 244.

e) Beginn der Beschwerdefrist.

§ 136.

Nach der C. P. O. § 540 Abs. 2 ist „die Beschwerde binnen einer Nothfrist von zwei Wochen, welche mit der Zustellung, in den Fällen der §§ 301 und 829 Abs. 3 mit der Verkündung der Entscheidung beginnt, einzulegen". Diese Vorschrift ist insoweit, als sie die Dauer der Frist bestimmt, auch für die sofortige Beschwerde gegen den Beschluß, durch welchen der Zuschlag ertheilt oder versagt wird, maßgebend. Die Frist wurde in Preußen nach der Subh. O. v. 15. März 1869 § 52 Satz 2 „vom Tage der Verkündung des Urtheils, im Falle des § 45 Abs. 1 vom Tage der Zustellung desselben berechnet"; nach dem Gesetze v. 13. Juli 1883 § 90 beginnt sie „für diejenigen Interessenten, welchen das Urtheil oder die Formel des Urtheils nicht von Amtswegen zuzustellen war, mit der Verkündung des Urtheils". Weimar § 57 Abs. 2 und Reuß j. L. § 41 Abs. 2 schließen sich an die Subhast. O. v. 15. März 1869, Sachsen § 129 Abs. 2 Satz 2 und § 146 Abs. 2 mehr an das Gesetz von 1883 an. In Starkenburg und Oberhessen beginnt die Nothfrist „mit der Verkündung oder Zustellung" (Art. 61 Abs. 2), in Lübeck, „soweit Zustellung nicht erforderlich ist, mit der Verkündung" (§ 15 Satz 2). In dem Gesetze für Rudolstadt § 11 heißt es: „Die Zustellung einer verkündeten Entscheidung ist nicht erforderlich. Die Nothfrist der sofortigen Beschwerde gegen eine verkündete Entscheidung beginnt mit der Verkündung". Aehnlich Oldenburg Art. 6 Abs. 3. Nach den Gesetzen für Bayern (1879) Art. 82 und Braunschweig § 61 muß der Antrag auf Aufhebung des Zuschlages innerhalb einer Nothfrist von zwei Wochen nach dem Zuschlage gestellt werden.

Für den Entwurf kann es sich hier nur darum handeln, aus den Erwägungen, auf welchen die §§ 125 und 135 beruhen, die entsprechenden Folgerungen für den Beginn der Beschwerdefrist zu ziehen. Nach diesen Erwägungen bewendet es insoweit, als die Zustellung des Beschlusses in den gedachten Paragraphen vorgeschrieben wird, bei der C. P. O. § 540 Abs. 2. Im Uebrigen dagegen erscheint es zweckmäßig, die Frist für die Beschwerde sowohl als auch für die weitere Beschwerde mit der Verkündung des Beschlusses, welcher der Anfechtung durch das Rechtsmittel unterliegt, beginnen zu lassen.

f) Erlöschen von Geboten.

§ 137.

Ein Bieter, dessen Gebot nicht in Gemäßheit des § 98 oder des § 119 Abs. 4 erloschen ist, wird von seiner Verpflichtung an sich nicht dadurch frei, daß ihm der Zuschlag nicht ertheilt wird. Wenn daher eine besondere Bestimmung nicht getroffen würde, so müßte der Bieter damit rechnen, daß im Wege der ordentlichen oder der außerordentlichen Beschwerde der Beschluß aufgehoben und ihm noch nachträglich der Zuschlag ertheilt werden könnte. Soweit die ordentliche Beschwerde in Frage kommt, erscheint es mit Rücksicht auf den Zweck des Verfahrens auch nicht rathsam, hieran etwas zu ändern. Soweit dagegen die außerordentliche Beschwerde in Betracht zu ziehen ist, wäre es eine Härte gegen den Bieter, die auf die Abgabe von Geboten höchst ungünstig einwirken könnte, wenn derselbe darauf gefaßt sein müßte, im Falle der erfolgreichen Einlegung des Rechtsmittels noch nach geraumer Zeit, vielleicht erst nach Jahren[1]), unter ganz anderen als den bei der Abgabe seines Gebotes berücksichtigten Verhältnissen den Zuschlag zu erhalten. Der Entwurf läßt deshalb im Einklange mit den preußischen Ges., betr. die Zwangsvollstr. in das unbewegl. Verm., v. 4. März 1879 § 14 und v. 13. Juli 1883 § 96 jedes Gebot, auf welches der Zuschlag nicht ertheilt ist, erlöschen, wenn nicht innerhalb der Nothfrist Beschwerde gegen den Beschluß des Gerichtes eingelegt wird.

4. Wirkungen des Zuschlages.

a) Rechtserwerb des Erstehers (Eigenthumserwerb). Erlöschen von Rechten.

§ 138.

Aus den §§ 72 ff. ergibt sich, was der Ersteher für sein Gebot erwerben bezw. welche Rechte durch die Zwangsversteigerung erlöschen sollen. Zu bestimmen bleibt noch, an welche Thatsache der Rechtserwerb und der Rechtsverlust zu knüpfen, bezw. welche Wirkungen dieser Thatsache auf die Rechtsstellung des Erstehers beizumessen sind.

Grundstück. I. Faßt man zunächst das Grundstück ohne die etwa mit demselben gemäß § 73 versteigerten Gegenstände ins Auge, so kommt Folgendes in Betracht:

Eigenthumserw. des Erstehers. 1. Das Eigenthum an dem Grundstücke geht nach röm. Rechte im Falle des Pfandverkaufes nur durch Tradition auf den Käufer über. Seitdem die gerichtliche Subhastation in Deutschland sich eingebürgert hat, ist diese Wirkung der Uebergabe in der Praxis vielfach mit der Ertheilung des Landesgesetzg. Zuschlages durch das Gericht verbunden worden. Denselben Weg hat in einer Reihe von Staaten die Gesetzgebung betreten. Für Preußen bestimmte schon das A. L. R. I. 11 § 342, daß das Eigenthum durch den Zuschlag auf den Käufer übergeht, „wenngleich selbiger die erstandene Sache noch nicht in Empfang genommen hat". Denselben Standpunkt vertritt das französische Recht in Folge seines Grundsatzes, daß der Vertrag zur Uebertragung des Eigenthumes genügt[2]). Nach dem preußischen Ges. v. 13. Juli 1883 § 97 erwirbt der Ersteher durch den Zuschlag das Eigenthum unbedingt. Das bayerische Ges. v. 1879 knüpft unter Art. 55 Ziff. 2 den Uebergang des Eigenthumes auf den Ansteigerer an die „Bedingung der Erfüllung der bei der Versteigerung übernommenen Verbindlichkeiten". Ebenso scheint im Wesentlichen auch das württembergische Recht aufgefaßt werden zu müssen[3]). Jene Bedingung hängt zusammen mit dem gemeinrechtlichen Grundsatze, daß

---

[1]) C. P. O. § 540 Abs. 2, § 549.

[2]) Code civil art. 711, 1138; Code de proced. art. 731. Vergl. hierzu Baden §§ 71 ff., Hessen (Rheinhessen) Art. 147 ff., Elsaß-Lothringen § 22.

[3]) Exekut. Ges. v. 15. April 1825 Art. 73 Abs. 1, Ges., betr. die Zwangsvollstr. ꝛc., v. 18. August 1879 Art. 18—20, 27.

der Käufer das Eigenthum nur erlangt, wenn der Preis von ihm bezahlt oder ihm gestundet wird. Diesen Gedanken bringen zahlreiche Landesgesetze in der Weise zur Geltung, daß sie den Uebergang des Eigenthumes auf den Ersteher nicht mit dem Zuschlage verbinden, sondern von einer Uebereignungserklärung des Subhastationsgerichtes abhängig machen, diese Erklärung aber (Adjudikation) erst nach der Berichtigung des Kaufgeldes zulassen; so namentlich die Vollstreckungsgesetze für Weimar § 58, Braunschweig § 70, Coburg-Gotha § 18, Reuß j. L. § 42, Rudolstadt §§ 13, 14. Eine besondere Adjudikation ist auch in den dem sächs. Gesetze, die Grund- und Hypothekenbücher 2c. betr., vom 6. Novbr. 1843 nachgebildeten Gesetzen für Altenburg, Sondershausen und Reuß ä. L. vorgesehen; doch scheint der Eigenthumsübergang nach diesen Gesetzen erst mit der Eintragung des Erstehers in das Grundbuch sich zu vollziehen. In dem Königreiche Sachsen hat die Gesetzgebung die Adjudikation aufgegeben; es gilt dort auch für die Zwangsversteigerung die Regel des B. G. B. v. 2. Jan. 1863 § 276, daß Eigenthum an Grundstücken nur durch Eintragung des Erwerbers in das Grundbuch erworben wird. Dieselbe Regel besteht ferner in Mecklenburg, Hamburg und Lübeck[1]). Auch das anhaltische Subhast. Ges. § 51 Abs. 3 läßt das Eigenthum auf den Ersteher erst mit dessen Eintragung übergehen.

B. G. B.

Bei der Ausarbeitung des Entwurfes eines B. G. B. ist die Erhebung der Eintragung zur allgemeinen Erwerbsart abgelehnt worden. Die Eintragung ist nach den §§ 828, 868, § 872 Abs. 2 und § 873 Abs. 5 ein Erforderniß des Eigenthumserwerbes nur in den Fällen der rechtsgeschäftlichen Uebertragung, der Dereliktion und des Aufgebotes.

Folgerungen.

Die Zweckmäßigkeitsgründe aber, welche zur Verwerthung der Eintragung in diesen Fällen geführt haben, treffen für den Fall der Zwangsversteigerung nicht zu. Eine Analogie zwischen der letzteren und der Dereliktion oder des Aufgebotes ist nicht vorhanden. Auch kann der Erwerb des Erstehers nicht auf eine rechtsgeschäftliche Uebertragung zurückgeführt werden. Denn der Ersteher erwirbt das Eigenthum, nicht weil es ihm von den Betheiligten bezw. von dem Gläubiger oder dem Schuldner übertragen, sondern weil ihm das Grundstück von dem Vollstreckungsgerichte zugeschlagen wird. Der Zuschlag ist nach dem Entwurfe nicht das Zeichen der Vollendung eines Vertrages, auch nicht die Form eines solchen, sondern ein Richterspruch, durch welchen aus dem stattgehabten Verfahren das dem Zwecke desselben entsprechende Ergebniß für und gegen die Betheiligten und die noch gebundenen Bieter gezogen wird. Diese rechtliche Natur des Zuschlages bringt es mit sich, daß die Rechtsänderungen, welche derselbe bezweckt, unmittelbar mit dem Spruche der Gerichtes ins Leben treten müssen. Der Eigenthumserwerb des Erstehers kann daher folgerecht nur an den Zuschlag geknüpft werden.

Zweckmäßigkeit.

Von dieser Konsequenz dürfte das Gesetz nur abgehen, wenn erhebliche Gründe praktischer Natur hierzu nöthigten. Solche Gründe aber sind nicht erfindlich. Der Hauptgrund, auf welchem das Eintragungsprinzip beruht, ist die durch dessen Anwendung ermöglichte Uebereinstimmung des Grundbuches

---

[1]) Mot. III S. 299, 310.

mit der wirklichen Rechtslage. Auf diese Uebereinstimmung muß allerdings verzichtet werden. Allein hierin liegt keine Gefahr für die Rechtssicherheit, da weder der Schuldner, so lange der Versteigerungsvermerk (§ 33) nicht gelöscht ist, zum Nachtheile des Erstehers noch der Ersteher, so lange er nicht als Eigenthümer eingetragen ist, zum Nachtheile der Betheiligten über das Grundstück verfügen kann, Löschung und Eintragung aber gemäß § 172 nur gleichzeitig vorgenommen werden dürfen. Wenn ein Uebelstand vorhanden ist, so besteht er darin, daß nicht unmittelbar an den Zuschlag die Berichtigung des Grundbuches sich anschließt. Aber dieser Uebelstand ist eine Folge des Vertheilungsverfahrens, da vor dessen Beendigung dem Ersteher die rechtliche Verfügung über das Grundstück nicht eingeräumt werden kann.

Bedingter Zuschl. Tritt der Eigenthumserwerb des Erstehers mit dem Zuschlage ein, so muß dies ohne Beifügung einer Bedingung geschehen. Von einer den mecklenburgischen Verordnungen §§ 45, 49, 58 eigenen Unterscheidung zwischen bedingtem Zuschlage, welcher auf das Meistgebot ertheilt wird, und reinem Zuschlage, welcher nach der Berichtigung desselben erfolgt, kann nach dem Entwurfe keine Rede sein. Auch für die stillschweigende Bedingung, von deren Erfüllung der Eigenthumsübergang in Bayern abhängt, ist bei der oben gekennzeichneten Natur des Zuschlages kein Raum. Beide Gestaltungen erledigen sich überdies ebenso wie die Adjudikation mit der Abweisung des dem B. G. B. fremden Gedankens, daß der Käufer das Eigenthum der Sache nur nach Berichtigung oder Stundung des Preises erlange.

Bisheriges Eigenth. Mit dem Eigenthumserwerbe des Erstehers ist natürlich das bisherige Eigenthum eines Anderen unverträglich. Der Ersteher ist nicht Rechtsnachfolger des Schuldners. Er erwirbt durch den Zuschlag als konstitutiven Akt das Eigenthum selbst dann, wenn jener nicht Eigenthümer war. Diese Wirkung des Zuschlages ist freilich den meisten Landesgesetzen gegenüber neu. Sie steht aber mit dem preußischen Gesetze in Einklang und verbürgt die Erzielung angemessener Gebote bei der Versteigerung, weil sie den Ersteher gegen jede Anfechtung seines Erwerbes sicherstellt[1]). Gewährleistung Der Fall einer Gewährleistung wegen Mängel im Rechte kann demnach nicht vorkommen. (Abs. 1.)

Erlöschen der Rechte Dritter 2. Wenn der Zuschlag den Eigenthumserwerb des Erstehers bewirkt, so müssen durch ihn auch die Rechte Dritter, soweit sie nicht nach Inhalt der Versteigerungsbedingungen bestehen bleiben, in Ansehung des Grundstückes erlöschen. In Frage kommen die in dem § 72 Abs. 1 bezeichneten Rechte bezw. die daselbst erwähnte Haftung des Grundstückes für wiederkehrende Leistungen und Kosten. In welchem Umfange das Erlöschen eintritt, bestimmt sich durch den Inhalt des Beschlusses, durch welchen der Zuschlag ertheilt wird. Schweigt der Beschluß in dieser Hinsicht, so ist er so zu lesen, daß die Rechte ꝛc. in dem durch die gesetzlichen Versteigerungsbedingungen (§§ 66 ff.) vorgesehenen Umfange erlöschen sollen. Immer ist es der Zuschlag, durch welchen das Grundstück von den zum Erlöschen bestimmten Belastungen frei wird[2]). (Abs. 2.)

Bewegliche Sachen. II. Der konstitutiven Natur des Zuschlages entspricht es, daß die Rechtsänderungen, ohne welche die Zwangsversteigerung nicht bezw. nicht zweckmäßig

[1]) Oben S. 117.

[2]) Vergl. Preußen § 22 Abs. 2, 3, § 60, § 124 Ziff. 2.

sich durchführen läßt nicht allein in Ansehung des Grundstückes, sondern auch in Ansehung der übrigen Gegenstände, auf welche nach § 73 die Versteigerung sich erstreckt, unmittelbar durch den Zuschlag sich vollziehen. Hierauf weist schon die Vorschrift des § 44 Nr. 5 hin. Es erscheint aber zweckmäßig, dies in dem Gesetze zum Ausdrucke zu bringen, zumal der Mangel an deutlichen Bestimmungen in den Landesgesetzen zu mancherlei Dunkelheiten geführt hat. Die Vorschrift des Entwurfes betrifft sowohl den Erwerb der fraglichen Gegenstände als auch das Erlöschen von Rechten, mit welchen dieselben belastet sein können, wenn auch, namentlich soweit es sich um Forderungen handelt, nicht gerade häufig belastet sein werden. Die Anwendung des Gesetzes liefert indessen bei Forderungen nicht ganz dasselbe Ergebniß wie bei beweglichen Sachen, insofern nämlich, als eine Forderung, welche dem Schuldner zur Zeit der Versteigerung nicht mehr zusteht, auch nicht mitversteigert und folglich von dem Ersteher nicht erworben werden kann[1]), während eine mitversteigerte bewegliche Sache von dem Ersteher selbst dann erworben wird, wenn der Schuldner nicht Eigenthümer derselben war. Vorausgesetzt wird aber immer, daß die Beschlagnahme zur Zeit der Ertheilung des Zuschlages noch wirksam ist. (Abs. 3 Satz 1.)

Forderungen.

Beschlagnahme.

Wird eine bewegliche Sache, auf welche die Versteigerung gemäß § 73 Nr. 1 sich erstreckt hat, nach der Versteigerung aber vor dem Zuschlage von dem Schuldner an einen Dritten veräußert, so kommt es darauf an, ob die Veräußerung nach § 39 Abs. 2 berechtigt war oder nicht. War sie berechtigt, so wird durch sie die Beschlagnahme aufgehoben; der Dritte erlangt das Eigenthum, ohne daß es für seine Rechtsstellung von Belang ist, ob er die Beschlagnahme gekannt hat oder nicht. War dagegen die Veräußerung nicht berechtigt, so kann ein Eigenthumserwerb des Dritten überhaupt nur in Frage kommen, wenn die Sache nicht allein demselben übergeben, sondern auch von dem Grundstücke entfernt wird[2]). Aber auch in diesem Falle wird der Dritte nur dann Eigenthümer, wenn er weder Kenntniß von der Beschlagnahme gehabt noch seine Unkenntniß auf grober Fahrlässigkeit beruht hat. Der Ersteher befindet sich in ähnlicher Lage wie im Falle der rechtswirksamen Veräußerung seitens eines Nichtberechtigten der Berechtigte. Es muß ihm folglich der Bereicherungsanspruch gegen den Schuldner nach Maßgabe des B. G. B. § 880 zugestanden werden. Ein Anspruch auf Gewährleistung ist auch hier mit dem Wesen und Zwecke der Zwangsversteigerung nicht verträglich. (Abs. 3 Satz 2.)

Veräußerung einer bew. Sache.

Gewährleistung.

Die Vorschriften des dritten Absatzes setzen nach ihrem Wortlaute voraus, daß die mitversteigerten Sachen für den Gläubiger in Beschlag genommen sind. Der Zuschlag muß aber die ihm beigelegten Wirkungen auch in Ansehung derjenigen Sachen haben, auf welche zwar nicht die Beschlagnahme, wohl aber gemäß § 73 Nr. 2 die Versteigerung des Grundstückes sich erstreckt hat. Um in dieser Hinsicht keine Lücke in dem Gesetze zu lassen, empfiehlt sich eine besondere Bestimmung, durch welche die Anwendung jener Vorschriften bezüglich der bezeichneten Sachen gerade so sichergestellt wird, wie wenn dieselben beim Schlusse der Versteigerung in Beschlag genommen worden wären. (Abs. 4.)

Nicht beschlagnahmte Sachen.

[1]) Oben S. 151, 152.

[2]) Vergl. B. G. B. § 1068 Abs. 2.

b) Ausschließung des Erlöschens eines Rechtes durch Vertrag.

§ 139.

Inhalt des Vertrages.

I. Nach dem preußischen Ges. § 116 Abs. 1 kann der Ersteher „in Anrechnung auf das baar zu zahlende Kaufgeld die aus demselben zur Hebung kommenden Forderungen mit Einwilligung der betreffenden Gläubiger übernehmen". Auch die Gesetze anderer Staaten, namentlich Bayern (1879) Art. 55 Ziff. 1, Sachsen § 170, Oldenburg Art. 75, Weimar § 84, Braunschweig § 70, Coburg-Gotha § 17, Anhalt § 43, lassen ein solches Geschäft zu. Die Zulassung ist in der That unbedenklich, und zwar gleichviel, ob das Recht, welches übernommen wird, eine Hypothek oder ein anderes das Grundstück belastendes Recht ist. Für den Entwurf handelt es sich um einen Vertrag, durch welchen nach dem Zuschlage das Bestehenbleiben eines nach § 138 erlöschenden Rechtes zwischen dem Ersteher und dem Berechtigten vereinbart wird. (Abs. 1 Satz 1.) Ein solcher Vertrag kann im Hinblicke auf § 172 Nr. 2 nur berücksichtigt werden, wenn er entweder im Vertheilungstermine zum Protokoll erklärt oder bevor das Gericht das Grundbuchamt um die Löschung des Rechtes ersucht hat, in beglaubigter Form eingereicht wird. (Satz 2.)

Form.

Wirkungen.

II. Die Wirkungen des Vertrages sind in den meisten Gesetzen nicht näher bestimmt. Der Entwurf regelt sie in ihren verschiedenen Beziehungen.

1. In Beziehung auf das Recht selbst hat der Vertrag die Wirkung, daß dasselbe als nicht erloschen gilt[1]), d. h. mit voller dinglicher Wirkung gegen Jedermann fortbesteht. (Abs. 1 Satz 1.)

2. Die Zahlungspflicht des Erstehers wird in der Weise beeinflußt, daß der nach § 65 zu zahlende Theil des Meistgebotes sich um den Betrag mindert, welchen der Berechtigte bei der Vertheilung des Erlöses zu erhalten hätte, wenn das Recht gemäß § 138 unterginge. Der Einfluß des Vertrages kommt im Falle des § 78 dem für zahlungspflichtig erklärten Dritten, im Falle des § 123 auch dem Meistbietenden zu Gute. (Abs. 2.)

3. Die Tragweite des Vertrages beschränkt sich nicht auf das versteigerte Grundstück und das Verhältniß der Vertragschließenden unter einander. Das Gesetz muß damit rechnen, daß regelmäßig ein persönlicher Schuldner, mitunter auch noch ein Mitverpflichteter vorhanden sein wird, daß ein Dritter für den Fall der Zahlung aus dem Grundstücke dem bisherigen Eigenthümer desselben regreßpflichtig sein, und daß für denselben Anspruch des Berechtigten noch andere Grundstücke haften können. Wird dieser Anspruch durch Zahlung aus dem Versteigerungserlöse befriedigt, so ist die Folge die, daß die vorhandene persönliche Verbindlichkeit wegfällt, die Regreßpflicht begründet wird und das Recht an den mithaftenden Grundstücken erlischt. Muß nun auch dem Ersteher und dem Berechtigten gestattet werden, die Zahlung dadurch zu umgehen, daß sie das Erlöschen des Rechtes ausschließen, so darf doch das Gesetz eine solche Vereinbarung nur unbeschadet jener berechtigten Interessen zulassen. Es müssen also die Wirkungen, welche die Zahlung gehabt haben würde, auf den Vertrag, durch welchen das Erlöschen des Rechtes verhindert wird, übertragen werden.

1) Vergl. wegen der Fassung das B. G.B. §§ 1833, 2114.

Dies wird nach dem Vorgange von Preußen Abs. 2 passend dahin ausgedrückt, daß die Vereinbarung wie eine im Wege der Zwangsversteigerung aus dem Grundstücke gewährte Befriedigung wirkt[1]). (Abs. 3.)

c) Uebertragung der in Ansehung des Grundstückes erlöschenden Rechte auf den Versteigerungserlös.

§ 140.

Surrogationsprinzip.

I. Die Vorschriften des geltenden Rechtes über die Rangordnung, in welcher die Rechte an dem Grundstücke bezw. die Ansprüche mit dem Rechte auf vorzugsweise Befriedigung aus demselben bei der Vertheilung des Versteigerungserlöses zu berücksichtigen sind, lassen mehr oder weniger deutlich den Gedanken erkennen, daß für diese Rechte, soweit deren Beziehungen zu dem Grundstücke sich lösen, der Gesammtertrag, welchen das durchgeführte Verfahren ergibt, an die Stelle des Grundstückes und der übrigen Gegenstände treten soll. Derselbe Gedanke ist für den Pfandverkauf beweglicher Sachen in dem B. G. B. § 1183 Abs. 2 zum Ausdrucke gelangt. Für die Zwangsversteigerung ist er innerlich in gleicher Weise berechtigt, da es der Billigkeit gegen die Betheiligten entspricht, den Rechtsverlust, welcher mit dem Verfahren verbunden ist, wirthschaftlich nicht weiter, als der Zweck desselben erfordert, auszudehnen und die Betheiligten, welche den Verlust erleiden, dadurch schadlos zu halten, daß die einzelnen Rechte, soweit sie nicht an dem Grundstücke bestehen bleiben, möglichst auf den Versteigerungserlös als das Surrogat des Grundstückes und der übrigen Gegenstände erstreckt werden. Es erscheint angemessen, dieses Surrogationsprinzip in dem Gesetze auszusprechen[2]), und zwar einmal, mit Rücksicht auf die bisher von dem Entwurfe befolgte Methode[3]), in Konsequenz des § 44 Nr. 5, sodann aber auch, um für das Vertheilungsverfahren eine sichere Grundlage zu gewinnen. (Abs. 1.)

Anwendung auf das Eigenthum,

II. Die Anwendung des Prinzipes auf die einzelnen Rechte kann bei deren verschiedener Natur keine gleichmäßige sein.

1. Der Eigenthümer, welchem das Grundstück durch den Zuschlag genommen wird, erlangt dafür den Anspruch auf Zahlung des Betrages, welcher in Erfüllung des Meistgebotes von dem Ersteher oder einem Anderen zu zahlen ist, gegen den Verpflichteten und, wenn die Zahlung an das Gericht bewirkt wird, das Eigenthum an den Geldstücken, natürlich unbeschadet der den übrigen Betheiligten zustehenden Rechte.

Rechte auf Zahlung,

2. Von diesen Rechten machen diejenigen, welche in einem Anspruche auf Befriedigung aus dem Grundstücke durch Zahlung einer Geldsumme sich bethätigen, keine Schwierigkeit; sie setzen sich einfach an der Forderung aus dem Meistgebote und, soweit dasselbe durch Zahlung erfüllt wird, an dem Gelde fort. Die Möglichkeit einer solchen Surrogation ist bereits in dem Einf. Ges. Art. 31 anerkannt und auch in dem Entwurfe § 84 vorausgesetzt.

[1]) B. G. B. § 1078 Abs. 2.

[2]) Anm. a. zur Ueberschrift des dritten Abschnittes im dritten Buche des B. G. B. Vergl. das preuß. A. L. R. I. 16 § 3.

[3]) Entw. § 44 Nr. 4, § 61 Abs. 1.

Nutzungsrechte, Reallasten,

3. In Betracht kommen ferner: das Erbbaurecht, die Dienstbarkeiten, die Reallasten und gewisse in den Landesgesetzen sich gründende Nutzungsrechte[1]). Bei ihnen kann, wenn zunächst von dem Nießbrauche abgesehen wird, wie in dem ähnlichen Falle des Einf. Ges. Art. 31 Abs. 2, die Surrogation nur in der Weise sich vollziehen, daß das erlöschende Recht auf seinen Geldwerth zurückgeführt und dem Berechtigten ein Anspruch auf Ersatz des Werthes aus dem Versteigerungserlöse mit den Rechten eines Hypothekengläubigers und mit dem Range des erloschenen Rechtes beigelegt wird. Die Zulassung des Ersatzanspruches hat einen gewissen Vorgang in dem preußischen A. L. R. I. 16 § 4 sowie in der deutschen Konk. O., da nach deren § 62 „Forderungen, welche nicht auf einen Geldbetrag gerichtet sind oder deren Geldbetrag unbestimmt oder ungewiß oder nicht in Reichswährung festgesetzt ist", im Konkurse nur „nach ihrem Schätzungswerthe in Reichswährung" geltend gemacht werden können. Die Vorschrift der Konk. O. findet nach den Gesetzen für Weimar § 68, Meiningen § 26 und Reuß j. L. § 51 bei der Vertheilung des Versteigerungserlöses entsprechende Anwendung. Hierbei ist indessen, von Hypotheken abgesehen, nur an Reallasten gedacht. Bei solchen wird auch in Preußen und anderen Staaten für die Last ein Kapital ausgeworfen, aus welchem der Berechtigte zu befriedigen ist. Die Beschränkung der Surrogation auf den Fall der Reallast erklärt sich daraus, daß dieser Fall als der praktisch wichtigste gelten kann. Innerlich berechtigt ist sie keineswegs. Der Entwurf übergeht nur das Vorkaufsrecht, und zwar einmal, weil es fraglich ist, ob dasselbe überhaupt einen Werth hat, der mit einem Vorzugsrechte vor anderen Rechten ersetzt verlangt werden kann, sodann aber auch, weil im Hinblicke auf das B. G. B. §§ 485, 954 nur der Fall des § 952 Nr. 1 in Betracht kommt, ein Bedürfniß für die Berücksichtigung dieses Falles indessen nicht anzuerkennen ist. (Abs. 2.)

Vorkaufsrecht,

4. Das Surrogationsprinzip führt in Ansehung der ihm unterliegenden Rechte dahin, daß der Berechtigte durch Zahlung eines dem Werthe des Rechtes entsprechenden Kapitales aus dem Versteigerungserlöse abgefunden wird. Diese Konsequenz muß jedoch, wenn das Recht in einem Nießbrauche, einer beschränkten persönlichen Dienstbarkeit oder einer Reallast von unbestimmter Dauer besteht, abgelehnt werden.

Reallasten von unbestimmter Dauer,

a) Auszugehen ist von dem Falle der Reallast. Die preußische Konk. O. v. 8. Mai 1855 bestimmte unter § 62: „Besteht eine Forderung in dem Anspruche auf fortlaufende Hebungen, so kann der Betrag der künftigen Hebungen für den ganzen Zeitraum ihrer Dauer behufs der Sicherstellung durch Auswerfung eines Kapitals liquidirt werden. Fortlaufende Hebungen von unbestimmter Dauer werden nach dem Satze zu vier vom Hundert zu Kapital gerechnet". Die Subhast. O. v. 15. März 1869 ergänzte diese Bestimmungen unter § 77 dahin: „Der Betrag, welcher bei der Vertheilung auf das zur Deckung der künftigen Hebungen angesetzte Kapital fällt, bleibt in gerichtlicher Verwahrung. Zugleich wird bestimmt, wem das Kapital bei dem Aufhören der Hebungen zufallen soll. So oft die Depositalzinsen zur Be-

[1]) Einf. Ges. Art. 32 ff., 73, 115.

richtigung der Hebungsbeträge nicht hinreichen, wird der fehlende Betrag aus dem Kapital entnommen". Auf diesem Standpunkte stehen im Prinzipe auch die Gesetze für Oldenburg v. 2. April 1879 Art. 70 und Preußen v. 13. Juli 1883 §§ 32, 109, 119. Dagegen nehmen andere Gesetze denselben nur insoweit ein, als Hebungen bezw. Leistungen von unbestimmter Dauer den Gegenstand des Rechtes bilden; so namentlich Bayern (1879) Art. 115, Hessen Art. 164, Anhalt § 39. In der That liegt ein durchschlagender Grund, der für die Reallasten von bestimmter Dauer zu einer Abweichung von dem Prinzipe nöthigte, nicht vor. Was dagegen die Reallasten von unbestimmter Dauer anlangt, so erscheint es allerdings angemessen, dem Berechtigten den Werthersatz nicht durch eine Kapitalabfindung, sondern durch die wiederkehrende Leistung desjenigen Geldbetrages zu gewähren, welcher dem Jahreswerthe der Reallast gleichkommt. Diese Regelung entspricht im Hinblicke auf die Schwierigkeit und Unsicherheit der Schätzung der gedachten Lasten nicht allein dem Interesse des Berechtigten, sondern in der Regel auch dem Interesse der nachstehenden Gläubiger, da diesen im Falle der Schätzung leicht ein zu hohes Kapital entzogen werden könnte. Aber auch wenn unter Umständen die nachstehenden Gläubiger ein Interesse an der sofortigen Abfindung des Berechtigten haben, so wird ihnen doch in Anbetracht ihrer Stellung in der Rangordnung durch eine der Natur und dem Zwecke des Rechtes entsprechende Befriedigung des Berechtigten keinesfalls zu nahe getreten. Zu berücksichtigen sind vornehmlich die Altentheile, da der Zweck eines solchen Rechtes bei der Surrogation verloren gehen würde, wenn der Berechtigte eine Kapitalsabfindung erhielte. In Preußen hat übrigens die Befriedigung des Berechtigten durch wiederkehrende Leistung des dem Jahreswerthe des Rechtes gleichkommenden Geldbetrages zu Mißständen und Klagen der nachstehenden Berechtigten nicht geführt. (Abs. 3 Satz 1.) Mit Rücksicht darauf, daß es sich hier in der Mehrzahl der Fälle um Leistungen handelt, welche dem Unterhalte des Empfängers zu dienen bestimmt sind, rechtfertigt es sich, die Zahlung wie in dem analogen Falle der Leibrente[1]) zu regeln. (Satz 2.)

b) Aehnliche Rücksichten machen sich auch für die beschränkten persönlichen Dienstbarkeiten geltend. Die Gleichstellung derselben mit den Reallasten von unbestimmter Dauer ist hier um so mehr am Platze, als die vorzugsweise in Betracht kommenden Altentheilsrechte neben Reallasten häufig beschränkte persönliche Dienstbarkeiten umfassen, eine verschiedene Behandlung der einzelnen Rechte aber, aus welchen der Altentheil sich zusammensetzt, praktisch nicht durchführbar sein würde. (Abs. 3.) beschr. persönl. Dienstbark.,

c) Besteht das an dem Grundstücke erlöschende Recht in einem Nießbrauche, so finden im Falle des Einf. Ges. Art. 31, wie dessen Abs. 1 Satz 3 bestimmt, „die Vorschriften über den Nießbrauch an einer auf Zinsen ausstehenden Forderung Anwendung". Die Uebertragung dieser Bestimmung auf die Surrogation bei der Zwangsversteigerung erscheint jedoch nicht gerechtfertigt. Vielmehr führt die Konsequenz des Gedankens, auf welchem die Regelung des Verhältnisses bei den Reallasten von unbestimmter Dauer und Nießbrauch,

[1]) B. G. B. § 661.

den beschränkten persönlichen Dienstbarkeiten beruht, zur Gleichbehandlung des Nießbrauches mit diesen Rechten. Der Nießbrauch kann durch Ausschließung einzelner Nutzungen nach dem B. G. B. § 980 Abs. 2 beschränkt werden und auf diese Weise im praktischen Ergebnisse einer beschränkten persönlichen Dienstbarkeit sehr nahe kommen. Der Nießbraucher würde, lediglich auf die Zinsen des zu seiner Befriedigung verfügbaren Kapitales angewiesen, nicht selten weniger als den Jahreswerth des Nießbrauches erhalten, hierdurch aber schlechter gestellt werden als bei den fraglichen Reallasten und beschränkten persönlichen Dienstbarkeiten der Berechtigte, da zu dessen Befriedigung, wenn die Zinsen nicht hinreichen, auch das Kapital angegriffen werden muß. Ein stichhaltiger Grund aber ist für eine solche Zurückstellung des Nießbrauchers ebensowenig ersichtlich, wie für die mit derselben verbundene Begünstigung nachstehender Gläubiger. (Abs. 3.)

ablösbare Rechte.

5. Gehört das erlöschende Recht zu den ablösbaren Rechten, so erscheint es angemessen, seinen Werth nach den für den Fall der Ablösung geltenden Vorschriften der Landesgesetze zu bestimmen. (Abs. 4.)

d) Verhältniß des Erstehers zu einem Miether oder einem Pächter des Grundstückes.

§ 141.

Landesgesetze.

I. Die meisten Landesgesetze, welche die Zwangsversteigerung regeln, schweigen darüber, ob und welcher Einfluß derselben auf ein durch Uebergabe vollzogenes Mieth- oder Pachtverhältniß beizumessen ist. Das preußische Gesetz beläßt es unter § 22 Abs. 3 Satz 2 bei den bisherigen Vorschriften. Nach dem A. L. R. I. 21 §§ 350 ff. wird, „wenn der Fall einer nothwendigen gerichtlichen Veräußerung der Sache eintritt", hierdurch für die Gläubiger bezw. den Ersteher das Recht begründet, dem Miether oder dem Pächter den Vertrag vorzeitig zu kündigen. In den Gebieten des gemeinen Rechtes braucht nach dem Grundsatze „Kauf bricht Miethe" der Ersteher die Weiterbenutzung des Grundstückes durch einen Miether oder Pächter nicht zu gestatten. Die besonderen Vorschriften der Gesetze über das Grundbuchwesen in Neuvorpommern und Rügen § 14, Schleswig Holstein § 34 und Kassel § 3 betreffen nur den Fall, wenn das Pachtrecht oder das Miethrecht eingetragen ist. Nach dem Gesetze über das Grundbuchwesen und die Zwangsvollstreckung 2c. im Geltungsbereiche des rheinischen Rechtes v. 12. April 1888 § 36 kann der Ansteigerer den Vertrag aufkündigen. Eine Aufkündigung ist auch nach dem sächsischen Gesetzbuche § 1225 und dem bayerischen Entwurfe II §§ 446, 481 erforderlich, obschon beide von dem Grundsatze „Kauf bricht Miethe" ausgehen. Die Frist, nach deren Ablauf der Ersteher die Räumung verlangen kann, wird meist im Anschlusse an die vertragsmäßige eventuell die gesetzliche Aufkündigungsfrist, bei der Pacht in dem preuß. A. L. R. und dem sächs. G. B. unter Berücksichtigung des Wirthschaftsjahres bezw. des Pachtjahres bestimmt.

Die mecklenburgischen Verordnungen enthalten unter § 31 zwei Vorschriften: „Pächter und Miether sind durch das Gericht von der Beschlagnahme und demnächst von der Ertheilung des Zuschlages (§ 47 Nr. 8) zu benachrichtigen. Mit der Zustellung der Benachrichtigung von der Ertheilung des Zuschlages gelten die Pacht- und Miethsverträge kraft Gesetzes als aufgekündigt". Für die Räumung sind in dem § 32 verschiedene Fristen festgesetzt. Nach § 47 Nr. 11 muß das Versteigerungsprotokoll die Anweisung an den Pächter oder Miether enthalten, das Grundstück „nach Beendigung des Pacht- oder Miethvertrages (§ 32) zu räumen und dem Käufer zurückzugeben". Braunschweig hat unter §§ 31, 32, 72 Abs. 2 ähnliche Bestimmungen.

Der Standpunkt, welchen der Entwurf einzunehmen hat, ist durch die Vorschriften des B. G. B. §§ 509 ff. gegeben. Nach dem § 509 ist, wenn der Vermiether das Eigenthum des dem Miether überlassenen Grundstückes auf einen Dritten übertragen hat, „der Dritte verpflichtet, den vertragsmäßigen Gebrauch des Grundstückes durch den Miether sowie die Vornahme derjenigen Handlungen, welche gegenüber dem Miether dem Vermiether obliegen, insbesondere die von dem Vermiether zu bewirkenden Ausbesserungen, noch so lange zu gestatten, bis nach der von dem Dritten an den Miether gerichteten Aufforderung zur Räumung des Grundstückes die im § 522 bestimmte gesetzliche Kündigungsfrist oder, wenn die vertragsmäßige Kündigungsfrist kürzer ist, diese kürzere Frist verstrichen ist". Abs. 2: „Erfolgt die Aufforderung zur Räumung des Grundstückes, so ist der Miether berechtigt, von dem Vertrage sofort für die Zukunft zurückzutreten". In dem § 511 wird die Wirksamkeit der Aufforderung von dem Nachweise der Berechtigung zu derselben abhängig gemacht. Diese Vorschriften sind zur Uebertragung auf das Rechtsverhältniß bei der Zwangsversteigerung um so mehr geeignet, als der Gedanke, auf welchem sie beruhen, in seiner Beziehung auf den Fall der Zwangsversteigerung den erwähnten Landesgesetzen zu Grunde liegt, und zwar auch solchen, welche den Grundsatz des B. G. B., daß Kauf Miethe bricht, im Uebrigen verwerfen. Daß die Pacht von der Zwangsversteigerung in gleicher Weise betroffen wird wie die Miethe, bedarf nach § 532 keiner Ausführung. Dagegen erscheint es rathsam, in dem Gesetze neben den §§ 509, 511 und 532 als entsprechend anwendbar auch den § 537 zu bezeichnen, weil dieser den im § 509 angezogenen § 522 theilweise zu ersetzen bestimmt ist. Bleibt somit dem Ersteher die Entscheidung darüber, ob das Mieth- oder Pachtverhältniß dem Vertrage gemäß fortgesetzt werden soll, so ist für Maßregeln des Vollstreckungsgerichtes, wie sie das mecklenb. Recht vorschreibt, kein Raum. (Abs. 1.) B. G. B.

II. Wenn das Mieth- und das Pachtverhältniß durch die Zwangsversteigerung des Grundstückes nicht erlischt, so erhebt sich die Frage, ob und von welchem Zeitpunkte an die Forderung wegen des Mieth- oder des Pachtzinses auf den Ersteher übergehen soll. Uebergang der Ford. auf den Ersteher.

1. Aus dem B. G. B. § 794 Nr. 2 und dem vorliegenden Entwurfe § 74 Abs. 2 ergibt sich nur, daß der Zins, welchen der Miether oder der Pächter zu entrichten hat, vom Zuschlage ab dem Ersteher gebührt. Es wäre aber wenig angemessen, wenn die Forderung selbst dem Vermiether bezw. Verpächter verbliebe. Vielmehr entspricht es der Sachlage, durch den Zuschlag unmittelbar den Anspruch gegen den Miether oder den Pächter auf den Ersteher übergehen zu lassen. (Abs. 2.)

Schutz des Erst. gegen Voraus- verfüg

2. Von einem Uebergange auf den Ersteher kann nur insoweit die Rede sein, als nicht bereits vor dem Zuschlage über die Mieth- oder die Pachtzinsforderung mit Wirksamkeit gegen den betreibenden Gläubiger verfügt ist. In dieser Hinsicht kommt aber in Betracht, daß, wenn die Forderung wegen eines Anspruches aus einer Hypothek an dem Grundstücke in Beschlag genommen worden, die in dem B. G. B. § 1069 Abs. 1 bezeichneten Verfügungen gegenüber dem Hypothekengläubiger nach Abs. 2 daselbst unwirksam sind, sofern die Forderung sich auf eine spätere Zeit bezieht, als auf die ersten drei Monate nach der Beschlagnahme. Derselbe Rechtsschutz kommt in Gemäßheit der §§ 1051, 1108, 1136 auch dem Reallastberechtigten und dem Grundschuldgläubiger zu statten. Es ist aber nicht zweifelhaft, daß der Ersteher gegenüber den Vorausverfügungen über Mieth- und Pachtzinsforderungen des gleichen Schutzes bedürftig und würdig ist. Deshalb rechtfertigt es sich, die Vorschriften des § 1069 Abs. 2 zu Gunsten des Erstehers in der Weise anzuwenden, daß derselbe an die Stelle des Gläubigers tritt, für welchen die Beschlagnahme erfolgt ist. (Abs. 3 Satz 1.) Nun wird aber mit der Zwangsvollstreckung in ein Grundstück eine Beschlagnahme der Mieth- und Pachtzinsforderungen nur verbunden, wenn die Vollstreckung durch Zwangsverwaltung geschieht[1]). Soll daher die Vorschrift des Entwurfes für die Fälle, in welchen nur die Zwangsversteigerung angeordnet ist, nicht bedeutungslos bleiben, so muß zugleich bestimmt werden, daß die Ertheilung des Zuschlages im Sinne dieser Vorschrift der Beschlagnahme zu Gunsten des betreibenden Gläubigers gleichsteht. (Satz 2.)

e) Eintritt der Wirkungen des Zuschlages.

§ 142.

Zeitpunkt des Eintrittes.

I. Die Frage, ob die Wirkungen des Zuschlages schon mit der Verkündung oder erst mit der Rechtskraft des Beschlusses eintreten, wird in dieser Allgemeinheit, wie es scheint, von keinem bestehenden Gesetze ausdrücklich entschieden. Die **preußischen** Gesetze über das Grundbuchwesen in Ehrenbreitstein § 3 und Kassel § 5 widersprechen sich, indem der Uebergang des Eigenthumes auf den Ersteher in jenem an die Verkündung des Zuschlages, in diesem an den rechtskräftigen Zuschlagsbescheid geknüpft wurde. Im Geltungsgebiete der Subhast. O. v. 15. März 1869 dagegen bestand kein Zweifel, daß das Eigenthum durch den Zuschlag mit dessen Verkündung von dem Ersteher erworben würde. Hierbei hat es auch das Ges. v. 13. Juli 1883 § 97 belassen. Aus dieser Lösung können allerdings erhebliche Verwickelungen entstehen, weil, wenn der Zuschlag durch das Beschwerdegericht aufgehoben wird, auch seine Wirkungen rückgängig werden müssen. Allein auch die andere Lösung hat einen schweren Uebelstand zur Folge, nämlich den, daß in der Zeit zwischen dem Zuschlage und dessen Rechtskraft entweder der Schuldner in der Inhabung des Grundstückes und der übrigen Gegenstände belassen oder aber besondere Sicherungsmaßregeln getroffen werden müssen. In jenem Falle sind Verschlechterungen zu besorgen, da der Schuldner in der Regel kein Interesse mehr

---

[1]) Entw. § 36 Abs. 3, § 192 Abs. 1.

an der Erhaltung des wirthschaftlichen Bestandes, aber auch nicht die Mittel haben wird, Ersatzansprüchen, die gegen ihn begründet werden, Genüge zu leisten; in diesem sind nicht unerhebliche Kosten für den Ersteher unvermeidlich. Entscheidend für die erstere Lösung ist die Erwägung, daß die Rücksicht auf die Rechtssicherheit volle Gewißheit des Zeitpunktes verlangt, in welchem das Eigenthum von dem Ersteher erworben wird, daß aber diese Gewißheit nicht in dem selbst mehr oder weniger ungewissen Zeitpunkte des Eintrittes der Rechtskraft, sondern in der Verkündung des Beschlusses gesucht werden muß. Wird der Beschluß nicht verkündet, so können seine Wirkungen erst mit seiner Zustellung an den Ersteher eintreten. (Abs. 1.)

Eintrag. in das Grundbuch.

II. Ungeachtet der sofortigen Wirksamkeit des Zuschlages dürfen doch die Rechtsänderungen, welche derselbe erzeugt, nicht sofort und auch nicht auf Antrag der Berechtigten, sondern erst nach Beendigung des Vertheilungsverfahrens auf das Ersuchen des Vollstreckungsgerichtes gemäß § 172 in das Grundbuch eingetragen werden. Für die Betheiligten, deren Rechte durch den Zuschlag erlöschen, liegt hierin kaum ein Uebelstand. Der Ersteher dagegen ist an der Verfügung über das Grundstück gehindert, so lange er nicht als Eigenthümer eingetragen ist. Das Gesetz kann jedoch diese Eintragung, ohne das Interesse der Betheiligten zu gefährden, nicht eher gestatten, als das Grundbuch auch im Uebrigen berichtigt werden kann. Die Berichtigung hängt aber mehr oder weniger von dem Ausfalle des Vertheilungstermines ab. Deshalb erscheint es angemessen, die gesammten Eintragungen bis zur Ausführung des Vertheilungsplanes zu vertagen und dieselben nur auf Ersuchen des Gerichtes vornehmen zu lassen. (Abs. 2 Satz 1.)

Ersuchen des Gerichtes.

Selbstständ. Vorgehen der Betheil.

Ein selbständiges Vorgehen der Betheiligten und des Erstehers ist aber nur bis zur Ausführung des Theilungsplanes ausgeschlossen. Stellt sich erst später, d. h. nach der Eintragung des Erstehers, die Nothwendigkeit einer Berichtigung des Grundbuches heraus, so haben die Betheiligten und der Ersteher nicht nöthig, deswegen die Vermittelung des Vollstreckungsgerichtes in Anspruch zu nehmen. Vielmehr steht es jedem durch eine Eintragung Verletzten frei, die Einwilligung zur Berichtigung derselben im Rechtswege nach Maßgabe des B. G. B. § 843 gegen den Verpflichteten zu erzwingen und die Berichtigung selbst auf Grund des Urtheiles herbeizuführen. Konstitutive Bedeutung hat in dem Vertheilungsverfahren nur der Zuschlagsbeschluß. Die zu dessen Ausführung dienenden Maßnahmen des Vollstreckungsgerichtes sind nur Verwaltungsmaßregeln, welche die Beschreitung des Rechtsweges nicht ausschließen. (Satz 2.)

f) Zwangsvollstreckung auf Räumung und Herausgabe.

§ 143.

Landesgesetze.

I. Der Ersteher ist als Eigenthümer des Grundstückes zum Besitze desselben berechtigt. Nach der preußischen Subhast. O. v. 15. März 1869 § 57 mußte, wenn er es verlangte, die Uebergabe durch den Subhastationsrichter an Ort und Stelle vollzogen werden. Diese Bestimmung ist in das anhaltische Subhastationsgesetz übergegangen, für Preußen selbst jedoch durch das Ges. v. 13. Juli 1883 § 98 Abs. 5 dahin geändert worden, daß die Uebergabe auch durch einen anderen Beamten des Gerichtes oder durch einen von dem Gerichte zu bestellenden Gerichtsvollzieher bewirkt werden kann. Auch Weimar § 58, Rudolstadt § 14, Reuß j. L. § 42, Elsaß-Lothringen § 21 und Lübeck § 33 weisen dem Vollstreckungsgerichte die Aufgabe zu, den Schuldner aus dem Besitze zu setzen und dem Ersteher den Besitz zu verschaffen. Dagegen ist das Verhältniß in Bayern (1879) Art. 78 Ziff. 8 und Art. 79, sowie in Mecklenburg § 47 Ziff. 9 und § 48 Ziff. 2 in der Weise geordnet, daß in das Versteigerungsprotokoll der Befehl an den Schuldner bezw. den Drittbesitzer, den Besitz des zugeschlagenen Gegenstandes zu räumen, aufgenommen und dieser Befehl für vollstreckbar erklärt wird. Auch Baden § 72 läßt die Zwangsvollstreckung aus dem Protokolle zu. Hessen bestimmt unter Art. 146 für Rheinhessen, wo dem Steigerer (Ersteher) ein „die Verfügung der Räumung" enthaltender Steigbrief ertheilt wird: „Unterläßt der Schuldner oder Drittbesitzer die Räumung, so kann der Steigerer, nachdem der Steigbrief mit der Vollstreckungsklausel versehen worden ist, die Räumung nach Maßgabe der Vorschriften der Civilprozeßordnung erzwingen". Nach dem braunschweigischen Gesetze §§ 72, 73 wird ein besonderer Räumungsbefehl an den Schuldner bezw. an den Miether oder Pächter erlassen und auf Antrag des Erstehers für vollstreckbar erklärt; auf die Zwangsvollstreckung finden die §§ 662—701 der C. P. O. entsprechende Anwendung. Sachsen hat unter § 176 Abs. 1 die Vorschriften: „Die Uebergabe des Grundstücks an den Ersteher erfolgt nach dessen Eintragung im Grundbuch durch Zustellung des Beschlusses an den Schuldner, daß dem Ersteher die Besitzergreifung gestattet sei. Der Beschluß ist nach Maßgabe des § 771 Abs. 1 der Civilprozeßordnung zu vollstrecken".

II. Der Vorschrift des preußischen Gesetzes liegt die Auffassung zu Grunde, daß es sich bei Herbeiführung der Uebergabe nur um die Durchführung der durch die Zwangsversteigerung eingeleiteten und fortgesetzten Zwangsvollstreckung handele, so zwar, daß das Vollstreckungsgericht selbst, ohne daß es eines neuen vollstreckbaren Titels bedürfe, auf den Antrag des Erstehers die Uebergabe an denselben zu bewirken habe. Dieser Auffassung kann jedoch nicht beigetreten werden.

Zwangsvollstr. gegen den Schuldner,

1. Ein durchschlagender Grund, der zu einer von den allgemeinen Vorschriften der C. P. O. abweichenden Gestaltung der Zwangsvollstreckung nöthigte, ist nicht erfindlich. Es läßt sich namentlich nicht behaupten, daß der Ersteher auf dem von dem preuß. Gesetze vorgeschriebenen Wege in der Regel schneller in den Besitz der versteigerten Sachen gelangen würde. Dieser Weg ist überdem, wenn die Sachen in der Inhabung eines zur Herausgabe nicht bereiten Dritten sich befinden, im Hinblicke auf die C. P. O. § 772 nicht ohne Bedenken. Auch steht ihm entgegen, daß aus dem Rechte des Erstehers auf Uebergabe, wenn dasselbe überhaupt Bedeutung haben soll, für den Fall einer Unmöglichkeit der Uebergabe, namentlich einer beweglichen Sache, Folgerungen gezogen werden könnten, die in das System des Entwurfes nicht paßten, z. B. die Folgerung, daß der Ersteher einen Theil des Meistgebotes zurückbehalten oder eine Minderung desselben verlangen dürfte.

Diese Bedenken erledigen sich, wenn der Ersteher von vornherein auf den Weg verwiesen wird, welchen die C. P. O. angibt.

Der Zuschlag begründet mit seiner Verkündung bezw. Zustellung für den Ersteher den Anspruch auf Räumung und Herausgabe des Grundstückes und der mitversteigerten Sachen; hat die Versteigerung auch auf eine Forderung sich erstreckt, so sind auch die über dieselbe vorhandenen Urkunden herauszugeben[1]).

Zur Verwirklichung des Anspruches muß vor Allem der Zuschlagsbeschluß mit der Vollstreckungsklausel versehen werden[2]). Auch finden die Vorschriften der C. P. O. über die Zustellung des Beschlusses und der Klausel und, je nachdem die Zwangsvollstreckung gegen den Schuldner oder gegen einen Dritten erfolgen soll, die §§ 769 und 771 oder der § 772 Anwendung. (Abs. 1.)

2. Ist ein Dritter Inhaber des Grundstückes oder einer beweglichen Sache, so ist die Zwangsvollstreckung gegen ihn ausgeschlossen, wenn die Inhabung auf ein der Räumung oder der Herausgabe entgegenstehendes, durch den Zuschlag nicht beseitigtes Recht sich gründet. Es entspricht dies der Vorschrift des B. G. B. § 942. Eine besondere Bestimmung ist gegenüber der allgemeinen Fassung des ersten Absatzes erforderlich. (Abs. 2.) gegen einen Dritten.

g) Verwaltung des Grundstückes für Rechnung des Erstehers.

§ 144.

Wenn der Ersteher die Zwangsvollstreckung auf Räumung und Herausgabe des Grundstückes und der beweglichen Sachen nach Maßgabe des § 143 betreiben darf, so ist sein Interesse an der Sicherstellung der von ihm erworbenen Gegenstände genügend geschützt, ein praktisches Bedürfniß, ihm mit Preußen § 98 Abs. 2, Weimar 2c. ein Recht auf Herbeiführung einer gerichtlichen Verwaltung des Grundstückes einzuräumen, mithin nicht vorhanden. Schutz des Erstehers.

Dagegen ist ein Interesse der Betheiligten an der Einleitung einer solchen Verwaltung insoweit unverkennbar, als dieselben Befriedigung aus dem baar zu zahlenden Theile des Meistgebotes zu erwarten haben. Das Interesse besteht darin, daß dem Ersteher das Grundstück nur gegen Zahlung herausgegeben werde. Der Zahlung ist die Hinterlegung gleichzustellen, da auch durch sie die bezweckte Sicherstellung für die Betheiligten erreicht wird. Das Recht der Betheiligten, in dieser Weise ihr Interesse zur Geltung zu bringen, ergibt sich aus dem Grundsatze, daß Zahlung und Uebergabe Zug um Zug zu erfolgen haben. Die Verwaltung selbst findet, da der Ersteher durch den Zuschlag Eigenthümer geworden ist, für Rechnung des Erstehers statt, aber zur Vermeidung zweckloser Maßregeln nicht, wie nach dem sächsischen Gesetze § 176 Abs. 2 Satz 2, von Amtswegen, sondern nur auf Antrag eines Betheiligten. (Abs. 1, Satz 1.) Der Antrag muß aber, damit die Verwaltung gleich bei Ertheilung des Zuschlages angeordnet werden kann, für den Fall der Ertheilung schon in dem Versteigerungstermine gestellt werden können. (Satz 2.) Die Verwaltung ist keine Zwangsverwaltung im Sinne des dritten Titels, sondern eine Sicherungsmaßregel, aber immerhin eine gerichtliche Interesse der Betheiligten. Antrag. Natur der Verw.

---

1) Vergl. B. G. B. §§ 301, 462; C. P. O. § 737 Abs. 2.

2) C. P. O. §§ 662 ff., § 238.

Verwaltung, für welche in Ansehung der Bestellung des Verwalters sowie der Rechte und Pflichten desselben die nämlichen Vorschriften wie für die Zwangsverwaltung maßgebend sein müssen. (Satz 3.) Der Standpunkt des Entwurfes entspricht in der Hauptsache den Bestimmungen des preußischen Gesetzes § 98 Abs. 1—4, deren Grundgedanke auch in Weimar § 58, Anhalt § 30 und Reuß j. L. § 42 zur Anerkennung gelangt ist.

Legitimation des Antragstellers.

Die Legitimation zur Stellung des Antrages macht keine Schwierigkeiten, wenn bereits die Vertheilungsverhandlungen ergeben, daß der Antragsteller befriedigt werden wird. Anderenfalls befindet sich der Betheiligte, welcher die Anordnung der gerichtlichen Verwaltung beantragt, gegenüber der Frage, ob er Befriedigung zu erwarten hat, in einer ähnlichen Lage wie bei dem Verlangen der Sicherheitsleistung für ein Gebot. Wenn daher in diesem Falle die Entscheidung über die gedachte Frage durch die Vorschrift des § 90 Abs. 1 Satz 2 in der Weise erleichtert wird, daß die nicht in einem Rechte an dem Grundstücke sich gründenden Ansprüche sowie die Ansprüche wegen Kosten und wiederkehrender Leistungen außer Betracht bleiben, so rechtfertigt es sich, dieselbe Erleichterung, wenigstens „im Zweifel“ auch im Falle des Antrages auf gerichtliche Verwaltung des Grundstückes eintreten zu lassen. (Abs. 2.)

5. Folgen der Nichtertheilung des Zuschlages.

a) Zulässigkeit einer erneuten Versteigerung.

§ 145.

Ist der Zuschlag versagt, so hat das Vollstreckungsgericht zu prüfen, ob eine erneute Versteigerung zulässig ist. Muß diese Frage verneint werden, so ist das Verfahren beendet. Wenn sie dagegen zu bejahen ist, so ist der Versteigerungsantrag nicht erledigt. Das Verfahren bleibt daher anhängig, und es kann, sofern nicht der Fall des § 119 vorliegt, sich nur fragen, ob das Vollstreckungsgericht von Amtswegen das Weitere veranlassen oder einen Antrag des Gläubigers abwarten soll. Die meisten Landesgesetze erwähnen das Erforderniß eines Antrages nicht. In Preußen § 99, Sachsen § 135 und Anhalt § 29 wird es aufgestellt. Auch der Entwurf glaubt von einem Antrage nicht absehen zu sollen.

α. Die Sache liegt nach der Versagung des Zuschlages thatsächlich nicht anders, als in dem Falle, wenn das Verfahren einstweilen eingestellt ist. Es rechtfertigt sich deshalb, die zur Regelung dieses Falles dienenden Vorschriften des § 110 auch auf den vorliegenden Fall zur Anwendung zu bringen. (Abs. 1.)

β. Die Frist, vor deren Ablauf der Antrag auf Fortsetzung des Verfahrens zu stellen ist, muß hier ebenso wie in dem § 111 Abs. 1 auf drei Monate bestimmt werden. Wird in Folge des Antrages ein neuer Versteigerungstermin bestimmt, so entspricht es dem Interesse des Gläubigers, die abgekürzte Termins- und Versteigerungsfrist nach Maßgabe des § 51 eintreten zu lassen. (Abs. 2.)

γ. Wird die Fortsetzung des Verfahrens nicht rechtzeitig beantragt, so ist nach Analogie des § 111 Abs. 1 der Versteigerungsantrag als zurückgenommen anzusehen. (Abs. 3.)

δ. Die Frist für den Antrag beginnt in Sachsen mit der Rechtskraft, in Preußen mit der Verkündung der Entscheidung, durch welche der Zuschlag versagt ist. Der Entwurf läßt, um Verzögerungen vorzubeugen, die Frist mit der Verkündung und, wenn der Beschluß nicht verkündet ist, mit dessen Zustellung an den Gläubiger beginnen. (Abs. 4.) Hieraus folgt zugleich, daß durch Einlegung der Beschwerde die Fortsetzung des Verfahrens nicht ausgeschlossen ist. Eine besondere Bestimmung, wie sie Preußen unter Abs. 2 enthält, ist jedoch im Hinblicke auf die C. P. O. § 535 Abs. 2, 3 entbehrlich.

b) Erledigung aller Versteigerungsanträge.

§ 146.

Nach dem preußischen Ges. § 100 veranlaßt das Gericht, wenn alle Versteigerungsanträge erledigt sind, die Löschung des Versteigerungsvermerkes im Grundbuche. Dasselbe gilt erkennbar in Bayern nach dem Ges. v. 1879 Art. 71 Abs. 1 und in Sachsen nach der Ausf. Verordn. v. 16. Aug. 1884 § 7. Die Vorschrift setzt voraus, daß die Anträge endgültig erledigt sind, sei es, daß der Zuschlag versagt worden und eine erneute Versteigerung nicht zulässig ist, sei es, daß das Verfahren aufgehoben oder die Anträge zurückgenommen sind. In allen diesen Fällen ist das Verfahren beendet, die Voraussetzung für die Löschung des Versteigerungsvermerkes mithin gegeben. Zu entscheiden ist nur, wer die Löschung bei dem Grundbuchamte nachsuchen soll. Man könnte daran denken, die Entscheidung nach der Regel des B. G. B. § 846 Abs. 2 dahin zu treffen, daß es dem Eigenthümer oder einem anderen durch die Eintragung des Vermerkes Beschwerten überlassen bleibe, die Löschung bei dem Grundbuchamte zu betreiben. Allein diese Entscheidung wäre nicht blos unbillig gegen die Betheiligten, sondern mit Rücksicht darauf, daß deren regelmäßig mehrere vorhanden sind, auch wenig angemessen. Zweckmäßig und folgerichtig allein ist es, daß das Gericht, auf dessen Ersuchen der Vermerk eingetragen ist, auch dessen Löschung bei der Buchbehörde beantragt. Der Entwurf hat deshalb die Vorschrift des preuß. Gesetzes übernommen.

VII. Vertheilung des Erlöses.

Vorbemerkungen.

a) In dem weitaus größten Theile des Reiches bewirkt das Vollstreckungsgericht die Vertheilung des Versteigerungserlöses unter die Berechtigten; so namentlich in Preußen, Sachsen, Mecklenburg, Oldenburg, Weimar, Anhalt, Meiningen, Reuß, Schaumburg-Lippe. Nach der badischen Verordnung, das Verfahren bei Zwangsvollstreckungen in Liegenschaften betr., v. 25. Juli 1879 §§ 67 ff. gehört das Vertheilungsverfahren zur Zuständigkeit des Vollstreckungsbeamten. In Elsaß-Lothringen kann vor dem Versteigerungsbeamten ein Uebereinkommen über die Vertheilung des Erlöses geschlossen werden; geschieht dies nicht, so findet das Vertheilungs- Vertheilung durch das Gericht.

verfahren vor dem Amtsgerichte statt[1]). In Württemberg ist für dieses Verfahren der Gemeinderath als Vollstreckungsbehörde zuständig. Die Vertheilung wird von einem Beamten vorgenommen, von diesem auch mit den Betheiligten verhandelt; von einem Termine kann in einfachen Sachen abgesehen werden[2]). Nach dem hessischen Gesetze tritt ein gerichtliches Vertheilungsverfahren in Starkenburg und Oberhessen nur ein, wenn das Gericht ein solches für erforderlich erachtet, in Rheinhessen stets von Amtswegen, es sei denn, daß rechtzeitig eine notarielle Urkunde beigebracht wird, aus welcher hervorgeht, daß die Betheiligten über die Vertheilung des Erlöses sich geeinigt haben[3]). In Coburg-Gotha liegt dieses Geschäft dem Gerichte nur ob, „wenn der Erlös zur Befriedigung der betheiligten Gläubiger nicht hinreicht und dieselben sich über die Vertheilung des Erlöses nicht einigen können"[4]). In Bayern unterbleibt das gerichtliche Vertheilungsverfahren: a) wenn außer den bevorzugten Gläubigern nur ein Gläubiger vorhanden ist; b) wenn beim Vorhandensein mehrerer Gläubiger diese sich mit dem Schuldner bezw. dem Drittbesitzer über die Vertheilung geeinigt haben und das Uebereinkommen durch eine öffentliche Urkunde festgestellt ist; c) wenn der Ersteher nachweist, daß die Gläubiger, welche aus dem Versteigerungserlöse zum Zuge kommen, von ihm befriedigt worden sind oder ihn als Schuldner übernommen haben, und auf Grund dieses Nachweises die Berichtigung des Hypothekenbuches beantragt, vorausgesetzt, daß binnen zwei Wochen Erinnerungen seitens der Betheiligten nicht erhoben werden. In der Pfalz gilt die Ausnahme unter c nicht[5]). Aehnlich wie in Bayern rechts des Rheines ist das Vertheilungsverfahren auch in Braunschweig und Mecklenburg beschränkt[6]).

Nach der C. P. O. § 758 tritt das Vertheilungsverfahren ein, „wenn bei der Zwangsvollstreckung in das bewegliche Vermögen ein Geldbetrag hinterlegt ist, welcher zur Befriedigung der betheiligten Gläubiger nicht hinreicht". Die einfache Uebertragung dieser Vorschrift auf die Zwangsvollstreckung in das unbewegliche Vermögen würde jedoch zu einer angemessenen Regelung des Falles der Zwangsversteigerung nicht führen. In diesem Falle hat das Gericht, welches die Versteigerung anzuordnen und durchzuführen berufen ist, auch die Vertheilung des Versteigerungserlöses zu bewirken. Die Nothwendigkeit eines gerichtlichen Vertheilungsverfahrens folgt schon aus der Offizialmaxime, von welcher das Versteigerungsverfahren beherrscht wird. Wenn dieses Verfahren so geordnet ist, daß alle betheiligten Rechte gleichmäßig berücksichtigt und geschützt werden, so verlangt die Konsequenz, daß das Gericht, insoweit, als es diese Rechte durch den Zuschlagsbeschluß beseitigt, auch dafür sorgen muß, daß die Berechtigten den für sie an die Stelle des Grundstückes tretenden Erlös nach Maßgabe des Gesetzes erhalten. Hinzukommt, daß das Gesetz, wenn es die Pflichten des Veräußerers einem Betheiligten nicht auf-

---

1) Elsaß-Lothringen §§ 43 ff.

2) Württemberg Art. 24 ff.

3) Hessen Art. 66 ff. und Art. 155 ff.

4) Coburg-Gotha § 27.

5) Bayern (1879) Art. 95, 96, (1886) Art. 32.

6) Braunschweig §§ 94, 95; Mecklenburg §§ 72, 73.

erlegt, die Erfüllung dieser Pflichten durch das Verfahren selbst dem Ersteher gewährleisten muß. Von diesem Standpunkte ist der Ersteher wegen der dem Zuschlage entsprechenden Berichtigung des Grundbuches an das Gericht zu weisen. Das Grundbuch aber kann erst nach der Vertheilung des Versteigerungserlöses berichtigt werden. Die Vertheilung ist ohnehin wegen der bei ihr vorkommenden Zwischenfälle ein schwieriges Geschäft, dessen sachgemäße Erledigung regelmäßig nur von dem Vollstreckungsgerichte sich erwarten läßt.

Nun läßt sich freilich sagen, wenn die Betheiligten Befriedigung erlangt oder sich unter einander und mit dem Ersteher geeinigt haben, so sei das Vertheilungsverfahren gegenstandslos, ein Eingreifen des Gerichtes mithin nur noch insoweit erforderlich, als demselben die Sorge für die Berichtigung des Grundbuches obliege, in dieser Hinsicht aber die Vorlegung einer öffentlichen Urkunde genügend, aus welcher die Befriedigung der Betheiligten bezw. die Vereinbarung über die Vertheilung des Versteigerungserlöses sich ergebe. Allein es wird Niemand behaupten wollen, daß durch die Einschiebung eines anderen Gerichtes oder eines Notares für die Beurkundung des Vertheilungsgeschäftes, dessen Erledigung an Einfachheit oder an Sicherheit gewinnen müßte. Jedenfalls ist ein praktisches Bedürfniß für eine solche Gestaltung des Verfahrens in denjenigen Gebieten, in welchen die Zwangsversteigerung bisher ausschließlich von dem Vollstreckungsgerichte ausgeführt worden ist, nicht hervorgetreten. Dem Bedürfnisse aber in den Gebieten, in welchen das Institut des Versteigerungsbeamten oder einer besonderen Vollstreckungsbehörde neben dem Vollstreckungsgerichte besteht, wird durch den Vorbehalt in dem § 242 Rechnung getragen.

b) Von besonderer Bedeutung für das Vertheilungsverfahren ist der Theilungsplan[1]). Theilungsplan.

Bei der Zwangsvollstreckung in das bewegliche Vermögen wird nach der C. P. O. §§ 760 ff. ein solcher Plan von dem Gerichte angefertigt, den Betheiligten in einem Termine zur Erklärung vorgelegt und, soweit kein Widerspruch erhoben wird, zur Ausführung gebracht. Im Falle eines Widerspruches ist es Sache des widersprechenden Gläubigers, gegen die anderen betheiligten Gläubiger Klage zu erheben. Wird die Erhebung der Klage dem Vollstreckungsgerichte vor Ablauf eines Monates seit dem Termine nachgewiesen, so unterbleibt die Ausführung des Planes, soweit derselbe von dem Widerspruche betroffen wird, bis zur Entscheidung des Rechtsstreites. Die C. P. O. bestimmt weiter in dem § 765 das Gericht, bei welchem die Klage zu erheben, in den §§ 766 und 767 den Inhalt des Urtheiles, durch welches über den Widerspruch entschieden wird, und in dem § 768 das Verfahren des Vertheilungsgerichtes auf Grund des Urtheiles.

Auf Vertheilungsstreitigkeiten, welche bei der Zwangsvollstreckung in das unbewegliche Vermögen entstehen, finden gemäß § 757 Abs. 3 die §§ 765—768

[1]) „Theilungsplan" heißt es in der C. P. O. §§ 760, 761, sowie in Elsaß-Lothringen §§ 49 ff. und in Hamburg § 13; „Vertheilungsplan" in Bayern (1879) Art. 97 ff. und (1886) Art. 35, Sachsen §§ 21, 24, 138 ff. und Reuß j. L. §§ 53, 55 ff. Beide Worte werden gebraucht in Preußen §§ 104, 106, 113—115, 118, 120, Hessen Art. 67, 156 ff., Mecklenburg §§ 59, 60, 64, 70, 71, Weimar §§ 73—76, 80, 85, Braunschweig §§ 75, 76, 81, 84, 85, 89, 90.

entsprechende Anwendung. Die Landesgesetze, welche das Vertheilungsverfahren regeln, schließen sich aber auch im Uebrigen mehr oder weniger eng an die C.P.O. an; so namentlich die Gesetze für Bayern, Braunschweig, Mecklenburg, Weimar, Elsaß-Lothringen. Einige erklären die Paragraphen der C.P.O. für entsprechend anwendbar; so Meiningen und Rudolstadt die §§ 758—768, Oldenburg und Hamburg die §§ 761—768, Preußen und Hessen (mit Ausschluß von Rheinhessen) die §§ 762—768, Anhalt, Altenburg, Lippe und Schaumburg-Lippe den § 764.

Einen besonderen Standpunkt nimmt das sächsische Gesetz ein. Nach ihm liegt in der Aufstellung des Vertheilungsplanes eine der Rechtskraft fähige Entscheidung des Gerichtes (§§ 138, 143). Der Plan wird demgemäß in dem Vertheilungstermine verkündet (§§ 89, 145), unterliegt jedoch der sofortigen Beschwerde nur insoweit (§§ 146, 151), als zugleich der Zuschlag anfechtbar (§§ 147 ff.) oder in dem Plane zu Unrecht Ansprüche festgestellt oder aufgenommen sind oder die Feststellung bezw. die Aufnahme unterblieben ist (§§ 139—141, 144). Die Rechtskraft des Planes schließt dessen Anfechtung im Wege der Klage seitens eines Betheiligten gegen einen anderen nicht aus (§§ 21—23), hat aber doch die praktische Bedeutung, daß in der Regel die Ausführung des Planes, wenn ein Monat verstrichen ist, durch die Erhebung der Klage nicht aufgehalten wird (§§ 24, 157, 159).

Die Auffassung des Theilungsplanes in dem sächsischen Gesetze erinnert an das gemeinrechtliche Theilungsurtheil. In Wirklichkeit aber hat der Plan mit einem solchen Urtheile nichts gemein. Denn der Versteigerungserlös ist nicht zu theilen, sondern unter die Berechtigten, welche in keiner Gemeinschaft mit einander stehen, zu vertheilen. Der Richter, welcher den Plan anfertigt, übt hierbei lediglich eine beurkundende bezw. verwaltende Thätigkeit. Diese Thätigkeit kann freilich, wenn sie sich in rechtsverletzenden Anordnungen äußert, im Wege der Beschwerde angegriffen werden. Aber die Beschwerde gegen solche Anordnungen bedarf um so weniger einer besonderen Regelung, als sie in den meisten Fällen durch eine entsprechende Berichtigung des Planes oder durch dessen Ausführung sich erledigen wird. Seine für die Vertheilung maßgebende Bedeutung gewinnt der Plan erst durch die Zustimmung der Betheiligten oder vielmehr dadurch, daß ihm nicht widersprochen wird. Erhebt aber ein Betheiligter Widerspruch, so kann über denselben nicht in dem summarischen Vertheilungsverfahren, sondern nur im ordentlichen Prozesse entschieden werden. Daher muß, soweit der Widerspruch reicht, bis zu seiner Erledigung die Ausführung des Planes unterbleiben. Der Entwurf hat im Hinblicke auf das geltende Recht um so weniger Anlaß, dem sächsischen Gesetze zu folgen, als ein praktisches Bedürfniß für eine demselben entsprechende Gestaltung des Theilungsplanes nicht ersichtlich ist.

1. Vertheilungstermin.

§ 147.

Zweck. a) Wenn zur Vertheilung des Versteigerungserlöses ein gerichtliches Verfahren stattfindet, so ist ein besonderer Termin unerläßlich. Der Termin wird in Bayern, Württemberg ꝛc. zur Erklärung der Betheiligten über den Vertheilungsplan sowie zur Ausführung der Vertheilung[1]), in Preußen, Anhalt ꝛc. zur Belegung und Vertheilung des Kaufgeldes bestimmt[2]). Da nach dem Entwurfe der Plan erst in dem Termine aufgestellt wird, so muß als Zweck des Termines im Allgemeinen die Zahlung und Vertheilung des Versteigerungserlöses bezeichnet werden.

Das Vertheilungsgeschäft darf in Bayern, Württemberg, Hessen, Braunschweig erst in Angriff genommen werden, wenn der Zuschlag nicht mehr aufgehoben werden kann[3]). In Preußen dagegen wird der Vertheilungstermin gleich nach der Verkündung des Zuschlagsurtheiles anberaumt[4]). Nach dem Entw. ist die nach § 125 bezw. § 135 erforderliche Zustellung des Beschlusses, durch welchen der Zuschlag ertheilt ist, abzuwarten. Theoretisch mag es ja richtiger sein, die Anberaumung des Termines bis zum Eintritte der Rechtskraft des Beschlusses zu vertagen. Allein da erfahrungsmäßig die Fälle, in welchen Beschwerde gegen den Beschluß eingelegt wird, nur selten sind, so erscheint es einerseits unbedenklich, andererseits zur Vermeidung einer unnöthigen und in Folge des Anwachsens der Zinsen und Kosten immer mit Nachtheilen verbundenen Verzögerung des Verfahrens geboten, die Bestimmung des Termines nur von der Zustellung des Beschlusses abhängig zu machen. (Abs. 1.) Je eher der Versteigerungserlös gezahlt und vertheilt wird, desto leichter werden überdies die Betheiligten geneigt sein, von der nach § 144 zulässigen gerichtlichen Verwaltung abzusehen. Allerdings können erhebliche Verwickelungen entstehen, wenn nach der Vertheilung des Erlöses der Zuschlag aufgehoben wird. Allein diesem Einwande begegnet der Entwurf dadurch, daß er nach dem Vorgange von Weimar § 69 Abs. 2 und Reuß j. L. § 52 das Gericht ermächtigt, in dem Falle, wenn gegen den Beschluß Beschwerde eingelegt wird, den Termin wieder aufzuheben. (Abs. 4.) Dem Interesse des Erstehers aber genügt die Bestimmung, daß auf dessen Antrag die Ausführung der Vertheilung bis zur Rechtskraft des Beschlusses ausgesetzt werden muß. Diese Bestimmung entspricht dem preußischen Ges. § 123, geht aber im Hinblicke auf die Vorschriften des Entw. §§ 78 und 123 insofern über dasselbe noch hinaus, als sie dem Antrage desjenigen, welcher nach diesen Vorschriften zur Zahlung verpflichtet bezw. mitverpflichtet ist, dieselbe Wirkung beilegt wie dem Antrage des Erstehers. (Abs. 5.)

Zeit der Anberaumung.

Ausführung der Vertheilung.

Der Vertheilungstermin soll in Anhalt regelmäßig nicht über 30 Tage, in Weimar nicht über 6 Wochen, in Reuß j. L. nicht über 4 Monate hinaus bestimmt werden. Ein Bedürfniß für eine derartige, dem pflichtmäßigen Ermessen des Gerichtes vorgreifende Anweisung gehört jedoch nicht in das Gesetz. Die Sache liegt für den Vertheilungstermin wesentlich anders als für den

Terminsfrist.

---

1) Bayern (1879) Art. 97 Ziff. 2, Württemberg Art. 24, Hessen Art. 67, Mecklenburg § 60, Braunschweig § 84, Oldenburg Art. 59.

2) Preußen § 101, Weimar § 69, Ahalt § 33, Reuß j. L. § 52.

3) Bayern Art. 95, 97, Hessen Art. 155, 156. Im Uebrigen siehe Anm. 1.

4) Siehe Anm. 2.

Versteigerungstermin (§ 46). Wird im einzelnen Falle der Zeitraum zwischen dem Tage, an welchem jener Termin bestimmt wird, und dem Terminstage in Anbetracht der Umstände, namentlich mit Rücksicht auf die Höhe des von dem Ersteher zu zahlenden Betrages, verhältnißmäßig zu weit bemessen, so kann im Aufsichtswege Abhülfe verlangt werden.

Zustellung der Terminsbestimmung. b) Der Zweck des Vertheilungstermines bringt es mit sich, daß die Terminsbestimmung nicht blos dem Ersteher und den Betheiligten[1]), sondern auch denjenigen, welche, ohne zu den Betheiligten im Sinne des § 8 zu gehören, einen Anspruch auf Befriedigung aus dem Versteigerungserlöse zu den Akten angemeldet haben[2]), und in den Fällen der §§ 78, 123 auch demjenigen, welcher für den Ersteher bezw. mit demselben haftet, zuzustellen ist. (Abs. 2 Satz 1.) Im Uebrigen ist hier daselbe wie im § 52 Abs. 1 Satz 2 und Abs. 2 zu bestimmen. (Satz 2, 3.)

Bekanntmachung. Eine Bekanntmachung des Vertheilungstermines durch ein öffentliches Blatt[3]) ist nicht erforderlich, da eine öffentliche Aufforderung zur Anmeldung von Ansprüchen in diesem Abschnitte des Verfahrens[4]) nicht am Platze ist. Es genügt die Anheftung der Terminsbestimmung an die Gerichtstafel. (Abs. 3.)

2. Verfahren im Vertheilungstermine.

a) Feststellung und Bereitstellung des zu vertheilenden Erlöses.

α. Feststellung und Zahlung.

§ 148.

Das Vertheilungsgeschäft beginnt naturgemäß mit der Feststellung dessen, was zu vertheilen ist. Der zu vertheilende Betrag fällt zusammen mit dem durch Zahlung zu berichtigenden Theile des Meistgebotes. Es muß also festgestellt werden, auf welchen Betrag dieser Theil sich beläuft[5]), und wenn zur Sicherstellung oder zur Erfüllung des Gebotes gemäß § 94, § 65 Abs. 2 Satz 2 Geld hinterlegt worden, welcher Betrag in Folge der Hinterlegung vorhanden ist. Entsprechende Vorschriften finden sich in den Gesetzen für Preußen § 102 Abs. 1, 3, Bayern (1879) Art. 117 Abs. 1, Mecklenburg § 64 Satz 1, Oldenburg Art. 71, Weimar ꝛc. Der Entwurf schließt sich im Wesentlichen an Preußen an. (Abs. 1.)

Daß die Zahlung im Vertheilungstermine zu leisten ist, ergibt bereits der § 65 Abs. 2 Satz 1. Daß sie an das Gericht zu erfolgen hat, ist nach der Begründung dieses Satzes[6]) hier zu bestimmen. (Abs. 2.)

---

1) Württemberg Art. 24, Hessen Art. 67, 157, Reuß j. L. § 53.
2) Preußen § 101 Abs. 2.
3) Mecklenburg § 60 Abs. 4, Braunschweig § 74.
4) Vergl. Entw. § 44 Nr. 4, § 48 Abs. 1 Nr. 2.
5) Entw. § 65 Abs. 1, § 139.
6) Oben S. 167, 168.

Die Hinterlegung des Erlöses oder eines Theiles desselben muß, wenn sie nachgewiesen wird, gemäß § 65 Abs. 2 Satz 2 als Zahlung wirken. Die Hinterlegung zum Zwecke der Sicherheitsleistung hat zwar diese Wirkung nicht. Es erscheint aber angemessen, ihr dieselbe gleichfalls beizulegen, zumal auch Preußen Abs. 3 Satz 3 eine ähnliche Bestimmung hat. (Abs. 3.)

β. Anordnung der Veräußerung hinterlegter Werthpapiere.

§ 149.

I. Wird die Verpflichtung aus dem Meistgebote nicht erfüllt, so findet die Zwangsvollstreckung gegen den Verpflichteten nach Maßgabe des § 178 und des § 180 Abs. 1 Satz 1 statt. Ist für das Meistgebot Sicherheit durch Werthpapiere geleistet, so bilden diese den geeignetsten Gegenstand der Vollstreckung. Sind die Papiere nicht von dem Ersteher, aber doch zur Sicherheit für dessen Gebot von einem Anderen hinterlegt, so kann es sich freilich fragen, ob nicht erst auf Bewilligung des Verkaufes der Papiere gegen den Hinterleger geklagt werden muß. Allein dieser Weg wäre sehr umständlich und dem Zwecke einer solchen Sicherheitsleistung wenig entsprechend. Das Gesetz macht die Zulassung eines Gebotes von der Sicherheitsleistung für dessen Erfüllung abhängig, um für den Fall der Ertheilung des Zuschlages für dieses Gebot möglichst die Rechtslage herbeizuführen, welche sich ergeben würde, wenn der Bieter Zahlung geleistet hätte. Es erscheint daher nicht bedenklich, mit Preußen § 103 das Gericht zu ermächtigen und zu verpflichten, den Verkauf der Papiere im Wege der Zwangsvollstreckung anzuordnen. Ein Antrag ist zu dieser Anordnung nicht erforderlich. Der Antragsberechtigte wäre der bisherige Eigenthümer des Grundstückes als Gläubiger des Erstehers. Seine Entschließung kann jedoch nicht maßgebend sein, da der Zweck der Anordnung regelmäßig die Befriedigung der Gläubiger ist. Man könnte deshalb daran denken, die Forderung an den Ersteher den betheiligten Gläubigern zu überweisen und diesen die Betreibung der Zwangsvollstreckung in die für die Forderung haftenden Werthpapiere zu überlassen. Allein einfacher und deshalb vorzuziehen ist der Verkauf der Papiere auf Anordnung des Gerichtes. Die Befriedigung der betheiligten Gläubiger wird auf diesem Wege erheblich erleichtert, da derselbe die Berücksichtigung des Verkaufserlöses bei der Vertheilung ermöglicht. Von einer Unterbrechung des Vertheilungsgeschäftes ist dabei keine Rede. Das Gericht hat zunächst die Vertheilung ohne Rücksicht auf den Erlös, welcher aus dem Verkaufe der Papiere zu erwarten ist, anzulegen, jedoch mit dem Vorbehalte, dieselbe entsprechend zu ändern, sobald der Erlös berücksichtigt werden kann. Ausgesetzt bleibt daher in Folge der Verkaufsanordnung nur einstweilen die Ausführung der Vertheilung, namentlich das Ersuchen an das Grundbuchamt um Eintragung der gegen den Ersteher verbliebenen Forderung. (Abs. 1.)

Voraussetzungen. Papiere eines Dritten. Zwangsvollstr. Vertheilung.

II. Daß die Papiere nur insoweit verkauft werden dürfen, als zur Deckung des Fehlbetrages erforderlich ist, ergibt sich aus der C. P. O. § 719. Auch erscheint es im Hinblicke auf § 720 entbehrlich, mit Preußen hier

Verfahren mit dem Erlöse.

auszusprechen, daß der Erlös als eine von dem Ersteher auf das Grundstückskaufgeld geleistete Zahlung zu behandeln sei. Dagegen bedarf es einer besonderen Bestimmung darüber, wie der Gerichtsvollzieher mit dem Erlöse zu verfahren hat. In dieser Hinsicht aber empfiehlt es sich, dem Gerichte zu überlassen, je nach Lage der Sache die öffentliche Hinterlegung des Erlöses oder die Auszahlung an die betheiligten Gläubiger anzuordnen. (Abs. 2.)

Aussetzung des Verkaufes.

III. Ist der Beschluß, durch welchen der Zuschlag ertheilt ist, noch nicht rechtskräftig, so muß in Konsequenz des § 147 Abs. 5 auf Antrag desjenigen, welcher die Sicherheit geleistet hat, aus billiger Rücksicht auf das Interesse desselben der Verkauf der Papiere bis zur Rechtskraft des Beschlusses ausgesetzt werden. (Abs. 3.)

γ. Behandlung des Erlöses im Falle des Zuschlages auf Grund eines Gesammtausgebotes.

§ 150.

Landesgesetze

Wenn mehrere Grundstücke auf Grund eines Gesammtausgebotes zugeschlagen sind, so fragt es sich, nach welchem Maßstabe der Gesammterlös auf die einzelnen Grundstücke vertheilt werden soll. Die Landesgesetze, welche zu dieser Frage Stellung nehmen, gehen im Allgemeinen davon aus, daß der Vertheilungsmaßstab durch das Verhältniß des Werthes der Grundstücke gegeben sei. Preußen beschränkt sich unter § 38 Abs. 2 auf eine entsprechende Vorschrift, ergänzt dieselbe aber unter § 112 dahin, daß es an die Stelle des Werthes den Grundsteuerreinertrag und den Gebäudesteuernutzungswerth treten läßt. Elsaß-Lothringen bestimmt unter § 50 Abs. 3, daß das Gericht, bevor es „über den nach Verhältniß des Werthes auf die einzelne Liegenschaft entfallenden Theil des Gesammtpreises" befindet, „die vorherige Begutachtung durch einen oder drei Sachverständige anordnen" kann. In dem sächsischen Ges. § 36 wird die Vertheilung (Repartirung) auf die einzelnen Grundstücke mit der Korrealhaft derselben für Hypotheken, welche der Forderung des (betreibenden) Gläubigers nachstehen, in Verbindung gebracht, als Gegenstand der Vertheilung aber nur der Ueberschuß behandelt, welcher nach Abzug dieser Forderung und aller derselben vorgehenden Ansprüche von dem Gesammterlöse verbleibt. Für Bayern bestimmt das Ges. v. 1879 Art. 105 Abs. 1: „Erstreckt sich das Vorzugsrecht einzelner Gläubiger nicht auf die Gesammtheit der zur Versteigerung gebrachten Gegenstände, oder verlangt ein hierzu berechtigter Gläubiger die Absonderung verschiedener Massen, so sind im Vertheilungsplane die erforderlichen Massen aufzustellen". Die Abs. 2—5 dieses Artikels, welche das Verfahren regelten, hat das Ges. v. 1886 Art. 45 Ziff. 10 durch folgende Bestimmungen ersetzt: „Sind Gegenstände, aus deren Erlös verschiedene Massen zu bilden sind, um einen Gesammtpreis zugeschlagen, so ist dieser auf die einzelnen Gegenstände nach dem Verhältnisse ihres Werthes zu vertheilen. Dabei darf jedoch, wenn auch eine Einzelversteigerung stattgefunden hat, auf die einzelnen Gegenstände kein geringerer Betrag ausgeschlagen werden, als für sie bei der Einzelversteigerung geboten worden ist. Zur Ermittelung des Werthes können Sachverständige vernommen werden".

Verwendung des Gesammterlöses

Eine nähere Prüfung dieser Bestimmungen ergibt, daß eine Vertheilung des Versteigerungserlöses auf die einzelnen Grundstücke überhaupt nur dann in Frage kommt, wenn nach Befriedigung des betreibenden Gläubigers ein Ueberschuß verbleibt, und auch unter dieser Voraussetzung nur, wenn die Grundstücke zur Zeit der Versteigerung verschiedenen Personen gehörten oder der Erlös zur Deckung der aus ihm zu befriedigenden Ansprüche überhaupt oder doch insoweit, als er durch Zahlung berichtigt worden, unzulänglich ist. Dies braucht aber, weil es sich von selbst versteht, in dem Gesetze nicht besonders hervorgehoben zu werden. Vielmehr kann das Gesetz sich darauf beschränken, den Vertheilungsmaßstab zu bestimmen.

zur Befried. der dem Gl. vorgehenden Anspr.

Vorweg muß aber außer Zweifel gestellt werden, daß auch in denjenigen Fällen, in welchen für jedes Grundstück eine eigene Vertheilungsmasse zu bilden ist, die durch Zahlung zu berichtigenden, bei der Feststellung des geringsten Gebotes berücksichtigten Ansprüche aus dem Gesammterlöse zu befriedigen sind. In Ansehung derjenigen Ansprüche, für welche die mehreren Grundstücke ungetheilt hafteten, erheischt die Konsequenz dieser Haftung und die Rücksicht auf die Natur des Gesammtausgebotes, daß der zur Berichtigung eines solchen Anspruches erforderliche Betrag des Gesammterlöses ungetheilt bleibe und zur Befriedigung des Anspruches verwendet werde. In Ansehung der übrigen Ansprüche aber ist der praktische Erfolg derselbe, gleichviel ob die Befriedigung des Anspruches aus dem Erlöse desjenigen Grundstückes, welches für den Anspruch haftete, oder aus dem Gesammterlöse vorgeschrieben wird. Das Gesetz wird indessen einfacher und seine Handhabung leichter, wenn diese Ansprüche hier ebenso behandelt werden wie jene. (Abs. 1.)

Vertheilung des Ueberschusses.

Bei der Vertheilung des Ueberschusses auf die einzelnen Grundstücke darf, wenn ein Einzelausgebot derselben stattgefunden hat, das Ergebniß dieses Ausgebotes nicht unberücksichtigt bleiben.

1. Ist bei dem Ausgebote eines Grundstückes ein Gebot erzielt, welches das für dieses Grundstück festgestellte geringste Gebot übersteigt, so kann im Hinblicke auf die §§ 80 und 81 ohne Verletzung des berechtigten Interesses derjenigen, welche aus dem Meistgebot befriedigt worden sein würden, wenn für dasselbe der Zuschlag ertheilt worden wäre, der von dem Gesammterlöse auf das Grundstück entfallende Betrag nicht niedriger bemessen werden, als der Betrag des Meistgebotes. Wenn daher von dem Gesammterlöse der Grundstücke ein Ueberschuß auf dieselben zu vertheilen ist, so ist als Erlös jedes einzelnen Grundstückes zunächst der Betrag zu rechnen, um welchen das für dasselbe festgestellte geringste Gebot von dem bei der Einzelversteigerung erreichten Meistgebote überschritten wurde.

2. Für die Vertheilung des etwaigen Restes auf die einzelnen Grundstücke bleibt kein anderer Maßstab übrig, als das Werthverhältniß. Für die Ermittelung des Werthes sind an sich die Vorschriften der C. P. O. maßgebend. Es erscheint aber angemessen, die Bestimmung der Grundsätze, nach welchen der Werth der Grundstücke festgestellt werden soll, der Landesgesetzgebung zu überlassen. (Abs. 2.)

b) Verwendung des Erlöses.

α. Entnahme der Kosten aus dem Erlöse. Vertheilung des Ueberschusses auf die zu befriedigenden Ansprüche.

§ 151.

Kosten. I. Die Landesgesetze enthalten fast sämmtlich die Regel, daß die Kosten des Verfahrens aus dem Versteigerungserlöse zu entnehmen sind[1]); so insbesondere das preußische Ges. § 84, das bayerische von 1879 Art. 107 und das sächsische G. B. § 418 Satz 3. Die Abweichungen des sächs. Ges. v. 1884 § 178 sind nur von der formellen Behandlung der Kosten zu verstehen. Versagt die Regel, weil ein zur Befriedigung der Gerichtskasse ausreichender Baarerlös nicht vorhanden ist, so haftet nach Maßgabe des Gerichtskostenges. v. 18. Juni 1878 §§ 86 ff. der Gläubiger für die Kosten. Eine besondere Bestimmung, wie sie in dieser Hinsicht Preußen Abs. 2 trifft, ist jedoch nicht erforderlich. Auch eine Entscheidung darüber, inwieweit die Kosten im Verhältnisse zum Gläubiger dem Schuldner zur Last fallen, ist hier nicht zu geben, da dieser Punkt in der C. P. O. § 697 geordnet ist. Dagegen muß gegenüber den Vorschriften, welche der Entwurf unter §§ 9 ff. aufstellt, hier bestimmt werden, ob und in welchem Umfange die Kosten des Verfahrens vorweg aus dem Versteigerungserlöse zu entnehmen sind.

Auszuscheidende Kosten. Die Bestimmung hat die erwähnte Regel des geltenden Rechtes zum Ausdrucke zu bringen. Von dieser Regel sind aber mit dem preuß. Gesetze, außer den nach § 75 von dem Ersteher zu tragenden und den durch nachträgliche Vertheilungsverhandlungen[2]) entstehenden Kosten, im Hinblicke auf das Gerichtskostenges. § 35 die Kosten der Anordnung des Verfahrens bezw. der Zulassung des Beitrittes eines Gläubigers auszunehmen; sie gehören zu den in dem Entwurfe unter § 13 Nr. 1 berücksichtigten Kosten der die Befriedigung des Gläubigers aus dem Grundstücke bezweckenden Rechtsverfolgung[3]). Die übrigen Kosten des Verfahrens fallen freilich an sich in dieselbe Kategorie. Rücksichten der Billigkeit und Zweckmäßigkeit sprechen aber dafür, diese Kosten vorweg aus dem Versteigerungserlöse entnehmen zu lassen, da dieselben zum Zwecke der Durchführung des Verfahrens im Interesse aller Betheiligten aufgewendet werden. Auch darf das Interesse der Staatskasse nicht unbeachtet bleiben, da die Kosten zum nicht geringen Theile aus baaren Auslagen, namentlich für die öffentliche Bekanntmachung der Bestimmung des Versteigerungstermines, bestehen[4]). Fraglich kann nur sein, ob diese Gesichtspunkte nicht dahin führen müssen, auch die Kosten der Anordnung des Verfahrens bezw. der Zulassung des Beitrittes insoweit zu den aus dem Versteigerungserlöse vorweg zu entnehmenden Kosten zu rechnen, als die Durch-

[1]) Württemberg Art. 22, Hessen Art. 51, 116, Mecklenburg § 61, Weimar §§ 59, 62, Oldenburg Art. 40, 63, Braunschweig §§ 78, 85, Meiningen § 22, Coburg-Gotha § 20, Anhalt § 31, Rudolstadt § 14, Reuß j. L. § 43, Hamburg § 12, Elsaß-Lothringen § 16.

[2]) Vergl. § 182 Abs. 2, § 186 Abs. 5.

[3]) B. G. B. § 1066.

[4]) Vergl. C. P. O. § 760 Abs. 2 und Konk. O. § 51 Nr. 1.

führung des Verfahrens auf der Anordnung oder der Zulassung des Beitrittes beruht. Allein schon die Schwierigkeiten, welchen eine solche Unterscheidung in der Praxis begegnen kann, lassen es angemessen erscheinen, diese Kosten ohne Unterschied der Vorschrift des § 13 Nr. 1 zu unterwerfen. Es kommt aber auch in Betracht, daß die mit der Anordnung des Verfahrens und mit der Zulassung des Beitrittes verbundene Beschlagnahme nur zu Gunsten des Gläubigers wirkt, jene Akte mithin zunächst und überwiegend im Interesse des Gläubigers erfolgen. Bei dem nicht erheblichen Betrage dieser Kosten tritt auch die Rücksicht auf die Sicherheit der Staatskasse insoweit in den Hintergrund. (Abs. 1.)

II. Die Verwendung des Ueberschusses zur Befriedigung der Ansprüche, für welche ein Recht auf vorzugsweise Befriedigung aus dem Grundstücke besteht, ergibt sich aus den Vorschriften der §§ 9 ff. in Verbindung mit § 140. Im Interesse der Durchsichtigkeit und leichteren Handhabung des Gesetzes empfiehlt es sich indessen, durch eine umfassende Verfahrensvorschrift den Richter auf jene materiellen Vorschriften hinzuweisen. Die Frage, ob der auf einen Anspruch zu vertheilende Betrag dem Anspruchsberechtigten selbst oder einem Dritten, der ein Recht an dem Anspruche behauptet, auszuzahlen ist, entscheidet sich nach den Vorschriften des B. G. B. § 1029 ff. und §§ 1217 ff.; es handelt sich insoweit um die Legitimation des Empfangsberechtigten bei Ausführung der Vertheilung. Um jedoch dem Mißverständnisse vorzubeugen, als habe der Richter bei der Vertheilung sich um etwaige Rechte an den Ansprüchen nicht zu kümmern, erscheint es rathsam, ihm die Berücksichtigung dieser Rechte ausdrücklich zur Pflicht zu machen. (Abs. 2 Satz 1.) Daß ein Recht an dem Grundstücke insoweit, als es bestehen bleibt, an der Vertheilung nicht Theil nimmt, ist an sich selbstverständlich, muß aber gegenüber der allgemeinen Fassung des ersten Satzes besonders hervorgehoben werden. (Satz 2.)

Vertheilung des Ueberschusses.

β. **Vorzug der bei Feststellung des geringsten Gebotes berücksichtigten Ansprüche.**

§ 152.

Nach § 44 Nr. 4 müssen die Ansprüche, welche zur Zeit der Eintragung des Versteigerungsvermerkes nicht aus dem Grundbuche hervorgehen, spätestens in dem Versteigerungstermine vor der Aufforderung zur Abgabe von Geboten bei dem Vollstreckungsgerichte angemeldet und, wenn der Gläubiger widerspricht, glaubhaft gemacht werden. Ein Anspruch, welcher dieser Vorschrift zuwider rechtzeitig nicht angemeldet oder nicht glaubhaft gemacht wird, ist nach Maßgabe des § 61 von der Berücksichtigung bei Feststellung des geringsten Gebotes ausgeschlossen. Ein weiterer, in dem § 44 Nr. 4 angedrohter Nachtheil besteht darin, daß der Anspruch bei der Vertheilung des Versteigerungserlöses hinter die berücksichtigten Ansprüche zurücktritt. Dieser Nachtheil findet seine Rechtfertigung in dem Zwecke, welcher durch die Feststellung eines geringsten Gebotes erreicht werden soll. Der Zweck ist der, daß das Grundstück nicht auf ein Gebot zugeschlagen wird, welches den betreffenden Gläubigern keine Deckung gewährt. Die bei der Feststellung des geringsten Gebotes berücksichtigten Gläubiger haben auf diese Deckung ein Recht, welches ihnen durch nachträgliche Anmeldung von Ansprüchen nicht entzogen werden darf.

Folgerungen aus § 44 Nr. 4.

Der Entwurf setzt, wesentlich im Einklange mit Preußen § 108 und Bayern (1886) Art. 33 Abs. 1, den Vorzug der berücksichtigten Gläubiger vor den nicht berücksichtigten fest. Sachsen. Das sächsische Gesetz, welches in Folge seiner Einrichtung des Anmeldetermines das Verhältniß abweichend regelt, geht insofern über den Entwurf hinaus, als es unter § 101 Abs. 4 Ansprüche, welche erst nach der Eröffnung eines Gebotes im Versteigerungstermine angemeldet werden, von der Berücksichtigung bei der Vertheilung des Zuschlagspreises ausschließt, es sei denn, daß der Preis den Gesammtbetrag der ohne Anmeldung in Rechnung kommenden und der vorher angemeldeten Ansprüche übersteigt. Preußen. Auch für das preußische Recht hat neuerdings das Reichsgericht entschieden, daß das Vorrecht für einen Anspruch, welcher der Anmeldung bedurfte, aber nicht rechtzeitig angemeldet und deshalb bei der Feststellung des geringsten Gebotes nicht berücksichtigt ist, bei der Vertheilung des Versteigerungserlöses gegenüber dem gleichfalls nicht berücksichtigten, aber in einer Hypothek sich gründenden und deshalb der Anmeldung nicht bedürfenden Anspruche unwirksam ist[1]). Der Entwurf nimmt indessen Anstand, an das Unterbleiben der Anmeldung bezw. Glaubhaftmachung eines Anspruches weitere Nachtheile, als in dem § 44 Nr. 4 angedroht werden, zu knüpfen.

Versehen des Gerichtes. Sachsen § 144 und Bayern (1886) Art. 34 regeln noch besonders den Fall, wenn ein Anspruch, der bei der Feststellung des geringsten Gebotes berücksichtigt werden mußte, in Folge eines Versehens oder Irrthumes des Gerichtes nicht berücksichtigt worden ist. Die Entscheidung dieses Falles bleibt jedoch besser der Rechtsprechung überlassen.

γ. Befriedigung von Ansprüchen gleichen Ranges.

§ 153.

Die Rangordnung, welche in den §§ 10 ff. aufgestellt wird, versagt den Dienst, wenn verschiedene Ansprüche, von welchen keiner dem anderen vorgeht, auf den zur vollen Befriedigung jedes einzelnen nicht zulänglichen Rest des Versteigerungserlöses erhoben werden. Da die Vertheilung von dem Gerichte vorgenommen wird, so versteht es sich von selbst, daß nur so, wie es recht und billig ist, verfahren werden darf. Recht und billig aber ist es in einem solchen Falle, daß ein jeder von den Berechtigten zu Gunsten des anderen einen entsprechenden Theil seines Anspruches aufgibt. Dies wird dadurch erreicht, daß die Ansprüche gleichen Ranges nur nach Verhältniß ihrer Beträge befriedigt werden. Ob zur Begründung dieses Satzes nach dem Vorgange der Motive zur Konk.-O. § 53 eine Gemeinschaft der mit einander kollidirenden Gläubiger zu unterstellen ist, kann hier dahingestellt bleiben. Gewiß ist, daß eine wahre Kollision der Rechte vorliegt, welche nur durch gegenseitiges Nachgeben der Berechtigten sich lösen läßt. Eine andere Lösung, etwa nach der Prävention oder der längeren Fälligkeit, scheint von der Gesetzgebung nirgends versucht zu sein. Vielmehr hat der Entwurf das geltende Recht der meisten Staaten für sich, namentlich Preußen § 98 Abs. 1, Bayern (1879) Art. 10, 108, Sachsen § 4 Abs. 2, Mecklenburg §§ 11, 62, Weimar § 64,

[1]) Urth. des V. Civilsen. des R. Ger. v. 6. Febr. 1889, abgedr. in dem preuß. Just. Min. Bl. S. 140 ff.

Oldenburg Art. 64 Ziff. 4, Braunschweig § 79, Anhalt § 36, Reuß j. L. § 49, ferner das sächsische G. B. § 433, das württembergische Pfandges. v. 15. April 1825 Art. 97 und die Gesetze, die Grund- und Hypothekenbücher ꝛc. betr., für Altenburg §§ 93, 94, Sondershausen, Reuß ä. L.

δ. **Behandlung eines nicht fälligen Anspruches.**

§ 154.

Unterstellung der Fälligkeit

Die Ansprüche, auf welche der Versteigerungserlös zu vertheilen ist, sind insoweit, als sie den Ersatz des Werthes der in Ansehung des Grundstückes erloschenen Rechte zum Gegenstande haben, ihrer Natur nach ohne Weiteres fällig. Bezüglich der in dem § 140 Abs. 3 bezeichneten Ansprüche sind in dem § 163 besondere Bestimmungen getroffen. Bei Hypotheken und Grundschulden wäre es denkbar, daß das Recht des Gläubigers durch seine Uebertragung von dem Grundstücke auf den Versteigerungserlös auch insoweit, als die Zeit seiner Geltendmachung in Frage kommt, sich nicht veränderte. Die Rücksicht auf den Zweck des Verfahrens erheischt indessen, daß in dem letzteren das Vertheilungsgeschäft möglichst endgültig erledigt und demgemäß auch die nicht fälligen Hypotheken und Grundschulden wie fällige behandelt werden. (Abs. 1 Satz 1.) Der Gläubiger darf aber aus der vorzeitigen Zahlung an ihn keinen ungerechtfertigten Gewinn ziehen. Der Betrag seines Anspruches muß sich daher, wenn derselbe unverzinslich ist, um die Zwischenzinsen (interusurium) mindern[1]). Von den Methoden, nach welchen die Zwischenzinsen berechnet werden können, ist als die praktisch brauchbarste im Hinblicke auf das B. G. B. § 1073 Satz 2 die Hoffmannsche Methode zu wählen[2]). (Satz 2.) Der Entwurf steht wesentlich im Einklange mit Preußen § 31 Abs. 1, 2, Bayern (1879) Art. 113 Abs. 1, Sachsen § 14 Abs. 2.

Unverzinsliche Ansprüche.

Nach dem sächsischen G. B. § 720 Satz 2 wird ein Interusurium auch dann berechnet, wenn die Forderung nach einem fünf vom Hundert nicht erreichenden Satze verzinslich ist. Von praktischer Bedeutung ist dies namentlich für die Fälle, in welchen nach dem heutigen Stande des Geldmarktes der Zinssatz erheblich niedriger bestimmt ist. Für diese Fälle aber wäre die Kürzung von Zwischenzinsen kaum gerecht gegen den Gläubiger, da derselbe regelmäßig nicht in der Lage sein wird, das Kapital zu einem höheren als dem bisherigen Zinssatze gleich sicher anzulegen. Es empfiehlt sich deshalb, den Abzug eines Interusuriums auf den Fall der Unverzinslichkeit zu beschränken.

Ein solcher Abzug entzieht sich aber der Feststellung, wenn die Zeit der Fälligkeit des Anspruches ungewiß ist. In einem solchen Falle finden auf die unverzinsliche Forderung nach dem preußischen Ges. § 31 Abs. 3 die Vorschriften desselben über Forderungen unter aufschiebender Bedingung Anwendung. Dagegen verordnet Bayern a. a. O. Abs. 2, daß die Forderung „in einem durch Schätzung festzustellenden Betrage in Ansatz zu bringen" ist. Der Entwurf schließt sich an Preußen an, da der Werth eines unverzinslichen Anspruches, wenn die Zeit der Fälligkeit desselben ungewiß ist, mit irgend welcher Sicherheit sich nicht schätzen läßt. (Abs. 2.)

---

1) Vergl. B. G. B. § 232.

2) Mot. III S. 673, 674.

ε. Aufstellung des Theilungsplanes.

§ 155.

Anfert. durch den Gläubiger, durch das Gericht, vor dem Termine,

I. Der Theilungsplan wird in Hamburg von dem betreibenden Gläubiger, in dem größten Theile des Reiches dagegen von dem Vollstreckungsgerichte bezw. von dem Richter, welcher den Vertheilungstermin abhält, angefertigt. Das letztere Verfahren verdient den Vorzug, weil das Gericht das gesammte Material, welches die Grundlage der Vertheilung bildet, in den Akten beisammen hat und deshalb besser als der Gläubiger zur Herstellung eines sachgemäßen Planes befähigt ist.

Während aber die meisten Landesgesetze die Anfertigung des Planes vor dem Termine, einige auch die Auslegung desselben in der Gerichtsschreiberei zur Einsicht für die Betheiligten vorschreiben, so daß es sich in dem Termine nur noch um eine etwaige Berichtigung handeln kann[1]), verweist der Entw. mit Preußen § 104 und Anhalt § 45 die Aufstellung des Planes in den Vertheilungstermin. Die Erledigung dieses Geschäftes vor dem Termine bringt es mit sich, daß die betheiligten Gläubiger vor Ablauf einer bestimmten Frist ihre Ansprüche anzumelden bezw. eine Berechnung derselben einzureichen haben, und daß die Ansprüche, in Ansehung welcher dies nicht geschieht, nur insoweit, als sie aus den Vollstreckungsakten hervorgehen, in den Plan aufgenommen, im Uebrigen aber bei der Vertheilung nicht berücksichtigt werden. Die C. P. O. konnte unter §§ 759 ff. für die Zwangsvollstreckung in bewegliche Sachen unbedenklich eine solche Ausschließung eintreten lassen, da sie nur mit mehreren Pfändungen zu rechnen hatte, aus den Pfändungsprotokollen aber die einzelnen Ansprüche sich ergeben müssen. Für die Zwangsvollstreckung in das unbewegliche Vermögen dagegen fällt die Ausschließung viel schwerer ins Gewicht. Denn hier können die Grundlagen für die Berechnung eines Anspruches von Amtswegen rücksichtlich der Zinsen und Kosten niemals vollständig sein[2]). Einige Gesetze, z. B. Bayern Art. 99 und Weimar § 76, gestatten denn auch, daß Ansprüche, welche erst in dem Termine zur Anmeldung gelangen, bei der Vertheilung wenigstens dann berücksichtigt werden, wenn alle hiervon betroffenen Gläubiger anwesend sind und keiner von ihnen widerspricht oder der Säumige die Kosten eines neuen Termines sofort erlegt. Allein bei einem solchen Verfahren geht der mit einer vorgängigen Anfertigung des Planes verbundene Vortheil einer Vereinfachung der Terminsverhandlung im Wesentlichen verloren, ganz abgesehen davon, daß im Falle der Anberaumung eines neuen Termines das Vertheilungsgeschäft erheblich verzögert wird. Auch verflüchtigt sich, wenn eine Ausschließung der nicht rechtzeitig angemeldeten Ansprüche nicht stattfindet, der Theilungsplan zu einem bloßen Entwurfe, dessen Abfassung vor dem Termine auch dann zu-

---

[1]) Bayern (1879) Art. 97, 104, 120, Württemberg Art. 24, Hessen Art. 67, 160 165—167, Mecklenburg §§ 58, 59, Oldenburg Art. 60, Weimar §§ 73, 74, Braunschweig § 75, Elsaß-Lothringen §§ 50, 51, 53, Meiningen § 21, Rudolstadt § 17, Reuß j. L. §§ 55, 56. Siehe auch die badischen Verordnungen v. 25. Juli 1879 §§ 67, 71 und v. 29. März 1883 § 2.

[2]) Mot. des preuß. Ges. § 104, bei Stegemann S. 86, 87.

lässig erscheint, wenn die Aufstellung des Planes erst in dem Termine zu erfolgen hat. Die Anmeldungsfrist hat unter jener Voraussetzung ebenfalls keine praktische Bedeutung. Muß sie aber fallen, dann ergibt sich von selbst, daß der Plan erst in dem Termine aufgestellt werden darf. Hiermit ist ohnehin der Vortheil verbunden, daß die Anwesenden, welche einen Anspruch in Ansehung des Erlöses geltend machen[1]), vorher gehört werden können. (Abs. 1 Satz 1.) Daß dem Richter in dem Termine die Zeit zur Aufstellung des Planes bezw. zur Entgegennahme von Anmeldungen und Berechnungen fehle, ist nicht anzunehmen. Die in Preußen gemachten Erfahrungen ergeben. daß das Geschäft in dem Termine sich sachgemäß erledigen läßt. Der Richter kann indessen dort ebenso wie in Bayern nach dem Gesetze von 1886 Art. 45 Ziff. 9 sich der Hülfe eines Rechnungsverständigen bedienen. Die Zuziehung eines solchen muß auch reichsgesetzlich gestattet werden[2]). (Satz 2.)

in dem Termine.

Rechnungsverst.

II. In dem Theilungsplane sind nicht blos die durch Baarzahlung zu berichtigenden Ansprüche aufzuführen, sondern auch die bestehen bleibenden Rechte anzugeben, weil sie bestritten werden können und insoweit als sie in Wegfall kommen, der durch Zahlung zu berichtigende und zu vertheilende Theil des Meistgebotes sich erhöht. Dieser Grund trifft aber nicht allein für Hypotheken und Grundschulden, sondern für alle eingetragenen Rechte zu. Der Entwurf bringt die allgemeine Bedeutung der Vorschrift in deren Fassung zum Ausdrucke. Sachlich schließt er sich an Preußen § 104 Abs. 1 Satz 2, Sachsen § 139 und Bayern (1886) Art. 35 Abs. 1 Satz 1 an. (Abs. 2.)

Ansprüche.

III. Nach dem preußischen Ges. § 105 erfolgt die Aufstellung des Theilungsplanes, „soweit alle Betheiligten einig sind, nach Maßgabe dieser Einigung". Eine solche Vorschrift erscheint indessen nicht rathsam. Soweit sie richtig ist, muß sie als selbstverständlich angesehen werden. Im Uebrigen aber läßt sich die Frage, ob es zu einer Abweichung von den gesetzlichen Vertheilungsvorschriften der Zustimmung aller Betheiligten oder nur einzelner derselben bedarf, nur nach der Beschaffenheit des gegebenen Falles entscheiden.

Einverst der Betheil.

3. Theilungsplan.

a) Aufnahme der Ansprüche in den Theilungsplan.

§ 156.

Der Entwurf regelt die Aufnahme der bei der Vertheilung des Versteigerungserlöses in Frage kommenden Ansprüche in den Theilungsplan wesentlich in Uebereinstimmung mit Preußen § 106. Der Grundsatz, auf welchem diese Regelung beruht, ist mit dem Grundbuchsysteme von selbst gegeben; er geht dahin, daß ein Anspruch, welcher in einem eingetragenen oder einem vorgemerkten Rechte sich gründet, insoweit, als er ohne weitere Unterlagen sich berechnen läßt, von Amtswegen in den Theilungsplan aufgenommen werden muß (Abs. 1 Nr. 1, 2), im Uebrigen dagegen die Aufnahme eines

---

1) Vergl. § 147 Abs. 2 Satz 1.
2) Vergl. § 86 Abs. 1.

Anspruches nur stattfindet, wenn derselbe bei dem Vollstreckungsgerichte angemeldet worden ist. (Abs. 2, 4.) Nur der Anspruch des Gläubigers fällt nicht unter diesen Grundsatz; er muß, soweit er aus dem Versteigerungsantrage hervorgeht, auch wenn er nicht in einem eingetragenen Rechte sich gründet, von Amtswegen berücksichtigt werden. (Abs. 1 Nr. 3.) Nach diesen Gesichtspunkten ist die Aufnahme in den Plan auch in den Gesetzen anderer Staaten, namentlich Bayern und Sachsen, geordnet[1]).

Sieht man von dem Anspruche des Gläubigers ab, so besteht eine naheliegende Parallele zwischen der Aufnahme in den Theilungsplan und der Einstellung in das geringste Gebot. Die Vorschriften des § 156 Abs. 1 Nr. 1, 2, Abs. 2, 4 entsprechen sichtbar den Vorschriften der §§ 60, 61.

Daß die Gläubiger schon vor dem Termine, wie Preußen § 104 Abs. 2 hervorhebt, eine Berechnung ihrer Ansprüche einreichen können, ist selbstverständlich, wenn die Anmeldung, auf Grund deren die Aufnahme in den Plan erfolgt (Abs. 2 Satz 1), auch vor dem Termine bewirkt werden kann (Satz 2) und, sofern dies geschehen ist, in dem Termine nicht wiederholt zu werden braucht. (Satz 3.)

Eine Aenderung der Berechnung im Laufe des Termines ist nicht ausgeschlossen. Nach dem Termine aber ist für eine Ergänzung derselben in dem Vertheilungsverfahren kein Raum. Dies muß nach dem Vorgange von Preußen § 104 Abs. 3 besonders betont werden, um eine Gewähr dafür zu erlangen, daß das Vertheilungsgeschäft ohne Störung beendet werden kann. (Abs. 3.)

b) Verhandlung über den Theilungsplan.

§ 157.

Das Verfahren, welches durch die Aufstellung des Theilungsplanes in dem Termine bedingt ist, wird von dem Entwurfe im Anschlusse an Preußen § 113 geordnet.

Sofortige Verhandlung. 1. Die dem Entwurfe zu Grunde liegende Auffassung des Planes[2]) bringt es mit sich, daß über denselben sofort zu verhandeln ist. (Abs. 1.) Dies entspricht auch den Gesetzen für Bayern (1879) Art. 117, Württemberg Art. 25, Hessen Art. 67, 176, Oldenburg Art. 71, Weimar § 75, Mecklenburg § 64, Braunschweig § 85, Anhalt ꝛc.

Widerspruch. 2. Der Zweck der Verhandlung ist die Feststellung des Planes und, soweit demselben nicht widersprochen wird, dessen Ausführung. Das in dieser Hinsicht einzuhaltende Verfahren kann im Allgemeinen nicht anders sich gestalten als in dem von der C. P. O. §§ 762—768 geordneten Falle der Zwangsvollstreckung in das bewegliche Vermögen. Fraglich kann nur sein, ob die Vorschriften der C. P. O. hier nachgebildet oder für entsprechend anwendbar erklärt werden sollen. Der letztere Weg verdient der Kürze halber im Hinblicke auf § 757 Abs. 3 Satz 2 den Vorzug. (Abs. 2.)

---

[1]) Bayern (1879) Art. 97, 98, Sachsen § 102. Im Uebrigen siehe S. 286 Anm. 1.

[2]) Oben (Vorbem.) S. 275, 276.

3. Nach der C. P. O. § 763 Abs. 1 wird „gegen einen Gläubiger, welcher in dem Termine weder erschienen ist, noch vor dem Termine bei dem Gerichte Widerspruch erhoben hat, angenommen, daß er mit der Ausführung des Planes einverstanden sei". Auf das Vertheilungsverfahren des Entwurfes kann diese Vorschrift in ihrem vollen Umfange nicht angewendet werden, weil der Theilungsplan nach dem § 155 erst in dem Vertheilungstermine aufgestellt wird, für einen Widerspruch vor dem Termine mithin grundsätzlich kein Raum ist. Wenn indessen ein Betheiligter seinen Anspruch vor dem Termine schriftlich angemeldet, der Anspruch jedoch nicht dem Antrage gemäß Aufnahme in den Theilungsplan gefunden hat, so liegt der Widerspruch zwischen dem Plane und der Anmeldung so klar zu Tage, daß man dem Antragsteller füglich nicht zumuthen kann, dem aufgestellten Plane noch besonders zu widersprechen. Vielmehr erscheint es gerechtfertigt, die Anmeldung als Widerspruch gegen denselben anzusehen. (Abs. 3.) Anmeldung als Widerspr.

4. Bei der Vertheilung des Erlöses aus dem Zwangsverkaufe beweglicher Sachen kommen nur Forderungen in Betracht, welche gegen den Schuldner vollstreckbar sind. Wenn daher der Schuldner der Berücksichtigung einer Forderung widerspricht, so liegt hierin allemal eine Einwendung, „welche den durch das Urtheil festgestellten Anspruch selbst" betrifft. Die Zulässigkeit sowie die Erledigung solcher Einwendungen bestimmt sich nach den Vorschriften der C. P. O. §§ 686, 688, 689. Vollstreckb. und nicht vollstreckb. Anspr.

An der Vertheilung des Erlöses aus der Versteigerung eines Grundstückes dagegen nehmen alle nach den §§ 9 ff. zu befriedigenden Ansprüche Theil, sowohl die vollstreckbaren als auch die nicht vollstreckbaren. Einem nicht vollstreckbaren Anspruche muß der Schuldner gleichwie jeder andere Betheiligte widersprechen können. Sein Widerspruch gegen einen vollstreckbaren Anspruch hingegen ist nach den Vorschriften der C. P. O. zu erledigen. (Abs. 4 Satz 1.) Liegt der Fall so, daß gegen Sicherheitsleistung die Zwangsvollstreckung wegen dieses Anspruches einzustellen ist, so muß, falls die Sicherheit geleistet wird, die Ausführung des Planes insoweit, als nach demselben der Anspruch zu befriedigen ist, ausgesetzt bleiben[1]). (Satz 2.) Sicherheitsleistung.

5. Oldenburg Art. 71 und Anhalt § 48 heben hervor, daß der Schuldner und jeder Realgläubiger, welcher durch die Berücksichtigung eines Anspruches benachtheiligt wird, die Richtigkeit, das Realrecht und das Vorrecht desselben bestreiten können[2]). Für den Entwurf bedarf es einer solchen Bestimmung nicht, da es gegenüber den Vorschriften der §§ 69—72, 140 nicht zweifelhaft ist, daß jeder Betheiligte nach Maßgabe der C. P. O. §§ 762 ff. einem in den Theilungsplan aufgenommenen Anspruche widersprechen kann. Eine Person, welche nicht zu den Betheiligten im Sinne des § 8 gehört, ist zur Erhebung eines Widerspruches nur dann als legitimirt anzusehen, wenn sie dem Gerichte glaubhaft macht, daß ihr ein Anspruch in Ansehung des Versteigerungserlöses zustehe. (Abs. 5.) Legitimation zum Widerspr.

---

[1]) Begr. des preuß. Gesetzes bei Stegemann S. 88.

[2]) Die Quelle ist die preuß. Subhast. O. v. 15. März 1869 § 70.

c. Arten der Ausführung des Theilungsplanes.

α. Zahlung des Erlöses an die Berechtigten.

§ 158.

Abschluß des Planes. Der Theilungsplan wird nach den Gesetzen mehrerer Staaten, namentlich Bayern (1879) Art. 120, Mecklenburg § 65, Elsaß-Lothringen § 54, bevor seine Ausführung erfolgt, von dem Gerichte abgeschlossen. Der Abschluß wird in Bayern und Braunschweig (§ 89) „mit Datum und Unterschrift des Amtsrichters sowie mit dem Amtssiegel versehen". Diese Formalität hängt mit der Anfertigung des Planes vor dem Termine zusammen. Wenn, wie nach dem Entw. § 155, der Plan erst in dem Vertheilungstermine aufgestellt wird, so bildet er einen Theil des Terminsprotokolles, gleichviel ob er in das Protokoll aufgenommen oder demselben als Anlage beigefügt wird; ein förmlicher Abschluß ist entbehrlich. Daß der Plan erst ausgeführt werden kann, nachdem die Verhandlung über ihn beendet ist, erscheint im Hinblicke auf § 157 nicht zweifelhaft. Für die Ausführung selbst ist zunächst der Fall, wenn der Versteigerungserlös in Geld vorhanden ist, zu regeln. —

Ausführung des Pl durch Zahlung

I. In Folge der Vorschrift des § 148 Abs. 2 hat das Gericht den Plan dadurch auszuführen, daß es in dem Termine, soweit die Empfangsberechtigten anwesend sind, an jeden von ihnen den planmäßigen Betrag aus dem vorhandenen Baarerlöse zahlt. Es steht dies Verfahren in Einklang mit Preußen § 117 Abs. 1, Bayern (1879) Art. 121, Württemberg Art. 25, Anhalt ꝛc. (Abs. 1.)

Abwesenheit des Berechtigten. II. Ist der zum Empfange des auf einen Anspruch zugetheilten Betrages Berechtigte in dem Termine nicht anwesend, so ist ein verschiedenes Verfahren möglich. Nach der preußischen Subhast. O. v. 15. März 1869 § 64 Abs. 3 wurde das Geld auf Gefahr und Kosten des Gläubigers zum Depositum genommen. In Braunschweig und Anhalt wird auch jetzt noch so verfahren. Weimar § 84 Abs. 3 und Reuß j. L. § 64 Abs. 3—5 gestatten dem Gerichte, das Geld entweder durch die Post dem Empfangsberechtigten zusenden zu lassen oder in gerichtliche Verwahrung zu nehmen. Dagegen schreiben Bayern Art. 121 Abs. 4 und Mecklenburg § 71 Abs. 2 nur die Uebersendung vor. Das preußische Gesetz v. 13. Juli 1883 bestimmt unter § 121: „Ist der Gläubiger einer Forderung als solcher legitimirt, aber nicht erschienen, so erfolgt die Uebersendung des auszuzahlenden Betrages durch die Post nach Maßgabe der § 25, 26 der Hinterlegungsordnung v. 14. März 1879. Findet hiernach die Uebersendung durch die Post nicht statt und wird auch nicht beantragt, die Auszahlung an den Berechtigten selbst durch ein ersuchtes Gericht bewirken zu lassen, so ist der auszuzahlende Betrag zu hinterlegen".

Hiernach bedarf es zunächst einer reichsgesetzlichen Vorschrift, durch welche dem Vollstreckungsgerichte die Pflicht auferlegt wird, in dem gesetzten Falle von Amtswegen für die Auszahlung des Geldes zu sorgen. (Abs. 2 Satz 1.) Die Art der Auszahlung aber muß mit Rücksicht auf die Ungleichmäßigkeit des geltenden Rechtes gegenüber der Frage, ob und in welcher Weise die Gerichte mit dergleichen Geschäften zu befassen sind, der Regelung durch die Landesgesetzgebung überlassen bleiben. (Satz 2.) Für den Fall, daß die Auszahlung nicht erfolgen kann, hat die Reichsgesetzgebung nur zu bestimmen, daß der Betrag für den Berechtigten zu hinterlegen sei. (Satz 3.) Die Hinterlegungsordnungen der einzelnen Bundesstaaten sind dann für die Verabfolgung des hinterlegten Betrages an den Berechtigten maßgebend.

III. Soweit der Versteigerungserlös hinterlegt ist, kann in Preußen, Bayern und anderen Staaten das Gericht, anstatt das Geld aus der Hinterlegungskasse zu erheben und dann den Berechtigten auszuzahlen, diesen eine Anweisung zur eigenen Erhebung ertheilen. Ein solches Verfahren empfiehlt sich durch seine Einfachheit von selbst. (Abs. 3.) Anweisung zur Erhebung.

β. Uebertragung der gegen den Ersteher verbleibenden Forderung an die Berechtigten.

§ 159.

I. Soweit der durch Zahlung in dem Vertheilungstermine zu berichtigende Theil des Meistgebotes nicht gezahlt ist, fragt es sich, in welcher Weise der Theilungsplan zur Ausführung gebracht werden soll. Die Frage ist für den Entwurf von besonders praktischer Bedeutung, da derselbe eine Wiederversteigerung im Sinne der meisten Landesgesetze, d. h. eine Fortsetzung des Verfahrens gegen den Schuldner durch eine neue Versteigerung nach dem Zuschlage, nicht kennt. Geht man davon aus, daß der Ersteher ohne Rücksicht auf die Erfüllung des Meistgebotes Eigenthümer des Grundstückes wird, so kann es nur die gegen ihn verbleibende Forderung sein, aus welcher die Berechtigten in Gemäßheit des § 140 zu befriedigen sind. Die Fiktion einer Uebernahme planmäßig zahlbarer Hypothekenschulden in Anrechnung auf diese Forderung, wie sie nach dem sächsischen Gesetze § 175 unter Umständen eintritt, ist mit dem Grundsatze des Entwurfes § 138 Abs. 2, daß die nicht nach § 66 bestehen bleibenden Rechte in Ansehung des Grundstückes durch den Zuschlag erlöschen, nicht vereinbar; auch ist nicht ersichtlich, daß sie Vortheile böte, welche eine Abweichung von diesem Grundsatze rechtfertigten. Es bleibt demnach nur übrig, jedem einzelnen Berechtigten auf dessen Anspruch bis zu dem durch den Theilungsplan festgestellten Betrage einen entsprechenden Theil der Forderung aus dem Meistgebote zu überlassen. Dies geschieht nach den Gesetzen mehrerer Staaten, namentlich Bayern Art. 121, Mecklenburg § 71, dadurch, daß den betheiligten Gläubigern Erhebungsanweisungen ertheilt werden, nach den Gesetzen für Preußen § 117 Abs. 1 und Anhalt § 43 Abs. 2 durch Ueberweisung eines entsprechenden Theiles der Forderung auf die einzelnen Ansprüche. Von „Erhebungsanweisungen" wird aber weder in der C. P. O. noch in dem B. G. B. geredet. Der Ausdruck „Ueberweisung" kommt zwar in der C. P. O. vor. Allein der Entwurf hat sich hier an die Sprachweise des B. G. B. §§ 293 ff. anzulehnen und demgemäß die Ueberweisung der gegen den Ersteher verbleibenden Forderung an die Berechtigten als Uebertragung zu bezeichnen. (Abs. 1 Satz 1.) Als der Akt, durch welchen die Uebertragung erfolgt, ist im Anschlusse an § 294 a. a. O. die

Voraussetzung. Forderung gegen den Ersteher. Uebernahme. Erhebungsanw. Ueberweisung. Uebertragung durch Anord. des Ger.

Anordnung des Gerichtes, d. h. die als Ausführung des Theilungsplanes in dem Termine vor sich gehende Verkündung und, wenn eine Verkündung nicht stattgefunden hat, die Zustellung der Anordnung anzusehen. (Satz 2.)

Wirkungen der Uebertr. II. Durch die Uebertragung geht das Gläubigerrecht gegen den Ersteher, welches bisher dem Schuldner zustand, in Gemäßheit des angeführten § 293 Satz 2 auf den Berechtigten über, so daß die Hypothek, durch welche die Forderung nach dem Entwurfe § 170 sichergestellt wird, unmittelbar für den Berechtigten in das Grundbuch einzutragen ist. Es fragt sich nur, ob durch die Uebertragung der Berechtigte wegen des Anspruches, auf welchen dieselbe erfolgte, als befriedigt gelten und also der Schuldner, wenn er persönlich haftete, von dieser Haftung frei werden und, wenn er im Falle der Befriedigung des Berechtigten aus dem Grundstücke Regreß gegen einen Dritten nehmen kann, die Voraussetzung für die Regreßforderung erlangen soll. Die Gesetze für Preußen. Bayern, Mecklenburg ꝛc. enthalten in dieser Hinsicht keine besondere Bestimmung. Die preußische Gesetzgebung aber hat gewechselt. Die Vorschriften der Verordnung über den Subhastations- und den Kaufgelderliquidationsprozeß v. 4. März 1834 § 19 wurden so verstanden, daß das Gesetz nur eine Ueberweisung zur Einziehung beabsichtigte, die Haftung des Schuldners mithin gegenüber dem Gläubiger, welchem die Ueberweisung ertheilt wurde, nicht berührte. Die Konk. O. v. 8. Mai 1855 schrieb unter § 388 Abs. 2 die Berichtigung der Forderung des betheiligten Gläubigers durch Uebereignung eines entsprechenden Theiles des rückständigen Kaufgeldes vor. Dieser Uebereignung wurde die Wirkung einer Ueberweisung an Zahlungsstatt beigelegt, so zwar, daß der Gläubiger als durch dieselbe befriedigt angesehen wurde, mithin seinen persönlichen Anspruch gegen den Schuldner und, wenn der Anspruch in einem noch an einem anderen Grundstücke bestehenden Rechte sich gründete, auch dieses Recht verlor und dafür lediglich die Forderung an den Ersteher eintauschte. Die Subhast. O. v. 15. März 1869 stellte den früheren Zustand im Wesentlichen wieder her, indem bei ihrer Abfassung die Rücksicht auf das Interesse der Gläubiger, welchen das rückständige Kaufgeld zu überweisen ist, über die Rücksicht auf die Lage des Schuldners gestellt wurde; sie hob unter § 66 Abs. 2 besonders hervor: „Eine solche Ueberweisung wirkt nur die Tilgung des Realanspruches".

Das Ges. v. 13. Juli 1883 wiederholt unter § 117 Abs. 2 diese Bestimmung, fügt derselben aber hinzu: „Sie wirkt wie eine aus dem Grundstücke gewährte Befriedigung, wenn der Gläubiger nicht binnen sechs Monaten nach der Ueberweisung die Wiederversteigerung des Grundstückes (§ 128) gehörig beantragt und demnächst ohne Verzögerung durchführt".

C. P. O. Der juristischen Konsequenz würde es anscheinend am meisten entsprechen, die Stellung der betheiligten Gläubiger in Anknüpfung an das denselben nach § 140 des Entwurfes zustehende Pfandrecht an der Forderung gegen den Ersteher durch Heranziehung der die Ueberweisung einer gepfändeten Forderung regelnden Vorschriften der C. P. O. §§ 736, 737 zu gestalten. Allein einer solchen Gestaltung würde schon der Umstand hindernd entgegentreten, daß nach derselben der Schuldner Gläubiger des Erstehers bleiben und als solcher in das Grundbuch eingetragen werden müßte, die betheiligten Gläubiger aber ohne Ergänzung der Grundbuchordnung nur durch Eintragung ihres Pfandrechtes an der Forderung gesichert werden könnten, ganz abgesehen davon, daß die Vorschriften der C. P. O. darüber, wann die Ueberweisung in Kraft tritt, hier nicht passend und folglich durch besondere Bestimmungen zu ersetzen wären. Entscheidend aber fällt die Rücksicht auf die Lage des Schuldners ins Gewicht. Die Zwangsvollstreckung muß das Ziel verfolgen, daß der Schuldner, welcher die Sache verliert, ohne die Zahlung des Erlöses für dieselbe erzwingen zu können, in Höhe des Erlöses von seiner persönlichen Verbindlichkeit frei und in die Lage versetzt werde, gegebenenfalls gegen einen ihm regreßpflichtigen Dritten Regreß zu nehmen. Hiervon hat auch die preußische Gesetzgebung im Jahre 1883 sich leiten lassen. Aehnliche Erwägungen liegen ferner den Vorschriften der C. P. O. § 718 und des B. G. B. § 1175 über den Verkauf gepfändeter bezw. verpfändeter beweglicher Sachen zu Grunde. Für die Zwangsversteigerung eines Grundstückes nöthigt die Rücksicht auf den Schuldner dazu, eine Uebertragung der gegen den Ersteher verbleibenden Forderung an die berechtigten Gläubiger mit der Wirkung einer Befriedigung derselben in Aussicht zu nehmen. Dem Interesse der Gläubiger wird hierbei in einem der Billigkeit entsprechenden Maße dadurch Rechnung getragen, daß der Entwurf diese Wirkung nicht ohne Weiteres, sondern nur unter der Bedingung eintreten läßt, daß der betheiligte Gläubiger vor Ablauf von sechs Monaten weder die Zwangsversteigerung des Grundstückes beantragt noch auf die Rechte aus der Uebertragung verzichtet. Geschieht weder das Eine noch das Andere, so ist davon auszugehen, daß der Gläubiger die auf ihn Zahlungshalber übertragene Forderung dem Ersteher kreditirt und an Zahlungsstatt annimmt. Das Gleiche muß aber auch dann gelten, wenn der Gläubiger die Durchführung der von ihm rechtzeitig beantragten Zwangsversteigerung verzögert. Hierdurch kommt freilich ein unbestimmtes oder ungewisses Moment in das Verhältniß. Allein praktische Schwierigkeiten sind deshalb nicht zu besorgen, wenn man beachtet, daß derjenige, welcher aus der endgültigen Wirkung der Uebertragung Rechte herleitet, zu beweisen hat, daß die Voraussetzungen dieser Wirkungen eingetreten seien. In Preußen sind irgend welche Unzuträglichkeiten bei der Anwendung der entsprechenden Vorschrift des Gesetzes v. 1883 § 117 Abs. 2 Satz 2 nicht entstanden. Vielmehr hat diese Vorschrift in der Praxis sich durchaus bewährt. Den einseitigen Verzicht auf die Rechte aus der Uebertragung kann man dem Berechtigten im Hinblicke auf die C. P. O. § 742 nicht abschneiden, weil es unbillig sein würde, denselben zu zwingen, anstatt der Befriedigung durch Zahlung sich mit einem Anspruche auf Zahlung zu begnügen. (Abs. 2.)

Befreiung des Schuldners

Befriedigung der betr. Gl.

III. Der Verzicht berührt das Interesse verschiedener Personen, deren Rechte bei der Zwangsversteigerung gleichmäßig zu wahren dem Vollstreckungsgerichte obliegt. Es erscheint daher angemessen, die Gültigkeit des Verzichtes von der Erklärung desselben gegenüber dem Vollstreckungsgerichte abhängig zu machen. (Abs. 3 Satz 1.) Eine Analogie hierfür bieten die Vorschriften des B. G. B. § 960 Abs. 1, § 977 Abs. 1, §§ 1015, 1021, 1048 und 1061 Abs. 1. Sache des Gerichtes ist es dann, die an dem Verzichte unmittelbar Betheiligten von der Erklärung in Kenntniß zu setzen. (Satz 2.)

Verzicht auf die R. aus der Uebertr.

Kosten. IV. Nach dem preußischen Ges. § 117 Abs. 3 erfolgt die Ueberweisung erforderlichenfalls auch für die aus dem Versteigerungserlöse zu entnehmenden Kosten des Verfahrens. Für den Entwurf ergibt sich dies bereits aus Abs. 1 des § 159, braucht also nicht besonders ausgesprochen zu werden.

d) Behandlung bedingter Ansprüche.

α. Aufstellung des Planes.

§ 160.

Ein bedingter Anspruch ist bei der Vertheilung des Versteigerungserlöses gleichwie ein unbedingter[1]) an der Stelle zu berücksichtigen, welche er in der Rangordnung einnimmt. Da aber der auf den Anspruch entfallende Betrag, wenn die aufschiebende Bedingung ausfällt oder die auflösende erfüllt wird, den für diese Fälle Berechtigten gebührt, so kann der Anspruch nicht als ein unbedingter, wie gemäß § 63 in das geringste Gebot, sondern nur mit Beifügung der Bedingung in den Theilungsplan eingestellt werden. (Abs. 1 Satz 1.) Ließe man es hierbei bewenden, so müßte beim Eintritte des Falles das Vertheilungsverfahren wieder aufgenommen werden. Dies wäre aber wenig angemessen, da hierdurch unnütze Weiterungen und Kosten entstehen würden. Zweckmäßiger ist es, die Vertheilung von vornherein so anzulegen, daß für alle Eventualitäten Vorsorge getroffen wird. Nach diesem Grundsatze empfiehlt sich im Anschlusse an Preußen § 110 Abs. 1 und § 111 Abs. 1 eine Bestimmung, welche das Gericht verpflichtet, bei einem bedingten Anspruche durch den Plan festzustellen, wie der zugetheilte Betrag, wenn der Anspruch wegfällt, anderweit zu vertheilen ist. (Satz 2.)

Der Anspruch aus einer Hypothek für eine Forderung, deren Betrag noch unbestimmt ist, muß im Hinblicke auf § 71 Abs. 1 Satz 2 hier ebenso behandelt werden wie ein bedingter Anspruch. (Abs. 2.)

β. Ausführung des Planes.

§ 161.

Aufschiebende Bedingung. I. Ist die Bedingung, von welcher der Anspruch abhängt, eine aufschiebende, so erhalten die Gläubiger, welchen sie im Wege steht, nach den Gesetzen für Bayern Art. 111 Abs. 3, Hessen 2c. den Betrag der bedingten Forderung „gegen Sicherheitsleistung für den Fall des Eintritts der Bedingung", nach dem preußischen Ges. § 111 Abs. 2 „nur die Zinsen des anzuweisenden Betrages und eine Sicherung ihrer Rechte". Für jene Regelung scheint zu sprechen, daß bei aufschiebend bedingten Ansprüchen „die von der Bedingung abhängig gemachte Wirkung" nach dem B. G. B. § 128 erst mit der Erfüllung der Bedingung eintritt. Allein hieraus darf man nicht folgern, daß bis zu diesem Zeitpunkte der Anspruch als nicht vorhanden behandelt oder doch nicht mit einer stärkeren als der im Falle der auflösenden Bedingung dem Rückgewährsanspruche zukommenden Wirkung ausgestattet werden dürfte. Einer solchen Folgerung würde entgegenstehen, daß bei der Vertheilung des Versteigerungserlöses der aufschiebend bedingte Anspruch dadurch, daß er vor

---

[1]) B. G. B. § 840; Entw. §§ 9 ff., 140.

anderen Ansprüchen in den Theilungsplan eingestellt wird, diesen Ansprüchen gegenüber sich als wirksam erweist und hierdurch eine Bedeutung erhält, mit welcher es sich nicht vertragen würde, den zu seiner Befriedigung bestimmten Geldbetrag auf andere Ansprüche zu zahlen und so den Gläubiger in die Lage zu bringen, im Falle des Eintrittes der Bedingung anstatt baaren Geldes eine Forderung nehmen zu müssen. Diese Erwägung wiegt so schwer, daß von einer sofortigen Auszahlung des angesetzten Betrages überhaupt abgesehen werden muß. Der Betrag ist, um sowohl den bedingt Berechtigten als auch den beim Ausfalle der Bedingung zur Hebung gelangenden Berechtigten zu sichern, für jeden von beiden unter der entsprechenden Bedingung öffentlich zu hinterlegen. Ist der Betrag nicht gezahlt, so muß der auf den Anspruch entfallende Theil der gegen den Ersteher verbleibenden Forderung gemäß § 159 Abs. 1 jedem der beiden Berechtigten bedingt übertragen werden. Der Entwurf schließt sich hier wie dort im Wesentlichen an Preußen § 34 Abs. 1, § 111 Abs. 2, § 119 an. (Abs. 1.)

Schweben der Bed.

II. So lange die Bedingung schwebt, erhebt sich die Frage, wie bezw. von wem die nöthigen Verfügungen über das hinterlegte Geld oder die übertragene Forderung getroffen werden sollen. Das Verhältniß liegt thatsächlich kaum anders als in dem Falle des Nießbrauches an einer auf Zinsen ausstehenden Forderung. Die für diesen Fall in dem B. G. B. §§ 1033 und 1034 gegebenen Vorschriften müssen daher entsprechend angewendet werden. (Abs. 2 Satz 1.) Um indessen einer unrichtigen Anwendung des § 1034 Abs. 2 vorzubeugen, erscheint es rathsam, die Bestimmung über die Art der Anlegung des Geldes mit Rücksicht auf die Besonderheit des Verhältnisses demjenigen zuzugestehen, welcher bis zur Erfüllung der Bedingung der Berechtigte ist. (Satz 2.)

Die Frage, wer die Zinsen während der Schwebezeit erhält, ist nach Inhalt der Bedingung, unter welcher der Betrag hinterlegt oder übertragen wird, zu entscheiden. Eine besondere Vorschrift ist in dieser Hinsicht entbehrlich.

Anspr. von unbestimmtem Betrage.

III. Ein Anspruch, dessen Betrag unbestimmt ist, kann seiner Natur nach bei der Ausführung des Planes nicht anders behandelt werden als ein bedingter Anspruch. Es entspricht dies ohnehin der Vorschrift des § 160 Abs. 2. (Abs. 3.)

§ 162.

Auflösende Bed.

I. Der Fall des auflösend bedingten Anspruches wird in den Landesgesetzen verschieden geregelt. Bayern (1879) Art. 111 Abs. 2, Hessen Art. 162 Abs. 3, Weimar § 68 Abs. 2, Oldenburg Art. 67 Abs. 2, Art. 68, Anhalt § 38 Nr. 2 und Braunschweig § 82 Nr. 2 gestatten die Zahlung an den Berechtigten nur gegen Sicherheitsleistung für den Fall des Eintrittes der Bedingung; wird die Sicherheit nicht geleistet, so wird der angesetzte Betrag zinsbar angelegt bezw. hinterlegt. Preußen dagegen schreibt unter § 33 vor: „Forderungen unter auflösender Bedingung sind wie unbedingte zu behandeln". Nach § 110 Abs. 2 erhalten diejenigen, auf deren Ansprüche der auf die bedingte Forderung entfallene Betrag für den Fall des Eintrittes der Bedingung zu vertheilen ist, „nur einen Anspruch gegen den Gläubiger der bedingten Forderung auf Herausgabe des Empfangenen und, wenn der letztere zu einer Sicherstellung verpflichtet ist, auf Antrag eine Sicherung ihrer Rechte". Die Sicherung erfolgt, in Ermangelung einer Einigung der Betheiligten, gemäß § 119 durch Hinterlegung. Auch die Ueberweisung wird, wie im Falle der aufschiebenden Bedingung gemäß § 119 Satz 2, „an die Betheiligten mit der aus den Rechten derselben sich ergebenden Beschränkung eines jeden von ihnen" bewirkt.

Befriedigung des Anspr.

II. Der Entwurf schließt sich in der Hauptsache an Preußen an.

1. Das ein auflösend bedingter Anspruch bei der Ausführung des Theilungsplanes wie ein unbedingter Anspruch zu behandeln ist, ergibt sich aus der rechtlichen Natur dieser Bedingung. (Abs. 1 Satz 1.) Der auf den Anspruch zugetheilte Betrag ist dem Berechtigten je nach Lage der Sache durch Zahlung oder durch Uebertragung eines Theiles der gegen den Ersteher verbliebenen Forderung bezw. der ganzen Forderung zu gewähren. Wird die Bedingung erfüllt, so ist der Berechtigte nach Maßgabe des B. G. B. §§ 129 ff. zur Rückgewähr verpflichtet. Auch über die Voraussetzungen, unter welchen der Berechtigte Sicherheit zu leisten hat, ist hier nicht zu befinden, da ein Grund zu einer besonderen Regelung derselben nicht vorliegt. Das Gesetz hat nur, um einer mißverständlichen Auslegung des ersten Satzes vorzubeugen, demselben den Vorbehalt hinzuzufügen, daß die eine und die andere Verpflichtung von der vorgeschriebenen Behandlung des Anspruches unberührt bleibe. (Satz 2.) Auch gebietet die Vorsicht mit Rücksicht darauf, daß der Berechtigte an sich nur dem Schuldner als ursprünglichem Gläubiger des Erstehers verpflichtet ist, hier aber an seine Stelle in Konsequenz des § 140 der nach § 160 Abs. 1 Satz 2 für den Fall der Erfüllung der Bedingung Berechtigte treten muß, in dem Gesetze hervorzuheben, daß die Rückgewähr sowie die Sicherheit dem Eventualberechtigten zu leisten ist, obschon die Verpflichtung hierzu nach den Vorschriften sich bestimmt, welche für das ursprüngliche Rechtsverhältniß zwischen dem auflösend bedingt Berechtigten und dem Schuldner maßgebend sind. (Satz 3.)

Rückgewährspflicht.

Sicherheitsleistung.

2. Ist der Berechtigte im einzelnen Falle zur Sicherheitsleistung verpflichtet, so gestaltet sich das Verhältniß zwischen ihm und dem Eventualberechtigten ähnlich wie in dem Falle der aufschiebenden Bedingung. Es müssen daher, so lange die Sicherheit nicht geleistet wird, die Vorschriften des § 161 Abs. 1, 2 entsprechend angewendet werden. (Abs. 2.)

e) Behandlung des Anspruches aus einem Nießbrauche oder einem anderen im § 140 Abs. 3 bezeichneten Rechte.

§ 163.

Für die Behandlung des Anspruches aus einem der im § 140 Abs. 3 bezeichneten Rechte dienen dem Entwurfe die Vorschriften des preußischen Gesetzes §§ 32, 109, 119 zum Vorbilde.

Um dem Anspruche des Berechtigten die Befriedigung aus dem Versteigerungserlöse zu sichern, muß in den Theilungsplan ein Betrag eingestellt werden, welcher der Summe aller künftigen Leistungen gleichkommt. Dieser

Betrag darf jedoch das Fünfundzwanzigfache der Jahresleistung nicht übersteigen, weil ein so hoher Betrag unter allen Umständen zur Deckung der einzelnen Leistungen ausreicht. Die Einstellung in den Plan geschieht ihrem Zwecke entsprechend mit der Bestimmung, daß, sobald eine Leistung fällig geworden, deren Betrag aus den Zinsen des zugetheilten Gesammtbetrages und, falls die Zinsen nicht ausreichen sollten, aus dem Kapitale zu entnehmen ist. (Abs. 1 Satz 1.) Hierbei muß indessen gleichwie im Falle des § 160 durch den Plan festgestellt werden, wie der zugetheilte Betrag, wenn er nicht aufgebraucht wird, anderweit vertheilt werden soll. (Satz 2.)

Der Anspruch auf die einzelnen Leistungen hat sichtbar die Natur eines bedingten Anspruches. Es rechtfertigt sich deshalb, ihn bei der Ausführung des Planes nach den Vorschriften des § 161 Abs. 1, 2 zu behandeln. (Abs. 2 Satz 1.) Nur hinsichtlich der Anlegung des eingezogenen oder hinterlegten Geldes bedarf es zum Schutze des Berechtigten einer besonderen Bestimmung. (Satz 2.)

f) Behandlung eines Anspruches mit dem Rechte auf Befriedigung aus mehreren Grundstücken.

α. Vertheilung des Erlöses dieser Grundstücke.

§ 164.

I. Die preußische Konk. O. v. 8. Mai 1855 enthielt unter § 56 für die Vertheilung des Erlöses aus der Versteigerung mehrerer Grundstücke, welche ungetheilt für eine Forderung hafteten, folgende Vorschriften: „1. Der Gläubiger ist berechtigt, sich an die Kaufgelder jedes einzelnen Grundstückes wegen seiner ganzen Forderung zu halten. 2. Kommen die Kaufgelder aller oder einzelner Grundstücke gleichzeitig zur Vertheilung, so müssen von der Masse eines jeden dieser Grundstücke die der Forderung vorgehenden Posten abgerechnet und die verbleibenden Reste der einzelnen Massen zusammengerechnet werden; nach dem Verhältniß dieser Summe zu den einzelnen Massenresten ist alsdann die Forderung aus den einzelnen Massen antheilig zu berichtigen. Sind die Grundstücke nur nach einem Gesammtgebote zugeschlagen, so werden die Taxwerthe der einzelnen Grundstücke der Berechnung zum Grunde gelegt". Von diesen Sätzen, welche auch außerhalb des Konkurses galten, übernahm das Gesetz v. 12. März 1869 Art. I nur die Nr. 1. Die Nr. 2 wurde unterdrückt und durch folgende Vorschrift ersetzt: „Soweit der Gläubiger aus den Kaufgeldern eines Grundstückes seine Befriedigung erhält, erlischt die Korrealhypothek auf den mitverhafteten Grundstücken[1]), und ist die Löschung derselben im Hypothekenbuche vom Subhastationsrichter von Amtswegen zu beantragen". Die Vorschriften der Konk. O. § 56 Nr. 2—4 gelten nur noch für die vor dem 1. Juli 1869 eingetragenen Hypotheken, jedoch nur mit erheblichen, durch das Gesetz von 1869 Art. V—VII bestimmten Beschränkungen. Das Gesetz v. 13. Juli 1883 § 204 hat es im Wesentlichen hierbei belassen. Die Vorschriften des Gesetzes von 1869 Art. I sind in das anhaltische Subhastationsgesetz § 40 übergegangen. Preußen

[1]) Gesetz über den Eigenthumserwerb rc. v. 5. Mai 1872 § 42.

Sachsen. Das sächsische Gesetz weicht unter §§ 36 ff. von der preuß. Konk. O. § 56 Nr. 2 namentlich darin ab, daß nach ihm, wenn die versteigerten Grundstücke im Eigenthume derselben Person sich befinden und der Erlös aus der Versteigerung eines Grundstückes zur Deckung der auf demselben lastenden Nachhypotheken nicht hinreicht, zur Befriedigung des Korrealanspruches vornehmlich der Erlös aus der Versteigerung der anderen Grundstücke zu verwenden ist. Doch findet dies dann nicht statt, wenn rücksichtlich jener Nachhypotheken eine persönliche Verbindlichkeit des Eigenthümers nicht besteht[1]).

Bayern Das bayerische Ges. v. 1879 bestimmt unter Art. 106 Abs. 1—3: „Die Befriedigung einer Hypothekforderung, welche mit ungetheilter Summe auf mehreren zur Versteigerung gebrachten Gegenständen eingetragen ist, geschieht in der Art, daß der Betrag dieser Forderung auf die bezeichneten Gegenstände zu gleichen Theilen ausgeschlagen und sofort bei Vertheilung der Kaufschillinge so verfahren wird, als ob auf jedem dieser Gegenstände nur die für denselben sich berechnende Quote eingetragen wäre. Reicht der Verkaufspreis des einen oder anderen dieser Gegenstände zur Bezahlung der auf denselben treffenden Quote nicht hin, so ist diese Quote, soweit sie unbefriedigt geblieben, auf die übrigen für die nämliche Forderung hypothezirten Gegenstände nach dem in Abs. 1 bezeichneten Verhältnisse weiter zu vertheilen und den auf diese Gegenstände bereits repartirten Quoten beizuschlagen. Diese Bestimmungen finden auf die Pfalz keine Anwendung".

Braunschweig Nach dem braunschweigischen Ges. § 76 Abs. 1 hat der Gläubiger vor Ablauf einer bestimmten Frist „das Grundstück zu bezeichnen, aus dessen Kaufgeldern er seine Befriedigung beansprucht, widrigenfalls bei Aufstellung des Vertheilungsplanes so verfahren wird, als ob bei jedem der Zwangsversteigerung unterworfenen Grundstücke nur die für dasselbe nach dem Erlöse sich berechnende Quote eingetragen wäre".

B G B II. Der Weg, welchen der Entwurf gegenüber diesen Bestimmungen einzuschlagen hat, ist durch die Gestaltung der Korrealhypothek in dem B. G. B. § 1078 vorgezeichnet. Nach dem ersten Absatze des § 1078 „kann der Gläubiger nach seiner Wahl aus allen belasteten Grundstücken oder aus mehreren oder aus einem derselben Befriedigung verlangen". Es fragt sich, ob dieses Wahlrecht, welches nach Maßgabe der §§ 1051 und 1136 auch in den Fällen der Reallast und der Grundschuld stattfindet, in Konsequenz des § 140 des Entwurfes auch dann gelten soll, wenn der Erlös mehrerer Grundstücke, welche in demselben Verfahren versteigert sind, zu vertheilen ist.

Wahlrecht des betr Gläub.

Beibehaltung des Wahlrechtes 1. Die Gründe, auf welchen die Vorschrift des § 1078 Abs. 1 beruht[2]), nöthigen zur Bejahung der Frage. Es kann namentlich nicht zugegeben werden, daß Rücksichten der Billigkeit und Zweckmäßigkeit wenigstens dann für die Verneinung sprechen, wenn der Gläubiger durch verhältnißmäßige Heranziehung des Baarerlöses der einzelnen Grundstücke befriedigt werden kann. Die Möglichkeit eines Mißbrauches des Wahlrechtes zum Schaden nachstehender Gläubiger ist allerdings nicht ausgeschlossen. Allein auf der

---

1) Sachsen § 36 Abs. 5, §§ 37, 38. Siehe auch Baden § 84.

2) Mot. III S. 682 ff.

anderen Seite darf nicht außer Acht gelassen werden, daß der Gläubiger sehr wohl ein berechtigtes Interesse daran haben kann, in Ausübung des ihm zustehenden Rechtes sich nur an den Erlös des einen oder des anderen Grundstückes zu halten, z. B. wenn er selbst an dem einen Grundstücke eine Hypothek gerade mit Rücksicht auf das Recht, wegen der vorgehenden Korrealhypothek aus dem anderen Grundstücke Befriedigung zu verlangen, erworben oder wenn er gegenüber einem Nachhypothekar oder dem Eigenthümer eines der mehreren Grundstücke sich verpflichtet hat, zunächst aus dem anderen Grundstücke seine Befriedigung zu suchen. Der Gesetzgeber muß davon ausgehen, daß der Gläubiger, wenn er das Wahlrecht ausübt, hierbei von einem berechtigten Interesse geleitet wird. Die seltenen Fälle, in welchen diese Voraussetzung nicht zutrifft, dürfen nicht dazu herangezogen werden, um eine Beschränkung des zur Förderung des Realkredites unerläßlichen Wahlrechtes zu rechtfertigen. Wer an einem mit einer Korrealhypothek belasteten Grundstücke eine Nachhypothek erwirbt, muß von vornherein mit der Möglichkeit rechnen, daß der Korrealgläubiger aus diesem Grundstücke Befriedigung suchen werde. Ein durchgreifender Schutz gegen diese Gefahr ist überdies dadurch, daß eine verhältnißmäßige Heranziehung des Erlöses der in demselben Verfahren versteigerten Grundstücke vorgeschrieben wird, nicht erreichbar. Denn der Korrealgläubiger kann vor der Zwangsversteigerung auf sein dingliches Recht an dem einen oder dem anderen Grundstücke verzichten oder zunächst nur gerade das mit der Nachhypothek belastete Grundstück zur Versteigerung bringen. Wenn aber alle Grundstücke gleichzeitig versteigert sind, besteht immer noch die Möglichkeit, daß die Vertheilung des Erlöses in Ansehung des einen Grundstückes früher ausgeführt wird als in Ansehung des anderen, z. B. wenn gegen den Zuschlag des letzteren Beschwerde eingelegt oder die Vertheilung des Erlöses durch Erhebung eines Widerspruches aufgehalten wird. In einem solchen Falle würde es mindestens unbillig gegen den Korrealgläubiger sein, wenn aus Rücksicht auf den Nachhypothekar die Vertheilung ausgesetzt würde. Wer auf ein mit einer Korrealhypothek belastetes Grundstück Kredit gewährt, schützt sich gegen die aus der Vorschrift des B. G. B. § 1078 Abs. 1 sich ergebende Gefahr am einfachsten und sichersten dadurch, daß er die Gewährung des Kredites davon abhängig macht, daß die Hypothek für ihn an allen mit der Korrealhypothek belasteten Grundstücken eingetragen wird. Wie mißlich es ist, den Grundsatz des § 1078 Abs. 1 aus vermeintlichen Billigkeitsrücksichten zu durchbrechen, hat der Gang der Gesetzgebung in Preußen gezeigt. Hier ist man schließlich wieder zu diesem Grundsatze zurückgekehrt, nachdem die Durchbrechung desselben in der Praxis zu den größten Uebelständen geführt hatte.

Nichtausübung des Wahlrechtes.

2. Eine verhältnißmäßige Heranziehung des Erlöses der einzelnen Grundstücke zur Befriedigung des Berechtigten kann hiernach nur für den Fall, daß der letztere von seinem Wahlrechte keinen Gebrauch macht, bestimmt werden. Für diesen Fall aber ist die Bestimmung nöthig, um dem Gerichte einen Anhalt für die Aufstellung des Theilungsplanes zu geben. Es wäre jedoch kaum angemessen, wenn aus jedem der zu vertheilenden Erlöse stets ein gleich großer Betrag entnommen würde. Dem Rechte der Schuldverhältnisse

Beitragsverhältniß

würde dies allerdings entsprechen, da für dieses das B. G. B. unter § 337 die Regel aufstellt, daß Gesammtschuldner im Verhältnisse zu einander als zu gleichen Antheilen verpflichtet gelten. Aber die sogenannte Korrealhaft der Grundstücke steht nicht auf gleicher Linie mit einem Gesammtschuldverhältnisse. Wenn Mehrere sich einer für alle oder alle für einen zu einer Leistung verpflichten, so können sie das Verhältniß, in welchem sie unter einander zu der Leistung beitragen wollen, nach ihrem Belieben bestimmen. Fehlt eine solche Bestimmung, so verlangt die Gerechtigkeit, daß der eine Gesammtschuldner nicht mehr als der andere zu leisten, die Leistungspflicht also, soweit das Verhältniß der Schuldner zu einander in Betracht kommt, sich auf alle gleichmäßig zu vertheilen habe. Für die Korrealhaft der Grundstücke aber vermag dieser Gedanke sich nicht zu bewähren. Die Analogie entbehrt hier der Grundlage, welche für die Behandlung des Gesammtschuldverhältnisses in der Haftung von Personen gegeben ist. Die Grundstücke können nicht wie Personen behandelt werden. Vielmehr entspricht es der Gerechtigkeit am meisten, wenn sie insoweit, als sie ungetheilt für denselben Anspruch haften, zu dessen Befriedigung nach ihren Kräften beitragen. Die Kräfte des einzelnen Grundstückes aber können nach der Versteigerung desselben nur aus dem erzielten Erlöse, und zwar, wenn dem Korrealanspruche andere Ansprüche vorgehen, nur nach Abzug des zur Befriedigung dieser Ansprüche erforderlichen Betrages sich ergeben. Das Verhältniß, in welchem der Einzelerlös zu der Summe aller Erlöse steht, bildet somit den Maßstab, nach welchem der aus jenem zur Befriedigung des Korrealgläubigers zu entnehmende Beitrag zu bemessen ist. Auf die Belastung der einzelnen Grundstücke mit Nachhypotheken kann es hierbei nicht ankommen. Wollte man den Beitrag, welcher aus dem Erlöse eines Grundstückes nach jenem Verhältnisse zu leisten ist, um deswillen erhöhen, weil dasselbe nicht oder doch nicht so stark wie ein anderes Grundstück mit Nachhypotheken ꝛc. belastet war, so würde man dem bisherigen Eigenthümer des ersteren nicht gerecht werden und, wenn derselbe überschuldet ist, auch seine Gläubiger gefährden. Selbst wenn die betheiligten Grundstücke zur Zeit der Versteigerung denselben Eigenthümer hatten und dieser persönlich für die Nachhypotheken haftet, erscheint es nicht gerechtfertigt, das Beitragsverhältniß zu ändern. Die Gerechtigkeit nöthigt zu einer solchen Aenderung nicht. Vielmehr ist es gerecht und billig, daß die bei dem einen Grundstücke ausfallenden Gläubiger an den bei dem anderen für den Schuldner verbleibenden Ueberschusse sich nur unter denselben Voraussetzungen halten können wie die Gläubiger überhaupt. (Abs. 1 Satz 1, 2.)

Uebertragung. 3. Eine verhältnißmäßige Heranziehung des Erlöses der einzelnen Grundstücke zur Befriedigung des Gläubigers, welchem dieselben ungetheilt hafteten, ist nur dann am Platze, wenn die Befriedigung durch Baarzahlung erfolgen kann. Ist dagegen dem Gläubiger gemäß § 159 die Forderung gegen den Ersteher zu übertragen, so ist eine Veranlassung zur Ausübung des nach dem B. G. B. § 1078 Abs. 1 bestehenden Wahlrechtes überhaupt nicht gegeben. Dieses Recht muß daher im Hinblicke auf § 140 des Entw. gewahrt bleiben und der ganze Anspruch in Ansehung jedes einzelnen Grundstückes in den Theilungsplan aufgenommen werden. (Abs. 2.)

β. **Eventualvertheilung im Falle der Nichtzahlung des Erlöses.**

§ 165.

Der Fall, wenn auf einen Anspruch, für welchen noch aus einem anderen Grundstücke Befriedigung verlangt werden kann, der planmäßig zugetheilte Betrag nicht gezahlt wird, bedarf insofern der besonderen Regelung, als bei der Aufstellung des Theilungsplanes mit der Möglichkeit gerechnet werden muß, daß der Berechtigte aus dem anderen Grundstücke befriedigt wird oder sonst aus dem zugetheilten Betrage seine Befriedigung nicht mehr beanspruchen kann. In Betracht kommt nicht blos die Befriedigung im Wege der Zwangsvollstreckung in das andere Grundstück, sondern auch die von dessen Eigenthümer oder einem Dritten bewirkte Befriedigung sowie der Verzicht des Berechtigten auf den zugetheilten Betrag. In allen vorausgesetzten Fällen wird dieser Betrag, wie schon aus § 71 Abs. 2 sich ergibt, für andere Ansprüche und, falls solche nicht vorhanden sind, für den Schuldner verfügbar. Es muß daher nach dem im § 160 Abs. 1 Satz 2 befolgten Prinzipe durch den Theilungsplan festgestellt werden, wie der Betrag, wenn der Anspruch wegfällt, anderweit vertheilt werden soll. (Abs. 1.) Daß die Zutheilung nur durch eine bedingungsweise Uebertragung der gegen den Ersteher verbleibenden Forderung bewirkt werden kann, entspricht dem Verfahren, welches in den §§ 159 ff. geregelt ist. (Abs. 2.)

g) Widerspruch gegen den Theilungsplan.

α. **Parteirollen.**

§ 166.

Nach der C. P. O. § 764 Abs. 1 muß ein Gläubiger, welcher dem Theilungsplane widerspricht, „ohne vorherige Aufforderung binnen einer Frist von einem Monate, welche mit dem Terminstage beginnt, dem Gerichte nachweisen, daß er gegen die betheiligten Gläubiger Klage erhoben habe“. Die Landesgesetze schreiben meist die Anwendung des § 764 auch auf das im Falle der Zwangsversteigerung eines Grundstückes stattfindende Vertheilungsverfahren vor[1]). Nachbildungen des Abs. 1 finden sich in den Gesetzen für Bayern (1879) Art. 117 Abs. 6 Satz 1, Mecklenburg § 67 Abs. 1, Elsaß-Lothringen § 59 Abs. 1 Satz 1. Dagegen bestimmt Preußen § 114: „Ist eine Forderung, deren Vorhandensein oder Betrag aus dem Grundbuche nicht hervorgeht, in den Vertheilungsplan aufgenommen, so hat im Falle des Widerspruchs der Gläubiger die im § 764 der Civilprozeßordnung bestimmten Pflichten und Rechte des widersprechenden Gläubigers, sofern nicht spätestens im Termine die Vollstreckbarkeit der Forderung nachgewiesen wird. Auf laufende und rückständige Beträge eingetragener Zinsen und eingetragener wiederkehrender Hebungen findet diese Vorschrift nicht Anwendung“. Weimar § 80 nimmt einen ähnlichen Standpunkt ein, hat indessen die Besonderheit, daß erforderlichenfalls die Bestimmung, „welcher der streitenden Theile die Klage zu erheben hat“, dem Vollstreckungsgerichte obliegt.

---

[1]) Oben S. 275, 276.

Die Vorschrift der C. P. O. erklärt und rechtfertigt sich dadurch, daß dieselbe nur mit vollstreckbaren Forderungen zu rechnen hat. In dem Vertheilungsverfahren des Entwurfes dagegen sind, wie bei § 157 hervorgehoben wurde, auch nicht vollstreckbare Ansprüche zu berücksichtigen. Von diesen müssen freilich diejenigen, welche aus dem Grundbuche hervorgehen oder doch auf dessen Grundlage ohne weitere Ermittelungen berechnet werden können[1]), nach der in dem B. G. B. § 826 aufgestellten Rechtsvermuthung bis zu dem Grade als nachgewiesen erachtet werden, daß ein Betheiligter, welcher einem solchen Anspruche widerspricht, bei der im Rechtswege erfolgenden Erledigung des Widerspruches die Rolle des Klägers zu übernehmen hat[2]). Für eine Vertheilung der Parteirollen durch das Vollstreckungsgericht ist somit kein Raum. Dieselben sind vielmehr durch das Gesetz im Anschlusse an Preußen § 114 zu bestimmen.

β. Eventualvertheilung.

§ 167.

I. Nach dem Grundsatze, auf welchem die Vorschrift des § 160 Abs. 1 Satz 2 beruht, ist, wenn der gegen den Theilungsplan erhobene Widerspruch sich nicht erledigt, durch den Plan die Vertheilung auch für den Fall, daß der von dem Widerspruche betroffene Anspruch in Folge desselben wegfällt, erschöpfend zu bewirken. (Abs. 1.)

II. Der Plan kann schon nach der C. P. O. § 762 Satz 4 nur insoweit ausgeführt werden, als er durch den Widerspruch nicht betroffen wird. Das Verhältniß wird, soweit der Widerspruch der unbedingten Ausführung des Planes entgegensteht, in dem preußischen Ges. § 118 wesentlich ebenso behandelt wie der Fall eines aufschiebend bedingten Anspruches. Diese Behandlung rechtfertigt sich durch die Aehnlichkeit der Sachlage; sie wird deshalb auch von dem Entwurfe vorgeschrieben. (Abs. 2.)

III. Ein Verhältniß, wie es für das Vertheilungsverfahren durch die Erhebung eines Widerspruches entsteht, ergibt sich auch dann, wenn der Plan wegen des dem Schuldner zustehenden Rechtes, die Zwangsvollstreckung durch Sicherheitsleistung abzuwenden, gemäß § 157 Abs. 4 Satz 2 nicht ausgeführt werden darf. In diesem Falle ist daher in gleicher Weise zu verfahren wie in jenem. (Abs. 3.)

h) Vertheilung des in den Fällen der §§ 69—71 zu zahlenden Mehrbetrages.

§ 168.

Aufnahme in den Plan. I. Der Zweck des Verfahrens bringt es mit sich, daß in demselben auch der Betrag zu vertheilen ist, um welchen in den Fällen der §§ 69—71 der durch Zahlung zu berichtigende Theil des Meistgebotes sich erhöht. Die Konsequenz hiervon ist die Aufnahme dieser Vertheilung in den Theilungsplan. (Abs. 1.)

---

[1]) Entw. § 44 Nr. 4, §§ 60 ff., 156.

[2]) Vergl. B. G. B. § 193.

II. Die Zahlung des Betrages hat nicht in dem Vertheilungstermine, überhaupt nicht in dem Vertheilungsverfahren, sondern außerhalb desselben zu erfolgen[1]). Zu vertheilen ist nicht ein Baarerlös im Sinne des § 158, auch nicht die Forderung, soweit sie nach § 159 zu übertragen ist, sondern die Forderung auf einen Theil des Meistgebotes, der nur unter bestimmten Voraussetzungen und nur nach Maßgabe besonderer Vorschriften durch Zahlung zu berichtigen ist. Die Zutheilung des Betrages kann zwar, weil ihr Gegenstand eine Forderung ist, nur durch Uebertragung dieser Forderung an die aus derselben zu befriedigenden Berechtigten ausgeführt werden. Aber es liegt kein Grund vor, hieran die Befriedigung des Berechtigten zu knüpfen; vielmehr ist die Forderung gegen den Ersteher nur Zahlungs halber zu übertragen und von einer Anwendung des § 159 Abs. 2 gänzlich abzusehen. (Abs. 2 Satz 1.) Uebertragung Zahlungs halber

III. Die Voraussetzung, von welcher die erhöhte Zahlungspflicht des Erstehers abhängt, ist in den Fällen der §§ 69 und 70 das Nichtbestehen eines Rechtes, welches durch den Zuschlag nicht erlischt, in den Fällen des § 71 der Wegfall eines aufschiebend oder auflösend bedingten derartigen Rechtes durch den Ausfall der aufschiebenden oder durch die Erfüllung der auflösenden Bedingung. Sofern das Vorhandensein der Voraussetzung nicht dergestalt nachgewiesen ist, daß das Recht gelöscht werden muß[2]), ist die Forderung gegen den Ersteher ungewiß bezw. bedingt; von einer Uebertragung der Forderung auf die Eventualberechtigten kann folglich nur mit Beifügung einer der Sachlage entsprechenden Bedingung die Rede sein. Fraglich ist nur, ob hiermit für das Vertheilungsverfahren die Sache beendet ist. Bedingte Uebertr.

1. In Ansehung der Fälle des § 71 muß die Frage schon im Hinblicke auf die Vorschriften des § 161 Abs. 1 und des § 162 Abs. 2 Satz 1 bejaht werden. Der Eventualberechtigte erhält für die ihm übertragene Forderung gemäß § 170 Abs. 1 eine Sicherungshypothek, welche von dem Wegfalle des bedingten Rechtes abhängig ist. Glaubt er, daß der Fall eingetreten sei, so kann er gegen den bedingt Berechtigten im Prozeßwege vorgehen. Er kann aber auch von dem Ersteher auf Löschung belangt werden, wenn dieser behauptet, daß das bedingte Recht zu einem unbedingten geworden, die Uebertragung mithin gegenstandslos sei. Auf die eine oder die andere Weise wird die Sache zum Austrage und auch das Grundbuch in Ordnung kommen. Die übrigen Betheiligten bleiben hiervon unberührt.

2. In Ansehung der §§ 69 und 70 liegt das Verhältniß insofern anders, als die Frage, ob ein durch den Zuschlag nicht erlöschendes Recht besteht, in dem Vertheilungsverfahren überhaupt nur aufgeworfen werden kann, wenn das Nichtbestehen dieses Rechtes behauptet und hierauf ein Widerspruch gegen den Theilungsplan gegründet wird. Der Widerspruch bildet somit den Anlaß zur Vertheilung des Betrages, um welchen die Forderung gegen den Ersteher im Falle des Nichtbestehens des Rechtes sich erhöht, und sein Erfolg ist zugleich entscheidend für die Uebertragung der Forderung in

---

[1]) Siehe §§ 65, 69—71.
[2]) Vergl. § 172 Abs. 2.

Ansehung dieses Betrages. Würde nun hier etwas Besonderes nicht bestimmt, so würden für das weitere Verfahren die Vorschriften der C. P. O. §§ 764, 768 maßgebend sein. Das Vollstreckungsgericht würde also, wenn der Widersprechende nicht rechtzeitig Klage erhöbe, die Ausführung des Theilungsplanes ohne Rücksicht auf den Widerspruch anzuordnen, anderenfalls aber den Plan auf der Grundlage des ergehenden Urtheiles zu ändern bezw. auszuführen haben. In Wirklichkeit besteht jedoch kein Bedürfniß, die Ausführung des Theilungsplanes von dem Widerspruche abhängig zu machen. Vielmehr kann es dem Widersprechenden, wie in den Fällen der Nr. 1, überlassen werden, den Widerspruch nach Maßgabe der allgemeinen Grundsätze zu verfolgen und auf diesem Wege durch Beseitigung des von ihm angegriffenen Rechtes die Voraussetzung für die Geltendmachung der ihm bedingungsweise übertragenen Forderung gegen den Ersteher zu schaffen. Die Sachlage ist, soviel die Durchführung des Widerspruches betrifft, keine andere als in denjenigen Fällen, in welchen ohne Zusammenhang mit einer Zwangsversteigerung die Berichtigung des Grundbuches nach den Vorschriften des B. G. B. § 843 verlangt wird. (Abs. 2 Satz 1.) Die Bestimmungen der C. P. O. §§ 764, 768 müssen daher von der Anwendung auf den Fall des Widerspruches gegen ein durch den Zuschlag nicht erlöschendes Recht ausgeschlossen werden. (Satz 2.)

Von dem preußischen Ges. § 113 Abs. 2 und § 115 Abs. 2 weicht freilich diese Regelung ab. Allein hierauf darf kein Gewicht gelegt werden, weil der Entwurf die Deckung von Rechten, welche durch den Zuschlag nicht erlöschen, anders ordnet als das preuß. Gesetz und folglich an dieses auch in Ansehung des Widerspruches gegen ein solches Recht sich nicht anschließen kann. Der Standpunkt des Entwurfes gewährt überdies noch den Vortheil, daß mit ihm jeder Grund, für eine Erleichterung der Durchführung des Widerspruches zu sorgen, sich erledigt, namentlich Vorschriften, wie jenes Gesetz sie unter § 137 gibt, im Hinblicke auf das B. G. B. § 1103 und die Grundb. O. § 46 entbehrlich sind.

4. Behandlung vorgelegter Urkunden.

§ 169.

Zwang zur Einreichung der Urk. — Nach dem braunschweigischen Ges. § 92 kann ein Hypothekengläubiger, dessen Anspruch in der Zwangsversteigerung befriedigt oder ausgefallen ist, durch Geldstrafen zur Einreichung der Hypothekenurkunde bezw. zur Ablehnung. — Beantragung des Amortisationsverfahrens angehalten werden. Vom Standpunkte des Entwurfes erscheint ein solcher Zwang in dem Falle der Befriedigung mit Rücksicht auf die Vorschrift des § 181 Abs. 1 entbehrlich, in dem anderen Falle dagegen nicht rathsam, weil die Erreichung des Zweckes durch Strafe nicht gesichert ist, überdies es kaum der Billigkeit entsprechen dürfte, dem Gläubiger neben dem erlittenen Rechtsverluste noch Weiterungen und Kosten zu verursachen. Der Gläubiger bleibt natürlich für den Mißbrauch Vorgelegte Urk. — der Urkunde verantwortlich. Wenn indessen der Hypothekenbrief oder der Grundschuldbrief, bezw. ein vollstreckbarer Titel, welcher für einen Anspruch erlangt worden, dem Vollstreckungsgerichte vorgelegt ist, so empfiehlt es sich, das Ergebniß des Verfahrens, soweit dasselbe der Geltendmachung des Rechtes entgegensteht, an oder auf der Urkunde erkennbar zu machen. Preußen § 122, Bayern (1879) Art. 121 Abs. 5, Braunschweig § 92 Abs. 3 und Anhalt § 50 haben bezügliche Vorschriften. Der Standpunkt des Entwurfes ist folgender:

a) Der Hypotheken- oder Grundschuldbrief ist, wenn das dingliche Recht durch den Zuschlag und im Falle der Mithaftung eines anderen Grundstückes durch Befriedigung des Gläubigers auch an diesem Grundstücke erloschen ist, wie in den Fällen der Grundb. O. §§ 63, 67 unbrauchbar zu machen. (Abs. 1 Satz 1, 2.) Daneben ist eine Beurkundung der Befriedigung oder des Ausfalles auf dem Briefe, wie sie Preußen vorschreibt, unnöthig, auch wegen der mit ihr verbundenen Geschäftsbelastung des Vollstreckungsgerichtes nicht rathsam. Nur wenn die Hypothek oder die Grundschuld blos zum Theil erloschen ist, der Brief also wegen des anderen Theiles seine Kraft behält, hat das Gericht auf der Urkunde zu vermerken, in welchem Umfange das Erlöschen eingetreten ist. (Satz 3.) Hyp.- u. Grundsch.-Brief.

b) Eine vollstreckbare Ausfertigung des Schuldtitels darf nicht unbrauchbar gemacht werden. Es bleibt mithin nur übrig, die Urkunde ähnlich, wie im Falle der C. P. O. § 677 Abs. 1, mit einem entsprechenden Vermerke zu versehen. (Abs. 2.) Schuldtitel.

c) Die Vorschrift, daß der wörtliche Inhalt der Beurkundungen durch das Terminsprotokoll festzustellen ist, schließt sich an Preußen Abs. 2 Satz 2 an; sie ermöglicht eine angemessene Kontrole des Verfahrens und trägt zur Vereinfachung des Geschäftsganges bei. (Abs. 3 Satz 1.) Protokoll.

Die in Bayern, Braunschweig und Anhalt vorgeschriebene Zurückbehaltung der kassirten Hypothekenurkunden bei den Vollstreckungsakten kann zu einer übermäßigen Anschwellung der letzteren führen und in Folge dessen den Gebrauch derselben erschweren. Dem preußischen Gesetze entspricht es, die Urkunden im Falle der Befriedigung des Berechtigten dem letzten Eigenthümer des Grundstückes, andernfalls dem Berechtigten auszuhändigen[1]). (Satz 2.) Aushänd. der Urk.

5. Sicherungshypotheken für die gegen den Ersteher verbleibende Forderung.

a) Eintragung einer solchen Hypothek. Besonderheiten derselben.

§ 170.

I. Die Billigkeit gegen diejenigen, deren Ansprüche aus der gegen den Ersteher verbleibenden Forderung zu befriedigen sind, verlangt, daß für jeden, dem ein Theil dieser Forderung übertragen ist, eine Hypothek an dem Grundstücke eingetragen wird. Nach dem geltenden Rechte kann von einer solchen Eintragung insoweit keine Rede sein, als nach demselben der Ersteher das Eigenthum nicht schon durch den Zuschlag, sondern erst durch die Erfüllung Eintr. der Hyp

[1]) Vergl. C. P. O. § 677 Abs. 1 und B. G. B. § 1109.

seiner Zahlungspflicht, bezw. erst dann erwirbt, wenn die Wiederversteigerung nicht mehr zulässig ist[1]). In dem preußischen Ges. § 124 Abs. 1 Ziff. 4, Abs. 3, 4 ist die Eintragung des rückständigen Kaufgeldes ausführlich geordnet.

als Sicherungshyp. 1. Die Hypothek wird in Preußen als Briefhypothek eingetragen, sofern nicht auf die Ausfertigung eines Hypothekenbriefes verzichtet wird[2]). Die Eintragung hat aber die Natur einer Zwangsmaßregel gegen den Ersteher. Deshalb kann im Hinblicke auf das B. G. B. § 1130 von dem Entwurfe nur eine Sicherungshypothek in Aussicht genommen werden. Eine solche Hypothek genügt hier dem Bedürfnisse vollständig, da das Gesetz nach Lage der Sache davon ausgehen muß, daß es sich nur um eine vorübergehende Sicherstellung handelt. Will der Gläubiger die Forderung dem Ersteher kreditiren, so wird es ihm nicht schwer fallen, diesen zur Umwandlung der Sicherungshypothek in eine seinen Wünschen entsprechende normale Hypothek zu bestimmen.

Rang 2. Die Sicherungshypothek kann nur an der zunächst offenen Stelle der für Hypotheken bestimmten Abtheilung des Grundbuches, mithin nur nach den bestehen bleibenden Rechten eingetragen werden. Sie muß aber den Rang vor diesen Rechten erhalten, sofern der Anspruch, für welchen die zu sichernde Forderung übertragen ist, denselben vorging. In Ansehung des Anspruches aus einem eingetragenen Rechte folgt dies aus § 140. In Ansehung eines Anspruches mit dem Rechte auf Befriedigung vor den eingetragenen Rechten entspricht es den wirthschaftlichen Gründen, auf welchen die gesetzliche Anerkennung des Vorzugrechtes beruht. Es empfiehlt sich deshalb, die Hypothek mit dem Range des Anspruches, für welchen die Uebertragung bewirkt ist, einzutragen. (Abs. 1 Satz 1.)

Recht eines Dritten. 3. Wenn für einen Dritten an dem Rechte, in welchem der Anspruch sich gründet, ein Recht besteht, so muß es, im Falle der Uebertragung eines Theiles der gegen den Ersteher verbleibenden Forderung für diesen Anspruch, an der übertragenen Forderung sich fortsetzen. Dies ergibt sich mit Nothwendigkeit aus dem § 140. Besonders zu bestimmen ist indessen, daß, wenn eine Hypothek für die Forderung eingetragen wird, das Recht an derselben miteinzutragen ist. Die Eintragung des Rechtes ist zu dessen Wahrung im Hinblicke auf das B. G. B. § 837 Abs. 1 erforderlich. Die Wahrung der Rechte im Vertheilungsverfahren aber ist Aufgabe des Vollstreckungsgerichtes. (Abs. 1 Satz 2.)

Hyp. für Zinsen rc, Kosten 4. Das preußische Gesetz bestimmt unter Abs. 4: „Der im Falle der Uebernahme einer Forderung auf Zinsen, laufende und rückständige Beträge wiederkehrender Hebungen und Kosten dieser Forderung überwiesene Theil des Kaufgeldes wird nicht eingetragen. Die Ansprüche, für welche die Ueberweisung erfolgt ist, behalten das ihnen zustehende Realrecht. Für eine von dem Gläubiger im Vertheilungstermine beantragte Wiederversteigerung behalten die älteren als zweijährigen Rückstände an Zinsen und wiederkehrenden Hebungen ihren bisherigen Rang". Für den Entwurf sind diese Bestimmungen,

[1]) Siehe indessen Bayern (1879) Art. 94, 122, und (1886) Art. 28, Reuß j. L. § 67.
[2]) Preuß. Grundb. O. v. 5. Mai 1872 § 122.

die auch vom Standpunkte des preuß. Rechtes nicht unbedenklich sind, nicht annehmbar. Die Haftung des Grundstückes für die Ansprüche, deren Schutz sie bezwecken, erlischt nach § 138 durch den Zuschlag. Realsicherheit kann daher für sie nur dadurch beschafft werden, daß für den dem Berechtigten übertragenen Theil der gegen den Ersteher verbliebenen Forderung eine Hypothek in das Grundbuch eingetragen wird. Ein praktisches Bedürfniß, welches zu einer Durchbrechung dieser Konsequenz nöthigte, ist nicht vorhanden.

II. Die Forderung gegen den Ersteher verbleibt insoweit, als sie nicht nach §§ 159 ff. auf einen Dritten übertragen wird, demjenigen, welchem durch den Zuschlag das Eigenthum an dem Grundstücke entzogen ist. Für diesen „letzten Eigenthümer" ist daher in Ansehung des Ueberschusses die Sicherungshypothek einzutragen. (Abs. 2.) Hyp zu Gunsten des letzten Eigenth

III. Die Rechte, welche des Zuschlages ungeachtet bestehen bleiben, können dadurch benachtheiligt werden, daß die Eintragung von Sicherungshypotheken für die im § 65 Abs. 1 bezeichneten Ansprüche insoweit mit dem Range vor ihnen zu bewirken ist, als diese Ansprüche bereits vor dem Zuschlage ihnen vorgingen. Im Interesse des Realkredites aber erscheint es rathsam, die Benachtheiligung jener Rechte möglichst einzuschränken. Dies kann in der Weise geschehen, daß aus dem Gedanken, in diesen Sicherungshypotheken nur vorübergehende Belastungen des Grundstückes zu schaffen, unter Anlehnung an Preußen § 124 Abs. 3 und § 57 Abs. 2 die entsprechenden Folgerungen gezogen werden. Die nächste Folgerung ist die, daß von einer Verpflichtung des Gläubigers, in den Fällen des B. G. B. § 1081 Abs. 1 demjenigen, welcher ihn befriedigt, die Forderung abzutreten, Umgang genommen wird. Dies genügt aber nicht, weil der Eigenthümer, wenn er selbst die Befriedigung bewirkt, auch ohne Abtretung die Hypothek erwerben kann. Die §§ 1094 und 1095, nach welchen sich der Erwerb bestimmt, finden freilich insoweit, als sie den Fall betreffen, in welchem der Eigenthümer zugleich der persönliche Schuldner ist, auf Sicherungshypotheken schon nach § 1128 keine Anwendung, können also von dem Ersteher, da dieser stets der persönliche Schuldner ist, nicht angerufen werden. Das Gesetz muß aber, um seinen Zweck zu erreichen, auch für den Fall, daß ein späterer Eigenthümer, ohne persönlich verpflichtet zu sein, den Gläubiger befriedigt, die Anwendung der §§ 1094, 1095 ausschließen. (Abs. 3 Satz 1.) Die weitere Konsequenz ist die, daß in allen Fällen, in welchen das Recht des Gläubigers und das Eigenthum an dem Grundstücke in derselben Person sich vereinigen, die Hypothek für die gegen den Ersteher verbliebene Forderung erlischt. (Satz 2.) Schließlich muß auch noch die Folgerung gezogen werden, daß die Ansprüche aus den in Rede stehenden Hypotheken bei einer wiederholten Zwangsversteigerung zu den nach § 65 Abs. 1 durch Baarzahlung zu berichtigenden Ansprüchen zu rechnen sind. (Satz 3.) Besonderheiten

b) Eintragung der Sicherungshypothek bei mehreren auf Grund eines Gesammtausgebotes zugeschlagenen Grundstücken.

§ 171.

Wenn mehrere Grundstücke auf Grund eines Gesammtausgebotes zugeschlagen sind, so ist im Allgemeinen das Verhältniß so anzusehen, als ob sie zusammen ein Ganzes bildeten[1]). Hieraus darf jedoch nicht gefolgert werden, daß, wenn für einen Anspruch ein Theil der gegen den Ersteher verbleibenden Forderung übertragen ist, die dem Berechtigten gebührende Sicherungshypothek stets bei allen Grundstücken eingetragen werden müßte. Die Eintragung kann, ohne die Rechte Dritter zu verletzen, nur bei denjenigen Grundstücken erfolgen, aus welchen für den Anspruch Befriedigung verlangt werden konnte. (Abs. 1.) Bei diesen Grundstücken aber muß zur Erhaltung der Sicherheit, welche dieselben dem Berechtigten für den ganzen Anspruch gewährten, die Hypothek als Korrealhypothek eingetragen werden[2]). (Abs. 2.)

6. Richtigstellung des Grundbuches. Sicherungshypotheken.

a. Eintragungsersuchen an das Grundbuchamt.

§ 172.

Bedürfniß für Berichtigung des Grundb.

I. Der Zuschlag macht das Grundbuch unrichtig, da durch ihn das Eigenthum an dem Grundstücke von dem Ersteher erworben wird und die übrigen Rechte an dem Grundstücke, so weit sie nicht nach §§ 66, 139 bestehen bleiben, gemäß § 138 erlöschen. Damit das Buch seinen Zweck erfülle, muß es mit der wirklichen Rechtslage in Uebereinstimmung gebracht werden. Der Anlaß hierzu ist um so dringender, als die Sicherungshypotheken in den Fällen der §§ 170, 171 erst nach der Eintragung des Erstehers in das Grundbuch eingetragen werden können. Nach dem Gesetze für Coburg-Gotha § 18 hat der Ersteher selbst seine Eintragung in das Grundbuch bei der Buchbehörde zu beantragen. In dem größten Theile des Reiches dagegen, namentlich in Preußen, Bayern, Sachsen, gehört es zu den Aufgaben des Vollstreckungsgerichtes, die erforderlichen Eintragungen von Amtswegen zu betreiben[3]). Auf diesem Wege gelangt man am einfachsten und sichersten zum Ziele. Die Vermittelung des Gerichtes entspricht der Offizialmaxime, welche dem Verfahren zu Grunde liegt; sie verbürgt die vollständige Berichtigung des Buches und schließt jede Belästigung der Betheiligten und des Erstehers aus. Das Gericht erfüllt seine Obliegenheit dadurch, daß es nach Ausführung des Theilungsplanes das Grundbuchamt ersucht, die nöthigen Eintragungen vorzunehmen. Die letzteren sind, um die Buchbehörde einer auf das Verfahren eingehenden Sachprüfung zu überheben, in dem Ersuchungsschreiben anzugeben.

Vermittelung des Gerichtes.

II. In Frage kommen insbesondere (Abs. 1):

Eintr. des Erstehers.

1. Eintragung des Erstehers als Eigenthümer. In Elsaß-Lothringen sowie in Rheinhessen erfolgt die Ueberschreibung des Versteigerungsprotokolles 2c. vor der Vertheilung des Kaufgeldes, „sobald der erfolgte Zu-

---

[1]) Vergl. §§ 81—83, 150, 164, 165.

[2]) Vergl. oben S. 300.

[3]) Preußen § 124, Bayern (1879) Art. 94, 95, 122, 123, Sachsen §§ 169, 171, Württemberg Art. 25 Abs. 6 (Vollstreckungsbehörde), Hessen Art. 145, Mecklenburg § 56 Ziff. 4, Oldenburg Art. 78, Weimar § 86 Abs. 2, Braunschweig § 72, Anhalt § 51, Reuß j. L. § 67, Lübeck § 29, Elsaß-Lothringen § 42 (Versteigerungsbeamter).

schlag endgültig feststeht". Auch in Bayern rechts des Rheines wird, wenn diese Voraussetzung gegeben ist, das Hypothekenbuch bezw. das Grundbuch berichtigt. Dabei ist aber zu beachten, daß das Kaufgeld binnen zwei Wochen nach dem Zuschlage gerichtlich hinterlegt oder, soweit es kreditirt wird, durch Eintragung von Hypotheken auf das versteigerte Grundstück sichergestellt werden muß und daß erst, nachdem alle Verbindlichkeiten von dem Ersteher erfüllt sind, die Berichtigung des Buches vorgenommen werden darf. In der Pfalz geschieht die Bereinigung des Hypothekenbuches erst nach der Ausführung des Theilungsplanes. Dagegen scheint das mecklenburgische Recht im Wesentlichen an Bayern rechts des Rheines sich anzuschließen.

In Preußen war vor der Reform des Zwangsversteigerungsrechtes im Jahres 1883 mehrfach angeregt worden, die Eintragung des Erstehers vor dem Beginne des Vertheilungsverfahrens zuzulassen, um denselben in den Stand zu setzen, sich durch Eintragung von Hypotheken und Grundschulden die Mittel zur Erfüllung der Verpflichtungen aus dem Meistgebote zu verschaffen. Dieser Anregung wurde jedoch keine Folge gegeben, weil man ein Bedürfniß für eine Aenderung des bisherigen Rechtes nicht anzuerkennen vermochte[1]). Der Entwurf eröffnet in dem § 139 den Weg, auf welchem der Ersteher sich dadurch Kredit verschaffen kann, daß er das Bestehenbleiben von Hypotheken und Grundschulden, welche sonst nach § 138 erlöschen, mit den betreffenden Gläubigern oder mit dritten Personen, welche deren Rechte erwerben, vereinbart. Im Uebrigen empfiehlt es sich, im Interesse der Einfachheit und Sicherheit des Verfahrens, die Eintragung des Erstehers gleichzeitig mit den von derselben abhängigen Eintragungen zu bewirken. Es entspricht dies den Gesetzen für Preußen, Sachsen, Württemberg, Oldenburg, Weimar, Anhalt, Reuß j. L., Lübeck. (Nr. 1.)

2. Löschung des Versteigerungsvermerkes und der durch den Zuschlag erloschenen Rechte. Jener Vermerk hat seinen Zweck erfüllt, wenn der Vertheilungsplan ausgeführt ist. Er muß daher, wie Preußen § 124 Ziff. 2, Bayern (1879) Art. 94 Ziff. 1, Oldenburg Art. 78 ausdrücklich vorschreiben, gelöscht werden. Die Löschung der nach §§ 138, 139 erloschenen Rechte gehört zur Erfüllung der Versteigerungsbedingungen gemäß § 72. Ihre Erwirkung ist fast in allen Bundesstaaten Sache des Vollstreckungsgerichtes. (Nr. 2.) Löschungen.

3. Eintragung der in den §§ 170, 171 vorgesehenen Sicherungshypotheken. (Nr. 3.) Eintr. der Hyp.

III. Wenn in den Fällen der §§ 69, 70 das Nichtbestehen eines Rechtes dergestalt feststeht, daß dasselbe gelöscht werden kann, so erheischt die billige Rücksicht auf den Ersteher, daß sich das Vollstreckungsgericht der Herbeiführung der Löschung unterzieht. Natürlich kann das Gericht die Löschung nur betreiben, wenn deren Voraussetzungen urkundlich vorliegen. Auch bleibt seine Mitwirkung ausgeschlossen, wenn der Streit über das Bestehen des Rechtes erst nach Beendigung des Vertheilungsverfahrens sich erhebt. (Abs. 2.) Lösch. in den Fällen der §§ 69, 70.

So lange die von einem Widerspruche betroffene Hypothek oder Grundschuld nicht gelöscht ist, erscheint die Verwirklichung desselben dadurch gefährdet,

---

[1]) Stegemann S. 91.

daß über das eingetragene Recht zu Gunsten eines mit der Sachlage unbekannten Dritten nach Maßgabe des B. G. B. § 837 wirksam verfügt werden kann. Den Vorschriften des preußischen Ges. § 115 Abs. 2 und des § 124 Ziff. 3 sowie des bayerischen Ges. von 1886 Art. 36 wird die Auslegung gegeben, daß zum Schutze des Widerspruches eine Vormerkung bei dem Rechte eingetragen werden müsse. Der Entwurf sieht von einer derartigen Vorschrift ab, indem er davon ausgeht, daß es Sache des Widersprechenden sei, die Eintragung des Widerspruches auf dem in dem B. G. B. § 845 Abs. 2 vorgezeichneten Wege herbeizuführen. Ein Grund, den Widersprechenden in dem Vertheilungsverfahren günstiger zu stellen als außerhalb desselben, ist nicht vorhanden. Wohl aber würde die Eintragung, ohne daß den Erfordernissen des § 845 genügt wäre, einen nicht zu rechtfertigenden Eingriff in das Recht der Verfügung über die Hypothek oder die Grundschuld zur Folge haben.

§ 173.

Lösch. bei einem anderen Grundst.

Eine Hypothek oder Grundschuld, für welche außer dem versteigerten Grundstücke noch ein oder mehrere andere Grundstücke haften, erlischt, wenn der Anspruch des Gläubigers aus jenem Grundstücke befriedigt wird, auch an diesen. Da es im Interesse der Rechtssicherheit wünschenswerth ist, daß das Grundbuch sobald als möglich mit der durch die Zwangsversteigerung veränderten Rechtslage in Uebereinstimmung kommt, so erscheint es zweckmäßig, nach dem Vorgange von Preußen § 125 Abs. 1 das Vollstreckungsgericht mit der Fürsorge für die Berichtigung des Buches nicht blos in Ansehung des versteigerten Grundstückes, sondern auch in Ansehung der übrigen Grundstücke zu betrauen.

b) Rechtfertigung des Ersuchens.

§ 174.

Das Grundbuchamt hat das Ersuchen des Vollstreckungsgerichtes nach Maßgabe der Grundb. O. § 50 zu prüfen. Um diese Prüfung anstellen zu können, muß es Einsicht von dem Beschlusse, durch welchen der Zuschlag ertheilt ist, und von dem Protokolle über den Vertheilungstermin nehmen. Beide Urkunden sind deshalb in Ausfertigung dem Ersuchen beizufügen. Es entspricht dies dem preuß. Ges. § 124. Die besondere Vorschrift, welche dasselbe unter § 125 Abs. 1 Satz 2 enthält, erscheint entbehrlich. (Abs. 1.)

Der Hypotheken- oder der Grundschuldbrief braucht, von den Fällen des § 69 abgesehen, nicht vorgelegt zu werden. Soweit eine gemäß § 138 erloschene Hypothek oder Grundschuld gelöscht werden soll, hat der Ersteher nach § 72 Abs. 1 auf die Löschung ein Recht, welches von der Beibringung des Briefes nicht abhängig gemacht werden kann. Wenn aber eine Sicherungshypothek gemäß §§ 170, 171 mit dem Vorrange vor einer Briefhypothek oder einer Grundschuld einzutragen ist, so kommt in Betracht, daß dieser Vorrang bereits mit dem Anspruche verbunden war, für welchen die durch die Sicherungshypothek geschützte Forderung übertragen ist. In den Fällen des § 69 dagegen steht ein durch die Zwangsversteigerung eintretendes Erlöschen von Rechten nicht in Frage. Die Löschung eines solchen Rechtes setzt eine rechtsgeschäftliche Erklärung des Berechtigten oder eine Verurtheilung desselben voraus. Es fehlt daher an einem zureichenden Grunde, in diesen Fällen, abweichend von der Grundb. O. § 31, die Löschung ohne Vorlegung des Briefes zu gestatten. (Abs. 2.)

Nach dem braunschweigischen Ges. § 92 Abs. 5 wird die Löschung, wenn sie ohne Beibringung der Urkunde bewirkt ist, öffentlich bekannt gemacht. Die Landesgesetzgebung wird nach der Grundb. O. § 79 auch in Zukunft nicht behindert sein, diese Bekanntmachung vorzuschreiben. Ein allgemeines Bedürfniß, welches eine reichsgesetzliche Vorschrift rechtfertigte, ist nicht ersichtlich.

c) Neues Ersuchen in den Fällen des § 167.

§ 175.

In den Fällen des § 167 kann an die Erhebung des Widerspruches gegen den Theilungsplan eine anderweite Ausführung desselben sich knüpfen. Wird nämlich die Klage nicht vor Ablauf eines Monates erhoben, so hat das Vollstreckungsgericht nach der C. P. O. § 764 Abs. 1 Satz 2 die Ausführung des Planes ohne Rücksicht auf den Widerspruch anzuordnen. Wird dagegen über den Widerspruch von dem Prozeßgerichte durch Urtheil entschieden, so ist auf Grund des letzteren die Vertheilung in Gemäßheit des § 768 zu bewirken[1]). Für beide Fälle wird freilich schon bei Aufstellung des Planes die Vertheilung bestimmt. Allein mit Rücksicht darauf, daß die Sache sich ziemlich verwickelt gestalten kann, erscheint es zweckmäßig, es nicht bei der Eventualvertheilung zu belassen, sondern dem Vollstreckungsgerichte eine der veränderten Sachlage entsprechende anderweite Ausführung des Planes zur Pflicht zu machen. Um die hiernach erforderlichen Eintragungen in das Grundbuch ist dann die Buchbehörde zu ersuchen.

d) Verfahren des Grundbuchamtes.

§ 176.

Wenn im Falle des § 170 eine Sicherungshypothek mit dem Range vor einem bereits eingetragenen Rechte in das Grundbuch eingetragen wird, so hat der Berechtigte ein wesentliches Interesse daran, von dieser Eintragung benachrichtigt zu werden. Die Benachrichtigung wird deshalb in dem preußischen Ges. § 124 Abs. 3 Satz 3 besonders vorgeschrieben. In dem Entwurfe ist sie in Konsequenz des Grundsatzes, welchen die Grundb. O. § 55 aufstellt, zu bestimmen. Benachrichtigung von der Eintr

§ 177.

Wird die gegen den Ersteher verbleibende Forderung für den Anspruch aus einer noch ein anderes Grundstück belastenden Reallast, Hypothek oder Grundschuld übertragen, so liegt bei der Eintragung einer Sicherungshypothek für die Forderung ein Fall der Grundb. O. § 33 an sich nicht vor, da an die Stelle des ursprünglichen Anspruches, soviel das versteigerte Grundstück anlangt, Gr B. O § 33.

---

1) Vergl. Entw. § 157 Abs. 2.

ein ganz anderer Anspruch tritt. Immerhin bleibt der innere Zusammenhang dieses Anspruches mit jenem bestehen. Es erscheint deshalb rathsam, in Anlehnung an Preußen § 125 Abs. 2, diesen Zusammenhang, entsprechend dem angeführten § 33, im Grundbuche erkennbar zu machen.

7. Zwangsvollstreckung.

a) Zwangsvollstreckung wegen der gegen den Ersteher verbleibenden Forderung.

§ 178.

Beitreibung ohne Prozeß. α. Die Zwangsversteigerung würde ihren Zweck nur unvollkommen erfüllen, wenn zur Beitreibung des Betrages, welcher nach § 65 Abs. 2 Satz 2 im Vertheilungstermine zu zahlen war, der Weg des Prozesses beschritten werden müßte. Das geltende Recht zeigt zwei Wege, auf welchen das Ziel ohne Weiterungen erreicht werden kann, — die Wiederversteigerung gegen den Schuldner und die Zwangsvollstreckung gegen den Ersteher. Die Wieder- Wiederversteig versteigerung des Grundstückes in dem Sinne einer Zwangsmaßregel gegen den Schuldner, wie sie in den süddeutschen Staaten und in Sachsen, Mecklenburg, Weimar ꝛc. stattfindet[1]), ist vom Standpunkte des Entwurfes ausgeschlossen, weil der Schuldner durch den Zuschlag das Eigenthum an dem Grundstücke verliert, bei einer anderweiten Versteigerung desselben mithin als solcher nicht mehr betheiligt sein kann[2]). Die Zwangsvollstreckung Zwangsvollstr gegen den Erst gegen den Ersteher liegt dagegen schon in der Konsequenz des Gedankens, auf welchem die Vorschriften des § 149 Abs. 1, § 159 Abs. 1 und des § 170 Abs. 1 Satz 1 beruhen; sie ist nicht blos in Preußen § 129 und Anhalt § 34, sondern auch in Bayern (1879) Art. 121 Abs. 3, Sachsen § 158, Mecklenburg ꝛc. zugelassen.

Preußen. Das preußische Gesetz verweist in erster Linie unter § 128 Abs. 1 ebenfalls auf eine Wiederversteigerung des Grundstückes; aber es versteht unter derselben eine Vollstreckungsmaßregel gegen den Ersteher „wegen des rückständig gebliebenen und überwiesenen Kaufgeldes“, und es läßt nach seinem Wortlaute diese Maßregel nur so lange zu, als „der Ersteher noch nicht als Eigenthümer eingetragen worden ist oder das Kaufgeld auf Grund des Zuschlagsurtheils im Grundbuche eingetragen steht“. Hiernach sollte man erwarten, daß die Wiederversteigerung als eine besondere Prozedur gestaltet würde. Eine solche Gestaltung liegt jedoch nicht vor. Die Wiederversteigerung wird vielmehr, wie es im Abs. 2 heißt, „unter entsprechender Anwendung der für die Versteigerung gegebenen Vorschriften eingeleitet und durchgeführt“. Besonderheiten zeigt allerdings die Einleitung des Verfahrens, aber nur die, daß jeder Gläubiger, welchem ein Theil des Kaufgeldes überwiesen ist, die Versteigerung beantragen kann, ohne sich vorher einen vollstreckbaren Titel beschaffen zu

---

[1]) Bayern (1879) Art. 87, Sachsen § 172, Württemberg Art. 27, Baden § 86, Hessen Art. 149, Mecklenburg § 49, Weimar § 60, Braunschweig § 65, Coburg-Gotha § 19, Reuß j. L. § 44, Hamburg § 10.

[2]) Vergl. oben S. 291.

müssen und daß nach Abs. 1 Satz 2 die Beibringung des Steuerbuchauszuges nicht erforderlich ist, wenn der Antrag vor Ablauf von drei Monaten seit dem Vertheilungstermine gestellt wird. Das Verfahren selbst hat nur die aus § 57 Abs. 2 ersichtliche Besonderheit.

Vollstreckbarkeit der Forderung,

Faßt man die Wiederversteigerung nicht als ein eigenthümliches Rechtsinstitut auf, so erscheint es auch nicht angemessen, das Recht auf dieselbe als das nächste Recht der Gläubiger hinzustellen und erst in zweiter Linie das allgemeine Zwangsvollstreckungsrecht gegen den Ersteher hervorzuheben. Da die Zwangsversteigerung nur zugelassen werden kann, wenn die Forderung vollstreckbar ist, so muß das Gesetz von der Vollstreckbarkeit der Forderung ausgehen. In dieser Hinsicht bedarf es aber einer ausdrücklichen Vorschrift, da der Zuschlagsbeschluß eine Verurtheilung des Erstehers zur Zahlung nicht ausspricht und folglich einen Titel zur Zwangsvollstreckung gegen denselben nicht darstellt. Die Vollstreckbarkeit selbst ist ohne jedes Bedenken, da nicht allein die Rechte, welche der Ersteher mit dem Zuschlage erwirbt, sondern auch die Pflichten, welche er durch sein Gebot übernimmt, durch den Beschluß zur Feststellung gelangen. Werden nun die Rechte des Erstehers gegen die Betheiligten ohne prozessualisches Verfahren verwirklicht, so fordert schon die Konsequenz, noch mehr aber die Billigkeit und Gerechtigkeit gegen die Betheiligten, daß auch die Erfüllung der dem Ersteher und dem etwaigen Mitschuldner desselben obliegenden Pflichten ohne Weiterungen erzwingbar sein muß. Der Entwurf erklärt deshalb die Forderung aus dem Meistgebote für vollstreckbar, und zwar für den Fall des § 123 nicht blos gegen den Ersteher, sondern auch gegen denjenigen, welcher das Meistgebot abgegeben hat. Wenn das *preußische* Gesetz die Zwangsvollstreckung nur insoweit zuläßt, als das Kaufgeld *überwiesen* ist, so ist ein innerer Grund für diese Beschränkung nicht ersichtlich. Die Forderung an den Ersteher, deren Subjekt der Schuldner ist, würde, wenn ihr an sich die Vollstreckbarkeit mangelte, auch durch ihre Ueberweisung an einen Gläubiger nicht vollstreckbar werden können. Es wäre aber auch unbillig, die Rechtshülfe, welche dem mit einer Ueberweisung ausgestatteten Gläubiger gegen den Ersteher zu gewähren ist, dem Schuldner zu versagen. Die Vollstreckbarkeit ist daher mit der Forderung ohne Rücksicht auf die Person, welcher dieselbe zusteht, zu verbinden. (Abs. 1 Satz 1.) Sie kann aber auch, soweit das versteigerte Grundstück in Betracht kommt, nicht davon abhängig gemacht werden, daß dieses im Eigenthume des Erstehers verbleibt. Der Forderungsberechtigte erlangt dadurch, daß für ihn gemäß § 170 eine Sicherungshypothek eingetragen wird, den Anspruch, sich an das Grundstück auch dann zu halten, wenn dasselbe in das Eigenthum eines Dritten übergeht. Wird wegen dieses Anspruches die Zwangsvollstreckung in das Grundstück gegen den Ersteher eingeleitet, so steht dem Gläubiger die Vorschrift des § 41 zur Seite. Der Gläubiger muß aber gegen eine Veräußerung auch des Schutzes theilhaftig werden, welchen der § 27 gewährt. Der Anspruch aus der Hypothek ist deshalb gleichwie die Forderung für vollstreckbar zu erklären. (Satz 2.)

des Anspr. aus der Hyp.

Vorausset. der Zwangsvollstr.

β. Der vollstreckbare Titel liegt in der Vorschrift, durch welche der Forderung und der Hypothek Vollstreckbarkeit beigelegt wird. Für die Zwangsvollstreckung aber bedarf es einer urkundlichen Feststellung der Voraussetzungen, welche den Fall des Gesetzes ergeben[1]). Diese Voraussetzungen sind in dem Beschlusse, durch welchen der Zuschlag ertheilt ist, sowie in dem Protokolle über den Vertheilungstermin enthalten. Einer Ausfertigung des Protokolles bedarf es jedoch nicht. Die Zwangsvollstreckung kann unbedenklich auf Grund einer vollstreckbaren Ausfertigung jenes Beschlusses erfolgen. (Abs. 2 Satz 1.) Es muß nur in der Vollstreckungsklausel die Uebertragung der Forderung an den Gläubiger erwähnt werden. Von der Zustellung einer Urkunde über die Uebertragung aber ist mit Preußen § 129 Abs. 2 abzusehen. (Satz 2.) Soweit dem letzten Eigenthümer des Grundstückes ein Theil der Forderung verblieben ist, muß dies zur Rechtfertigung der Zwangsvollstreckung in der Vollstreckungsklausel angegeben werden. (Satz 3.)

b) Zwangsversteigerung und Zwangsverwaltung des Grundstückes gegen den Ersteher.

§. 179.

Wenn die Forderung aus dem Meistgebote gegen den Ersteher vollstreckbar ist, so hat das Gesetz nicht nöthig, einen besonderen Begriff der „Wiederversteigerung" aufzustellen. Denn aus der Vollstreckbarkeit der Forderung folgt von selbst, daß wegen derselben auch die Zwangsversteigerung des von dem Ersteher erworbenen Grundstückes verlangt werden kann. Ein Grund aber, der zu einer besonderen Regelung des neuen Verfahrens nöthigte, ist nicht vorhanden. Das Gesetz kann jedoch, um den Gläubigern die Rechtsverfolgung gegen den Ersteher möglichst zu erleichtern, die Zwangsversteigerung sowie die Zwangsverwaltung ohne vorgängige Zustellung des vollstreckbaren Titels bezw. der Vollstreckungsklausel gestatten; es kann ferner, um Verzögerungen und Weiterungen abzuschneiden, beide Maßregeln noch vor der Eintragung des Erstehers als Eigenthümer zulassen. Der Entwurf lehnt sich in diesen Beziehungen sachlich an Preußen § 128 Abs. 1 und § 129 Abs. 2 Satz 2 an.

8. Behandlung der Forderung gegen den Dritten im Falle des § 78.

§ 180.

Der Eintritt eines Dritten für den Ersteher im Falle des § 78 kann, ohne den Rechten der Betheiligten aus dem Meistgebote zu nahe zu treten, nur unter der Voraussetzung gemeint sein, daß die Forderung gegen den Dritten in gleicher Weise zur Befriedigung der Ansprüche verwendet und sichergestellt wird, wie es sonst mit der Forderung gegen den Ersteher hätte geschehen müssen. Die auf diese Forderung sich beziehenden Vorschriften sind daher auf jene entsprechend anzuwenden. (Abs. 1 Satz 1.) Daß für die letztere Sicherungshypotheken nach Maßgabe des § 170 einzutragen sind, muß, um einer mißverständlichen Folgerung aus § 78 Abs. 5 vorzubeugen, besonders betont werden. (Satz 2.) Von einem etwaigen Verzichte auf die Rechte aus

[1]) C. P. O. §§ 662 ff.

der Uebertragung ist auch dem Dritten wegen des Einflusses, welchen der Verzicht auf die Rechtslage hat, Kenntniß zu geben. (Satz 3.)

Der Schutz der Forderung des Dritten gegen den Ersteher gehört nicht zu den Aufgaben des Vertheilungsverfahrens. Von einer Vollstreckbarkeit dieser Forderung kann daher keine Rede sein. (Abs. 2.)

9. Ungewißheit des Berechtigten in Ansehung eines zugetheilten Betrages.

Vorbemerkungen.

Das Vollstreckungsgericht hat die Aufgabe, die Vertheilung des Versteigerungserlöses erschöpfend und endgültig zu bewirken. Das zu beobachtende Verfahren muß daher auch für den Fall geregelt werden, daß für einen Anspruch, welcher in den Theilungsplan aufgenommen worden, die Person des Berechtigten von vornherein ungewiß ist oder nachträglich ungewiß wird. Eine Ungewißheit liegt auch dann vor, wenn derjenige, welcher sich als Gläubiger meldet, als solcher sich nicht legitimiren, namentlich im Falle einer Briefhypothek oder einer Grundschuld den Brief nicht vorlegen kann. Das Bedürfniß einer gesetzlichen Regelung besteht ferner für den Fall, wenn dem letzten Eigenthümer des Grundstückes ein Theil des Baarerlöses auszuzahlen oder ein Theil der Forderung gegen den Ersteher verblieben ist und die Person des Berechtigten bezw. die Erben desselben ungewiß sind. Bedürfniß.

Die weitaus meisten Landesgesetze schweigen darüber, wie in diesen Fällen der Theilungsplan ausgeführt werden soll. In Betracht kommt nach ihnen überhaupt nur der Fall, wenn der für den Anspruch angesetzte Betrag hinterlegt ist. Aber auch dieser Fall wird nicht besonders ins Auge gefaßt. Man wird annehmen dürfen, daß er keiner besonderen Behandlung unterliegt, sondern in dem Verfahren seine Erledigung findet, welches für die Auszahlung öffentlich hinterlegter Geldbeträge maßgebend ist. Auf dieses Verfahren kann aber die Reichsgesetzgebung die erforderliche Regelung nicht abstellen. Einmal nämlich würde, wenn dies geschehe, in dem Vertheilungsverfahren eine Lücke bleiben, von welcher es fraglich wäre, ob zu ihrer Ausfüllung in allen Bundesstaaten ausreichende Vorschriften vorhanden sind. Sodann aber würde der den meisten Gesetzen fremde Fall der Uebertragung der gegen den Ersteher verbleibenden Forderung doch immer geordnet werden müssen. Darf aber das Gesetz überhaupt nicht schweigen, so kann es den Fall der Hinterlegung schon deshalb nicht übergehen, weil dieser Fall, von der Auszahlung abgesehen, für die Ausführung des Planes nicht anders liegt als der Fall der Uebertragung. Landesges.

Die preußische Subhast. O. v. 15. März 1869 traf unter §§ 80 ff. beide Fälle. Ihre Bestimmungen sind zum Theil in das anhaltische Subhast. Ges. §§ 52 ff. übergegangen. Nach dem preußischen Ges. v. 13. Juli 1883 §§ 120, 131—136 nimmt das Verfahren folgenden Gang: Preußen

Der zugetheilte Betrag wird hinterlegt und, soweit er nicht gezahlt ist, durch Ueberweisung gedeckt. Für den Fall, daß der Anspruch wegfällt, findet eine weitere Vertheilung statt (§ 120). Die Ermittelung des unbekannten Gläubigers liegt einem demselben zu bestellenden Vertreter ob (§ 131).

Führt sie zum Ziele, so wird die planmäßige Vertheilung weiter ausgeführt (§ 132). Verstreichen drei Monate, ohne daß Jemand als Gläubiger sich ausgewiesen hat, so wird der Eventualberechtigte auf Antrag von dem Gerichte ermächtigt, das Aufgebot zur Ausschließung des unbekannten Gläubigers zu beantragen (§ 133). Legitimirt sich dieser, nachdem die Ermächtigung ertheilt ist, so erfolgt die weitere Ausführung der Vertheilung unter Zuziehung der nach der veränderten Sachlage betheiligten Personen (§ 134). Anderenfalls entscheidet das Aufgebot, für welches besondere Bestimmungen gegeben werden (§ 135) für die weitere Vertheilung (§ 136).

Der Entwurf schließt dieser an sich zweckmäßigen Regelung im Wesentlichen sich an, und zwar aus den Gründen, auf welchen dieselbe nach ihren Motiven[1]) beruht. Seine §§ 181—187 entsprechen den §§ 120, 131—136 des preuß. Gesetzes.

a) Ausführung des Theilungsplanes.

§ 181.

Ist der für den Anspruch angesetzte Betrag in baar vorhanden, so muß er für den Berechtigten wie in dem Falle des § 158 Abs. 2 Satz 3 öffentlich hinterlegt werden. Die Hinterlegung ist auch in den Gesetzen für Bayern (1879) Art. 121 Abs. 4 Satz 2, Mecklenburg § 71 Abs. 2 Satz 3 und Anhalt § 43 Abs. 3 vorgeschrieben. In Ermangelung eines Baarerlöses ist ein entsprechender Theil der gegen den Ersteher verbleibenden Forderung gemäß § 159 dem Berechtigten zu übertragen. Da jedoch dessen Person unbekannt ist, so kann die Uebertragung nur mit dem Vorbehalte späterer Feststellung des Berechtigten erfolgen. (Abs. 1.)

Die Vertheilung für den Fall, daß der Anspruch wegfällt, entspricht dem in den §§ 160 ff. vorgeschriebenen Verfahren; sie ist hier von besonders praktischer Bedeutung, weil sie zugleich die Legitimation zur Beantragung des Aufgebotes bestimmt. (Abs. 2.)

b) Bestellung eines Pflegers zur Ermittelung des Berechtigten.

§ 182.

Der Entwurf weicht von Preußen § 131 insofern ab, als er die Person, welche zur Ermittelung des unbekannten Berechtigten zu bestellen ist, nicht als dessen Vertreter, sondern als Pfleger bezeichnet. Die Abweichung liegt in der Konsequenz des B. G. B. § 1742, führt aber auch zu einer zutreffenderen Bezeichnung jener Person. (Abs. 1 Satz 1.) Die Aufgabe des Pflegers und das Recht desselben auf Vergütung wird in angemessener Weise durch die Vorschriften bestimmt, welche der Entwurf unter § 22 Abs. 2 für den Zustellungsvertreter aufstellt. (Satz 2.) Die Funktionen des Vormundschaftsgerichtes sind zur Vereinfachung des Verfahrens von dem Vollstreckungsgerichte wahrzunehmen[2]). (Satz 3.)

Für die Berichtigung der Gebühren und Auslagen des Pflegers aus dem zugetheilten Betrage genügt es, auf die Analogie des § 151 Abs. 1 zu verweisen. (Abs. 2.)

---

[1]) Stegemann S. 94, 95.

[2]) Vergl. B. G. B. § 2061.

c) Nachträgliche Ermittelung des Berechtigten.

§ 183.

α. Wird der Berechtigte nachträglich ermittelt, und zwar gleichviel ob er selbst dem Vollstreckungsgerichte gegenüber sich als Gläubiger legitimirt oder ob seine Legitimation von dem Pfleger geführt wird, so muß die Vertheilung gerade so bewirkt werden, wie es hätte geschehen müssen wenn der Zwischenfall des § 181 nicht eingetreten wäre. Das Vollstreckungsgericht hat also, wenn der zugetheilte Betrag hinterlegt ist, dessen Auszahlung nach Maßgabe des § 158 zu veranlassen, wenn dagegen eine Uebertragung erfolgt ist, die unbestimmte Uebertragung in eine bestimmte umzuwandeln und, wenn bereits die Eintragung in das Grundbuch stattgefunden hat, das Grundbuchamt um die Berichtigung des Buches zu ersuchen. (Abs. 1 Satz 1.)

Hängt die Legitimation des Gläubigers von der Beibringung eines Hypotheken- oder eines Grundschuldbriefes ab, so muß, wenn die Urkunde abhanden gekommen oder vernichtet ist, deren Kraftloserklärung im Aufgebotsverfahren bewirkt werden[1]). Die Vorlegung eines den Brief für kraftlos erklärenden Urtheiles ist im Hinblicke auf § 140 Abs. 1 nach dem Grundsatze des B. G. B § 1123 Abs. 2 Satz 2 selbst dann erforderlich, wenn die Hypothek oder die Grundschuld bereits gelöscht ist. (Satz 2.)

β. Ist der Anspruch von einem Widerspruche betroffen, so muß auch auf dessen Erledigung Bedacht genommen werden. Derjenige, welcher den Widerspruch erhoben hat, ist daher von der Ermittelung des Berechtigten zu benachrichtigen, um Klage gegen denselben anstellen zu können. (Abs. 2 Satz 1.) Für den Beginn der Frist, binnen welcher nach der C. P. O. § 764 die Erhebung der Klage dem Vollstreckungsgerichte nachzuweisen ist, kann nach Lage der Sache nur die Zustellung der Benachrichtigung maßgebend sein. (Satz 2.)

d) Ermächtigung des Eventualberechtigten zur Beantragung des Aufgebotsverfahrens.

§ 184.

Der Betrag, welchen der Theilungsplan für den zu ermittelnden Berechtigten auswirft, gebührt, wenn der Anspruch desselben wegfällt, demjenigen, auf dessen Anspruch er für diesen Fall gemäß § 181 Abs. 2 zugetheilt ist. Um einen endlichen Abschluß des Verfahrens zu ermöglichen, muß das Gesetz dem Eventualberechtigten ein Mittel bieten, durch welches derselbe in den Stand gesetzt wird, den Wegfall des Anspruches feststellen zu lassen. Dieses Mittel ist das öffentliche Aufgebot zum Zwecke der Ausschließung des unbekannten Berechtigten von der Befriedigung aus dem zugetheilten Betrage. Das Aufgebotsverfahren kann aber, ohne zu Unbilligkeiten zu führen, nur zugelassen werden, wenn es nach Lage der Sache bis zu einem gewissen Grade als wahrscheinlich anzusehen ist, daß für den Anspruch ein Gläubiger nicht nachgewiesen werden kann. Eine solche Wahrscheinlichkeit ist vorhanden, wenn drei Monate verstrichen sind, ohne daß der Gläubiger oder ein sonstiger Be-

Bedürfniß für das Aufgebot.

Voraussetzung.

---

1) B. G. B. § 1123 Abs. 1.

rechtigter ermittelt ist bezw. seine Legitimation geführt hat. Die Entscheidung darüber aber, ob diese Voraussetzung gegeben ist, gebührt dem Vollstreckungsgerichte. Der Eventualberechtigte kann daher das Aufgebotsverfahren nur beantragen, wenn das Gericht ihn hierzu ermächtigt hat.

Legitimation

Das Ges. für Anhalt § 52 Abs. 3 hat aus der preuß. Subhast. O. v. 15. März 1869 § 82 die Bestimmung übernommen, daß dem Kurator des unbekannten Betheiligten es obliegt, „das Aufgebot der für die Forderung angelegten Spezialmasse oder des dem betreffenden Gläubiger überwiesenen Theiles des Kaufgelderrückstandes nachzusuchen". In Preußen ist diese Bestimmung durch das Ges. v. 13. Juli 1883 § 133 beseitigt. Sie würde allerdings den Vortheil bieten, daß die Vertheilung auch dann endgültig zur Ausführung käme, wenn der Eventualberechtigte sich unthätig verhielte. Allein dieser Vortheil fällt praktisch nicht ins Gewicht. Denn Fälle, in welchen der Berechtigte säumen wird, den von dem Gesetze eröffneten Weg zu seiner Befriedigung zu betreten, werden sehr selten sein. Juristisch aber läßt es sich nicht rechtfertigen, den Vertreter mit der Ergreifung einer Maßregel zu betrauen, deren nächster Zweck die Beseitigung eines Rechtes desjenigen ist, für den der Pfleger zu sorgen hat.

Mehrere Berechtigte

Sind mehrere Eventualberechtigte vorhanden, so ist nach dem preußischen Gesetze § 133 Abs. 2 „jeder rücksichtlich des ihm zufallenden Theiles zu dem Antrage zu ermächtigen". Der Entwurf hat eine solche Bestimmung nicht, weil dieselbe von seinem Standpunkte, soweit sie richtig ist, sich von selbst versteht. Richtig ist aber nur, daß das Aufgebot in seinen Wirkungen für denjenigen, welcher es ausbringt, durch dessen Interesse beschränkt ist, die Ermächtigung zur Nachsuchung des Aufgebotes mithin auch nur in dieser Beschränkung ertheilt werden kann. Im Uebrigen aber erscheint es zweckmäßig, darauf hinzuwirken, daß auch bei dem Vorhandensein mehrerer Berechtigter das Aufgebot in Einem Verfahren erledigt werde.

c) Ermittelung des Berechtigten nach Ertheilung der in dem § 184 bezeichneten Ermächtigung.

§ 185.

Termin

α. Wird der Berechtigte nach Ertheilung der Ermächtigung zum Aufgebotsantrage ermittelt oder vielmehr von dem Vollstreckungsgerichte für ermittelt erachtet, so liegt die Sache wesentlich anders als im Falle des § 183, insofern nämlich, als nunmehr zunächst darüber verhandelt werden muß, ob derjenige, welchen das Gericht für den Berechtigten hält, wirklich als solcher legitimirt ist. Es muß daher ein Termin zur weiteren Verhandlung bezw. Vertheilung anberaumt werden. (Abs. 1 Satz 1.) Betheiligt sind hierbei: der angeblich Berechtigte, der zum Aufgebotsantrage Ermächtigte, der letzte Eigenthümer des Grundstückes und wegen der Gebühren und Auslagen der Pfleger. Diese Personen sind folglich zu dem Termine zu laden. (Satz 2.) Im Uebrigen ist nach den bezüglichen Vorschriften der §§ 147 ff. zu verfahren. (Satz 3.)

Ladung der Betheiligten

Wegfall der Ermächtigung

β. Die Ermächtigung zur Beantragung des Aufgebotes setzt voraus, daß das Vollstreckungsgericht den Berechtigten als nicht zu ermitteln betrachtete.

Sie erledigt sich demnach mit dem Wegfalle dieser Voraussetzung, d. h. sie erlischt, wenn das Gericht die Legitimation des Berechtigten für geführt erachtet und dies dem Ermächtigten eröffnet. Die Eröffnung geschieht zweckmäßig dadurch, daß in der Ladung desselben die Ermittelung des Berechtigten erwähnt wird. (Abs. 2 Satz 1.) Das Erlöschen der Ermächtigung tritt daher mit der Zustellung der Ladung ein. (Satz 2.)

7. In dem Termine kann dem Anspruche des Berechtigten nach näherer Bestimmung des § 157 widersprochen werden. Aber auch ein in dem (ersten) Vertheilungstermine erhobener Widerspruch darf nicht unberücksichtigt bleiben, da er bei dem Fehlen der Legitimation des Berechtigten bisher nicht erledigt werden konnte. Für den Beginn der in der C. P. O. § 764 bestimmten Frist kann demnach nur der neue Termin maßgebend sein. (Abs. 3.) Widerspruch.

f) Aufgebotsverfahren.

§ 186.

Auf Grund der gemäß § 184 ertheilten Ermächtigung kann, so lange dieselbe nicht nach § 185 Abs. 2 Satz 2 erloschen ist, das Aufgebot zum Zwecke der Ausschließung des unbekannten Berechtigten von der Befriedigung aus dem zugetheilten Betrage nachgesucht werden. Das Verfahren richtet sich nach den Vorschriften der C. P. O., soweit hier nicht etwas Besonderes bestimmt wird. Antrag. C. P. O.

Die Zuständigkeit des Vollstreckungsgerichtes, für welche es im Hinblicke auf die C. P. O. § 823 Abs. 2 einer ausdrücklichen Anerkennung bedarf, wird von dem Entwurfe unter Abs. 1 im Einklange mit Preußen § 135 Abs. 2 Satz 2 wegen des engen Zusammenhanges bestimmt, in welchem das Aufgebotsverfahren mit dem Vertheilungsverfahren steht. Daß jenes Verfahren hierdurch seine Natur als Prozeßverfahren nicht verliert, ist nicht zweifelhaft. Das Vollstreckungsgericht ist nicht als solches, sondern als Prozeßgericht zuständig. Gerichtsstand.

Der Abs. 2 weicht von Preußen Abs. 1 sachlich nur insofern ab, als nach ihm der Antragsteller zur eidlichen Versicherung der Wahrheit seiner Angaben sich zu erbieten hat. Die Abweichung stützt sich auf die C. P. O. § 829 Abs. 2, § 840 Abs. 3. Begründ. des Antr.

Nach dem preußischen Gesetze § 135 Abs. 2 Satz 2 erfolgt das Aufgebot „nach den Vorschriften für das Aufgebotsverfahren zum Zwecke der Kraftloserklärung von Urkunden über Ansprüche, welche im Grundbuche eingetragen sind". Die Bestimmung stammt aus dem Ges., betr. die Zwangsvollstr. in das unbewegl. Verm., v. 4. März 1879 § 19; von hier ist sie in die Gesetze für Meiningen § 27 und Rudolstadt § 18 übergegangen. Ihre praktische Bedeutung liegt für Preußen in einer von der C. P. O. abweichenden Regelung der Bekanntmachung des Aufgebotes sowie der Aufgebotsfrist. Während nämlich die C. P. O. unter § 825 die Bekanntmachung durch den Reichsanzeiger und das für die amtlichen Veröffentlichungen des Gerichtes bestimmte Blatt vorschreibt und unter § 827 die Frist auf mindestens sechs Wochen bemißt, heißt es in dem Ausf. Ges. zur C. P. O. v. 24. März 1879 § 20 Abs. 4: „Betrifft das Aufgebot Urkunden über Ansprüche, welche in einem Grund- oder Hypothekenbuche eingetragen sind, so erfolgt die öffentliche Bekanntmachung des Aufgebotes .... durch Anheftung an die Gerichtstafel, Aufgebot. Bekanntmachung Frist sowie durch einmalige Einrückung in den öffentlichen Anzeiger des Amtsblattes. Diese Einrückung tritt bei Anwendung der §§ 846, 847 der deutschen C. P. O. an Stelle der Einrückung in den Deutschen Reichsanzeiger. Die in diesen Paragraphen bestimmten Fristen werden auf drei Monate herabgesetzt." Die Vorschriften des B. G. B. über das Aufgebot von Hypotheken- und Grundschuldbriefen enthalten sich jeden Eingriffes in die C. P. O.[1]). Dagegen soll nach dem Einf. Ges. Art. 11 in die C. P. O. unter § 850b folgender Satz eingestellt werden: „In Ansehung der Aufgebote von Grundstücken, Hypotheken und Grundschulden, sowie von abhanden gekommenen und vernichteten Hypothekenbriefen und Grundschuldbriefen (§§ 873, 1103, 1104, 1123, 1136 des B. G. B.) können die Art der Bekanntmachung des Aufgebotes und die Aufgebotsfristen durch Landesgesetz anders bestimmt werden als in den §§ 825, 827 vorgeschrieben ist." Aus den Gründen, auf welchen dieser Satz beruht[2]), rechtfertigt sich auch der Vorbehalt, welcher hier unter Abs. 6 gemacht wird.

B. G. B. — Einf. Ges.

Bezeichnung der Ford. — Nach dem preußischen Ges. Abs. 3 ist in dem Aufgebote „die Forderung, auf welche dasselbe sich bezieht, nach dem aus dem Grundbuche ersichtlichen Gläubiger und Schuldner, dem Betrage, dem Datum der Urkunde und dem versteigerten Grundstücke zu bezeichnen und der zur Hebung gekommene Betrag anzugeben". Eine solche Vorschrift ist indessen hier ebenso wie in den ähnlichen Fällen des B. G. B. §§ 1103, 1104 entbehrlich[3]).

Wirkungen. Anmeldung. Kosten. — Der Abs. 3 des Entwurfes gibt die Vorschriften des preußischen Ges. Abs. 4, 6 wieder. Abs. 4, 5 stimmen sachlich mit Abs. 5, 7 desselben überein. Abs. 5 ist für den Antragsteller auch dann von Interesse, wenn der aufgebotene Anspruch wegfällt, weil insoweit, als der zugetheilte Anspruch durch die Kosten gekürzt wird, die Forderung des Antragstellers bestehen bleibt.

g) Vertheilung nach Erlassung des Ausschlußurtheiles.

§ 187.

Termin. — Wenn das Ausschlußurtheil erlassen ist, kann das Vertheilungsverfahren wieder aufgenommen werden, um dessen bisheriges Ergebniß der veränderten Sachlage anzupassen. Das Vollstreckungsgericht hat demnach auf Antrag einen Termin zu bestimmen (Satz 1) und zu demselben diejenigen zu laden, welche bei der anderweiten Vertheilung des verfügbar gewordenen Betrages betheiligt sind. Es sind dies, wenn man von den durch das Urtheil ausgeschlossenen Personen absieht, in der Regel dieselben Personen wie im Falle des § 185. Wenn gemäß § 181 Abs. 2 mehrere eventuell berechtigt sind, so kommen von ihnen nur diejenigen in Betracht, welche das Urtheil erwirkt haben. Hat das Urtheil Rechte vorbehalten, so müssen auch diejenigen geladen werden, zu deren Gunsten der Vorbehalt gemacht ist. (Satz 2.)

Ladung der Betheiligten.

Verfahren. — Im Uebrigen gelten für den Termin die in dem § 185 Abs. 1 Satz 3 bezeichneten Vorschriften mit den aus der besonderen Sachlage sich ergebenden Abweichungen. Der Richter hat einen neuen Theilungsplan aufzustellen oder

---

[1]) B. G. B. §§ 1123, 1136.

[2]) Vergl. Mot. III. S. 742, 762, 763.

[3]) Vergl. C. P. O. § 824 Abs. 2.

den ursprünglichen Plan mit dem Ausschlußurtheile in Einklang zu bringen. Demgemäß ist der Betrag, welcher für den durch das Urtheil weggefallenen Anspruch bestimmt war, für den Anspruch desjenigen, welcher das Urtheil erwirkt hat, gemäß § 181 Abs. 2 anzusetzen. Ansprüche aus Rechten, welche in dem Urtheile vorbehalten sind, werden in den Theilungsplan nur aufgenommen, wenn sie glaubhaft gemacht sind. Hierbei ist aber nicht außer Acht zu lassen, daß ein solcher Anspruch im Falle einer Briefhypothek oder einer Grundschuld nur unter Vorlegung des Briefes geltend gemacht werden kann, während zu Gunsten desjenigen, welcher das Aufgebot ausgebracht hat, das Ausschlußurtheil seine Wirkung auch auf die Urkunde erstreckt[1]). Die Frage, wer die Rolle des Klägers bei Erledigung des Widerspruches zu übernehmen hat, ist nach § 166 zu entscheiden. Ist der Anspruch aus dem vorbehaltenen Rechte nicht glaubhaft gemacht, so kann der angeblich Berechtigte zwar dem in den Theilungsplan eingestellten Anspruche widersprechen, der Widerspruch aber nach § 157 Abs. 5 die Ausführung des Planes nicht aufhalten. (Satz 3.)

10. Erstreckung des Vertheilungsverfahrens auf den Erlös besonders verwertheter Gegenstände.

§ 188.

Wenn ein Gegenstand, auf welchen an sich die Versteigerung des Grundstückes sich erstreckt, nach § 84 von dieser Versteigerung ausgeschlossen und besonders versteigert oder in anderer Art verwerthet wird, so darf hieraus nicht gefolgert werden, daß mit dem Erlöse nach den Vorschriften über die Zwangsvollstreckung in das bewegliche Vermögen verfahren werden müßte. Vielmehr entspricht es den Grundsätzen des § 1 Abs. 2 und des § 140 Abs. 1, daß dieser Erlös unter dieselben Berechtigten und nach denselben Vorschriften wie der Grundstückserlös zu vertheilen ist. Im Interesse der Deutlichkeit des Gesetzes erscheint es rathsam, dies durch eine entsprechende Bestimmung zum Ausdrucke zu bringen.

Dritter Titel.

Zwangsverwaltung.

Vorbemerkungen.

1. Die Zwangsverwaltung (Sequestration, Administration) ist in den meisten Bundesstaaten zulässig, jedoch nicht in allen oben S. 70 u. 71 bezeichneten Gesetzen geordnet. In **Hamburg** vertritt ihre Stelle der „Miethbeschlag". **Baden** erwähnt die Sequestration nur in dem § 96. **Elsaß-Lothringen** hat nur die Bestimmung des § 24. Eingehender sind **Schaumburg-Lippe** §§ 7, 8, **Hessen** Art. 122, 123, **Württemberg** Art. 8, 10, 22, 25, 31. Vollständig regeln die Zwangsverwaltung **Preußen** §§ 139—154, **Bayern** (1879) Art. 125—156, **Sachsen** §§ 183—198, **Mecklenburg** Landesgesetze.

[1]) B. G. B. §§ 1117, 1124.

§§ 74—77, Weimar §§ 94—108, Oldenburg Art. 79—87, Braunschweig §§ 96—110, ferner das anhaltische Ausf. Ges. zur C. P. O. §§ 15—22.

Methode der Regelung

2. Da die Zwangsverwaltung ihre Regelung zum Theil in den allgemeinen Vorschriften für die Zwangsvollstreckung in Grundstücke findet, so handelt es sich nur darum, ihre Besonderheiten gegenüber der Zwangsversteigerung zu bestimmen. Beide Vollstreckungsmaßregeln haben den Grund und den Zweck gemein. Der Grund liegt in dem Rechte des Gläubigers auf Befriedigung aus dem Grundstücke, der Zweck in der Herbeiführung der Befriedigung. Bei der Zwangsversteigerung ist es die Umsetzung des Grundstückes in Geld, bei der Zwangsverwaltung die Erhebung der Einkünfte, durch welche die Befriedigung des Gläubigers vermittelt wird. Soweit diese Verschiedenheit der Mittel zum Zwecke nicht zu einer verschiedenen Gestaltung der beiden Institute nöthigt, hat die Gesetzgebung keine Veranlassung, dieselben verschieden zu gestalten. Hiervon gehen erkennbar alle Gesetze aus, welchen es auf eine möglichst erschöpfende Regelung der Zwangsverwaltung ankommt. Die Methode, welche sie befolgen, ist jedoch keine gleiche. Anhalt trifft die nöthigen Bestimmungen ohne Bezugnahme auf die Zwangsversteigerung. Preußen, Bayern, Sachsen rc. erklären verschiedene Vorschriften, welche sie für die Zwangsversteigerung geben, für entsprechend anwendbar auf die Zwangsverwaltung. Am weitesten gehen in dieser Hinsicht die mecklenburgischen Verordnungen, indem sie für die Zwangsverwaltung nur drei kurze Sätze aufstellen, im Uebrigen aber die entsprechende Anwendung der für die Zwangsversteigerung geltenden Bestimmungen, mit Ausnahme nur dreier Paragraphen, auf die Zwangsverwaltung vorschreiben.

Der Entwurf beobachtet, um einerseits nicht zu ausführlich, andererseits nicht undeutlich zu werden, die Methode, daß er die Zwangsverwaltung zwar unter Bezugnahme von Vorschriften des zweiten Titels ordnet, die zur Uebertragung geeigneten Vorschriften jedoch an den betreffenden Stellen bestimmt und genau bezeichnet.

3. Weimar, welches die Zwangsverwaltung von Grundstücken, deren Veräußerung nicht durch Rechte Dritter gehindert ist, nur mit Zustimmung des Schuldners gestattet, läßt das von ihm geordnete Verfahren nur insoweit eintreten, als nicht die Betheiligten über ein anderes Verfahren sich einigen[1]. Die Zustimmung des Schuldners erledigt sich nach dem Entwurfe durch dessen § 3 Abs. 2. Im Uebrigen erregt die gedachte Vorschrift das Bedenken, daß die Zwangsverwaltung eine Maßregel der Zwangsvollstreckung ist, die Vorschriften über das Verfahren bei der Zwangsvollstreckung aber zwingender Natur sind, daher von den Betheiligten grundsätzlich für den gegebenen Fall nicht außer Kraft gesetzt werden können. Inwiefern dieser Grundsatz in Beziehung auf die eine oder die andere Vorschrift eine Einschränkung erleidet, muß aus dem Inhalte der Vorschrift sich ergeben. Seine völlige Beseitigung für die Zwangsverwaltung kann vom Standpunkte des Entwurfes nicht empfohlen werden.

[1]) Weimar § 92.

I. Anordnung der Verwaltung.

1. Anwendung der für die Zwangsversteigerung geltenden Vorschriften.

§ 189.

Die entsprechende Anwendung der für die Anordnung der Zwangsversteigerung geltenden Vorschriften auf die Anordnung der Zwangsverwaltung steht im Einklange mit Preußen § 139 Abs. 1, Weimar § 95, Oldenburg Art. 80, Mecklenburg § 76, zum Theil auch mit Sachsen § 183. Nach den Vorbemerkungen unter 2 ist sie ohne Bedenken.

2. Anordnung gegen den Besitzer.

§ 190.

Die Versteigerung soll nach § 26 nur zugelassen werden, wenn der Schuldner als Eigenthümer des Grundstückes eingetragen ist oder der Antragsteller glaubhaft macht, daß der Schuldner den eingetragenen Eigenthümer beerbt habe. Die Uebertragung dieser Vorschrift auf die Zwangsverwaltung rechtfertigt sich, nach dem Vorgange von Preußen § 139 Abs. 2, nur mit der Einschränkung, daß die Zwangsverwaltung, wenn sie wegen des Anspruches aus einer Reallast, Hypothek oder Grundschuld beantragt wird, auch gegen den Besitzer stattfindet. An sich ist es ja nicht zweifelhaft, daß dieser Anspruch gegen Jeden geltend gemacht werden kann, der seiner Befriedigung im Wege steht, also auch gegen den Besitzer, soweit der Besitz die Befriedigung hindert. Der Besitzer kann eine stärkere Stellung als der Eigenthümer nicht haben; er ist denn auch gegenüber dem Hypothekengläubiger in dem B. G. B. § 1067 Nr. 2, 5 ausdrücklich dem Eigenthümer gleichgestellt. Nach der Gestaltung aber, welche dem Anspruche aus der Hypothek durch den § 1075 gegeben ist, handelt es sich hier nicht blos um die absolute Wirkung des dinglichen Rechtes, sondern darum, gegen wen der Anspruch aus demselben vollstreckbar geworden sein muß, um im Wege der Zwangsverwaltung durchgeführt werden zu können. Daß für die Zulassung der Zwangsversteigerung ein vollstreckbarer Titel gegen den eingetragenen Eigenthümer oder dessen Erben erforderlich und genügend ist, hat seinen Grund in der Rücksicht auf die Bedeutung des Grundbuches. Dieser Grund aber trifft für die Zwangsverwaltung nicht zu. Denn das Ziel der Zwangsverwaltung ist nur die Ziehung der Nutzungen und deren Verwerthung zum Zwecke der Befriedigung. Der Eigenthümer, welcher das Grundstück nicht besitzt, bezieht nicht die Nutzungen. Gegen den Besitzer aber, welcher die Nutzungen bezieht, erscheint die für die Zwangsverwaltung nothwendige Entziehung der Inhabung ohne einen gegen denselben vollstreckbaren Titel ebensowenig zulässig wie die Beschlagnahme der auf Grund des Besitzes bereits erworbenen Erzeugnisse. Andererseits gibt das Grundbuch über den Besitz keine Auskunft. Beachtet man ferner, daß die Zwangsversteigerung auf die unbedingt wirksame Veräußerung des Grundstückes abzielt und dieselbe mit der rechtskräftigen Ertheilung des Zuschlages erreicht, daß dagegen die Zwangsverwaltung, wenn sie auf Grund eines gegen den Besitzer vollstreckbaren Titels

Voraussetzungen:

Dingl. Anspr. des Gl.

Vollstr. Titel gegen den Besitzer.

angeordnet wird, den Rechten des Eigenthümers nicht vorgreift, so ergibt sich, daß der gegen den Besitzer vollstreckbare Titel für den Anspruch aus einer Reallast, Hypothek oder Grundschuld zur Begründung des Antrages auf Zwangsverwaltung als ausreichend angenommen werden darf. Die Vorschrift trifft in der Person des Besitzers, abgesehen von dem mit dem Besitze verbundenen Rechte auf die Nutzungen, zugleich und unter Umständen (namentlich nach dem Tode des eingetragenen Eigenthümers) vorzugsweise den Eigenthümer, dessen Eigenthum nur nicht nachgewiesen ist. Dagegen würde es der Natur der Verhältnisse nicht entsprechen, bei der Anordnung des Verfahrens den Inhaber dem Besitzer gleichzustellen. (Abs. 1 Satz 1.)

Nachweis des Besitzes. Der Besitz muß, wenn er nicht gerichtskundig ist, durch Urkunden glaubhaft gemacht werden (Satz 2), und die Urkunden sind dem Antrage auf Zwangsverwaltung beizufügen (Satz 3). Dies bedarf im Hinblicke auf § 26 Abs. 2 und § 29 Abs. 1 keiner besonderen Rechtfertigung.

Wirk. gegen den Eig. Daß die Rechte des Eigenthümers von der Anordnung des Verfahrens gegen den Besitzer unberührt bleiben, wird der Deutlichkeit halber in dem Entwurfe hervorgehoben. (Abs. 2.)

3. Mittheilungen des Grundbuchamtes.

§ 191.

Das Gericht hat, wenn es die Verwaltung anordnet, das Grundbuchamt um Eintragung dieser Anordnung zu ersuchen. Die Eintragung muß nach § 33 Abs. 1 und § 189 selbst dann erfolgen, wenn die Anordnung nicht gegen den eingetragenen Eigenthümer oder dessen Erben, sondern gemäß § 190 Abs. 1 gegen den Besitzer des Grundstückes gerichtet ist. Sie entbehrt jedoch, wenn der Besitzer nicht zugleich der Eigenthümer ist, nach § 190 Abs. 2 der rechtlichen Wirksamkeit gegen den Eigenthümer. Von der Bewirkung der Eintragung hat das Grundbuchamt dem Vollstreckungsgerichte Kenntniß zu geben. Dagegen sind die in dem § 33 Abs. 2 vorgeschriebenen Mittheilungen zur Vermeidung überflüssiger Schreibarbeit dem Gerichte nur auf dessen besonderes Ersuchen zu machen, weil die Zwangsverwaltung nicht selten sich erledigt, bevor es zu einer Vertheilung unter die eingetragenen Gläubiger kommt, jene Mittheilungen aber nur in diesem Falle bei der Verwaltung gebraucht werden.

4. Beschlagnahme.

§ 192.

Umfang. a) Die Beschlagnahme, welche im Falle der Zwangsverwaltung bewirkt wird, hat, dem Zwecke derselben entsprechend, eine größere Tragweite als die Versteigerungsbeschlagnahme. Die Vorschrift des § 36 Abs. 1 muß ohne die unter Abs. 2, 3 bestimmten Beschränkungen zur Geltung kommen. (Abs. 1 Satz 1.) Die Beschlagnahme wird hierdurch auch auf die Forderung aus einer Substanzversicherung, insbesondere einer Gebäudeversicherung, erstreckt, selbst wenn die Forderung erst nach der Beschlagnahme entsteht. Zwar gehört eine solche Forderung, von etwaigen Zinsen abgesehen, nicht zu den unter die Berechtigten zu vertheilenden Erträgnissen. Sie bildet aber ein Surrogat des vermietheten oder beschädigten Theiles des in Beschlag genommenen Grundstückes und fällt deshalb unter die Beschlagnahme. Außerdem ist der Verwalter vermöge seiner Stellung berufen, darüber zu befinden, ob und in welcher Weise die Wiederherstellung des versichert gewesenen Theiles zu erfolgen hat.

Die Frage, ob die Zwangsverwaltung und folglich auch die Beschlagnahme auf Verlangen des Gläubigers in Beschränkung auf gewisse Nutzungen erfolgen darf[1]), kann unbedenklich im Gesetze übergangen werden. Die möglichen Fälle sind nicht so häufig, daß eine besondere Entscheidung nöthig wäre. Die Wissenschaft und Praxis wird auch ohne weitere Anleitung das Richtige treffen.

b) Der Zweck der Zwangsverwaltung bringt es mit sich, daß von einer Anwendung des § 38 sowie des § 39 Abs. 2 abgesehen werden muß. Dies gelangt in Ansehung des § 38 dadurch zum Ausdrucke, daß an Stelle des Schuldners dem Verwalter die ausschließliche Befugniß zu thatsächlichen Verfügungen über das Grundstück beigelegt wird. (Abs. 2.) Die Anwendung des § 39 Abs. 1 ist besonders auszuschließen. (Abs. 3.) Wirkungen.

c) Mehrere Gesetze[2]) weisen das Vollstreckungsgericht an, in dem Einleitungsbeschlusse dem Schuldner die Einmischung in die Geschäftsführung des Verwalters und die Verfügung über die Einkünfte des Grundstückes zu untersagen und dritten Personen, in deren Leistungen Einkünfte bestehen, die Leistung an den Verwalter aufzugeben. Für die Aufnahme einer solchen Belehrung in den Beschluß besteht jedoch hier ebensowenig wie bei der Zwangsversteigerung ein Bedürfniß. Die Vorschrift ist überdies nicht unbedenklich, weil man bei ihrer Anwendung Gefahr läuft, nur gewisse Einzelheiten hervorzuheben, ohne erschöpfend zu sein. Was namentlich die Leistungen dritter Personen anlangt, so muß doch in der Regel ein besonderes Zahlungsverbot nach Maßgabe des § 37 Abs. 2 erlassen werden. Inhalt des Beschl.

d) Tritt ein Gläubiger dem angeordneten Verfahren bei, so ist der Beitrittsbeschluß gemäß § 37 Abs. 1 dem Schuldner zuzustellen. Es erscheint aber rathsam, mit Preußen § 140 Abs. 2 der Ordnung halber die Zustellung auch an den Verwalter vorzuschreiben, damit derselbe erfährt, für wen er verwalten soll. (Abs. 4.) Beitritt.

5. Uebergabe des Grundstückes an den Verwalter.

§ 193.

a) Der Schuldner bleibt, der Zwangsverwaltung ungeachtet, Besitzer des Grundstückes. Es ist daher nicht korrekt, wenn die Landesgesetze die Einsetzung oder Einweisung des Verwalters in den Besitz vorschreiben. Das Gericht muß allerdings dafür sorgen, daß dem Verwalter die thatsächliche Gewalt über das Grundstück verschafft werde. Dies geschieht zweckmäßig dadurch, daß dem Verwalter das Grundstück durch einen Beamten des Gerichtes Besitz des Schuldners. Uebergabe.

---

[1]) Mot. III S. 678.

[2]) Preußen § 140, Sachsen § 185, Oldenburg Art. 82, Weimar § 99.

oder durch einen von dem Gerichte zu bestimmenden Gerichtsvollzieher übergeben oder die Ermächtigung ertheilt wird, sich selbst die Inhabung zu verschaffen. (Abs. 1.)

In zahlreichen Fällen, namentlich wenn es sich um die Verwaltung eines nicht bewohnten Grundstückes handelt, wird der Verwalter auf Grund der ihm ertheilten Ermächtigung in der Lage sein, ohne weiteres Eingreifen des Gerichtes die Inhabung des Grundstückes zu erlangen. Ein Termin an Ort und Stelle, wie er in Bayern nach dem Ges. v. 1879 Art. 132 Abs. 3 die Regel bildet, erscheint in solchen Fällen entbehrlich. Auch braucht, wenn eine gerichtliche Uebergabe stattfinden soll, der Termin nicht von einem Richter abgehalten zu werden; vielmehr ist für dieses Geschäft mit Preußen § 142 Abs. 2 auch ein anderer Beamter des Gerichtes als befähigt anzusehen. In Sachsen vollzieht sich nach § 189 die Uebergabe des Grundstückes an den Verwalter mit der Zustellung des demselben die Besitzergreifung gestattenden Beschlusses an den Schuldner, die Einsetzung des Verwalters in die Inhabung durch den Gerichtsvollzieher im Wege der Zwangsvollstreckung nach Maßgabe der C. P. O. § 771 Abs. 1; eine Mitwirkung des Gerichtes bei Einräumung der Inhabung blos der Beurkundung halber ist mithin ausgeschlossen. Das sächsische Gesetz behandelt den Fall ebenso wie den Fall der Uebergabe des versteigerten Grundstückes an den Ersteher. Beide Fälle liegen jedoch insofern verschieden, als der Verwalter nicht wie der Ersteher ein Recht auf den Besitz des Grundstückes hat. Auch erscheint es kaum angemessen, die Uebergabe an den Verwalter, ohne daß derselbe Inhaber wird, als bewirkt anzusehen. Zur Erlangung der Inhabung für den Verwalter aber bedarf es keiner Zwangsvollstreckung, wenn zu einem Zwange gegen den Schuldner ein Anlaß nicht gegeben ist.

Schutz eines Dritten,

b) Hat ein Anderer als der Schuldner den Besitz oder die Inhabung, so kann nach den Grundsätzen der C. P. O. die Räumung des Grundstückes nur auf Grund eines gegen ihn vollstreckbaren Titels verlangt werden. Das Gesetz muß dies indessen aussprechen, weil aus der Gestaltung des Verhältnisses bei der Zwangsversteigerung das Gegentheil gefolgert werden könnte. Diese Gestaltung aber eignet sich nicht zur Uebertragung auf die Zwangsverwaltung, da die Zwangsversteigerung nur gegen den eingetragenen Eigenthümer oder dessen urkundlich legitimirten Erben zugelassen wird und der Besitzer, welcher nicht als Eigenthümer eingetragen ist, sowie sonstige Berechtigte durch das Aufgebot und den Zuschlag ausgeschlossen werden, diese Voraussetzungen aber bei der Zwangsverwaltung nicht zu zutreffen. (Abs. 2 Satz 1.)

des Miethers, des Pächters.

Der besondere Schutz, der dem Miether oder Pächter zu gewähren ist[1]), liegt in der Konsequenz des B. G. B. § 1067 Nr. 4, wie bereits bei dessen Begründung dargelegt wurde[2]). Er beschränkt sich indessen, wie auch sonst[3]), auf den Fall, daß der Miether oder der Pächter für sich die Inhabung des Grundstückes erlangt hat. War das Grundstück, als es in Beschlag genommen

[1]) Anm. 1 zu § 1067 des B. G. B.

[2]) Mot. III S. 658.

[3]) B. G. B. § 509, 532, § 901 Abs. 2, § 1067 Nr. 1.

wurde, dem Miether oder dem Pächter noch nicht überlassen, so kann der Verwalter nicht gezwungen werden, die vertragsmäßige Verpflichtung des Vermiethers oder des Verpächters zu erfüllen. Er kann aber auch die Erfüllung des Vertrages von dem Miether oder dem Pächter nicht fordern. (Satz 2.)

6. Wohnung des Schuldners auf dem Grundstücke.

§ 194.

Wenn der Schuldner in einem von der Zwangsverwaltung betroffenen Gebäude wohnt, so verlangt die humane Rücksicht auf seine Lage, daß er nicht ohne Weiteres aus dem Grundstücke getrieben wird. Die Austreibung wäre um so härter, je näher die Möglichkeit einer alsbaldigen Befriedigung des Gläubigers liegen kann. Preußen § 141, Bayern Art. 131 Abs. 2, Sachsen § 191 haben deshalb Vorschriften, welche jener Rücksicht Rechnung tragen. In Bayern kann der Schuldner zur gänzlichen oder theilweisen Räumung des Grundstückes nur angehalten werden, wenn die Räumung im Interesse der Verwaltung liegt, und nur auf besonderen Antrag des Gläubigers oder des Verwalters. In Preußen und Sachsen dagegen behält der Schuldner die für ihn und seine Familie bezw. seinen Hausstand unentbehrlichen, für die Verwaltung nicht erforderlichen Wohnungsräume für die Dauer der Verwaltung; das Gericht kann ihm die Räumung des Grundstückes ebenfalls nur auf Antrag, aber nur dann aufgeben, wenn durch sein Verbleiben das Grundstück oder die Verwaltung gefährdet wird. Der Entwurf gibt dieser Regelung den Vorzug vor der bayerischen, weil es einerseits nicht angemessen erscheint, die dem Schuldner zugedachte Wohlthat an den schwankenden Begriff des Interesses der Verwaltung anzulehnen, andererseits aber die Humanität nur erheischt, daß dem Schuldner die unentbehrlichen Wohnungsräume belassen werden. Bei der von dem Entwurfe gewählten Fassung ist auch eine Bestimmung entbehrlich, wie sie zum Schutze der Kranken und Wöchnerinnen in dem Gesetze für Bayern enthalten ist[1]).

Nach diesem Gesetze Art. 131 Abs. 1 ist weiter der Schuldner befugt, „bis zur förmlichen Einweisung des Verwalters aus den Erträgnissen den nothdürftigen Unterhalt für sich, seinen Ehegatten und seine unversorgten Kinder zu bestreiten". Eine solche Befugniß ist jedoch theoretisch nicht unbedenklich, praktisch aber für den Schuldner kaum von Bedeutung, weil der Verwalter ohne Verzug zu ernennen ist und die Verwaltung sofort zu übernehmen hat.

7. Vollziehung der Beschlagnahme.

§ 195.

a) In Bayern, wo nach Art. 7 des Gesetzes von 1879 die Beschlagnahme durch Eintragung des Beschlusses in das Hypothekenbuch bewirkt wird, verliert der Schuldner gemäß Art. 131 Abs. 1 „mit Zustellung des Beschlagnahmebeschlusses" „das Recht der Bewirthschaftung und Benutzung der von Landesgesetze.

[1]) Bayern (1879) Art. 131 Abs. 2 Satz 2: „Kranke und Wöchnerinnen können zur Räumung der Wohnung nicht angehalten werden, so lange sie diese ohne Gefährdung ihrer Gesundheit nicht verlassen können". Ebenso Braunschweig § 97 Abs. 2.

der Zwangsverwaltung betroffenen Gegenstände sowie der Einziehung der Erträgnisse". Dasselbe wird in dem braunschweigischen Gesetze §§ 7, 97 bestimmt. Nach dem preußischen Gesetze § 143 Abs. 2 wird die Beschlagnahme „durch die Uebergabe des Grundstückes an den Verwalter und im Falle des späteren Beitritts eines Dritten durch die Zustellung des Zulassungsbeschlusses an den Verwalter in gleicher Weise wie durch die Zustellung des Einleitungsbeschlusses an den Schuldner bewirkt". Anhalt § 16 nähert sich diesem Standpunkte. In den übrigen Gesetzen fehlt es an bezüglichen Sonderbestimmungen.

Zustell. des Beschl. Nach dem Entwurfe § 189 wird auch im Falle der Zwangsverwaltung die Beschlagnahme gemäß § 37 Abs. 1 durch Zustellung des Einleitungs- oder Uebergabe. des Beitrittsbeschlusses an den Schuldner bewirkt. Es erscheint aber zweckmäßig, die Beschlagnahme auch mit der Uebergabe des Grundstückes an den Verwalter als bewirkt anzusehen, weil in derselben der Gerichtsbeschluß, durch welchen die Zwangsverwaltung angeordnet wird, seine schärfste Bethätigung Beitritt. findet. Tritt später ein Gläubiger dem Verfahren bei, so muß die nach § 192 Abs. 4 erfolgende Zustellung des Beitrittsbeschlusses an den Verwalter der Uebergabe des Grundstückes an denselben in der Wirkung gleichgestellt werden, weil sie die Uebergabe und damit auch deren Wirkung zu Gunsten des neuen Gläubigers bekräftigt. (Abs. 1.)

Zahlungsverbot. b) Die Vorschriften des § 37 Abs. 2 bedürfen nur insofern der Ergänzung, als das Zahlungsverbot an einen Drittschuldner auch auf den Antrag des Verwalters erlassen werden muß. Im Uebrigen sind Bestimmungen, wie sie Preußen unter § 143 Abs. 3 aufstellt, entbehrlich, weil das Erforderliche aus der entsprechenden Anwendung jener Vorschriften sich ergibt. (Abs. 2.)

II. Verwalter.

1. Ernennung und Entlassung. Sicherheitsleistung. Ordnungsstrafen.

§ 196.

Ernennung. a) Die Ernennung des Verwalters ist nach dem geltenden Rechte[1]) Sache des Vollstreckungsgerichtes; es entspricht dies der Stellung, welche dem Gerichte in dem Verfahren gebührt. In Bayern und anderen Staaten muß „das Gesuch um Beschlagnahme zum Zwecke der Zwangsverwaltung" die Person, welche als Verwalter vorgeschlagen wird, bezeichnen und den Nachweis enthalten, daß dieselbe zur Uebernahme der Verwaltung bereit ist[2]). Der Entwurf sieht von einer solchen Vorschrift ab, indem er voraussetzen zu dürfen glaubt, daß der Antragsteller in Fällen, in welchen es sein Interesse erheischt, aus eigenem Antriebe einen entsprechenden Vorschlag machen werde. Die

[1]) Preußen § 142, Bayern (1879) Art. 134 Ziff. 1, Sachsen § 186, Mecklenburg §§ 29, 76, Oldenburg Art. 82 Abs. 2, Weimar 2c.

[2]) Bayern Art. 29, Braunschweig § 96, Oldenburg Art. 80.

Landesjustizverwaltung kann für jedes Gericht die nöthige Anzahl von Personen, welche zur Uebernahme der Verwaltung geeignet und bereit sind, im Voraus ermitteln und, soweit das Bedürfniß es erfordert, ein für alle Mal als Verwalter verpflichten. Steht im einzelnen Falle ein Verwalter nicht sogleich zur Verfügung, so hat das Vollstreckungsgericht auf Grund seiner Kenntniß der Personen und der Verhältnisse, eventuell nach Befragung des Gemeindevorstandes oder der sonst zuständigen Behörde, den Verwalter zu wählen. Dem französischen Rechte würde vielleicht die Betrauung des Schuldners mit der Verwaltung entsprechen. Nach dem bayerischen Ges. Art. 135 Abs. 2 kann auch der Gläubiger „als Verwalter aufgestellt werden". An sich freilich sind Gläubiger und Schuldner so offensichtlich an der Sache interessirt, daß ihre Tauglichkeit verneint werden muß. Da aber immerhin Fälle möglich sind, in welchen der eine oder der andere der relativ geeignetste Verwalter ist, so empfiehlt es sich nicht, ein Verbot in das Gesetz aufzunehmen.

Der Verwalter ist in Anhalt stets, in Sachsen „nach Ermessen des Gerichts eidlich", in Preußen und Oldenburg „auf Antrag an Eidesstatt zu verpflichten", in Bayern und Braunschweig „über seine Befugnisse und Pflichten zu belehren". In Weimar (§ 96) finden die Vorschriften der Konk. O. §§ 70, 71, 73—75, 77 entsprechende Anwendung. Der Entwurf hält es für angemessen, die Verpflichtung des Verwalters seitens des Gerichtes nach dem Vorgange der Konk. O. §§ 70, 102 zu übergehen. (Abs. 1.) Verpflichtung.

b) Das Gericht hat die Aufgabe, die berechtigten Interessen der Betheiligten auch bei der Zwangsverwaltung zu wahren und zu schützen. Zur Erfüllung dieser Aufgabe muß ihm die Befugniß eingeräumt werden, dem Verwalter die Leistung einer Sicherheit aufzuerlegen, denselben in Ordnungsstrafe zu nehmen und zu entlassen. Es entspricht dies den Gesetzen für Preußen § 144 Abs. 2 und Sachsen § 186 Abs. 2, 3, steht aber theilweise auch mit Bayern Art. 140, 142, Weimar § 96, Braunschweig § 99 Ziff. 5, § 103 in Einklang. (Abs. 2.) Sicherheitsleist., Ordnungsstr., Entlassung.

2. Rechtliche Stellung des Verwalters.

§ 197.

Die Rechte und Pflichten des Verwalters bestimmen sich durch den Zweck der Verwaltung. In Preußen (§ 142 Abs. 3) und Oldenburg (Art. 82 Abs. 3) ist der Verwalter „auf Grund der Ernennung (Bestallung) zur Einziehung der in Leistungen Dritter bestehenden Einkünfte an Stelle des Schuldners berechtigt". Sachsen § 190, Bayern Art. 137 und Braunschweig § 100 sind weniger enthaltsam; sie kennzeichnen ausführlicher die Handlungen, zu deren Vornahme mit rechtlicher Wirkung gegen den Schuldner der Verwalter ermächtigt sein soll. Eine grundsätzliche Verschiedenheit in der Auffassung der Vertretungsmacht des Verwalters scheint jedoch nicht zu bestehen. Der Verwalter ist Vertreter des Schuldners, freilich ein demselben aufgezwungener Vertreter, aber doch immerhin der Vertreter desselben in der

Verwaltung des Grundstückes. Von der Stellung des Konkursverwalters unterscheidet sich seine Stellung namentlich dadurch, daß er zur Vertretung der bei der Verwaltung betheiligten Gläubiger nicht berufen ist. Es erscheint zweckmäßig, in dem Gesetze den Umfang der Rechte und Pflichten des Verwalters nach dem Vorgange von Sachsen durch Betonung der prinzipiellen Seite erschöpfend, aber zugleich unter Hervorhebung der wichtigsten Einzelheiten zu bestimmen.

Die Anwendung der Vorschriften des B. G. B. §§ 115—117 auf Rechtsgeschäfte des Verwalters ist nicht zweifelhaft.

3. Geschäftsführung.

§ 198.

Stellung des Gerichtes.

a) Der Verwalter hat nach dem preußischen Ges. § 144 Abs. 3 die Sorgfalt eines ordentlichen Hausvaters anzuwenden, nach dem sächsischen Ges. § 196 Abs. 1 für grobe und geringe Fahrlässigkeit im Sinne des sächs. G. B. § 728 zu haften. Der Entwurf bedarf einer entsprechenden Bestimmung nicht. Er geht davon aus, daß der Verwalter durch die Uebernahme der Verwaltung ein Schuldverhältniß eingeht, vermöge dessen er nach dem B. G. B. § 224 Abs. 1 Satz 2 „nicht blos wegen vorsätzlicher, sondern auch wegen fahrlässiger Nichterfüllung seiner Verbindlichkeit" haftet, daß aber auch, wenn man von dem § 224 absieht, die Anwendung des § 736 Abs. 1 zu dem nämlichen Ergebnisse führt. Die Thätigkeit des Verwalters setzt sich aus Dienstleistungen und Rechtshandlungen zusammen. Da die Befugniß, dieselben vorzunehmen, auf einen Auftrag des Gerichtes zurückzuführen ist, so ist dessen Bestimmung auch für die Art der Verwaltung maßgebend. Die Pflicht des Gerichtes, den Verwalter in dieser Hinsicht mit der erforderlichen Anweisung zu versehen, ergibt sich daraus, daß bei der Zwangsvollstreckung in das unbewegliche Vermögen die Wahrung der berechtigten Interessen des Gläubigers und des Schuldners dem Gerichte obliegt. Aus diesem Grunde hat dasselbe aber, bevor es eine solche Anweisung ertheilt, den Gläubiger und den Schuldner zu hören und, wenn nöthig, einen Sachverständigen zuzuziehen, auch die dem Verwalter zu gewährende Vergütung[1]) festzusetzen und die Geschäftsführung desselben zu beaufsichtigen. (Abs. 1.)

Justizverwaltung.

b) Nach dem preußischen Ges. § 144 Abs. 4 kann der Justizminister „für die Geschäftsführung der Verwalter und die denselben zu gewährende Vergütung allgemeine Anordnungen treffen". Für solche Anordnungen kann auch in Zukunft ein Bedürfniß sich geltend machen, um für die Geschäftsführung die wünschenswerthe Gleichmäßigkeit in dem Gebiete eines Bundesstaates herzustellen und für die Bemessung der Vergütung sichere Anhalte zu bieten[2]). Der Entwurf macht deshalb den erforderlichen Vorbehalt für die Landesjustizverwaltungen. (Abs. 2.)

---

[1]) B. G. B. § 559 Abs. 2, § 596.

[2]) Preuß. Mot. bei Stegemann S. 98.

4. Rechnungslegung.

§ 199.

Wenn das Gericht die Geschäftsführung des Verwalters zu beaufsichtigen hat, so folgt hieraus, daß es jederzeit von demselben Auskunft über die Lage der Verwaltung und also auch Rechnungslegung verlangen kann. Diese Folgerung ist aber so zweifellos, daß sie in dem Gesetze nicht ausgesprochen zu werden braucht. Ebenso selbstverständlich ist es, daß, wie Bayern Art. 134 Ziff. 6 und Sachsen § 192 hervorheben, die Rechnungsperioden von dem Gerichte zu bestimmen sind.

Neben dieser in der beamtenähnlichen Stellung des Verwalters sich gründenden Verpflichtung desselben zur Rechnungslegung kommt die privatrechtliche Seite der Verpflichtung in Frage. Da es ein Stück von dem Vermögen des Schuldners ist, welches verwaltet wird, die Verwaltung aber im Interesse des Gläubigers geschieht, so nöthigt die Rücksicht auf die ähnlichen Verhältnisse des Auftrages und der Geschäftsführung nicht blos dem Gläubiger, sondern auch dem Schuldner das Recht auf Rechnungslegung gegen den Verwalter einzuräumen. Von Preußen § 144 Abs. 3 Satz 2 und Bayern Art. 142 Abs. 2 bezw. Art. 156 Abs. 2 wird dieses Recht anerkannt; von Sachsen § 192 und Braunschweig § 102 wird es nur in beschränkter Weise zugestanden. Die Rechnungslegung ist, zur Vermeidung von Streitigkeiten zwischen dem Verwalter und den Betheiligten, durch das Gericht zu vermitteln; sie hat nach Beendigung der Verwaltung und, wenn diese länger als ein Jahr dauert, zweckmäßig alljährlich zu erfolgen. Dies entspricht dem preuß. Ges. a. a. O. Satz 2, 3.

III. Verwendung der Nutzungen.

1. Bestreitung der Ausgaben und Kosten. Vertheilung der Ueberschüsse.

§ 200.

Der Zweck der Zwangsverwaltung ist die Befriedigung des Gläubigers aus den Nutzungen des Grundstückes. Daß die Nutzungen, soweit sie nicht in Geld bestehen, erst in Geld umgesetzt werden müssen, um vertheilt werden zu können, ist selbstverständlich. Gleichwohl ist es im Hinblicke auf das B. G. B. § 793 korrekter, hier nicht mit Preußen und Oldenburg von Einkünften oder mit Bayern und Sachsen von Erträgnissen, sondern von den Nutzungen des Grundstückes zu reden. Daß zu den Nutzungen auch die Erträge der nach § 192 Abs. 1 in Beschlag genommenen Forderungen gehören, ist nicht zweifelhaft[1]), braucht daher in dem Gesetze nicht zum Ausdrucke gebracht zu werden. Besonderer Bestimmungen bedarf es hier nur für die Verwendung und Vertheilung der Nutzungen bezw. des Erlöses, welcher durch deren Verwerthung erzielt wird. Verwerthung der Nutzungen.

[1]) Vergl. B. G. B. § 1067 Nr. 5.

Ausgaben, Kosten.

a) Für eine Vertheilung unter die aus den Nutzungen zu befriedigenden Ansprüche sind nur diejenigen Beträge verfügbar, welche nach Berichtigung der für die Verwaltung erforderlichen Ausgaben und der Kosten des Verfahrens sich ergeben. Hiervon gehen alle Gesetze aus, welche die Zwangsverwaltung regeln. Es ist jedoch nicht erforderlich, mit Preußen § 148 Abs. 1 diejenigen Ausgaben besonders hervorzuheben, welche „von dem Gläubiger zur Erhaltung und nöthigen Verbesserung des Grundstückes vorgeschossen (§ 24) oder von dem Verwalter innerhalb der ihm ertheilten Anweisungen gemacht worden sind". Derartige Vorschüsse haben, von dem Vorzugsrechte des § 10 Nr. 1 abgesehen, keinen anderen Karakter als die von einem Dritten gemachten Verwendungen. Von den Kosten des Verfahrens scheiden wie bei der Zwangsversteigerung diejenigen aus, welche durch die Anordnung desselben oder die Zulassung des Beitrittes eines Gläubigers entstehen. Dagegen sind die „durch nachträgliche Vertheilungsverhandlungen" erwachsenden Kosten, welche der Entwurf für die Zwangsversteigerung unter § 151 Abs. 1 gleichfalls ausnimmt, für die Zwangsverwaltung nicht auszunehmen, da bei dieser ein abschließendes Vertheilungsverfahren überhaupt nicht stattfindet. (Abs. 1.)

Vertheilung der Ueberschüsse

b) Die Ueberschüsse, welche nach Bestreitung der Ausgaben und Kosten verfügbar sind, werden in Bayern, Sachsen und anderen Staaten wesentlich nach denselben Grundsätzen vertheilt wie der Versteigerungserlös[1]). Hierbei darf indessen nicht übersehen werden, daß die Zwangsverwaltung in Bayern, Württemberg, Mecklenburg ꝛc. als selbständige Vollstreckungsmaßregel nur in beschränkter Weise zulässig ist[2]). Das preußische Gesetz, welches ebenso wie das sächsische den selbständigen Karakter der Zwangsverwaltung anerkennt, nimmt insofern einen besonderen Standpunkt ein, als nach seinen Bestimmungen unter § 147 Abs. 1, 3 der (betreibende) Gläubiger wegen seines Anspruches, soweit derselbe nicht laufende wiederkehrende Leistungen betrifft, erst dann Befriedigung aus den Nutzungen verlangen kann, wenn auch die nachstehenden Gläubiger wegen der ihnen gebührenden Leistungen der Art befriedigt sind, vorausgesetzt, daß die Ansprüche wegen dieser Leistungen nicht in Folge der Beschlagnahme gegenüber dem Gläubiger unwirksam sind[3]). Der Gedanke hiervon ist der, daß nur der nach Abzug der laufenden öffentlichen Abgaben und Lasten sowie der laufenden wiederkehrenden Leistungen verbleibende Ueberschuß zur Abtragung des Kapitales und der etwaigen Rückstände zu verwenden ist.

Den allgemeinen Grundsätzen[4]) würde es freilich entsprechen, nach dem Vorgange des sächsischen Gesetzes auch bei der Zwangsverwaltung die dem betreibenden Gläubiger im Range nachstehenden Gläubiger wegen der laufenden wiederkehrenden Leistungen aus den Nutzungen nicht eher zu befriedigen, als bis der betreibende Gläubiger wegen seines ganzen vollstreckbaren An-

---

[1]) Bayern (1879) Art. 151, Sachsen § 194, Württemberg Art. 31, Mecklenburg § 76, Weimar § 100, Braunschweig § 107.

[2]) Oben S. 84.

[3]) Etwas abweichend Oldenburg Art. 85 und Anhalt § 16 Abs. 4, § 19 Nr. 3. Vergl. preuß. Konk. O. v. 8. Mai 1855 §§ 57, 420.

[4]) B. G. B. §§ 840, 1067 Nr. 1, 2, 4.

spruches befriedigt worden wäre. Allein aus praktischen Gründen, namentlich mit Rücksicht auf das Interesse des Schuldners, verdient die Regelung des preußischen Gesetzes den Vorzug. Die Zwangsverwaltung verfolgt im Gegensatze zur Zwangsversteigerung wesentlich den Zweck, dem Schuldner den Grundbesitz zu erhalten, dem betreibenden Gläubiger aber die Befriedigung aus den Nutzungen wegen der laufenden wiederkehrenden Leistungen zu sichern. Die Befriedigung wegen des Kapitales tritt in den Hintergrund und wird nur insoweit erstrebt, als es im Uebrigen mit jener Rücksicht auf den Schuldner vereinbar ist. Liegt dem Gläubiger an einer raschen Befriedigung wegen des Kapitales, so ist die Zwangsversteigerung das geeignete Mittel. Wollte man dem sächsischen Gesetze folgen, so wäre zu besorgen, daß die dem betreibenden Gläubiger nachstehenden Gläubiger, da ihre Ansprüche wegen der laufenden wiederkehrenden Leistungen bis zur vollständigen Befriedigung des betreibenden Gläubigers unbefriedigt blieben, dazu gedrängt würden, die Zwangsversteigerung nachzusuchen und also die mit der Zwangsverwaltung verbundene Nachsicht gegen den Schuldner zu vereiteln. Der Standpunkt des preußischen Gesetzes kann allerdings dahin führen, daß der vorgehende Gläubiger anstatt der Zwangsverwaltung die Zwangsversteigerung wählt. Allein ein Gläubiger, welchem an einer rascheren Befriedigung wegen des Kapitales gelegen ist, wird ohnehin die Zwangsversteigerung als das zweckentsprechendere Mittel ergreifen. Jedenfalls ist auf dem von dem sächsischen Gesetze betretenen Wege die Gefahr einer Vermehrung der Zwangsversteigerungen größer als nach dem preußischen Gesetze. (Abs. 2 Satz 1, 2.)

Revenüenhypothek.

c) Die unter Abs. 2 bestimmte Verwendung der Nutzungen kann eine Aenderung erleiden, wenn das Grundstück mit einer Hypothek oder einer Grundschuld belastet ist, durch welche ein Anspruch auf Befriedigung aus dem Grundstücke nur im Wege der Zwangsverwaltung begründet wird. Nach den Gesetzen für Preußen § 147 Abs. 2 und Oldenburg Art. 85 Abs. 3 ist in einem solchen Falle der Berechtigte „an der ihm zustehenden Stelle wegen seiner ganzen Forderung zu befriedigen". Dem B. G. B. ist die sogenannte Revenüenhypothek unbekannt. Eine solche kann in Zukunft nur noch landesgesetzlich nach Maßgabe des Einf. Ges. Art. 36, 106 vorkommen. Es erscheint daher angemessen, die Bestimmung darüber, inwieweit der Anspruch aus einem derartigen Rechte auch insoweit, als er laufende Zinsen nicht betrifft, aus den Nutzungen zu befriedigen ist, der Landesgesetzgebung zu belassen. (Abs. 3.)

2. Verfahren bis zur Ausführung des Theilungsplanes.

§ 201.

Berichtigung der Abgaben.

a) Wenn es sich nur darum handelt, die laufenden öffentlichen Lasten und Abgaben zu berichtigen, so bedarf es keines Vertheilungsverfahrens. Es erscheint unbedenklich, die Berichtigung derselben im Einklange mit Preußen § 148 Abs. 2 dem Verwalter ohne weiteres Verfahren zur Pflicht zu machen. (Abs. 1.)

Weiteres Verfahren.

b) Ist zu erwarten, daß aus den Nutzungen weitere Zahlungen an die Betheiligten erfolgen können, so darf, um die Verwirklichung der den letzteren nach § 200 zustehenden Rechte zu sichern, von dem Vertheilungsverfahren nicht abgesehen werden. *Mittheil des Grundbuchamtes.* Zur Gewinnung einer festen Grundlage für dasselbe ist zunächst das Grundbuchamt um Mittheilung der in dem § 33 Abs. 2 bezeichneten Mittheilungen zu ersuchen. (Abs. 1 Satz 1.) *Vertheilungstermin* Nach Eingang der Mittheilungen ist ein Termin zur Vertheilung der Nutzungen bezw. des Erlöses derselben zu bestimmen. Für das Verfahren in dem Termine gibt das bayerische Gesetz unter Art. 146—149, 154, 155 eine Reihe von Vorschriften. Soweit dieselben sich auf die Rechnungslegung des Verwalters und die Erinnerungen der Betheiligten gegen die gelegte Rechnung beziehen, erledigen sie sich für den Entwurf durch den § 199. Das Gericht hat schon vermöge des ihm unter § 198 Abs. 1 eingeräumten Aufsichtsrechtes etwaige Ausstellungen gegen die Rechnung des Verwalters zu berücksichtigen und auf die Richtigstellung der letzteren hinzuwirken. Die Erfüllung dieser Aufgabe ist jedoch nicht Voraussetzung der Vertheilung. *Theilungsplan.* Der Theilungsplan, welchen das Gericht in dem Termine aufzustellen hat, bezweckt nicht blos, die Verwendung des vorhandenen Baarbestandes zu regeln, sondern die Vertheilung der Nutzungen für die ganze Dauer der Verwaltung festzustellen, um weitere Termine möglichst entbehrlich zu machen. (Satz 2.) Im Uebrigen darf auf eine zweckmäßige Erledigung des Vertheilungsgeschäftes gerechnet werden, wenn die entsprechende Anwendung der in Betracht kommenden Paragraphen vorgeschrieben wird. (Satz 3.)

3. Ausführung des Theilungsplanes.

a) Allgemeine Vorschriften.

§ 202.

Zahlung α. Der Theilungsplan wird in Bayern und Braunschweig bei der Zwangsverwaltung ebenso ausgeführt, wie im Falle der Zwangsversteigerung[1]). Die nach dem Entwurfe § 148 Abs. 2 und § 158 Abs. 1 in diesem Falle eintretende Vermittelung der Zahlung durch das Gericht ist bei der Zwangsverwaltung entbehrlich. Vielmehr kann dem Verwalter unbedenklich die Auszahlung nach Maßgabe des Planes übertragen werden. *Anweisung an den Verw.* Ein Eingreifen des Gerichtes ist dann nur insoweit erforderlich, als dasselbe den Verwalter mit der erforderlichen Anweisung zu versehen hat. In dieser Weise ist das Verfahren auch in Preußen und anderen Staaten[2]) geordnet. (Abs. 1.)

Widerspr gegen den Plan β. Wird dem Plane widersprochen und der Widerspruch nicht in dem Termine erledigt, so liegt die Sache im Wesentlichen ebenso wie in den für die Zwangsversteigerung in den §§ 167, 175 geregelten Fällen. Die entsprechende Anwendung dieser Paragraphen auf die Zwangsverwaltung erscheint daher gerechtfertigt. (Abs. 2 Satz 1.)

Beitritt Bei der Zwangsverwaltung muß mit der Möglichkeit gerechnet werden, daß noch nach der Feststellung des Planes der Beitritt eines Gläubigers zugelassen wird. Es erscheint angemessen, der Deutlichkeit halber die Ergänzung

---

1) Bayern (1879) Art. 155 Abs. 2, Braunschweig § 107 Abs. 1.

2) Preußen § 150 Abs. 1, Oldenburg Art. 86, Weimar § 106, Anhalt § 21.

der dem Verwalter ertheilten Anweisung für diesen Fall vorzuschreiben. (Satz 2.)

γ. Da der Theilungsplan auch für die Zukunft maßgebend ist, so kann die Zulässigkeit einer Aenderung des Planes nicht von der Erhebung eines Widerspruches gegen denselben abhängig gemacht werden. Vielmehr muß es jedem Betheiligten freistehen, im Wege des Prozesses eine Abänderung zu erwirken. (Abs. 3 Satz 1.) Die Nichterhebung des Widerspruches hat indessen die Bedeutung, daß Zahlungen, welche auf Grund des Planes geleistet sind, auf Grund der Abänderung nicht zurückgefordert werden können. (Satz 2.) Der Entwurf folgt hierin lediglich dem preußischen Gesetze § 149 Abs. 3. Aenderung des Pl.

δ. Ist in Ansehung eines zugetheilten Betrages die Person des Berechtigten ungewiß, so bleibt nur übrig, den Betrag gleichwie in dem entsprechenden Falle der Zwangsversteigerung öffentlich zu hinterlegen. Auch das weitere Verfahren kann füglich nicht anders als für diesen Fall in den §§ 182—187 geregelt werden. (Abs. 4.) Nach dem preußischen Gesetze § 151 Abs. 1 Satz 2 erfolgt, wenn die Zwangsversteigerung eingeleitet ist, die Behandlung der hinterlegten Beträge „erforderlichen Falls zusammen mit den bei der Zwangsversteigerung für die Forderung zur Hebung kommenden Beträgen". Der Entwurf schreibt dies nicht vor, hält es aber für selbstverständlich, daß eine solche Behandlung stattfinden kann, wenn sie dem Gerichte zweckmäßig erscheint. Hinterlegung. Weiteres Verf.

ε. Das preußische Gesetz bestimmt unter § 150 Abs. 2: „Ist das Grundstück im Verfahren der Zwangsversteigerung zugeschlagen, so sind die noch nicht vertheilten Einkünfte zu der im Versteigerungsverfahren zu vertheilenden Masse (§ 102) abzuführen. Die Rechte der einzelnen Gläubiger auf diese Einkünfte sind bei der Vertheilung im Versteigerungsverfahren zu berücksichtigen". Der zweite Satz ergibt, daß der erste nicht etwa bezweckt, die Vertheilung des vorhandenen Bestandes den Vorschriften über die Vertheilung des Versteigerungserlöses zu unterwerfen. Es soll nur das Vertheilungsgeschäft in Ansehung beider Massen formell zusammen erledigt werden[1]). Eine solche Vereinigung zweier Prozeduren erscheint jedoch nicht zweckmäßig, da sie, anstatt das Verfahren zu vereinfachen, dasselbe zu verwickeln und zu erschweren geeignet ist. Dieser Erwägung gegenüber fallen die Vortheile, welche das preuß. Gesetz den Betheiligten zu bieten vermag, nicht ins Gewicht. Die Vereinigung des Verfahrens liegt auch keineswegs in der Konsequenz des Einflusses, welchen der Zuschlag auf die Zwangsverwaltung hat. Eine Fortsetzung der letzteren gegen den Ersteher ist allerdings ausgeschlossen. Aber es steht Nichts entgegen, das gegen den Schuldner schwebende Verfahren durch die den Ersteher gar nicht berührende Vertheilung von Nutzungen, welche vor dem Zuschlage erzielt sind, selbständig zu Ende zu führen. Eine thatsächliche Verbindung, bei welcher in dem einen Verfahren auf das andere Rücksicht genommen wird, kann der Praxis überlassen werden. In dieser Hinsicht bedarf es keiner gesetzlichen Vorschrift. Einfluß der Versteig.

[1]) Stegemann S. 99.

b) Kapitalzahlungen.

§ 203.

Das preußische Gesetz bestimmt unter § 152: „Zahlungen auf eingetragene Kapitalforderungen erfolgen, wenn der Gläubiger sich durch Vorlegung der Schuldurkunde zu legitimiren hat, in einem Termin, zu welchem der Gläubiger von Amtswegen zu laden ist. Die Vorschriften der §§ 121, 122, 124—126 finden entsprechende Anwendung". Auch für den Entwurf ist eine von dem § 202 Abs. 1 abweichende Regelung der Zahlung auf das Kapital einer Hypothek oder einer Grundschuld erforderlich.

α. Es ist unverkennbar, daß die Zahlung unmittelbar durch den Verwalter, auch wenn sie auf das eingetragene Kapital zu leisten ist, in manchen Fällen, namentlich bei kleineren Raten, an sich den Vorzug der Einfachheit haben würde. Allein mit Rücksicht auf die in Folge der Kapitalzahlung nothwendig werdende Berichtigung des Grundbuches erscheint es angemessener, für alle Fälle die Zahlung in einem auf Antrag des Verwalters anzusetzenden Termine vorzuschreiben. (Abs. 1 Satz 1.) Erscheint der Gläubiger in diesem Termine nicht, so muß nach den Vorschriften des § 158 Abs. 2 verfahren werden. (Satz 2.) Da alsdann die Zahlung unter Umständen auch durch die Post geschehen kann, so vermindert sich zugleich das Bedenken, daß der Berechtigte auch zur Empfangnahme kleinerer Beträge vor dem Vollstreckungsgerichte sich einfinden solle.

β. Der Hypotheken- oder Grundschuldbrief ist von dem Gerichte ebenso zu behandeln, wie in dem Falle des § 169. Da aber bei der Zwangsverwaltung ein Erlöschen der Hypothek oder der Grundschuld nur insoweit in Frage kommt, als es durch die Befriedigung des Gläubigers aus dem Grundstücke erfolgt, so empfiehlt es sich, das Verfahren hier selbständig, wenn auch im Einklange mit § 169 Abs. 1, 2 zu ordnen. (Abs. 2.)

γ. Die Betreibung der Löschung durch das Vollstreckungsgericht entspricht den Vorschriften des § 172 Nr. 2 und des § 174. (Abs. 3.)

δ. Die Anwendung des § 169 Abs. 3 und des § 173 auch bei der Zwangsverwaltung bedarf keiner weiteren Rechtfertigung. (Abs. 4.)

c) Zwangsverwaltung zur Vollziehung eines Arrestbefehles.

§ 204.

Wenn gemäß § 3 Abs. 3 die Zwangsverwaltung zur Vollziehung eines Arrestbefehles stattfindet, so darf im Hinblicke auf die C. P. O. § 810 Abs. 2 der Theilungsplan in Ansehung der auf den Anspruch des Gläubigers zugetheilten Beträge nicht durch Zahlung, sondern nur durch öffentliche Hinterlegung ausgeführt werden. Mit Preußen § 153 steht dies im Einklange. (Satz 1.) Die Frage, welche Bedeutung die Hinterlegung für den Gläubiger hat, ist im Sinne der C. P. O. § 810 Abs. 1 Satz 2 dahin zu entscheiden, daß der Gläubiger ein Pfandrecht an dem hinterlegten Gelde oder, wenn landesgesetzlich das Geld in das Eigenthum des Fiskus oder der Hinterlegungsanstalt übergeht, an der Forderung auf Rückerstattung erwirbt. Da auch das B. G. B. § 200 ein solches Pfandrecht mit der Hinterlegung verbindet, so empfiehlt es sich, hier die entsprechende Anwendung dieses Paragraphen vorzuschreiben. (Satz 2.)

IV. Aufhebung der Zwangsverwaltung.

§ 205.

1. Die formelle Beendigung des Verfahrens muß, wie die Motive des preußischen Gesetzes[1]) hervorheben, „von dem Gerichte ausgehen, da der Verwalter nur in dessen Auftrage handelt und nach Befriedigung der Gläubiger, deren Beschlagnahme ihm bereits mitgetheilt ist, nicht wissen kann, ob nicht zu Gunsten eines anderen Gläubigers eine weitere Beschlagnahme erfolgt ist". Das Gesetz bestimmt deshalb unter § 154: „Die Aufhebung der Zwangsverwaltung erfolgt durch Beschluß des Gerichts". Aus der C. P. O. § 294 ergibt sich, daß der Beschluß, sofern er nicht auf Grund einer mündlichen Verhandlung erlassen wird, den Betheiligten zuzustellen ist. Ob und welchen anderen Personen Mittheilung von der Aufhebung des Verfahrens zu machen ist, kann dem Vollstreckungsgerichte überlassen werden. Dasselbe hat selbstverständlich dafür zu sorgen, daß dem Besitze und der Verwaltung des Schuldners in Folge der Zwangsverwaltung ein Hinderniß nicht mehr entgegensteht. Es bedarf deshalb hier nur einer dem preußischen Gesetze entsprechenden Vorschrift. (Abs. 1.) Beschl. des Gerichtes.

2. Die Gründe, aus welchen die Zwangsverwaltung aufzuheben ist, ergeben sich zum Theil aus den Bestimmungen der C. P. O. über die Zwangsvollstreckung. Ein Hauptgrund ist die Befriedigung des Gläubigers. Wird sie dem Gerichte dargethan, so hat das Verfahren seinen Zweck erfüllt; es muß daher von Amtswegen aufgehoben werden. (Abs. 2.) Preußen § 154 Abs. 1 Satz 2, Oldenburg Art. 87 Abs. 1 Satz 2 und Weimar § 108 Satz 2 schreiben dies ebenfalls vor. Befried. des Gläub.

3. Andere Aufhebungsgründe sind der Zwangsverwaltung eigenthümlich. Hervorzuheben ist der Fall, daß die Fortsetzung des Verfahrens besondere Aufwendungen erfordert und der Gläubiger den nöthigen Geldbetrag nicht vorschießt. In einem solchen Falle kann nach dem preußischen Ges. Abs. 2 das Gericht das Verfahren aufheben. Sachsen geht noch weiter, indem es unter § 184 Abs. 2 bestimmt: „Unterbleibt die Leistung des erforderlichen Vorschusses an den Verwalter, so ist die Einleitung der Zwangsverwaltung abzulehnen oder die eingeleitete Zwangsverwaltung einzustellen". Dem praktischen Bedürfnisse genügt jedoch hier ebenso wie im Falle des Entwurfes § 38 Abs. 2 Satz 2 eine Bestimmung wie die preußische. (Abs. 3.) Mangel an Vorschuß.

Der Zwangsverwaltung eigenthümlich ist ferner, daß dieselbe aufhören muß, wenn das Grundstück im Wege der Zwangsversteigerung veräußert wird. Dies folgt aber mit Nothwendigkeit aus dem Zuschlagsurtheile[2]), braucht daher nicht wie in Sachsen § 198 besonders vorgeschrieben zu werden. Zuschlag.

4. Wenn das Gericht die Zwangsverwaltung aufhebt, so hat es auch dafür zu sorgen, daß die in das Grundbuch gemäß §§ 33, 189 eingetragene Anordnung des Verfahrens gelöscht werde. Dies entspricht den Gesetzen für Preußen § 154 Abs. 3, Bayern Art. 156 Abs. 1, Weimar rc. und bedarf gegenüber der Vorschrift des Entwurfes unter § 172 Abs. 1 Nr. 2 keiner weiteren Rechtfertigung. (Abs. 4.) Berichtigung des Grundb.

[1]) Stegemann S. 99.

[2]) Vergl. oben S. 313.

Dritter Abschnitt.

Zwangsvollstreckung in Schiffe.

I. Allgemeine Vorschriften.

1. Anwendung der Vorschriften über die Zwangsvollstreckung in Grundstücke.

§ 206.

Die Zwangsvollstreckung in Schiffe ist in den Gesetzen der drei freien Städte formell selbständig geregelt. Preußen, Oldenburg und Mecklenburg-Schwerin schreiben die entsprechende Anwendung von Bestimmungen über die Zwangsvollstreckung in Grundstücke vor[1]); besondere Normen für die Zwangsvollstreckung in Schiffe werden von ihnen nur insoweit aufgestellt, als die entsprechende Anwendung jener Bestimmungen mit Rücksicht auf den natürlichen Unterschied zwischen Schiff und Grundstück bezw. auf die besonderen Verhältnisse, welche bei den Schiffen in Betracht kommen, zu angemessenen Ergebnissen nach Ansicht der Gesetzgeber nicht führen würde. Der Entwurf hat es nur mit Schiffen zu thun, welche in das Schiffsregister eingetragen sind. Denn nur diese gehören nach § 1 Abs. 1 Nr. 3 in Ansehung der Zwangsvollstreckung zum unbeweglichen Vermögen. Ihre Zugehörigkeit zu dem letzteren aber bringt es mit sich, die Zwangsvollstreckung in ein solches Schiff möglichst ebenso zu behandeln wie die Zwangsvollstreckung in ein gebuchtes Grundstück. Dies geschieht zur Vermeidung zahlreicher Wiederholungen in dem Gesetze zweckmäßig dadurch, daß insoweit, als nicht sachlich abweichende Normen nöthig sind, die entsprechende Anwendung der für die Zwangsvollstreckung in Grundstücke gegebenen Vorschriften auf registrirte Schiffe vorgeschrieben wird.

2. Beschränkung der Zwangsvollstreckung auf die Zwangsversteigerung.

§ 207.

Obschon durch Eintragung in das Schiffsregister ein vertragsmäßiges Pfandrecht an dem Schiffe begründet werden kann, so steht doch das registrirte Pfandrecht nicht auf gleicher Linie mit der Hypothek an einem Grundstücke[2]). Von einer Uebertragung oder Nachbildung der die Zwangs- und die Arrest-

[1]) Preußen § 156, Mecklenburg-Schwerin § 93, Oldenburg Art. 88 Abs. 1.
[2]) Mot. III S. 846.

hypothek regelnden Vorschriften des B. G. B. §§ 1130—1133 ist daher bei der Ordnung des Schiffspfandrechtes in den §§ 1196 ff. abgesehen. Auch hat nach § 1204 derjenige, welchem ein Pfandrecht an einem registrirten Schiffe zusteht, nicht das Recht, die Zwangsverwaltung des Schiffes zu verlangen. Nach dem geltenden Rechte, mit Ausschluß der mecklenburgischen Verordnung, findet die Zwangsverwaltung bei Schiffen überhaupt nicht statt[1]). Eine solche würde regelmäßig nur dann Erfolg haben, wenn das Schiff Seefahrten unternähme. Die sachgemäße Durchführung der Zwangsvollstreckung in ein Schiff ist aber nur gesichert, wenn dasselbe den Hafen nicht verläßt. Ein praktisches Bedürfniß für die Zulassung der Zwangsverwaltung ist ohnehin nicht erkennbar. Es rechtfertigt sich deshalb, in dem Gesetze auszusprechen, daß die Zwangsvollstreckung in ein Schiff nur durch Zwangsversteigerung erfolgt.

3. Gerichtsstand.

§ 208.

Für die Zwangsvollstreckung in ein Schiff ist nach dem geltenden Rechte das Amtsgericht zuständig, in dessen Bezirke das Schiff sich befindet[2]). Hierbei kommt es in Hamburg auf die „Zeit der Beantragung der Zwangsvollstreckung", in Preußen auf die „Zeit der Beschlagnahme" an. Nach dem Entwurfe entscheidet der Zeitpunkt, in welchem das Verfahren angeordnet wird. Dies kann aber nach § 29 Nr. 1 in Verbindung mit § 206 nicht zweifelhaft sein. Dem praktischen Bedürfnisse, auf dessen Befriedigung das preußische Gesetz durch die Zeit der Beschlagnahme hinweist, trägt der Entwurf durch den § 218 Rechnung. Es ist somit nur eine Bestimmung erforderlich, durch welche die entsprechende Anwendung der §§ 6, 7 dahin verdeutlicht wird, daß für die Zuständigkeit eines bestimmten Amtsgerichtes die Thatsache, daß in dessen Bezirke das Schiff sich befindet, den Ausschlag gibt. Die Hervorhebung der Ausschließlichkeit dieses Gerichtsstandes entspricht der C. P. O. § 707.

4. Betheiligte.

§ 209.

a) In dem preußischen Ges. §§ 168, 169 sowie in der mecklenburgischen Verordnung § 96 finden sich besondere Bestimmungen darüber, welche Personen zu den Betheiligten zu rechnen sind. Für den Entwurf ergibt sich dies im Allgemeinen aus den §§ 8, 206. Hervorzuheben ist zunächst nur, daß an Stelle der im § 8 Nr. 1 bezeichneten Personen diejenigen als Betheiligte gelten, für welche zur Zeit der Eintragung des Versteigerungsvermerkes ein Recht im Schiffsregister eingetragen steht. (Abs. 1.) Die zu dieser Zeit nicht eingetragenen Berechtigten, namentlich auch die Schiffsgläubiger, fallen unter die Vorschrift des § 8 Nr. 2. Daß für den Berechtigten in dessen Namen auch ein Dritter die Anmeldung und Glaubhaft-

---

[1]) Preußen § 163; Mecklenburg-Schwerin §§ 2, 74, 93.

[2]) Preußen § 155, Mecklenburg § 94, Oldenburg Art. 16, 88, Hamburg § 30, Lübeck § 40, Bremen § 3.

machung bewirken kann, ist selbstverständlich. Eine Vorschrift, wie sie Preußen § 169 aufstellt, ist nicht erforderlich.

b) Die Berufsgenossenschaft, welche auf Grund des Gesetzes, betr. die Unfallversicherung der Seeleute rc., v. 13. Juli 1887 § 16 gebildet ist, hat nach diesem Gesetze § 86 Abs. 2 wegen ihrer sämmtlichen Forderungen gegenüber dem Rheder die Rechte eines Schiffsgläubigers[1]). Da bei der Zwangsvollstreckung in ein Schiff regelmäßig solche Forderungen vorhanden sein werden, so empfiehlt es sich, die gedachte Berufsgenossenschaft als einen durch das Gesetz bekannten Schiffsgläubiger und demgemäß auch ohne Anmeldung als Betheiligten zu behandeln. (Abs. 2.)

Zum Schutze der auf Grund landesrechtlicher Einrichtungen zu entrichtenden öffentlichen Abgaben, welche in dem H. G. B. Art. 757 Nr. 3 mit dem Rechte der Schiffsgläubiger ausgestattet sind, genügt der Vorbehalt für die Landesjustizverwaltung in dem Entwurfe § 53.

5. Rechte auf vorzugsweise Befriedigung. Rangordnung.

§ 210.

Die Landesgesetze enthalten besondere Vorschriften darüber, welche Forderungen und in welcher Reihenfolge sie aus dem Erlöse des Schiffes zu befriedigen sind[2]). Nach § 206 finden in dieser Hinsicht die §§ 9 ff. und §§ 151 ff. entsprechende Anwendung, soweit nicht die Besonderheiten der Schiffsverhältnisse zu einer abweichenden Regelung nöthigen. Die Hauptbesonderheit liegt in den Forderungen der Schiffsgläubiger, für welche die Bestimmungen des Handelsgesetzbuches Art. 757 ff. maßgebend sind. Diese Forderungen sind sämmtlich mit einem Pfandrechte ausgestattet, welches den für andere Forderungen begründeten Pfandrechten vorgeht. Die Rechte der Schiffsgläubiger bestehen auch für die von dem Schiffe nach Art. 757 Ziff. 3, 5 zu entrichtenden Abgaben und Kosten. Beachtet man nun ferner, daß Reallasten, Hypotheken und Grundschulden bei Schiffen nicht in Frage kommen, so ergibt sich, daß ein Recht auf vorzugsweise Befriedigung aus dem Schiffe nur bestehen kann für die Ansprüche aus einem Pfandrechte und für die Ansprüche des Gläubigers, zu dessen Gunsten die Beschlagnahme erfolgt ist. Die Rangordnung unter mehreren Pfandrechten bestimmt sich einerseits nach dem H. G. B. Art. 770 ff.; andererseits nach dem B. G. B. §§ 1151, 1197. Das Rangverhältniß der Ansprüche, wegen welcher die Zwangsvollstreckung betrieben wird, kann füglich nicht anders als in dem § 10 Abs. 1 Nr. 4 geregelt werden.

II. Anordnung der Versteigerung.

1. Voraussetzungen.

§ 211.

Eigenthum oder Besitz des Schuldners.

In der Konsequenz der §§ 26, 206 würde es liegen, die Zwangsversteigerung nur unter der Voraussetzung, daß dem Schuldner das Eigenthum

[1]) H. G. B. Art. 757.

[2]) Preußen § 171, Mecklenburg §§ 97, 98, Oldenburg Art. 96, Hamburg § 39 Bremen § 28, Lübeck § 45.

an dem Schiffe zusteht, zu gestatten. Von dieser Konsequenz muß jedoch insofern abgewichen werden, als die Anordnung des Verfahrens auch gegen den Besitzer des Schiffes und gegen denjenigen zuzulassen ist, der dasselbe als Schiffer führt.

a) Gegen den Besitzer, welcher nicht als Eigenthümer legitimirt ist, darf in Mecklenburg, Oldenburg, Hamburg und Lübeck, wie es scheint, die Zwangsversteigerung des Schiffes nicht angeordnet werden. Dagegen verlangt das preußische Gesetz unter § 164 Ziff. 1 nur, „daß der Schuldner das Schiff als Eigenthümer besitze". In Bremen erfolgt gemäß § 3 Abs. 2 Satz 1 die Zwangsvollstreckung „durch Pfändung, welche von dem Vollstreckungsgerichte auf Antrag angeordnet wird", ohne daß der Antragsteller nach Satz 2 etwas Weiteres glaubhaft zu machen hat, als daß „das Schiff für die Forderung in Anspruch genommen werden kann".

Es ist nicht zu verkennen, daß der Eigenthümer des Schiffes durch die Zulassung der Zwangsversteigerung gegen den Besitzer in erhöhtem Maße der Gefahr ausgesetzt wird, im Wege des gegen den besitzenden Nichteigenthümer eingeleiteten Verfahrens das Eigenthum zu verlieren. Allein der Rücksicht auf den Eigenthümer wird ausreichend Rechnung getragen, wenn anstatt der bei der Zwangsvollstreckung in das bewegliche Vermögen genügenden Inhabung des Schuldners Besitz desselben im Sinne des B. G. B. § 797 vorausgesetzt wird. Die nach § 826 daselbst durch die Eintragung in das Grundbuch begründete Vermuthung des Eigenthumes kann hier unbedenklich an den Besitz geknüpft und es kann, wie im Falle der Mobiliarexekution, dem Eigenthümer überlassen werden, seinen Widerspruch nach Maßgabe der C. P. O. § 690 geltend zu machen. Bei der Mobiliarexekution ist allerdings die Sachlage insofern nicht die gleiche, als der Eigenthümer durch die Versteigerung das Eigenthum an der versteigerten Sache nach dem B. G. B. § 1182 nur dann verliert, wenn der Erwerber in gutem Glauben ist, während bei der Schiffsversteigerung der Ersteher das Eigenthum durch den Zuschlag unbedingt erwirbt. In der großen Mehrzahl der Fälle aber wird thatsächlich auch die Mobiliarexekution zu demselben Ergebnisse führen. Ueberdies hat der Eigenthümer einen weiteren Schutz dadurch, daß er, falls er in das Schiffsregister eingetragen ist, als Betheiligter zugezogen wird. Andererseits aber kann diese Eintragung nicht die Grundlage des Verfahrens bilden, da sie des öffentlichen Glaubens im Sinne des B. G. B. § 837 ermangelt.

b) Gegen den Schiffer findet mit Rücksicht auf das H. G. B. Art. 764 die Zwangsversteigerung des Schiffes statt, wenn ein Schiffsgläubiger sein Pfandrecht verfolgt. In Preußen § 164 Ziff. 1 und Oldenburg Art. 89 Ziff. 1a wird dies ausdrücklich hervorgehoben, aber auch in den Hansestädten vorausgesetzt. Der Fall des Art. 764 liegt nicht blos dann vor, wenn das von dem Schiffsgläubiger auf Grund seines Pfandrechtes erstrittene Urtheil gegen den Schiffer, sondern auch dann, wenn es gegen den Rheder ergangen ist. In dem einen wie in dem anderen Falle kann die Zwangsversteigerung, beim Vorhandensein ihrer formellen Voraussetzungen, auch gegen den Schiffer als Vertreter des Rheders gerichtet werden.

Anord. gegen den Schiffer.

Das Erforderniß der Glaubhaftmachung des Besitzes des Schuldners zu a, und der Schiffereigenschaft desselben zu b, entspricht dem § 26 Abs. 2.

§ 212.

Registerauszug.

Die entsprechende Anwendung der Vorschrift des § 29 Abs. 1 Nr. 2 bedarf insofern der Verdeutlichung, als dieselbe auf der Voraussetzung eines Grundbuches beruht, das Grundbuch aber nur über Grundstücke und gewisse Berechtigungen geführt wird. Da es sich hier um Schiffe handelt, welche in das Schiffsregister eingetragen sind, so empfiehlt es sich, an den Versteigerungsantrag die Anforderung zu stellen, daß demselben ein das Schiff betreffender, alle noch gültigen Eintragungen enthaltender Auszug aus dem Register beigefügt werde. Es steht dies ohnehin mit Preußen § 164 und Oldenburg Art. 89 Ziff. 1a wesentlich in Uebereinstimmung. In Bremen ist nach § 4 Abs. 8 die Beschaffung des Auszuges Sache des Vollstreckungsgerichtes. Die Urkunde gehört indessen zur Begründung des Versteigerungsantrages, da sie zur Feststellung der Identität des Schiffes erforderlich ist und auch zur Glaubhaftmachung des Eigenthumes des Schuldners dienen kann; sie ist daher von dem Antragsteller vorzulegen. Ergibt der Auszug nicht, daß der Schuldner als Eigenthümer eingetragen ist, so sind dem Antrage weiter diejenigen Urkunden beizufügen, durch welche glaubhaft gemacht wird, daß der Schuldner Besitzer des Schiffes ist oder dasselbe als Schiffer führt.

Andere Urkunden.

2. Versteigerungsvermerk. Mittheilungen der Registerbehörde.

§ 213.

Versteigerungsvermerk.

a) Der Entwurf überträgt die Vorschrift des § 33 Abs. 1 auf die Schiffsversteigerung in dem Sinne, daß der Versteigerungsvermerk auf das Ersuchen des Vollstreckungsgerichtes in das Schiffsregister einzutragen ist. Es entspricht dies dem bremischen Ges. § 4 Abs. 8 Satz 2. Dagegen ist die Eintragung in Preußen § 167 Abs. 1 und Oldenburg Art. 91 Abs. 1 ausdrücklich ausgeschlossen und auch in den Gesetzen der übrigen Staaten nicht vorgesehen. Für die Ausschließung wird geltend gemacht, daß das Schiffsregister nicht die Bedeutung habe wie das Grundbuch. Dies mag im Allgemeinen zutreffen, hindert aber selbstverständlich nicht, dem Register hier eine ähnliche Bedeutung beizulegen.

Das Gesetz hat die Aufgabe, möglichst zu verhüten, daß der Schuldner nach der Beschlagnahme des Schiffes durch rechtliche Verfügungen über dasselbe die Durchführung des Verfahrens vereitele. Die Vorschriften des § 35 und des § 39 Abs. 1 reichen in dieser Hinsicht nicht aus, weil das B. G. B. durch den § 107 Abs. 1 Satz 2 den gutgläubigen Dritten gegen die Wirkungen der Beschlagnahme schützt. Für den Fall freilich, wenn das Eigenthum an dem Schiffe nach Maßgabe des H. G. B. Art. 439 von dem Schuldner ohne Uebergabe auf einen Anderen übertragen wird, ist eine besondere Vorschrift nicht erforderlich, da auf diesen Fall die Bestimmungen des B. G. B. zum Schutze des gutgläubigen Erwerbers überhaupt keine Anwendung finden[1]. Auch gegenüber einer Eigenthumsübertragung, die sich unter Uebergabe des Schiffes vollzieht, mag in der Regel der Schutz genügen, den die allgemeinen

[1] B. G. B. §§ 874, 877, 878; vergl. auch § 1201 Abs. 2.

Grundsätze gewähren[1]). Anders dagegen liegt die Sache, wenn das Schiff thatsächlich der Verstrickung entzogen oder sonst die erfolgte Beschlagnahme äußerlich nicht mehr erkennbar ist. Derartige Fälle werden freilich nur selten sein. Allein es tritt hinzu, daß, wenn das Gesetz eine besondere Bestimmung nicht träfe, der Schuldner in der Lage sein würde, noch nach der Beschlagnahme daß Schiff zu Gunsten eines gutgläubigen Dritten wirksam mit Pfandrechten zu belasten[2]), welche dem durch die Beschlagnahme begründeten Rechte des betreibenden Gläubigers vorgingen. (Abs. 1.)

Den Gefahren, welchen hiernach die Durchführung der Schiffsversteigerung durch die Vorschriften zum Schutze des guten Glaubens ausgesetzt ist, kann indessen durch die Eintragung des Versteigerungsvermerkes für sich allein nicht vorgebeugt werden. Es muß noch eine gesetzliche Vorschrift hinzukommen, welche mit der Thatsache, daß die Eintragung erfolgt ist, die rechtliche Wirkung verbindet, daß derjenige, welcher nach der Beschlagnahme ein Recht an dem Schiffe erwirbt, seine Unkenntniß derselben nicht geltend machen kann. Eine solche Vorschrift ist um so weniger bedenklich, als ein gewisses Maß von öffentlichem Glauben dem Schiffsregister bereits in dem B. G. B. § 1201 Abs. 1 zugestanden ist. (Abs. 2.)

b) Eine vollständige Abschrift des das Schiff betreffenden Registerinhaltes, wie sie dem § 33 Abs. 2 entsprechen würde, ist mit Rücksicht auf § 212 entbehrlich. Es genügt eine dem bereits vorliegenden Registerauszug ergänzende Mittheilung der Behörde. (Abs. 3.) Mittheilungen.

3. Beschlagnahme.

a) Gegenstand der Beschlagnahme.

§ 214.

Nach dem H. G. B. Art. 758 haben die Schiffsgläubiger ein Pfandrecht an dem Schiffe und dessen Zubehör. Das B. G. B. dagegen enthält für das von ihm geregelte Schiffspfandrecht keine ausdrückliche Bestimmung über die Mithaftung des Zubehöres. Das praktische Bedürfniß verlangt aber, daß auch das eingetragene Pfandrecht an einem Schiffe auf dessen Zubehör sich erstrecke. Die entsprechende Anwendung des § 36 auf die Schiffsversteigerung kann daher nur in diesem Sinne erfolgen. Sie bedarf aber noch nach einer anderen Richtung der näheren Bestimmung. Schiff und Zubehör.

Die Gesetze der drei freien Städte schreiben die Verbindung der Zwangsvollstreckung in die von dem Schiffe verdienten Frachtgelder, soweit dieselben noch ausstehen oder in den Händen des Schiffers sich befinden, mit der Zwangsvollstreckung in das Schiff vor[3]). Die Frachtgelder haften allerdings den Schiffsgläubigern nach Maßgabe des H. G. B. Art. 680, 759, 762. Aber die Zwangsvollstreckung in die noch ausstehenden Forderungen bezw. in die von dem Schiffer erhobenen Beträge kann vom Standpunkte des Entwurfes Frachtgelder.

[1]) Vergl. Entw. § 215, B. G. B. §§ 803 ff.

[2]) B. G. B. §§ 1152, 1196, 1197, 1201.

[3]) Hamburg § 40, Lübeck § 47, Bremen § 2

nur nach den für die Mobiliarexekution geltenden Vorschriften bewirkt werden. Ihre Verbindung mit der als Immobiliarexekution geordneten Zwangsvollstreckung in das Schiff könnte daher nur in dem Sinne vorgeschrieben werden, daß die Frachtgelder zusammen mit dem Versteigerungserlöse des Schiffes zu vertheilen wären. Mit dem geltenden Rechte in Preußen und, wie es scheint, auch in Oldenburg würde eine solche Vorschrift nicht in Einklang stehen[1]). Zur Aufnahme in den Entwurf ist sie keinesfalls geeignet, weil die Frachtgelder nur für die Ansprüche der Schiffsgläubiger, nicht auch für die Ansprüche aus einem eingetragenen Pfandrechte haften. Es empfiehlt sich deshalb, die Beschlagnahme, welche sich an die Anordnung der Versteigerung eines Schiffes knüpft, auf das Schiff und dessen Zubehör zu beschränken.

b) Bewachung und Verwahrung des Schiffes.

§ 215.

Maßregeln.

α. Um die Durchführung des Verfahrens gegen thatsächliche Einwirkungen auf das Schiff sicherzustellen, bedarf es entsprechender Maßregeln. In Lübeck hat das Amtsgericht, wenn es die Zwangsversteigerung verfügt, „Arrest auf das Schiff anzuordnen"; der Arrest wird durch Anlegung der Kette vollzogen[2]). Dieselbe Maßregel ist auch in Bremen vorgesehen[3]). Für Mecklenburg-Schwerin besteht die allgemeine Vorschrift, daß das Vollstreckungsgericht auf Antrag einstweilige Verfügungen zu treffen hat, wenn zu besorgen ist, daß durch eine Veränderung des bestehenden Zustandes die Verwirklichung der Zwangsvollstreckung vereitelt oder wesentlich erschwert werden würde[4]). Nach dem preußischen Ges. § 165 Abs. 1 veranlaßt das Gericht auf Antrag des Gläubigers die zur Bewachung, Verwahrung und Erhaltung des Schiffes erforderlichen Maßregeln. Dieselben können wieder aufgehoben werden, wenn der zu ihrer Fortsetzung erforderliche Geldbetrag nicht vorgeschossen wird. Oldenburg Art. 92 weicht hiervon insofern ab, als es die Maßregeln erst „nach Einholung eines die Auslagen deckenden Vorschusses" zuläßt[5]). Der Entwurf geht davon aus, daß die Anordnung der Bewachung und Verwahrung des Schiffes, um ihren Zweck möglichst vollkommen zu erfüllen, bei Anordnung des Verfahrens von Amtswegen getroffen werden muß, im Uebrigen aber im Hinblicke auf § 38 Abs. 2 und § 206 eine besondere Bestimmung entbehrlich ist. (Abs. 1.)

Verbleiben des Schiffes im Hafen.

β. Das Schiff soll, wie Preußen § 163, Oldenburg Art. 88 und Mecklenburg-Schwerin § 95 vorschreiben, während des Verfahrens den Hafen nicht verlassen. Eine solche Vorschrift ist nöthig, um einerseits die Bewachung und Verwahrung des Schiffes zu erleichtern und der Gefahr des Unterganges und der Verschlechterung desselben vorzubeugen, andererseits denjenigen, welche zur Erwerbung des Schiffes geneigt sind, dessen Besichtigung

---

[1]) Für Mecklenburg-Schwerin siehe das Gesetz, betr. die Verpfändung von Seeschiffen 2c., v. 28. März 1881.

[2]) Lübeck § 41 Abs. 1, § 50 Abs. 1.

[3]) Bremen § 4 Abs. 1.

[4]) Mecklenburg-Schwerin § 13.

[5]) Ebenso Bremen § 4 Abs. 7.

vor dem Versteigerungstermine zu ermöglichen. Hiermit verträgt es sich aber nicht, wenn jene Gesetze die Vorschrift dahin einschränken, daß bei günstiger Handelskonjunktur und im Interesse der Betheiligten der Antritt einer neuen Fahrt von dem Gerichte unter der Bedingung einer gehörigen Versicherung des Schiffes gestattet werden kann. Die Einschränkung erklärt sich für Preußen aus geschichtlichen Gründen[1]). Ein praktisches Bedürfniß für ihre Uebernahme in das Reichsgesetz ist bei der regelmäßig nur kurzen Zeit zwischen der Beschlagnahme und dem Versteigerungstermine nicht anzuerkennen. (Abs. 2.)

c) Vollziehung der Beschlagnahme.

§ 216.

Es entspricht der Sachlage und der Erwägung, auf welcher die Vorschrift des § 195 Abs. 1 beruht, die Beschlagnahme des Schiffes nicht allein mit der Zustellung des Gerichtsbeschlusses gemäß § 37 Abs. 1 und § 206, sondern, wenn das Schiff schon vor der Zustellung in Verwahrung genommen wird, auch mit dieser Thatsache als bewirkt anzusehen. Dagegen geht es zu weit, wenn Preußen § 165 Abs. 2 und Oldenburg Art. 92 Abs. 2 auch mit den zur Bewachung und Erhaltung des Schiffes angeordneten Maßregeln die Wirkungen der Beschlagnahme verbinden.

d) Wirkungen der gegen den Schiffer erfolgten Beschlagnahme.

§ 217.

α. Wenn die Zwangsversteigerung gemäß § 211 auch gegen den Schiffer angeordnet werden kann, so muß die gegen diesen bewirkte Beschlagnahme auch gegen den Rheder wirksam sein. In Hamburg § 32 und Lübeck § 41 wird die Wirksamkeit als selbstverständlich vorausgesetzt. Um Zweifeln vorzubeugen, erscheint es indessen zweckmäßig, sie nach dem Vorgange von Preußen § 166 Abs. 1 und Oldenburg Art. 90 Abs. 1 in dem Gesetze auszusprechen. Der Entwurf bestimmt in Anlehnung an das H. G. B. §. 764 die Wirksamkeit gegen den Rheder, um schon durch die Fassung klarzustellen, daß der Fall der Beschlagnahme gegen den von dem Besitzer des Schiffes angestellten Schiffer mitgetroffen werden soll. In einem solchen Falle ist die Beschlagnahme wirksam gegen den Besitzer, auch wenn dieser nicht der Eigenthümer ist. (Abs. 1.) *Wirk. gegen den Rheder.*

β. Der Schiffer ist in dem gegen ihn angeordneten Verfahren der Schuldner und als solcher nach § 206 Betheiligter im Sinne des § 8. Der Rheder gilt in diesem Falle nur dann als Betheiligter, wenn er entweder zur Zeit der Eintragung des Versteigerungsvermerkes im Schiffsregister als Eigenthümer eingetragen steht oder sein Eigenthum bei dem Gerichte anmeldet und auf Verlangen glaubhaft macht. Tritt er neben dem Schiffer in dem Verfahren als Betheiligter auf, so ist sein Wille maßgebend für die Wahrnehmung der Rechte des Schuldners, nicht der Wille des Schiffers, da dieser lediglich als Vertreter des Rheders bei dem Verfahren in Betracht kommt. Hieraus folgt zugleich, daß der Schiffer, gegen welchen die Versteigerung an- *Stellung des Schiffers.*

[1]) Vergl. den § 342 des Anhanges zur preuß. Allgem. Ger. O.

geordnet ist, nur so lange als Betheiligter gelten kann, als er das Schiff führt. Es empfiehlt sich, dies im Anschlusse an Preußen § 168 Abs. 2 in dem Gesetze hervorzuheben, um einer unrichtigen Auffassung der Stellung des Schiffers entgegenzutreten. (Abs. 2 Satz 1.) Ein neuer Schiffer kann nur nach Maßgabe des § 8 Nr. 2 als Betheiligter zugezogen werden. Doch erscheint es zur Wahrung berechtigter Interessen nothwendig, ihm den Beschluß, durch welchen der Versteigerungstermin oder der Vertheilungstermin bestimmt wird, auch dann zuzustellen, wenn die verlangte Glaubhaftmachung seiner Angabe noch nicht erfolgt ist. (Satz 2.)

e) Unwirksamkeit der Beschlagnahme.

§ 218.

α) Preußen bestimmt unter § 166 Abs. 2: „Ein nach der Beschlagnahme eingetretener Wechsel des Eigenthümers oder des Schiffers hindert nicht die Fortsetzung des Verfahrens". Für eine solche Bestimmung besteht, soweit es sich um den Schiffer handelt, gegenüber dem § 217 des Entwurfes kein Bedürfniß. Soweit sie dagegen den Wechsel in der Person des Eigenthümers betrifft, ist sie mit den Vorschriften des B. G. B. zum Schutze des guten Glaubens nicht vereinbar. Es muß daher bei der entsprechenden Anwendung des § 41 bewenden, so zwar, daß im Falle einer Veräußerung des Schiffes das Verfahren ohne Rücksicht auf den guten Glauben des Erwerbers nur fortgesetzt werden darf, wenn der Anspruch des Gläubigers in einem zur Zeit der Veräußerung im Schiffsregister eingetragenen Pfandrechte sich gründet. Dies braucht aber im Hinblicke auf § 206 nicht besonders bestimmt zu werden.

β) Stellt sich heraus, daß das Schiff zur Zeit der Beschlagnahme nicht in dem Bezirke des Gerichtes sich befunden hat, so ist klar, daß die Beschlagnahme von diesem Gerichte nicht bewirkt werden durfte, mithin rechtlich unwirksam ist. Das Verfahren ist daher aufzuheben. Dies muß im Einklange mit Preußen § 166 Abs. 3, um einer unrichtigen Auslegung der Bestimmung des Entwurfes unter § 208 vorzubeugen, in dem Gesetze ausgesprochen werden.

III. Bestimmung des Versteigerungstermines.

1. Inhalt der Terminsbestimmung.

§ 219.

Für die Bestimmung des Versteigerungstermines sind im Allgemeinen nach § 206 die §§ 43 ff. in dem Sinne maßgebend, in welchem von ihrer Uebertragung auf die Schiffsversteigerung überhaupt die Rede sein kann. Um ihre entsprechende Anwendung zu erleichtern, bedarf es besonderer Vorschriften über den Inhalt der Terminsbestimmung nur in Beziehung auf den § 44 Nr. 1 und Nr. 4. Die Nr. 1 kann im Hinblicke auf § 212 nur die Bedeutung haben, daß das Schiff nach dem Schiffsregister bezeichnet werden muß. (Abs. 1.) Die unter Nr. 4 vorgeschriebene Aufforderung zur Anmeldung von Ansprüchen muß mit Rücksicht auf die nach Maßgabe des H. G. B. zuzuziehenden Schiffsgläubiger und in Folge des Wegfalles eines geringsten Gebotes bei der Schiffsversteigerung in mehreren Punkten abweichend gefaßt werden. Es rechtfertigt sich deshalb im Interesse der Deutlichkeit des Gesetzes, nach dem Vorgange von Preußen § 172, besonders auszusprechen, wie die Aufforderung zu lauten hat.

Ein Anmeldetermin, wie ihn Hamburg § 34, Lübeck § 42, Bremen § 13 haben, ist für den Entwurf hier ebenso entbehrlich wie bei der Grundstücksversteigerung.

2. Bekanntmachung der Terminsbestimmung.

§ 220.

a) Die Terminsbestimmung ist, da auf ihre Bekanntmachung nach § 206 die §§ 48 ff. entsprechende Anwendung finden, in dasjenige Blatt einzurücken, welches zur Veröffentlichung amtlicher Bekanntmachungen des Vollstreckungsgerichtes bestimmt ist. Die Veröffentlichung durch ein zweites Blatt, wie sie Hamburg § 34 Abs. 3 und Lübeck § 42 Abs. 3 vorschreiben, kann nicht allgemein angeordnet werden, da sie in vielen Fällen entbehrlich sein wird. Dem Bedürfnisse genügt die Vorschrift des Entwurfes § 49 Abs. 2, nach welcher das Vollstreckungsgericht ermächtigt ist, in Fällen, welche ihm darnach angethan erscheinen, der Bekanntmachung eine über das gesetzlich bestimmte Maß hinausgehende Publizität zu geben. Dagegen empfiehlt es sich aus Rücksicht auf die in das Schiffsregister eingetragenen Rechte, nach dem Vorgange von Preußen § 174 Abs. 2, für den Fall, daß der Heimathshafen des Schiffes in dem Bezirke eines anderen Gerichtes belegen ist, die Einrückung der Bekanntmachung auch in das Blatt dieses Gerichtes vorzuschreiben. (Abs. 1.) Einrückung der Bekanntm. in öffentl Blätter.

b) Die Bestimmung des § 48 Abs. 2, welche nur für Grundstücke geringeren Werthes gegeben ist, paßt nicht für die Schiffsversteigerung, da das Vollstreckungsgericht bei der Bekanntmachung des Versteigerungstermines nicht in der Lage ist, den Werth des Schiffes so gering anzuschlagen, daß die Veröffentlichung der Bekanntmachung durch das amtliche Blatt sich nicht lohnen sollte. Der Entwurf schließt deshalb im Einklange mit Preußen § 174 Abs. 1 die Anwendung der gedachten Bestimmung hier aus. (Abs. 2.) Anheft an die Gerichtstafel.

c) Nach den Gesetzen für Hamburg und Lübeck ist die Einrückung in die öffentlichen Blätter mindestens einmal zu wiederholen. Der Entwurf überläßt unter § 49 Abs. 2 die Entscheidung in dieser Hinsicht bei der Grundstücksversteigerung dem Ermessen des Vollstreckungsgerichtes. Hierbei muß es auch für die Schiffsversteigerung bewenden, da zu einer besonderen Vorschrift für diese kein Grund vorhanden ist. Wiederholung der Bekanntm.

d) Die Frist zwischen dem Tage, an welchem der Termin anberaumt werden soll, und dem Tage des Termines beträgt nach dem preußischen Ges. § 173 drei Monate, in den Fällen, in welchen das Gesetz eine Abkürzung zuläßt, zwei bis sechs Wochen, nach den Gesetzen für Hamburg § 33 Abs. 1 und Lübeck § 41 Abs. 1 mindestens einen Monat. In Bremen § 11 ist die Frist auf fünf Wochen zwischen der ersten Bekanntmachung und dem Frist

Termine bestimmt. Doch ist in dringenden Fällen hier wie dort eine Abkürzung der Frist zulässig. In Mecklenburg und Oldenburg fehlt es an einer Sonderbestimmung. Eine solche ist auch für die Reichsgesetzgebung entbehrlich. Denn ein zwingender Grund für eine Abweichung von den Vorschriften der §§ 46, 50, 51 in Ansehung der Schiffsversteigerung ist nicht erfindlich. An sich aber erscheint es nicht rathsam, eine Frist für ähnliche Fälle verschieden zu bemessen.

IV. Wegfall des geringsten Gebotes.

§ 221.

Das Pfandrecht der Schiffsgläubiger an dem Schiffe erlischt nach dem H. G. B. Art. 767 Ziff. 1 „durch den im Inlande im Wege der Zwangsvollstreckung erfolgten Verkauf des Schiffes; an Stelle des letzteren tritt für die Schiffsgläubiger das Kaufgeld". Was dagegen die in das Schiffsregister eingetragenen Pfandrechte anlangt, so kommt in Betracht, daß das Schiff als bewegliche Sache nicht ein Gegenstand ist, dessen dauernde Belastung mit Pfandrechten ein Bedürfniß wäre. Es liegt daher kein Anlaß vor, die Vorschriften über das geringste Gebot auf die Schiffsversteigerung zu übertragen. (Abs. 1.) Vielmehr rechtfertigt es sich, für dieselbe mit dem geltenden Rechte[1]), namentlich dem preußischen Ges. § 170, an dem Grundsatze der Zwangsvollstreckung in das bewegliche Vermögen festzuhalten, daß die Versteigerung der Sache frei von den an derselben bestehenden Rechten und die Berichtigung des Gebotes, für welches der Zuschlag ertheilt wird, durch Baarzahlung zu bewirken ist. (Abs. 2.)

V. Wirkungen des Zuschlages.

1. Ersatz der Verwaltung des § 144.

§ 222.

Bewachung des Schiffes.

Da die Zwangsverwaltung eines Schiffes durch den § 207 ausgeschlossen ist, so muß auch von der Verwaltung, welche bei Grundstücken gemäß § 144 Abs. 1 nach der Ertheilung des Zuschlages gegen den Ersteher angeordnet werden kann, bei Schiffen abgesehen werden. An die Stelle dieser Verwaltung tritt im Hinblicke auf § 215 zweckmäßig eine gerichtliche Bewachung und Verwahrung des Schiffes. (Abs. 1.) Die entsprechende Anwendung des § 205 Abs. 3 auf diese Maßregel rechtfertigt sich aus den Gründen, auf welchen die ähnliche Bestimmung des § 38 Abs. 2 Satz 2 beruht. (Abs. 2.)

2. Pfandrecht für die gegen den Ersteher verbleibende Forderung.

§ 223.

Entstehung des Pfandr.

a) Wenn der Ersteher den Betrag des Gebotes, für welches ihm der Zuschlag ertheilt ist, nicht zahlt, so muß für die gegen ihn verbleibende Forderung aus den Gründen, auf welchen die Vorschriften des § 170 Abs. 1, 2

[1]) Hamburg § 37 Abs. 2, Lübeck § 44, Bremen § 18, Oldenburg Art. 95, Mecklenburg § 93.

beruhen, ein Pfandrecht an dem Schiffe begründet werden. Es liegt nahe, die Begründung dieses Pfandrechtes von der Eintragung in das Schiffsregister abhängig zu machen. Der Ersteher wäre dann aber in der Lage, durch eine vor der Eintragung erfolgende Veräußerung des Schiffes die Begründung zu vereiteln. Um die Betheiligten gegen diese Gefahr zu schützen, bestimmt das preußische Gesetz unter § 177 Abs. 2: „Das Pfandrecht für den Kaufgeldrückstand wird durch die Eintragung begründet, wenn auch der Ersteher inzwischen das Schiff weiter veräußert hat. Das Pfandrecht geht allen übrigen Pfandrechten mit Ausnahme desjenigen der Schiffsgläubiger vor". Von einer solchen Regelung muß jedoch der Entwurf absehen, weil dieselbe zu tief in die allgemeinen Grundsätze eingreifen, namentlich mit den Vorschriften des B. G. B. zum Schutze des guten Glaubens nicht vereinbar sein würde[1]). Der Zweck des Gesetzes läßt sich aber auch dadurch erreichen, daß die Entstehung des Pfandrechtes an den Zuschlag geknüpft wird. Das so entstandene Pfandrecht ist, falls der Ersteher das Schiff ohne Uebergabe veräußert, auch dann wirksam, wenn der Erwerber es nicht gekannt hat[2]). Ist dagegen die Veräußerung unter Uebergabe des Schiffes bewirkt, so ist allerdings das Pfandrecht unwirksam gegen den Erwerber, sofern dieser in gutem Glauben gewesen ist[3]). Allein eine solche Veräußerung können die Betheiligten dadurch verhindern, daß sie schon in dem Versteigerungstermine die gerichtliche Bewachung und Verwahrung des Schiffes nach Maßgabe der §§ 144, 206, 222 beantragen. Die Gefahr einer Verpfändung des Schiffes aber erledigt sich dadurch, daß der Ersteher dasselbe erst nach seiner Eintragung als Eigenthümer mit Pfandrechten belasten kann[4]) und das Pfandrecht für die gegen ihn verbleibende Forderung gleichzeitig mit dieser Eintragung, mithin vor allen vertragsmäßigen Pfandrechten, in das Schiffsregister eingetragen wird. (Abs. 1.)

b) Daß die Eintragung des Erstehers gleichzeitig mit der Eintragung des Pfandrechtes für die gedachte Forderung sowie mit der Löschung der durch den Zuschlag erlöschenden Pfandrechte und des Versteigerungsvermerkes auf das Ersuchen des Vollstreckungsgerichtes zu bewirken ist, folgt vielleicht schon aus dem § 172 Abs. 1 und dem § 206. Da es sich indessen hier um Eintragungen in das Schiffsregister handelt, so empfiehlt sich die Aufnahme einer der G. B. O. § 50 entsprechenden Vorschrift in das Gesetz. (Abs. 2.) Eintr. in das Schiffsreg.

c) Ist das Pfandrecht für die Forderung gegen den Ersteher in das Schiffsregister eingetragen, so unterscheidet es sich von dem rechtsgeschäftlichen Pfandrechte nicht mehr, unterliegt daher den für dieses geltenden Vorschriften des B. G. B. §§ 1200—1204. Ein Recht zur Inhabung des Schiffes kann es nach seinem Zwecke überhaupt nicht begründen; der § 1199 muß folglich von vornherein zur Anwendung kommen. (Abs. 3.) Daß der Anspruch aus dem Pfandrechte gegen den Ersteher und dessen Rechtsnachfolger vollstreckbar ist, braucht im Hinblicke auf die §§ 178, 206 hier nicht besonders ausgesprochen zu werden. B. G. B.

---

[1]) Vergl. B. G. B. §§ 878, 1152, 1196, 1197.

[2]) Siehe oben S. 342.

[3]) B. G. B. §§ 874, 878.

[4]) Ebenda §§ 1196, 1198 Abs. 1.

VI. Zwangsversteigerung einer Schiffspart.

§ 224.

Mobiliar- oder Immob.-Exekution

1. Die Regelung der Zwangsversteigerung einer Schiffspart ist schwierig, weil das praktische Bedürfniß, welches sie zu berücksichtigen hat, mit der Rechtskonsequenz nicht in Einklang zu stehen scheint. Wenn man mit dem B. G. B. § 1205 davon ausgeht, daß bei einem Mehreren gehörenden Schiffe die Parten nicht Gesellschaftsantheile sind, sondern die Antheile der Miteigenthümer an dem Schiffe darstellen, so folgt von selbst, daß die Zwangsvollstreckung in eine Part denselben Vorschriften unterliegt, welche für die Zwangsvollstreckung in das ganze Schiff maßgebend sind. Hiergegen läßt sich freilich geltend machen, daß die Parten, welche bei einem Schiffe vorkommen, mitunter recht zahlreich sind, die einzelne Part daher so geringwerthig sein kann, daß es sich nicht rechtfertigt, sie dem umständlichen und kostspieligen Zwangsversteigerungsverfahren zu unterwerfen.

Landesgesetze.

Nichtsdestoweniger beschränkten sich die preußischen Entwürfe eines Gesetzes, betr. die Zwangsvollstr. in das unbewegl. Verm., bis zum Jahre 1882 auf die beiden Sätze: „Bei der Zwangsversteigerung von Schiffsparten sind die Schiffsgläubiger zur Anmeldung ihrer Forderungen nicht aufzufordern. Die Forderungen derselben werden aus dem Kaufgelde nicht berichtigt und durch das Verfahren nicht berührt". Beide Sätze gingen in das oldenburgische Ges. Art. 98 über. Der preußische Entwurf von 1882 dagegen regelte die Zwangsversteigerung einer Schiffspart nach den Grundsätzen der Zwangsvollstreckung in das bewegliche Vermögen, jedoch mit einigen Abweichungen, welche den Vorschriften über die Schiffsversteigerung entstammten. Diese Regelung ist in dem Ges. v. 13. Juli 1883 § 179 beibehalten. Auch nach der mecklenburgischen Verordn. § 93 sind nur ganze Schiffe Gegenstand der Zwangsvollstreckung in das unbewegliche Vermögen. Dabei darf aber nicht übersehen werden, daß für Mecklenburg-Schwerin am 28. Mai 1881 ein Gesetz erlassen ist, nach dessen §§ 28 ff. Schiffsparten nicht durch Eintragung in das Schiffsregister, sondern nur „durch Uebergabe der dem Mitrheder über die Schiffspart ausgestellten Eigenthumsakte" verpfändet werden können. Nach dem bremischen Ges. § 34 finden die Vorschriften über die Schiffsversteigerung, wenn auch mit mehreren Modifikationen, auf die Zwangsversteigerung einer Schiffspart Anwendung. In den Vollstreckungsgesetzen für Hamburg und Lübeck wird die Zwangsvollstreckung in eine Schiffspart nicht erwähnt.

Zur Rechtfertigung des Standpunktes, welchen Preußen § 179 einnimmt, heißt es in dessen Motiven: „Wegen der Zwangsvollstreckung in eine Schiffspart kann das Schiff an einem gewissen Orte nicht festgehalten werden. Das Schiff selbst bleibt daher der Möglichkeit einer selbständigen Zwangsversteigerung an einem anderen Orte ausgesetzt, welche den Erwerb des Eigenthums an dem ganzen Schiffe von Seiten des Erstehers zur Folge hat. Mit dieser Möglichkeit ist die Zulassung eines gleichen Verfahrens bezüglich einer Schiffspart unvereinbar".[1])

---

[1]) Stegemann S. 103.

Die hier gerügte Unzuträglichkeit ist unbestreitbar. Sie wird aber nicht dadurch gehoben, daß man die Zwangsversteigerung einer Schiffspart den Vorschriften der C. P. O. über die Zwangsvollstreckung in das bewegliche Vermögen unterstellt. Denn der Konflikt, welchem das preuß. Gesetz vorbeugen will, ist nicht in der Art des Verfahrens, sondern darin zu finden, daß die Veräußerung der Part für den Erwerber thatsächlich gegenstandslos wird, wenn das vorher eingeleitete Verfahren der Zwangsversteigerung des ganzen Schiffes ebenfalls zur Veräußerung führt. Dieser Uebelstand kann aber auch dann eintreten, wenn die Part von ihrem Eigenthümer freiwillig veräußert wird, ohne daß der Erwerber Kenntniß von dem Beginne der Zwangsvollstreckung in das Schiff erlangt hat[1]). Die Veräußerung einer Schiffspart überhaupt kann aber füglich nicht verboten werden Bei den Berathungen, welche seinerzeit über das in das Handelsgesetzbuch aufzunehmende Seerecht gepflogen wurden, hat man allerdings die Zulassung der Verpfändung von Schiffsparten bekämpft wegen der Verwickelungen, welche hieraus im Falle der Verpfändung des ganzen Schiffes entstehen könnten. Aber diese Angriffe wurden gerade um deswillen zurückgewiesen, weil jedem Miteigenthümer die Veräußerung seiner Part freistände, von einer Verpfändung aber keine größeren Verwickelungen zu besorgen wären als von einer Veräußerung.

2. Für den Entwurf ist die Frage, welches Verfahren für die Zwangsversteigerung einer Schiffspart maßgebend sein soll, im Hinblicke auf die erwähnte Bestimmung des B. G. B. § 1205 keine offene. Ein dringendes Bedürfniß, von der Konsequenz dieser Bestimmung abzugehen, kann gegenüber dem geltenden Rechte nicht anerkannt werden. Die §§ 206—223 eignen sich freilich nicht sämmtlich zur Uebertragung auf die Versteigerung einer Schiffspart. Aber auch das preußische Gesetz hat eine Reihe von Vorschriften aufnehmen müssen, um das Verfahren der C. P. O. für die Partversteigerung passend zu gestalten; es hat namentlich auf die Beibringung eines Auszuges aus dem Schiffsregister und auf einen öffentlichen Aufruf der Realberechtigten, mit Ausschluß der Schiffsgläubiger, nicht zu verzichten vermocht. Der Entwurf nähert sich überdies dem preußischen Gesetze dadurch, daß die Sonderbestimmungen, welche er aufstellt, demselben größtentheils entsprechen. Zur Rechtfertigung dieser Bestimmungen bedarf es nur weniger Bemerkungen. Immob.-Exek. Besonderheiten.

a) Der § 208 ist auf die Partversteigerung nicht anwendbar, da für diese es gleichgültig ist, wo das Schiff sich gerade befindet. Die Part hat, wenn man von dem Schiffe absieht, eine örtliche Beziehung nur zu dem Heimathshafen desselben. Das Gericht, in dessen Bezirk dieser Hafen belegen ist, muß daher mit Preußen und Bremen für zuständig erklärt werden. (Abs. 1.) Gerichtsstand.

b) Der Schiffer ist zur Vertretung des einzelnen Mitrheders in Ansehung der Part desselben nicht legitimirt[1]). Gegen ihn kann daher die Partversteigerung nicht angeordnet werden. (Abs. 2 Satz 1.) Der § 209 Abs. 2 und die §§ 215, 216, 218, 222 sind wegen ihres nur auf die Zwangsvollstreckung in das ganze Schiff berechneten Inhaltes von der Anwendung auszuschließen. (Satz 2.) Schiffer. Unanwendb. Vorschr.

---

[1]) Vergl. H. G. B. Art. 764, 765.

Schiffsgläubiger. c) Die Ansprüche der Schiffsgläubiger werden nach dem H. G. B. Art. 767, 769 nur, wenn das ganze Schiff im Wege der Zwangsvollstreckung versteigert wird, aus dem Versteigerungserlöse befriedigt. Ein öffentlicher Aufruf dieser Gläubiger muß daher bei der Partversteigerung unterbleiben. (Abs. 3.)

Verhältniß zu den Mitrhedern. d) Die Vorschriften des H. G. B. Art. 471, welche für den Fall der freiwilligen Veräußerung einer Schiffspart das Verhältniß des Veräußerers und des Erwerbers zu den übrigen Mitrhedern ordnen, müssen ihrem Zwecke gemäß auf den Fall der Veräußerung im Wege der Zwangsversteigerung entsprechend angewendet werden[1]). Im Interesse des Schuldners und des Erstehers aber liegt es, an die Stelle der in dem Art. 471 vorgeschriebenen gemeinschaftlichen Anzeige der Veräußerung die Vorlegung des Beschlusses, durch welchen der Zuschlag ertheilt ist, treten zu lassen. Der Ersteher wird hierdurch in die Lage versetzt, unabhängig von der Mitwirkung des Schuldners sich im Verhältnisse zu den übrigen Mitrhedern die Stellung eines Mitrheders und die mit dem Erwerbe der Schiffspart verbundenen Rechte zu verschaffen. Um Mißverständnissen vorzubeugen, erscheint es ferner rathsam, besonders auszusprechen, daß der in dem Art. 471 Abs. 3 bezeichnete Anspruch auf Gewährsleistung dem Ersteher nur gegen den Schuldner zusteht. Machen die Mitrheder von dem ihnen eingeräumten Aufrechnungsrechte gegen den Ersteher Gebrauch, so kommt dies dem Schuldner zu Gute, da der Schuldner durch die Aufrechnung von seinen Verbindlichkeiten gegenüber den Mitrhedern frei wird. Ein genügender Grund, den Gewährleistungsanspruch des Erstehers gänzlich auszuschließen, liegt hier nicht vor, da der Ersteher durch die Versteigerungsbedingungen zur Uebernahme der fraglichen Verbindlichkeiten nicht verpflichtet ist und dem Schuldner aus dem zufälligen Umstande, daß die übrigen Mitrheder ihn nicht direkt in Anspruch nehmen, sondern von ihrem Rechte zur Aufrechnung Gebrauch machen, ein Vortheil nicht erwachsen darf. (Abs. 4.)

VII. Vollziehung eines Arrestbefehles.

§ 225.

Nothwend. Regelung. 1. Nach der Fassung, welche der § 811 der C. P. O. gemäß Art. 11 des Einf. Ges. zum B. G. B. erhalten soll, hat das Gesetz, betreffend die Zwangsvollstreckung in das unbewegliche Vermögen, die Aufgabe, auch die Art und Weise der Vollziehung eines Arrestbefehles in ein registrirtes Schiff, und Mittel der Vollziehung. also auch in eine Schiffspart, zu bestimmen. Da es nicht angemessen erscheint, die Arresthypothek des B. G. B. § 1132 auf Schiffe zu übertragen, die für **Mecklenburg-Schwerin** in dessen Ausführungsgesetze zur C. P. O. unter § 20 vorgeschriebene „Eintragung einer Beschlagnahme zur Sicherung der Zwangsvollstreckung in das Schiffsregister" aber der erforderlichen dinglichen Wirkung ermangelt[2]) und die in demselben Gesetze zugelassene Sequestration Pfändung. durch den § 207 des Entw. ausgeschlossen ist, so bleibt nur übrig, auf die

[1]) Bremen § 34 Abs. 2 Nr. 1.

[2]) Mot. III S. 626, 627.

Natur der Schiffe als bewegliche Sachen zurückzugreifen und demgemäß die Arrestvollziehung den Vorschriften der C. P. O. über die Zwangsvollstreckung in das bewegliche Vermögen zu unterwerfen. Es entspricht dies den Gesetzen für Preußen § 178, Oldenburg Art. 99, Hamburg § 3, Lübeck § 50, aber auch dem erwähnten Gesetze für Mecklenburg-Schwerin insofern, als dasselbe neben der Eintragung einer Beschlagnahme auch die Pfändung zum Zwecke der Arrestvollziehung gestattet. Lübeck und Hamburg reden zwar nicht von einer Pfändung des Schiffes; der Arrest wird in Lübeck „durch Anlegung der Kette“, in Hamburg auf die bisher übliche Weise, d. h. durch dieselbe Maßregel vollzogen. Aber die weiteren Bestimmungen der beiden Gesetze ergeben, daß es sich lediglich um einen Pfändungsakt handelt, durch welchen für den Gläubiger ein Pfandrecht begründet wird. In Bremen § 38 ist die Pfändung gleichfalls vorgesehen, da hier der Arrest nach den Vorschriften über die Zwangsvollstreckung in das Schiff, diese aber nach § 3 Abs. 2 durch Pfändung vollzogen wird. Die Vorschrift des preußischen Ges. § 178 Abs. 1 Satz 2, daß das Gericht auf Antrag die zur Bewachung und Verwahrung des Schiffes erforderlichen Maßregeln zu veranlassen habe, paßt nicht, wenn der Arrest in eine Schiffspart zu vollziehen ist; im Uebrigen aber ist sie entbehrlich, da es Sache des Gerichtsvollziehers ist, die erforderlichen Maßregeln zu treffen[1]. (Abs. 1.)

2. Für die Pfändung eines bereits gepfändeten Schiffes sind die Vorschriften der C. P. O. § 727 maßgebend. Eine im Wege der Zwangsversteigerung bewirkte Beschlagnahme muß hierbei als Pfändung behandelt werden. Der Gerichtsvollzieher hat daher, wenn er ein Schiff pfändet, dessen Zwangsversteigerung eingeleitet ist, die Abschrift des Pfändungsprotokolles, welche nach dem § 727 Abs. 2 dem mit der früheren Pfändung befaßten Gerichtsvollzieher zugestellt werden soll, dem Vollstreckungsgerichte einzureichen. Der Entwurf schließt sich hierin an Preußen und Oldenburg an. (Abs. 2.) C. P. O.

3. Die Eintragung des Pfändungspfandrechtes in das Schiffsregister muß auf Antrag des Gläubigers erfolgen, um denselben gegen Verfügungen über das Schiff bezw. die Schiffspart zu Gunsten eines gutgläubigen Dritten zu schützen. Es genügt in dieser Hinsicht auf § 223 Abs. 2, 3 zu verweisen. Die Bezugnahme auf die Vorschrift des B. G. B. § 1199 ist entbehrlich, weil das Arrestpfandrecht den Gläubiger überhaupt nicht zur Inhabung des Schiffes berechtigen kann. (Abs. 3.) Eintr. in das Register.

4. Nach dem preußischen Ges. Abs. 3 steht die Arrestpfändung insofern, als die Verwaltungsbeschlagnahme für die Scheidung der laufenden von den rückständigen Leistungen maßgebend ist[2], einer solchen Beschlagnahme gleich. Der Entwurf lehnt diese Gleichstellung ab, da er eine Analogie zwischen Pfändung und Verwaltungsbeschlagnahme nicht anzuerkennen vermag. Beschlagnahme.

---

[1] Vergl. C. P. O. §§ 712, 808.

[2] Entw. § 14 Abs. 3.

Vierter Abschnitt.

Zwangsversteigerung und Zwangsverwaltung in besonderen Fällen.

Vorbemerkungen.

Geltendes R. 1. Die Fälle, welche der vierte Abschnitt voraussetzt, sind solche, in welchen das Gesetz die Versteigerung oder die Verwaltung eines Gegenstandes des unbeweglichen Vermögens im Wege des rechtlichen Zwanges zuläßt, ohne daß eine Zwangsvollstreckung in diesen Gegenstand in Frage steht. Nach dem preußischen Gesetze § 180 gehören hierher: a) die Zwangsversteigerung und die Zwangsverwaltung, wenn das Verfahren in Gemäßheit der Konk. O. § 116 von dem Konkursverwalter betrieben wird; b) die Zwangsversteigerung, wenn sie beantragt wird: α. von dem Benefizialerben oder dem Nachlaßpfleger im Geltungsbereiche des Allgem. Landrechtes; β. von einem Miteigenthümer zum Zwecke der Auseinandersetzung; γ. rücksichtlich des Bergwerkseigenthumes auf Grund des Berggesetzes v. 24. Juni 1865 §§ 159, 161, 162, 234 bezw. § 235 g in der Fassung des Gesetzes v. 9. April 1873; δ. wegen Baufälligkeit eines Gebäudes, auf Grund des A. L. R. I, 8 §§ 40, 58, 60. Im Geltungsgebiete des rheinischen Rechtes finden nach dem Gesetze v. 12. April 1888 § 38 zahlreiche Vorschriften des Gesetzes v. 13. Juli 1883 auf das Vertheilungsverfahren außerhalb der Fälle der Zwangsvollstreckung, insbesondere in den Fällen der Enteignung und bei der Vertheilung von Feuerversicherungsgeldern, entsprechende Anwendung.

Bei der Zwangsversteigerung und der Zwangsverwaltung auf Antrag des Konkursverwalters werden nach den Gesetzen für Bayern (1879) Art. 171, Mecklenburg § 89, Weimar §§ 88, 95, Braunschweig 2c. die Vorschriften über die Zwangsvollstreckung in das unbewegliche Vermögen angewendet. Sachsen § 179, Oldenburg Art. 57, Hamburg 2c. erwähnen nur die Zwangsversteigerung. Auf Antrag des Benefizialerben (Inventarerben) und des Nachlaßpflegers findet eine Zwangsversteigerung, wie es scheint, außerhalb Preußens nicht statt. Dagegen wird eine solche zum Zwecke der Aufhebung der Gemeinschaft in Anhalt und Weimar, unter Anwendung der Vorschriften über die Zwangsvollstreckung, zugelassen. Doch sind diese Vorschriften, soweit sie die Vertheilung des Versteigerungserlöses betreffen, in

Weimar nur beschränkt anwendbar[1]). In dem preußischen Bezirke des rheinischen Rechtes unterliegt nach dem Gesetze v. 12. April 1888 § 39 der gerichtliche Verkauf von Immobilien im Theilungsverfahren nicht den Bestimmungen des Vollstreckungsgesetzes v. 13. Juli 1883. Die besondere bergrechtliche Zwangsversteigerung wird nicht blos in Preußen, sondern auch in Bayern, Sachsen 2c., mit einigen Modifikationen, nach den Vorschriften über die Zwangsvollstreckung in das unbewegliche Vermögen behandelt[2]). In Ansehung der Zwangsversteigerung, welche nach dem preußischen A. L. R. I, 8 §§ 40, 58, 60 wegen der Baufälligkeit eines Gebäudes zulässig ist, haben sich ähnliche Vorschriften für andere Staaten nicht ermitteln lassen.

2. Im Allgemeinen erscheint es weder nothwendig noch zweckmäßig, die Fälle der Zwangsversteigerung und der Zwangsverwaltung, in welchen es sich nicht um eine Zwangsvollstreckung in den Gegenstand derselben handelt, selbstständig zu regeln. Die Gesetzgebung hat hier im Interesse der Einfachheit und Uebersichtlichkeit des Rechtssystemes nur die Aufgabe, die Besonderheiten des einzelnen Falles zu bestimmen, im Uebrigen aber auf die bezügliche Regelung der Zwangsvollstreckung zu verweisen. Diesen Standpunkt nehmen erkennbar alle Gesetze ein, welche eine Zwangsversteigerung oder eine Zwangsverwaltung außerhalb der Zwangsvollstreckung zulassen. Dies gilt vornehmlich von der Konk. O., wenn dieselbe unter § 116 den Verwalter ermächtigt, „die Zwangsverwaltung und die Zwangsversteigerung der zur Masse gehörigen unbeweglichen Gegenstände bei der zuständigen Behörde“ zu betreiben. In demselben Sinne muß auch das B. G. B. verstanden werden, wenn es unter § 769 Abs. 2 verordnet, daß der Verkauf eines gemeinschaftlichen Grundstückes zum Zwecke der Aufhebung der Gemeinschaft „nach den Vorschriften über die Zwangsversteigerung von Grundstücken“ zu geschehen habe. Ferner gehört, hierher, wenn auch nur in beschränktem Maße, die Bestimmung des § 1006, daß, wenn die Ausübung des Nießbrauches dem Nießbraucher entzogen und für dessen Rechnung einem von dem Gerichte zu bestellenden Verwalter übertragen wird, der Verwalter „unter Aufsicht des Gerichtes nach Maßgabe der für die Zwangsverwaltung von Grundstücken geltenden Vorschriften“ steht. Ein Recht des Inventarerben oder des Nachlaßpflegers, auf Zwangsversteigerung eines Nachlaßgrundstückes anzutragen, ist in dem B. G. B. nicht vorgesehen. Die Regelung des Bergrechtes gehört auch in Ansehung der Zwangsversteigerung und der Zwangsverwaltung nach § 235 zur Zuständigkeit der Landesgesetzgebung[3]). Die Frage, ob die Zwangsversteigerung eines Grundstückes wegen der Baufälligkeit eines auf demselben stehenden Gebäudes von der Obrigkeit verlangt werden kann, ist nach dem öffentlichen Rechte des betreffenden Bundesstaates zu entscheiden. Für diese und ähnliche Fälle bleibt der Landesgesetzgebung die Bestimmung auch darüber vorbehalten, ob und in-

Standpunkt des Entw.

Zwangsverst. u. Zwangsverw. im Konkurse.

Aufhebung der Gemeinschaft.

Verw. beim Nießbrauche.

Recht des Inventarerben u. des Nachlaßpflegers.

Bergrecht.

Baufälligkeit.

---

1) Weimar §§ 91 ff.

2) Bayern (1879) Art. 182 ff., Sachsen §§ 3, 182, Weimar §§ 1 ff. Vergl. auch die Berggesetze für Bayern Art. 119, 161, 163, Württemberg Art. 121, 146, 148, Braunschweig 2c.

3) Einf. Ges. Art. 38.

wieweit die Vorschriften des Reichsgesetzes über die Zwangsvollstreckung in das unbewegliche Vermögen zur Anwendung kommen sollen. Ein Anlaß zu besonderen reichsgesetzlichen Normen ist nur für die Zwangsverwaltung und die Zwangsversteigerung im Konkurse sowie für die Zwangsversteigerung zum Zwecke der Aufhebung der Gemeinschaft gegeben.

Erster Titel.

Zwangsversteigerung und Zwangsverwaltung im Falle des Konkurses.

1. Anwendung der Vorschriften des zweiten und dritten Abschnittes.

§ 226.

Die Vorschriften des zweiten und dritten Abschnittes können, weil sie die Zwangsversteigerung und die Zwangsverwaltung im Wege der Zwangsvollstreckung regeln, im Falle des von dem Konkursverwalter auf Grund der Konk. O. § 116 betriebenen Verfahrens nicht direkt, sondern nur entsprechend angewendet werden. Die entsprechende Anwendung aber ist bereits in den Vorbemerkungen gerechtfertigt. Daß dem Antrage auf Anordnung des Verfahrens, wie Preußen § 181 hervorhebt, die Urkunden beizufügen sind, durch welche der Antrag gerechtfertigt wird, ergibt sich für den Entwurf aus dessen §§ 29, 189, 206.

2. Beschlagnahme.

§ 227.

Wegfall der Beschlagn

a) Das Wesen der Beschlagnahme besteht darin, daß in Folge derselben der Schuldner in der thatsächlichen und rechtlichen Verfügung über den in Beschlag genommenen Gegenstand beschränkt wird. Gegen den Gemeinschuldner ist die mit der Zwangsversteigerung oder der Zwangsverwaltung verbundene Beschlagnahme ohne Bedeutung, da derselbe bereits mit der Konkurseröffnung die Befugniß, sein zur Konkursmasse gehörendes Vermögen zu verwalten und über dasselbe zu verfügen, verliert, und die Konkurseröffnung in dieser Hinsicht noch stärker wirkt als jene Beschlagnahme[1]). Von einer Wirkung der letzteren gegen den Konkursverwalter als Vertreter des Schuldners dagegen kann keine Rede sein, da der Verwalter als Antragsteller zugleich die Stellung des betreibenden Gläubigers hat, nach dem § 35 aber die Beschlagnahme nur zu Gunsten dieses Gläubigers wirkt. Der Konkursverwalter ist mithin, auch nachdem die Zwangsversteigerung auf seinen Antrag angeordnet worden ist, in derselben Weise wie vorher über die Gegenstände des Verfahrens zu verfügen befugt. Hierdurch erscheinen allerdings die Absonderungsberechtigten, namentlich die Hypotheken- und Grundschuldgläubiger, in ihren Rechten gefährdet. Aber der Grund dieser Gefahr liegt in dem Systeme der Konkursordnung,

---

[1]) Konk. O. §§ 5, 6.

nach welchem das Recht auf abgesonderte Befriedigung unabhängig von dem Konkursverfahren seitens der Berechtigten zu betreiben ist und der Verwalter nicht die Aufgabe hat, auf dieses Recht, so lange dasselbe nicht geltend gemacht ist, Rücksicht zu nehmen. Will man hierin einen Uebelstand finden, so kann demselben zweckmäßig nur bei einer Revision der Konkursordnung abgeholfen werden. Für die Zwangsversteigerung, welche von dem Konkursverwalter betrieben wird, muß das Gesetz von einer Beschlagnahme absehen und dies zur Verhütung von Mißverständnissen mit Bayern Art. 171, Mecklenburg § 89, Braunschweig § 114, Lübeck § 28 aussprechen. (Abs. 1.)

b) An die Beschlagnahme knüpfen sich wichtige Folgen, auf deren Eintritt für die Zwangsversteigerung, auch wenn diese auf Antrag des Konkursverwalters angeordnet ist, das Gesetz nicht verzichten kann. Klar ist dies ohne Weiteres bezüglich der laufenden und der rückständigen Leistungen, da nach § 14 die Beschlagnahme für die Abgrenzung beider gegen einander bestimmend ist. Es erscheint indessen unbedenklich, diese Wirkung der Beschlagnahme mit Preußen § 182 auf die Zustellung des Versteigerungsbeschlusses an den Konkursverwalter zu übertragen. (Abs. 2.) Aehnlich muß aber auch bei der von der Beschlagnahme abhängigen Bestimmung der von der Versteigerung mitergriffenen Gegenstände und des Erlöschens der an denselben bestehenden Rechte verfahren werden. Hier ist, um den Vorschriften des § 73 Nr. 1 und des § 138 Abs. 3 die volle Anwendung zu sichern, das Verhältniß gerade so zu behandeln, wie wenn mit der Zustellung des Versteigerungsbeschlusses an den Konkursverwalter die Beschlagnahme zu Gunsten der Konkursmasse bewirkt worden wäre. (Abs. 3.) Ersatz der Beschlagn.

c) Durch den Wegfall der Beschlagnahme wird die Eintragung der Anordnung des Verfahrens in das Grundbuch bezw. das Schiffsregister nicht ausgeschlossen. Sie hat eine andere Bedeutung als die Eintragung der Konkurseröffnung. Das Gesetz kann die Eintragung jener Anordnung nicht fallen lassen, um nicht die Grundlage für eine sachgemäße Begrenzung des Kreises der Betheiligten zu verlieren[1]). Eintragung in das Grundb.

3. Geringstes Gebot.

§ 228.

a) Der Konkursverwalter gehört, wenn das Verfahren von ihm betrieben wird, an Stelle des Gläubigers und des Schuldners im Sinne des § 8 zu den Betheiligten. Dies braucht jedoch im Hinblicke auf § 226 nicht besonders bestimmt zu werden. Nicht minder selbstverständlich ist, daß die Ansprüche, für welche Befriedigung aus dem Grundstücke verlangt werden kann, den von dem Konkursverwalter wahrzunehmenden Rechten vorgehen, daß daher, was Sachsen § 179 Abs. 4 hervorhebt, der Zuschlag nur für ein Gebot ertheilt werden darf, durch welches alle jene Ansprüche gedeckt werden[2]). Stellung des Verwalters,

b) Nach der Konk. O. § 57 kann „ein Gläubiger, welcher abgesonderte Befriedigung beansprucht, die Forderung, wenn der Gemeinschuldner auch persönlich für sie haftet, zur Konkursmasse geltend machen, aus derselben aber der Absonderungsberechtigten.

[1]) Vergl. Entw. § 8 Nr. 1, §§ 61, 152, 156 Abs. 4.

[2]) Entw. §§ 59, 226.

nur für den Betrag verhältnißmäßige Befriedigung verlangen, zu welchem er auf abgesonderte Befriedigung verzichtet, oder mit welchem er bei der letzteren ausgefallen ist". Der Gläubiger, welcher die persönliche Haftung des Gemeinschuldners im Konkurse verfolgen will, hat daher ein erhebliches Interesse daran, daß der Ausfall möglichst bald und ohne Weiterungen festgestellt werden kann. Die Landesgesetze kommen diesem Interesse mit Rücksicht auf die Konk. O. § 141 zum Theil entgegen. Namentlich hat das sächs. Gesetz unter § 179 Abs. 2, 3 hierher gehörige Bestimmungen.

Feststellung des Ausfalles.

Rechte der Realgläubiger

in Sachsen,

α. Der Abs. 2 lautet: „Nach Eröffnung des Konkurses zu dem Vermögen des Schuldners oder zu dessen Nachlaß kann von jedem Hypothekengläubiger, für dessen Forderung eine persönliche Haftung des Schuldners oder dessen Erben begründet ist, die Zwangsversteigerung des verpfändeten Grundstückes beantragt oder Beitritt zu dem anhängigen Zwangsversteigerungsverfahren erklärt werden, sofern der Konkursverwalter zu Protokoll des Gerichtsschreibers die Anerkennung der Forderung erklärt hat. Das Protokoll bildet in Bezug auf die Zwangsversteigerung des Grundstückes den nach § 64 Abs. 1 unter 2 beizubringenden vollstreckbaren Schuldtitel".

Preußen.

Nach dem preußischen Gesetze § 183 sind in dem gesetzten Falle „auf Antrag eines Realberechtigten, dessen Anspruch auf den Ersteher nicht von selbst übergeht und von dem Konkursverwalter anerkannt wird, bei der Feststellung des geringsten Gebotes nur diejenigen Realansprüche zu berücksichtigen, welche dem Anspruche des antragenden Berechtigten vorgehen".

Standpunkt des Entw.

Geringstes Gebot.

Der Entwurf sieht in den Vorschriften der Konk. O. §§ 57, 141 keinen genügenden Grund, um hier das Prinzip der C. P. O., daß die Zwangsvollstreckung einen vollstreckbaren Titel des Gläubigers voraussetzt, fallen zu lassen oder das zu Protokoll des Gerichtsschreibers erklärte Anerkenntniß des Konkursverwalters als vollstreckbaren Titel zu behandeln. Der Rücksicht auf die besondere Lage, in welche die Realgläubiger durch den Konkurs des Schuldners gerathen, genügt das Gesetz, wenn es dem Gläubiger bei der von dem Konkursverwalter betriebenen Zwangsversteigerung die Befugniß einräumt, bei der Feststellung des geringsten Gebotes, also vor der Aufforderung des Richters zur Abgabe von Geboten, die Stellung eines betreibenden Gläubigers einzunehmen und demgemäß zu verlangen, daß das geringste Gebot nicht auf einen höheren als den zur Deckung der vorgehenden Ansprüche erforderlichen Betrag bestimmt werde. (Abs. 1.) Diese Befugniß ist aber nach dem Zwecke, welchem sie dient, an zwei Voraussetzungen zu knüpfen: an die persönliche Haftung des Gemeinschuldners für den Anspruch (Abs. 2) und an das Anerkenntniß des Konkursverwalters, daß der Anspruch sowohl in dinglicher als auch in persönlicher Beziehung bestehe. (Abs. 1.) Da es auf die Größe des Anspruches nicht ankommen kann, so genügt es, wenn auch nur in Ansehung eines Theiles desselben diese Voraussetzungen vorliegen. Auch braucht das Anerkenntniß nicht gerade zu Protokoll des Gerichtsschreibers erklärt zu sein. Eine stillschweigende Erklärung erscheint um so mehr ausreichend, als der Verwalter vermöge seiner Stellung verpflichtet ist, nicht blos in dem Konkursverfahren, sondern auch in dem Versteigerungsverfahren über die erhobenen Ansprüche sich zu äußern.

β. Der Abs. 3 des sächsischen Gesetzes lautet: „Ist bei der auf Antrag eines Hypothekengläubigers oder in Folge des Beitrittes eines solchen erfolgten Versteigerung das zulässige Mindestgebot nicht erreicht und deshalb der Zuschlag nicht ertheilt worden, so gelten die Ansprüche des betreffenden Gläubigers und der ihm im Range nachstehenden Gläubiger als bei der abgesonderten Befriedigung aus dem Grundstück ausgefallen". Der Entwurf nimmt Anstand, diese Bestimmung aufzunehmen bezw. nachzubilden. Dieselbe enthält eine erhebliche Erweiterung der Rechte, welche die Konk. O. § 57 den sog. Realgläubigern im Konkurse zugesteht. Die Frage aber, ob eine solche Erweiterung zweckmäßig ist, gehört dem Konkursrechte an; sie kann, obschon sie durch die gegenwärtige Gestaltung des Zwangsversteigerungsrechtes veranlaßt wird, doch nur bei einer Revision der Konkursordnung sachgemäß entschieden werden. Aus demselben Grunde würde es auch nicht angemessen sein, wegen bedingter und betagter Ansprüche, für welche ein Absonderungsrecht besteht, nach dem Vorgange von Bayern (1879) Art. 169, gegen den Konkursverwalter die Zwangsvollstreckung in das unbewegliche Vermögen zuzulassen. Sachsen.

Zweiter Titel.

Zwangsversteigerung zum Zwecke der Aufhebung der Gemeinschaft.

1. Anwendung der Vorschriften des zweiten Abschnittes.

§ 229.

a) Die entsprechende Anwendung der Vorschriften des zweiten Abschnittes auf die Zwangsversteigerung eines Grundstückes rechtfertigt sich, wenn dieselbe von einem Miteigenthümer zum Zwecke der Aufhebung der Gemeinschaft beantragt wird, im Allgemeinen aus den Vorbemerkungen[1] unter Berücksichtigung der Begründung des § 226. Die Vorschriften des dritten Abschnittes kommen hier nicht in Betracht, weil für die Theilungshalber nothwendige Veräußerung eines Schiffes ein Bedürfniß, dieselbe in den Formen der Zwangsversteigerung von Grundstücken vorzunehmen, nicht besteht, an sich aber Schiffe als bewegliche Sachen nach dem B. G. B. § 769 Abs. 2 Satz 2 in dem vorausgesetzten Falle den Vorschriften der C. P. O. über den Verkauf der im Wege der Zwangsvollstreckung gepfändeten Gegenstände unterliegen. Grundstücke. Schiffe.

b) Von den Vorschriften des zweiten Abschnittes sind diejenigen, welche die Voraussetzungen der Zwangsversteigerung regeln, von der Anwendung nicht ausgeschlossen. Aus den §§ 26 ff. ergibt sich aber, daß das Verfahren nur angeordnet werden darf, wenn der Antragsteller einen vollstreckbaren Titel gegen den Schuldner erlangt hat. Insoweit gelten die allgemeinen Vorschriften der C. P. O. über die Zwangsvollstreckung. Im Gegensatze hierzu lassen Preußen § 180 Abs. 3 und Anhalt § 58 die Zwangsversteigerung zum Vollstreckbarer Titel. Preußen.

---

[1]) Oben S. 355.

Zwecke der Theilung auf den bloßen Nachweis des Miteigenthumes zu. Preußen erklärt „eine vorhergehende Anordnung des Verkaufes im Theilungsverfahren“ für nicht erforderlich und schließt hieran den Satz: „Ob dem Miteigenthümer das Recht zusteht, dem Zwangsverkaufe zu widersprechen, bestimmt sich nach den Vorschriften des bürgerlichen Rechts“. Für den Entwurf ist diese Lösung nicht annehmbar.

B. G. B. Nach dem B. G. B. § 767 ist im Falle der Gemeinschaft jeder Theilhaber berechtigt, die Aufhebung derselben zu jeder Zeit zu verlangen, sofern nicht durch Gesetz oder Rechtsgeschäft ein Anderes bestimmt ist. Die Ausschließung dieses Rechtes ist in dem § 949 mit dinglicher Wirkung zugelassen, aber durch den § 767 Abs. 2, 3 in mehrfacher Hinsicht beschränkt. Die Aufhebung der Gemeinschaft erfolgt nach § 769, „sofern der gemeinschaftliche Gegenstand sich ohne Verminderung seines Werthes in so viele gleichartige Theile zerlegen läßt, daß jeder Theilhaber einen seinem Antheile nach Größe und Werth entsprechenden Theil erhalten kann, durch Theilung in Natur“ und nur, wenn eine solche Theilung nicht möglich ist, durch Veräußerung im Wege der Zwangsversteigerung und durch Theilung des Erlöses. Das Recht, auf diesem Wege die Auseinandersetzung zu verlangen, ist also keineswegs eine einfache Konsequenz aus dem Miteigenthume, sondern nur unter Hinzutritt anderer theils negativer theils positiver Voraussetzungen gegeben. Solange noch darüber gestritten werden kann, ob die Voraussetzungen des Rechtes vorhanden sind, darf das Recht selbst noch nicht als feststehend angesehen und folglich seine zwangsweise Verwirklichung nicht zugelassen werden. Wollte man den Miteigenthümer, welcher die Zwangsversteigerung des Grundstückes verlangt, von der Beibringung eines vollstreckbaren Titels gegen die übrigen entbinden, so würde man diejenigen, welche dieser Theilungsart widersprechen können, mit ihrem Widerspruche lediglich auf den in der C. P. O. § 690 bezw. § 688 Abs. 2 bezeichneten Weg verweisen. Ein so scharfer Eingriff in den ordentlichen Gang des Rechtes aber ließe sich nur rechtfertigen, wenn Zweckmäßigkeitsgründe von ganz besonderem Gewichte für ihn sprächen. Der Standpunkt des preußischen Gesetzes mag sich immerhin bewährt haben, namentlich insofern, als er dazu beigetragen hat, die in der Zulassung einer Theilung in Natur an sich liegende Veranlassung zu Rechtsstreitigkeiten über die Zulässigkeit im einzelnen Falle möglichst abzuschneiden. Wenn aber behauptet wird, daß das Erforderniß des vollstreckbaren Titels für die Theilung mittels Versteigerung einer Aufforderung zum Beschreiten des Rechtsweges gleichkomme, indem die Theilung in Natur auch in Fällen gefordert werde, in welchen sie augenscheinlich unausführbar oder ganz unzweckmäßig sei, so genügt es, dieser auf die Erfahrungen in Preußen gestützten Behauptung entgegenzuhalten, daß in anderen Rechtsgebieten, in welchen die Naturaltheilung nicht blos zulässig ist, sondern den bestehenden Gewohnheiten und wirthschaftlichen Verhältnissen entsprechend auch vielfach geübt wird, hieraus Prozesse in erheblicher Anzahl nicht entstanden sind. Es empfiehlt sich deshalb, das Erforderniß des vollstreckbaren Titels nicht fallen zu lassen.

Abweichung von Preußen.

Geringstes Gebot

c) Zu den Vorschriften, deren entsprechende Anwendung auf die Theilungssubhastation der § 229 bestimmt, gehören auch die in den §§ 59 ff. gegebenen

Vorschriften über das geringste Gebot. Auch hierin liegt eine wesentliche Abweichung von dem **preußischen** Rechte.

Der Miteigenthümer, welcher die Zwangsversteigerung zum Zwecke der Theilung ausbringt, macht eine aus dem Miteigenthume fließende Befugniß geltend, steht mithin hierbei allen seinen Antheil belastenden oder mitbelastenden Rechten nach. Andererseits hat diese Befugniß regelmäßig den Vorrang vor denjenigen Rechten, für welche der gedachte Antheil nicht haftet. In der preußischen Praxis kam dieser Gedanke zum Durchbruche, obschon die Verordnung v. 4. März 1834 § 2 Ziff. 3 allgemein vorschrieb, daß die nothwendige Subhastation mit ihren Wirkungen auch dann eintrete, wenn der Verkauf von einem Miteigenthümer zum Zwecke der Auseinandersetzung beantragt werde, es sei denn, daß die Miteigenthümer über einen Verkauf im Wege der freiwilligen Subhastation sich einigten. Die Gesetzgebung brachte die Auffassung der Praxis erst in der Verordnung v. 11. August 1843 zur Geltung. Die Subhast. O. v. 15. März 1869 drückte sich unter § 113 so aus: „Die Wirkungen der nothwendigen Subhastation treten nur wider die Miteigenthümer, dagegen wider Pächter, Miether, Hypothekengläubiger und andere Berechtigte nur insofern ein, als auf dem Antheil des Miteigenthümers, gegen welchen zum Zwecke der Auseinandersetzung auf Subhastation angetragen ist, und nicht auch auf dem Antheil des Miteigenthümers, welcher den Antrag gestellt hat, das betreffende Recht haftet". In **Anhalt** sind die Wirkungen der nothwendigen Subhastation nur gegen Pächter und Miether sowie gegen diejenigen ausgeschlossen, deren Rechte auf dem ganzen Grundstücke ungetheilt haften. Im Uebrigen heißt es in dem Subhast. Ges. v. 10. Mai 1879 § 59: „Hypotheken oder andere Belastungen, welche nur auf einem oder einigen Antheilen haften, auf anderen aber nicht, werden durch die Subhastation zur Löschung gebracht und sind auf die betreffenden Kaufpreisantheile anzuweisen". Das Gesetz für **Weimar** v. 12. Mai 1879, welches unter §§ 1—61 die Zwangsversteigerung im Wege der Zwangsvollstreckung bis zur Vertheilung der Masse regelt, beschränkt sich darauf, unter § 91 zu bestimmen: „Die Vorschriften der §§ 1—61 finden, soweit nicht durch das besondere Verhältniß Abweichungen bedingt sind, in den Fällen entsprechende Anwendung, in denen die Zwangsversteigerung zum Zwecke der Auseinandersetzung unter Miteigenthümern und Miterben zu erfolgen hat". Das **preußische** Gesetz v. 13. Juli 1883 hat unter § 185 Ziff. 1, ohne der Pächter und Miether zu gedenken, folgende Sätze: „Die Wirkungen der Zwangsversteigerung treten nur wider die Miteigenthümer, dagegen wider andere Realberechtigte nur dann ein, wenn deren Recht auf dem Antheil des Antragstellers nicht haftet. Ein Berechtigter, dessen Recht hiernach unberührt bleibt, gehört nicht zu den Interessenten des Verfahrens. Die Vorschriften über die Nothwendigkeit und die Feststellung eines geringsten Gebotes (§ 22 Abs. 1, §§ 53—59) finden nicht Anwendung". Der zweite dieser Sätze ist der Subhast. O. v. 15. März 1869 § 113 Ziff. 1 Satz 2 entnommen und auch in dem **anhaltischen** Gesetze § 59 Satz 3 enthalten.

Stellung des betreib Miteig in Preußen, Anhalt, Weimar Preuß. Ges. v 1883.

Gemeinsam ist den Gesetzen für **Preußen** und **Anhalt** der Gedanke, daß insoweit, als für die Wirkungen der Zwangsversteigerung kein Raum ist, das Rechtsverhältniß zwischen den bisherigen Miteigenthümern und dem Ersteher sowie die rechtlichen Beziehungen des Erstehers zu den Berechtigten, deren Rechte von dem Verfahren unberührt bleiben, nach den Grundsätzen der freiwilligen Subhastation sich bestimmen. Um bei dieser Auffassung den Zweck des Verfahrens nicht zu verfehlen, muß der Miteigenthümer, auf dessen Antrag dasselbe angeordnet ist, darauf bedacht sein, daß in Ansehung der unberührt bleibenden Rechte genau die Bedingungen festgestellt werden, unter welchen die Versteigerung erfolgen soll. Die Punkte, auf welche es in der Regel ankommen wird, sind wesentlich dieselben, deren vertragsmäßige Ordnung bei einem Verkaufe im Interesse der Miteigenthümer liegen würde. Soweit in Ansehung ihrer besondere Versteigerungsbedingungen nicht gestellt werden, sind für das Rechtsverhältniß, welches durch den Zuschlag zwischen dem Ersteher und den bisherigen Miteigenthümern begründet wird, die gesetzlichen Vorschriften über den Kaufvertrag maßgebend. Der Ersteher kann demnach, wenn Rechte vorhanden sind, welche er nicht übernommen hat, Gewährleistung von den Verkäufern fordern, mithin die Löschung dieser Rechte bezw. Schadensersatz verlangen und bis zu seiner Befriedigung einen entsprechenden Theil des Preises zurückbehalten[1]). Deckt der Preis nicht alle Rechte, für welche der Antheil des betreibenden Miteigenthümers haftet, so ist derselbe der Gefahr ausgesetzt, nicht blos seinerseits bei dem Verfahren leer auszugehen, sondern obenein noch eine Zahlung an den Ersteher leisten zu müssen. Aus dieser mißlichen Lage bleibt dem betreibenden Miteigenthümer nur der Ausweg, den Versteigerungsantrag zurückzunehmen, so lange es noch Zeit ist.

Ablehnung der Regelung des pr. Ges.

Gegenüber diesen unbefriedigenden Ergebnissen erhebt sich für die Reichsgesetzgebung die Frage, ob es nicht möglich ist, die Zwangsversteigerung zum Zwecke der Theilung in anderer Weise, als es in Preußen geschehen ist, zu gestalten. Der Gedanke, welchem die Verordn. v. 11. August 1843 für die Theilungssubhastation Ausdruck gab, trifft sichtbar mit dem Gedanken zusammen, welcher für die Zwangsversteigerung im Wege der Zwangsvollstreckung zur Annahme des Deckungsprinzipes in dem Entwurfe geführt hat. Denn hier wie dort handelt es sich um den Schutz der dem Rechte des Antragstellers im Range vorgehenden Rechte. Wäre es richtig, bei der Theilungssubhastation diese Rechte dadurch zu schützen, daß dem Verfahren jeder Einfluß auf dieselben abgesprochen würde, so müßte dasselbe auch für die von einem Gläubiger betriebene Zwangsversteigerung gelten. Denn die Schranke, welche dem Gläubiger durch das Deckungsprinzip gezogen wird, hat ebenso wie die Beschränkung des betreibenden Miteigenthümers ihren rechtfertigenden Grund in dem Eigenthume. Der Eigenthümer kann das Grundstück nur unbeschadet der dasselbe belastenden Rechte veräußern. Es kann daher auch von ihm oder gegen ihn ein Recht, vermöge dessen der Berechtigte die Veräußerung des Grundstückes soll verlangen dürfen, nur mit der Wirkung begründet werden, daß die Veräußerung nur mit der gedachten Beschränkung stattfindet. Für die Zwangsversteigerung eines Grundstückes, welches im Miteigenthum steht, folgt hieraus, daß diejenigen, welche mit ihren Rechten den Vorrang vor dem Antragsteller haben, gegenüber der Zwangsversteigerung sich in derselben Lage

---

[1]) Vergl. B. G. B. §§ 370 ff.

befinden, gleichviel ob das Verfahren zum Zwecke der Theilung oder zum Zwecke der Befriedigung eines Anspruches aus dem Grundstücke betrieben wird, daß demnach der Schutz, welcher jenen Rechten in dem einen Falle zu gewähren ist, auch in dem anderen Falle genügen muß. Sucht nun der Entwurf diesen Schutz bei der Zwangsversteigerung im Wege der Zwangsvollstreckung vornehmlich durch das Deckungsprinzip zu gewähren, so fehlt es an einem zureichenden Grunde, für die Zwangsversteigerung zum Zwecke der Theilung dieses Prinzip aufzugeben und anstatt desselben die den Antheil des betreibenden Miteigenthümers belastenden Rechte von dem Verfahren gänzlich unberührt zu lassen. Das Gesetz wird, wenn es auch hier das Deckungsprinzip annimmt, an Einfachheit gewinnen und den praktischen Unzuträglichkeiten, welche mit dem Prinzipe des preußischen Gesetzes verknüpft sind, den Boden entziehen. Deckungsprinzip.

Die Anwendung des Deckungsprinzipes hat hier wie im Falle der Zwangsvollstreckung nach dem § 105 die Folge, daß das Verfahren eingestellt werden muß, wenn nicht ein Gebot erzielt wird, durch welches die zu deckenden Rechte gedeckt werden. Ein besonderer Uebelstand ist hierin jedoch nicht zu finden. Allerdings bleibt nun die Gemeinschaft bestehen. Aber die Unbequemlichkeit, welche dies für den betreibenden Miteigenthümer haben kann, wiegt für den Gesetzgeber nicht schwerer als das Bedenken gegen die Veräußerung des Grundstückes für einen Preis, der hinter den Belastungen zurückbleibt. Hinzutritt, daß ein Miteigenthümer, welchem es nur darum zu thun ist, von der Gemeinschaft loszukommen, nach dem B. G. B. §§ 872, 950 jeder Zeit berechtigt ist, das Miteigenthum aufzugeben.

2. Anordnung der Versteigerung.

§ 230.

Aus dem § 26 und dem § 29 Abs. 1 Nr. 2 ergibt sich im Hinblicke auf § 229, daß das Verfahren nur angeordnet werden soll, wenn die Miteigenthümer, gegen welche es beantragt ist, entweder als solche eingetragen oder aber Erben des eingetragenen Eigenthümers geworden und, falls die Erbfolge nicht bei dem Vollstreckungsgerichte offenkundig ist, dem Antrage Urkunden beigefügt sind, durch welche sie glaubhaft gemacht wird. Die Uebertragung dieser Regelung auf die Aktivlegitimation des die Zwangsversteigerung beantragenden Miteigenthümers rechtfertigt sich im Wesentlichen aus den Gründen, auf welchen die Vorschriften des § 26 und des § 29 Abs. 1 Nr. 2 beruhen.

3. Geringstes Gebot.

§ 231.

Wenn auf die Zwangsversteigerung zum Zwecke der Theilung das Deckungsprinzip angewendet wird, so sind, um die entsprechende Anwendung der §§ 59 ff. sicherzustellen, Vorschriften nöthig, welche klar ergeben, welche Rechte durch das geringste Gebot gedeckt werden müssen. Welchen Standpunkt in dieser Hinsicht das Gesetz einzunehmen hat, ist im Allgemeinen aus der Begründung des § 229 unter c zu erkennen. Die zu deckenden Rechte.

a) Dem Miteigenthümer, auf dessen Antrag das Verfahren stattfindet, gehen alle Rechte vor, für welche der Antheil desselben haftet, bezw. mithaftet, also namentlich: 1) die an diesem Antheile bestehenden Rechte; 2) die Rechte, welche an dem ganzen Grundstücke oder an einem den Antheil des Antragstellers mitumfassenden Antheile bestehen. Beide Kategorieen müssen daher gemäß § 59 gedeckt werden. Fraglich kann dies 3) in Ansehung solcher Rechte sein, welche nur den Antheil eines anderen Miteigenthümers belasten, aber einem der unter Nr. 2 bezeichneten Rechte im Range vorgehen oder gleichstehen. Der Grundsatz, daß das Recht eines Miteigenthümers auf Aufhebung der Gemeinschaft durch die Belastung des Antheiles eines anderen Miteigenthümers nicht beeinträchtigt werden darf, führt an sich dahin, daß Rechte, für welche der Antheil des Antragstellers nicht haftet, bei der Feststellung des geringsten Gebotes unberührt bleiben. Aber diese Konsequenz scheitert in dem Falle, wenn ein solches Recht einem der unter Nr. 2 bezeichneten Rechte vorgeht oder gleichsteht, nothwendig an dem Deckungsprinzipe. Das Deckungsprinzip hat sichtbar die Bedeutung, daß ein Recht, welches bei der Feststellung des geringsten Gebotes zu berücksichtigen war und auch berücksichtigt ist, bei der Vertheilung des Versteigerungserlöses nicht ausfallen darf und daß umgekehrt ein Recht, welches durch seinen Rang gegen einen Ausfall gesichert ist, bei der Feststellung des geringsten Gebotes berücksichtigt werden muß[1]). Die Rechte, für welche der Antheil des Antragstellers mithaftet, wären aber leicht der Gefahr eines Ausfalles ausgesetzt, wenn ihnen bei der Vertheilung Rechte vorgezogen oder gleichgestellt werden könnten, welche bei der Feststellung des geringsten Gebotes nicht berücksichtigt wären. Andererseits können ihnen Rechte, welche nur den Antheil eines anderen Miteigenthümers belasten, sofern sie einen besseren oder gleichen Rang haben, bei der Vertheilung nicht nachgestellt werden. Die Berücksichtigung auch dieser Rechte bei der Feststellung des geringsten Gebotes ist demnach unerläßlich. (Abs. 1.)

Ausgleichung.

b) Auf jeden Miteigenthumsantheil entfällt ein der Größe desselben entsprechender Bruchtheil des Versteigerungserlöses. Dieser Grundsatz kann, wenn die Antheile mit Rechten, welche gedeckt werden müssen, ungleich belastet sind, auf die Feststellung des geringsten Gebotes nicht ohne Einfluß bleiben. Es müssen, um den Eigenthümern geringer belasteter Antheile den auf die letzteren kommenden Bruchtheil des Erlöses zu sichern, dem geringsten Gebote die Beträge hinzugerechnet werden, um welche die Belastungen des am höchsten belasteten Antheiles die Belastungen eines jeden der übrigen Antheile übersteigen. (Abs. 2 Satz 1.) Der zur Deckung dieser Beträge erforderliche Theil des Meistgebotes ist, weil ein Grund zu seiner Stundung nicht vorliegt, durch Baarzahlung zu berichtigen. (Satz 2.)

Vorzugsrechte.

c) Die Vorschriften des ersten und zweiten Absatzes müssen im Hinblicke auf die §§ 59, 65, 66 auch für die nicht in einem dinglichen Rechte sich gründenden Ansprüche, für welche ein Recht auf vorzugsweise Befriedigung besteht, maßgebend sein. (Abs. 3.)

---

[1]) Vergl. §§ 10, 59 ff., 151 ff.

4. Bestimmung des Versteigerungstermines.

§ 232.

Die entsprechende Anwendung des § 44 Nr. 3 bedarf insofern der Erläuterung, als zur Verhütung von Mißverständnissen außer Zweifel zu stellen ist, daß die Bestimmung des Versteigerungstermines, anstatt der dort bezeichneten Angabe, hier die Angabe enthalten muß, daß die Versteigerung zum Zwecke der Aufhebung der Gemeinschaft erfolge. Nach dem preußischen Ges. § 185 Ziff. 3 muß zugleich die Person des betreibenden Miteigenthümers bezeichnet werden. Eine solche Vorschrift ist vom Standpunkte des Entwurfes einerseits gegenüber den §§ 54 und 229 entbehrlich, andererseits aber nicht unbedenklich, weil nach ihr, so oft ein weiterer Miteigenthümer dem Verfahren beitritt, die Bekanntmachung der Terminsbestimmung wiederholt werden muß, was unter Umständen zu einer Aufhebung des angesetzten Termines und zu Verwickelungen führen kann.

5. Sicherheitsleistung.

§ 233.

Nach § 92 Abs. 3 kann, wenn bei der Versteigerung des Grundstückes von dem Schuldner oder dem Eigenthümer auf dasselbe geboten wird, „die Sicherheitsleistung zu dem ganzen Betrage des durch Zahlung im Vertheilungstermine zu berichtigenden Theiles des Gebotes verlangt werden". Von der Anwendung auf das Verfahren, durch welches die Aufhebung der Gemeinschaft bezweckt wird, ist jedoch diese Vorschrift auszuschließen, weil der Grund, auf welchem sie beruht, hier nicht zutrifft. Die Ausschließung entspricht dem preußischen Ges. § 185 Ziff. 4 Satz 1.

Fünfter Abschnitt.

Einführungsvorschriften.

I. Allgemeine Vorschriften.

§ 234.

Einführungstermin

1. Bei der neuen Fassung, welche die Vorschriften der C. P. O. §§ 755—757, 811 und der Konk. O. § 39 nach dem Einf. Ges. zum B. G. B. Art. 11, 13 erhalten sollen, ist vorausgesetzt, daß das Reichsgesetz, betr. die Zwangsvollstreckung in das unbewegliche Vermögen, nicht später als das B. G. B. in Kraft treten werde[1]. Der Zeitpunkt, mit welchem hiernach die Geltung des Gesetzes zu beginnen hat, kann jedoch ein verschiedener sein, je nachdem die Anwendung desselben auf Grundstücke und buchungsfähige Berechtigungen oder auf Schiffe in Frage kommt.

bezügl der Grundstücke,

a) In Ansehung der Grundstücke darf nicht außer Acht gelassen werden, daß das Gesetz nicht allein zur Ergänzung der dieselben betreffenden Vorschriften des B. G. B. dient, sondern ebenso wie die in diesen Vorschriften enthaltene Regelung des Erwerbes und Verlustes der Rechte an Grundstücken auf der Voraussetzung eines fertigen Grundbuches beruht[2]. Im Anschlusse an das Einf. Ges. Art. 110 Abs. 1 und die Grundb. O. § 77 Abs. 1 muß daher hier bestimmt werden, daß das Gesetz für jeden Grundbuchbezirk mit dem Zeitpunkte in Kraft tritt, in welchem das Grundbuch als angelegt anzusehen ist. Bis dahin muß es bei dem bisherigen Rechte bewenden und folglich auch von einer Anwendung der Vorschriften des Einf. Ges. Art. 11, 13, soweit dieselben die C. P. O. § 755—757, 811 und die Konk. O. § 39 betreffen, abgesehen werden. Was das Gesetz hier für die Grundstücke bestimmt, muß im Hinblicke auf den § 5 des Entwurfes auch für Berechtigungen gelten, welche ein Blatt im Grundbuche erhalten können. Eine besondere Entscheidung der Frage, wie es mit den in dem maßgebenden Zeitpunkte aus irgend einem Grunde noch nicht gebuchten Grundstücken gehalten werden soll, ist auch insoweit, als sie nicht aus der Grundb. O. § 45 sich ergibt, entbehrlich. (Abs. 1.)

der Berechtigungen, der nicht gebuchten Grundst.,

[1] Anm. zu Art. 11, 13 des Einf. Ges.

[2] Oben S. 74, 81, 120.

b) In Ansehung der Schiffe steht, da das Schiffsregister bereits angelegt ist, Nichts entgegen, die Geltung des Gesetzes an dem Tage beginnen zu lassen, an welchem das B. G. B. nach dem Einf. Ges. Art. 1 in Kraft tritt. (Abs. 2.) der Schiffe

2. Die entsprechende Anwendung der allgemeinen Vorschriften des Einf. Ges. Art. 2—5, 9 empfiehlt sich für das Vollstreckungsgesetz ebenso wie für die Grundb. O.[1]). Hinzu tritt hier die das Kodifikationsprinzip aussprechende Vorschrift des Art. 32, da das Vollstreckungsgesetz nicht minder als das B. G. B. auf diesem Prinzipe beruht. (Abs. 3.) Vorschr. des Einf Ges.

II. Verhältniß des Entwurfes zu den Landesgesetzen.

1. Allgemeine Vorschriften.

§ 235.

a) Wenn nach dem Einf. Ges. Art. 32 die privatrechtlichen Vorschriften der Landesgesetze insoweit außer Kraft treten, als nicht in dem B. G. B. oder dem Einf. Ges. bestimmt ist, daß sie in Kraft bleiben sollen, so wird die in dem § 234 vorgesehene entsprechende Anwendung dieses Artikels auf die Einführung des Vollstreckungsgesetzes im Allgemeinen auch hier zu richtigen Ergebnissen führen. Im Interesse der Durchsichtigkeit des Rechtes erscheint es jedoch rathsam, die landesgesetzlichen Vorschriften, welche ein Recht auf vorzugsweise Befriedigung für andere als die in einem Rechte an dem Grundstücke sich gründenden Ansprüche gewähren, besonders außer Kraft zu setzen, damit neben der in dem Art. 32 ausgesprochenen Beschränkung der Aufhebung klar erhelle, daß in dem § 9 eine Kodifikation vorliegt, welche auch in Ansehung derjenigen Ansprüche, die im öffentlichen Rechte oder in den der Landesgesetzgebung vorbehaltenen Rechtstheilen beruhen, nur noch die in diesem Gesetze zugelassenen Ausnahmen gestattet[2]). (Abs. 1 Satz 1.) Eine solche Ausnahme muß gleich hier in Ansehung der Berechtigungen gemacht werden, welche ein Blatt im Grundbuche nur nach Landesgesetz erhalten können. Es gehört hierher namentlich die Bergbauberechtigung (das Bergwerkseigenthum). Da die Landesgesetzgebung für die Regelung dieser und anderer Berechtigungen nach Maßgabe des Einf. Ges. zuständig bleibt, so wäre es kaum angemessen, sie in der Schaffung von Rechten auf vorzugsweise Befriedigung aus einer solchen Berechtigung zu beschränken. (Satz 2.)

b) Das Vollstreckungsgesetz stellt sich als eine Ergänzung der in dem B. G. B. vorliegenden Kodifikation des Privatrechtes dar. Wenn daher das Prinzip dieser Kodifikation, welches in dem Einf. Ges. Art. 32 zur Geltung kommt, auch für das Vollstreckungsgesetz maßgebend ist, so müssen auf dessen Bereich auch die Modifikationen übertragen werden, welche das Prinzip nach dem Einf. Ges. Art. 33 ff. erleidet. Dieser Gedanke gelangt hier im Anschlusse an die Grundb. O. § 78 zum Ausdrucke. (Abs. 2.)

---

[1]) Grundb. O. § 77 Abs. 2.

[2]) Oben S. 95.

2. Liedlohn.

§ 236.

Preußen, Das preußische Gesetz verbindet unter § 26 ein Recht auf vorzugsweise Befriedigung aus dem Grundstücke mit den Ansprüchen wegen der laufenden und der aus dem letzten Jahre rückständigen Beträge „an Lohn, Kostgeld und anderen Dienstbezügen des Gesindes, sofern dasselbe zur Bewirthschaftung des Grundstückes gehalten wird und das Grundstück ein zur Landwirthschaft bestimmtes Gut ist. Mit denselben Einschränkungen gehören hierher auch die Forderungen der Wirthschafts- und Forstbeamten und aller übrigen zur Verwaltung des Grundstückes oder der damit verbundenen Rechte oder zum Betriebe der damit verbundenen ländlichen Nebengewerbe in dauerndem Dienst- oder Arbeitsverhältnisse zum Besitzer stehenden Personen wegen ihrer Dienstleistungen". Das Vorrecht ist ferner anerkannt in Anhalt, desgl. in Oldenburg für die Ansprüche der Dienstboten, in Mecklenburg nach einigen Hypothekenordnungen mit derselben Beschränkung, nach anderen für die Ansprüche der „Leute" schlechthin[1]).

Anhalt, Oldenburg, Mecklenburg.

Gründe für die Bevorzugung des Liedlohnes

Das Vorrecht des Liedlohnes ist in den besonderen Verhältnissen landwirthschaftlicher Besitzungen gegründet. Die Leute, welche zu den Zwecken des Gutes gehalten werden, sind regelmäßig nicht in der Lage, sofort den Weg des Prozesses gegen ihren Dienstherrn zu beschreiten, wenn die Befriedigung ihrer Ansprüche an Lohn und anderen Dienstbezügen nicht pünktlich erfolgt. Man würde durch Verweisung auf diesen Weg nicht blos den Leuten zumuthen, ihre Stellung aufs Spiel zu setzen, sondern zugleich einer bedenklichen Lockerung des Verhältnisses zwischen Herrschaft und Gesinde Vorschub leisten und hierdurch den Organismus des Wirthschaftsbetriebes gefährden. Das allgemeine Interesse verlangt, daß nicht sogleich, wenn der Gutsbesitzer in seinen Leistungen säumig wird, die hiervon betroffenen Personen den Hof verlassen. Setzen sie aber ihre Thätigkeit fort, so tragen sie zur Erhaltung des wirthschaftlichen Standes der Besitzung bei; sie arbeiten zum Vortheil Aller, welche auf Befriedigung aus derselben rechnen. Ihre Leistungen können als Verwendungen in das Gut betrachtet und deshalb ohne Verletzung berechtigter Interessen Dritter mit einem Vorzugsrechte ausgestattet werden. Da indessen ein solches Vorzugsrecht den meisten Bundesstaaten, insbesondere Bayern, Sachsen, Württemberg, Baden, Hessen fremd und ein Bedürfniß, es einzuführen, in denselben nicht hervorgetreten ist, so hat der Entwurf Anstand genommen, den Liedlohn unter die Ansprüche einzureihen, welchen der § 9 ein Recht auf vorzugsweise Befriedigung aus dem Grundstücke beilegt. Dagegen erscheint es geboten, zur Befriedigung des Bedürfnisses in denjenigen Staaten, in welchen ein solches Vorzugsrecht besteht, einen entsprechenden Vorbehalt für die Landesgesetzgebung zu machen. Zu einer Beschränkung des Vorbehaltes in Beziehung auf die Stelle des Liedlohnes in der Rangordnung des § 10

Vorbehalt für die Landesgesetzg.

[1]) Anhalt § 35; Oldenburg Art. 64 Ziff. 4; Mecklenb. Hypoth. O. für Landg. v. 18. Oktbr. 1848 § 32 Ziff. 1d, Ges. über die Grund- und Hypothekenbücher in den schwerinschen Domänen v. 2. Januar 1854 § 28 Ziff. 3, v. Meibom, mecklenb. Hypoth. R. § 27 S. 229.

fehlt es an einem Grunde, zumal es sich meist nur um geringfügige Beträge handelt. Andererseits aber empfiehlt es sich auch nicht, das Vorzugsrecht des Liedlohnes in der Allgemeinheit, in welcher die Konk. O. § 54 Ziff. 1 dasselbe bestimmt, bei der Zwangsvollstreckung in das unbewegliche Vermögen zuzulassen. Im Konkursfalle liegt die Sache insofern anders, als in demselben das gesammte Vermögen zur Vertheilung gelangt. Die Fassung[1]) des Entwurfes sucht möglichst den Anschluß an das preuß. Gesetz zu wahren. Konk O

3. Agrarrecht.

§ 237.

Die Ablösung auf dem Gebiete des Agrarrechtes hat sich in verschiedener Weise vollzogen. Neben der Abfindung des Berechtigten durch Zuweisung von Renten ist mehrfach der Weg betreten worden, daß der Berechtigte eine kapitalisirte, in Terminen zahlbare, verzinsliche Entschädigungssumme zugebilligt erhalten hat und daß dieser Entschädigungsanspruch oder, sofern die Entschädigung von einem Dritten geleistet wurde, dessen Ersatzanspruch durch ein mehr oder minder bevorzugtes Pfandrecht an dem entlasteten Grundstücke sichergestellt worden ist. In Baden, wo überwiegend diese Gestaltung Platz gegriffen hat, ist dem Entschädigungsberechtigten bezw. dem Dritten eine privilegirte Hypothek, im Sinne des franz. Gesetzbuches ein Vorzugsrecht eingeräumt worden. Zu berücksichtigen sind aber auch das preußische Gesetz über das Grundbuchwesen in dem Bezirke des (vormaligen) Appellationsgerichtes zu Cassel v. 29. Mai 1873 § 45 und das Ges., betr. die Zwangsvollstr. 2c., für Meiningen v. 21. Juni 1879 § 23. Aus dem Einf. Ges. Art. 41 ergibt sich, daß das für einen derartigen Entschädigungs- bezw. Ersatzanspruch bestehende gesetzliche Pfandrecht auch ohne Eintragung in das Grundbuch bestehen bleibt und die Landesgesetze in der Lage sind, auch bei künftigen Ablösungen solche der Eintragung nicht bedürfende Pfandrechte zu gewähren. Im Interesse der Durchführung des Grundbuchrechtes auch auf diesem Gebiete liegt es aber, es hierbei nicht bewenden zu lassen, sondern der Landesgesetzgebung die Möglichkeit zu eröffnen, die gesetzlichen Pfandrechte durch ein Recht auf vorzugsweise Befriedigung aus dem entlasteten Grundstücke bei der Zwangsvollstreckung in dasselbe zu ersetzen. Auch vermeidet man hierdurch den Zwiespalt, daß bei einem und demselben Verhältnisse eine verschiedene Gestaltung hinsichtlich der Sicherung Platz greift, je nachdem die Ablösung durch Renten, welche fast überall die Rechte der Staatssteuern haben, oder durch gestundete Kapitalabfindungen bewirkt wird. Erzielt wird endlich, daß solchen Abfindungen je nach Bedürfniß auch der Vorzug vor den in dem § 9 bestimmten Vorzugsrechten eingeräumt werden kann. Der hiernach erforderliche Vorbehalt für die Landesgesetzgebungen schließt sich zweckmäßig an den Art. 41 des Einf. Ges. an, so daß von ihm nicht blos die Ablösung, sondern das ganze Gebiet des Agrarrechtes betroffen wird. Die näheren Bestimmungen bedürfen einer besonderen Rechtfertigung nicht.

---

[1]) Vergl. B. G. B. §§ 547, 1007 Abs. 2, 1674 Nr. 7.

4. Malzaufschlag (Bayern).

§ 238.

Das bayerische Ges. v. 1886 bestimmt unter Art. 46: „Bei der Zwangsvollstreckung in die dem Betriebe der Bierbrauerei dienenden Brauhäuser, Malzhäuser, Gähr- und Lagerkeller steht der Aerarial- und Lokalmalzaufschlag für das im letzten Jahre vor der Beschlagnahme steuerbar gewordene Malz (Art. 3 des Gesetzes über den Malzaufschlag) den auf die beschlagnahmten Gegenstände treffenden Steuern und Gemeindeumlagen gleich. Dieses Vorzugsrecht erstreckt sich auf die Wohn-, Wirthschafts- und sonstigen Gebäude, welche mit den dem Brauereigewerbe dienenden Grundstücken räumlich verbunden sind, und auf die dazu gehörigen Rechte". Der Grund des Vorzugsrechtes liegt in der Nothwendigkeit, in zahlreichen Fällen die Abgabe zu stunden. Von einer Stundung kann nicht abgesehen werden, wenn nicht die mittleren und kleinen Brauereien, auf deren Erhaltung im Interesse der Volkswohlfahrt Gewicht zu legen ist, im Kampfe mit den ihnen technisch und wirthschaftlich überlegenen großen Brauereien unterliegen sollen. Ihren Zweck aber vermag die Stundung nur zu erfüllen, wenn sie nicht von der Leistung einer Sicherheit abhängig gemacht wird. Deshalb erscheint sie ohne Gefährdung der Staatskasse nur möglich, wenn der Anspruch auf die Abgabe mit dem Rechte auf vorzugsweise Befriedigung aus dem Grundstücke ausgestattet wird. Dieses Recht ist an sich durch die Vorschrift des § 9 Nr. 2 gedeckt, da nach derselben die Landesgesetze darüber entscheiden, welche Abgaben zu den öffentlichen Lasten des Grundstückes gehören. Bei der großen finanziellen Bedeutung indessen, welche der Malzaufschlag für Bayern hat, empfiehlt es sich, die fernere Geltung der denselben betreffenden Bestimmungen des Ges. v. 1886 durch einen besonderen Vorbehalt sicherzustellen. Ein solcher erscheint um so mehr angemessen, als dieselben eine von dem Entwurfe abweichende Berechnung des rückständigen Malzaufschlages, für welchen das Vorzugsrecht bestimmt ist, enthalten und daß ein Grund, dieser Besonderheit entgegenzutreten, nicht vorliegt.

5. Anmeldung eingetragener Hypotheken.

§ 239.

In Gebieten, in welchen nach dem bisherigen Rechte die Hypothek dergestalt von der Forderung abhängt, daß sie mit der Befriedigung des Gläubigers erlischt, kann es nicht ausbleiben, daß in dem Grundbuche Hypotheken vorkommen, die bereits erloschen, aber, weil sie noch nicht gelöscht worden, bei der Zwangsversteigerung nach Maßgabe der §§ 60, 156 zu berücksichtigen sind. Es ist klar, daß durch die Berücksichtigung solcher Hypotheken nicht blos der betreibende Gläubiger in Folge einer zu hohen Bemessung des geringsten Gebotes, sondern auch andere Berechtigte bei der Vertheilung des Versteigerungserlöses geschädigt werden können. Um dies zu verhüten, unterwirft das preuß. Ges. § 201 die in dem Bezirke des vormaligen Appellationsgerichtes zu Cassel eingetragenen Hypotheken, soweit auf dieselben nicht das Hypothekenrecht des

Gesetzes über den Eigenthumserwerb ꝛc. v. 5. Mai 1872 Anwendung findet, dem Anmeldungszwange im Sinne des Entw. § 44 Nr. 4, §§ 61, 152, 156 Abs. 2. Mit Rücksicht hierauf empfiehlt es sich, die Landesgesetzgebungen zu ermächtigen, auch in Zukunft entsprechende Bestimmungen zu geben.

6. Rechte, welche der Eintragung nicht bedürfen.

§ 240.

Fortbestand dieser Rechte.

a) Gegenüber den §§ 59 ff. erhebt sich die Frage, wie es mit den Rechten gehalten werden soll, welche an dem Grundstücke bestehen, ohne der Eintragung in das Grundbuch zu bedürfen. Nach dem preußischen Ges. § 22 Abs. 3 gilt die Regel, daß dingliche Lasten dieser Art auf den Ersteher übergehen. Für die in dem B. G. B. §§ 857, 863 bezeichneten Renten bestimmt auch der Entw. § 72 Abs. 2, daß das Recht auf eine solche Rente ohne Anspruch des Erstehers auf Gewährleistung auch dann bestehen bleibt, wenn es bei der Feststellung des geringsten Gebotes nicht berücksichtigt ist. In Betracht kommen aber ferner Rechte, welche nach Landesgesetz begründet werden können, dem Eintragungsprinzipe des B. G. B. jedoch nicht unterworfen sind, und zwar sowohl diejenigen, welche beim Eintritte der Geltung des B. G. B. rechtsgültig entstanden sind, als auch solche, deren wirksame Begründung nach diesem Zeitpunkte in dem Einf. Ges. ohne Eintragung zugelassen ist. Im Allgemeinen erscheint es nicht bedenklich, diese Rechte insoweit, als dieselben im Falle der Zwangsversteigerung nach Maßgabe der Landesgesetze ohne Rücksicht auf ihren Rang und ohne Anspruch des Erstehers auf Gewährleistung bestehen bleiben, ebenso zu behandeln wie nach § 72 Abs. 2 das Recht auf die bezeichneten Renten.

Grunddienstbarkeiten.

Von besonders praktischer Bedeutung sind in dieser Hinsicht die Grunddienstbarkeiten, welche bereits bestehen, wenn das B. G. B. in Kraft tritt bezw. das Grundbuch als angelegt anzusehen ist. Bezüglich ihrer können nach dem Einf. Ges. Art. 109 die Landesgesetze bestimmen, daß die Dienstbarkeiten, sofern mit dem Rechte das Halten einer dauernden Anlage verbunden ist, während des Bestehens dieser Anlage, anderenfalls binnen einer zehn Jahre nicht übersteigenden Frist der Eintragung in das Grundbuch zur Erhaltung der vollen Wirksamkeit gegen Dritte nicht bedürfen. Beim Vorhandensein einer solchen Bestimmung kann es sich freilich fragen, ob die Rechte, zu deren Gunsten dieselbe getroffen ist, dem Anmeldungszwange nach Maßgabe des § 44 unterworfen sein sollen. Die Frage muß aber verneint werden, weil die Bejahung in Widerspruch treten würde mit der Schonung, welche das Einf. Ges. diesen Rechten gerade mit Rücksicht auf die zur Feststellung derselben erforderliche erhebliche Zeit zu Theil werden läßt. Wenn aber die Dienstbarkeit nicht angemeldet zu werden braucht, so muß der Ersteher ihr Fortbestehen sich gefallen lassen, ohne deswegen einen Gewährleistungsanspruch erheben zu können. Es empfiehlt sich auch nicht, in dem Sinne zu unterscheiden, daß das Recht nur, wenn es dem Anspruche des betreibenden Gläubigers vorgeht, bestehen bleibe, anderenfalls dagegen erlösche. Der Gläubiger kann freilich an sich verlangen, daß er in der Verfolgung seines Rechtes auf

Befriedigung aus dem Grundstücke nicht durch Rechte behindert werde, welche seinem Anspruche im Range gleich- oder nachstehen. Die Anwendung dieses Grundsatzes auf die fraglichen Dienstbarkeiten aber untersagt sich durch die Erwägung, daß der Dienstbarkeitsberechtigte, sofern die Dienstbarkeit weder eingetragen noch angemeldet ist, zu dem Versteigerungsverfahren nicht zugezogen wird, mithin keine Gelegenheit hat, in demselben sein Interesse wahrzunehmen. (Abs. 1 Satz 1.)

Hypotheken. Anders als mit den Dienstbarkeiten verhält es sich mit den Hypotheken, welche sich in den gesetzlichen Pfandrechten verstecken, die das Einf. Ges. Art. 109 den Dienstbarkeiten an die Seite stellt. Das Versteigerungsverfahren würde seiner Aufgabe nicht gerecht werden, wenn es Hypotheken, über welche das Grundbuch keine Auskunft gibt, bestehen ließe. Wollte man dem Ersteher zumuthen, auch solche Hypotheken zu übernehmen, so würde man ihm ein Risiko ansinnen, welches den ungünstigsten Einfluß auf die Höhe der Gebote bei der Versteigerung üben könnte. Auf Hypotheken darf daher die für die übrigen Rechte geltende Vorschrift nicht ausgedehnt werden. (Satz 2.)

Anwend. der §§ 69, 70. b) Dem Ersteher fallen diese Rechte neben dem Meistgebote zur Last. Sofern sie nicht eingetragen sind, werden sie bei der Feststellung des geringsten Gebotes nicht berücksichtigt und ist folglich auch, wenn das Recht wegfällt, eine Erhöhung des von dem Ersteher durch Zahlung zu berichtigenden Betrages nicht am Platze. Diese Folge kann nur eintreten, wenn bei Feststellung der Versteigerungsbedingungen das Recht als bestehen bleibend bezeichnet ist. Der Berechtigte selbst hat aber sichtbar kein Interesse an der Bezeichnung. Dieselbe hat daher zu unterbleiben, wenn das Recht nicht eingetragen ist. (Abs. 2.)

Wahrung vorgehender Rechte. c) Das Recht darf nicht zum Nachtheile eines ihm im Range gleichstehenden oder vorgehenden Rechtes bestehen bleiben. Ein Betheiligter, welchem ein solches Recht zusteht, muß daher gemäß § 76 verlangen können, daß die Versteigerung unter der Bedingung des Erlöschens des ihm gleich- oder nachstehenden Rechtes vorgenommen werde, wenn ohne die Stellung dieser Bedingung sein Recht beeinträchtigt werden würde. Die Vorschrift des § 76 Abs. 1 kann aber hier ähnlich wie in dem Falle des § 77 nur mit der Maßgabe angewendet werden, daß die Versteigerungsbedingung von der Zustimmung eines anderen Betheiligten nicht abhängig sein darf. (Abs. 3.)

7. Feststellung des Werthes des Grundstückes.

§ 241.

In Preußen mußte nach der Allg. Ger. O. I, 52 der Versteigerung des Grundstückes die Aufnahme einer Taxe desselben voraufgehen. Gegenwärtig ist die Taxe als Voraussetzung der Versteigerung weggefallen. Auch in anderen Staaten, namentlich Bayern, Braunschweig, Anhalt, Hamburg, Lübeck, werden die Grundstücke ohne vorherige Abschätzung versteigert. Dagegen haben Sachsen § 87, Württemberg Art. 15, Baden § 57, Hessen Art. 59, Weimar § 26, Oldenburg Art. 35, in Ansehung gewisser Güter auch Mecklenburg § 26 die Schätzung beibehalten. Bei der neuesten Reform in Sachsen verhehlte man sich freilich nicht, daß die Taxe im besten

Falle nur ein relatives Ergebniß liefern könnte, die Bietungslustigen in der Regel sich nicht darauf verlassen würden. Man hat jedoch, um nicht die Erreichung gewisser Nebenzwecke zu gefährden, Anstand genommen, die Taxe fallen zu lassen[1]). In Württemberg hat das Unterbleiben der Schätzung die Nichtigkeit des Verfahrens nicht zur Folge.

Für Preußen hatte die Erfahrung ergeben, daß die Aufnahme einer Taxe des zu versteigernden Grundstückes nicht selten beträchtliche, mit dem Werthe desselben in keinem Verhältnisse stehende Kosten erfordert, auch den Fortgang des Verfahrens erheblich, bei großen Gütern auf mehrere Monate, verzögern kann, ohne die Erzielung eines angemessenen Preises bei der Versteigerung zu gewährleisten. Die Abschaffung der Taxe wurde deshalb seinerzeit dringend gefordert und durch die Subhast. O. v. 15. März 1869 erreicht. Daß sie nachtheilige Folgen gehabt hätte, wird Niemand behaupten wollen. Bei der Berathung des Entwurfes, aus welchem das Ges. v. 13. Juli 1883 hervorgegangen ist, wurde die Wiedereinführung der Taxe von keiner Seite beantragt. Hiernach empfiehlt es sich nicht, durch Reichsgesetz vorzuschreiben, daß der Versteigerung eines Grundstückes eine Abschätzung desselben vorhergehen solle. Dagegen erscheint es nicht bedenklich, der Landesgesetzgebung die Befugniß vorzubehalten, eine entsprechende Vorschrift zu geben und zugleich die Grundsätze zu bestimmen, nach welchen die Werthsermittelung zu geschehen hat (z. B. Ermittelung des Werthes auf Grund früherer Schätzungen oder der Steuerveranlagung, durch Vergleichung der in einer bestimmten Periode erzielten Verkaufspreise oder Pachtgelder 2c.). Es muß nur außer Zweifel gestellt werden, daß es sich lediglich um instruktionelle Vorschriften handelt und daß der Werthsermittelung nur die Bedeutung einer Information der Bieter beigelegt werden darf.

8. Wahrnehmung von Amtshandlungen durch eine andere Behörde als das Vollstreckungsgericht oder durch einen Beamten.

§ 242.

a) Bereits früher ist dargelegt worden, daß mit Rücksicht auf das geltende Recht in einer Reihe von Bundesstaaten es sich empfehle, die Landesgesetzgebung zu ermächtigen, mit der Wahrnehmung von Amtshandlungen, welche der Entwurf bei Regelung der Zwangsversteigerung eines Grundstückes dem Vollstreckungsgerichte zuweist, eine andere Behörde oder einen Beamten, mit Einschluß der Notare, zu betrauen[2]). Ist aber einmal der Vorbehalt nicht zu umgehen, so erscheint es auch nicht gerechtfertigt, ihn gegenständlich zu beschränken oder von der Anwendung auf die Zwangsverwaltung auszuschließen. Für die Zwangsverwaltung werden gerade aus dem Kreise der an Stelle des Vollstreckungsgerichtes landesgesetzlich herangezogenen Behörden und Beamten Personen zu Gebote stehen, welche mit den Verhältnissen näher bekannt und deshalb zur Wahrnehmung der fraglichen Geschäfte besonders geeignet sind. *Umfang des Vorbehaltes.*

---

[1]) Mot. zum sächs. Gesetze, bei Schurig, Subhast. O. S. 172.
[2]) Oben S. 119.

Für die Bezeichnung der Behörden und Beamten, auf welche die Landesgesetze die Wahl lenken können, sind bereits in dem B. G. B. § 2103 und dem Einf. Ges. Art. 91 Vorgänge vorhanden. Eine Beschränkung der Wahl ist unnöthig, da vertraut werden darf, daß dieselbe nur auf geeignete Organe fallen wird. (Abs. 1.)

Beschränkung. b) Im Allgemeinen muß es, um dem Vorbehalte die praktische Bedeutung zu sichern, der Landesgesetzgebung überlassen sein, die Amtshandlungen zu bestimmen, welche von der Behörde oder dem Beamten wahrzunehmen sind. Nur die Entscheidung über die Anordnung, die Verbindung und die Aufhebung des Verfahrens muß im Hinblicke auf die C. P. O. § 755 Abs. 2 dem Vollstreckungsgerichte verbleiben. Die einstweilige Einstellung ist nicht ausgenommen. (Abs. 2.)

Stellung der Behörde oder des Beamten. c) Der Vorbehalt bezweckt nur, die Ersetzung des Vollstreckungsgerichtes durch ein anderes Organ der öffentlichen Gewalt zu ermöglichen. Wird von ihm Gebrauch gemacht, so gelten in Ansehung der Zwangsversteigerung bezw. der Zwangsverwaltung für die andere Behörde oder den Beamten doch dieselben Vorschriften wie für das Vollstreckungsgericht. Zur Verhütung von Mißverständnissen erscheint es rathsam, in dem Gesetze hervorzuheben, daß die Vorschriften der C. P. O. über Behinderung und Ablehnung des Richters und des Gerichtsschreibers sowie die Vorschriften des Entwurfes § 97 und § 123 Abs. 2 entsprechende Anwendung finden. (Abs. 3.)

Verhältniß zu dem Gerichte. d) Es liegt nahe, die Behörde oder den Beamten als Delegirte des Vollstreckungsgerichtes zu behandeln. Wenn daher die Aenderung einer Entscheidung der Behörde oder des Beamten verlangt wird, so erscheint es angemessener, daß hierüber nicht das Landgericht, sondern das Vollstreckungsgericht entscheidet. Es entspricht dies nicht blos der C. P. O. § 539 bezw. § 685, sondern auch verschiedenen Landesgesetzen, welche die Einrichtung einer besonderen Vollstreckungsbehörde oder des Vollstreckungsbeamten haben[1]). (Abs. 4 Satz 1.) Das Vollstreckungsgericht bildet demnach eine Art Zwischeninstanz, gegen deren Entscheidung die Beschwerde an das Landgericht geht. (Satz 2.) Immerhin aber ähnelt das Verlangen, daß eine Entscheidung der Vollstreckungsbehörde oder des Vollstreckungsbeamten geändert werde, dergestalt der sofortigen Beschwerde, daß seine Erledigung nach den für diese geltenden Vorschriften gerechtfertigt erscheint. (Satz 3.)

Beschwerde.

9. Besondere Rechte der Kreditverbände.

§ 243.

Preußen § 145. Das preußische Gesetz, welches unter § 142 Abs. 1 die Ernennung und Verpflichtung des für die Zwangsverwaltung zu bestellenden Verwalters dem Gerichte überträgt und unter § 144 die Befugnisse des Gerichtes gegenüber dem Verwalter festsetzt, bestimmt unter § 145: „Die mit Korporationsrechten versehenen Kreditinstitute können auf Ersuchen des Gerichtes die dem letzteren im ersten Absatze des § 142 und in dem § 144 zugewiesene Thätigkeit

[1]) Oben S. 236.

bezüglich landwirthschaftlich oder forstwirthschaftlich benutzter Grundstücke übernehmen. Einem solchen Kreditinstitute kann durch statutarische Bestimmungen mit landesherrlicher Genehmigung ein Anspruch auf Ueberweisung der im vorstehenden Absatz bezeichneten Thätigkeit bezüglich der von dem Institut beliehenen Grundstücke beigelegt werden". Außerhalb Preußens ist es namentlich **Mecklenburg**, wo die Gesetzgebung einen ähnlichen Standpunkt vertritt. Sowohl für Schwerin wie für Strelitz bestimmt die Verordn. v. 24. Mai 1879 § 100: „Die statutenmäßigen Befugnisse des ritterschaftlichen Kreditvereins für die Großherzogthümer Mecklenburg in Betreff der Bestellung eines Sequesters und der Administration zum Kreditvereine gehöriger Güter werden durch die gegenwärtige Verordnung nicht berührt". Bei der großen Bedeutung, welche die bezeichneten Kreditverbände in Preußen und Mecklenburg für den Großgrundbesitz haben, kann nicht daran gedacht werden, die erwähnten Privilegien derselben durch die Reichsgesetzgebung zu beseitigen. Die Aufrechterhaltung der angeführten Vorschriften erscheint indessen schon durch den § 242 sichergestellt. Einer besonderen Bestimmung würde es daher kaum bedürfen, wenn eine solche nicht aus einem anderen Grunde erforderlich wäre.

Mecklenburg

Ersatz durch § 242 des Entw.

Das **preußische** Gesetz verordnet nämlich unter § 202: „Die Befugniß der Kreditinstitute, unter anderen als den in diesem Gesetze bezeichneten Voraussetzungen der Ertheilung des Zuschlages bei der Zwangsversteigerung zu widersprechen, wird aufgehoben. Im Uebrigen wird an den besonderen Rechten der bestehenden Kreditverbände bei der Zwangsvollstreckung in die zu denselben gehörigen oder von denselben beliehenen Grundstücke durch die Bestimmungen dieses Gesetzes nichts geändert". Es ist freilich nicht zweifellos, ob und inwieweit jene Rechte von den Vorschriften der C. P. O. über die Exekution im Allgemeinen und über die Immobiliarexekution im Besonderen unberührt geblieben sind[1]). Allein in Ansehung der Zwangsverwaltung hat die Praxis im Einklange mit der Wissenschaft entschieden, daß gewissen Kreditverbänden das Recht, die zu dem Verbande gehörenden oder von demselben beliehenen Grundstücke ohne Mitwirkung des Gerichtes in eigene Verwaltung zu nehmen, noch gegenwärtig zustehe[2]). Der Entwurf kann von dem Standpunkte aus, welchen er gegenüber dem § 145 des preuß. Gesetzes einnimmt, nicht die Absicht haben, dieses Recht zu beseitigen. Es erscheint daher rathsam, in dem Gesetze auszusprechen, daß die Vorschriften der Landesgesetze über die besonderen Rechte der Kreditverbände bei der Zwangsverwaltung der bezeichneten Grundstücke unberührt bleiben. Was dagegen die Zwangsversteigerung anlangt, so kann ein Bedürfniß, auf diese den Vorbehalt auszudehnen, nicht anerkannt werden. In Betracht kommt, wie es scheint, nur das den Landschaften statutarisch eingeräumte Recht, die Einleitung des Verfahrens ohne voraufgegangenen Prozeß zu verlangen. Ob dieses Recht in dem Sinne publizistischer Natur ist[3]), daß

Preußen § 202.

Vorbehalt bezügl. der Zwangsverw.

[1]) Vergl. namentlich die Vorschriften der C. P. O. §§ 644 ff., § 755 Abs. 2.

[2]) v. Brünneck in Gruchot's Beitr. 28 S. 339; Beschl. des Kammerger., in Johow's Jahrb. 5 S. 151.

[3]) v. Brünneck a. a. O. S. 502. Siehe auch die preuß. Verordn., betr. das Verwaltungszwangsverfahren ꝛc., v. 7. Septbr. 1879 § 54 Abs. 4.

die Vorschriften, in welchen es sich gründet, neben dem Vollstreckungsgesetze fortgelten, kann hier ununtersucht bleiben. Denn das Recht selbst ist bei der Leichtigkeit, mit welcher nach dem heutigen Prozeßrechte der Kreditverband einen vollstreckbaren Titel gegen seinen Hypothekenschuldner erlangen kann, namentlich mit Rücksicht auf die Zulässigkeit der Ausstellung vollstreckbarer Urkunden praktisch nicht so werthvoll, daß es gegen eine seinen Fortbestand gefährdende Auslegung des Gesetzes gesichert werden müßte.

III. Uebergangsvorschriften.

§ 244.

Landesgesetze. Für **Preußen** bestimmte das Gesetz, betr. die Zwangsvollstr. in das unbewegl. Verm., v. 4. März 1879 § 27, daß eine vor dem Inkrafttreten dieses Gesetzes beantragte Zwangsvollstreckung nach den bisherigen Vorschriften zu erledigen sei. Diese Bestimmung ist unter Ausdehnung auf die außerhalb des Falles der Zwangsvollstreckung erfolgenden Zwangsversteigerungen und Zwangsverwaltungen in das Ges. v. 13. Juli 1883 § 207 Abs. 2 übergegangen. In **Bayern** wurde nach dem Ges. v. 1879 Art. 189 eine Zwangsvollstreckung nach den bisherigen Prozeßgesetzen erledigt, wenn vor dem Inkrafttreten des neuen Gesetzes im Falle der Zwangsversteigerung die Beschlagnahme, im Falle der Zwangsverwaltung die Verkündung des Einweisungsurtheiles, im Falle der Ewiggeldgant die Aufsteckung erfolgt war. Nach dem Ges. v. 29. Mai 1886 Art. 47 ist hinsichtlich der Zwangsversteigerung die Beschlagnahme entscheidend. Andere Gesetze schrieben die Erledigung des Verfahrens nach den bisherigen Gesetzen vor, wenn die Zwangsvollstreckung vor dem Inkrafttreten des neuen Gesetzes von dem Gerichte verfügt (beschlossen, angeordnet) wäre; so insbesondere **Mecklenburg** § 101, **Weimar** § 112, **Coburg-Gotha** § 37, **Reuß j. L.** § 74 und in Ansehung der Zwangsversteigerung auch **Sachsen** § 199 Abs. 1. Dagegen heißt es in dem sächs. Gesetze unter Abs. 2: „Auf Zwangsverwaltungen, welche vor dem Inkrafttreten des Gesetzes verfügt worden sind, kommen dessen Bestimmungen entsprechend zur Anwendung, insoweit nicht erworbene Rechte dadurch beeinträchtigt werden". In **Anhalt** § 61 ist der Subhastationstermin, in **Elsaß-Lothringen** § 70 der Erlaß der Verkaufsverordnung für maßgebend erklärt. Die Gesetze für **Württemberg**, **Baden**, **Hamburg** 2c. haben eine derartige Vorschrift nicht. Vielleicht
C. P. O. hat man eine solche als entbehrlich angesehen, weil das Einf. Ges. zur C. P. O. unter § 21 Abs. 1 die Bestimmung enthält: „Eine vor dem Inkrafttreten der Civilprozeßordnung anhängig gewordene Zwangsvollstreckung ist nach den bisherigen Prozeßgesetzen zu erledigen". Diese Bestimmung ist in den Gesetzen für **Hessen** Art. 211 und **Lübeck** § 72 für die Zwangsvollstreckung in das unbewegliche Vermögen nachgebildet und in dem Einf. Ges. Art. 93 auf das Verfahren, welches eine Todeserklärung bezweckt, übertragen worden[1]).

---

[1]) Siehe auch Einf. Ges. Art. 105 Abs. 4.

Der Entwurf schließt sich dem preuß. Gesetze an, um gegenüber der in den einzelnen Rechten bezüglich der Zeit des Eintrittes der Anhängigkeit obwaltenden Verschiedenheit einen einheitlichen festen Zeitpunkt für die Anwendung des neuen Gesetzes zu gewinnen. Die Bestimmung dieses Zeitpunktes durch die Beantragung des Verfahrens bietet zugleich den Vortheil, daß die Entscheidung darüber, welches Recht zur Anwendung zu bringen ist, nicht von Zufälligkeiten abhängt, welchen der Antragsteller nicht vorbeugen kann. Die Vorschrift des Entwurfes trifft jedes Verfahren, welches, wenn bei dessen Beginn das neue Gesetz bereits gegolten hätte, unter dieses Gesetz gefallen wäre, namentlich auch das Theilungsverfahren nach rhein. Rechte. Wenn aber das Verfahren selbst nach den bisherigen Gesetzen zu erledigen ist, so müssen auch seine Wirkungen nach diesen Gesetzen sich bestimmen. Der Entwurf kann insoweit keinen anderen Standpunkt einnehmen als denjenigen, auf welchem die Vorschriften des Einf. Ges. Art. 93 Satz 2 und Art. 105 Abs. 4 beruhen. (Satz 1.) Standpunkt des Entw

Daß die bisherigen Gesetze auch nach dem Inkrafttreten des Reichsgesetzes von der Landesgesetzgebung geändert werden können, muß nach dem Vorgange des Einf. Ges. Art. 105 Abs. 5, Art. 116, 119 Abs. 1 Satz 3 auch hier bestimmt werden. (Satz 2.)

IV. Zwangshypothek und Arresthypothek.

§ 245.

1. Nach der C. P. O. § 697 sind die Kosten der Zwangsvollstreckung zugleich mit dem zur Vollstreckung stehenden Anspruche von dem Schuldner beizutreiben. Es ist indessen streitig, ob, wenn die Zwangsvollstreckung durch Eintragung einer Zwangshypothek bewirkt wird, die Eintragung auch für die Kosten dieser Vollstreckungsmaßregel ohne vorangegangene Festsetzung verlangt werden kann. Das praktische Bedürfniß verlangt, daß die Streitfrage im bejahenden Sinne entschieden werde. Wollte man die analoge Anwendbarkeit des § 697 versagen, so würde der Gläubiger, entgegen der Absicht, welche das B. G. B. mit der Zwangshypothek verfolgt, genöthigt sein, auf Zwangsversteigerung anzutragen, anstatt sich mit der durch die Hypothek gegebenen Sicherheit zu begnügen, oder er müßte erst die Festsetzung der Kosten erwirken, um sich einen vollstreckbaren Titel für die zwangsweise Eintragung derselben zu verschaffen [1]). Hierdurch aber würden wiederum Kosten und in Ansehung ihrer die Frage, ob eine Festsetzung nöthig wäre, aufs Neue entstehen. Dieselbe Erwägung, welche der erwähnten Vorschrift der C. P. O. § 697 zu Grunde liegt, führt somit dazu, diese Vorschrift auf die durch die Eintragung der Zwangshypothek erwachsenden Kosten auszudehnen. (Abs. 1.) Ausdehnung auf die Kosten.

2. Nach der C. P. O. § 809 Abs. 2 ist die Vollziehung eines Arrestbefehles „unstatthaft, wenn seit dem Tage, an welchem der Befehl verkündet oder der Partei, auf deren Gesuch derselbe erging, zugestellt ist, zwei Wochen Arrestvollziehung.

[1]) Vergl. C. P. O. §§ 98, 99, 702 Ziff. 3.

verstrichen sind". Der Abs. 3, welchen das Ges. v. 30. April 1886 hinzugefügt hat, lautet: „Die Vollziehung ist vor der Zustellung des Arrestbefehls an den Schuldner zulässig. Sie ist jedoch ohne Wirkung, wenn die Zustellung nicht innerhalb einer Woche nach der Vollziehung und vor Ablauf der für diese im vorhergehenden Absatze bestimmten Frist erfolgt". Für die richtige Anwendung beider Absätze auf den Fall der Arresthypothek bedarf es einer Vorschrift, durch welche klargestellt wird, daß die Stellung des Antrages auf Eintragung der Hypothek als Arrestvollziehung gilt, so daß die Frist des Abs. 2 durch den Antrag gewahrt, die Frist des Abs. 3 von dem Antrage an berechnet wird. Nähme man dies nicht an, so würde einerseits der Gläubiger, welchem nur die Stellung des Antrages obliegt, gegenüber der Vorschrift des Abs. 2 der Gefahr ausgesetzt sein, daß die Eintragung als verspätet abgelehnt oder für unwirksam erklärt würde, andererseits der Schuldner des Schutzes entbehren, welcher ihm nach Abs. 3 Satz 2 zu Theil werden soll. Wird die Eintragung der Hypothek wegen verspäteter Zustellung wirkungslos, so kann der Schuldner die Aufhebung des Arrestes und die Löschung der Hypothek auf dem vorgeschriebenen Wege verlangen. (Abs. 2.)

Druckfehler-Berichtigung.

S. 80 Zeile 7 v. o. lies statt „im Wege der **Mobiliarexekution**": „Im Wege der **Immobiliarexekution**".

S. 165 § 63β Zeile 6 lies statt „glaubhaft oder": „glaubhaft **gemacht** oder".

S. 243 Zeile 28, 29 lies statt „bedarf es überhaupt keiner besonderen **Vorsicht**": „bedarf es überhaupt keiner besonderen **Vorschrift**".

S. 257 Ueberschrift zu § 136 lies statt „**e)** Beginn der Beschwerdefrist": „**f)** Beginn der Beschwerdefrist".

Ueberschrift zu § 137 lies statt „**f)** Erlöschen 2c.": „**g)** Erlöschen 2c."

S. 259 Zeile 27 lies statt „oder **des Aufgebotes**": „oder **dem Aufgebote**".

S. 260 Zeile 22/23 lies statt „das bisherige Eigenthum": „das Fortbestehen des bisherigen Eigenthumes".

S. 374 Zeile 10 ist hinter „des Verfahrens" hinzuzufügen: „oder über Zulassung des Beitrittes eines Gläubigers".

Druck der Norddeutschen Buchdruckerei, Berlin, Wilhelmstr. 32.

FSC
www.fsc.org
MIX
Papier | Fördert
gute Waldnutzung
FSC® C083411

Kolibri 360 GmbH
Ferdinand-Jühlke-Straße 7
99095 Erfurt, Deutschland
produktsicherheit@kolibri360.de